Management-Reihe Corporate Social Responsibility

Herausgegeben von
René Schmidpeter
Dr. Jürgen Meyer Stiftungsprofessur für
Internationale Wirtschaftsethik und CSR
Cologne Business School (CBS)
Köln, Deutschland

Das Thema der gesellschaftlichen Verantwortung gewinnt in der Wirtschaft und Wissenschaft gleichermaßen an Bedeutung. Die Management-Reihe Corporate Social Responsibiltiy geht davon aus, dass die Wettbewerbsfähigkeit eines jeden Unternehmens davon abhängen wird, wie es den gegenwärtigen ökonomischen, sozialen und ökologischen Herausforderungen in allen Geschäftsfeldern begegnet. Unternehmer und Manager sind im eigenen Interesse dazu aufgerufen, ihre Produkte und Märkte weiter zu entwickeln, die Wertschöpfung ihres Unternehmens den neuen Herausforderungen anzupassen sowie ihr Unternehmen strategisch in den neuen Themenfeldern CSR und Nachhaltigkeit zu positionieren. Dazu ist es notwendig, generelles Managementwissen zum Thema CSR mit einzelnen betriebswirtschaftlichen Spezialdisziplinen (z.B. Finanz, HR, PR, Marketing etc.) zu verknüpfen. Die CSR-Reihe möchte genau hier ansetzen und Unternehmenslenker, Manager der verschiedenen Bereiche sowie zukünftige Fach- und Führungskräfte dabei unterstützen, ihr Wissen und ihre Kompetenz im immer wichtiger werdenden Themenfeld CSR zu erweitern. Denn nur, wenn Unternehmen in ihrem gesamten Handeln und allen Bereichen gesellschaftlichen Mehrwert generieren, können sie auch in Zukunft erfolgreich Geschäfte machen. Die Verknüpfung dieser aktuellen Managementdiskussion mit dem breiten Managementwissen der Betriebswirtschaftslehre ist Ziel dieser Reihe. Die Reihe hat somit den Anspruch, die bestehenden Managementansätze durch neue Ideen und Konzepte zu ergänzen, um so durch das Paradigma eines nachhaltigen Managements einen neuen Standard in der Managementliteratur zu setzen.

Weitere Bände in dieser Reihe
http://www.springer.com/series/11764

Dagmar Lund-Durlacher · Matthias S. Fifka · Dirk Reiser
(Hrsg.)

CSR und Tourismus

Handlungs- und branchenspezifische Felder

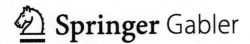

Herausgeber
Dagmar Lund-Durlacher
Department for Tourism and Service Management
MODUL Universität Wien
Wien, Österreich

Dirk Reiser
Hochschule Rhein-Waal
Kleve, Deutschland

Matthias S. Fifka
Universität Erlangen-Nürnberg
Erlangen, Deutschland

ISSN 2197-4322 ISSN 2197-4330 (electronic)
Management-Reihe Corporate Social Responsibility
ISBN 978-3-662-53747-3 ISBN 978-3-662-53748-0 (eBook)
DOI 10.1007/978-3-662-53748-0

Die Deutsche Nationalbibliothek verzeichnet diese Publikation in der Deutschen Nationalbibliografie; detaillierte bibliografische Daten sind im Internet über http://dnb.d-nb.de abrufbar.

Springer Gabler
© Springer-Verlag GmbH Deutschland 2017
Das Werk einschließlich aller seiner Teile ist urheberrechtlich geschützt. Jede Verwertung, die nicht ausdrücklich vom Urheberrechtsgesetz zugelassen ist, bedarf der vorherigen Zustimmung des Verlags. Das gilt insbesondere für Vervielfältigungen, Bearbeitungen, Übersetzungen, Mikroverfilmungen und die Einspeicherung und Verarbeitung in elektronischen Systemen.
Die Wiedergabe von Gebrauchsnamen, Handelsnamen, Warenbezeichnungen usw. in diesem Werk berechtigt auch ohne besondere Kennzeichnung nicht zu der Annahme, dass solche Namen im Sinne der Warenzeichen- und Markenschutz-Gesetzgebung als frei zu betrachten wären und daher von jedermann benutzt werden dürften.
Der Verlag, die Autoren und die Herausgeber gehen davon aus, dass die Angaben und Informationen in diesem Werk zum Zeitpunkt der Veröffentlichung vollständig und korrekt sind. Weder der Verlag noch die Autoren oder die Herausgeber übernehmen, ausdrücklich oder implizit, Gewähr für den Inhalt des Werkes, etwaige Fehler oder Äußerungen.

Einbandabbildung: Michael Bursik

Gedruckt auf säurefreiem und chlorfrei gebleichtem Papier.

Springer Gabler ist Teil von Springer Nature
Die eingetragene Gesellschaft ist Springer-Verlag GmbH Deutschland
Die Anschrift der Gesellschaft ist: Heidelberger Platz 3, 14197 Berlin, Germany

Vorwort des Reihenherausgebers: Wie kann Tourismus nachhaltige Entwicklungen positiv befördern und dabei wirtschaftlich erfolgreich sein?

Unsere Welt wandelt sich aufgrund der globalen Interaktionen in rasender Geschwindigkeit. Wertschöpfungsketten, die sich über mehrere Kontinente erstrecken, sowie Produkte, die weltweit vermarktet werden, gehören mittlerweile zum unternehmerischen Alltag in vielen Unternehmen. Eine Branche, die schon immer zum Ziel hatte, ganz unterschiedliche Kulturräume und Menschen zu vernetzen sowie den internationalen Austausch zu forcieren, ist der Tourismus. Daher ist es nicht verwunderlich, dass gerade in dieser Branche weitreichende Herausforderungen bei der Gestaltung globaler Wertschöpfungsstrategien und -prozesse seit jeher auf der Tagesordnung stehen. Jedoch hat die zunehmende Mobilität der Menschen und die Digitalisierung die notwendige Entwicklung hin zu nachhaltigeren Tourismusmodellen nochmals beschleunigt. So wird die Tourismusbranche derzeit immer stärker sowohl vom gesellschaftlichen Nachhaltigkeitsdiskurs als auch den kommunikativen Veränderungen durch das Internet erfasst.

Dabei sind die Herausforderungen für die einzelnen Unternehmen – je nach Position in der Wertschöpfungskette – ganz unterschiedlicher Natur. Vom berechtigten Interesse am Erhalt der Natur und der regionalen Kultur, dem Schutz der Menschenrechte, Reduktion von CO_2-Emissionen bis hin zu Fragen neuer alternativer Tourismusansätze sind nunmehr fast alle Geschäftsmodelle und -prozesse in der Tourismusbranche zu durchleuchten. Zudem sieht sich die Tourismusbranche immer öfter auch mit Naturkatastrophen, Terrorismus und Klimawandel konfrontiert und ist somit oft noch direkter als andere Branchen von sozialen und ökologischen Ungleichgewichten betroffen.

Durch die verstärkte Kommunikation über Urlaubserlebnisse und die damit verbundenen Effekte globaler Reisen im Internet wird der externe Druck seitens der Kunden und Gesellschaft auf grundlegende Veränderungen hin zu einem nachhaltigeren Tourismus immer größer. Der Spielraum, auf die gegenwärtigen Herausforderungen angemessen zu reagieren, ist jedoch aufgrund des in den letzten Jahren forcierten Massentourismus und der Low-Budget-Reisen oft sehr gering. Es braucht daher ein neues progressives Nachhaltigkeitsverständnis, welches sowohl die Bedürfnisse der Touristen als auch die Interessen der besuchten Regionen und Länder in alle Strukturen, Prozesse und damit in sämtliche unternehmerischen Entscheidungen (re-)integriert.

Dabei kann Nachhaltigkeit nicht mehr nur als rein defensives und limitierendes Konzept gesehen werden, welches die wirtschaftliche Entwicklung bremst. Ganz im Gegenteil: Nachhaltigkeit aus einer unternehmerischen Perspektive bedeutet die negativen und insbesondere die positiven Auswirkungen des Geschäftsmodells vorrausschauend zu managen. Bei dieser progressiven Sichtweise geht es zwar auch darum, etwaige Schäden unternehmerischen Handelns zu minimieren, aber insbesondere darum, die beabsichtigte positive Wertschöpfung des Unternehmens für die Gesellschaft zu erhöhen.

Neben dem Ziel der Schadensvermeidung tritt daher in der aktuellen Nachhaltigkeitsdiskussion das neue Paradigma der „positiven Wertschöpfung". Dieses neue CSR-Paradigma stellt auch eine neue Perspektive für die notwendigen Veränderungsprozesse im Tourismus dar. Dabei steht nicht das moralische Motiv des altruistischen Wohlwollens im Vordergrund, sondern die ökonomische und gesellschaftliche Sinnhaftigkeit. Welchen Mehrwert kann Tourismus für die beteiligten Stakeholder schaffen? Wie kann der Tourismus positiv auf eine nachhaltige Entwicklung der Regionen wirken? Welcher Tourismusangebote bedarf es, um den positiven kulturellen Austausch zu forcieren und so dringend benötigte Brücken zwischen verschiedenen Kulturräumen zu bauen?

Es geht bei diesem „neuen" CSR-Ansatz nicht um das Durchbrechen der Wettbewerbslogik – wie von Sozialromantikern oft gerne dargestellt –, sondern um die systematische Ausweitung der Marktmöglichkeiten durch neue Managementansätze. Davon profitieren sowohl unsere Gesellschaft als auch die Unternehmen. In der Zwischenzeit haben sich in der Nachhaltigkeitsszene ganz unterschiedliche Ansätze manifestiert, teilweise mit ganz unterschiedlichen Weltanschauungen und auch einer unterschiedlichen Auffassung über die Rolle der Unternehmen in der Gesellschaft. In einer pluralistisch geführten Nachhaltigkeitsdiskussion sollten alle diese neuen Sichtweisen zu Wort kommen. Diesem Motto folgend findet der Leser auch in dieser Publikation ganz unterschiedliche Zugänge, wie Nachhaltigkeitsüberlegungen in Tourismusbetrieben derzeit integriert werden. In der Umsetzung obliegt es daher der eigenen Werthaltung bzw. Sichtweise, welche Ansätze bzw. Instrumente für das eigene Unternehmen als zielführend angesehen werden. Zudem bedarf es eines hohen Maßes an Eigenverantwortung sowie der gründlichen Reflexion der eigenen Unternehmensziele, um den für sich passenden Nachhaltigkeitsansatz zu finden. Das Gute daran, einen standardisierten, von oben verordneten Nachhaltigkeitsansatz gibt es nicht – vielmehr liegt es in der Freiheit unternehmerisch denkender Menschen, Geschäftsmodelle zu entwickeln, die sowohl dem Unternehmen als auch der Gesellschaft nützen. Es gibt daher viele Antworten darauf, wie Tourismus nachhaltige Entwicklungen befördern und dabei wirtschaftlich erfolgreich sein kann.

Alle Leser sind damit herzlich eingeladen, die für sie sinnvollen und praktikablen Ansätze in dieser Publikation aufzugreifen und für die eigenen beruflichen Herausforderungen zu nutzen sowie mit den Herausgebern, Autoren und Unterstützern dieser Reihe weiter intensiv zu diskutieren. Ich möchte mich *last but not least* sehr herzlich bei Prof. Dr. Dagmar Lund-Durlacher, Prof. Dr. Dirk Reiser und Prof. Dr. Matthias Fifka für ihr großes Engagement, bei Michael Bursik und Janina Tschech vom Springer Gabler Verlag für die gute Zusammenarbeit sowie bei allen Unterstützern der Reihe aufrichtig bedanken und wünsche Ihnen, werter Leser, nun eine interessante Lektüre.

Prof. Dr. René Schmidpeter

Vorwort

Die Tourismusindustrie wird – auch wenn dies empirisch schwer bestimmbar ist – zumeist zu den drei größten Wirtschaftszweigen weltweit gezählt. Unabhängig davon, ob sie nun die größte, zweit- oder drittgrößte ist, ist ihre wirtschaftliche Bedeutung unumstritten. Gleichsam hat sie zweifelsfrei erheblichen Einfluss auf das wirtschaftliche, soziale und ökologische Wohlergehen von Gesellschaften. Tourismus hat das Potenzial, die Wohlfahrt von Gesellschaften durch positive ökonomische und soziokulturelle Effekte wie die sozio-ökonomische Entwicklung ländlicher Regionen, Armutsbekämpfung oder ein besseres Verständnis für andere Kulturen zu steigern. Er birgt aber die Gefahr, Menschen und ihrer natürlichen Umwelt durch negative ökologische und soziale Effekte, z. B. das Ansteigen des Energieverbrauchs und den damit verbundenen Schadstoffemissionen, vermehrte Belastung durch Müll und Abwasserentsorgung, Flächenverbrauch und Verlust an Biodiversität, Werteverlust und Akkulturationseffekte sowie finanzielle und sexuelle Ausbeutung lokaler Bevölkerung, erheblichen Schaden zuzufügen. Angesichts der massiven Herausforderungen, mit denen Gesellschaften im 21. Jahrhundert konfrontiert sind, vom Klimawandel bis zur Ressourcenknappheit, vom Fachkräftemangel bis zur Verarmung breiter Bevölkerungsschichten, muss es also darum gehen, Tourismus so zu gestalten, dass er einen Wert für Unternehmen und Gesellschaften gleichsam generiert. Dies kann nur gelingen, wenn Unternehmen einerseits bereit sind, Verantwortung zu übernehmen und andererseits diese Verantwortungsübernahme strategisch gestalten, sodass sie einen Wettbewerbsvorteil generiert.

Wie dies geschehen kann und wie es von Unternehmen bereits umgesetzt wird, ist Gegenstand dieses Bandes. Er verfolgt das Ziel, das Thema Corporate Social Responsibility ausgewogen aus unternehmerischer und gesellschaftlicher Perspektive zu betrachten und zu diskutieren. Dabei liegt die Prämisse zugrunde, dass Unternehmen gesellschaftliche Verantwortung übernehmen sollten und davon auch profitieren können. Allerdings muss im Zuge einer ausgewogenen Darstellung auch auf Schwierigkeiten bei der Umsetzung hingewiesen werden. Denn CSR-Management im Tourismus ist kein Selbstläufer. Eine solch umfassende Auseinandersetzung hat also viele Facetten, die durch folgende Struktur abgebildet werden sollen.

In einem ersten, einleitenden Teil wird die grundlegende Frage diskutiert, wie CSR überhaupt erfolgreich in Unternehmen implementiert werden kann und ob es einen Markt für die entsprechenden Angebote gibt. Wie nachhaltig also ist der Konsument, wenn es um touristische Angebote geht.

Der zweite Teil ist Themen gewidmet, die für die unterschiedlichen Branchen der Tourismusindustrie relevant sind. Diese Handlungsfelder sind es, in denen CSR tatsächlich passieren muss, um eine nachhaltige Wirkung zu haben. Im Handlungsfeld „Markt" sind das in erster Linie kundenorientierte Themen wie nachhaltige Angebote und Barrierefreiheit, aber auch übergeordnete Fragen wie die nach dem Recht auf Tourismus; im Handlungsfeld „Arbeitsplatz" können beispielhaft Diversity-Management und die Wahrung von Menschenrechten in rechtsschwachen Ländern genannt werden. Letzteres ist aber auch ein Thema im Handlungsfeld „Gemeinwesen" – ebenso wie die Entwicklungszusammenarbeit. Im Handlungsfeld „Umwelt" sind Zertifizierungen, die ökologisch verantwortliches Handeln belegen sollen, von immer größerer Bedeutung. An letzterem Beispiel zeigt sich auch, dass sich die einzelnen Themen nicht isoliert voneinander betrachten lassen. Denn bei der Frage nach Sinn und Unsinn von Zertifizierungen, muss auch die Nachfrage nach diesen thematisiert werden: Wie relevant sind Zertifizierungen für Tourismusbetriebe und nehmen die Endkunden diese überhaupt wahr?

Im dritten Teil kommt die Diversität, die der Tourismusindustrie selbst inhärent ist, zum Tragen, indem unterschiedliche Branchen und ihre CSR-Aktivitäten näher untersucht werden. Wie auch bei den Themen, ist die Auswahl an Branchen keinesfalls als abschließend zu verstehen. Dennoch wurde versucht, Branchen von großer Tragweite zu thematisieren, wie etwa die Kreuzfahrtindustrie, die Luftfahrt und die Gastronomie. Auch die Bildung wird hier aufgegriffen – nicht aber im Sinne von Bildungsreisen, sondern in Form der grundsätzlichen Frage, wie nachhaltig die Ausbildung im Tourismusbereich an Hochschulen überhaupt ist.

Fallstudien zu den vorher erörterten Themenfeldern und Branchen konkretisieren die Ausführungen anhand von „Real Life Cases". Sie dienen der Veranschaulichung und tragen dem Umstand Rechnung, dass eine Auseinandersetzung mit CSR im Tourismus ohne eine Betrachtung unterschiedlicher, kulturell zumeist sehr diverser Regionen nicht auskommt. Vor allem aber unterstützen sie den angestrebten Brückenschlag zwischen Theorie und Praxis. An dieser Stelle sei deshalb den einzelnen Autorinnen und Autoren herzlich gedankt, die sich die Zeit genommen haben, ihre wertvolle Expertise in Form von Erfahrungen, Konzepten und Ideen zu CSR im Tourismus zu erläutern und zu diskutieren, um so einen vielfältigen Erkenntnisgewinn für die Leser zu schaffen.

Bevor ein Sammelband mit Beiträgen gefüllt werden kann, bedarf es jedoch zuerst der Bereitschaft eines Verlags, ein solches Projekt auf den Weg zu bringen und es in dessen Verlauf zu unterstützen. Hier gilt Herrn Michael Bursik und Frau Janina Tschech vom Springer-Gabler-Verlag sowie Herrn Prof. Dr. René Schmidpeter als Reihenherausgeber ein besonderer Dank für ihr Vertrauen und die äußerst angenehme Zusammenarbeit.

Nicht vergessen werden darf schließlich die Arbeit im „Hintergrund", die für die Fertigstellung eines Buchprojekts unerlässlich ist. Bedanken möchten wir uns deshalb bei Herrn Roland Eichelsdörfer und Herrn Ben Spies aus Erlangen für ihre sorgfältige Durchsicht der Beiträge und deren Formatierung.

Wien, Erlangen und Kleve im Juli 2016
Dagmar Lund-Durlacher, Matthias S. Fifka und Dirk Reiser

Inhaltsverzeichnis

Einführung

Strategisches CSR-Management im Tourismus 3
Matthias S. Fifka

Nachfrage für nachhaltigen Tourismus 17
Fabian Weber

CSR-Handlungsfelder im Tourismus

Menschenrechte im Tourismus 35
Christian Baumgartner

CSR im Tourismus im Kontext der Menschenrechte, insbesondere der sexuellen Ausbeutung von Kindern 49
Antje Wolf und Nicole Fabisch

Tourismus für Alle als Bestandteil der CSR-Orientierung im Tourismus 71
Peter Neumann und Andreas Kagermeier

Sozial nachhaltiges Personalmanagement in mittelständischen Hotelbetrieben – wie Hotelkooperationen unterstützen können 83
Ursula Liebhart und Stefan Nungesser

CSR, Tourismus und Gesundheit Neue Märkte, neue Verantwortung 101
Kerstin Heuwinkel

Diversity Matters: Diversity Management im Spannungsfeld von Marktinteressen, gesellschaftlicher Verantwortung und einer Logic of Diversity 115
Nicolai Scherle und Volker Rundshagen

Formale CSR-Ansätze und Zertifizierungssysteme im Tourismus 131
Herbert Hamele

**Nachhaltigkeitsreporting – Strategischer Mehrwert
statt administrative Pflichtübung** 147
Matthias S. Fifka

CSR, Tourismus und Entwicklungszusammenarbeit 161
Diana Marquardt

**Tourismus, Frieden und Konflikte: Effekte, Strategien und
das privatwirtschaftliche Engagement (CSR) in der Friedensförderung** 179
Martina Leicher

Branchenspezifische CSR-Felder

**Nachhaltigkeit im gastronomischen Angebot: Ein Erklärungsmodell
und Implementierungsansätze** 199
Dagmar Lund-Durlacher, Hannes Antonschmidt und Klaus Fritz

Ganzheitliche CSR-Systeme im Tourismus am Beispiel TourCert 215
Günter Koschwitz, Martin Balaš und Angela Giraldo

**Corporate Social Responsibility in der Luftfahrtindustrie:
Probleme und Herausforderungen** 233
Paul Peeters, Rob Bongaerts und Johan Bouwer

**Corporate Social Responsibility und touristisches Stakeholdermanagement
am Beispiel von Kreuzfahrtunternehmen** 251
Jan Behrens und Miriam von Fritschen

Umweltschutz in der Kreuzfahrtindustrie 271
Harald Zeiss

CSR und Nachhaltigkeit bei Events 289
Ulrich Holzbaur und Stefan Luppold

**Nachhaltiger Tourismus in deutschen Tourismusdestinationen –
eine Bestandsaufnahme** 301
Matthias Beyer und Thomas Frommhold

Destination Network Responsibility (DNR) als Grundlage für regionale Resilienz 315
Lukas Petersik, Harald Pechlaner und Daniel Zacher

**Hochschulbildung im Tourismus: Über den neoliberalen Diskurs
hinausdenken** 333
Volker Rundshagen

Fallstudien

Der Beitrag südafrikanischer Tourismusunternehmen zur Förderung nachhaltiger Entwicklungsprozesse – das Beispiel „Buccaneers Lodge & Backpackers" . 351
Annika Surmeier und Simone Strambach

**Der DRV und die Umsetzung des Kinderschutzkodex und
seine Herausforderungen – am Beispiel der Destinationsschulungen** 363
Mechtild Maurer, Jana Schrempp und Astrid Winkler

**CSR, Menschenrechte und Tourismus – Ein Umsetzungsbeispiel
anhand des Roundtable Menschenrechte im Tourismus** 377
Cathrine Maislinger

**Fallbeispiel Sansibar: Menschenrechtsverletzungen im Tourismus
oder durch den Tourismus?** 393
Christian Baumgartner

**Wertschöpfung durch Wertschätzung – Die Lufthansa Group im Konnex der
Managementkonzepte Corporate Social Responsibility und Diversity Management** 401
Nicolai Scherle und Philipp Rosenbaum

**Die Gemeinwohlberichterstattung im Tourismus – ethisch ausgerichtetes
Wirtschaften im Tourismus** 419
Hartmut Rein

CSR bei TUI Cruises – Umweltmanagement und die „Mein Schiff 3" 431
Lucienne Damm

Unternehmerische Sozialverantwortung bei Reiseveranstaltern in Myanmar .. 445
Sarah Redicker und Dirk Reiser

Fallstudie: Corporate Social Responsibility bei Air France-KLM 457
Johan Bouwer, Paul Peeters und Rob Bongaerts

**Verantwortung für die Region? Das Beispiel der Seilbahnunternehmen
in Tirol vor dem Hintergrund einer Corporate Regional Responsibility** 467
Verena Schröder

AutorInnenverzeichnis

Hannes Antonschmidt Department for Tourism and Service Management, MODUL Universität Wien, Wien, Österreich

Martin Balaš TourCert gGmbH , Berlin, Deutschland

Christian Baumgartner response & ability GmbH , Wien, Österreich

Jan Behrens Lehrstuhl für Tourismuswirtschaft, Technische Universität Dresden, Dresden, Deutschland

Matthias Beyer mascontour GmbH, Berlin, Deutschland

Rob Bongaerts NHTV Breda University of Applied Science, Breda, Niederlande

Johan Bouwer NHTV Breda University of Applied Science, Breda, Niederlande

Lucienne Damm Environmental Management, TUI Cruises GmbH, Hamburg, Deutschland

Nicole Fabisch Marketing und Internationales Management, EBC Hochschule, Hamburg, Deutschland

Matthias S. Fifka Universität Erlangen-Nürnberg, Erlangen, Deutschland

Klaus Fritz Institut für Tourismus-Management, FH Wien der WKW, Wien, Österreich

Thomas Frommhold mascontour GmbH, Berlin, Deutschland

Angela Giraldo TourCert, Stuttgart, Deutschland

Herbert Hamele ECOTRANS e.V., Saarbrücken, Deutschland

Kerstin Heuwinkel Fakultät für Wirtschaftswissenschaften, Hochschule für Technik und Wirtschaft des Saarlandes, Saarbrücken, Deutschland

Ulrich Holzbaur Hochschule Aalen, Aalen, Deutschland

Andreas Kagermeier Freizeit- und Tourismusgeographie, Universität Trier, Trier, Deutschland

Günter Koschwitz kate - Umwelt & Entwicklung, Stuttgart, Deutschland

Martina Leicher COMPASS GmbH, Köln, Deutschland

Ursula Liebhart Studienbereich Wirtschaft & Management, Fachhochschule Kärnten, Villach, Österreich

Dagmar Lund-Durlacher Department for Tourism and Service Management, MODUL Universität Wien, Wien, Österreich

Stefan Luppold Duale Hochschule Baden-Württemberg (DHBW) Ravensburg, Ravensburg, Deutschland

Cathrine Maislinger Bürmoos, Österreich

Diana Marquardt Campus Kleve, Hochschule Rhein-Waal, Kleve, Deutschland

Mechtild Maurer ECPAT Deutschland e.V., Freiburg, Deutschland

Peter Neumann Tourismuswirtschaft, IUBH Duales Studium, Erfurt, Erfurt, Deutschland

Stefan Nungesser Studienbereich Wirtschaft & Management, Fachhochschule Kärnten, Villach, Österreich

Harald Pechlaner Lehrstuhl Tourismus/Zentrum für Entrepreneurship, Katholische Universität Eichstätt-Ingolstadt, Eichstätt, Deutschland

Paul Peeters NHTV Breda University of Applied Science, Breda, Niederlande

Lukas Petersik Lehrstuhl Tourismus/Zentrum für Entrepreneurship, Katholische Universität Eichstätt-Ingolstadt, Eichstätt, Deutschland

Sarah Redicker Passau, Deutschland

Hartmut Rein BTE Tourismus- und Regionalberatung, Berlin, Deutschland

Dirk Reiser Hochschule Rhein-Waal, Kleve, Deutschland

Philipp Rosenbaum SKR Reisen GmbH, Köln, Deutschland

Volker Rundshagen CBS Cologne Business School GmbH, Köln, Deutschland

Nicolai Scherle University of Applied Sciences, Business and Information Technology School (BiTS), Iserlohn, Deutschland

Jana Schrempp ECPAT Deutschland e.V., Freiburg, Deutschland

Verena Schröder Arbeitsgruppe für Humangeographie, KU Eichstätt-Ingolstadt, Eichstätt, Deutschland

Simone Strambach Fachbereich Geographie, Philipps Universität Marburg, Marburg, Deutschland

Annika Surmeier Fachbereich Geographie, Philipps Universität Marburg, Marburg, Deutschland

Fabian Weber Institut für Tourismuswirtschaft ITW, Hochschule Luzern - Wirtschaft, Luzern, Schweiz

Astrid Winkler Arbeitsgemeinschaft zum Schutz der Kinder vor sexueller Ausbeutung, ECPAT Österreich, Wien, Österreich

Antje Wolf Tourismus- und Eventmanagement, EBC Hochschule Hamburg, Hamburg, Deutschland

Daniel Zacher Lehrstuhl Tourismus/Zentrum für Entrepreneurship, Katholische Universität Eichstätt-Ingolstadt, Eichstätt, Deutschland

Harald Zeiss Institut für Tourismusforschung, Hochschule Harz, Wernigerode, Deutschland

Miriam von Fritschen Hochschule Worms, Worms, Deutschland

Einführung

Strategisches CSR-Management im Tourismus

Matthias S. Fifka

1 Einleitung

Corporate Social Responsibility (CSR) ist heute ein fester Bestandteil der wirtschaftlichen, aber auch der politischen und öffentlichen Diskussion. Akteure aus allen Bereichen fordern angesichts vielfältiger und sich verschärfender sozialer und ökologischer Probleme zunehmend gesellschaftliche Verantwortung von Unternehmen ein. Der fortschreitende Klimawandel, bedrohliche Ressourcenknappheit, wachsende Einkommensdisparitäten, die sinkende Leistungsfähigkeit des Wohlfahrtsstaates und der demografische Wandel, verbunden mit einer abnehmenden Erwerbsbevölkerung, sind nur einige Herausforderungen, die in diesem Kontext genannt werden können. Bemerkenswerterweise betreffen sie in hohem Maße die Tourismusbranche, da sie stark auf natürliche Gegebenheiten angewiesen ist und aufgrund ihres Charakters als Serviceindustrie auch mitarbeiterintensiv ist. Beispielhaft anzuführen sind hier die sich dramatisch verschlechternden Wintersportbedingungen im Alpenraum, eine wachsende Zahl an Extremwetterphänomenen (Überschwemmungen, Starkregen, Hitzewellen), die das Sommergeschäft beeinträchtigen, und ein schon fast chronischer Personalmangel. Dementsprechend wurde in einer Studie von Weiermair und Bieger (2008) unter Hoteliers Personalknappheit als das Hauptproblem für das eigene Unternehmen genannt.

Die Dimension dieser Herausforderungen macht deutlich, dass ihnen durch klassisches philanthropisches Engagement wie Spenden und Sponsoring nicht erfolgreich begegnet werden kann; anders gesagt: Klimawandel und Ressourcenknappheit lassen sich durch Charity nicht lösen. Vielmehr ist die strategische Übernahme gesellschaftlicher Verantwortung notwendig, um diese Probleme auf eine Weise zu adressieren, die einen Mehrwert

---

M. S. Fifka (✉)
Universität Erlangen-Nürnberg
Erlangen, Deutschland
E-Mail: matthias.fifka@fau.de

für Gesellschaft und Unternehmen schafft. Allerdings fehlt CSR-Maßnahmen häufig noch ein strategischer Charakter und sie werden eher sporadisch und ad hoc betrieben (Fifka und Berg 2014). Dadurch geht erhebliches Potenzial verloren und eine nachhaltige Wirkung bleibt aus.

Ziel dieses Beitrages ist es deshalb, Grundprinzipien strategischen CSR-Managements aufzuzeigen und zu erläutern, wie es im Unternehmen umgesetzt werden kann. Dazu soll zunächst eine Eingrenzung der Begrifflichkeit „Corporate Social Responsibility" vorgenommen werden, auch in Abgrenzung zu verwandten Termini wie „Nachhaltigkeit" und „Corporate Citizenship" (CC), ehe die strategische Natur des Konzeptes diskutiert und erläutert wird, wie eine CSR-Strategie entwickelt werden kann und welche Vorteile sie für ein Unternehmen bringt.

2 Corporate Social Responsibility – Begriffsbestimmung und Eingrenzung

Die Frage nach der gesellschaftlichen Verantwortung von Unternehmen wird bereits seit den 1930er-Jahren in der Wissenschaft erörtert. Dodd (1932) und Barnard (1938) gehörten zu den ersten, die die gesellschaftliche Verantwortung von Managern in Großunternehmen thematisierten. Der Begriff der „Social Responsibility" wurde explizit allerdings erst zwanzig Jahre später von Bowen (1953) gebraucht. Ähnlich wie Dodd und Barnard vor ihm, ging er davon aus, dass Verantwortung nur von den Führungskräften selbst, aber nicht vom Unternehmen als Organisation übernommen werden könne, da nur natürliche Personen über ein Gewissen und Verantwortungsbewusstsein verfügten. Dementsprechend lautete für ihn die zentrale Frage: „[W]hat responsibilities to society may businessmen reasonably be expected to assume?" (Bowen 1953, S. XI).

Bowens Antwort kann als eine erste Definition von CSR gesehen werden: „It refers to the obligations of businessmen to pursue those policies, to make those decisions, or to follow those lines of action which are desirable in terms of the objectives and values of our society" (Bowen 1953, S. 6). Zentrales Kriterium für Verantwortlichkeit ist für Bowen also eine Vereinbarkeit des unternehmerischen Handelns mit den Zielen und Werten einer Gesellschaft. Daraus lässt sich ableiten, dass Verantwortungsübernahme zwar eine moralische Verpflichtung darstellt, aber freiwilliger Natur ist, denn sie ist „wünschenswert", aber nicht gesetzlich eingefordert. Spätere Diskussionen präzisieren diesen Umstand. McGuire (1963, S. 144) betont, dass ökonomische und gesetzliche Verpflichtungen zwar grundlegend sind, die Betonung aber auf den darüber hinaus gehenden Verantwortlichkeiten liegt: „The idea of social responsibilities supposes that the corporation has not only economic and legal obligations but also certain responsibilities to society which extend beyond these obligations."

Das sicherlich bekannteste Konzept, das diese Auffassung widerspiegelt, ist Carrolls (1979) „Pyramid of CSR". Es beinhaltet – neben einer ökonomischen und einer rechtliche

Grundlage – auch eine moralische und eine an gesellschaftlichen Wertvorstellungen orientierte Verantwortung: „The social responsibility of business encompasses the economic, legal, ethical, and discretionary expectations that society has of organizations at a given point in time" (S. 500). Aufgrund einer gewissen Unschärfe in der Trennung der beiden letztgenannten Verantwortungen, modifizierte Carroll (1991, S. 43) später seine Definition und gab ihr einen stärker pragmatischen Charakter, wobei er besonders die nur schwer zu bestimmenden „discretionary expectations" präzisierte: „The CSR firm should strive to make a profit, obey the law, be ethical, and be a good corporate citizen." Corporate Citizenship stellt nach Carrolls Auffassung nur einen von vier Bestandteilen von CSR dar, nämlich die philanthropische Komponente. Dabei handelt sich um den Einsatz eigener Ressourcen, zumeist solcher finanzieller Natur, für wohltätige Zwecke.

Später jedoch wurde die philanthropische Dimension im Verständnis mehr und mehr aus CSR „ausgegliedert" und betont, CSR würde ausschließlich im Kerngeschäft stattfinden (Fifka 2011a). Deutlich wird dies in der CSR-Definition der Europäischen Union (EU) aus dem Jahr 2011, die in gewisser Weise als „offizielle" Begriffsbestimmung gesehen werden kann. Sie versteht CSR als „die Verantwortung von Unternehmen für ihre Auswirkungen auf die Gesellschaft". Damit Unternehmen dieser gerecht werden, „sollten sie auf ein Verfahren zurückgreifen können, mit dem soziale, ökologische, ethische, Menschenrechts- und Verbraucherbelange in enger Zusammenarbeit mit den Stakeholdern in die Betriebsführung und in ihre **Kernstrategie** integriert werden." Corporate Social Responsibility erhält dadurch explizit und nachdrücklich strategischen Charakter. Dadurch wird es vom schmückenden Beiwerk oder einer moralischen Verpflichtung zum Managementansatz, der die „Schaffung gemeinsamer Werte für die Eigentümer/Aktionäre der Unternehmen sowie die übrigen Stakeholder und die gesamte Gesellschaft" (Europäische Kommission 2011; Hervorhebung vom Autor) zum Ziel hat.

Nachdem es sich um einen Managementansatz handelt, wird CSR dabei konsequenterweise zugestanden, dass ein Unternehmen damit auch eigene Ziele verfolgen darf, also eine Wertschaffung für Aktionäre bzw. Eigentümer. Diese ist nicht nur in der Denke konsequent, es ist auch pragmatisch notwendig. Denn nur wenn Unternehmen mit ihren Aktivitäten eigene Ziele verfolgen dürfen, können sie diese Aktivitäten auch in nennenswertem Umfang langfristig durchführen. Nur so wird die Übernahme gesellschaftlicher Verantwortung nachhaltig.

Unweigerlich ergeben sich auch deshalb Überschneidungen mit einem modernen Nachhaltigkeitsbegriff, der unter allen hier diskutierten Termini die längste Entstehungsgeschichte hat. Bereits 1713 trat Hans Carl von Carlowitz in seinem grundlegenden Werk *Sylvicultura Oeconomica* ein für eine „continuierliche beständige und nachhaltende Nutzung des Holtzes …, weilen es eine unentberliche Sache ist, ohne welche das Land in seinem Esse [Wesen], nicht bleiben mag" (zitiert nach Schuler 2000, S. 498; im Original von Carlowitz 1713, S. 105; Anmerkung vom Autor) Im Jahr 1795 präzisierte Georg Ludwig Hartig dann das Konzept der Nachhaltigkeit, indem er darauf verwies, dem Wald solle nur so viel Holz entnommen werden, wie nachwachsen kann (Fifka 2011b).

Die langfristige Orientierung wirtschaftlichen Handelns, also der sorgsame Umgang mit natürlichen Ressourcen, impliziert eine Verantwortung gegenwärtiger für zukünftiger Generationen. Dies ist das Kernstück der bekannten Definition von Nachhaltigkeit durch die Brundlandt Kommission (offiziell: World Commission on Environment and Development) aus dem Jahr 1987: „Sustainable development is the development that meets the needs of the present without compromising the ability of future generations to meet their own needs." Die Definition zeigt die untrennbare Verbindung von sozialer und ökologischer Nachhaltigkeit und geht somit weit über das häufige Verständnis, Nachhaltigkeit wäre Umweltschutz, hinaus.

Maßgeblich zum Wandel dieser engen Auslegung trug John Elkingtons (1997) Konzept der Triple Bottom Line bei. Es betont die Verfolgung dreier Ziele: wirtschaftlicher Erfolg, ökologische Qualität und soziale Gerechtigkeit, was häufig mit der Alliteration „People, Planet, Profit" beschrieben wird. Die Triple Bottom Line selbst ist der Strich unter einer Bilanz, unter dem das Ergebnis aufgeführt wird. Somit wird die klassische Finanzbilanz um zwei weitere Dimensionen erweitert (Fifka 2011b).

Während sich das drei Dimensionen umfassende Konzept von Nachhaltigkeit weitestgehend durchgesetzt hat, ist das Verhältnis zum CSR-Begriff ein unklares geblieben, denn drei Beziehungen sind hier denkbar: eine synonyme, die CSR und Nachhaltigkeit als austauschbare Begrifflichkeiten erachtet; eine, die Nachhaltigkeit als Teil unternehmerischer Gesellschaftsverantwortung betrachtet und somit CSR eine übergeordnete Position einräumt; und eine, die CSR als Teil unternehmerischer Nachhaltigkeit betrachtet. Die ISO 26000 als international anerkannte CSR-Management-Leitlinie entzieht sich dieser sperrigen begrifflichen Kontroverse, indem sie CSR sehr pragmatisch als unternehmerischen Beitrag zu einer nachhaltigen Entwicklung betrachtet (ISO 2010).

Auch sie betont bewusst, dass es sich bei CSR um einen integrierten Managementansatz handelt, der dazu dient, die Aktivitäten eines Unternehmens und ihre Auswirkungen zu steuern. Dies soll unter besonderer Berücksichtigung der Umwelt und der Stakeholder des Unternehmens geschehen.

3 Entwicklung und Implementierung einer CSR-Strategie

Eine strategische Implementierung von CSR ist keineswegs eine Selbstverständlichkeit. In vielen Unternehmen wird CSR nach wie vor eher als Instrument des Brand-Managements eingesetzt und weniger als langfristiger Ansatz (Galbreath 2009). Hahn und Schermesser (2006) haben diese Unternehmen treffend als „Traditionalisten" bezeichnet, die zwar die Notwendigkeit von CSR erkannt haben, eine strategische Umsetzung aber vermissen lassen. Dies kann mehrere Gründe haben. Zu nennen sind fehlendes Know-how, die Überzeugung, dass CSR keine über die Reputation hinausreichenden Wettbewerbsvorteile generiert, oder die Fokussierung auf einzelne Teilbereiche von CSR, wodurch eine ganzheitliche Betrachtung verloren geht. Wagner (2009) hat in diesem Kontext zurecht bemerkt, dass zwar häufig Managementsysteme in Bereichen wie Umwelt- oder Arbeitsschutz existieren, diese aber weder aufeinander noch mit der übergeordneten Geschäftsstrategie abgestimmt sind. Zahlreiche Studien haben dieses „Strategy Gap" bestätigt (Veleva 2010; Yuan et al. 2011; Sharp and Zaidman 2010).

Dabei ist CSR-Management kein „Hexenwerk". Die Entwicklung und Implementierung einer CSR-Strategie folgt dabei auch den Schritten des „herkömmlichen" strategischen Managementprozesses. Wenngleich es auch hierbei geringe Abweichungen zwischen einzelnen Modellen gibt, besteht ein weitestgehend einheitliches Verständnis, wie Strategie am besten entwickelt und umgesetzt wird.

Commitment

Den Ausgangspunkt stellt ein Commitment dar, d. h. die Überzeugung und der Wille, eine Strategie konsequent zu verfolgen. Dies hat bereits Peter Drucker in einem überlieferten Bonmot bemerkt: „Without commitment, there are only promises and hopes, but no plans." Da es sich bei CSR um ein moralisch fundiertes Konzept handelt, ist eine solche Überzeugung umso wichtiger. Dazu gehört die Anerkennung gesellschaftlicher Verantwortung und die Vision, welchen Weg das Unternehmen zukünftig einschlagen möchte. Eine solche Vision ist grundlegend für alle Bereiche der Unternehmenspolitik, und auch die Unternehmenskultur wird von ihr geprägt (Bleicher 1996). Es geht also um die grundsätzliche Managementphilosophie, wie Baumgartner (2014) befindet. Sie spiegelt sich in der zentralen Frage wider: „Wer sind wir und wer wollen wir sein?"

Unweigerlich erhält Management dadurch eine normative Komponente, denn die Beantwortung dieser Frage ist nicht ohne eine gewisse Werthaltung notwendig. Sie kann auch nicht autark erfolgen, sondern muss gesellschaftliche Erwartungen und Ansprüche berücksichtigen.

Neben dieser externen ist auch die interne Dimension in mehrfacher Hinsicht von zentraler Bedeutung. Zum einen ist Commitment nur möglich, wenn die Mitarbeiter bereit sind, die Vision zu verfolgen und die Unternehmenspolitik mitzutragen. Deshalb erfordert CSR-Management zunächst auch Überzeugungsarbeit unter den Mitarbeitern. Die organisationale Veränderung, die CSR impliziert, scheitert häufig am bewussten oder unbewussten Widerstand der Mitarbeiter. Darum ist Überzeugungsarbeit nötig, die durch ein CSR-Team geleistet werden kann. Dazu sollte ein führender Mitarbeiter aus jeder Abteilung als „CSR-Träger" gehören. Eine seiner zentralen Aufgaben ist es, die Kollegen von der Notwendigkeit und Wichtigkeit von CSR zu überzeugen. Zum anderen ist CSR-Management nicht ohne eine funktionierende Corporate Governance möglich. Damit ist die grundlegende Leitung und Kontrolle eines Unternehmens gemeint, die sicherstellen soll, dass das Unternehmen im Sinne der Stakeholder geführt wird. Wenngleich Corporate Governance in Industriestaaten in hohem Maße durch rechtliche Vorgaben determiniert ist – beispielsweise die Notwendigkeit eines Aufsichtsrats für große Aktiengesellschaften in Deutschland –, ist eine Ergänzung durch unternehmenseigene Regelungen, etwa zur Besetzung einzelner Ämter, von großer Bedeutung.

Um eine Vision, eine Unternehmenspolitik und eine Governance zu formulieren, die im Einklang mit den Anforderungen und Interessen der Unternehmensumwelt steht, ist ein funktionierendes Stakeholder-Management unerlässlich.

Stakeholder-Management

Die Idee des Stakeholder-Managements ist inzwischen ein fester Bestandteil vieler Management-Ansätze. Da CSR ein menschenorientierter Management-Ansatz ist, ist die Berücksichtigung von Stakeholdern darin unerlässlich.

Die Stakeholder-Theorie geht zurück auf Freeman (1984), der ein Umdenken im Management einforderte, das durch eine veränderte Perspektive gekennzeichnet ist. Diese ist nicht vornehmlich auf das Unternehmen gerichtet, sondern auf die Menschen, die ein Interesse am Unternehmen haben. Unternehmen sind demnach nicht nur auf Aktionäre angewiesen, sondern auf alle Gruppen, die mit dem Unternehmen interagieren – die Stakeholder. Freeman (1984, S. 46) versteht darunter „… any group or individual who can affect, or is affected by, the achievement of the organization's objectives." Es besteht also eine wechselseitige Einflussbeziehung zwischen Unternehmen und Stakeholder, die bewusst gesteuert werden sollte. Dafür gibt es zahlreiche Modelle, wobei hier auf das von Fifka und Loza Adaui (2015) zurückgegriffen wird, das aus sechs Stufen besteht.

In einem ersten Schritt gilt es, die Stakeholder des Unternehmens zu identifizieren. Dabei besteht die Schwierigkeit darin, die potenziell große Zahl an Stakeholdern zu überblicken. Vor allem für Großunternehmen wird es gar nicht erst möglich sein, alle ihre Stakeholder zu identifizieren, denkt man an die eben erwähnte Definition: Alle Individuen und Gruppen, die vom Unternehmenshandeln beeinflusst werden und es beeinflussen können. Manche Gruppen können als Gesamtheit betrachtet werden, z. B. Kunden und Konsumenten im B2C-Bereich, wobei es im B2B-Bereich Großkunden geben kann, die als separate Einheit zu berücksichtigen sind. Auch Non-Governmental-Organisations (NGOs) können nicht als Gesamtheit betrachtet werden, denn ihre Zielsetzungen und ihre Haltung zum Unternehmen sind meist sehr unterschiedlich. Eine generelle Hilfestellung kann eine Unterteilung in vier Handlungsfelder bieten: Markt (alle Akteure, mit denen eine Marktbeziehung besteht, z. B. Kunden oder Lieferanten), Arbeitsplatz (Mitarbeiter, aber auch Behörden), natürliche Umwelt (Umweltschutzgruppen, Anwohner etc.) und Gemeinwesen (Mitbürger am Standort, soziale oder kulturelle Einrichtungen, lokale Politik etc.).

Sind die Stakeholder – etwa in Form einer Liste – identifiziert, müssen sie hinsichtlich ihrer Bedeutung bzw. Wichtigkeit für das Unternehmen beurteilt werden. Diese Differenzierung ist unerlässlich, da es keinem Unternehmen gelingen wird, alle Stakeholder in einen nachfolgenden Dialog einzubeziehen. Die Selektion selbst kann auf unterschiedlichen Kriterien basieren. Mitchell et al. (1997) schlagen in ihrem bekannten Modell die Kriterien „Macht", „Legitimation" und „Dringlichkeit" vor, um zwischen wichtigen und unwichtigen Stakeholdern zu unterscheiden. Ein anderer, vielfach verwendeter Ansatz stützt sich auf die Merkmale „Macht" und „Interesse". Unabhängig vom gewählten Modell, sollten am Ende des Prozesses die Stakeholder identifiziert sein, mit denen das Unternehmen in einen unmittelbaren Austausch treten sollte.

Diese Dialogphase stellt den dritten Schritt des Stakeholder-Managements dar. Sie dient dem Unternehmen dazu zu erfahren, welche Anliegen die einzelnen Stakeholder an das Unternehmen haben, wie sie sich vom Unternehmen positiv oder negativ beeinflusst fühlen und welche Zielsetzungen sie gegenüber dem Unternehmen verfolgen (Wheeler und Elkington 2001). Der Austausch selbst kann dabei in unterschiedlichen Formen stattfinden: als bilateraler Dialog an einem runden Tisch, aber auch als multilateraler Dialog, bei dem mehrere Stakeholder gleichzeitig anwesend sind (CSR Europe 2008). Letzteres hat den Vorteil, dass die einzelnen Stakeholder erkennen, dass sie nicht die einzigen sind, die bestimmte Wünsche an das Unternehmen herantragen, sondern dass es andere Stakeholder mit gegenläufigen Interessen gibt. Dadurch kommt es zu einer „Ausbalancierung". Darüber hinaus können gemeinsame Projekte, Tagungen und Konferenzen dazu dienen, die für die Stakeholder relevanten Themen zu erfahren.

Im vierten Schritt geht es zunächst darum, die gewonnene Information aus dem Dialog zu interpretieren. Welche Implikationen haben die von den Stakeholdern verfolgten Anliegen und Zielsetzungen für das Unternehmen? Welche Handlungsnotwendigkeiten entstehen daraus? Auch hier wird erneut eine Selektion notwendig sein, denn nicht alle von den Anspruchsgruppen artikulierten Wünsche werden auch zu adressieren sein. Schließlich sind entsprechende Maßnahmen und Aktivitäten vorzunehmen bzw. Veränderungen durchzuführen, um den Ansprüchen Rechnung zu tragen. Unerlässlich dabei aber ist, dass das Unternehmen berücksichtigt, welche Bedeutung die einzelnen Themen für das Unternehmen selbst haben. Es ist nicht die Zielsetzung des Stakeholder-Managements möglichst vielen Interessen nachzukommen, sondern sich den Themen zu widmen, die für die Stakeholder und das Unternehmen von großer Bedeutung sind. In diesem Kontext spricht man auch von Materialität oder Wesentlichkeit.

Anschließend wird im fünften Schritt festgestellt, inwieweit die durchgeführten Maßnahmen erfolgreich waren und die definierten Zielsetzungen erreicht wurden. Bei Abweichungen sollte festgestellt werden, worauf diese zurückzuführen sind, sodass entsprechende Modifikationen vorgenommen werden können.

Schließlich müssen die vorgenommenen Maßnahmen und Initiativen berichtet und an die Stakeholder kommuniziert werden. Dies geschieht häufig über die Homepage oder einen CSR-Bericht. Dieser dient nicht nur der Rechtfertigung und Dokumentation des eigenen Handels, sondern bietet für die Stakeholder eine Beurteilungsgrundlage und gestattet ihnen, auf dieser Basis Feedback zu geben.

Umweltanalyse
Zu jedem strategischen Managementprozess gehört eine Analyse der Unternehmensumwelt. Auch viele der Stakeholder, z. B. Kunden, Lieferanten, NGOs, politische Akteure, sind Teil dieser Umwelt, allerdings müssen auch übergeordnete Entwicklungen und Trends analysiert werden, die das Unternehmenshandeln jetzt und vor allem in Zukunft maßgeblich beeinflussen werden. Zu diesen sogenannten „Megatrends" gehören etwa der Klimawandel, die Ressourcenverknappung, der demografische Wandel, die Digitalisierung, die Urbanisierung und die Globalisierung. Bemerkenswerterweise sind genau das

die Themen, die seit etwa einem Jahrzehnt zu einer Intensivierung der Diskussion um „CSR" und „Nachhaltigkeit" geführt haben.

Aus einer moralischen Perspektive kann man Unternehmen für zahlreiche negative Auswirkungen dieser Entwicklungen auf Gesellschaften mitverantwortlich machen, denn sie tragen z. B. maßgeblich zum Klimawandel und der Rohstoffknappheit bei. Dementsprechend wäre es für sie obligatorisch, sich an der Lösung dieser Probleme zu beteiligen. Aber auch aus rein pragmatischer Managementsicht ist es für Unternehmen unabdingbar, sich mit den Megatrends strategisch auseinanderzusetzen, denn sie prägen nicht nur maßgeblich die Unternehmensumwelt des 21. Jahrhunderts, sie stellen auch eine massive Bedrohung für unternehmerisches Handeln dar, der es zu begegnen gilt. Deshalb ist es ein integraler Bestandteil eines funktionierenden Risikomanagements zu analysieren, welche Bedrohungen sich für ein Unternehmen aus den Megatrends ergeben. So könnten etwa fossile Brennstoffe durch erneuerbare Energien ersetzt werden, um dauerhaft die eigene Betriebsfähigkeit sicherzustellen. Dieses eher reaktive Verständnis lässt sich aus einer Wertschöpfungsperspektive durch ein offensives Verständnis erweitern. Ein Unternehmen sollte sich fragen, welche Lösungen es über den Markt zur Bewältigung dieser Probleme anbieten kann. Dies schafft nicht nur einen ökonomische, sozialen oder ökologischen Mehrwert für die Gesellschaft, es generiert auch ein nachhaltiges Geschäftsmodell für das Unternehmen, was Porter und Kramer (2011) als Shared Value bezeichnet haben. Nur die Unternehmen, die die erwähnten Megatrends in ihrer Strategie berücksichtigen, werden im 21. Jahrhundert auch erfolgreich sein.

Strategieformulierung
Basierend auf der Untersuchung der Ausgangslage durch den Austausch mit den Stakeholdern und der Analyse der Umwelt ist in einem nächsten Schritt die Strategie unter Berücksichtigung der eigenen Stärken und Schwächen zu erarbeiten. Hier kann eine klassische SWOT-Analyse hilfreich sein, wobei sich aus ihr zentrale Leitfragen ergeben: Welche Chancen und Risiken ergeben sich für uns aus den Megatrends, und welche unserer Stärken können wir einsetzen, um die Chancen zu nutzen bzw. den Risiken zu begegnen? Welche Stakeholder-Erwartungen können wir besonders gut erfüllen und wo haben wir Schwächen im Umgang mit einzelnen Stakeholdern? In welchen Feldern müssen wir tätig werden, da sie entweder grundlegende Bedrohungen darstellen oder elementare Chancen bieten?

Wie die letzte Frage demonstriert, ist die Bestimmung der relevanten Felder ein wichtiger Baustein der Strategieentwicklung. Corporate Social Responsibility umfasst eine solche Vielfalt an Themen, dass es nicht möglich ist, alle davon zu bearbeiten oder gar strategisch zu adressieren. Jedes Unternehmen muss für sich die relevanten Themenfelder feststellen. Dies kann der Umgang mit eigenen Mitarbeitern sein (und auch hier ist eine Bandbreite von Menschenrechtsfragen bis hin zu mehr Work-Life-Balance denkbar), den Kunden, der natürlichen Umwelt, der Community etc. Wurden die relevanten Felder identifiziert, so sind Ziele zu bestimmen, die innerhalb der Handlungsfelder erreicht werden sollen (Fifka und Berg 2014).

Was die Ziele betrifft, so können qualitative und quantitative Ziele unterschieden werden. Erstere sollten vor allem dann formuliert werden, wenn das Ergebnis nur schwer oder gar nicht messbar ist, beispielsweise die Reputation des Unternehmens. Es gibt zwar durchaus Versuche der Reputationsmessung, allerdings muss zum einen ihre Genauigkeit bezweifelt werden, zum anderen sind sie mit einem erheblichen finanziellen Aufwand verbunden. Quantitative Ziele hingegen eignen sich für exakt bestimmbare sozioökonomische Größen, etwa Abfallmengen, Emissionen, die Zahl der Arbeitsunfälle oder die Höhe der Spendensumme. Es empfiehlt sich, wenn möglich, quantitative Ziele zu formulieren, denn sie erlauben eine Fortschrittsbestimmung: „You can only manage what you can measure", so ein vielgebrauchter Leitsatz im Management. Will man später bestimmen, ob die formulierten Ziele erreicht wurden und die Strategie und deren Umsetzung richtig gestaltet wurden, so sind messbare Zielgrößen für einen Soll-Ist-Vergleich unabdingbar.

Strategieumsetzung
Sind die relevanten Handlungsfelder identifiziert und die zu erreichenden Ziele bestimmt, müssen die Maßnahmen geplant werden, mit denen die Ziele erreicht werden sollen. Dies wird zumeist als operatives Management bezeichnet (Baumgartner 2014). Hilfreich kann dabei erneut die Unterscheidung in die Handlungsfelder „Markt", „Mitarbeiter", „Umwelt" und „Gemeinwesen"/„Community" sein.

In den einzelnen Feldern steht erneut eine Fülle an möglichen Maßnahmen und Instrumenten zur Verfügung, weshalb hier nur beispielhaft erläutert werden kann, wie die Umsetzung der Strategie möglich ist. Wurde etwa im Umweltbereich das Ziel formuliert, die Emissionen zu senken, so könnte dies z. B. durch den Einbau von Filteranlagen, den Einsatz alternativer Energien, der Modifikation der Fahrzeugflotte oder vieler anderer Maßnahmen geschehen. Im Bereich „Mitarbeiter" wiederum könnte eine beabsichtige Senkung der Zahl der Arbeitsunfälle durch Trainings, bessere Warnhinweise oder eine Verlängerung von Pausen erzielt werden. Aufgrund der großen Zahl an Handlungsmöglichkeiten gibt es zwischenzeitlich viele Publikationen, die sich mit der Umsetzung von CSR auseinandersetzen. Herausgegeben wurden und werden diese von Ministerien, nationalen und internationalen Initiativen und Organisationen, Stiftungen und wissenschaftlichen Einrichtungen.

Messung und Berichterstattung
Im letzten Schritt geht es zunächst um die Messung der Ergebnisse. Darauf aufbauend kann beurteilt werden, ob die formulierten Ziele erreicht wurden oder nicht. Ist dies nicht der Fall, muss eine Abweichungsanalyse stattfinden, d. h. es muss ergründet werden, warum die Vorgaben verfehlt wurden. Die Gründe hierfür können vielfältig sein. So kann die Ausgangsanalyse Fehler beinhalten, die Strategie selbst defizitär gewesen sein, etwa in der Form unrealistisch formulierter Ziele, oder es können die falschen Maßnahmen bei der Umsetzung gewählt oder dabei Fehler gemacht worden sein. Die Abweichungsanalyse erlaubt somit eine Korrektur auf den entsprechenden Stufen des Prozesses.

Eine Erfassung bzw. Messung dient aber auch dazu, „Greifbares" an die Stakeholder kommunizieren zu können (Fifka 2013). Wie im Prozess des Stakeholder-Managements dargestellt, steht an dessen Ende die Information der Anspruchsgruppen über die CSR-Strategie, die getroffenen Maßnahmen und die erzielten Ergebnisse. Das Reporting dient aber nicht nur der Kommunikation mit Stakeholdern, es unterstützt auch die Steuerung des Unternehmens, vor allem anhand der ermittelten quantitativen Zielgrößen. Während die Verwendung finanzieller Kennzahlen seit Jahrzehnten fester Bestandteil des Managements ist, wurde sozialen und ökologischen Indikatoren lange keine Aufmerksamkeit geschenkt. Sie erlauben jedoch gleichermaßen Aussagen über die Leistung des Unternehmens, geben Aufschluss über Optimierungspotenziale und über existierende Chancen und Risiken. Berichterstattung hat also auch einen erheblichen internen Wert für das Unternehmen.

4 Der Business Case für strategisches CSR-Management

Neben einer besseren Steuerungsfähigkeit des Unternehmens, schafft ein strategischer CSR-Ansatz in vielerlei Hinsicht einen unternehmerischen Mehrwert. Zunächst einmal kann argumentiert werden, dass die Übernahme wirtschaftlicher, sozialer und ökologischer Verantwortung notwendig geworden ist, um die *License to operate* zu erhalten. Dabei handelt es sich um eine gesellschaftliche Lizenz, d. h. die Akzeptanz der Stakeholder, ohne die kein wirtschaftlicher Betrieb aufrechterhalten werden kann (Schaltegger und Burritt 2010). Denn verschiedene Anspruchsgruppen erwarten zunehmend, dass Unternehmen nachhaltig handeln (Veleva 2010; Yuan et al. 2011).

Aus diesem Grund ist es auch nicht erstaunlich, dass die Übernahme gesellschaftlicher Verantwortung einen Wettbewerbsvorteil darstellen und die Reputation des Unternehmens fördern kann, was von Managern in Studien als primäre unternehmerische Zielsetzung von CSR genannt wird (Ditlev-Simonsen und Midttun 2011). Gerade in einer dienstleistungsorientierten Branche wie der Tourismusindustrie können Reputationsvorteile entscheidend sein, denn die Kunden können die konsumierten Leistungen vorher nicht ausprobieren oder physisch betrachten. Sie treffen ihre Entscheidung auf einer Vertrauensbasis. Im Hinblick auf die Kunden ergeben sich aber auch Vorteile über eine Verbesserung von Wahrnehmen und Vertrauen hinaus. Durch das Angebot sozial und ökologisch verantwortlicher Produkte können neue Kundengruppen gewonnen und Märkte bearbeitet werden. Vor dem Hintergrund, dass immer mehr Konsumenten soziökologische Aspekte bei der Kaufentscheidung berücksichtigen, was etwa anhand der rasch wachsenden Umsätze im Fairen Handel festgemacht werden kann, ergibt sich hier erhebliches Potenzial. Im Kampf um Kunden entstehen auch Vorteile durch eine mögliche Produktdifferenzierung, die durch Innovation generiert wird.

Auch im Wettbewerb um Kapitalgeber kann strategisches CSR positiv wirken, denn es erfordert die Auseinandersetzung mit Themen, die im Hinblick auf die Reputation ein Risiko für Unternehmen darstellen. Beispielhaft können hier Kinderarbeit oder Umweltkatastrophen genannt werden. Solche Fehlhandlungen werden in der medialisierten Welt binnen von Minuten global „transportiert" und führen zu einer Rufschädigung. Investoren achten – auch aus puren Renditeüberlegungen – auf CSR als Bestandteil eines umfassenden Risikomanagements, denn sie wissen, dass jede Schädigung der Reputation auch die Rendite beeinträchtigt.

Solche Innovationen können aber auch Kostensenkungspotenziale für das Unternehmen schaffen, vor allem in ökologischer Perspektive. Gelingt es, die Ökoeffizienz zu steigern, d. h. das gleiche Angebot mit weniger Ressourceneinsatz zu erbringen oder mit dem gleichen Ressourceneinsatz mehr Angebot zu schaffen, so reduziert das nicht nur die Umwelt-, sondern auch die Kostenbelastung für die Organisation. Hier ist zu bemerken, dass dies häufig eines der „greifbarsten" Argumente für die Einführung eines CSR-Managements ist, da sich die Einsparungen leicht quantifizieren und damit auch monetarisieren lassen, was etwa bei der Loyalität der Mitarbeiter nicht der Fall ist.

Dennoch besteht im Hinblick auf die Mitarbeiter zweifelsfrei ein gewichtiger Business Case für CSR. Denn Unternehmen, die im Ruf stehen, sozial und ökologisch verantwortlich zu handeln, fällt es leichter, Mitarbeiter zu rekrutieren – gerade unter Menschen jüngeren Alters (Riordan et al. 1997; Fox 2007). Die sogenannte „Generation Y" legt bei der Wahl des Arbeitgebers mehr Wert auf Möglichkeiten der Selbstverwirklichung, der Sinnstiftung und der Chance, sich über die Arbeit gesellschaftlich einzubringen, als die vorausgehenden Generationen (Blumberg 2007). Unter der existierenden Belegschaft fördert CSR die Loyalität und Motivation (Rodrigo und Arenas 2008). Gerade der CSR-Bericht kann hier als sinnstiftendes Element wirken. In serviceorientierten Industrien wie dem Tourismus sind engagierte Mitarbeiter essenziell für den Unternehmenserfolg, weshalb dieser Vorteil nicht hoch genug bewertet werden kann.

Gleiches gilt auch für Investitionen in das Unternehmensumfeld bzw. den Ort, an dem die Leistung erbracht wird. Besonders im Tourismus ist das Leistungsangebot in den meisten Fällen unmittelbar abhängig von der sozialen und ökologischen Umwelt. Berücksichtigt man weiterhin, dass touristische Leistungen oft in Schwellen- und Entwicklungsländern erbracht werden, so bekommt dieser Aspekt zusätzliches Gewicht. Gelingt es einem Unternehmen, dieses Umfeld im Hinblick auf Infrastruktur, Bildung oder die Gesundheitsversorgung zu fördern, so wird es auch selbst davon profitieren in Form besser qualifizierter Mitarbeiter, einer höheren Kaufkraft, gesünderer Mitarbeiter oder auch einem besseren Angebot für die Kunden.

5 Fazit

Dieser letzte Aspekt reflektiert erneut den Kerngedanken strategischen CSR-Managements. Dieser geht nicht von einem „Trade-off" zwischen Unternehmen und gesellschaftlicher Verantwortung aus. Die Annahme, dass die Übernahme von Verantwortung zu Lasten des finanziellen Erfolgs geht und umgekehrt, ist überholt. Modernes CSR-Management folgt dem Paradigma eines „gemeinsamen Wertes", also der Möglichkeit, durch verantwortliches Handeln gleichsam einen Mehrwert für Unternehmen und Gesellschaft zu generieren.

Im Tourismus, der wie eben diskutiert, unmittelbar abhängig von ökonomischen, ökologischen und sozialen Rahmenbedingungen ist, ist ein solcher Ansatz besonders erfolgversprechend. Dennoch fehlt bei vielen Unternehmen ein Bewusstsein dafür. CSR ist nach wie vor eher „Window Dressing" und weniger ein strategisches Element. Die Ausnahme stellen entweder „Überzeugungstäter" dar, die aus Passion handeln, oder Unternehmen, die die mit CSR verbundenen Wettbewerbsvorteile erkannt haben und bereit sind, sich mit der Materie auseinanderzusetzen. Dies kann zunächst abschreckend sein, denn CSR ist ein „großer Blumenstrauß", der eine derart große Vielfalt an Themen umfasst, dass sich Unternehmen mit unlösbaren Aufgaben konfrontiert sehen. Wie bei jeder Strategie ist die Konzentration auf das Wesentliche entscheidend und die Implementierung von CSR-Strategien und -Programmen muss als ein kontinuierlicher Prozess verstanden werden. Unternehmen, die am Anfang der Implementierung von CSR in ihrer Organisation stehen, sollten mit einer kleinen Auswahl an Themen beginnen, die für sie selbst und ihre Stakeholder von großer Bedeutung sind. Peu à peu können neue Themen hinzugenommen und so das CSR-Spektrum erweitert werden.

Aufgrund der zunehmenden sozialen und ökologischen Probleme – Klimawandel, demografischer Wandel, Ressourcenknappheit, Fachkräftemangel oder unkontrollierbare Migrationsbewegungen – werden Unternehmen früher oder später ohnehin gezwungen sein, sich mit diesen Themen auseinanderzusetzen. Dann allerdings handelt es sich um eine bloße Reaktion bzw. Schadensbegrenzung, die keinen strategischen Wert mehr hat. Strategisches Handeln ist von proaktiver Natur, denn dann bietet es die Möglichkeit, CSR so zu gestalten, dass es Wettbewerbsvorteile schafft. Wenn ich als Unternehmen das tue, was die anderen auch tun, weil keine andere Wahl mehr besteht, kann das vielleicht das Überleben am Markt sichern. Eine Differenzierung, die im Dienstleistungssektor des 21. Jahrhunderts und besonders im Tourismus immer wichtiger wird, ist dadurch jedoch nicht möglich.

Literatur

Barnard C (1938) The Functions of the Executive. Harvard University Press, Cambridge

Baumgartner R (2014) Managing corporate sustainability and CSR: A conceptual framework combining values, strategies and instruments contributing to sustainable development. Corp Soc Responsib Environ Manag 21:258–271

Bleicher K (1996) Das Konzept „Integriertes Management". Campus, Frankfurt/Main

Blumberg M (2007) Zwischen Philanthropie und Strategie – Corporate Volunteering als Instrument der Organisationsentwicklung in Deutschland, Brands & Values, Vortrag vom 19.07.2007. www.brandsandvalues.com/?s=file_download&id=53. Zugegriffen: 23. Mai 2011

Bowen HR (1953) Social responsibilities of the businessman. Harper & Brothers, New York

Carlowitz HC von (1713) Sylvicultura oeconomica. Braun, Leipzig

Carroll AB (1979) A three-dimensional conceptual model of corporate social performance. Acad Manag Rev 4(1):497–505

Carroll AB (1991) The pyramid of corporate social responsibility: toward the moral management of organizational stakeholders. Bus Horiz 34(4):39–48

CSR Europe (2008) Proactive stakeholder engagement. http://www.larrge.eu/uploads/tx_larrgeguide/Stakeholder_engagement.pdf. Zugegriffen: 25. Mai 2016

Ditlev-Simonsen CD, Midttun A (2011) What motivates managers to pursue corporate responsibility? A survey among key stakeholders. Corp Soc Responsib Environ Manag 18:25–38

Dodd EM (1932) For whom are corporate managers trustees? Harv Law Rev 45(8):1365–1372

Elkington J (1997) Cannibals with forks: the triple bottom line of 21st century business. Capstone Publishing, Oxford

Europäische Kommission (2011) Eine neue EU-Strategie (2011–14) für die soziale Verantwortung der Unternehmen (CSR), Kom(2011) 681. Europäische Kommission, Brüssel

Fifka MS (2011a) Corporate Citizenship in Deutschland und den USA – Gemeinsamkeiten und Unterschiede im gesellschaftlichen Engagement von Unternehmen und das Potenzial für einen transatlantischen Transfer. Gabler, Wiesbaden

Fifka MS (2011b) Sustainability, Corporate Social Responsibility und Corporate Citizenship – ein Abgrenzungsversuch im Begriffswirrwarr. In: Haunhorst E, Willers C (Hrsg) Nachhaltiges Management – Sustainability, Supply Chain, Stakeholder. IFNM, Bonn, S 29–49

Fifka MS (2013) Corporate responsibility reporting and its determinants in comparative perspective – A review of the empirical literature and a Meta-analysis. Bus Strategy Environ 22(1):1–35

Fifka MS, Berg N (2014) Managing corporate social responsibility for the Sake of business and society. Corp Soc Responsib Environ Manag 22(5):253–257

Fifka MS, Loza Adaui CR (2015) Corporate social responsibility reporting – administrative burden or competitive advantage. In: O'Riordan L, Zmuda P, Heinemann S (Hrsg) New perspectives on corporate social responsibility: Locating the missing link. Springer Gabler, Wiesbaden, S 283–298

Fox A (2007) Corporate social responsibility pays off. Hr Mag August:43–49

Freeman RE (1984) Strategic management: A stakeholder approach. Pitman, Boston (Reprinted in 2010, Cambridge University Press)

Galbreath J (2009) Building corporate social responsibility into strategy. Eur Bus Rev 21(2):109–127

Hahn T, Schermesser M (2006) Approaches to corporate sustainability among German companies. Corp Soc Responsib Environ Manag 13(3):150–165

ISO (2010) ISO 26000 – Leitfaden zur gesellschaftlichen Verantwortung. Beuth Verlag, Berlin

McGuire JW (1963) Business and Society. McGraw-Hill, New York

Mitchell RK, Agle BR, Wood DJ (1997) Toward a theory of stakeholder identification and salience: Defining the principle of who and what really counts. Acad Manag Rev 22(4):853–886

Porter ME, Kramer MR (2011) Creating shared value. Harv Bus Rev 89(1/2):62–77

Riordan CM, Gatewood RD, Barnes J (1997) Corporate image: Employee reactions and implications for managing corporate social performance. J Bus Ethics 16(4):401–412

Rodrigo P, Arenas D (2008) Do employees care about CSR programs? A typology of employees according to their attitudes. J Bus Ethics 83:265–283

Schaltegger S, Burritt R (2010) Sustainability accounting for companies. Catchphrase or decision support for business leaders? J World Bus 45(4):375–384

Schuler A (2000) Von der Nachhaltigkeit als Beschränkung zur nachhaltigen Entwicklung als Programm. Schweizer Zeitschrift für Forstwesen 12:497–501

Sharp Z, Zaidman N (2010) Strategization of CSR. J Bus Ethics 93:51–71

Veleva VR (2010) Managing corporate citizenship: A new tool for companies. Corp Soc Responsib Environ Manag 17:40–51

Wagner M (2009) Innovation and competitive advantages from the integration of strategic aspects with social and environmental management in European firms. Bus Strategy Environ 18:291–306

Weiermair K, Bieger T (2008) Unternehmertum im Tourismus: Führen mit Erneuerungen. Erich Schmidt Verlag, Berlin

Wheeler D, Elkington J (2001) The end of the corporate environmental report? Or the advent of cybernetic sustainability reporting and communication? Bus Strategy Environ 10(1):1–14

World Commission on Environment and Development (1987) Report of the world commission on environment and development: our common future. http://www.un-documents.net/wced-ocf.htm. Zugegriffen: 2. Jul. 2015

Yuan W, Bao Y, Verbeke A (2011) Integrating CSR initiatives in business: An organizing framework. J Bus Ethics 101:75–92

Prof. Dr. Matthias S. Fifka ist Vorstand des Instituts für Wirtschaftswissenschaft sowie Professor für Betriebswirtschaftslehre, insb. Unternehmensethik, an der FAU Erlangen-Nürnberg. Zudem ist er Gastprofessor an der Shanghai Jiao Tong University, der University of Dallas, der Wirtschaftsuniversität Wien und der Maastricht School of Management. In Forschung und Lehre beschäftigt er sich mit strategischem Management, insbesondere der strategischen Implementierung von Sustainability und Corporate Social Responsibility, CSR-Reporting, Unternehmensethik sowie Corporate Governance. Er war und ist Mitglied in zahlreichen wissenschaftlichen Kommissionen, u. a. für die Europäische Kommission, das Bundesministerium für Arbeit und Soziales sowie den Bundesdeutschen Arbeitskreis für Umweltbewusstes Management e. V. (B.A.U.M. e. V.).

Nachfrage für nachhaltigen Tourismus

Fabian Weber

1 Einleitung

Die Leistungsträger im Tourismus stehen heute vor der Herausforderung, ihre unternehmerische Verantwortung in einem Sinne wahrzunehmen, dass die positiven Wirkungen gefördert sowie die negativen ökologischen, sozialen und wirtschaftlichen Folgen möglichst minimiert werden. Eine ausgewogene Berücksichtigung der drei Nachhaltigkeitsdimensionen Wirtschaft, Umwelt und Gesellschaft bildet die Basis für eine langfristig erfolgreiche Entwicklung einer Tourismusregion.

Verschiedene Rahmenbedingungen und oft auch konkrete Ziel- und Interessenskonflikte stellen bei der Umsetzung von CSR-Konzepten in touristischen Betrieben Herausforderungen dar. Nicht selten werden insbesondere die mangelnde Nachfrage oder vielmehr eine ungenügende Zahlungsbereitschaft der Gäste als hemmender Faktor für ein betriebliches CSR angeführt. Dieser Beitrag versucht basierend auf bestehenden Studien aufzuzeigen, welches Nachfragepotenzial für einen nachhaltigen Tourismus besteht, welche Merkmale den „nachhaltigen Touristen" ausmachen und wie es um seine Zahlungsbereitschaft steht, bevor im letzten Abschnitt die vorgestellten Studienergebnisse kritisch gewürdigt werden und ein Fazit gezogen wird.

2 Nachfragepotenzial für nachhaltigen Tourismus

Gesellschaftliche Entwicklungen spiegeln sich oft auch im Reiseverhalten wider. Es gibt mehrere Gründe, welche die Annahme unterstützen, dass nachhaltiger Tourismus in Zukunft noch wichtiger wird. Eine Studie der SNV Niederlande (SNV 2009) nennt verschie-

---

F. Weber (✉)
Institut für Tourismuswirtschaft ITW, Hochschule Luzern - Wirtschaft
Rösslimatte 48, 6002 Luzern, Schweiz
E-Mail: fabian.weber@hslu.ch

dene Lifestyle-Trends, z. B. das Bedürfnis nach Naturverbundenheit oder die Suche nach Authentizität und Selbsterfüllung, welche die Nachfrage für einen verantwortungsvollen Tourismus wachsen lassen. „Die Gäste werden laut David Bosshart vom Gottlieb Duttweiler Institut in Zukunft mobiler, älter, reifer, sozialer, wertebewusster und weiblicher. Verschiedene Aktionsfelder werden für den Tourismus an Bedeutung gewinnen, zum Beispiel … Nachhaltigkeit" (Schweiz Tourismus 2008, S. 12). Auch John Grant vom GDI (Grant 2007) betont die Zusammenhänge zwischen Lebensstil und Reiseverhalten: „Bewusster Konsum ist Mainstream geworden. Themen wie Nachhaltigkeit, Gesundheit und Umweltbewusstsein liegen im Trend eines angesagten Lebensstils …".

Zahlreiche Studien haben die Bedeutung bzw. das Interesse von Reisenden an nachhaltigen Angeboten untersucht und eine Abschätzung des Volumens vorgenommen. Je nach Untersuchungsmethode und Fragestellung variiert der Anteil der nachhaltigkeitsinteressierten Personen. Einige Studien betrachten dabei ausschließlich die ökologischen Aspekte. Im Folgenden werden die wichtigsten Erkenntnisse aus unterschiedlichen Studien zum Thema zusammengetragen (Abschn. 2.1), bevor spezifische Ergebnisse einer Studie der Hochschule Luzern sowie der Reiseanalyse Deutschland spezifischer erläutert werden (Abschn. 2.2).

2.1 Nachhaltige Reisen aus Nachfragesicht

Für immer mehr Reisende spielen Nachhaltigkeitsaspekte bei der Buchungsentscheidung eine Rolle. Das Bewusstsein für nachhaltige Reisen und die Bedeutung umweltschonender Reisemöglichkeiten nimmt zu.

Nach einer Umfrage von Lonely Planet (2007) sind 70 % der internationalen Reisenden bereits einmal umweltfreundlich gereist (z. B. indem sie mit dem Bus anstatt mit dem Flugzeug gereist sind) bzw. 90 % werden Nachhaltigkeit bei zukünftigen Reisen berücksichtigen.

Eine Studie von TripAdvisor (2013) hat im sogenannten TripBarometer mehr als 35.000 Hoteliers und Reisende aus aller Welt zum Thema nachhaltiges Reisen befragt. Von den befragten deutschen Reisenden halten es 80 % für wichtig, dass Hotels ökofreundliche Praktiken umsetzen. Damit liegen sie knapp über dem europäischen (78 %) und dem weltweiten Durchschnitt (79 %) der Befragten.

Auch eine Befragung des UNEP (2011) zeigt, dass die touristische Nachfrage für grünere Ferien steigt. Mehr als ein Drittel der Reisenden bevorzugen umweltfreundlichen Tourismus und sind auch bereit für entsprechende Erlebnisse zu zahlen.

Gemäß einer Studie mit mehr als 6000 Befragten von Deloitte (2011) reisen die Babyboomer besonders umweltfreundlich, die Generation X (Jahrgänge 1965–1979) arbeiten für und reisen mit besonders hoher Wahrscheinlichkeit mit Unternehmen, die nachhaltige Werte schätzen, und die Generation Y (1980–1994) ist am ehesten bereit, extra dafür zu bezahlen, um in einer grünen Unterkunft zu übernachten. Insgesamt gaben 54 % an, dass Nachhaltigkeit bei der Kaufentscheidung eine Rolle spiele. Allerdings spielte Nachhaltigkeit vor allem als Unterscheidungsmerkmal eine zentrale Rolle, wenn alle anderen Kaufentscheidungsfaktoren ähnlich waren. Deloitte folgert daraus, dass in kompetitiven Märkten, wie die Hotellerie einer ist, das Hervorheben eines solchen Differenzierungsmerkmals den Unterschied machen kann, ob man als Marktführer oder Nachahmer unterwegs ist (Deloitte 2011, S. 10).

In einer Befragung von 2768 Personen in den USA über nachhaltiges Reisen bezeichneten sich 951 Personen (34,6 %) davon als „extrem" oder „sehr" umweltbewusst (CMI 2010). Knapp 8 % der Befragten gaben an, dass sie bewusst grüne Unterkünfte gesucht und gebucht hätten und fast 5 % haben die Klimaemissionen ihrer Reise kompensiert. Die Autoren kommen zum Schluss, dass umweltbewusster Tourismus mehr als nur eine Modeerscheinung ist und dass sich die Reisenden vermehrt bewusst für nachhaltiges Reisen entscheiden, auch wenn andere Faktoren wie Preis, Komfort und Zielgebiet weiterhin primär ausschlaggebend sind (CMI 2010).

Die Hotelkette Accor (2011) befragte 6973 Hotelgäste in sechs Ländern unter Berücksichtigung unterschiedlicher Hotelkategorien (einfach, luxuriös) und Hotelformen (Ketten, unabhängige Hotels). Unabhängig von Geschlecht, Familiensituation, Kultur und Reisemotiv ist eine Mehrheit der Gäste mit dem Begriff „nachhaltige Entwicklung" vertraut. Vor allem die jüngeren Gäste zwischen 18 und 34 Jahren, die häufiger in günstigeren Hotels übernachten, seien besonders sensibilisiert.

Gemäß einer Studie von Adlwarth (2010) über das Reiseverhalten der Deutschen im Tourismusjahr 2007/2008 sind 33 % der reiseaktiven Haushalte an CSR interessiert, was bedeutet, dass sie besonders Wert legen auf Umwelt- und Klimaschutz, Entwicklungshilfe, ethische Standards und Menschenrechte oder auf die Unterstützung von sozial Schwachen.

Im Auftrag von Kuoni wurden im Winter 2009/2010 1001 Kuoni-Kunden befragt, die bereits mindestens einmal ins Ausland verreist waren. Der Ferienreport von Kuoni (2010) zeigt, dass rund 48 % der befragten Schweizer nachhaltig reisen möchten. Auch der Ferienreport des Folgejahrs (Kuoni 2011) bezeichnet Nachhaltigkeit (42 %) als einer der Top-5-Zukunftsreisetrends der Schweizer – zusammen mit den Trends „einfacher Luxus mit traditionellen Werten" (38 %), „unbekannte Orte entdecken" (36 %), „Öko-Tourismus" (30 %) und „soziale Verantwortung" (21 %).

2.2 Das Nachfragepotenzial für nachhaltiges Reisen

Dass es ein interessantes Marktsegment gibt, für welches Nachhaltigkeit bei der Reiseentscheidung eine wichtige Rolle spielt, zeigen unter anderem die internationale Studie „Is there demand for sustainable tourism?" des Instituts für Tourismuswirtschaft ITW der Hochschule Luzern (Wehrli et al. 2011) sowie die deutsche Reiseanalyse (FUR 2014a).

Das ITW hat in einer Mehrländerbefragung untersucht, was Touristen unter einem nachhaltigen Tourismus verstehen und wie groß das Nachfragepotenzial für nachhaltigen Tourismus ist. Es wurden insgesamt 6113 Personen aus acht Ländern befragt, die

Tab. 1 Anteil der Befragten, bei denen Nachhaltigkeit einer der Top-Drei-Reiseentscheidungsfaktoren ist. (Quelle: Wehrli et al. 2011)

Land	Anteil in %
Brasilien	36,1
Deutschland	16,8
Indien	41,3
Russland	21,9
Schweden	15,4
Schweiz	17,4
Großbritannien	12,1
USA	14,3

im Jahr vor der Befragung mindestens eine Reise mit Übernachtung unternommen hatten. Generell steht Nachhaltigkeit nicht an erster Stelle bei der Reiseentscheidung. Die befragten Personen wurden gebeten, die Wichtigkeit verschiedener Faktoren für die Buchungsentscheidung einer Reise anzugeben. Wetter bzw. Klima wurden als wichtigste Entscheidungsfaktoren bezeichnet, gefolgt vom Preis und der Erreichbarkeit einer Destination (Wehrli et al. 2011, S. 14):

1. Wetter/Klima
2. Preis
3. Erreichbarkeit einer Destination
4. Lokale Kultur
5. Landschaft
6. Essen
7. Nachhaltigkeit
8. Lokale Aktivitäten

Dennoch gehört bei 22 % der Reisenden das Thema Nachhaltigkeit zu den drei wichtigsten Entscheidungsfaktoren bei der Buchung. Das ergibt ein interessantes Marktsegment für nachhaltigen Tourismus. Dieses Potenzial ist allerdings je nach untersuchtem Land unterschiedlich (s. Tab. 1; Wehrli et al. 2011, S. 3).

Die Reiseanalyse der Forschungsgemeinschaft Urlaub und Reisen e. V. (FUR) untersucht seit 1970 jährlich die deutsche Urlaubsnachfrage. Der Bericht aus dem Jahr 2014 zeigt, dass sich 31 % der deutschen Bevölkerung ab 14 Jahre wünscht, ihren Urlaub möglichst ökologisch verträglich, ressourcenschonend und umweltfreundlich zu verbringen (21,9 Mio. Personen). Die Sozialverträglichkeit des Urlaubs ist für 38 % der Bundesbürger wichtig (26,4 Mio. Personen) (FUR 2014a, S. 7). Insgesamt 22 % der Befragten geben sogar an, dass sie bei Reisen immer auf Nachhaltigkeit achten. Insgesamt 61 % würden ihre Urlaubsreise gerne nachhaltig gestalten, setzen ihren Wunsch aber nicht in die Realität um (s. Abb. 1; FUR 2014a, S. 8).

Abb. 1 Bedeutung von Nachhaltigkeit bei Urlaubsreisen. Frage: Welchen dieser Aussagen zu nachhaltigem Tourismus stimmen Sie zu? (Mehrfachnennungen möglich). (Basis: Deutschsprachige Wohnbevölkerung (Onliner) 14–70 Jahre (n = 2548; 59,4 Mio.); Quelle: FUR 2014a)

Abb. 2 Segmentierung nach Einstellung zu nachhaltigem Tourismus: Gesamt. (Basis: Deutschsprachige Wohnbevölkerung 14 Jahre + (n = 7795; 70,3 Mio.); Quelle: FUR 2014a)

Die Autoren stellen fest, dass „… eine nachhaltige Reise nicht teurer sein [soll] als eine ‚normale', die eigentlichen Urlaubswünsche müssen erfüllt sein und es muss die richtigen Informationen und ein breites, passendes und auffindbares Angebot für nachhaltigen Tourismus geben. Das Potenzial für mehr nachhaltigen Tourismus ist auf dem deutschen Markt also durchaus vorhanden" (FUR 2014b, S. 6).

Die Studie unterscheidet zwischen Interessenten für ökologisch verträgliche Urlaubsreisen und Interessenten für sozial verträgliche Urlaubsreisen, deren Schnittmenge wird als Interessenten für nachhaltige Urlaubsreisen („NH-Interessenten") bezeichnet (FUR 2014a, S. 5; s. Abb. 2).

„Die Überschneidungen zwischen den Segmenten sind extrem groß. Insgesamt 89 % der Ökologischinteressierten (Gesamtpotenzial) geben auch an, dass ihr Urlaub möglichst sozialverträglich sein sollte. Umgekehrt ist es für 74 % der Sozialinteressierten wichtig, dass ihr Urlaub möglichst ökologisch verträglich, ressourcenschonend und umweltfreundlich ist" (FUR 2014a, S. 5).

3 Charakteristika des nachhaltigen Touristen

Neben der quantitativen Annäherung stellt sich auch die Frage, welches denn die potenziellen Zielgruppen für einen nachhaltigen Tourismus sind und durch welche Merkmale sich diese hervorheben. In den folgenden Abschnitten wird auf das Nachhaltigkeitsverständnis und verschiedene Nachhaltigkeitstypen eingegangen (Abschn. 3.1), mögliche Zielgruppen werden vorgestellt (Abschn. 3.2), die Zahlungsbereitschaft analysiert (Abschn. 3.3) sowie mögliche Diskrepanzen zwischen intendiertem und realisiertem Handeln thematisiert (Abschn. 3.4).

3.1 Nachhaltigkeitsverständnis und -typen

Den „nachhaltigen" Touristen gib es nicht. Das Verständnis von Nachhaltigkeit und die Bedürfnisse und Vorlieben unterscheiden sich selbst bei den für Nachhaltigkeit affinen Gästen.

Wenn man Eigenschaften des nachhaltigen Gastes benennen möchte, gilt es, das teilweise unterschiedliche Verständnis des Nachhaltigkeitsbegriffs zu berücksichtigen. Die Studie der Hochschule Luzern (Wehrli et al. 2011) evaluierte das Verständnis für Nachhaltigkeit im Tourismus. Dabei zeigte sich, dass v. a. Attribute, die zu lokalen Aspekten referenzieren und das Wort lokal in der Beschreibung aufweisen, als am relevantesten für einen nachhaltigen Tourismus betrachtet wurden.

Die wichtigsten Attribute aus Sicht der befragten Touristen in den einzelnen Dimensionen sind:

- Umwelt
  - Erhalt des Landschaftsbilds
  - Ressourceneffizienz
  - Abfallmanagement
- Gesellschaft
  - Erhalt des kulturellen Erbes
  - Einbezug der lokalen Gemeinschaft
  - Berücksichtigung der Auswirkungen des Tourismus auf die lokale Bevölkerung
- Wirtschaft
  - Verwendung von lokalen Produkten und Dienstleistungen
  - Lokale Beschäftigte
  - Sicherstellung des langfristigen regionalen Wohlstands

Die Studie, welche Reisende in acht Ländern befragte, definierte mit Bezug auf das Verständnis für Nachhaltigkeit im Tourismus fünf Nachhaltigkeitstypen (vgl. Abb. 3).

Die Abb. 3 zeigt die Verteilung der Befragten auf die verschiedenen Nachhaltigkeitstypen:

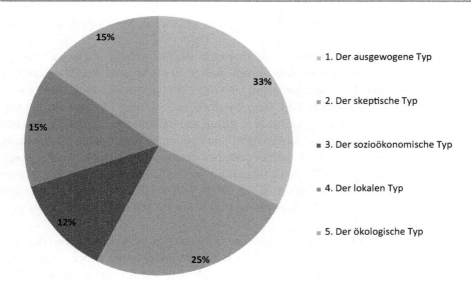

Abb. 3 Unterschiedliche Nachhaltigkeitstypen. (Quelle: Wehrli et al. 2011)

- Der ausgewogene Typ beachtet alle drei Nachhaltigkeitsdimensionen gleichermaßen.
- Der skeptische Typ hat eine kritische Haltung und für ihn sind alle Nachhaltigkeitsaspekte weniger wichtig.
- Der sozioökonomische Typ beachtet besonders die sozialökonomischen Aspekte eines nachhaltigen Angebots (z. B. gleichmäßigere Einkommensverteilung, gerechtere Gesellschaft).
- Der ökologische Typ beachtet besonders die ökologischen Aspekte (z. B. Umweltschutz, Ressourcenmanagement, CO_2-Kompensation).
- Für den lokalen Typ sind der Bezug zu lokalen Aspekten der Nachhaltigkeit und zur Kultur besonders wichtig (z. B. lokale Produkte, authentische Erfahrungen, Kontakt mit lokaler Bevölkerung).

Tendenziell wissen allerdings die meisten Gäste wenig über Nachhaltigkeit oder haben ein sehr partielles Verständnis des Nachhaltigkeitskonzepts (z. B. nur Umweltaspekte) (Weber und Taufer 2016). Eine internationale Studie zu den Erwartungen von Hotelgästen in Bezug auf nachhaltiges Reisen zeigt, dass als wichtigste Themen für ein verantwortungsvolles Hotel spontan die Themen Wasser, Energie, Abfall und Umweltschutz genannt wurden. In einer gestützten Befragung wurde auch der Kinderschutz als Priorität gesehen (Accor 2011).

Gemäß Siegrist et al. stehen beim Bedürfnis nach nachhaltigem Tourismus die soziokulturellen Aspekte im Vordergrund. „Am meisten wünschen die Befragten einen Tourismus, der die lokale Natur und Kultur nicht gefährdet. Zudem soll das Geld aus dem

Tourismus in erster Linie der Region und der dort ansässigen Bevölkerung zugutekommen" (Siegrist et al. 2002, S. 48).

Grundsätzlich stellen jene Kunden ein Potenzial dar, die auch bei sonstigen Kaufentscheiden auf einen bewussten Konsum achten. Die Fair-Trade-Organisation Max Havelaar (2013) unterscheidet die Konsumentengruppen in zwei Hauptsegmente: einerseits reife Kunden (26 %), die regelmäßig Fair-Trade-Produkte kaufen, über 55 Jahre alt und verheiratet sind, über ein hohes Einkommen verfügen und die vor allem klassische Medien konsultieren. Andererseits junge Kunden (34 %) mit geringem bis mittlerem Einkommen, die alleine leben und sehr stark in sozialen Medien aktiv sind. Bei dieser Kundengruppe bestehe ein besonders großes Potenzial (Max Havelaar 2013). Insgesamt gibt es ein breites und wachsendes Segment von Personen, die bereits auf Fair-Trade-Produkte achten und dies auch bei einer Reiseentscheidung tun würden, wenn die Preisdifferenz nicht zu hoch ist (Weber 2013).

Doch auch wenn die Nachfrage nach ethischen und sozialen Angeboten oder umweltzertifizierten Unterkünften wächst, holen die Gäste Informationen über umwelt- und sozialverantwortliche Aspekte ihrer Reise meist nicht aktiv ein (Chafe und Honey 2005). Dafür orientieren sich Touristen immer mehr an Zertifizierungen. Jeder achte Deutsche bucht ein Hotel mit Umweltsiegel. Insgesamt 12,8 % der deutschen Bundesbürger übernachteten bereits in einem umweltfreundlichen Hotel, 4,4 % haben eine freiwillige Klimaspende geleistet (TUI 2010).

Die wichtigsten Gründe, weshalb jemand nicht nachhaltig reist, wurden in der Reiseanalyse (FUR 2014a) abgefragt. Die am häufigsten genannten Hinderungsgründe sind:

- zusätzliche Kosten (55 %),
- eigene Urlaubswünsche, die nicht mit nachhaltigen Angeboten zu erfüllen sind (49 %),
- zu wenig Informationen (43 %),
- kein klares Siegel/Gütezeichen (42 %),
- (mangelnde) Anzahl an nachhaltigen Angeboten (32 %).

3.2 Zielgruppen mit besonderer Nachhaltigkeitsaffinität

Neben den Konsumenten, die eine spezielle Affinität für Nachhaltigkeitsthemen aufweisen und auch im Alltag auf einen bewussten Konsum Wert legen, können folgende zwei Zielgruppen mit besonders nachhaltigkeitsaffinem Verhalten hervorgehoben werden.

Geschäftsreisen, MICE und Veranstaltungen
Beim Geschäftstourismus nimmt die Bedeutung von Nachhaltigkeit und insbesondere von Umweltaspekten bei der Wahl der Unterkunft oder des Tagungsortes zu. Verschiedene Studien erkennen einen Trend in Richtung Nachhaltigkeit im Bereich der Geschäftsreisen, MICE (Meetings, Incentives, Conferences and Exhibitions) und Events.

In einer Studie des CMI (2010) gaben 86 % der Befragten an, dass sie erwarten, dass Organisatoren von geschäftlichen Veranstaltungen umweltfreundliche Praktiken berücksichtigen. Die Autoren gehen davon aus, dass das Meeting und Event Geschäft längerfristig weiterhin grüner werden werde. Auch Jürg Schmid, Direktor von Schweiz Tourismus, stellt fest: „Während Nachhaltigkeit bei Freizeitreisen als Selbstverständlichkeit erwartet wird, wird die Erfüllung von Nachhaltigkeitskriterien bei Geschäftsreisen vermehrt zum entscheidenden Selektionskriterium" (Barth und Weber 2010, S. 15).

Das Hotel Yearbook von Horwath HTL (2014) hält fest, dass Nachhaltigkeit zum Mainstream wird. Die Planer von Meetings und Geschäftsanlässen würden immer mehr erwarten, dass Hotels Informationen zu ihren Nachhaltigkeitsaktivitäten (wie Energieverbrauch oder Abfallmanagement) zur Verfügung stellen. Zudem werde das Vorweisen eines entsprechenden Umweltmanagementsystems oder Labels durch eine unabhängige Instanz immer wichtiger (Horwath HTL 2014). Gemäß einer Studie der Global Business Travel Association haben 19 % der Unternehmen in den USA Richtlinien für Geschäftsreisen, welche die Bevorzugung nachhaltiger Hotels erfordern oder empfehlen (Martin in CREST 2015).

Eine internationale Studie von Airplus (2014) bei Reiseverantwortlichen großer Unternehmen zeigt, dass sich das Thema Corporate Social Responsibility (CSR) bereits in 51 % der befragten Unternehmen durchgesetzt hat. Schutz, Sicherheit und Nachhaltigkeit sind die Themenbereiche, die das Reisemanagement 2014 am stärksten bewegten (Airplus 2014).

Ein anderes Bild zeigen allerdings Ergebnisse einer Studie von Best Western (2013). Für nur etwa jedes zehnte befragte Unternehmen (12 %) spielten im Jahr 2013 umweltverträgliche Tagungsangebote bei der Buchungsentscheidung eine wichtige Rolle.

LOHAS (Lifestyle of Health and Sustainability)
Eine im Zusammenhang mit nachhaltigem Konsum häufig erwähnte Zielgruppe sind die sogenannten LOHAS (Lifestyle of Health and Sustainability), welche sich durch eine Verbindung von Umwelt- und Sozialbewusstsein einerseits, Konsum- und Genussfreude andererseits auszeichnen. „In ihrer Wertewelt verbinden sich Nachhaltigkeit, Verantwortung und Gemeinschaft mit Gesundheit, Wellness und Genuss. Für Produkte, die diesen Ansprüchen entsprechen, sind sie auch bereit, mehr auszugeben." (Umweltbundesamt 2014). Sie sind also eigentlich die ideale Zielgruppe für nachhaltige Produkte. „Ihr Konsumverhalten schafft Milliardenmärkte für Produkte, die ein gutes Gewissen mitliefern." (Grant 2007 S. 11) Schätzungen zum tatsächlichen Potenzial weichen stark voneinander ab, vor allem weil es keine einheitliche Definition des Begriffs gibt, aber auch weil es sich um eine heterogene Gruppe handelt, die nur einzelne gemeinsame Merkmale aufweist. Schulz (2008) geht von 5 Mio. LOHAS-Haushalten in Deutschland aus. Das wären ca. 12,5 % der Haushalte oder 10 Mio. Personen (Umweltbundesamt 2014).

Gemäß Wöhler verbinden diese LOHAS ein hohes Einkommen mit Umweltbewusstsein. Bezogen auf den Tourismus wäre demnach ein umweltverträgliches Tourismusprodukt ein teures Statusgut, „das seinem Besitzer Ansehen verleiht." Nachhaltiges Reisen wird so zu einem Luxusgut, mit dem man sich gegenüber anderen abgrenzen kann (Wöhler 2002).

Allerdings geht mit dem aufwendigen Lebensstil der LOHAS (große Wohnungen, viel Reisen etc.) oft eine insgesamt größere Umweltbelastung einher als beim Durchschnittsbürger. Dies geht aus einer Untersuchung des Umweltökonomen Michael Bilharz vom deutschen Umweltbundesamt hervor, der die Ökobilanzen von 24 typischen LOHAS analysiert hat (Bilharz 2009).

3.3 Zahlungsbereitschaft für nachhaltige Reiseangebote

Auch wenn die Gäste nachhaltigen Anliegen gegenüber positiv eingestellt sind, bedeutet dies nicht zwingend, dass sie auch bereit sind, mehr für ein entsprechendes Angebot zu bezahlen. Oft argumentieren touristische Leistungsträger, dass zwar ein hohes Umweltbewusstsein vorliege, doch der Tourist nicht zahlungsbereit sei (Wöhler 2002). Verschiedene Studien, die die Zahlungsbereitschaft von Reisenden untersuchten, zeigen allerdings, dass es durchaus eine Gruppe von Reisenden gibt, die eine höhere Zahlungsbereitschaft für nachhaltige Angebote aufweisen.

Laut einer Studie von Adlwarth (2010) sind 33 % der reiseaktiven deutschen Haushalte an CSR interessiert. Davon würde die Hälfte bis 5 % mehr bezahlen. Die andere Hälfte wäre bereit, einen Mehrpreis von 10 bis 15 % in Kauf zu nehmen.

Die Online-Befragung von Rheem (2009) zeigt, dass rund ein Drittel der befragten Reisenden bereit sind für umweltfreundliches Reisen mehr zu bezahlen. Umgekehrt sehen aber auch 67 % höhere Preise als ein Hindernis für umweltfreundliches Reisen.

Eine TripAdvisor Umfrage (2010) ergab, dass 34 % der befragten Hotelgäste bereit sind, für ein umweltfreundliches Hotel mehr zu bezahlen (25 % wären bereit 5–10 % mehr zu zahlen, 12 % würden sogar einen Mehrpreis von 10–20 % akzeptieren). In einer Studie von Deloitte (2008) sind 28 % der befragten Geschäftsreisenden mit einem Aufpreis von 10 % für umweltfreundliche Hotels einverstanden.

Eine Studie von Kang et al. (2012) kommt zum Ergebnis, dass Hotelgäste aus den USA mit einem hohen Umweltbewusstsein eine höhere Bereitschaft haben, für ökologische Initiativen eines Hotels zu bezahlen. Dabei weisen Hotelgäste im Luxus- und Mittelklassesegment eine höhere Zahlungsbereitschaft aus als Gäste im tiefen Preissegment (Kang et al. 2012, S. 564).

Eine breit angelegte internationale Umfrage von TNS Global (2007) zeigt, dass nur 6 % der Touristen mehr zahlen für nachhaltigen Tourismus, aber 34 % geben an, dass sie bereit wären, mehr zu bezahlen.

Gemäß Untersuchungen des SNV (2009) würden 52 % der Befragten aus Großbritannien eher bei einem Unternehmen buchen, dass eine schriftliche Verpflichtung eingegangen ist, gute Arbeitsbedingungen zu garantieren, die Umwelt zu schützen und lokale Projekte zu unterstützen, auch wenn dies einen höheren Preis zur Folge hätte.

In einer Studie von CMI (2010) geben 62 % der Befragten an, nicht mehr zu zahlen, um in einem „grüneren" Hotel zu übernachten. Die Studie folgert, dass es nur eine geringe Toleranz für höhere Preise gäbe und die Gäste tendenziell für die Umwelt nicht extra bezahlen möchten.

Das Eruieren der Zahlungsbereitschaft ist im Rahmen solcher befragenden Studien besonders schwierig. Während in den meisten Studien jeweils rund ein Drittel eine Bereitschaft angab, mehr für nachhaltige Aspekte zu bezahlen, dürfte die tatsächliche Zahlungsbereitschaft niedriger sein, da nur die Absicht und nicht das tatsächliche Verhalten gemessen wird. Das Institut für Tourismuswirtschaft ITW der Hochschule Luzern (Wehrli et al. 2011) hat eine Studie durchgeführt, an der sich 4800 Kunden von Kuoni und Helvetic Tours in der Schweiz beteiligten. Die Bereitschaft der Kundschaft, wie viel mehr sie für Nachhaltigkeit aufwenden würden, wurde mittels der Discrete-Choice-Methode erhoben, bei der der Kunde jeweils aus unterschiedlichen Angeboten wählen muss.

Die Ergebnisse zeigen, dass der Kunde zwar sehr gerne nachhaltige Angebote buchen möchte, aber nur in einem sehr beschränktem Maß bereit ist, mehr dafür zu bezahlen und auch nur dann, wenn er seinen Urlaub in allen Belangen als nachhaltig wahrnimmt. Konkret heißt das: Je nachhaltiger die Faktoren der angebotenen Reise sind (lokale Produkte, Arbeitsbedingungen oder Umgang mit der Umwelt), desto grösser ist die Wahrscheinlichkeit, dass dieses Angebot berücksichtigt wird. Allerdings geht auch in diesem Fall die Bereitschaft nicht so weit, den effektiven Mehrpreis zu bezahlen. Die Befragten waren höchstens bereit, rund 1,5 % mehr zu bezahlen (Wehrli et al. 2011).

3.4 Intendiertes versus realisiertes sozial verantwortliches Reiseverhalten (Attitude-Behaviour-Gap)

In den meisten Studien werden primär oder ausschließlich Einstellungen abgefragt. Oft stimmen aber die verkündete Absicht und das konkrete Handeln nicht zwingend überein.

Die Einstellungen der Reisenden können zwar deren Verhalten beeinflussen. Aber das Verhalten hängt in der Regel nicht nur von der (geäußerten) Einstellung ab. „Stattdessen wird das Verhalten von einer Vielzahl an Aspekten, z. B. anderen Einstellungen, Motiven, sozialen Normen, Gewohnheiten usw. beeinflusst" (FUR 2014a). Die Diskrepanz zwischen Absicht und Handeln zeigt sich beispielsweise bei den CO_2-Kompensationen von Reisen. In einer Studie von Travelhorizons (2009) haben nur 3 % der Befragten die CO_2-Emissionen ihrer Reise kompensiert, obwohl sich 78 % als umweltbewusst bezeichneten. Auch der Ferienreport von Kuoni (2010) hält fest, dass die CO_2-Emissionen von Flugreisen nur knapp im einstelligen Prozentbereich kompensiert werden.

Des Weiteren entspricht das Verhalten im Urlaub nicht zwingend dem Alltagsverhalten. Selbst Menschen, denen Nachhaltigkeit wichtig ist, ignorieren gewisse Grundsätze in den Ferien und möchten sich „etwas gönnen" (Weber und Taufer 2016). Wenn es darum geht, im Urlaubsland selbst „Grünes" zu tun, gibt über ein Fünftel (21 %) bei einer Umfrage auf TripAdvisor zu, vor Ort weniger nachhaltig zu handeln als zu Hause. Lediglich 15 % geben an, sich in der Feriendestination umweltbewusster zu verhalten als in der Heimat (TripAdvisor 2013). Auch die FutureHotel-Gästebefragung des Fraunhofer Instituts (2014) zeigt einen Widerspruch zwischen dem Verhalten zu Hause und im Hotel. „Während im privaten Haushalt jeder Dritte stark auf Maßnahmen zum Umweltschutz achtet, legt im Hotel nur jeder zehnte Gast Wert auf Umweltschutz und Nachhaltigkeit. Über die Hälfte der Befragten kennt sich nach eigenen Angaben bislang nicht gut mit Hintergründen und gängigen Zertifizierungen oder Labels für umweltschonende Hotels aus. Vielleicht liegt es daran, dass sich nahezu die Hälfte der Befragten heute noch eher selten für die Buchung eines besonders umweltschonenden Hotels entscheidet" (Fraunhofer Institut 2014).

4 Fazit und Ausblick

Neben der häufigen Diskrepanz zwischen geäußerten Absichten und Handeln, kann auch die soziale Erwünschtheit – insbesondere bei mündlichen Befragungen – Ergebnisse verfälschen. Doch auch wenn sich die bisher durchgeführten Studien sowohl in Bezug auf die methodischen Ansätze als auch auf die befragten Personen teilweise stark unterscheiden, weisen sie alle darauf hin, dass nachhaltiges Reisen tendenziell an Bedeutung zunimmt.

Obwohl Nachhaltigkeit bei der Reiseentscheidung generell nicht an erster Stelle steht, möchten Ferienreisende grundsätzlich nachhaltig reisen. In Bezug auf das Volumen kann zusammenfassend festgehalten werden, dass wohl rund ein Drittel der Touristen an nachhaltigem Tourismus bzw. zumindest an gewissen Nachhaltigkeitsaspekten (z. B. Umwelt) interessiert sind. Neben den nachhaltigkeitsaffinen und bewussten Konsumenten stellen insbesondere die LOHAS als kaufkräftige Kundengruppe ein interessantes Nachfragesegment dar. Aber auch bei Geschäftsreisen und im MICE-Bereich wird Nachhaltigkeit vermehrt zum Selektionskriterium.

In Bezug auf die Zahlungsbereitschaft gibt es zwar widersprüchliche Studienergebnisse. Es deutet aber einiges darauf hin, dass Touristen kaum bereit sind, für nachhaltige Eigenschaften eines touristischen Angebots signifikant mehr zu bezahlen.

Aus diesen Erkenntnissen lassen sich folgende Schlussfolgerungen für touristische Anbieter ableiten:

- Es gibt viele Möglichkeiten, nachhaltige Angebote zu entwickeln, die sich nicht wesentlich im Preis von anderen, vergleichbaren Angeboten unterscheiden. Diese ermöglichen es dem Unternehmen, sich als verantwortungsvollen Betrieb zu positionieren und dem Gast gleichzeitig ein gutes Gewissen mitzugeben.
- Nachhaltigkeit kann auch eine Möglichkeit zur Differenzierung gegenüber Mitbewerbern darstellen. Dazu gilt es, die Touristen unter den vielen umweltbewussten Reisenden herauszufinden, die eine spezielle Affinität zum Thema aufweisen und bereit sind, für umweltschonende Leistungen mehr zu bezahlen.

- Es gilt zu beachten, dass das Nachhaltigkeitsverständnis der Touristen sehr unterschiedlich und die Wahrnehmung – gerade in den Ferien – oft sehr selektiv ist. Da für viele Leute Nachhaltigkeit noch immer ein relativ abstraktes Konzept darstellt, muss sie für die Gäste möglichst erlebbar gemacht werden, indem attraktive Aspekte, z. B. Gesundheit, Komfort, saubere Luft oder regionale Produkte, in der Kommunikation hervorgehoben werden.
- Um als nachhaltiges Unternehmen wahrgenommen zu werden, kann die Zertifizierung mit einem entsprechenden Label die Glaubwürdigkeit erhöhen und dem Gast die Orientierung erleichtern. In der Kommunikation sind Informationen über alltägliche nachhaltige Aktivitäten und detaillierte Informationen über umgesetzte Maßnahmen glaubhafter als generelle Aussagen.

Das vorhandene Bewusstsein und die positive Einstellung gegenüber nachhaltigem Reisen, die in zahlreichen Studien dokumentiert sind, aber auch die Entwicklung allgemeiner Lifestyle-Trends lassen darauf schließen, dass das Thema Nachhaltigkeit für Reisende weiter an Bedeutung zunehmen wird.

Natur- und kulturnahe Tourismusformen sollen in den nächsten beiden Jahrzehnten besonders stark wachsen. Es wird geschätzt, dass die weltweiten Ausgaben für Ökotourismus sechsmal stärker wachsen als die sonstigen Tourismusausgaben (UNEP 2011, S. 415).

Gemäß einer Untersuchung von Mascontour (2015) sind 86 % der Destinationen in Deutschland überzeugt, dass nachhaltige Entwicklung im Tourismus in den kommenden fünf Jahren entscheidend an Bedeutung gewinnen wird. Zudem sind 84 % der Destinationen der Auffassung, dass nachhaltiger Tourismus das Image Deutschlands im Ausland verbessert.

Der Tourismus in der Schweiz, Deutschland und Österreich verfügt über beste Voraussetzungen, um in Bezug auf einen nachhaltigen Tourismus im internationalen Wettbewerb eine Vorreiterrolle zu spielen. Diese Länder erfüllen im internationalen Vergleich bereits in vielen Nachhaltigkeitsthemen hohe Standards. Diese Voraussetzungen zu nutzen und zu wahren, ist sowohl Chance als auch Verpflichtung.

Literatur

Accor (2011) Sustainable Hospitality: ready to check in? http://www.accorhotels-group.com/fileadmin/user_upload/Contenus_Accor/Developpement_Durable/pdf/earth_guest_research/2011_06_24_Accor_Hotellerie_durable_France.pdf. Zugegriffen: 30. Jan. 2017

Adlwarth W (2010) Corporate social responsibility – customer expectations and Behaviour in the tourism sector. In: Conrady R, Buck M (Hrsg) Trends and issues in global tourism 2010. Springer-Verlag, Berlin, Heidelberg

AirPlus (2014) International Travel Management Study 2014

Barth M, Weber F (2010) Durchblick im Label-Dschungel. Ergebnisse des Nachhaltigkeits-Seminars anlässlich der Winter-Delegiertenversammlung von hotelleriesuisse 2010

Best Western Hotels Deutschland (2013) MICE-Studie 2013: Online stark, „Green" schwach. http://www.bestwestern.de/seiten/pressemeldung_details.html?id=1000275. Zugegriffen: 30. Jan. 2017

Bilharz M (2009) Großes groß reden. In: politische ökologie 117: Vom Strippenziehen. Die Folgen von Lobbying & Korruption für Umwelt und Gesellschaft, S 66–67

Chafe Z, Honey M (Hrsg) (2005) Consumer demand and operator support for socially and environmentally responsible tourism. CESD/TIES Working Paper, Bd. 104. CESD/TIES, Washington, D.C.

CMI (2010) Community Marketing, Inc. Green Traveler Study 2010. http://cmigreen.com/wp-content/uploads/2012/02/cmigreen2010_11.pdf. Zugegriffen: 30. Jan. 2017

CREST (2015) Center for responsible travel. the case for responsible travel: trends & statistics 2015

Deloitte (2008) The staying power of sustainability: Balancing opportunity and risk in the hospitality industry, S 3–4

Deloitte (2011) Hospitality 2015: tourism, hospitality, and leisure trends. http://www.barcelonahotels.org/private/biblioteca/doc/Hospitality_2015.pdf. Zugegriffen: 30. Jan. 2017

Fraunhofer Institut (2014) Ergebnisse FutureHotel Gastbefragung 2014. Hotelgäste im deutschsprachigen Raum bereiten den Weg für das Hotel de Zukunft. http://www.iao.fraunhofer.de/lang-de/component/content/article.html?id=1276&lang=de. Zugegriffen: 20. Sep. 2015

FUR (2014a) Abschlussbericht zu dem Forschungsvorhaben: Nachfrage für Nachhaltigen Tourismus im Rahmen der Reiseanalyse. Forschungsgemeinschaft Urlaub und Reisen e. V., Kiel

FUR (2014b) Forschungsgemeinschaft Urlaub und Reisen e. V. Erste Ausgewählte Ergebnisse der 44. Reiseanalyse zur ITB 2014. Kiel 2014. http://www.fur.de/fileadmin/user_upload/RA_Zentrale_Ergebnisse/RA2014_ErsteErgebnisse_DE.PDF. Zugegriffen: 30. Jan. 2017

Grant J (2007) Ist „Grün" nur ein gesellschaftlicher Tick? In: GDI Impuls, Wissensmagazin für Wirtschaft, Gesellschaft, Handel, Bd 73, Zürich, S 9–12

Horwath HTL (2014) Hotel Yearbook 2014. http://www.hotel-yearbook.com. Zugegriffen: 30. Jan. 2017

Kang KH, Stein L, Heo CY, Lee S (2012) Consumers' willingness to pay for green initiatives of the hotel industry. Int J Hosp Manag 2:564–572

Kuoni Schweiz (2010) Kuoni-Ferienreport 2010. Ferien verändern unser Leben. http://valtech.ipapercms.dk/Kuoni/KuoniCH/Communications/Ferienreport2010/. Zugegriffen: 30. Jan. 2017

Kuoni Schweiz (2011) Kuoni-Ferienreport 2011. In den Ferien sind Schweizer andere Menschen. http://valtech.ipapercms.dk/Kuoni/KuoniCH/Communications/Ferienreport2011/. Zugegriffen: 30. Jan. 2017

Lonely Planet (2007) Lonely Planet survey reveals travelers seek sustainable options. http://www.lonelyplanet.com/press/press-releases/. Zugegriffen: 30. Jan. 2017

Mascontour (2015) Untersuchung deutscher Tourismusorganisationen zum nachhaltigen Tourismus. http://www.mascontour.info/old/befragung/mascontour_Gesamtstudie_Nachhaltiger_Tourismus.pdf. Zugegriffen: 30. Jan. 2017

Max Havelaar (2013) Interne Dokumente (unveröffentlicht). Basel, Schweiz

Rheem C (2009) PhoCusWright's going green: The business impact of environmental awareness on travel. PhoCusWright Inc., Sherman

Schulz WF (2008) 200 Milliarden Euro Marktpotential: Ausgabefreudige Weltverbesserer etablieren sich als Mega-Konsumentengruppe. https://www.uni-hohenheim.de/uploads/tx_newspmfe/pm_Marktpotential_LOHAS_-_Vorstudie_2008-04-14_status_6.pdf. Zugegriffen: 30. Jan. 2017

Schweiz Tourismus (2008) 2030: Der Schweizer Tourismus im Klimawandel. https://d29gqb72f8tdiw.cloudfront.net/media/pdf/b9/80/98/2030_Der_Schweizer_Tourismus_im_Klimawandel_de.pdf. Zugegriffen: 30. Jan. 2017

Siegrist D, Stuppäck S, Moser H-J, Tobias R (2002) Naturnaher Tourismus in der Schweiz. Angebot, Nachfrage und Erfolgsfaktoren

SNV (2009) The market for responsible tourism products – with a special focus on Latin America and Nepal, SNV Netherland Development Organisation. http://www.responsibletravel.org/docs/The%20Market%20for%20Responsible%20Tourism%20Products.pdf. Zugegriffen: 20. Sep. 2015

TNS Global (2007) Quarter of Holidaymakers say they'll switch to greener plans

Travelhorizons (2009) American travelers more familiar with green travel but unwilling to pay more to support it. http://ftnnews.com/other-news/6860-american-travelers-more-familiar-with-green-travel-but-unwilling-to-pay-more.html. Zugegriffen: 30. Jan. 2017

TripAdvisor (2010) Tripadvisor travelers keen on going green, press release. http://www.tripadvisor.com/PressCenter-i134-c1-Press_Releases.html. Zugegriffen: 30. Jan. 2017

TripAdvisor (2013) Alle Zeichen stehen auf „grün", 17. Mai 2013. http://www.tripadvisor.de/PressCenter-i6007-c1-Press_Releases.html. Zugegriffen: 21. Sep. 2015

TUI (2010) Jeder achte Deutsche bucht ein Hotel mit Umweltsiegel. http://www.presseportal.de/pm/31717/1627278. Zugegriffen: 30. Jan. 2017

Umweltbundesamt (2014) Nachhaltiger Konsum im Netz – Zielgruppen und ihre Erwartungen an ein Orientierungsportal zum nachhaltigen Konsum. https://www.umweltbundesamt.de/sites/default/files/medien/378/publikationen/texte_69_2014_nachhaltiger_konsum_im_netz_0.pdf. Zugegriffen: 22. Sep. 2015

UNEP (2011) United Nations environment programme in partnership with the world tourism organization. towards a green economy. tourism. investing in energy and resource efficiency. http://web.unep.org/greeneconomy/resources/green-economy-report. Zugegriffen: 30. Jan. 2017

Weber F (2013) Ethical consumer segmentation Switzerland. http://fairtrade.travel/content/page/responsible-traveller-profiles. Zugegriffen: 30. Jan. 2017

Weber F, Taufer B (Hrsg) (2016) Nachhaltige Tourismusangebote. Leitfaden zur erfolgreichen Entwicklung und Vermarktung nachhaltiger Angebote in Tourismusdestinationen. www.hslu.ch/nachhaltige-tourismusangebote. Zugegriffen: 30. Jan. 2017

Wehrli R, Egli H, Lutzenberger M, Pfister D, Schwarz J, Stettler J (2011) Is there Demand for Sustainable Tourism? Study for the World Tourism Forum Lucerne 2011. ITW Working Paper Series Tourism, Bd. 001/2011. University of Applied Sciences and Arts, Luzern, Lucerne (Short version)

Wöhler K (2002) Tourismus und Nachhaltigkeit. http://www.bpb.de/apuz/25895/tourismus-und-nachhaltigkeit?p=all. Zugegriffen: 30. Jan. 2017

Dr. Fabian Weber ist Dozent und Projektleiter am Institut für Tourismuswirtschaft der Hochschule Luzern – Wirtschaft in der Schweiz. In Forschung, Beratung und Lehre beschäftigt er sich mit den Schwerpunkten Tourismus und nachhaltige Entwicklung, Qualitäts- und Umweltmanagement sowie CSR-Labels und Zertifizierungen.

Er hat an den Universitäten Basel und Freiburg i. Br. Geografie, Soziologie sowie Natur-, Landschaft- und Umweltschutz (NLU) studiert und promovierte am Forschungsinstitut für Freizeit und Tourismus (FIF) an der Universität Bern. Er arbeitete unter anderem für den Schweizer Tourismusverband und war als Projektleiter Forschung & Innovation beim Schweizer Hotelier Verband (hotelleriesuisse) tätig.

CSR-Handlungsfelder im Tourismus

Menschenrechte im Tourismus

Christian Baumgartner

1 Einleitung

Die Allgemeine Erklärung der Menschenrechte, die von der Generalversammlung der Vereinten Nationen am 10. Dezember 1948 verabschiedet wurde, resultierte aus der Erfahrung des Zweiten Weltkriegs. Mit dem Ende des Krieges und der Schaffung der Vereinten Nationen beschlossen die Präsidenten der wichtigsten Staaten im Jahr 1946 die Charta der Vereinten Nationen mit einer Road Map zu ergänzen, die die Rechte eines jeden Menschen überall gewährleisten sollte. Der erste Entwurf dieser Erklärung wurde im September 1948 von mehr als 50 Mitgliedstaaten vorgeschlagen. Mit ihrer Resolution 217 A (III) vom 10. Dezember 1948 nahm die Generalversammlung der Vereinten Nationen in Paris die Allgemeine Erklärung der Menschenrechte an, wobei sich acht Nationen bei der Abstimmung enthielten, kein einziger Staat stimmte dagegen (UN 2014; OHCR 2014).

Im Jahr 2011 akzeptierte der Menschenrechtsbeirat der Vereinten Nationen die Leitprinzipien für Wirtschaft und Menschenrechte. Nach Jahren intensiver Forschung und Konsultationen, formulierte der UN-Sonderbeauftragte für Wirtschaft und Menschenrechte, Professor John Ruggie, die Aufgaben von Staaten und Unternehmen. Mit ihrem analytischen Rahmen Schutz, Respekt und Wiedergutmachung („Protect, Respect and Remedy"), waren diese Leitprinzipien nach jahrelanger erfolgloser Debatte über die Gewährleistung der Menschenrechte in der globalisierten Wirtschaft ein pragmatischer Weg nach vorne (Roundtable Menschenrechte im Tourismus 2015). John Ruggies Leitprinzipien sind heute in Rahmenbeschlüssen der EU-Kommission, der Organisation für wirtschaftliche Zusammenarbeit und Entwicklung (OECD), der Internationalen Organisation für Normung (ISO) und der Global Reporting Initiative (GRI) reflektiert. Einige Staaten (z. B. Deutsch-

---

C. Baumgartner (✉)
response & ability GmbH
Raffelspergergasse 31/4, 1190 Wien, Österreich
E-Mail: christian.baumgartner@responseandability.com

land) haben damit begonnen, nationale Aktionspläne für die Umsetzung dieser Grundsätze zu entwickeln und auch den Druck auf die Unternehmen zu erhöhen. Ebenso haben verschiedene Sektoren der Wirtschaft, einschließlich dem Tourismus, eine ordnungsgemäße Umsetzung der Leitlinien begonnen (Roundtable Menschenrechte im Tourismus 2015).

Ob durch das steigende Problembewusstsein der Kunden, Investoren oder kritischer Medien – Unternehmen sind heute zunehmend mit der Frage konfrontiert, wie sie die Achtung der Menschenrechte in die Ausübung ihrer Geschäftstätigkeit integrieren. Menschenrechtsfragen sind nicht in der internationalen Politik und zur Sensibilisierung der Öffentlichkeit wichtig, sondern gewinnen auch in den Prinzipien guter Unternehmensführung („Good Governance") zunehmend an Bedeutung.

Für viele Unternehmen in der Tourismusbranche steht es nicht mehr zur Entscheidung, ob überhaupt, sondern wie sie ihre menschenrechtliche Verantwortung angehen (Roundtable Menschenrechte im Tourismus 2015). Offensichtliche Vorteile wie motivierte Mitarbeiter, faire Geschäftsbeziehungen und Respekt für die lokale Bevölkerung sind für die Erstellung von qualitätsvollen Tourismusprodukten unverzichtbar. Tourismus, der die Konkurrenz um knappe Ressourcen – wie Wasser, Nahrung und Land – verschlimmert, der ausbeuterischen Arbeitsbedingungen schafft oder die Bedürfnisse der lokalen Bevölkerung ignoriert, wird nicht lange profitabel bleiben. Für Destinationen, die anfällig für Korruption sind oder die einen Mangel an öffentlichen Regelungen haben, ist die Übereinstimmung mit international anerkannten Rechtsnormen eine wesentliche Voraussetzung für eine dauerhafte und erfolgreiche Geschäftstätigkeit (Roundtable Menschenrechte im Tourismus 2015).

In diesem Licht der gemeinsamen Verantwortung hat die Deutsche Gesellschaft für Internationale Zusammenarbeit (GIZ) im Auftrag des Bundesministeriums für Internationale Zusammenarbeit (BMZ), der Naturfreunde Internationale (Christian Baumgartner, der Autor dieses Artikels) zusammen mit dem Beratungsunternehmen Mascontour (Matthias Beyer) den Auftrag zu einer Studie „Menschenrechte und Tourismus" erteilt (Baumgartner et al. 2015). Die Studie bestand zu einem größeren Teil aus einer Desktop-Untersuchung, unterstützt durch eine Reihe von Experteninterviews und einem zusätzlichen, kleineren Teil von zwei Vor-Ort-Besuchen (siehe besonders den Beitrag „Fallbeispiel Zanzibar" in diesem Band) und mehreren fallbezogenen Interviews. Insofern wollte die Arbeit die laufenden Multi-Stakeholder-Diskussionen im Roundtable Menschenrechte im Tourismus ergänzen und unterstützen.

Die übergeordneten Ziele bildeten eine systematische Bestandsaufnahme der menschenrechtlichen Auswirkungen des Tourismus und eine Analyse bekannter Fälle von Menschenrechtsverletzungen im Zusammenhang mit Tourismus. Die Rolle verschiedener Stakeholder sollte reflektiert werden, bestehende Werkzeuge und Instrumente zur Vermeidung von entsprechenden Rechtsverletzungen analysiert und konkrete Empfehlungen für die verschiedenen Interessengruppen, z. B. internationale und lokale Tourismusunternehmen, Regierungen, NGOs und Geberorganisationen, erarbeitet werden, um zu erörtern, wie man menschenrechtlichen Verletzungen im Tourismus vorbeugt.

Die Studie stieß erwartungsgemäß an einige Grenzen, wie beispielsweise die Komplexität des Themas selbst, die Schwierigkeiten, auf konkrete und genaue Daten von bekannten Fällen zuzugreifen und auch die mangelnde Bereitschaft mancher Interviewpartner, über heikle Themen zu sprechen. Dennoch basiert die Analyse auf 165 recherchierten Fällen von Menschenrechtsverletzungen im Zusammenhang mit Tourismus, die meisten von ihnen innerhalb der letzten zehn Jahre. Von diesen 165 Fällen wurden 124 als relevant erkannt – sie wiesen genügend glaubwürdige Nachweise und eine klare Verbindung zwischen Tourismuswirtschaft und Menschenrechten auf.

2 Tourismus und Menschenrechte – ein systematischer Ansatz

Das folgende Kapitel gibt einen systematischen Überblick über Menschenrechtsverletzungen im Tourismus. Um zielgerichtete Instrumente (weiter-)entwickeln zu können, ist es vorab notwendig zu wissen, welche Menschenrechte betroffen sind, wer die Verursacher und wer die Opfer dieser Verletzungen sind.

2.1 Welche Menschenrechte sind betroffen?

Die erste Analyse zeigt, dass die Rechte, die am häufigsten von Verletzungen innerhalb des Tourismus betroffen sind, das Recht auf einen angemessenen Lebensstandard sind, insbesondere das Recht auf Wohnen, das Recht auf Nahrung und das Recht auf Wasser (in 55 von 124 Fällen) und das Recht auf menschenwürdige Arbeit (56 Fälle). Wohnrechte waren in 55 von 124 Fällen betroffen, Recht auf Nahrung in 56 Fällen, häufig betreffen auch Fälle beide Bereiche gleichermaßen.

Eine erhebliche Anzahl der untersuchten Fälle beschreibt Situationen, in denen die Bevölkerung ganzer Gemeinden von Investoren oder staatlichen Behörden umgesiedelt wurden, um Ferienanlagen auf ihrem angestammten Land zu entwickelt. Den umgesiedelten Menschen wurden, wenn überhaupt, Wohnmöglichkeiten von geringer Qualität und diese nur auf Zeit angeboten. Beispiele dazu gibt es aus Myanmar, Südafrika, Ghana, Indien, Brasilien, Sri Lanka, Argentinien, Botswana, Kenia, Thailand, Kambodscha, Costa Rica, Tansania, Georgien, Vietnam und den Philippinen. Einige wurden zusätzlich ihrer traditionellen Lebensgrundlagenerwerbe beraubt, z. B. Fischer, die ins Landesinnere umgesiedelt wurden und den Zugang zum Meer verloren. Eine Welle von solchen Fällen ereignete sich nach dem Tsunami von 2004 in Sri Lanka, Indien und Thailand, wo internationale Hilfsgelder in einigen Fällen in den Bau touristischer Resorts anstatt in die Rekonstruktion zerstörter Dörfer flossen (Tourism Concern 2005).

Aktuell immer wieder in den Medien ist die geplante zwangsweise Umsiedlung von bis zu 40.000 Massai in Tansania. Vorrangig soll dadurch ein Ökokorridor zwischen dem Massai-Mara-Nationalpark in Kenia bis zum Serengeti Nationalpark in Tansania ermöglicht werden, aber gut informierte Kreise, die anonym bleiben wollen, sprechen im persönlichen Interview (Baumgartner 2014) davon, dass die tansanische Regierung ein spezielles Jagdtourismusreservat für elitäre Klientel plant (The Guardian 2014; Bwasiri 2014; Nelson und Makko 2005).

Eine weitere Gruppe von öfters betroffen Menschenrechte sind die sogenannten Verfahrensrechte, wie das Recht auf Information (Paragraph 19 der Allgemeinen Erklärung der Menschenrechte) und Recht auf Beteiligung an Entscheidungsprozessen (Paragraph 2(3) der Deklaration zum Recht auf Entwicklung von 1986) oder auch das zentrale Recht auf Schutz vor Diskriminierung: „Alle Menschen sind frei geboren und gleich in Würde und Rechten" (Paragraph 1 der Allgemeinen Erklärung der Menschenrechte). Diese sind am häufigsten im Zusammenhang mit den oben genannten Beispielen von Land Grabbing (Landraub) und der Zwangsumsiedelung von ganzen Gemeinden, etwa um einen Ferienort zu entwickeln, betroffen. In den weniger extremen Fällen werden die lokalen Gemeinschaften von den zuständigen Behörden nicht konsultiert, bevor unbewohntes Gebiet, das traditionell für Freizeit oder Jagd verwendet wurde, zur touristischen Entwicklung umgewidmet wird (Baumgartner et al. 2015).

2.2 Wessen Menschenrechte werden verletzt?

Die Aktivitäten der Tourismusbranche haben Auswirkungen auf die Rechte sowohl der Mitarbeiter als auch der Bevölkerung in den Tourismusdestinationen. Zahlreiche gefundene Fälle von Menschenrechtsverletzungen, 51 von 124, betreffen die Arbeitsbedingungen für Mitarbeiter im Tourismus sowie das Verhindern gewerkschaftlicher Vertretungsaktivitäten, um die Arbeitssituation etwa durch Tarifverhandlungen, zu verbessern.

Bei den 73 Fällen, die nicht im Tourismus Arbeitende betreffen, steht Land Grabbing, Konkurrenz um Wasser und die Verhinderung des Zugangs zu traditionellen Einkommensmöglichkeiten für indigene Gemeinschaften im Vordergrund. Beispielsweise hat der wachsende Bedarf der Tourismusbranche in Zanzibar zu einem Anstieg der Lebensmitteleinfuhren geführt, sodass es für die lokalen landwirtschaftlichen Produzenten – traditionellerweise Frauen – immer schwieriger wird, einen Markt für ihre Produkte zu finden. Obwohl die lokale Fischindustrie vom Wachstum des Tourismus profitiert, verkaufen die Fischer nun direkt an die Hotels und bringen damit die traditionellen Zwischenhändler, auch das sind in der Regel traditionelle Frauenberufe, um ihre Profite (Tourism Concern 2012).

Besondere menschenrechtliche Konventionen sollen zielgerichtet verwundbare Gruppen schützen, darunter Kinder, Frauen, indigene Bevölkerung, migrantische Arbeiter und Menschen mit Beeinträchtigungen. Gerade diese Gruppen erfahren aber immer wieder Verletzungen. Wenn Kinder in Tourismusbetrieben, z. B. Restaurants, Unterkünften oder im Souvenirverkauf arbeiten, können deren Rechte verletzt werden. Durch die Dominanz kleiner und kleinster Unternehmen sowie Familienbetrieben in der Tourismusbranche ist Kinderarbeit in dieser Industrie relativ üblich (Bliss 2006; Equations 2007, 2008; Hagedoorn 2013; Plüss 1999). Allerdings muss hier relativierend angemerkt werden, dass nach den UN-Regelungen alle Minderjährigen unter 18 als Kinder gerechnet werden, damit wird auch die Arbeit 16–18-Jähriger, die in den meisten Ländern legal ist, nach UN-Norm als Kinderarbeit klassifiziert (Black 1995; ILO 2013a).

Kinderrechte werden allerdings auch noch viel drastischer durch den Zwang zur Prostitution verletzt (ECPAT 2015). Die Organisation UNICEF schätzt, dass weltweit mehrere Millionen Kinder vom sexuellen Missbrauch im Tourismus betroffen sind. Es gab auch Fälle von Zwangsarbeit von Kindern, wie etwa der Handel mit Kindern aus Südasien, um in den Vereinigten Arabischen Emiraten leichtgewichtige Jockeys in Kamel-Rennen, die eine lokale Touristenattraktion geworden sind, zu haben (Anti-Slavery International 2009, 2010).

Ebenso können die Rechte der Frauen durch Menschenhandel oder Ausbeutung für den Sextourismus betroffen sein. Andere Fälle sind Geschlechterdiskriminierung am Arbeitsplatz, unerwünschte sexuelle Zuwendung sowie der Verlust traditioneller Arbeitsplätze (UNWTO und UN Women 2011; WTTC 2013). Das Fallbeispiel Zanzibar (siehe den entsprechenden Beitrag in diesem Band) zeigt auch andere Auswirkungen, wie verlorene Zeit für Einkommen generierende Tätigkeiten wegen der Suche nach neuen Wasserquellen, da die traditionellen Brunnen durch touristische Entwicklung übernutzt werden (Tourism Concern 2012).

Indigene Bevölkerung bildet eine weitere besonders gefährdete Gruppe. Auch wenn sie über mehrere hundert Jahre Landstriche besiedelt haben, besitzen sie oft keine Rechtstitel dafür. Das macht sie besonders schutzlos gegenüber dem oftmals lukrativen Geschäft, dieses Land in touristische Baufläche umzuwandeln. Ihre traditionellen Lebensformen machen es besonders schwierig für sie, sich radikalen Änderungen in ihrer Umgebung anzupassen, die Anforderungen der globalen Marktwirtschaft passen oftmals nicht in traditionelle Denkmuster. Die UN Deklaration zum Recht der indigenen Bevölkerung aus 2007 soll vor Vertreibung schützen. Paragraph 10 besagt, dass

> Indigene Völker nicht mit Gewalt aus ihren Ländern oder Gebieten abgesiedelt werden dürfen. Keine Verlegung darf ohne die freie, vorherige und informierte Zustimmung der betroffenen indigenen Völker und nach einer Verständigung auf gerechte und angemessene Entschädigung und, wenn möglich, mit der Option der Rückkehr, erfolgen (UN 2007).

Dennoch kommt es gerade in diesem Bereich immer wieder zu Vorfällen, die faktisch Vertreibungen sind.

Die Verletzungen der Rechte der Ureinwohner wurden in 19 Fällen, in Honduras, Mexiko, Argentinien, Indien, Kenia, Botswana, Thailand, Tunesien, Äthiopien, Chile, Tansania und den Philippinen analysiert. Die Mehrheit dieser Fälle betrafen gewaltsame Verdrängung vom Wohnort oder das Sperren des Zugangs zu Weiden, Jagdgebieten oder Wasser (Baumgartner et al. 2015). Besonders bekannt wurde etwa das Beispiel der Samburu, einer viehzuchttreibenden, indigenen Gruppe in Kenia, die ihr Land unter Zwang verlassen mussten, damit es an zwei amerikanische Naturschutzorganisationen verlauft werden konnte (Nichonghaile und Smith 2011; Survival International 2011, 2012; Cultural Survival 2014a, 2014b, 2014c).

2.3 Wer sind die Verursacher der Menschenrechtsverletzungen?

In den untersuchten Fällen waren meist Regierungsbehörden sowie nationale und internationale Tourismusunternehmen an Menschenrechtsverletzungen beteiligt. Regierungsbehörden wurden auf den verschiedenen Ebenen mit Menschenrechtsverletzungen in Zusammenhang gebracht, von lokalen Tourismusverbänden bis zu nationalen Regierungen.

In einer Reihe von Fällen schienen Behörden mit nationalen und internationalen Tourismusunternehmen zu kooperieren, z. B. in Bali, wo der steigende Wasserbedarf der touristischen Ressorts zu drastischen Steuererhöhungen, die die Bauern tragen müssen, und in Folge zu Risiken in Hinblick auf Versorgung mit Lebensmitteln, Umweltschäden und Verlust an landwirtschaftlicher Fläche führte (Cole 2012). In einigen Fällen waren inländische Wirtschaftsmagnaten auch Vertreter der lokalen Tourismusverbände. Bei Verstößen in den Bereichen Recht auf Wasser und das Recht auf menschenwürdige Arbeitsbedingungen wurden internationale Tourismusunternehmen am häufigsten genannt.

Menschenrechtsverletzungen durch einzelne Touristen betreffen vor allem Fälle von Sextourismus, sexuellem Missbrauch von Minderjährigen sowie Verstöße gegen das Recht auf Privatsphäre (Baumgartner et al. 2015). Ein krasses Beispiel, in dem zahlreiche Menschenrechte gleichzeitig verletzt werden, ist der „menschliche Zoo" der Kayan im Norden Thailands. Die Kayan flohen vor Verfolgung aus Myanmar nach Thailand, wo sie im Wesentlichen in drei Dörfern Zuflucht fanden. Im Gegensatz zu den meisten anderen Flüchtlingen wurden den Kayan-Frauen weder die thailändische Staatsbürgerschaft noch ein Flüchtlingsstatus zuerkannt, damit leben diese Frauen mit einem unklaren Rechtsstatus und genießen keinen rechtlichen Schutz. Kayan-Frauen tragen eine Reihe von Messingringen um den Hals, die sie zu attraktiven Foto-Objekten für die Touristen macht, welche von Unternehmen in Bussen und speziellen Touren richtiggehend „herangekarrt" werden. Ohne Staatsbürgerschaft verfügen die Kayan-Frauen über kein Recht auf Arbeit außer als Touristenattraktion und ihnen ist es nicht erlaubt, die Dörfer zu verlassen. Ihre Häuser sind für die ständige Betrachtung durch die Besucher offen (Tourism Concern 2009).

2.4 Instrumente und Maßnahmen seitens der Tourismuswirtschaft zum Schutz der Menschenrechte

In den letzten Jahren nahm die Zahl der Instrumente zu, mit der menschenrechtliche Auswirkungen von Maßnahmen behandelt werden können, wobei dieses Thema meistens nicht zu den Kernbereichen dieser Instrumente zählt. Von den 24 identifizierten Instrumenten wurden 11 durch multilaterale Organisationen entwickelt, wie die UN-Leitprinzipien für Wirtschaft und Menschenrechte oder der Globale Ethikkodex der UNWTO, die ILO-Kernarbeitsnormen und die OECD-Leitsätze für multinationale Unternehmen (Baumgartner et al. 2015).

Neun Instrumente wurden von der Privatwirtschaft und fünf jeweils durch den öffentlichen Sektor und NGOs erarbeitet. Die meisten dieser Instrumente konzentrieren sich auf die sozialen und kulturellen Aspekte nachhaltiger Entwicklung und bleiben oft eher vage und allgemein. Die sichtbare Herausforderung aller Instrumente ist die fehlende Überwachung und das Fehlen eines effizienten Prüfmechanismus, wie am Beispiel des UNWTO Codes of Ethics deutlich sichtbar (Tourism Watch 2011).

Ein gutes Beispiel für das Engagement einer Hotelkette ist die Vereinbarung zwischen Melia Hotels International einschließlich ihrer Tochtergesellschaften und der Internationalen Union der Lebensmittelarbeiter (IUF). Die bilaterale Vereinbarung enthält eine Definition der Mindestrechte der Arbeitnehmer und die Verpflichtungen zur grundlegenden Achtung der Menschenrechte. Sie basiert auf Prinzipien wie gewerkschaftliche Organisationsfreiheit, Möglichkeit zu Tarifverhandlungen, Gleichbehandlung von Männern und Frauen, keine Diskriminierung aufgrund des Geschlechts, der Sprache, ethnischer Herkunft, des Alter, der politischen Meinung, Religion, sexueller Orientierung. Weiter formuliert sie ein Verbot von Kinderarbeit. Jährliche Treffen und eine laufende Kommunikation zwischen Melia und IUF zielen auf die Überprüfung der Umsetzung und identifizieren Verbesserungsmöglichkeiten (IUF 2012; OECD 2014; Trade Union Advisory Committee to the OECD 2012).

Da Reiseveranstalter zur Gestaltung ihrer touristischen Produkte von einer Vielzahl von Dienstleistern – z. B. für Transport, Reiseleitung, für Unterkunft und/oder Verpflegung – abhängig sind, ist es nicht immer leicht für sie, die vollständigen Auswirkungen ihrer Geschäftätigkeit zu beurteilen. Darüber hinaus sind sie in vielen verschiedenen Destinationen tätig, wo sich die rechtlichen Voraussetzungen, die lokale Kultur und ökologischen Standards erheblich unterscheiden. Ein vielversprechendes Beispiel sind die Aktivitäten des Schweizer Reiseveranstalters Kuoni (der seit Juni 2015 zur deutschen REWE Gruppe gehört). Basierend auf der Kuoni Verpflichtungserklärung über die Menschenrechte (Kuoni 2012a) implementiert der Reiseveranstalter einen systematischen Ansatz, um die Auswirkungen ihrer Tätigkeit und Geschäftsbeziehungen auf Menschenrechte zu analysieren (Kuoni 2012b). Dieser Ansatz wurde vom Corporate-Responsibility-Team von Kuoni in Zusammenarbeit mit internationalen NGOs, Incoming-Agenturen, Beratungsunternehmen und anderen Tourismusexperten in Pilotprojekten in Kenia und Indien umgesetzt. Beabsichtigtes Ziel der Bewertung war eine systematische Integration eines Menschenrechtsfokus in die CSR-Aktivitäten der Kerngeschäftsstrategie des Veranstalters.

Kuoni gründete gemeinsam mit anderen Reiseveranstaltern und deutschen und österreichischen NGOs im Jahr 2012 eine Multi-Stakeholder-Initiative, den Roundtable Menschenrechte im Tourismus. Der Roundtable sieht sich als eine offene Plattform um den Schutz von Menschenrechten im Tourismus zu fördern (siehe auch den entsprechenden Beitrag in diesem Band).

Der Roundtable veröffentlichte – neben anderen Aktivitäten – eine Management-Richtlinie, die Reiseveranstalter adressiert und sie bei der systematischen Umsetzung der UN-Leitprinzipien für Wirtschaft und Menschenrechte unterstützt. Der Implementierungsprozess ist in fünf Handlungsfelder unterteilt:

- Strategie: Entwicklung einer menschenrechtsgerechten Geschäftspolitik.
- Untersuchung: Beurteilung der menschenrechtlichen Auswirkungen der Geschäftstätigkeit.
- Integration: Integration der Menschenrechte in der Unternehmenskultur und das Management.
- Entschädigung: Erleichterung von Beschwerden und Verbesserung der Situation Betroffener.
- Berichterstattung: Transparente Fortschrittsberichte (Roundtable Menschenrechte im Tourismus 2015).

Darüber hinaus wurde ein Online-Trainingskurs für Schalterpersonal und andere Mitarbeiter entwickelt, der das Bewusstsein und die Kommunikationsfähigkeit der Mitarbeiter gegenüber Kunden schaffen soll.

3 Empfehlungen

Das abschließende Kapitel führt die 45 konkreten Empfehlungen (Baumgartner et al. 2015) zu vier Schwerpunktbereichen zusammen, die einen besseren, vorbeugenden Schutz der Menschenrechte im Tourismus gewährleisten sollen.

3.1 Unterstützung von effektiven, großangelegten Initiativen zur Sensibilisierung und Bildung unterschiedlicher Akteuren in der Frage der Menschenrechte

Da sich viele Akteure sowohl im öffentlichen als auch im privaten Sektor der Bedeutung der Fragen der Menschenrechte und Tourismus und der engen Verbindung zwischen den beiden Bereichen nicht bewusst sind, besteht ein dringender Bedarf an wirksamen Bildungs- und Bewusstseinsbildungsmaßnahmen zu diesen Themen. Solche Initiativen werden jedoch nicht allein ausreichen, um den Schutz der Menschenrechte in der Praxis zu gewährleisten. Neben Sensibilisierungsinitiativen werden Aus- und Weiterbildungsprogramme für konkrete Akteursgruppen benötigt, die zeigen, wie Menschenrechte effektiv in dem jeweiligen Tätigkeitsbereich geschützt werden können.

3.2 Kontinuierliche und systematische Anstrengungen, um rechtliche Rahmenbedingungen zu verbessern und deren Umsetzung und Einhaltung in den Zielgebieten sicherzustellen

In vielen Ländern gibt es noch erheblichen Bedarf für eine bessere Integration der Menschenrechte in geltende rechtliche Rahmenbedingungen, die einen direkten oder indirekten Einfluss auf die Entwicklung des Tourismus und die Tagesgeschäfte von Tourismusunternehmen haben (Roundtable Menschenrechte im Tourismus 2015; Baumgartner et al. 2015). Zusätzlich sind in vielen Ländern umfassende und wirkungsvolle Gesetze notwendig, die Menschenrechte gewährleisten und deren Einhaltung schützen. Wichtigsten Prioritäten in diesem Bereich sind:

- die Einführung und Einhaltung von gesetzlichen Mindestlöhnen, um sicherzustellen, dass die Grundbedürfnisse von Arbeitnehmern erfüllt werden können,
- verbindliche Zusagen seitens der Regierungen, die Interessen der lokalen Bevölkerung zu schützen und die lokale Bevölkerung in Tourismusplanung, Management und Entscheidungsprozesse aktiv zu beteiligen; dies betrifft vor allem auch die Interessen von sensiblen Gruppen wie Frauen, Kindern, Migranten und Menschen mit Behinderungen,
- die Erweiterung der Bereiche extraterritorialer Rechtsordnungen, um die schwersten Menschenrechtsverletzungen, die im Ausland begangen werden, auch strafrechtlich in den Herkunftsländern der Täter verfolgen zu können,
- Entwicklung von Rechtsvorschriften, welche die Rechtssicherheit in Fragen des Landbesitz und anderer indigener Eigentumsverhältnisse gewährleisten.

Neben der Verbesserung der rechtlichen Rahmenbedingungen müssen auch entschlossener geeignete Sanktionsmechanismen entwickelt werden, die die Umsetzung und Einhaltung der bestehenden gesetzlichen Anforderungen sicherstellen.

3.3 Gezielte Verbreitung von Konzepten und Instrumenten, die von Unternehmen verwendet werden, um die Menschenrechte zu einzuhalten

Wie die Ergebnisse dieser Studie zeigen, gibt es bereits eine Reihe praxiserprobter nützlicher Ansätze und Instrumente von Tourismusunternehmen. Um eine Effektivität in größerem Umfang zu erreichen, sind gezieltere Initiativen erforderlich, damit eine größere Anzahl von Unternehmen diese Ansätze und Instrumente aktiv nutzen und in ihre Alltagsgeschäfte integrieren können.

3.4 Stärkere Unterstützung von Forschungsarbeiten und wissenschaftlich gestützter Datenerhebung zum Thema „Menschenrechte im Tourismus"

Forschungsinitiativen und -aufträge an der Schnittstelle von Menschenrechten und Tourismus sind derzeit noch selten und nur vereinzelt vorhanden. Einige dokumentierte Einzelfälle, Fallstudien und einige Forschungsergebnisse wurden veröffentlicht, aber es gibt keine umfassende, systematisch angelegte Basisstudien und nur einen sehr geringen Umfang an gesicherten, validen Daten, mithilfe derer umfassende zuverlässige Aussagen über die Beziehung zwischen Tourismusentwicklung und Menschenrechten in bestimmten

Destinationen oder Themen formuliert werden können. Es gibt besonderen Bedarf für Forschungsaufträge in folgenden komplexen Problemkontexten, die in Verbindung mit dem Tourismus und Menschenrechte relevant sind: Klimawandel, der informelle Sektor und Tourismus, Supply Chain Management, menschenwürdige Lebens- und Arbeitsbedingungen sowie Löhne und zur Situation von sensiblen Gruppen – insbesondere von Kindern im Tourismus.

4 Fazit und Ausblick

Die Überprüfung von Fällen von Menschenrechtsverletzungen im Zusammenhang mit Tourismus, mit dem Ziel einer systematischen Analyse menschenrechtlicher Auswirkungen von Tourismus in verschiedenen Destinationen zeigt große Unterschiede in den einzelnen Fällen in Hinblick auf die verletzten Rechte, die Verursacher und Opfer. Die große Vielfalt der Beispielfälle erschwert eine Verallgemeinerung der Befunde bzw. den Anspruch von allgemein gültigen Ergebnissen zum Themenfeld. Menschenrechtsverletzungen, die betroffenen Gruppen, Verstöße und Rahmenbedingungen müssen immer auch kontextspezifisch betrachtet werden, um konkrete und praktikable Lösungen zu finden. Ein Befund aber kann allgemein festgestellt werden: Bestimmte Kontexte mit bestimmten Faktoren scheinen Menschenrechtsverletzungen eher zuzulassen als solche Kontexte, in denen diese Faktoren nicht oder nicht mehr gegeben sind.

So kann festgestellt werden: Dort, wo undemokratische Governance-Strukturen, unklare rechtliche Rahmenbedingungen und nicht-partizipative Entscheidungsprozesse vorzufinden sind, treten nahezu systemisch Menschenrechtsverletzungen auf. Sind diese Faktoren vor allem in der Planungs- und Investitionsphase der Tourismusentwicklung vorhanden, kommt es oftmals zu Menschenrechtsverletzungen wie Vertreibungen von indigener Bevölkerung, Landraub und zu einer erheblichen Verschlechterung des Lebensstandards der Bewohner vor Ort. Ein solches Umfeld befördert auch das Entstehen von Menschenrechtsverletzungen innerhalb der touristischen Aktivitäten, hier sind dann oftmals Verstöße gegen Arbeitnehmerrechte und Diskriminierung bestimmter Gruppen der Gesellschaft zu finden.

Die Analyse hat gezeigt, dass Risikogruppen, z. B. Wanderarbeiter, Kinder, Frauen, indigene Gruppen und Menschen mit Behinderungen, besonders anfällig für tourismusbezogene Menschenrechtsverletzungen sind. Daher wurden in den vergangenen Jahren eine Reihe von internationalen Verträgen abgeschlossen, Erklärungen erstellt und Vereinbarungen und andere Instrumente für die Einhaltung der Menschenrechte insbesondere für diese relevanten Gruppen abgeschlossen. Die Studie hält jedoch auch fest, dass der bestehende Mangel an umfassenden Daten und Informationen im Zusammenhang mit diesen Gruppen noch keine Antworten geben kann, welche zielgerichteten und breitenwirksamen Maßnahmen zur Verbesserung der Situation gesetzt werden können und wie weitere Menschenrechtsverletzungen verhindert werden können.

Menschenrechte sind international formuliert und gelten universell. Ihre umfassende Umsetzung, der Nachweis von Verletzungen und der Zugang zu Mechanismen der Wiedergutmachung für viele Menschen rund um den Globus bleibt jedoch eine schwere Aufgabe. Die Dokumentation von Menschenrechtsverletzungen und die Sensibilisierung verschiedener Interessengruppen sind und bleiben notwendige Bestandteile einer gesamtgesellschaftlichen Aufgabe. Derzeit bieten vor allem Nichtregierungsorganisationen, Organisationen der Zivilgesellschaft und der lokalen Gewerkschaften betroffenen Gruppen Möglichkeiten, ihre Rechte einzufordern. Diese Organisationen spielen eine Schlüsselrolle bei der Dokumentation und Veröffentlichung von Verletzungen. Eine fundierte und finanziell geförderte systematische Datenerfassung, Überwachung und mit eingehenden Untersuchungen von Menschenrechtsverletzungen in der Tourismusbranche gesicherte Informationsarbeit müssen allerdings noch reifen.

Auf der Grundlage der Überprüfung einschlägiger Instrumente für die Einhaltung der Menschenrechte im Tourismus können bereits jetzt verschiedene Maßnahmen für die unterschiedlichen Interessengruppen im Tourismusbereich identifiziert werden: Jeder Stakeholder hat seine Aufgaben und Zuständigkeiten, um Schutz, Respekt und Wiedergutmachung für Menschenrechte zu gewährleisten. Allerdings sind starke Partnerschaften und Multi-Stakeholder-Ansätze, die auf offenem Dialog und Partizipation beruhen, essenziell für eine weitere Absicherung. Die Analyse hat gezeigt, dass vor allem die Stärkung der rechtlichen Rahmenbedingungen von vielen Regierungen angegangen werden muss. Zur gleichen Zeit aber muss sich der Privatsektor auch aus Eigeninteresse heraus um eine Überbrückung der Lücken zwischen Politik und Praxis bemühen.

Es liegt in der Verantwortung der Privatwirtschaft und auch der öffentlichen Hand, die Herausforderungen anzunehmen, die aus der Komplexität und den verschiedenen indirekt beteiligten Akteuren entstehen. Der private Sektor kann dies durch die Entwicklung und Umsetzung von Verhaltenskodizes für die Supply Chain sichern, der öffentliche Sektor durch die Förderung dezentraler Entscheidungsfindung für eine breite Beteiligung der verschiedenen Interessengruppen auf lokaler Ebene ermöglichen. Konkrete Empfehlungen in den Bereichen „Rechtliche Rahmenbedingungen", „Intervention, Vollstreckung und Umsetzung", „Tourismusplanung, -management und -monitoring", „Kommunikation", und „querschnittsorientierte Maßnahmen" und weitere Forschungsarbeiten können bestehende Leitlinien, z. B. die „Ruggie Principles" in konkrete tourismus-relevante Maßnahmen transformieren.

Diese wenigen allgemeinen, relativ einfachen, aber dennoch entscheidenden Erkenntnisse machen deutlich, dass alle Beteiligten mit genauen Informationen arbeiten müssen. Die Tourismusindustrie muss deshalb ihre Verantwortung für Kunden, Mitarbeiter und die lokale Bevölkerung wahrnehmen und kontextabhängig, konkrete Umsetzungsmaßnahmen entwickeln. Wirksame Maßnahmen zum Schutz von Menschenrechten im Tourismus können nur greifen, wenn alle Beteiligten bereit sind, in eine vertrauensvolle Zusammenarbeit zu investieren.

Literatur

Anti-Slavery international (2009) Backdated compensation ignores forgotten child jockeys. http://old.antislavery.org/archive/press/120509_cameljockeys.htm. Zugegriffen: 14. Jan. 2014

Anti-Slavery international (2010) Ten year olds forced to risk lives racing camels in UAE. http://www.antislavery.org/english/press_and_news/news_and_press_releases_2008/2010_press_and_news/ten_year_olds_forced_to_risk_lives_racing_camels_in_uae.aspx. Zugegriffen: 14. Jan. 2014

Baumgartner C (2014) Unveröffentlichte Reisenotizen der Erkundungsmission im Zuge der Arbeit an der Studie „Human Rights in Tourism. Analysis of the Challenge. Recommendations to Public and Private Stakeholders. Report to the GIZ

Baumgartner C, Beyer M, Iwaszuk E, Kasüske D, Zotz A (2015) Human Rights in Tourism. Analysis of the Challenge. Recommendations to Public and Private Stakeholders. Report to the GIZ. (Unveröffentlichter Entwurf)

Black M (1995) In the twilight zone: child workers in the hotel, tourism and catering industry. ILO, Geneva

Bliss S (2006) Child labour in tourism industry in developing countries. http://globaleducationnsw.wikispaces.com/file/view/25.CHILD+LABOUR+TOURISM+DEVELOPING+COUNTRIES.pdf. Zugegriffen: 1. Jun. 2014

Bwasiri EJ (2014) The Conflict Among Local People and Hunting Tourism Companies in Northern Tanzania. In: Wohlmuther C, Wintersteiner W (Hrsg) International Handbook on Tourism and Peace. Drava Verlag, Klagenfurt

Cole S (2012) A political ecology of water equity in tourism. A case study from Bali, Annals of Tourism Research 39 (3), 2012. http://eprints.uwe.ac.uk/16913/3/Political%20ecology%20of%20water%20equity%20and%20tourism%20submiitted%20to%20annals%201st%20dec.pdf. Zugegriffen: 20. Mär. 2016

Cultural Survival (2014a) Campaign update – Kenya: court blocks national park; police attack Samburu community. http://www.culturalsurvival.org/news/campaign-update-kenya-court-blocks-national-park-police-attack-samburu-community. Zugegriffen: 4. Feb. 2015

Cultural Survival (2014b) Campaign update – Kenya: legal battle in Samburu continues. http://www.culturalsurvival.org/news/campaign-update-kenya-legal-battle-samburu-continues. Zugegriffen: 4. Feb. 2015

Cultural Survival (2014c) Campaign update – Kenya: Samburu communities suffer continued harassment. http://www.culturalsurvival.org/news/campaign-update-kenya-samburu-communities-suffer-continued-harassment. Zugegriffen: 4. Feb. 2015

Econsense (2014) Respecting human rights. tools & guidance materials for business. http://www.econsense.de/sites/all/files/Respecting_Human_Rights.pdf. Zugegriffen: 17. Feb. 2015

ECPAT (2015) ECPAT. www.ecpat.et. Zugegriffen: 5. Jun. 2015

EED (2012) Beyond greening. reflections on tourism in the Rio process. http://tourism-watch.de/files/profil_13_beyond_greening_rio20.pdf. Zugegriffen: 4. Feb. 2015

Equations (2007) Child labour. the ugly face of tourism. http://www.equitabletourism.org/files/fileDocuments367_uid10.pdf. Zugegriffen: 4. Feb. 2015

Equations (2008) Rights of the child in the context of tourism. http://www.equitabletourism.org/files/fileDocuments313_uid10.pdf. Zugegriffen: 4. Feb. 2015

Gössling S, Hall CM (Hrsg) (2006) Tourism and global environmental change: ecological, social, economic and political interrelationships. Routledge, London

Hagedoorn E (2013) Child labour and tourism: how travel companies can reduce child labour in tourism destinations. occasional paper 26 for the International Centre for Responsible Tourism. http://www.icrtourism.org/wp-content/uploads/2012/03/OP26.pdf. Zugegriffen: 4. Feb. 2015

ILO (International Labour Organisation) (2013a) Global Wage Report 2012-13. http://www.ilo.org/wcmsp5/groups/public/-dgreports/-dcomm/-publ/documents/publication/wcms_194843.pdf. Zugegriffen: 4. Feb. 2015

ILO (2013b) International perspectives on women and work in hotels, catering and tourism. http://www.ilo.org/wcmsp5/groups/public/-dgreports/-gender/documents/publication/wcms_209867.pdf. Zugegriffen: 4. Feb. 2015

IUF (2012) Government of France says Accor violated international guidelines on responsible business conduct. http://www.iuf.org/w/?q=node/2185. Zugegriffen: 4. Feb. 2015

Kuoni (2012a) Statement of commitment on human rights. www.kuoni.com/docs/gl_12_020_statement_of_commitment_0.pdf. Zugegriffen: 2. Jan. 2016

Kuoni (2012b) Assessing human rights impacts. Kenya pilot project report 2012. http://www.kuoni.com/docs/assessing_human_rights_impacts_0.pdf. Zugegriffen: 4. Feb. 2015

Nelson F, Makko SO (2005) Communities, conservation and conflicts in the Tanzanian Serengeti. In: Child B, Lyman MW (Hrsg) Natural resources and community assets, lessons from two continents. Sand County Foundation and The Aspen Institute, Madison, WI and Washington, D.C.

Nichonghaile C, Smith D (2011) Kenya's Samburu people ‚violently evicted' after US charities buy land, The Guardian. http://www.theguardian.com/world/2011/dec/14/kenya-samburu-people-evicted-land. Zugegriffen: 4. Feb. 2015

OECD (2014) OECD guidelines for multinational enterprises. hotel industry in benin and canada. http://mneguidelines.oecd.org/database/instances/fr0012.htm. Zugegriffen: 4. Feb. 2015

OHCR (2011) Guiding principles on business and human rights. implementing the United Nations „protect, respect, remedy" framework. http://www.ohchr.org/Documents/Publications/GuidingPrinciplesBusinessHR_EN.pdf. Zugegriffen: 4. Feb. 2015

OHCR (2014) http://www.ohchr.org/EN/Pages/Home.aspx. Zugegriffen: 15 11.2014

PATA, WINTA, GIZ, Capilano University (2015) Indigenous Tourism and Human Rights in Asia and the Pacific Region. Review, Analysis and Guidelines. Draft final Report for discussion. Unpublished

Plüss C (1999) Quick money – Easy money? A Report on Child Labour in Tourism. Swiss Agency for Development and Cooperation. Working Paper 1/99, Berne, Switzerland: ILO. http://www.akte.ch/uploads/media/Quick_money_easy_money.pdf. Zugegriffen: 4. Feb. 2015

Roundtable Menschenrechte im Tourismus (2015) Menschenrechte im Tourismus. Ein Umsetzungsleitfaden für Reiseveranstalter, 2. Aufl.

Slade L (2011) Water equity in tourism: zanzibar case study, villages of Kiwengwa, Nungwi and Jambiani. report by Mwambao coastal community network for tourism concern

Survival International (2011) Violence engulfs Kenyan tribe just miles from royal hideaway. http://www.survivalinternational.org/news/7946. Zugegriffen: 4. Feb. 2015

Survival International (2012) German travel industry warns Samburu eviction could harm Kenya tourism. http://www.survivalinternational.org/news/8041. Zugegriffen: 4. Feb. 2015

The Guardian (2014) Tanzania accused of backtracking over sale of Masia's ancestral land. http://www.theguardian.com/world/2014/nov/16/tanzania-government-accused-serengeti-sale-maasai-lands/print. Zugegriffen: 16. Nov. 2014

Tourism Concern (2005) Post-tsunami reconstruction and tourism: a second disaster? http://www.naomiklein.org/files/resources/pdfs/tourism-concern-tsunami-report.pdf. Zugegriffen: 4. Feb. 2015

Tourism Concern (2009) Putting tourism to rights, a challenge to human rights abuses in the tourism industry. http://www.tourismconcern.org.uk/uploads/file/campaigns/LowRes_Putting%20Tourism%20to%20Rights_A%20report%20by%20TourismConcern2.pdf. Zugegriffen: 4. Jan. 2015

Tourism Concern (2012) Water equity in tourism: A human right, A global responsibility. http://www.tourismconcern.org.uk/wet.html. Zugegriffen: 13. Jan. 2014

Tourism Watch (2011) Alles was Recht ist – Menschenrechte und Tourismus. http://tourism-watch.de/files/Alles_was_Recht_ist.pdf. Zugegriffen: 4. Feb. 2015

Trade Union Advisory Committee to the OECD (2012) Trade Union Cases. Accor V IUF. http://www.tuacoecdmneguidelines.org/CaseDescription.asp?id=142. Zugegriffen: 4. Feb. 2015

UN (1948) http://www.un.org/depts/german/menschenrechte/aemr.pdf. Zugegriffen: 7. Feb. 2017

UN (2007) Erklärung der Vereinten Nationen über die Rechte indigener Bevölkerung. http://www.un.org/depts/german/gv-61/band3/ar61295.pdf. Zugegriffen: 2. Okt. 2015

UN (2014) UN. http://www.un.org/en/universal-declaration-human-rights. Zugegriffen: 15. Nov. 2014

UNWTO, UN Women (2011) Global Report on Women in Tourism 2010. http://ethics.unwto.org/en/publication/global-report-women-tourism-2010. Zugegriffen: 4. Feb. 2015

WTTC (World Travel and Tourism Council) (2013) Gender equality and youth employment. http://92.52.122.233/site_media/uploads/downloads/Gender_equality_and_youth_employment_FINAL.pdf. Zugegriffen: 4. Feb. 2015

Hon.-Prof. (FH) Dr. Christian Baumgartner ist Honorarprofessor an der IMC Fachhochschule Krems und unterrichtet nachhaltigen Tourismus und Wirtschaftsethik in Österreich, der Schweiz, Serbien und China. Der Gründer von „response & ability gmbh" war Mitglied der früheren Beratungsgruppe für nachhaltigen Tourismus der EU Kommission und ist Mitglied in zahlreichen (inter-)nationalen Beratungsgremien. Er ist spezialisiert auf nachhaltigen Tourismus und nachhaltige Regionalentwicklung und hat zahlreiche Entwicklungsprojekte in Europa und Südostasien begleitet. Er ist Vorstandsmitglied des Donaukompetenzzentrums in Belgrad (Serbien) und Vizepräsident der Internationalen Alpenschutzkommission CIPRA. Zusätzlich hat Christian Baumgartner umfassende Erfahrung in Gütesiegeln und Monitoring. Er ist Mitglied der Beiräte des Österreichischen wie des Europäischen Umweltzeichens für Tourismusbetriebe, Mitglied im Zertifizierungsrat bei TourCert und hat Bücher zum Thema Bewertung von Nachhaltigkeit im Tourismus veröffentlicht.

CSR im Tourismus im Kontext der Menschenrechte, insbesondere der sexuellen Ausbeutung von Kindern

Antje Wolf und Nicole Fabisch

1 Einleitung

Die Übernahme gesellschaftlicher Verantwortung im Sinne der CSR ist seit Jahren ein Thema, das auch in der Tourismusbranche zunehmend eine Rolle spielt. Nach neuerem CSR-Verständnis können Unternehmen ihrer sozialen Verantwortung nur dann in vollem Umfang gerecht werden, wenn sie neben sozialen und ökologischen Themen auch Menschenrechtsbelange in die Betriebsführung und in ihre Unternehmensstrategie implementieren (vgl. EU Kommission 2011, S. 7). Die Sensibilisierung für Menschenrechte und deren Wahrung ist insbesondere für global operierende Unternehmen der Tourismusbranche von großer Bedeutung (vgl. DRV 2016). Da die soziale Ungleichheit zwischen Reisenden und Bewohnern touristischer Destinationen zum Teil erheblich ist, birgt dieser Kontrast Risiken der Ausbeutung oder der Missachtung bestimmter Grundrechte.

In diesem Kontext stellen der Sextourismus im Allgemeinen und die sexuelle Ausbeutung von Kindern im Tourismus im Speziellen einen besonders brisanten Themenkomplex dar. Die Organisation UNICEF schätzt, dass weltweit jährlich ca. 3 Mio. Kinder und Jugendliche – unter 18 Jahren – zur Prostitution oder Pornografie gezwungen oder für sexuelle Dienste verkauft werden (vgl. UNICEF 2008). Nach Expertenansicht ist die Nachfrage nach Sex mit Kindern konstant vorhanden und nimmt tendenziell eher noch zu (vgl. UN General Assembly 2013, S. 12). Dies liegt zum einen an den gestiegenen Möglichkeiten für Pädophile relativ kostengünstig in Länder zu reisen, in denen Kinder-

---

A. Wolf (✉)
Tourismus- und Eventmanagement, EBC Hochschule Hamburg
Esplanade 6, 20354 Hamburg, Deutschland
E-Mail: wolf.antje@ebc-hochschule.de

N. Fabisch
Marketing und Internationales Management, EBC Hochschule
Esplanade 6, 20354 Hamburg, Deutschland
E-Mail: fabisch.nicole@ebc-hochschule.de

prostitution angeboten und kaum strafrechtlich verfolgt wird. Zum anderen wird betont, dass es sich bei den Nutzern dieser sexuellen Dienstleistungen auch um touristische Gelegenheitstäter handelt (vgl. Hahn 2015, S. 34). Diese reflektieren kaum oder gar nicht darüber, dass die Mädchen (und Jungen) teilweise noch minderjährig sind und keineswegs freiwillig ihre sexuellen Dienste anbieten, sondern sich aus wirtschaftlicher oder sozialer Not heraus prostituieren (Hahn 2015, S. 34).

Das Land mit dem größten Anteil an Kinderprostitution ist Thailand (vgl. Earthlink o. J., o. S.). Als weitere Zentren des Sextourismus werden neben den asiatischen Zielen Philippinen, Vietnam und Kambodscha, vor allem die Dominikanische Republik, Kuba, Kenia, Südafrika, Brasilien und die Balkanstaaten genannt (vgl. Hahn 2015, S. 34). Hieraus ergeben sich Chancen und Pflichten für Reiseanbieter, sich des prekären Themas der sexuellen Ausbeutung (von Kindern) im globalen Kontext anzunehmen und auch im Rahmen ihrer CSR-Publikationen aktiv Stellung zu beziehen (vgl. ECPAT 2016a, S. 1).

Der Beitrag beschreibt zunächst die Erscheinung des Sextourismus, insbesondere der sexuellen Ausbeutung von Kindern und bettet diesen in den Kontext der CSR ein. Es werden Hintergründe analysiert und Zusammenhänge mit der globalen Tourismusindustrie aufgezeigt. Die Darstellung von Initiativen verschiedener Akteure zur Lösung der Problematik und daraus abgeleitete Handlungsempfehlungen für touristische Akteure schließen den Beitrag ab.

2 Sextourismus

Die Tourismusbranche lebt von internationalen Verflechtungen und ist mit ihren Unternehmen weltweit aktiv. Demzufolge kommt ihr in Bezug auf gesellschaftliche Verantwortung und damit auch dem Schutz von Menschenrechten eine besondere Bedeutung zu. Zahlreiche Beispiele zeigen, dass der stetig wachsende Tourismus nicht nur positive Auswirkungen zur Folge hat. Er gefährdet zugleich die Rechte der Einheimischen und ihre Lebensgrundlagen (vgl. Arbeitskreis Tourismus & Entwicklung 2015a, S. 6 ff.). Sextourismus als Teil des Menschenhandels ist eine der negativen Erscheinungen des Tourismus. Zur Bekämpfung des Menschenhandels verfassten die Vereinten Nationen im Jahr 2000 in der „United Nations Convention against transnational organized Crime" eine Resolution. Dieses Dokument wurde von drei Protokollen ergänzt, u. a. dem „Protocol to Prevent, Suppress and Punish Trafficking in Persons, Especially Women and Children" (vgl. UNODC 2004). Das von bisher 117 Staaten unterschriebene Protokoll gilt als das erste global rechtlich bindende Instrument, das eine allgemein anerkannte Definition zum Menschenhandel enthält (UNODC 2016).

> Im Sinne dieses Protokolls bezeichnet der Ausdruck „Menschenhandel" die Anwerbung, Beförderung, Verbringung, Beherbergung oder Aufnahme von Personen durch die Androhung oder Anwendung von Gewalt oder anderen Formen der Nötigung, durch Entführung, Betrug, Täuschung, Missbrauch von Macht oder Ausnutzung besonderer Hilflosigkeit oder durch Gewährung oder Entgegennahme von Zahlungen oder Vorteilen zur des Einverständnisses einer

Person, die Gewalt über eine andere Person hat, zum Zweck der Ausbeutung. Ausbeutung umfasst mindestens die Ausnutzung der Prostitution oder anderer Formen sexueller Ausbeutung, Zwangsarbeit oder Zwangsdienstbarkeit, Sklaverei oder sklavereiähnlicher Praktiken, Leibeigenschaft oder die Entnahme von Organen (vgl. BGBl 2005, Art. 3a).

Somit wird unter dem Terminus der Ausbeutung von Menschen die Ausnutzung durch Prostitution oder anderer Formen sexueller Ausbeutung, Zwangsarbeit oder Zwangsdienstbarkeit subsummiert.

Das U. S. Department listet derzeit über 150 Länder, welche in den illegalen Menschenhandel involviert oder davon bedroht sind (vgl. Office of the Under Secretary for Civilian Security, Democracy, and Human Rights 2015). Sextourismus als Teil des Menschenhandels stellt damit ein weltweites Phänomen dar, welches nicht nur auf einige wenige Destinationen begrenzt ist.

Unter **organisiertem Sextourismus** versteht das UNWTO Statement on the Prevention of Organized Sex Tourism

> trips organized from within the tourism sector, or from outside this sector but using its structures and networks, with the primary purpose of effecting a commercial sexual relationship by the tourist with residents at the destination; **aware** of the grave health as well as social and cultural consequences of this activity for both tourist receiving and sending countries, especially when it exploits gender, age, social and economic inequality at the destination visited (UNWTO 2015, o. S.).

Damit umfasst der Sextourismus Reisen, bei denen der Sex im Vordergrund steht bzw. das Hauptmotiv darstellt. Bunn (2011, S. 17 f.) definiert Sextourismus als eine Reise in eine Destination mit der Intention, gegen Entgelt oder Sachleistungen[1] in sexuellen Kontakt mit anderen zu treten. Gewöhnlich stammen diese aus einer anderen sozialen Schicht bzw. gehören einer anderen Ethnie an (vgl. Smith et al. 2010, S. 152). Dabei handelt es sich überwiegend um Sex mit Prostituierten. Prostitution kann in zwei Arten differenziert werden: Unter der legalen Prostitution wird gemeinhin gewerbsmäßiger, einvernehmlicher Sex zwischen Erwachsenen gegen Entgelt, unter der illegalen Prostitution eine unter Zwang und somit unfreiwillige, teils unter Drogeneinfluss, erbrachte sexuelle Dienstleistung verstanden (vgl. BMFSFJ 2007, S. 6 f.).

Sextourismus wird überwiegend von Kunden aus „Erste-Welt-Ländern", d. h. aus wohlhabenden Staaten, so beispielsweise aus Nordamerika, Westeuropa oder Australien nachgefragt. Auch nimmt die Zahl der Sextouristen aus den ehemaligen Ostblockstaaten zu. China, Malaysia und Japan zählen ebenso zu den Quellgebieten des Sextourismus (vgl. Earthlink 2014, o. S.).

Reiseziele, die von Sextouristen besonders nachgefragt werden, liegen insbesondere in Südostasien, z. B. Thailand, die Philippinen, Vietnam, Kambodscha und Laos, oder in Südamerika, z. B. Jamaika, Kuba, die Dominikanische Republik und Brasilien. Wird

---

[1] Besonders Frauen neigen dazu, sexuelle Dienstleistungen auf indirekte Weise zu honorieren. Diese werden oftmals mit wertigen Objekten, z. B. Autos oder Handys, beglichen.

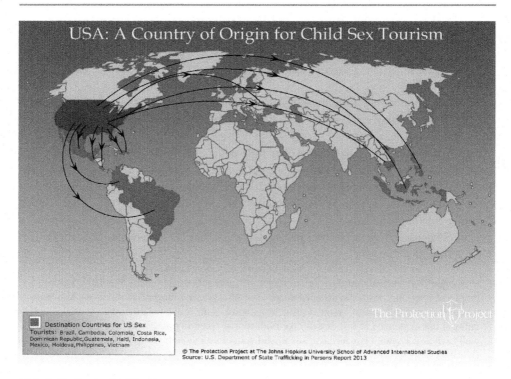

Abb. 1 Zielländer für Kindersextourismus am Beispiel USA. (Quelle: US Department of State Trafficking in Persons Report 2013)

zwischen männlichen und weiblichen Sextourismus differenziert, reisen Männer hauptsächlich nach Südostasien, Osteuropa und Südamerika, während der Fokus der Frauen vor allem auf Afrika und in der Karibik liegt (vgl. Bunn 2011, S. 17 f.). Personen, die ihre Reise primär planen, um ihren Trieb auszuleben, tun dies, da es in ihrem Heimatland oft teurer, illegal oder mit Restriktionen verbunden ist. So können Männer und Frauen sexuelle Dienstleistungen in den Zielgebieten zu einem vergleichsweise (sehr) günstigen Preis kaufen. Auch umgehen sie die Justiz im eigenen Land, da in einigen Ländern, z. B. in den USA oder in Schweden, die Prostitution illegal ist (vgl. Earthlink 2014, o. S.). Zum Teil zeichnet sich Sextourismus auch dadurch aus, dass die angebotenen Dienstleistungen über den sexuellen Aspekt hinausgehen. Oft begleitet der/die Prostituierte den Sextouristen für die Länge des Aufenthalts. So ist es nicht ungewöhnlich, dass der Sextourist von der Prostituierten über mehrere Wochen begleitet wird. Vorwiegend Frauen bevorzugen diese Art von Prostitution, da es mehr Platz für romantische Gefühle lässt (vgl. Ins 2002, o. S.; vgl. Abb. 1).

Die Motivation, in ein fremdes Land zu reisen, kann auch psychologischer Natur sein, z. B. der Wunsch nach Sex ohne Kondom[2] oder sexuellem Kontakt mit Kindern und andere sexuelle Präferenzen, die sozial geächtet werden. Dies ist mit der Vorstellung verbunden, dass es anderorts keine sozialen Tabus hinsichtlich der sexuellen Neigung und insbesondere auch keine rechtliche Strafverfolgung gibt (vgl. Bunn 2011, S. 18; Earthlink 2014, o. S.; Ives 2001, o. S.).

Kinder, die am häufigsten von der sexuellen Ausbeutung betroffen sind, sind einheimische Kinder aus meist sozial schwachen Verhältnissen, Straßenkinder oder Kinder ethnischer Minderheiten (vgl. Abb. 1). Auch Kinder, die in ihrer eigenen Familie vernachlässigt oder gar sexuell missbraucht werden, sind betroffen. Darüber hinaus sind sexuell missbrauchte Kinder einem hohen Risiko an Aids und anderen sexuell übertragbaren Krankheiten ausgesetzt (vgl. ECPAT Deutschland 2015a, o. S.). Um dieses Risiko für sich selbst zu mindern, werden von Freiern immer jüngere Kinder begehrt (vgl. ECPAT Deutschland 2004, S. 21). Pädophile machen sich oftmals die wirtschaftlichen und sozialen Probleme, unter denen Kindern und Erwachsene in den Zielländern leiden, zunutze (vgl. Earthlink 2014, o. S.).

In ärmeren Ländern sichert die Prostitution insbesondere weniger gebildeteren Frauen (und Kindern) ein Einkommen. So können diese innerhalb eines relativ kurzen Zeitraumes verhältnismäßig viel verdienen. Zahlreiche Menschen verkaufen ihren Körper armutsbedingt. Armut ist jedoch nur eines der Kriterien, sich zu prostituieren; so betätigt sich beispielsweise eine nicht dokumentierte Zahl junger Frauen aus der Mittelschicht Asiens ebenfalls in der Prostitution. Menschen prostituieren sich freiwillig, um sich einen gewissen Lebensstandard oder aber Statussymbole der modernen Konsumgesellschaft leisten zu können (vgl. Jeffreys 2015, S. 274). Daneben gibt es eine hohe Anzahl an Menschen, die gegen ihren Willen in die Prostitution gezwungen und ausgebeutet werden. Sie werden teils wie Ware gehandelt und arbeiten in Bordellen, wo sie wie „Sklaven" gehalten werden. Teils werden sie unter Drogen gesetzt, sind der Gewalt der Freier ausgesetzt und erhalten nur eine geringe oder meist gar keine Bezahlung (vgl. Brown 2001, S. 135 f.; Ives 2001, o. S.). Folglich verkaufen die meisten Menschen ihren Körper aufgrund ihrer wirtschaftlichen und sozial misslichen Lage oder ihrer eingeschränkten Lebensqualität aus einem Zwang heraus (vgl. Brown 2001, S. 136).

Während insbesondere in europäischen Ländern die Prostitution oft legal ist, ist sie in weiten Teilen der Welt strafbar. Insgesamt ist jedoch ein weltweiter Trend zur Legalisierung bzw. Entkriminalisierung der Prostitution zu beobachten (vgl. Amnesty International 2015). Laut Amnesty International gibt es überall dort, wo Sexarbeit verboten ist, deutlich mehr Gewalt. Aktuell wird die Entkriminalisierung von Prostitution, für die sich Amnesty International einsetzt, sehr kontrovers diskutiert (vgl. Elmenthaler 2015). Während ein-

---

[2] Die HIV-Rate stieg (und steigt) in einigen Ländern aufgrund des wachsenden Sextourismus weiter an.

vernehmlicher Sex gegen Geld legalisiert und entkriminalisiert werden könnte, steht außer Zweifel, dass Menschenhandel und die sexuelle Ausbeutung von Kindern in UN-Mitgliedstaaten auch weiterhin illegal bleiben muss.

Seit den 1990er-Jahren gibt es zahlreiche Bestrebungen, insbesondere von Ländern, in denen der Tourismus einen hohen Stellenwert einnimmt, gegen die sexuelle Ausbeutung von Kindern vorzugehen. So haben mittlerweile fast alle europäischen Länder Extraterritorialgesetze erlassen, damit Sexualstraftäter in ihrem Heimatland für die im Ausland begangenen Straftaten belangt werden können (vgl. ECPAT o. J., o. S.; Montgomery 2001, S. 191). Lange Zeit konnten Straftäter, die in den Zielgebieten Kinder sexuell missbraucht haben, in Deutschland nicht belangt werden. Erst durch eine Kampagne der ECPAT im Jahr 1993 und dem daraus entstandenen gesellschaftlichen Druck wurden die Strafvorschriften gegen Kinderprostitution, Kinderhandel und Kinderpornografie, beispielsweise in Deutschland im 6. Strafrechtsreformgesetz 1998, neu gefasst. Folglich können auch Straftäter, die im Ausland sexuellen Missbrauch begehen, nach deutschem Recht belangt werden – unabhängig von der Rechtslage im Ausland (vgl. ECPAT Deutschland 2015b, o. S.). Mittlerweile findet das Extraterritorialprinzip in über 20 Ländern Anwendung. So schreibt Artikel 34 der UN-Konvention über die Rechte des Kindes aus dem Jahr 1989 den Schutz der Kinder vor allen Formen sexueller Gewalt und Ausbeutung explizit fest.

Problematisch sind in diesem Kontext die weltweit unterschiedlichen Schutzaltersgrenzen. Berücksichtigt beispielsweise der Artikel 34 der UN-Kinderrechtskonvention, in dem sich die Mitgliedsstaaten verpflichten, Kinder vor jeglicher Form kommerzieller sexueller Ausbeutung zu schützen, eine Schutzaltersgrenze von 18 Jahren[3], wird der Schutz der Kinder und ihrer Rechte durch nationale Verfassungen oftmals erheblich eingeschränkt. Zudem haben nationale Gesetze Vorrang vor internationalen Abkommen. Zahlreiche nationale Verfassungen schreiben ein Höchstalter von nur 14 Jahren vor; so auch in Deutschland (§ 176 StGB). Hier gelten im Rahmen des Extraterritorialprinzips Schutzaltersgrenzen von 14 Jahren für Missbrauch und von 16 Jahren für sexuelle Handlungen und sexuelle Ausbeutung von Kindern (vgl. ECPAT Deutschland 2004, S. 15). Insbesondere die Unterschiede der rechtlichen Normen in den verschiedenen Staaten für die Gesetze zum Schutz der Kinder erschweren eine Strafverfolgung der Täter. Trotz verbesserter Rechtslage (§ 5 Nr. 8 StGB) konnten in Deutschland lediglich etwa ein Prozent der Täter gerichtlich belangt werden, während gegen Gelegenheitstäter zumeist gar nicht ermittelt wird (vgl. ECPAT Deutschland 2004, S. 16).

Im Kontext der rechtlichen Strafverfolgung bleiben folgende Aspekte problematisch: Die uneinheitlichen Schutzaltersgrenzen sowie ethnische und kulturelle Unterschiede in

---

[3] Die Vertragsstaaten sind dafür verantwortlich, geeignete Maßnahmen zu implementieren, um zu verhindern, dass Personen unter 18 Jahren „zur Beteiligung an rechtswidrigen sexuellen Handlungen verleitet oder gezwungen werden, für die Prostitution oder andere rechtswidrige sexuelle Praktiken ausgebeutet werden, für pornografische Darbietungen und Darstellungen ausgebeutet werden" (BMSFJ 2014, S. 24).

den Ländern, in denen sexuelle Ausbeutung einen hohen Stellenwert erfährt. Hier fehlt ein internationales Abkommen, das eine einheitliche Definition vorlegt und bessere Rahmenbedingungen für die Ermittlung gegen den Menschenhandel und die Prostitution ermöglicht. Darüber hinaus sind Rechtshilfeverfahren langwierig, bürokratisch und müssen zwischen dem Heimatland des Straftäters und dem Ausland über verschiedene Verwaltungswege abgewickelt werden (vgl. Thoma 2003; Paulus 2015, S. 360 ff.).

Hier können Bemühungen der Touristik-Unternehmen um eine Sensibilisierung und eine aktive Aufklärung verschiedener Akteure im Rahmen von CSR-Maßnahmen zumindest flankierend und im Einzelfall der Gelegenheitstäter auch präventiv wirken.

3 Corporate Social Responsibility

Die soziale (oder gesellschaftliche) Verantwortung von Unternehmen, je nach Geltungsbereich und Verständnis auch als Corporate Sustainability oder Corporate Social Responsibility (CSR) bezeichnet (vgl. Fabisch et al. 2015, S. 19 f.), rückt in den letzten Jahren immer mehr in den Fokus der Öffentlichkeit und wird auch zunehmend in die Strukturen touristischer Unternehmen integriert. Corporate Social Responsibility bezieht sich dabei gleichermaßen auf die soziale Verantwortung gegenüber der lokalen Bevölkerung in den Zielgebieten wie auf die ökologischen Auswirkungen des Reisens (Forum anders reisen 2015b, S. 3 ff.).

Corporate Social Responsibility ist innerhalb der Wertschöpfungskette von besonderer Relevanz, da das Produkt, die Reise, das Resultat des Zusammenwirkens unterschiedlicher Leistungsträger entlang der Wertschöpfungskette ist. So erstreckt sich die Wertschöpfungskette von der Auswahl des Reiseziels und der Buchung (z. B. Verbraucherschutz, Information), über die An- und Abreise (z. B. klimafreundliche Transportmittel), bis hin zum Aufenthalt (z. B. Arbeitsbedingungen der Angestellten, Beachtung der Menschenrechte, Umweltschutzmaßnahmen des Hotels). Bedingt durch diese Komplexität, stellt es für touristische Unternehmen eine Herausforderung dar, sich dieser Aufgabe zu stellen; zugleich bietet es aber auch eine Möglichkeit, sich positiv von anderen Unternehmen abzuheben und durch die Übernahme gesellschaftlicher Verantwortung Wettbewerbsvorteile zu erlangen (vgl. Fabisch 2013, S. 359 ff.).

Insbesondere um die Jahrtausendwende konnte eine stetige Zunahme der Akzeptanz von Grundsätzen einer nachhaltigen Tourismusentwicklung festgestellt werden; dies führte zur Entstehung zahlreicher Initiativen. Neben diversen Umweltbelangen erfuhren nach Dodds und Joppe (2005, S. 4) soziale Themen vor allem durch die Veröffentlichung der 10-Punkte-Millenniums-Entwicklungsziele der UN Aufmerksamkeit. Diese beinhalten beispielsweise Fair Trade, Armutsreduktion und die lokale Wirtschaftsentwicklung. In diesem Kontext entstanden weitere Verhaltenskodizes wie der Globale Ethikkodex der UNWTO, der 2012 vom Bundesverband der Deutschen Tourismuswirtschaft (BTW), des Deutschen ReiseVerbandes (DRV) sowie führender Reiseveranstalter und Fluggesellschaften unterzeichnet wurde (vgl. BMWI 2016).

Zahlreiche Unternehmen integrieren heute ethische Richtlinien in ihre Unternehmenspolitik und entwickeln oder unterschreiben Verhaltenskodizes (Codes of Conducts). Diese beziehen sich auf den Teil der Unternehmenspolitik, der die ethischen Standards für das Vorgehen der Unternehmen festlegt. Tatsächlich unterscheiden sich die Verhaltenskodizes häufig stark voneinander. Da CSR ein freiwilliges Konzept ist und es den Unternehmen obliegt, welche Themenbereiche sie vertiefend bearbeiten und publizieren wollen, ist eine Kontrolle nicht zwingend vorgesehen. Dieser Aspekt erschwert die Wirkungsanalyse von CSR-Maßnahmen. Diese Freiwilligkeit wurde allerdings seitens der EU in einem Punkt geändert, da eine im April 2014 verabschiedete Richtlinie Unternehmen mit mehr als 500 Mitarbeitern nun auch in Deutschland verpflichtet, spätestens bis zum Jahr 2017 nicht-finanzielle, also ethische oder soziale sowie die Diversität betreffende Informationen in ihren Geschäftsberichten offenzulegen (vgl. EU Kommission 2014).

Aufgrund der Tatsache, dass Menschenrechte sich zu einem immer bedeutenderen CSR-Aspekt entwickelt haben, sah die EU-Kommission die Notwendigkeit, dieses Thema explizit zu adressieren. Im Jahr 2011 legte sie im Rahmen der neuen EU-Strategie für die soziale Verantwortung von Unternehmen (CSR) eine neue Definition vor, wonach CSR „die Verantwortung von Unternehmen für ihre Auswirkungen auf die Gesellschaft" ist (EU Kommission 2011, S. 11). Außerdem heißt es dort: „Damit die Unternehmen ihrer sozialen Verantwortung in vollem Umfang gerecht werden, sollten sie auf ein Verfahren zurückgreifen können, mit dem soziale, ökologische, ethische Menschenrechts- und Verbraucherbelange in enger Zusammenarbeit mit den Stakeholdern in die Betriebsführung und in ihre Kernstrategie integriert werden" (EU Kommission 2011, S. 11). Die EU-Definition zur CSR kommt hierbei einem gängigen Verständnis von Nachhaltigkeit („Sustainability") sehr nahe, das den Unternehmen eine Rechenschaftslegung nach sozialen, ökologischen und ökonomischen Kriterien abverlangt. Mit der aktiven Integration dieser Themen leistet die EU einen Beitrag zur Verwirklichung der Ziele zu spezifischen Menschenrechtsfragen, u. a. dem Menschenhandel und der sexuellen Ausbeutung (vgl. EU Kommission 2011, S. 17).

3.1 Organisationen & Initiativen zur Implementierung von CSR im Tourismus

Die Allgemeine Erklärung der Menschenrechte und die weiteren Menschenrechtskonventionen der Vereinten Nationen bilden die Grundlage und zugleich den Rahmen eines umfassenden Menschenrechtsschutzes in den Unternehmensstrategien eines Tourismusunternehmens. Es gilt, sowohl die positiven Effekte des Tourismus sinnvoll zu nutzen als auch seine negativen Auswirkungen so weit wie möglich zu reduzieren (vgl. BMWI 2016). Dies geschieht nicht nur aus einer moralischen Verpflichtung heraus, sondern auch, um Reputations- und Haftungsrisiken zu mindern (vgl. Kleinfeld und Martens 2014, S. 20 f.) beziehungsweise sich gegenüber Ansprüchen und Nachfragen verschiedener Gruppierun-

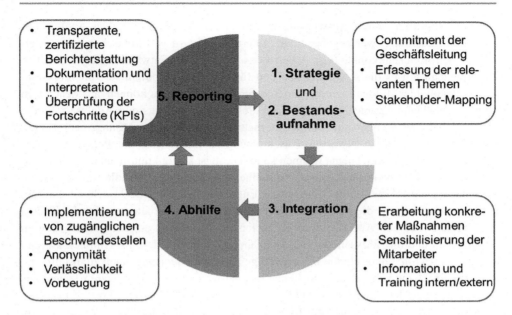

Abb. 2 Ablaufschema zur Umsetzung der Menschenrechtspolitik. (Quelle: eigene Darstellung in Anlehnung an Arbeitskreis Tourismus & Entwicklung 2015b, S. 12)

gen, z. B. interessierter Kunden, kritischer Stakeholder, Politik oder Medienvertretern, zu legitimieren und diese zu beantworten.

Zwar ist die Wahrung dieser Rechte in erster Linie Aufgabe der Staaten, aber global agierende Tourismusunternehmen sind sowohl im Sinne ihrer freiwilligen Verantwortung (Legitimation), als auch im Rahmen der rechtlichen Richtlinien (Gesetzestreue) verpflichtet, sie zu respektieren (vgl. Arbeitskreis Tourismus & Entwicklung 2015b, S. 3). Des Weiteren sollten Tourismusunternehmen die UN-Leitprinzipien für Wirtschaft und Menschenrechte aus oben genannten Gründen in ihre Betriebsführung aufnehmen. Der Umsetzungsprozess beinhaltet die fünf wesentlichen Elemente der Strategie und Bestandaufnahme, der Integration, der Abhilfe und des Reportings (vgl. Abb. 2).

Um eine integrierte, nachhaltige und glaubwürdige Umsetzung gewährleisten zu können, sollten Tourismusunternehmen in einem ersten Schritt zunächst eine menschenrechtsbezogene *Unternehmensstrategie* einführen. Diese Verpflichtung beinhaltet eine fundierte *Bestandsaufnahme* darüber, inwieweit die bisherigen Aktivitäten Menschenrechtsthemen berühren sowie ein öffentliches und schriftlich fixiertes Bekenntnis zur Wahrung der Menschenrechte (vgl. Arbeitskreis Tourismus & Entwicklung 2015b, S. 13). Dieses „Commitment" muss durch die oberste Geschäftsleitungsebene erfolgen bzw. durch diese bekräftigt werden.

Zur Überprüfungen der Auswirkungen empfiehlt sich eine Stakeholder-Analyse unter der Fragestellung, wer gegebenenfalls intern und extern von Menschenrechtsverletzungen betroffen sein könnte (vgl. Arbeitskreis Tourismus & Entwicklung 2015b, S. 17). Anschließend gilt es die wesentlichsten und für das touristische Unternehmen relevantesten Stakeholder zu identifizieren, um Schwerpunkte setzen zu können, aus denen sich konkrete Maßnahmen ableiten lassen. Nach dieser internen Status-quo-Analyse folgt die *Integration* der Menschenrechte in die Unternehmenskultur und das Management. Hierzu bedarf es einer klaren Verantwortungszuschreibung auf eine Instanz oder Person im Unternehmen, die sich diesem Thema widmen kann. Diese ist sowohl mit finanziellen als auch zeitlichen Ressourcen auszustatten und mit einer entsprechenden Handlungssouveränität zu versehen (vgl. Arbeitskreis Tourismus & Entwicklung 2015b, S. 21). So ist es unter anderem ihre Aufgabe die Mitarbeiter intern und bei Zuliefererbetrieben für das Thema zu sensibilisieren und Aufklärungsarbeit zu leisten. Ihr obliegt es auch, Schulungen zu organisieren und die Wirksamkeit der Maßnahmen zu überprüfen. Im Hinblick auf den Aspekt der *Abhilfe* gilt es ein niedrigschwelliges Beschwerdemanagement zu installieren, das ohne Probleme von jedem Betroffenen genutzt werden kann. Das letzte Element des *Reportings* dient der Transparenz und der Dokumentation der erzielten Fortschritte. Dieses wird aktuell bereits vielfach auf freiwilliger Basis durchgeführt und wird für größere Unternehmen demnächst verpflichtend. Es empfiehlt sich, auf die Expertise etablierter Organisationen, z. B. der Global Reporting Initiative (GRI), zurückzugreifen, die für fast alle Geschäftsfelder messbare „Key Performance Indicators" (KPIs) entwickelt haben (vgl. Abb. 2).

Für die Tourismuswirtschaft könnten dies u. a. die Anzahl der Destinationen mit Korruptionsrisiken, das Vorhandensein von Kundeninformationen zu Menschenrechten, z. B. im Rahmen von Reisemerkblättern oder die Anzahl der gemeldeten Vorfälle bei der Beschwerdestelle sein (vgl. Arbeitskreis Tourismus & Entwicklung 2015b, S. 27).

Gerade im Hinblick auf die Integration von Menschenrechtsthemen in die Unternehmenskultur sollten Tourismusunternehmen die Leitsätze der OECD berücksichtigen, um eine fundierte Grundlage für einen umfassenden Schutz der Menschenrechte zu schaffen. Zusätzlich gilt es, die Kernarbeitsnormen der ILO zu beachten, um die Rechte der Mitarbeiter im Heimatland und im Zielgebiet zu respektieren und zu schützen. Ebenso muss sichergestellt werden, dass auch die Vertrags- und Geschäftspartner die Menschenrechte ihrer Mitarbeiter achten (vgl. EED 2011, S. 69). Zusätzlich können Tourismusunternehmen freiwillige Standards und Verhaltenskodizes, wie den UN Global Compact mit seinen zehn Prinzipien, zur Förderung des gesellschaftlichen Engagements von Unternehmen nutzen (vgl. UN Global Compact 2015, o. S.). Als weltweite Plattform bietet er seinen Mitgliedern die Möglichkeit, sich auszutauschen und gemeinsam an Lösungen zu arbeiten.

Eine wesentliche Rolle in der Berücksichtigung sozialer Belange im Welttourismus nimmt die UNWTO durch die Formulierung des „Global Code of Ethics for Tourism" ein. Ziel der UNWTO ist die Förderung eines verantwortungsbewussten, nachhaltigen, universell zugänglichen Tourismus (Präambel des Ethikkodex) (vgl. UNWTO o. J., o. S.), um zu ökonomischer Entwicklung, internationaler Verständigung, Frieden, Wohlstand und der Einhaltung der Menschenrechte beizutragen. Der 1999 von der Generalversammlung der UNWTO unterzeichnete „Global Code of Ethics for Tourism" betont das Recht auf Tourismus und die Bewegungsfreiheit der Touristen und gilt als Grundbaustein für die nachhaltige Weiterentwicklung des Welttourismus. Der Verhaltenskodex dient den Mitgliedern als Richtlinie zur Maximierung der positiven sozioökonomischen Auswirkungen des Tourismus bei gleichzeitiger Minimierung möglicher negativen Auswirkungen.[4]

In Artikel 2 „Der Tourismus als möglicher Weg zu individueller und kollektiver Erfüllung" des UNWTO-Kodexes werden explizit Menschenrechts- bzw. Menschenhandels-Belange berücksichtigt. Dieser besagt, dass jegliche Ausbeutung von Menschen, insbesondere die sexuelle Ausbeutung von Kindern, jeglichen Grundlagen des Tourismus widersprechen. Im Einklang mit dem Völkerrecht sollte dieses Verbrechen in Zusammenarbeit mit allen betroffenen Staaten bekämpft und durch nationale Gesetze der besuchten Länder und auch in den Herkunftsländern der Täter bestraft werden (vgl. UNWTO o. J., o. S.). Im Jahr 2003 wurde von der Generalversammlung ein globales Ethikkomitee mit dem Ziel installiert, „die Akzeptanz und Implementierung des Ethikkodexes in die Tourismusentwicklung" bei den diversen Stakeholdern zu forcieren (vgl. KATE 2006, S. 11). Dieser Kodex verpflichtet Unternehmen nicht nur dazu, „die Mitarbeiter der Tourismusbranche in den Herkunfts- und Zielländern entsprechend zu schulen und Reisende für das Thema zu sensibilisieren" (BMWI 2016), sondern führte letztlich auch dazu, dass auf politischer Ebene weitere Maßnahmen ergriffen wurden. So startete die Bundesregierung Ende 2010 gemeinsam mit den Regierungen Österreichs und der Schweiz eine trilaterale Kampagne zum Schutz von Kindern und Jugendlichen vor sexueller Ausbeutung im Tourismus. Die initiierte Kampagne „Don't look away – Nicht wegsehen!" gegen das Wegsehen beim Beobachten sexueller Übergriffe, wurde von weiteren Ländern mit Interesse aufgegriffen (vgl. BMWI 2016).

Laut ECPAT gibt es zunehmend mehr Unternehmen, die den Kinderschutzkodex unterzeichnen, zumal den Reisenden das Phänomen durchaus bekannt ist (vgl. ECPAT 2016a). Trotz dieser insgesamt positiven Entwicklung bleiben die fehlende Kontrolle bzw. Überwachung der Einhaltung und Umsetzung des Ethikkodexes problematisch.

Das **Global Sustainable Tourism Council (GSTC)** etabliert und managt weltweit geltende Nachhaltigkeitsstandards im Tourismus. Mitglieder sind u. a. UN-Organisatio-

---

[4] Der „Global Code of Ethics for Tourism" nimmt dabei u. a. Bezug auf nachfolgende internationale Erklärungen, wie etwa die Allgemeine Erklärung der Menschenrechte vom 10. Dezember 1948; die Erklärung von Manila über den Welttourismus vom 10. Oktober 1980; die Resolution der 6. Generalversammlung der UNWTO (Sofia), in der die Tourismus-Charta und die Verhaltensregeln für Touristen vom 26. September 1985 verabschiedet wurden; das Übereinkommen über die Rechte des Kindes vom 26. Januar 1990; die Resolution der 11. Generalversammlung der UNWTO (Kairo) über die Verhinderung des organisierten Sextourismus vom 22. Oktober 1995; die Erklärung von Stockholm über die Verhinderung der kommerziellen sexuellen Ausbeutung von Kindern vom 28. August 1996; die Erklärung von Manila über die sozialen Auswirkungen des Tourismus vom 22. Mai 1997 (vgl. UNWTO o. J., o. S.).

nen, Reiseveranstalter, und -mittler, Hotels sowie DMOs.[5] Vier Themen stehen im Fokus: das effektive Nachhaltigkeitsmanagement, die Maximierung sozialer und wirtschaftlicher Vorteile für die lokale Bevölkerung, der Erhalt des kulturellen Erbes sowie die Reduzierung von negativen Umwelteinflüssen und die generelle Reduzierung negativer Wirkungen. Jedem dieser vier Themen ist eine Gruppe von Kriterien zugeordnet. Die 41 globalen Kriterien für nachhaltigen Tourismus sollen einen Prozess anstoßen, um Nachhaltigkeit als Standard in den Destinationen umzusetzen (vgl. GSTC 2014, o. S.). In Bezug auf Menschenrechtsverletzungen, insbesondere der sexuellen Ausbeutung von Kindern, formuliert das GSTC (2014, o. S.) das Kriterium B 7 – *Ausbeutung verhindern*:

> Die Destination hat Gesetze und Verfahren eingeführt, um kommerzielle, sexuelle oder jegliche andere Form von Ausbeutung und Belästigung von jedermann, insbesondere von Kindern, Jugendlichen, Frauen und Minderheiten zu verhindern. Die Gesetze und eingeführten Verfahren sind öffentlich kommuniziert worden.

Problematisch bleibt, dass die insgesamt 41 Kriterien zwar aufzeigen, was getan werden sollte, nicht aber, wie es umgesetzt werden soll und ob die Ziele erreicht wurden.

Eine weitere Initiative, die die Implementierung von CSR im Tourismus verfolgt, ist der Verein **Forum anders reisen.** Ziel des Vereins, bestehend aus derzeit 135 Reiseveranstaltern, ist es, sich der Verantwortung für einen langfristig wirtschaftlich machbaren, ökologisch tragbaren sowie ethisch und sozial gerechten Tourismus zu stellen. Die Mitglieder

> entwickeln nachweislich umweltschonende und sozialverträgliche Reisen von besonderer Qualität, die auch wirtschaftlich realisierbar sind. Sie achten die Menschenrechte und setzen sich insbesondere für den Schutz von Kindern vor sexueller und wirtschaftlicher Ausbeutung im Tourismus ein (Forum anders reisen 2015a, S. 1).

In Zusammenarbeit mit der Kontaktstelle für Umwelt & Entwicklung e. V. (KATE) entwickelte und implementierte das Forum anders reisen einen einheitlichen und verbindlichen CSR-Prozess für seine Mitglieder (vgl. Forum anders reisen 2015a, S. 1). In diesem Kontext wurde auch der Verhaltenskodex zum Schutz der Kinder vor sexueller Ausbeutung unterzeichnet. So heißt es u. a.: „Die Mitglieder achten die Menschenrechte basierend auf der UN-Menschenrechtsdeklaration und den UN Guiding Principles on Business and Human Rights. Sie achten mit Sorgfalt darauf, durch ihre Geschäftstätigkeit keine Menschenrechtsverletzungen zu verursachen und fördern Maßnahmen, die zur Stärkung und Sicherung der Menschenrechte beitragen. Insbesondere unterstützen sie den Schutz von Kindern vor sexueller und kommerzieller Ausbeutung im Tourismus." (Forum anders reisen 2015b, S. 3). Weiter heißt es: Die Mitglieder respektieren den Verhaltenskodex zum Schutz der Kinder vor sexueller Ausbeutung der internationalen Organisation

---

[5] Im Dezember 2014 schloss sich die „Tour Operators Initiative For Sustainable Tourism Development" (**TOI**)**,** die die Förderung einer nachhaltigen Entwicklung im Tourismus zum Ziel hatte, mit dem **Global Sustainable Tourism Council zusammen.**

‚The Code' (als Kurzform für ‚The Code of Conduct for the Protection of Children from Sexual Exploitation in Travel and Tourism' [Anm. der Autorinnen]) (vgl. www.thecode. org) und berücksichtigen deren Kriterien bei der Festlegung von Unternehmensgrundsätzen. Teil der Umsetzung der Kriterien ist die Ergänzung des Unternehmensleitbildes und der Verträge mit allen Partnern um entsprechende Hinweise zur Ablehnung von kommerzieller sexueller Ausbeutung von Kindern. Zudem setzen sich die Veranstalter aktiv für die Sensibilisierung ihrer Kunden, Mitarbeitenden und Partner im Herkunfts- und Zielland ein" (Forum anders reisen 2015b, S. 7).

Neben der Schulung von Mitarbeitern von Beherbergungsbetrieben und Zielgebietsagenturen in den Risikodestinationen zum Umgang mit der kommerziellen sexuellen Ausbeutung von Kindern, informieren die Mitglieder des Forums anders reisen ihre Kunden, die in ebensolche Destinationen reisen, vor Reiseantritt über die vorherrschende Problematik (vgl. Forum anders reisen 2015b, S. 8 ff.). So wissen Gäste, die mit dieser Problematik vor Ort konfrontiert werden, an wen sie sich im Verdachtsfall wenden können.

ECPAT (End Child Prostitution, Child Pornography and Trafficking of Children for sexual Purposes) wurde 1990 in Bangkok mit dem Ziel gegründet, Kinder im Kontext des internationalen Massentourismus vor kommerzieller sexueller Ausbeutung, Prostitution und Menschenhandel zu schützen. So veröffentlicht ECPAT Studien über den weltweiten Umfang von Kinderprostitution, Kinderpornografie und Kinderhandel, stellt dazu eine breite Datenbank zur Verfügung und unterstützt verschiedene Projekte in betroffenen Ländern. Weltweit bestehen zahlreiche nationale Abteilungen, die in den jeweiligen Staaten tätig sind und die sich ECPAT International unterordnen (vgl. ECPAT 2016b, o. S.).

Grundlegend für die Arbeit von ECPAT ist der erarbeitete Verhaltenskodex zum Schutz von Kindern von sexueller Ausbeutung, der auf der UN-Menschenrechtserklärung und der UN-Konvention über die Rechte des Kindes (Artikels 34) basiert (vgl. ECPAT Deutschland 2015c, o. S.). „The Code" wurde im Jahr 1998 von ECPAT Schweden in Zusammenarbeit mit skandinavischen Reiseveranstaltern sowie der UNWTO initiiert. Die unterzeichnenden Institutionen, Verbände und Unternehmen des Kodexes (vgl. The Code 2015; o. S.) verpflichten sich,

- ein ethisches Regelwerk gegen die sexuelle Ausbeutung von Kindern zu gründen,
- Personal im Herkunftsland sowie im Zielgebiet auszubilden,
- eine Klausel in Verträgen der Leistungsträger einzubringen, womit eine sexuelle, kommerzielle Ausbeutung von Kindern gemeinsam abgelehnt wird,
- Informationen für Reisende anhand von Katalogen, Flyern, Broschüren, Filmen während des Fluges, auf elektronischen Tickets oder auch auf der Homepage u. a. bereitzustellen,
- Informationen für lokale Ansprechpartner in der Destination bereitzustellen sowie
- einen jährlichen Bericht herauszugeben.

Bislang unterzeichneten über 1000 Tourismusinstitutionen in 42 Ländern den Kinderschutzkodex, unter ihnen 220 Unternehmen aus vier Kontinenten (vgl. UNICEF 2012,

S. 1). Mit der Ratifizierung des Verhaltenskodexes bekennen sich die UNWTO und zahlreiche internationale Dachverbände der Tourismuswirtschaft dazu, gemeinsam gegen jede Form der sexuellen Ausbeutung von Kindern und Jugendlichen im Tourismus aufzutreten. Ausgangspunkt war die Tatsache, dass Sexualstraftäter große Teile der Wertschöpfungskette (Transportmittel, Restaurants, Hotels u. a.) zur Ausübung der Straftaten nutzen. Die Reisebranche steht somit in der Verantwortung, die sexuelle Ausbeutung von Kindern zu verhindern und Maßnahmen gegen sexuelle Ausbeutung zu entwickeln.

Wichtige Partner in der Tourismusbranche sind in Deutschland u. a. der DRV[6], drittgrößter Reiseverband weltweit, der sich im Jahr 2001 ebenso dem Verhaltenskodex verpflichtet hat und der auch von seinen Mitgliedern, etwa 4200 Reiseveranstaltern und -mittlern an die eigenen Mitarbeiter und damit letztlich auch an die Kunden kommuniziert wird. Ziel ist es, denjenigen, die mit Menschenhandel oder ähnlichen Delikten in Berührung kommen, durch Bildungs- und Sensibilisierungsmaßnahmen Hilfestellung im Umgang zu bieten. So versucht der DRV gezielt durch Aufklärungsprogramme Reisemittler in die Lage zu versetzen, Straftaten durch den sexuellen Missbrauch von Kindern entgegenzuwirken (vgl. DRV 2015, o. S.). Damit stellt ECPAT ein Beispiel für einen globalen Konsens im Bereich der sozialen Nachhaltigkeitsdimension dar, der mit Hilfe eines freiwilligen Verhaltenskodexes umgesetzt wird.

Zahlreiche im Tourismus tätige Unternehmen haben ihre gesellschaftliche Verantwortung erkannt und agieren mit unterschiedlichen CSR-Maßnahmen im Markt. Zur Effektivität dieser durchgeführten Maßnahmen untersuchten Blowfield und Murray (2011, S. 301) hierzu den sozialen Einfluss, den Unternehmen im Kontext von Menschenrechten, Arbeitsbedingungen, Arbeitsrecht oder den Umgang mit Naturvölkern und dem Gemeinwesen ausüben.

Erkenntnisse dieser Studie waren, dass CSR-Maßnahmen sowohl negative wie auch positive Effekte auf das Leben der Betroffenen haben können. So kann die Aufnahme freiwilliger Arbeitsverhaltenskodexe zur Verbesserung von Arbeitsbedingungen beitragen. Allerdings erscheint es notwendig, Veränderungen der Arbeitsbedingungen in eine Strategie, begleitet von weiterführenden Maßnahmen, einzubetten. Für sich allein stehende Maßnahmen, die länderspezifische Arbeitsmarktsituation und den Zugang zu Bildung außen vor lassen, erweisen sich oft als kontraproduktiv. Auch sind nach Blowfield und Murray (2011, S. 301) Auswirkungen, die die CSR-Maßnahmen auf Ortsgemeinschaften haben, im Kontext von Menschenrechten und Sicherheit kaum messbar.

---

[6] Im Jahr 2012 unterzeichnete der DRV gemeinsam mit 13 Unternehmen der deutschen Reisebranche den Globalen Ethikkodex der Welttourismusorganisation (UNWTO).

3.2 Best-Practice-Beispiel Studiosus

Wie menschenrechtliches Engagement tatsächlich auch in der Unternehmenspraxis umgesetzt werden kann, zeigt das Best-Practice-Beispiel von Studiosus. Bei Studiosus handelt es sich einen mittelständischen deutschen Reiseveranstalter, der mit ca. 99.000 Gästen sowie einem Jahresumsatz von knapp 250 Mio. € europäischer Marktführer im Segment der Studienreisen (2014) ist (vgl. Studiosus 2015a, S. 2).

Studiosus hat sich allen oben beschriebenen Handlungsfeldern zur Integration von Menschenrechten in den Unternehmensprozess verpflichtet und unterstützt bereits seit mehreren Jahren aktiv die Kinderrechtsorganisation ECPAT bei ihrem Kampf gegen die sexuelle Ausbeutung von Kindern im Tourismus. Zudem ist der Veranstalter seit 2007 Mitglied des UN Global Compact und somit verpflichtet, die Kriterien der Vereinten Nationen zu Menschenrechten, Arbeitsstandards, Umweltschutz und Antikorruption einzuhalten. Im Zuge der Menschenrechtsdebatte im Tourismus und in Folge des Abschlussberichtes des UN-Sonderbeauftragten John Ruggie, sah sich der Veranstalter vor neue Herausforderungen gestellt und ergänzte, neben der Wahrnehmung der gesellschaftlichen Verantwortung, im Juli 2011 sein Menschenrechtsengagement im Unternehmensleitbild.

Studiosus will laut Leitbild

> als unabhängiges Wirtschaftsunternehmen zum Kennen- und Verstehenlernen anderer Länder, Menschen und Kulturen beitragen ... und die Achtung der Menschenrechte in den von uns bereisten Ländern fördern. Durch unsere Reisen schaffen wir Austausch, Begegnungen, Information und Öffentlichkeit. Wir glauben daher, dass verantwortungsvoller und nachhaltiger Tourismus langfristig zu einer positiven Veränderung der Menschenrechtssituation beiträgt (Studiosus 2015a, S. 3).

Im Jahr 2013 unterzeichnete Studiosus zusammen mit weiteren Unternehmen und Stakeholdern aus der Tourismusbranche ein *Commitment zu Menschenrechten im Tourismus*. Darin bekennen sich die Unternehmen zu ihrer „menschenrechtlichen Verantwortung und Sorgfaltspflicht im Tourismus" (Studiosus 2015a S. 9). Darüber hinaus hat Studiosus für jedes Zielland eine Bestandsaufnahme veranlasst, die mögliche Menschenrechtsprobleme erfassen sollte. Parallel wurden Gesprächsrunden etabliert und konkrete Maßnahmen zur Verbesserung einzelner Schwachstellen (z. B. Arbeitsbedingungen von Hotelmitarbeitern oder Busfahrern, Schutz von Kindern) umgesetzt (vgl. Arbeitskreis Tourismus & Entwicklung 2015b, S. 31). Somit hat Studiosus das erste der fünf oben beschriebenen Elemente für eine systematische *Integration* der Menschenrechte in die *Strategie* und den Unternehmensprozess bereits umgesetzt. Schon im April 2012 wurden die Verträge mit den Leistungsträgern, das heißt 3000 Hotels, 100 Incoming-Agenturen und 300 Busunternehmen in 120 Ländern überarbeitet und mit menschenrechtsbezogenen Klauseln ergänzt. Die neuen Klauseln verpflichten die Leistungspartner zur Einhaltung der Menschenrechte und ILO-Kernarbeitsnormen, vor allem in Bezug auf angemessene

Bezahlung und Freizeitregelungen für die Mitarbeiter. Das Thema der Menschenrechte wurde sowohl in Innovations-Workshops aufgenommen als auch in Länderseminare oder Reiseleiterschulungen. Unter dem Stichwort „Nachhaltiges Reisen" werden zudem Kunden über die Unternehmenspolitik und -aktivitäten zu Menschenrechtsthemen informiert (vgl. Studiosus 2015b). Zur Integration der Leistungspartner wurde nicht nur eine Selbstverpflichtungserklärung, der „Supplier Code of Conduct" entwickelt, sondern es findet im Rahmen der Nachhaltigkeitsberichterstattung auch ein kontinuierliches Monitoring mit Hilfe von Fragebögen statt.

Überdies richtete Studiosus bereits 2012 eine Meldestelle für Menschenrechtsfragen ein, die Kunden und anderen Stakeholdern jederzeit die Möglichkeit einräumt, vermeintliche Menschenrechtsverletzungen oder Missstände in Zusammenhang mit Studiosus-Reisen zu melden (vgl. Sahdeva 2012, o. S.). Hiermit ist auch der Punkt der **Abhilfe** aufgegriffen und beantwortet worden. Im Rahmen seines regelmäßigen **Reportings** wird das Thema Menschenrechte gleich mehrfach aktiv adressiert. So findet sich das Bekenntnis zu Menschenrechten nicht nur im Leitbild, sondern auch explizit zum Thema „Kinderprostitution" unter der Überschrift sozialer Verantwortung (vgl. Studiosus 2015c, S. 125).

4 Fazit

Unternehmen der Tourismusbranche nutzen bereits verschiedene Ansätze und Möglichkeiten zur Verankerung von Menschenrechten im Betrieb, dabei stehen vor allem eigene Verhaltenskodizes im Vordergrund. Insgesamt wird ihr menschenrechtliches Engagement jedoch der enormen Bedeutung dieses Themas im Tourismus bislang nicht gerecht. Eines der größten Hindernisse auf dem Weg zu einem vollumfänglichen Menschenrechtsschutz und damit auch der sexuellen Ausbeutung, insbesondere von Kindern, stellt die fehlende Verbindlichkeit dar.

Es bleibt festzuhalten, dass CSR-Maßnahmen im Tourismus die richtigen Ziele verfolgen und großes Potenzial für die Bekämpfung von Menschenrechtsverletzungen, des Menschenhandels und damit auch der sexuellen Ausbeutung (von Kindern) bergen. Die praktische Umsetzung ist jedoch noch nicht so weit fortgeschritten, um die Maßnahmen in der Breite als wirkungsvoll bezeichnen zu können. Eine mögliche Lösung bietet die Schaffung eines internationalen Abkommens, das eine einheitliche Definition formuliert und eine bessere Ermittlung gegen den Menschenhandel und die Prostitution möglich macht.

Bedeutsam wird sein, dass Tourismusunternehmen über ihre rechtlichen Pflichten hinaus freiwillig gesellschaftliche Verantwortung übernehmen. Die Wahrung elementarer Menschenrechte ist keineswegs nur eine freiwillige moralische Option im Sinne der Integrität („könnten wir unterstützen"), sondern eine rechtliche Pflicht im Sinne der Compliance („müssen wir tun") (vgl. EED 2011, S. 19). So hat beispielsweise der Schutz von Kindern vor sexueller Ausbeutung nichts mit freiwilliger Selbstverpflichtung zu tun. Unternehmensverantwortung sollte hingegen gesetzliche Regelungen sinnvoll ergänzen. Dahingehend können Tourismusunternehmen mit CSR-Initiativen und der Nutzung von Verhaltenskodizes einen zusätzlichen Beitrag im Rahmen eines universellen Menschenrechtsschutzes leisten. Folglich werden CSR-Zertifizierungen von touristischen Angeboten auch zukünftig weiter an Bedeutung gewinnen.

CSR im Tourismus umfasst unter anderem die Verantwortung von Unternehmen gegenüber den Gemeinschaften im Zielgebiet, deren natürlichen Ressourcen und Lebensgrundlagen. Setzen sich Tourismusunternehmen mit dieser Verantwortung im Rahmen ernsthafter und glaubwürdiger CSR-Initiativen auseinander, betonen und untermauern sie zugleich den Menschenrechtsansatz in ihrem Unternehmen (vgl. Arbeitskreis Tourismus & Entwicklung 2015b, S. 3), denn heutzutage werden Unternehmen in Bezug auf ihre Glaubwürdigkeit mehr denn je hinterfragt (vgl. hierzu Edelman Trust Barometer 2015; Goldsmith et al. 2000; Keller und Aaker 1992; Ohanian 1990). Aspekte wie Vertrauen und Verantwortung rücken zunehmend in den Vordergrund (vgl. hierzu Vlachos et al. 2009; Nielsen Global Survey 2014; Reputation Institute 2014). Der ethische Zusatznutzen von Produkten und das Vertrauen zum Unternehmen an sich werden für die Konsumenten immer bedeutender. Dies ist ein Grund mehr, sich den Herausforderungen zu stellen, denn hier liegt zudem die Möglichkeit, sich positiv von anderen Mitbewerbern abzuheben bzw. Wettbewerbsvorteile zu erlangen (Han et al. 2009; Sheldon und Park 2011; Woisetschläger und Backhaus 2010).

Literatur

Amnesty International (Hrsg) (2015) Position zur Verantwortung von Staaten für den Schutz und die Umsetzung der Menschenrechte von Sexarbeiterinnen. https://www.amnesty.de/2015/8/13/position-zur-verantwortung-von-staaten-fuer-den-schutz-und-die-umsetzung-der-menschenrecht. Zugegriffen: 13. Aug. 2015

Arbeitskreis Tourismus & Entwicklung (Hrsg) (2015a) Unternehmensverantwortung – die Herausforderung für Reiseveranstalter. http://www.fairunterwegs.org/fileadmin/user_upload/Dokumente/PDF/CSR/PDF-CSRakte-gesamt-2015.pdf, abgerufen ab 25.9.2015

Arbeitskreis Tourismus & Entwicklung (Hrsg) (2015b) Menschenrechte im Tourismus – Ein Umsetzungsleitfaden für Reiseveranstalter. http://www.menschenrechte-im-tourismus.net/fileadmin/user_upload/Menschenrechte/RT_MR_im_Tourismus_DE_2te.pdf. Zugegriffen: 30. Sep. 2015

BGBl (2005) BGBl. III – Ausgegeben am 29. Dezember 2005 – Nr. 220: Zusatzprotokoll zur Verhütung, Bekämpfung und Bestrafung des Menschenhandels, insbesondere des Frauen- und Kinderhandels, zum Übereinkommen der Vereinten Nationen gegen die grenzüberschreitende organisierte Kriminalität. http://www.un.org/depts/german/uebereinkommen/ar55025anlage2-oebgbl.pdf. Zugegriffen: 03. Mär. 2016

Blowfield M, Murray A (2011) Corporate Responsibility. Oxford Univ Pr., Oxford

BMFSFJ (Hrsg) (2007) Reglementierung von Prostitution: Ziele und Probleme – eine kritische Betrachtung des Prostitutionsgesetzes. BMFSFJ, Berlin

BMFSFJ (Hrsg) (2014) Übereinkommen über die Rechte des Kindes. BMFSFJ, Berlin

BMWI (2016) Nachhaltigkeit und soziale Verantwortung. http://www.bmwi.de/DE/Themen/tourismus,did=478364.html. Zugegriffen: 04. Mär. 2016

Brown L (2001) Sex slaves: the trafficking of women in Asia. Virago, London

Bunn D (2011) Sex tourism. In: Papathanassis A (Hrsg) Holiday niches and their impact on mainstream tourism. Wiesbaden, S 1–6

Dodds R, Joppe M (2005) CSR in the tourism industry? the status of and potential for certification, codes of conduct and guidelines

DRV (2016) DRV setzt ein Zeichen. Beitritt zum zum Roundtable Menschenrechte im Tourismus. Pressemitteilung vom 17.02.2016

DRV (2015) Kinder vor sexueller Ausbeutung schützen. http://www.drv.de/pressecenter/presseinformationen/pressemitteilung/detail/kinder-vor-sexueller-ausbeutung-schuetzen.html. Zugegriffen: 29. Sep. 2015

Earthlink (o. J.) Prostitution. http://www.aktiv-gegen-kinderarbeit.de/produkte/anderes/prostitution/. Zugegriffen: 30. Sep. 2015

Earthlink (2014) Sextourismus auf den Philippinen nimmt zu. http://www.aktiv-gegen-kinderarbeit.de/2014/05/sextourismus-auf-den-philippinen-nimmt-zu/. Zugegriffen: 30. Sep. 2015

ECPAT (o. J.) Don't look away. http://www.reportchildsextourism.eu/?lang=de. Zugegriffen: 17. Sep. 2015

ECPAT Deutschland (2004) Gegen das Wegsehen denn: Wir Kinder sind kostbar. Informationen zur sexuellen Ausbeutung von Kindern. Gabler Verlag, Freiburg

ECPAT Deutschland (2015a) Sexuelle Ausbeutung im Tourismus. http://ecpat.de/index.php?id=217. Zugegriffen: 17. Sep. 2015

ECPAT Deutschland (2015b) Strafverfolgung und Opferschutz. http://ecpat.de/index.php?id=79. Zugegriffen: 17. Sep. 2015

ECPAT Deutschland (2015c) Sexuelle Ausbeutung im Tourismus. http://ecpat.de/index.php?id=215. Zugegriffen: 17. Sep. 2015

ECPAT (2016a) Dossier Kinderschutz im Tourismus. http://ecpat.de/fileadmin/user_upload/Materialien/Dossier_Kindesschutz_im_Tourismus.pdf. Zugegriffen: 05. Mär. 2016

ECPAT (2016b) ECPAT – Ein internationales Netzwerk. http://ecpat.de/index.php?id=8. Zugegriffen: 05. Mär. 2016

Edelman Trust Barometer (2015) Edelman Trust Barometer 2015. http://www.edelman.de/de/studien/articles/trustbarometer2015. Zugegriffen: 30. Sep. 2015

EED – Evangelischer Entwicklungsdienst e. V. (2011) Alles was Recht ist – Menschenrechte und Tourismus, Impulse für eine menschenrechtlich orientierte Tourismusentwicklung. EED – Evangelischer Entwicklungsdienst e. V., Bonn

Elmenthaler S (2015) Sex ist auch nur eine Dienstleistung. http://www.zeit.de/kultur/2015-08/prostitution-legalisierung-amnesty-international-kommentar. Zugegriffen: 01. Okt. 2015

EU Kommission (2011) Mitteilung „Eine neue EU-Strategie (2011–14) für die soziale Verantwortung der Unternehmen (CSR)", KOM(2011) 681 endgültig. http://ec.europa.eu/enterprise/policies/sustainable-business/corporate-social-responsibility/public-consultation/index_de.htm. Zugegriffen: 12. Jan. 2015

EU Kommission (2014) Offenlegung nicht-finanzieller Informationen. http://ec.europa.eu/finance/company-reporting/non-financial_reporting/index_de.htm. Zugegriffen: 12. Sep. 2015

Fabisch N (2013) Compliance und Corporate Social Responsibility. In: Behringer S (Hrsg) Compliance kompakt. Best Practice im Compliance Management, 3. Aufl. Erich Schmidt Verlag, Berlin, S 347–365

Fabisch N, Brunner M, Dieckmann N, Tiemann V (2015) Handlungsfelder der CSR. bank und markt 2015(4):19–24

Forum anders reisen (2015a) Firmenporträt Forum anders reisen e. V. Unternehmensverband für nachhaltigen Tourismus. http://forumandersreisen.de/fileadmin/user_upload/allgemeine_Infos_far/Portraet_far.pdf. Zugegriffen: 30. Sep. 2015

Forum anders reisen (2015b) Kriterienkatalog des Forums anders reisen e. V. http://forumandersreisen.de/fileadmin/user_upload/allgemeine_Infos_far/Kriterienkatalog_far_de.pdf. Zugegriffen: 30. Sep. 2015

Goldsmith RE, Lafferty BA, Newell SJ (2000) The impact of corporate credibility and celebrity credibility on consumer reaction to advertisements and brands. J Advert 29(3):43–54

GSTC (2014) Globale Kriterien für Nachhaltigen Tourismus (für Destinationen). http://www.gstcouncil.org/en/docs/file/362-german-gstc-d-hh-31012014.html. Zugegriffen: 28. Sep. 2015

Hahn M (2015) Keine harmlosen Reisen. Erziehung Wissenschaft 2015(11):34–35

Han H, Hsu L-TJ, Lee J-S (2009) Empirical investigation of the roles of attitudes toward green behaviors, overall image, gender, and Age in hotel customers' Eco-friendly decision-making process. Int J Hosp Manag 28(4):519–528

Ins J von (2002) Traummänner: Zeig mir deinen Speer. In: Die Weltwoche, 18/2002. http://www.weltwoche.ch/ausgaben/2002-18/artikel-2002-18-zeig-mir-deinen.html. Zugegriffen: 30. Sep. 2015

Ives N (2001) Background paper for the North American regional consultation on the commercial sexual exploitation of children. http://www.unicef.org/events/yokohama/regional-philadelphia.html. Zugegriffen: 30. Sep. 2015

Jeffreys E (2015) Sex work in China. In: McLelland M, Mackie Routledge V (Hrsg) Handbook of sexuality studies in East Asia. Routledge, New York, S 271–280

KATE (Hrsg) (2006) Corporate Social Responsibility (CSR) Tourismusunternehmen in globaler Verantwortung. KATE, Stuttgart

Keller KL, Aaker DA (1992) The Effects of Sequential Introduction of Brand Extensions. J Mark Res 29(2):35–50

Kleinfeld A, Martens A (Hrsg) (2014) DIN ISO 26.000 – Gesellschaftliche Verantwortung erfolgreich umsetzen. Beispiele, Strategien, Lösungen. Beuth, Berlin

McLelland M, Mackie V (2015) Routledge handbook of sexuality studies in East Asia. Routledge, New York

Montgomery H (2001) Child sex tourism in Thailand. In: Harrison D (Hrsg) Tourism and the less developed world: issues and case studies. Cabi Publishing, Trowbridge, S 191–202

Nielsen Global Survey (2014) Doing well by doing good. http://www.nielsen.com/us/en/insights/reports/2014/doing-well-by-doing-good.html. Zugegriffen: 30. Sep. 2015

Ohanian R (1990) Construction and validation of a scale to measure celebrity endorsers' perceived expertise, trustworthiness, and attractiveness. J Advert 19:39–52

Paulus M (2015) Sexueller Missbrauch von Kindern im Ausland. Wo und wie deutsche Täter Kinder ausbeuten – ohne zumeist dafür belangt zu werden. Kriminalistik 69(6):360–366

Reputation Institute (2014) 2014 Global CSR RepTrak 100. http://www.reputationinstitute.com/. Zugegriffen: 30. Sep. 2015

Sahdeva N (2012) Der Fairunterwegs-Koffer freut sich weiter: Studiosus Reisen, ein mittelständisches deutsches Reiseunternehmen, macht schon erste Schritte zur Umsetzung seiner

Menschenrechtspolicy. http://www.fairunterwegs.org/news-medien/kommentar/detail/der-fairunterwegs-koffer-freut-sich-weiter-studiosus-reisen-ein-mittelstaendisches-deutsches-reis/. Zugegriffen: 28. Sep. 2015

Sheldon PJ, Park S-Y (2011) An exploratory study of corporate social responsibility in the U.S. travel industry. J Travel Res 50(4):392–407

Smith M, Macleod N, Robertson MH (2010) Key concepts in tourist studies. SAGE Publications Ltd., London

Studiosus (2015a) Unternehmensprofil: Zahlen, Daten, Fakten. http://www.studiosus.com/content/download/43623/310968/file/Unternehmensprofil_2014.pdf. Zugegriffen: 27. Sep. 2015

Studiosus (2015b) Menschenrechte. http://www.studiosus.com/Ueber-Studiosus/Nachhaltigkeit/Menschenrechte. Zugegriffen: 29. Sep. 2015

Studiosus (2015c) Nachhaltigkeitsbericht 2014/2015. Studiosus, München

The Code (2015) Child protection as CSR. http://www.thecode.org/csec/child-protection-as-corporate-social-responsibility/. Zugegriffen: 26. Sep. 2015

Thoma B (2003) Kein Kavaliersdelikt, sondern eine Straftat. Prostitution mit Kindern. http://www.tourism-watch.de/content/kein-kavaliersdelikt-sondern-eine-straftat. Zugegriffen: 03. Mär. 2016

UN General Assembly (2013) A/HRC/25/48 Report of the Special Rapporteur on the sale of children, child prostitution and child pornography, Najat Maalla M'jid. http://www.ohchr.org/EN/HRBodies/HRC/RegularSessions/Session25/Pages/ListReports.aspx. Zugegriffen: 30. Sep. 2015

UN Global Compact (2015) A global compact for sustainable development. https://www.unglobalcompact.org/docs/issues_doc/development/GCforSDbrochure.pdf. Zugegriffen: 30. Sep. 2015

UNICEF (Hrsg) (2012) Assessing The Code of Conduct for the Protection of Children from Sexual Exploitation in Travel and Tourism: Discussion Paper. http://www.unicef-irc.org/publications/pdf/ids_codeofconduct2.pdf. Zugegriffen: 26. Sep. 2015

UNICEF (2008) Zerstörte Kindheit. https://www.unicef.de/informieren/infothek/-/zerstoerte-kindheit/9140. Zugegriffen: 04. Mär. 2016

United Nations (Hrsg) (2004) United nations convention against transnational organized crime and the Protocols Thereto. United Nations, New York

UNODC (Hrsg) (2004) United Nations convention against transnational organized crime and the protocols thereto. Protocol to prevent, suppress and punish trafficking in persons, especially women and children, supplementing the United Nations. – New York

UNODC (2016) Human trafficking FAQs. https://www.unodc.org/unodc/en/human-trafficking/faqs.html. Zugegriffen: 04. Mär. 2016

UNWTO (Hrsg) (1999) Global Code of Ethics for Tourism. – Paris, Madrid

UNWTO (Hrsg) (2015) UNWTO Statement on the Prevention of Organized Sex Tourism. http://ethics.unwto.org/en/content/staements-policy-documents-child-protection). Zugegriffen: 26. Sep. 2015

UNWTO (Hrsg) (o. J.) Global Code of Ethics for Tourism. http://dtxtq4w60xqpw.cloudfront.net/sites/all/files/docpdf/gcetbrochureglobalcodeen.pdf. Zugegriffen: 26. Sep. 2015

US Department of State Publications, Office of the Under Secretary for Civilian Security, Democracy, and Human Rights (Hrsg) (2013) Trafficking in Persons Report. https://www.state.gov/documents/organization/210737.pdf. Zugegriffen: 01. Feb. 2017

US Department of State Publications, Office of the Under Secretary for Civilian Security, Democracy, and Human Rights (Hrsg) (2015) Trafficking in Persons Report. http://www.state.gov/j/tip/index.htm. Zugegriffen: 26. Sep. 2015

Vlachos PA, Tsamakos A, Vrechopoulos AP, Avramidis P (2009) Corporate social responsibility: attributions, loyalty, and the mediating role of trust. J Acad Mark Sci 37:170–180

Woisetschläger DM, Backhaus C (2010) CSR-Engagements – was davon beim Kunden ankommt. Mark Rev St Gallen 5:42–47

Prof. Dr. phil. Antje Wolf ist Professorin für Tourismus- und Eventmanagement und Forschungsdekanin der EBC Hochschule. Sie arbeitete zunächst im Marketing und als Projektkoordinatorin im Destinationsmanagement. Danach als wissenschaftliche Mitarbeiterin an der FU Berlin sowie als Senior Consultant für Reppel & Partner GmbH und THEMATA Freizeit- und Erlebniswelten Services GmbH. Ihre Forschungsschwerpunkte sind marktforschungsgestützte Untersuchungen im Tourismus- und Eventmanagement, Nischenmärkte im Tourismus, CSR und Nachhaltigkeit sowie sozialpsychologische Aspekte der Eventforschung.

Prof. Dr. Nicole Fabisch gehört zu den Gründungsprofessoren der EBC Hochschule Hamburg. Sie lehrt dort seit 2008 als Professorin für „Marketing und Internationales Management" u. a. die Fächer rund um das Marketing, Konsumentenverhalten sowie Business Ethics and Corporate Social Responsibility. Darüber hinaus engagiert sie sich für den fairen Handel, ist Leiterin der Steuerungsgruppe „Fairtrade University" und des Forschungsclusters „Corporate Social Responsibility". Nach Abschluss ihres Studiums der Kommunikationswissenschaft und Germanistik (M.A.) an der FU Berlin war Nicole Fabisch in verschiedenen beruflichen Positionen in den Bereichen Medien (ARD, SAT1, Rowohlt Verlag), Messen (IMM Singapur), Marketing (MCA/Universal Music) und Beratung in Deutschland und im asiatischen Raum (China, Thailand, Singapur) tätig. Sie absolvierte ein postgraduiertes Aufbaustudium Marketing/Vertrieb und promovierte berufsbegleitend zum Thema „Soziales Engagement von Banken" in Betriebswirtschaftslehre zur Dr. rer. pol. Parallel übernahm sie Lehraufträge zu den Themen „Ethik und Management" an der FH Amberg-Weiden sowie „Marketingethik" an der Universität Hamburg (Department für Wirtschaft und Politik, HWP). Sie ist Autorin einer Vielzahl von Artikeln, ist verheiratet und Mutter einer Tochter.

Tourismus für Alle als Bestandteil der CSR-Orientierung im Tourismus

Peter Neumann und Andreas Kagermeier

1 Einleitung

In den letzten 20 Jahren hat die Diskussion über Barrierefreiheit im Tourismus an Intensität zugenommen (vgl. z. B. BMWFJ und WKO 2011; UNWTO 2013; DZT 2014; GfK Belgien et al. 2014). In diesem Zusammenhang sind inzwischen auch eine Vielzahl von barrierefreien Angebotselementen realisiert worden. Dennoch, Barrierefreiheit wird weiterhin zumeist mit Krankenhausfeeling (weiß-gekachelte Bädern, Toiletten mit Haltegriffen auf beiden Seiten) und Rollstuhlfahrern in Verbindung gebracht. Wer denkt dabei schon an Gäste mit Rollkoffern, Familien mit Kinderwagen, dem Best Ager, dem die Schrift der Speisekarte zu klein ist oder das Kind, welches erste Leseversuche an einem Hotel-Prospekt wagt? Barrierefreiheit wird zuallererst konfrontiert mit der größten Barriere, der in unseren Köpfen. Mit Barrierefreiheit im umfassenden Sinne ist „Tourismus für Alle" gemeint und unter diesem Namen wird sie seit einigen Jahren auch vermarktet.

Inwiefern gibt es einen Zusammenhang zwischen CSR und „Tourismus für Alle"? Corporate Social Responsibility, unternehmerische Sozialverantwortung, bedeutet, dass sich ein Unternehmen außerhalb seines Kerngeschäfts für Umwelt und Gesellschaft einsetzt. Es handelt sich dabei nicht um einzelne Maßnahmen, sondern eine strategische Ausrichtung. Beim „Tourismus für Alle" geht es um die Berücksichtigung menschlicher

---

Die Autoren bedanken sich bei Kai Pagenkopf und Hanne Terbrack für die konstruktive Unterstützung bei der Erarbeitung dieses Artikels.

P. Neumann (✉)
Tourismuswirtschaft, IUBH Duales Studium, Erfurt
Juri-Gagarin-Ring 152, 99084 Erfurt, Deutschland
E-Mail: p.neumann@iubh-dualesstudium.de

A. Kagermeier
Freizeit- und Tourismusgeographie, Universität Trier
Behringstrasse - Campus II, 54286 Trier, Deutschland
E-Mail: Andreas.Kagermeier@uni-trier.de

© Springer-Verlag GmbH Deutschland 2017
D. Lund-Durlacher et al. (Hrsg.), *CSR und Tourismus*,
Management-Reihe Corporate Social Responsibility, DOI 10.1007/978-3-662-53748-0_5

Vielfalt und Inklusion bei hohem Qualitätsanspruch. Das bedeutet, das touristische Angebot soll nicht auf wenige Kunden beschränkt werden, sondern allen zur Verfügung stehen. Alle umfasst u. a. junge Paare, Besucher aus unterschiedlichen Kulturkreisen, Familien mit Kleinkindern, Best Ager aber eben auch mobilitätseingeschränkte, seh- oder hörbehinderte Kunden. Die Verbindung ist klar erkennbar. Der gesellschaftliche Einsatz des „Tourismus für Alle" für Inklusion, d. h. eine Gesellschaft, in der Menschen mit Beeinträchtigungen nicht mehr als funktionsgemindert betrachtet werden, alle Dimensionen von Heterogenität betrachtet werden und statt Marginalisierung das Empowerment im Mittelpunkt steht (genauer z. B. bei Herlitz 2010, S. 29 ff.) entspricht auch der Grundintention von CSR.

Wenn Inklusion ein aktuelles Thema und CSR in vieler Munde ist, warum führt „Tourismus für Alle" noch immer ein Nischendasein? Als Gründe für die nach wie vor relativ geringe Marktdurchdringung von passenden barrierefreien Angeboten sind einerseits sicherlich die oft nicht kurzfristig rentierlichen Investitionskosten und dem geringen Spektrum von attraktiv gestalteten Produkten zu benennen. Andererseits muss man die „Barriere in den Köpfen" anführen. Im Folgenden soll der mögliche Wandel von der Nische zum Mainstream verdeutlicht werden.

2 Vom Tourismus für Menschen mit Behinderungen zum „Tourismus für Alle"

Seit den 1990er-Jahren hat die Auseinandersetzung mit einem „Tourismus für Alle" – trotz einiger früherer Ansätze (vgl. z. B. Ev. Akademie Loccum 1976 oder Studienkreis für Tourismus 1985) – deutlich an Bedeutung gewonnen. Hier haben das Europäische Jahr der Menschen mit Behinderungen (2003) und die 2006 verabschiedete UN-Behindertenrechtskonvention deutliche Impulse gesetzt (BMAS 2011).

Die Veränderung der Sichtweise und das Anerkennen der Verantwortung der Angebotsseite im Tourismus, entsprechende Angebote zu schaffen, dokumentiert sich in der bereits im Jahr 2003 vom ADAC herausgegeben Planungshilfe „Barrierefreier Tourismus für Alle" (ADAC 2003). Einer der zentralen – und bis heute gültigen und die Entwicklung beeinflussenden Aspekte in dieser Planungshilfe ist die Herausstellung, dass barrierefreie Angebote nur dann für die Zielgruppen adäquat sind, wenn die gesamte touristische Leistungskette bedacht wird (vgl. Abb. 1).

Isolierte Angebote einzelner Leistungsträger, z. B. im Unterkunftsbereich, greifen zu kurz. Der Kundenpfad führt von der Information und Buchung über die Anreise und das Spektrum der unterschiedlichen Angebote zur Gestaltung des Aufenthaltes vor Ort. Damit ist letztendlich bereits in diesem Stadium klar, dass „Tourismus für Alle" zwar Aufgabe der einzelnen Leistungsträger, ein besonderes Augenmerk aber auf die Koordination und Abstimmung der einzelnen Glieder der Servicekette zu legen ist. Gleichzeitig wurde mit der ADAC-Planungshilfe deutlich gemacht, dass Barrierefreiheit – im Sinne eines „Designs für Alle" (Neumann et al. 2014) – auf die gesamte menschliche Vielfalt eingehen

Tourismus für Alle als Bestandteil der CSR-Orientierung im Tourismus

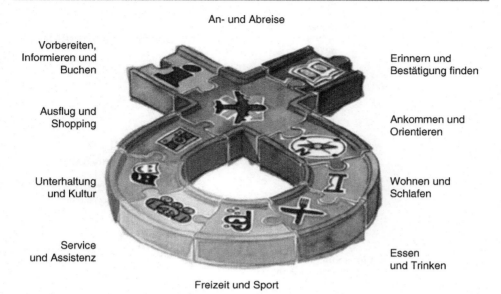

Abb. 1 Die gesamte touristische Servicekette als zentraler Ausgangspunkt für barrierefreie Angebote. (Quelle: ADAC 2003, S. 21)

muss und für die jeweiligen Zielgruppen oftmals sehr spezifische Angebotselemente vorgehalten werden müssen.

Als weiterer Meilenstein zur Beförderung der Diskussion über „Tourismus für Alle" und der Stimulierung von entsprechenden Orientierungen auf der Angebotsseite können die beiden vom BMWi in Auftrag gegebenen Studien, „Ökonomische Impulse eines barrierefreien Tourismus für Alle" und „Barrierefreier Tourismus für Alle in Deutschland – Erfolgsfaktoren und Maßnahmen zur Qualitätssteigerung" (BMWi 2003, 2008) angesehen werden. Die Zielsetzung der ersten Studie (BMWi 2003) war vor allem, das Nachfragepotenzial mobilitäts- oder aktivitätseingeschränkter Menschen für den touristischen Markt aufzuzeigen. Dabei konnte überzeugend verdeutlicht werden, das behinderte Menschen mit gut 50 % eine unterproportionale Reiseintensität (= Partizipationsquote) aufweisen, die fast ein Drittel niedriger ist als jene der Gesamtbevölkerung (BMWi 2003, S. 17). Dass die unterdurchschnittliche Reiseintensität auch auf Mängel bei der Angebotsseite zurückzuführen ist, belegt die Tatsache, dass fast 40 % der Reisenden mit Behinderungen schon wegen Informations- oder Angebotsdefiziten auf Reisen verzichtet haben (BMWi 2003, S. 11). Die Ausschöpfung dieses Potenzials wird für hiesige Leistungsträger noch zusätzlich dadurch attraktiv, dass mobilitäts- oder aktivitätseingeschränkte Reisende nicht nur überproportional häufig Urlaub in Deutschland machen, sondern gleichzeitig auch in der Nebensaison stärker vertreten sind (BMWi 2003, S. 10 f). Damit wurde nicht nur die aktuelle ökonomische Relevanz des Reisens von behinderten Menschen mit ca. 2,5 Mrd. € nachgewiesen, sondern auch die ungenutzten wirtschaftlichen Potenziale, die mit bis zu

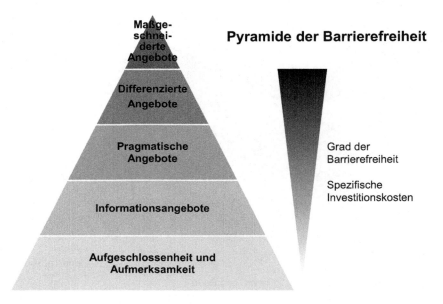

Abb. 2 Pyramide der Barrierefreiheit. (Quelle: eigene Darstellung in Anlehnung an BMWi 2003, S. 36)

weiteren knapp 2 Mrd. € beziffert werden, aufgezeigt und als Argument in den Diskurs über „Tourismus für Alle" eingespeist.

Neben dieser ökonomischen Zielsetzung ist es das weitere Verdienst der Studie, einem der zentralen Einwände gegen die Umsetzung von barrierefreien Angeboten, der vermuteten damit verbundenen hohen Investitionskosten in barrierefreie Infrastruktur, offensiv begegnet zu sein. Mit dem Gedankenkonstrukt der Pyramide der Barrierefreiheit (vgl. Abb. 2) wird klar, dass die Grundlage und auch der Einstieg in „Tourismus für Alle" nicht in (teuren) maßgeschneiderten physischen Angeboten liegt, sondern diese insbesondere auf der weichen psychologischen und Dienstleistungsebene liegt. Empathie gegenüber der menschlichen Vielfalt und die Vermittlung eines Willkommens-Gefühls steht an erster Stelle und kann oftmals auch suboptimale physische Gegebenheiten kompensieren. Damit sollte die Berührungsangst und die Hemmschwelle für eine Serviceorientierung hinsichtlich Menschen mit Mobilitäts- oder Aktivitätseinschränkung reduziert werden.

In der zweiten Studie (BMWi 2008) wurde auf diesem Fundament dann insbesondere auf umsetzungsstrategische Aspekte abgezielt. Dabei standen finanzielle Impulse im „Tourismus für Alle" ebenso im Fokus wie das Aufzeigen der Relevanz von entsprechenden koordinierten Marketingansätzen auf der Ebene der Destinationen und die Betonung der Vernetzung und Kooperation zwischen den Akteuren. Klar heraus gearbeitet wurde außerdem, dass nach der Initialphase – wie in vielen anderen Tourismussegmenten auch – in der Phase der Entwicklung und Marktdurchdringung Qualitätsmaßstäbe in den Vordergrund rücken.

Gemäß dieser Studie sind es sieben Erfolgsfaktoren, die die Umsetzung des Konzepts „Tourismus für Alle" positiv beeinflussen (BMWi 2008). Leistungs- und Entscheidungsträger sollten sich bereits zu Beginn eines Planungs- und Gestaltungsprozesses diese Faktoren vergegenwärtigen. Allerdings existiert kein „Königsweg". In vielfacher Hinsicht hängt der Erfolg vielmehr von den Gegebenheiten vor Ort und den bereits geleisteten Vorarbeiten ab.

Die sieben Erfolgsfaktoren lauten (vgl. BMWi 2008, S. 89 f.; GfK Belgien et al. 2014, S. 246 f.; Neumann et al. 2014, S. 11 ff.):

1. Bekenntnis der Entscheidungsträger: Das Thema zur Chefsache machen.
2. Koordination und Kontinuität: Jemand muss sich langfristig um das Thema kümmern.
3. Vernetzung und Beteiligung: Netzwerke nutzen, um gemeinsam mehr zu erreichen.
4. Strategische Planung: Barrierefreiheit weitsichtig und umfassend denken.
5. Wissensmanagement und Qualifikation: Know-how erwerben, ausbauen und nutzen.
6. Optimierung der Ressourcen: Die Kosten/Nutzen im Blick haben.
7. Kommunikation und Marketing: Den Nutzer emotional ansprechen und begeistern, Stigmatisierung vermeiden.

Jeder dieser sieben Erfolgsfaktoren ist für sich genommen von großer Bedeutung, sie entfalten allerdings erst im Zusammenspiel die gewünschte Wirkung. Zahlreiche Beispiele belegen, dass ohne ein Engagement der Entscheidungsträger, Vernetzung und Beteiligung, sowohl eine koordinierte und kontinuierliche Arbeit als auch die Bildung und Pflege eines nachhaltigen Wissensmanagements kaum möglich sind.

Eine von der EU Kommission beauftragte Studie zu den ökonomischen Impulsen des „Tourismus für Alle" in Europa (vgl. GfK Belgien et al. 2014) kann als Fortführung der o. g. BMWi-Studien angesehen werden. Danach wird EU-weit das Volumen von Gästen mit Zugangsbedürfnissen auf knapp 800 Mio. Tages- oder Mehrtagesreisen geschätzt (GfK Belgien et al. 2014, S. 22). Auch hier kommen die Autoren zum Ergebnis, dass das Reisevolumen noch erheblich – um bis zu 40 % – gesteigert werden könnte, wenn die entsprechenden Angebote optimiert würden. Gleichzeitig wird auch deutlich gemacht, dass vor dem Hintergrund des demografischen Wandels die Ausweitung von barrierefreien Angeboten künftig weiter an Bedeutung gewinnen wird und damit „Tourismus für Alle" als Wachstumsmarkt zu sehen ist. Letztendlich steht hinter dieser Studie wieder die Aufgabe, die Potenziale des „Tourismus für Alle" aufzuzeigen und in Folge dessen die Aktivierung von barrierefreien Angeboten auf der Seite der Leistungsträger zu erhöhen. Umgekehrt bedeutet dies, dass gut 20 Jahre nach dem Beginn eines intensiven Diskurses in Wissenschaft und Politik, das Thema „Tourismus für Alle" noch nicht flächendeckend bei den Leistungsträgern und in den Destinationen angekommen ist.

3 Beispiele im „Tourismus für Alle"

Auch wenn wir noch weit von einem flächendeckenden „Tourismus für Alle"-Angebot entfernt sind, sind in den letzten 20 Jahren doch eine Vielzahl von Angeboten entstanden, die als sog. gute Beispiele anzusehen sind und die Machbarkeit unter Beweis stellen.

3.1 Beispiele auf Betriebsebene

Woran entlang der touristischen Leistungskette meist als erstes gedacht wird, sind Beherbergungsbetriebe. Folgende Beispiele zeigen, welche Möglichkeiten Leistungsträger haben, sich hier im Angebotsbereich „Tourismus für Alle" in Verbindung mit CSR erfolgreich zu etablieren.

Ferienapartmentanlage Louisenhof in Burg (Land Brandenburg)
Ende Juli 2010 wurde in Burg/Spreewald der Louisenhof eröffnet. Seine 18 Ferienwohnungen sind ausgestattet mit zwei bis drei Wohn- und Schlafräumen, Küche, Bad, Balkon oder Terrasse und Kamin. Das Besondere an diesen Wohnungen ist die frühzeitige Berücksichtigung des Gedankens der Barrierefreiheit im Sinne des Designs für Alle. Kühlschränke und Backöfen sind so angebracht, dass man alles aus sitzender Position problemlos erreichen kann. Die Küchenzeile ist unterfahrbar. Stufenlose Übergänge und Aufzüge machen alle Bereiche für jeden erreichbar. Selbst der Internetauftritt des Louisenhofs ist für seine Barrierefreiheit mit der silbernen Biene von der Aktion Mensch und der Stiftung Digitale Chancen (Louisenhof 2015) ausgezeichnet worden.

Das Ziel beim Bau war es, das Gesamtkonzept der Barrierefreiheit mit einem hohen Ausstattungs- und Serviceniveau zu verbinden und Barrierefreiheit optisch in den Hintergrund zu rücken (Schaaf 2012). Entstanden ist ein „Wohlfühlambiente" für jedermann, ob aktivitäts- und mobilitätseingeschränkte Besucher, Familien mit Kleinkindern oder auch ältere Gäste. Im Nebengebäude befinden sich ein Wellnessbereich und der Frühstücksraum. Selbstverständlich wurde auch hier auf das Design für Alle geachtet. So ist bei Nahrungsmittelunverträglichkeiten ein passend darauf abgestimmtes Frühstück kein Problem (Lehmann 2011).

Best Western in Plauen (Sachsen)
Das Best Western Hotel Am Straßberger Tor in Plauen verfolgt einen anderen Ansatz. Es handelt sich hierbei um einen Integrationsbetrieb. In einem solchen arbeiten mindestens 25 %, höchstens aber 50 % Schwerbehinderte. Dabei bleibt es ein rechtlich und wirtschaftlich selbstständiges Unternehmen, das sich der Aufgabe Berufsangebote für Schwerbehinderte auf dem allgemeinen Arbeitsmarkt zu schaffen, verschrieben hat. Aufgrund der Art oder Schwere der Behinderung wäre die Beschäftigung dieser Menschen ansonsten kaum möglich. Für diese Leistung können die Betriebe finanzielle Unterstützung aus Mitteln der Ausgleichsabgabe erhalten, müssen aber dafür garantieren, dass die

Arbeitsplätze dauerhaft sichergestellt sind (SGB IX 2001, §§ 132 ff.). Produkt und Dienstleistung stehen weiterhin im Vordergrund und werden vom Gast nach Qualität und Preis bewertet (Rieniets 2005). Die Wettbewerbsfähigkeit spielt also auch bei einem Integrationshotel eine große Rolle.

Insgesamt 40–50 % der Mitarbeiter des Hotels in Plauen haben eine psychische Einschränkung. Im täglichen Geschäft des 4-Sterne-Tagungshotels zeigt sich dieser Unterschied jedoch nicht. Es sollen keine Sonderbedingungen geschaffen werden, sondern die Einbindung in die reguläre Hotelarbeit gewährleistet sein. Eingesetzt werden die Mitarbeiter mit Behinderung in den Bereichen: Restaurant, Bar, Rezeption, Küche, Housekeeping, Hausmeisterservice, in der hauseigenen Wäscherei und Änderungsschneiderei oder auch in der Terrassengestaltung und im floralen Design (Rüster 2011). Geführt wird das Hotel von der Fortbildungsakademie der Wirtschaft (FAW). Die Zielgruppe besteht neben Tagungsgästen auch aus Geschäftsreisenden und Kurzurlaubern. An Gäste mit speziellen Ansprüchen wurde ebenfalls gedacht. Es gibt ein barrierefreies sowie vierzehn Zimmer, die für Allergiker geeignet sind. Die Speisekarte ist in vergrößerter Schrift erhältlich und die Küche ist auf Gerichte ohne Laktose, Glukose sowie für Diabetiker eingestellt (Rüster 2011, Stadt Plauen 2015).

Meliá (Spanien)

Im großen Stil setzt die Hotelkette Meliá die Idee von „Tourismus für Alle" um. Im Jahr 1956 setzte Gabriel Escarrer Juliá in Palma de Mallorca den Grundstein des Unternehmens. Die Kette ist eine der wenigen, die CSR ganz klar in ihren Statuten führt. Nachdem im Jahr 2005 die Abteilung Community Involvement und im Jahr 2007 die Abteilung für Umwelt gegründet wurde, sind diese im Juli 2007 in einer Geschäftsfelder übergreifenden CSR-Geschäftsabteilung zusammengefasst worden (Aragall und Montana 2012).

Ziel der Eröffnung der CSR-Abteilung war es, einen Mehrwert zu schaffen, der die Meliá-Kette von der Konkurrenz abhebt. Es handelt sich hierbei um die einzige Abteilung, die für alle Hotel-Marken (Gran Meliá, Meliá, ME by Meliá, Paradisus Resorts, Melia Hotels & Resorts, INNSIDE, TRYP Hotels, Sol Hotels & Resorts und Club Meliá; www.melia.com) zuständig ist. Alle anderen Abteilungen, z. B. Finanzen oder Human Resources, agieren jeweils nur für eine der acht Untermarken.

Worin zeigt sich die Leistung der CSR-Abteilung? Dank Umbaumaßnahmen sind 17 Hotels (von insgesamt etwa 350; www.melia.com) nun mit passenden Aufzügen, barrierefreien Zimmern, barrierefreien Pool-Zugängen und Rampen ausgestattet. Zukünftig sollen alle Projekte und Umbaumaßnahmen direkt am Design für Alle ausgerichtet werden. So werden Kosten für spätere Nachbesserungen eingespart.

Die Geschäftsleitung muss hinter dem Gedanken von „Design für Alle" stehen. Nur wenn sie die Wichtigkeit dieses Themas an ihre Mitarbeiter weiter gibt, wird es sich beim Kunden widerspiegeln, wie ernst es dem Unternehmen damit ist. Aus diesem Grund wurde, bevor etwaige Umbaumaßnahmen in Angriff genommen wurden, Schulungen für die Mitarbeiter durchgeführt. Betroffen davon sind Angestellte in den unterschiedlichsten Bereichen. So müssen beispielsweise das Personal im Food- und Beverage-Bereich, genauso wie die im Einkauf tätigen Mitarbeiter über unterschiedliche Unverträglichkeiten und Allergien informiert werden.

Scandic (Schweden)
Während Meliá das Thema „Tourismus für Alle" eher zurückhaltend thematisiert, kommuniziert die schwedische Hotelkette Scandic ihre Ausrichtung darauf durchaus offensiv.

Von knapp 30.000 Zimmern verteilt auf derzeit 155 Hotels in ganz Nordeuropa sind 500 barrierefrei. Das Konzept des Designs für Alle ist bei Scandic in einem Anforderungskatalog festgelegt. Insgesamt 81 der dort genannten 110 Checkpunkte sind obligatorisch von all ihren Hotels zu erfüllen (Scandic o. J.). Dazu gehören Verpflichtungen wie barrierefreie Hotelzimmer, die sich im Design nicht von den anderen Zimmern unterscheiden, aber auch Barrierefreiheit beim Internetauftritt. Das schließt Informationen über die Zugänglichkeit des Hotels genauso ein wie Ausflugstipps und weiterführende Links. Öffentliche Räume sind für Alle zugänglich, beispielsweise durch tiefere Rezeptionsschalter für Rollstuhlfahrer oder Gäste die beim Check-in sitzen möchten, Induktionsschleifen in Konferenzräumen für hörbeeinträchtigte Kunden, Vibrationswecker etc. Blindenführhunde sind im Hotel willkommen. Darüber hinaus wurde ein interaktives Online-Training in Barrierefreiheit eingeführt, das auch Interessenten außerhalb der Hotelkette zur Verfügung steht (Scandic o. J.).

Angestoßen wurde dieser Weg durch einen Mitarbeiter, der selbst von einer chronischen Erkrankung betroffen ist und nunmehr zentraler Ansprechpartner („Kümmerer") für die Belange des „Tourismus für Alle" ist. Der entstandene Konkurrenzvorteil durch die Ausrichtung auf die Thematik „Tourismus für Alle" führt jedes Jahr zu einem Umsatzwachstum. Allein im Jahr 2005 konnten im Unternehmen für die Hotels in Schweden – aufgrund der Ausrichtung auf Barrierefreiheit – 15.000 zusätzliche Zimmer vermietet werden (GfK Belgien et al. 2014).

3.2 Beispiele auf Destinationsebene

Nicht immer beschränkt sich die Barrierefreiheit auf einzelne Anbieter wie dem Beherbergungssektor. Unterschiedliche Destinationen in ganz Deutschland und darüber hinaus haben sich dem Thema „Tourismus für Alle" verschrieben.

Stadt Erfurt (Thüringen)
Erfurt, die Hauptstadt Thüringens mit ihren über 200.000 Einwohnern, dem mittelalterlichen Stadtkern und diversen Attraktionspunkten, zieht jedes Jahr 11,2 Mio. Gäste an (Erfurt Tourismus Marketing GmbH 2010, S. 7). Obwohl das historische Zentrum der Stadt und die wesentlichen Sehenswürdigkeiten nicht komplett barrierefrei sind, ist Erfurt eine der bekanntesten „Destinationen für Alle" in Europa (Aragall et al. 2017).

Wie das erreicht wurde, zeigt die Implementierung der o. g. Erfolgsfaktoren auf Destinationsebene (Quelle: GfK Belgien et al. 2014):

1. Die Entscheidungsträger bekennen sich zum „Tourismus für Alle"
   Die Geschäftsführerin der Erfurt Tourismus und Marketing GmbH kümmert sich persönlich um das Thema „Tourismus für Alle".
2. Koordination und Kontinuität
   „Tourismus für Alle" wird seit 1999 kontinuierlich betrieben und die Destinationsmanagement Organisation stellt die Assistentin der Geschäftsführung als zentralen Ansprechpartner.
3. Networking und Partizipation
   Erfurt ist eine von mittlerweile neun Destinationen, die sich als „AG barrierefreie Reiseziele in Deutschland" (2017) zusammengeschlossen haben.
4. Strategische Planung
   „Tourismus für Alle" ist fest integriert in der strategischen Planung sowie im Marketingplan der Stadt.
5. Qualifikation und Wissenstransfer
   Durch spezielle Schulungen werden das Management und die Service-Teams sowie Stadtführer und Leistungsträger regelmäßig geschult.
6. Kommunikation und Distribution
   Die barrierefreie Internetseite ist durch „leicht verständliche Sprache" und Videos in Gebärdensprache aufbereitet. Broschüren gibt es für die verschiedenen Kundengruppen unter dem Thema „Erfurt erlebbar für Alle". Auch die Vermarktung über die DZT und die Deutsche Bahn tragen zum Informationstransfer bei.
7. Verbesserung von Ressourcen und Kapazitäten
   Mit Niederflurbussen, Angeboten in Gebärdensprache, Audio Guides und einem Video Guide mit Sequenzen in Gebärdensprache wird die gegebene Infrastruktur für zusätzliche Kundengruppen attraktiv gestaltet.

Zielgruppenspezifische Angebote sind die geführten Sightseeing-Touren mit Straßenbahn oder Bus, barrierefreie Unterkünfte und Attraktionen, Angebote in Gebärdensprache etc. Das Konzept ist erfolgreich, da alle Leistungsträger kontinuierlich am selben Strang ziehen. Eine Hürde sind die Investitionssummen. Vor allem der Faktor Zeit und Personal sind nicht zu unterschätzen (GfK Belgien et al. 2014).

Die weiteren Mitglieder der „AG barrierefreie Reiseziele in Deutschland" (2017), in der die Stadt Erfurt die Sprecherfunktion übernommen hat, sind die Destinationen Eifel, Fränkisches Seenland, Lausitzer Seenland, Magdeburg, Ostfriesland, Rostock, Ruppiner Seenland und die Sächsische Schweiz. Sie haben ihre Ziele wie folgt formuliert:

- Weiterentwicklung des barrierefreien Tourismus in den Regionen und in Deutschland insgesamt.
- Aufbau eines Netzwerkes „Barrierefreie Reiseziele in Deutschland".
- Schaffung von Transparenz barrierefreier Angebote.
- Regelmäßiger Erfahrungsaustausch.
- Intensivierung der Zusammenarbeit mit Politik, Verwaltung und Verbänden auf deutschlandweiter Ebene.
- Gemeinsame Marketingaktivitäten.
- Betrieb des gemeinsamen Internetportals www.barrierefreie-reiseziele.de (AG Barrierefreie Reiseziele in Deutschland 2017).

4 Fazit und Ausblick

„Tourismus für Alle" ist als ein Prozess zu sehen, der möglichst frühzeitig angestoßen werden muss. Bereits in der Ausbildung zukünftiger Leistungs- und Entscheidungsträger muss die Idee einer barrierefreien Servicekette mit entsprechender Servicequalität verankert werden. Zukünftige Anbieter müssen für die Notwendigkeit und den Nutzen eines „Designs für Alle" begeistert werden. Ob in der Lehre oder Hochschule, zukunftsweisend muss die Idee des „Tourismus für Alle" überall nicht nur unterrichtet, sondern auch gelebt werden.

Nach der professionellen Ausbildung und dem Start in die Berufstätigkeit im Dienstleistungssektor Tourismus, darf der Bezug zum „Tourismus für Alle" nicht verloren gehen. Beratungsnetzwerke müssen Weiterbildungsmaßnahmen, Umbauoptionen und Kennzeichnungsmöglichkeiten propagieren.

Die Frage, ob eine flächendeckende Orientierung im Tourismus an den Grundprinzipien des „Tourismus für Alle" – so wie es im CSR-Paradigma der Freiwilligkeit eigentlich als konstituierend postuliert wird – nur auf freiwilliger Basis geschehen kann oder ob hierzu nicht auch entsprechende Stimuli der öffentlichen Hand (gesetzliche Vorgaben, finanzielle Förderung, organisationale Unterstützung) notwendig sein wird, ist in Deutschland augenblicklich noch offen, obgleich eine entsprechende Änderung der Muster-Beherbergungsstättenverordnung (MBeVO) bereits diesbezüglich Zeichen setzt.

Das Ziel dieses Beitrags war es, den aktuellen Stand der Auseinandersetzung mit „Tourismus für Alle" im Bereich Tourismuswissenschaft und vor allem Tourismuspraxis als Teil des CSR-Ansatzes in der Tourismusbranche zu skizzieren. Dabei wurde deutlich, dass einerseits noch eine Reihe von operativen Herausforderungen bei der Umsetzung anstehen. Andererseits konnte mit den positiven Fallbeispielen auch gezeigt werden, dass sich CSR-motiviertes Engagement im „Tourismus für Alle" letztendlich auch wirtschaftlich auszahlen kann.

Neben den sich aber sukzessive reduzierenden Unsicherheiten hinsichtlich der zu berücksichtigenden Standards (wie z. B. ISO- oder DIN-Normen) und dem Vordringen des Design-für-Alle-Konzepts zur Steigerung der Akzeptanz bei den Leistungsträgern, bleibt die Frage der betriebswirtschaftlichen Rentabilität von Investitionen in die Angebots-Hardware und die Servicequalität sicherlich weiterhin von Interesse.

Trotz der in den letzten 20 Jahren erzielten Fortschritte ist es noch ein weiter Weg, bis die Notwendigkeit eines „Designs für Alle" auch im Bewusstsein aller touristischen Akteure entlang der gesamten Servicekette und bis hin zu den operativen Kräften an den Kundenkontaktpunkten angekommen ist.

Literatur

ADAC (= Allgemeiner Deutscher Automobil-Club) (Hrsg) (2003) Barrierefreier Tourismus für Alle. Eine Planungshilfe für Tourismus-Praktiker zur erfolgreichen Entwicklung barrierefreier Angebote. ADAC, München

AG Barrierefreie Reiseziele in Deutschland (2017) Urlaub für Alle. Barrierefreie Reiseziele in Deutschland. http://www.barrierefreie-reiseziele.de/. Zugegriffen: 4. Sep. 2015

Aragall F, Montana J (2012) Universal design. the HUMBLES method for user-centred business. Gower Publishing, Farnham

Aragall R, Neumann P, Sagramola S (Hrsg) (2017) Design for All in Tourist Destinations. ECA 2017. European Concept for Accessibility Network, Luxembourg

BMWi (= Bundesministerium für Wirtschaft und Technologie) (Hrsg) (2003) Ökonomische Impulse eines barrierefreien Tourismus für alle. Eine Untersuchung im Auftrag des Bundesministeriums für Wirtschaft und Technologie. BMWi-Dokumentation, Bd. 526. BMWi, Berlin

BMAS (= Bundesministerium für Arbeit und Soziales) (Hrsg) (2011) Unser Weg in eine inklusive Gesellschaft. Der Nationale Aktionsplan der Bundesregierung zur Umsetzung der UN-Behindertenrechtskonvention. Rostock

BMWi (= Bundesministerium für Wirtschaft und Technologie) (Hrsg) (2008) Barrierefreier Tourismus für Alle in Deutschland – Erfolgsfaktoren und Maßnahmen zur Qualitätssteigerung. BMWi, Berlin

BMWFJ (= Bundesministerium für Wirtschaft, Familie und Jugend), WKO (= Wirtschaftskammer Österreich), Bundessparte Tourismus und Freizeitwirtschaft (Hrsg) (2011) Tourismus für Alle. Barrierefreies Reisen – ein Leitfaden zum Umgang mit dem Gast. BMWFJ, Wien

DZT (= Deutsche Zentrale für Tourismus) (2014) Barrierefrei. Barrierefreier Tourismus in Deutschland. DZT, Frankfurt

Erfurt Tourismus Marketing GmbH (2010) Tourismus in Erfurt – Bedeutender Wirtschaftszweig und lohnendes Geschäft. Erfurt Tourismus und Marketing GmbH, Erfurt

Ev. Akademie Loccum (1976) Urlaub für und mit Behinderte(n). Chancen und Schwierigkeiten der Integration. Ev. Akademie Loccum, Rehburg-Loccum (= Loccumer Protokolle 10/1976)

GfK Belgien, University of Surrey, Neumann Consult, Pro Asolutions (2014) Economic impact and travel patterns of accessible tourism in Europe. Eine Studie im Auftrag der EU-Kommission. EU-Kommission, Brüssel

Herlitz Laura (2010) Sozialwirtschaftliche Intentionen auf dem deutschen Tourismusmarkt untersucht am Beispiel integrativer Hotels. Dissertation, Universität Trier

Lehmann K (2011) Wohnen mit Komfort und Ambiente – Louisenhof Burg (Spreewald). In: EDAD, RKW Kompetenzzentrum (Hrsg) DESIGN FÜR ALLE. Gesund und sicher unterwegs. Konzepte und Marktchancen für kleine und mittelständige Unternehmen im Tourismus. EDAD/RKW Kompetenzzentrum, Eschborn, S 35–38

Louisenhof (2015) Auszeichnungen. https://www.louisenhof-burg.de/info/auszeichnungen/. Zugegriffen: 18. Okt. 2015

Neumann P, Knigge M, Iffländer K, Kesting S (2014) Besser für die Kunden – besser fürs Geschäft. Design für Alle in der Praxis – ein Leitfaden für Unternehmen. NeumannConsult, Grauwert, TU Hamburg-Harburg, EDAD, Münster/Hamburg

Rieniets R (2005) Marketing für Integrationsfirmen. In: Stadler P, Gredig C (Hrsg) Die Entwicklung von Integrationsfirmen. Ein Kompendium für Soziale Unternehmer/innen. Berlin

Rüster R (2011) Arbeitsplätze für Behinderte. Best Western Hotel am Straßberger Tor hat sich als Integrationshotel etabliert. AHGZ (44) vom 29.10.2011, S 28

Scandic (o. J.) Design für alle, mit Vorteilen für jeden einzelnen. http://www.scandichotels.de/Immer-bei-Scandic/besondere-beduerfnisse/. Zugegriffen: 2. Feb. 2016

Schaaf H-D (2012) Die Ferienapartmentanlage Louisenhof setzt auf barrierefreies Wohnen. AHGZ (4) vom 21.01.2012, S 29

Sozialgesetzbuch (SGB) Neuntes Buch (IX) vom 19.6.2001. http://www.gesetze-im-internet.de/sgb_9/__132.html. Zugegriffen: 21. Okt. 2015

Stadt Plauen (2015) Best Western Hotel am Straßberger Tor. Integrationsprojekt für Menschen mit Behinderung. http://www.plauen.de/de/stadtleben/gesundheit-soziales/behinderte/wegweiser/wegweiser_best_western_hotel.php. Zugegriffen: 22. Okt. 2015

Studienkreis für Tourismus (1985) Behinderte im Urlaub. Starnberg

UNWTO (2013) Recommendations on Accessible Tourism. Madrid

Prof. Dr. Peter Neumann ist seit 2014 Professor für Tourismuswirtschaft an der IUBH-Duales Studium in Erfurt. Zudem ist er seit 2002 Geschäftsführer von NeumannConsult, einem Consultingbüro für Stadt-, Regional- und Tourismusentwicklung. Ein besonderer Arbeitsschwerpunkt liegt im Tourismus für Alle – national wie international. In Lehre und Forschung beschäftigt er sich mit aktuellen Fragen der Tourismuswirtschaft und ist Mitglied in verschiedenen Arbeitskreisen und dem Tourismusbeirat der Thüringen Tourismus GmbH.

Prof. Dr. Andreas Kagermeier ist seit 2006 Inhaber des Lehrstuhls Freizeit- und Tourismusgeografie an der Universität Trier. Im Mittelpunkt seiner Forschungs- und Lehrtätigkeit stehen Aspekte des Destinationsmanagements sowie neue Entwicklungstendenzen der touristischen Produktentwicklung. Dabei liegt der Schwerpunkt vor allem auf Städte-, Fahrrad- und Wandertourismus sowie naturorientierten Angeboten und auch Weintourismus. Der Nachhaltigkeit verpflichtete und dabei auch CSR-Aspekte inkludierende Blickwinkel stellen ein konstituierendes Paradigma seiner wissenschaftlichen Tätigkeit dar.

Sozial nachhaltiges Personalmanagement in mittelständischen Hotelbetrieben – wie Hotelkooperationen unterstützen können

Ursula Liebhart und Stefan Nungesser

1 Einleitung

Hoteldienstleistungen sind vor allem personalintensive Dienstleistungen (Henschel et al. 2013), bei denen es auf den direkten Kontakt zwischen Gast und Mitarbeiter ankommt (zu den weiteren dienstleistungsspezifischen Besonderheiten siehe u. a. Henschel et al. 2013 und Gardini 2015). Das grundlegende Konzept der Service-Gewinn-Kette (oder Service-Profit-Chain) stellt einen direkten Zusammenhang zwischen der Mitarbeiter- und Kundenzufriedenheit zum wirtschaftlichen Erfolg des Unternehmens her (Heskett et al. 1994; Heskett et al. 1997). Ausgehend von den Überlegungen der Service-Gewinn-Kette ist die Voraussetzung für zufriedene Mitarbeiter die interne Servicequalität, die gegenüber der internen Zielgruppe „Mitarbeiter" durch zahlreiche Maßnahmen erreicht werden kann. So „hat die interne Dienstleistungsqualität im Sinne aller für die Aufgabenerfüllung relevanten betrieblichen Prozesse, die auf den Mitarbeiter im Kundenkontakt wirken, entscheidende Folgen für dessen (Un-)Zufriedenheit" (Nerdinger 2011). Hadwich und Keller (2015) konnten in Untersuchungen zeigen, dass im Sinne der Service-Gewinn-Kette die interne Servicequalität ein wesentlicher Treiber für die interne Kundenzufriedenheit ist und Einfluss auf den Unternehmenserfolg hat. Insbesondere die Eigenschaften und Verhaltensweisen der internen Lieferanten, aber auch die Kultur, Führung sowie Systeme und Strukturen stellen einen wesentlichen Einflussfaktor auf die interne Servicequalität dar. Dies gilt sowohl für größere aber auch für kleinere Unternehmen gleichermaßen (Hadwich und Keller 2015). Im Rahmen des CSR-Konzepts, verstanden als ein Multi-Stakeholder-

---

U. Liebhart (✉) · S. Nungesser (✉)
Studienbereich Wirtschaft & Management, Fachhochschule Kärnten
Europastraße 4, 9524 Villach, Österreich
E-Mail: u.liebhart@fh-kaernten.at

S. Nungesser
E-Mail: S.Nungesser@fh-kaernten.at

Konzept mit ökologischer und sozialer Verantwortung und vielfachen Handlungsfeldern (Loew und Braun 2006), bildet die soziale Verantwortung einen wesentlichen Baustein, um die mitarbeiterorientierten Belange zu berücksichtigen. Bisheriges CSR-Engagement der Hotellerie fokussiert sich allerdings sehr stark auf die ökologischen Komponenten, die primär zu Kosteneinsparungen führen sollen. Das gesellschaftliche Engagement innerhalb der eigenen Gemeinden sowie die sozialen Aspekte, vor allem im Sinne der Mitarbeiterinteressen, kommen zu kurz. Eine Studie von Levy und Park (2011) in der gehobenen Kettenhotellerie und Systemgastronomie zeigt auf, dass der Beziehung zu den Mitarbeitern eine wertschöpfende Wirkung zugesprochen wird. Gleichzeitig zeigt die Fülle der einzelnen Maßnahmen aber auch deutlich, dass trotz der Wichtigkeit die Anzahl der Maßnahmen eher gering sind und sich auf klassische Bereiche wie Fort- und Weiterbildungen sowie Arbeitsbedingungen konzentrieren. Daraus lässt sich schließen, dass soziale Personalaktivitäten einen oftmals nur geringen Stellenwert in der Unternehmensstrategie finden. Dabei wirken vor allem kollektive, mitarbeiterorientierte CSR-Maßnahmen positiv auf die Identifikation der Mitarbeiter mit dem Unternehmen (Farooq et al. 2014). An Mitarbeiterinteressen orientierte Maßnahmen werden somit vor allem in der Kettenhotellerie (Lund-Durlacher 2012) umgesetzt, wobei es auch hier gegenüber den umweltorientierten Aspekten einen Nachholbedarf gibt (Font und Walmsley 2012). Nichtsdestotrotz bleibt die Umsetzung in eigentümergeführten, klein- und mittelständischen Hotelbetrieben noch hinter den Anstrengungen der Kettenhotellerie zurück.

Vor diesem Hintergrund erscheint es bedeutsam, CSR-Maßnahmen aufzuzeigen und deren Wichtigkeit für die nachhaltige Unternehmensentwicklung hervorzuheben. Der Beitrag erarbeitet wesentliche soziale Maßnahmen im Interesse der Mitarbeiter, die in klein- und mittelständischen Betrieben eingesetzt werden können. Die mitarbeiterorientierten CSR-Maßnahmen werden anhand der Hotelkooperation Best Alpine Wellness Hotels und dem Hotel Hochschober als Mitgliedsbetrieb diskutiert. Die zentrale Erkenntnis daraus ist, dass einzelne CSR-Maßnahmen zunächst ohne gelebtes Wertkonzept verpuffen und dass in weiterer Folge sozial-verantwortliche Maßnahmen stets eine sozial-nachhaltige Investition darstellen.

2 Rahmenbedingungen der Personalarbeit in der KMU-Hotellerie

Das Personalmanagement jedes Unternehmens ist in zentrale Rahmenbedingungen eingebettet, die maßgeblich die Ziele und Aktivitäten der Personalarbeit beeinflussen. Nach Stock-Homburg (2010) sind dies zum einen übergeordnete Bedingungen wie Arbeitsmarkt, Bildungswesen, Unternehmensverbände, Konjunktur und rechtliche Regelungen. Auf diese soll in diesem Beitrag nicht näher eingegangen werden. Besonders hervorzuheben ist jedoch zum einen der Arbeitsmarkt für KMU-Hotels, der in Summe einen hohen Anteil junger Arbeitnehmer bei einem gleichzeitigen Rückgang der Auszubildenden zeigt. Die Tourismusbranche bildet zahlreiche junge Menschen aus. So starten in Österreich 8,6 % aller Lehrlinge im Tourismus ihre Ausbildung. Die Zahl dieser ist allein im Zeitraum 2008 bis 2013 um rund 30 % zurückgegangen (Preiss 2015). Neben diesen teilen sich die Arbeitnehmer in hochmotivierte, gut ausgebildete Personen, die sich bewusst für diese Branche entschieden haben und von den Unternehmen aktiv so früh als möglich ans Haus gebunden werden. Aber auch in jene, die eher in diese Branche hineingerutscht sind, weil bestimmte Arbeitsbedingungen zum aktuellen Lebensumstand passen bzw. andere Jobs schwer zu erreichen sind. In Summe kämpft die Branche aufgrund der Arbeitsbedingungen oftmals mit einer geringen Attraktivität und einem negativen Image bei einer chronischen Personalknappheit (Gardini 2014).

Zum anderen gibt es unternehmensspezifische Rahmenbedingungen für die Personalarbeit. Dazu zählen beispielsweise die Unternehmensgröße und (saisonale) Ausrichtung aber auch die Eigentümer mit deren Einstellungen und Bewusstsein für die Bedürfnisse von Mitarbeitern. Folgende Konsequenzen für die Personalarbeit zeigen die Herausforderungen: Für die *Personalplanung* und den *Personaleinsatz* der Mitarbeiter ergeben sich diese durch die (saisonal stark) schwankende Nachfrage und ein relativ unelastisches Angebot (Henschel et al. 2013). Es werden flexible Arbeitskräfte gebraucht, weshalb es einen großen Anteil an Teilzeitbeschäftigten sowie geringfügig Beschäftigten gibt, für die oftmals keine Entwicklungsmaßnahmen angeboten werden. Flexible und belastbare Mitarbeiter werden zudem aufgrund der oftmals unattraktiven Arbeitszeiten sowie *Arbeitszeitmodelle* benötigt. Schichtarbeit, Arbeit an Wochenenden und Feiertagen oder die Bereitschaft zu Überstunden tragen dazu bei, dass der Arbeitsplatz „Hotel" trotz hoher Motivation für viele Arbeitnehmer zur Belastung wird. Für die Erbringung qualitativer Dienstleistungen in Hotellerie und Gastronomie wird viel Personal eingesetzt. Hinzu kommen *steigende Serviceerwartungen* der Gäste sowie transparente Hotelbewertungen, die den Konkurrenzdruck weiter verschärfen. Viele KMU-Hotels sehen sich dem Wettbewerb in verschiedenen Servicebereichen mit der internationalen Systemhotellerie ausgesetzt. Erschwerend ist, dass Substitute in der dienstleistungsorientierten Personalarbeit meist schwer möglich sind. Leiharbeiter im direkten Kundenkontakt müssen sehr gut auf die betriebsindividuellen Prozesse und die gelebte Kultur geschult sein sowie ein bestimmtes Qualifikationsniveau erfüllen, sodass individuell ausgelagerte Arbeitsbereiche stets auf die Kultur und die Zielgruppe abgestimmt sind. Die Personalintensität hat hohe Fixkosten zur Folge, weshalb die Einstellung zur Ressource Mitarbeiter vielfach *kostenorientiert* und aufgrund geringer Gewinnmargen der Branche sogar erforderlich ist. Darüber hinaus ist die angemessene Entlohnung der Mitarbeiter immer wieder in Diskussion (Berg 2010). Die genannten Faktoren führen im Vergleich zu anderen Branchen zu einer *hohen Personalfluktuation*, was insbesondere klein- und mittelständische Betriebe mit einem begrenzten Personalstamm besonders treffen kann (Gardini 2014).

Der Tourismus und mithin die Hotellerie in Europa sind *klein- und mittelständisch* geprägt (Berg 2010). Dadurch stellen viele der Rahmenbedingungen für diese Betriebe zusätzliche Herausforderungen aufgrund ihrer spezifischen Struktur als eigentümergeführte bzw. Familienbetriebe dar. Weiermair (2008, S. 18) ortet bei Betrieben der Familienhotellerie eine „inadäquate Organisationsentwicklung und unzeitgemäße Unternehmens- und vor allem Personalführung". Gerade in klein- und mittelständischen Betrieben werden *personalpolitische Entscheidungen* von der Geschäftsführung wahrgenommen, oft in Person des Gründers, der Unternehmer bzw. der Unternehmerfamilie, die „ihren" Betrieb führen und damit prägen. Sie nehmen dabei eine eher patriarchalische bis zum Teil nepotistische Grundhaltung an (European Commission 2009). Emotionale Aspekte des Mitarbeiterverhältnisses dominieren, da sehr stark auf die Loyalität zu den handelnden Geschäftsführungspersonen abgehoben wird und weniger auf die sachliche Loyalität zum Betrieb. Zudem gibt es in vielen klein- und mittelständischen Betrieben *keine institutionalisierten Organisationseinheiten*, die sich mit Fragen des Personalmanagements ausreichend beschäftigen (Hamel 2013). Probleme des operativen Personalmanagements werden häufig ad hoc gelöst, mittelfristige Agenden bleiben in diesen Betrieben weitgehend auf anlassbezogene Aktivitäten beschränkt. Daraus ist zu schließen, dass die Anwendung personalwirtschaftlicher Methoden unzureichend ist. Dies liegt auch darin begründet, dass entsprechendes *Know-how vielfach nicht präsent* ist (Hamel 2013).

Die Rahmenbedingungen für ein Personalmanagement in der eigentümergeführten Hotellerie sind demnach definitiv herausfordernd. Greift man dabei den ursprünglichen Gedanken der Service-Gewinn-Kette auf, zeigt sich, dass die Mitarbeiter wesentliche, gar kritische Erfolgsfaktoren für die wirtschaftliche Entwicklung des Unternehmens sind. Bislang übernehmen nur wenige erfolgreiche, auch kleinere, eigentümergeführte Hotels das Rahmenkonzept für ein erfolgreiches und verantwortungsvolles Personalmanagement und integrierten die soziale Verantwortung für die nachhaltige Entwicklung in das Unternehmen. Dabei geht es nicht nur um eine vordergründige Steigerung der Attraktivität als Arbeitgeber, sondern um eine nachhaltige und sozial-verantwortungsvolle Positionierung des Unternehmens auf dem Arbeitsmarkt (Schwab 2008).

3 Soziale Verantwortung als Teil des nachhaltigen Personalmanagements

Die gesellschaftliche Verantwortung des Unternehmens im Sinne eines fairen und verantwortungsvollen Verhaltens gegenüber unternehmensrelevanten Umwelten steht im Kern für den Begriff Corporate Social Responsibility (CSR). Es geht um die Verankerung von ökonomischen, sozialen und ökologischen Zielen in der Unternehmensstrategie. Soziale Verantwortung kann nach innen in Richtung Mitarbeiter gelebt werden. Besonders deutlich sichtbar werden sozial-verantwortliche Maßnahmen jedoch auch nach außen in Richtung Stakeholder. Dies inkludiert die Einbindung regionaler Lieferanten und die Entwicklung ganzer Regionen als treibender Leitbetrieb. In Summe ist die Bandbreite an verschiedenen CSR-Maßnahmen groß, schlussendlich geht es aber um den unternehmerischen Beitrag zu einer nachhaltigen Unternehmensentwicklung (BMWFW 2012). Aus personalpolitischer Perspektive sind die Schnittstellen der unternehmerischen Verantwortung und einer nachhaltigen Unternehmensentwicklung fluide. So belegen verschiedene wissenschaftliche Konzepte des nachhaltigen Personalmanagements deutlich die Nachhaltigkeit sozialer Verantwortung (Ehnert 2008). Die ökonomische Zielsetzung wird um die soziale Zielsetzung erweitert, was seit langem der doppelten Zielsetzung des Personalmanagements entspricht, nämlich der Vereinbarkeit von ökonomischen und sozialen Zielen. Der Begriff der Nachhaltigkeit wird in letzter Zeit durch das substanzerhaltsorientierte Verständnis erweitert, denn Personalergebnisse können zum Erfolg und zur Überlebensfähigkeit eines Unternehmen beitragen (Kramar 2014). Zu den möglichen Ergebnissen zählen Arbeitszufriedenheit, Engagement und positive Verbundenheit, die wiederum längerfristig Mitarbeiter an das Unternehmen binden.

Sozial-nachhaltige Personalarbeit hat daher zwei Probleme zu lösen: einerseits die Bereitstellung zukünftigen Personals bzw. die Sicherung zukünftiger Personalressourcen und andererseits die Erhaltung des Personalbestandes, indem Maßnahmen die Regeneration und Leistungsfähigkeit der Mitarbeiter heute und in Zukunft erhalten und fördern (Ehnert 2008). Dahinter steht die Annahme, dass das Reservoir an Humanressourcen nicht „nur" mittel- bis langfristig für den Unternehmenserfolg entscheidend ist, sondern für das „lebenslängliche" Bestehen relevant ist (Hoeppe 2014). Soziale Verantwortung nach innen und nach außen ist dezidiert ein Teilbereich des nachhaltigen Personalmanagements (siehe Abb. 1). Darüber hinaus betonen Loew und Rohde (2013), dass in der Praxis die Begrifflichkeiten „CSR" und „Nachhaltigkeit" gleichzusetzen sind.

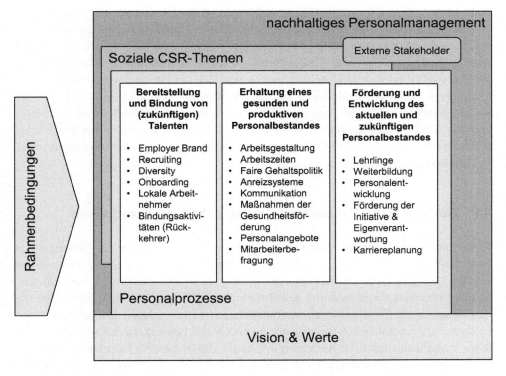

Abb. 1 Sozial-verantwortliches und nachhaltiges Personalmanagement-Modell

4 Sozial-nachhaltige Kernthemen der eigentümergeführten Hotellerie

Ausgehend von den definierten Rahmenbedingungen der eigentümergeführten KMU-Hotellerie und basierend auf den gelebten Visionen und Werten der Eigentümer werden unternehmensindividuell Personalprozesse definiert. Wie in Abb. 1 ersichtlich, können die wesentlichen Personalprozesse in drei Kernthemen gegliedert werden: (1) Bereitstellung und Bindung von (zukünftigen) Talenten, (2) Erhaltung eines gesunden und produktiven Personalstamms und (3) Förderung und Entwicklung des aktuellen und zukünftigen Personalbestandes. Diese orientieren sich konsequent am unmittelbaren Nutzen in Anlehnung an den Mitarbeiterlebenszyklus sowie die Fokussierung auf die interne Erfolgskette zur Steigerung der Mitarbeiterzufriedenheit und -bindung.

Die „Bereitstellung und Bindung" und „Erhaltung eines gesunden und produktiven Personalbestandes" sind sozial-verantwortliche Maßnahmen, die konkret auf das tägliche Personalmanagement rekurrieren, während Maßnahmen aus dem Thema „Förderung und Entwicklung des aktuellen und zukünftigen Personalbestandes" verstärkt auf die mittel- bis langfristige Sicherung des Humanressourcenreservoirs für das Unternehmen abzielen. Sowohl das soziale CSR-Konzept als auch das nachhaltige Personalmanagement integrieren in ihrer Perspektive externe Stakeholder, wie zum Beispiel die Branche, Regionen etc. und wirken damit positiv auf die Gesellschaft. Nachhaltige Personalarbeit ergänzt die sozial-verantwortliche Personalarbeit um die unternehmenssichernden Kernprozesse der Entwicklung der Mitarbeiter und deren Förderung von Eigenverantwortung. Damit erweitert sich das Konzept der sozialen CSR aufgrund der tiefgreifenden, deutlich längerfristigen Wirksamkeit zu einem sozial-nachhaltigen Denkmodell des Personalmanagements.

Ergebnis der sozial-nachhaltigen Personalarbeit ist die Wahrnehmung des Hotels als sozial-verantwortlichen und attraktiven Arbeitgeber, was entscheidende Wettbewerbsvorteile mit sich bringen kann (Grumbach-Palme et al. 2010). In den folgenden Abschnitten soll beispielhaft auf zentrale Maßnahmen einer sozial-nachhaltigen Personalarbeit in der Hotellerie eingegangen werden.

4.1 Wertsystem als Fundament sozial-nachhaltiger Kernthemen

Klein- und mittelständische Unternehmen basieren auf einer speziellen Führungs- und Kommunikationskultur abhängig vom Inhaber bzw. der Eigentümerfamilie. Diese Werte werden häufig in nicht verschrifteter Form, aber dafür authentisch und stark im Sinne einer positiven Vorbildwirkung gelebt (Grumbach-Palme et al. 2010) und bilden die Grundlage für alle Entscheidungen und Handlungen im Unternehmen. Die gelebten Werte basieren auf grundsätzlichen Basisannahmen über Menschen und deren Verhaltensweisen sowie zwischenmenschliche Beziehungen (Schein 1984), die über Generationen hinweg vermittelt werden. Sie sind für das Entstehen und den Stellenwert von sozial-verantwortlichen Maßnahmen im Unternehmen verantwortlich. Eigentümergeführte Betriebe sind, wie bereits ausgeführt, stark durch die Persönlichkeit des Eigentümers geprägt, welcher die Vision, Mission, Philosophie und Werte und letztendlich die organisationale Identität prägt (Martínez et al. 2014). Damit ist das Engagement für CSR-Maßnahmen unmittelbar mit dem unternehmerischen Wertkonzept verbunden.

4.2 Bereitstellung von (zukünftigen) Talenten

Die Maßnahmen zur Bereitstellung zukünftiger Talente umfassen die Ansprache und das Auswählen der „richtigen" Mitarbeiter als auch deren erfolgreiche Integration und Sozialisation in das Unternehmen.

Sozial-verantwortungsvolle Unternehmen nutzen auf die relevanten Zielgruppen potenzieller Mitarbeiter zugeschnittene und nicht-diskriminierende Maßnahmen der *Personalsuche und -auswahl*. Sie heben sich durch glaubwürdige Fragen und Aufgabenstellungen hervor, deren Ziel es ist, den Menschen, Motivation und Werte hinter der Bewerbung sichtbar zu machen. Die Marken- und Systemhotellerie erstellt detailliert ausgearbeitete Grundsätze und Philosophien, die neuen Mitarbeitenden aufwändig vermittelt werden, wie beispielsweise die Ritz-Carlton Hotel Company mit den „Gold Standards" (Michelli 2008). Sozial-verantwortlichen Hotels geht es nicht darum, den Mitarbeitern Werte vorzugeben, sondern sich mit deren Diversität (Stuber 2003) auseinanderzusetzen und weiterzuentwickeln. Dies ermöglicht ein rasches und verbindliches *Onboarding* neuer bzw. zurückkehrender Arbeitnehmer. Sie werden besser ins Team integriert und identifizieren sich, auch für Gäste spürbar, mit dem Haus. Darüber hinaus schafft sozialverantwortungsbewusste Personalarbeit gezielt Arbeitsplätze für die *lokale Bevölkerung* und verankert über die regionale Nachhaltigkeit das Unternehmen bei externen Stakeholdern. Mitarbeiter entwickeln keinen Stolz auf ihr Unternehmen, weil es eine hohe Rendite hat, sondern weil es einen wichtigen Beitrag für die Gesellschaft leistet (Kern 2013). Eine Öffnung nach außen bei gleichzeitiger Einbindung des Unternehmens in das soziale Umfeld verankert das Unternehmen als überregional *attraktiven Arbeitgeber*. Gut ausgebildete potenzielle Arbeitnehmer sind zumeist jünger und gut über interessante Arbeitgeber informiert. Sie bringen vielfältige Erfahrungen und Eindrücke aus dem internationalen Kontext mit. Viele KMU-Hotels müssen sich daher konsequent mit ihrem Image als Arbeitgeber auseinandersetzen, um derlei vielversprechende Mitarbeiter anzusprechen. Aufgeschlossene Hotels haben dies erkannt und richten ihre Angebote als Arbeitgeber klar fokussiert an der Mitarbeiterzielgruppe aus.

Die besondere Unternehmenskultur, die durch persönliche Beziehungen zu den Gästen, Mitarbeitern und weiteren Stakeholdern geprägt ist und eine Verbindung zur Betreiberfamilie schafft, führt sogar zu persönlichen Freundschaften. Dies verschafft dem Unternehmen durchaus auch Wettbewerbsvorteile (Baumgartner 2009), wenn ein verstärktes Zugehörigkeitsgefühl und eine längerfristige *Bindung* zum Unternehmen erreicht werden kann.

4.3 Erhaltung des gesunden und produktiven Personalbestandes

Zur Erhaltung des gesunden und produktiven Personalbestands zählen jene Maßnahmen der Hotellerie, die die sozial-verantwortliche Arbeitsgestaltung, die Entlohnungs- und Anerkennungssysteme, aber auch die Gesundheit der Mitarbeiter betreffen. Dabei sind die besonderen Bedürfnisse von Saisonbeschäftigten zu berücksichtigen.

Die *Arbeitsgestaltung* bezieht sich auf alle technischen, organisatorischen und ergonomischen Maßnahmen der Gestaltung des Arbeitsplatzes, des Arbeitsablaufes, der Arbeitsorganisation sowie der Aufgabeninhalte (Kauffeld und Martens 2011). Sie sollen es dem Mitarbeiter ermöglichen, eine gute Emotionsarbeit zu leisten. Es versteht sich von selbst, dass Mitarbeiter ihren Qualifikationen entsprechend einzusetzen sind, aber oftmals wird die Anstrengung emotionaler Beziehungsarbeit mit Gästen unterschätzt. Die routiniert-freundliche Kundenintegration bzw. Interaktion mit den Kunden als Spezifika von Dienstleistungsberufen erfordert von den Mitarbeitern, mit Emotionen umzugehen und diese regulieren zu können. Soziale Verantwortung gegenüber Mitarbeitern bedeutet, diesen selbststeuernde wirksame Optionen anzubieten, um ausgleichende Emotionsarbeit leisten zu können (Kauffeld und Martens 2011). Mitarbeiter und Führungskräfte als „Beziehungsmanager" (Grumbach-Palme et al. 2010) zu schulen, fördert den bewussten Aufbau einer positiven Emotionsbeziehung zu den Gästen. Zur Gestaltung der Arbeit gehört im weiteren Sinne auch die Gestaltung der *Arbeitszeit*. Die Branche erwartet eine hohe Flexibilität aller Mitarbeiter. So erkennen sozial-verantwortliche Arbeitgeber die Bedeutung einer erhöhten Vereinbarkeit von Familie und Beruf für das Unternehmen. Die Bemühung um flexible Arbeitszeiten und das Einhalten von Arbeits- und Ruhebestimmungen unter Beachtung einer individuellen Work-Life-Balance ist eine zentrale sozial-verantwortliche Maßnahme, die sowohl zum gesundheitlichen und sozialen Wohlbefinden als auch der Leistungsfähigkeit der Mitarbeiter beiträgt. Die *Entlohnungs- und Anreizsysteme* fordern gerechte und leistungsbezogene Lohn- und Gehaltsmodelle mit fairen Verträgen für fixe und temporäre Arbeitsverhältnisse. Es ist interessant anzumerken, dass das Thema Lohn und Gehalt in vielen Leitfäden für den Tourismus (Respact 2015; BMWFWJ 2012) ausgespart wird. Die Bereitstellung von sauberen und schönen Personalunterkünften ist in der Branche ein Hygienefaktor, der jedoch vielfach als ein Kriterium sozialer Verantwortung dargestellt wird. Die Option der Mitarbeiter hoteleigene *Angebote,* z. B. den Wellness-Bereich etc., zu nutzen wirkt mehrfach positiv, indem die Mitarbeiter die Angebote sowohl selbst kennen und den Gästen erklären können als auch die *Gesundheit* der Mitarbeiter unterstützt wird. *Kommunikation und Information* gibt den Mitarbeitern in hektischen und arbeitsintensiven Zeiten Orientierung und Entlastung. So wirken kurze, aber regelmäßige Teammeetings informativ und motivierend auf die Mitarbeiter, systematische Mitarbeitergespräche hilfreich auf Feedback und die Mitarbeiterentwicklung sowie innerbetriebliche Vorschlagssysteme fördernd auf die Unternehmensentwicklung. Gute Gespräche zum Erfahrungsaustausch und der Reflexion ermöglichen individuelle Wertschätzung und die Entwicklung aller.

4.4 Förderung und Entwicklung des aktuellen und zukünftigen Personalbestandes

Als sozial-nachhaltige Aktivitäten sind insbesondere jene Investitionen in die Bildung und Förderung zu betrachten, die zur mittelfristigen Unternehmenssicherung beitragen. Für eine nachhaltige Wirksamkeit von Förder- und Entwicklungsprogrammen müssen daher Zielgruppen, erforderliche Lerninhalte und Verhaltensweisen definiert werden. Das bedingt eine echte Auseinandersetzung mit den erforderlichen Kompetenzen zur Wettbewerbsdifferenzierung.

Eine wertschätzende *Lehrlingsausbildung* ist in Zeiten rückläufiger Lehrlingsabschlüsse eine überlebenswichtige Voraussetzung zur langfristigen Nachwuchssicherung. So können Hotels vertrauensbildende Maßnahmen in die Übernahme und weitere Ausbildungen von Lehrlingen anbieten, um damit die Übernahmequote zu steigern (Lindner 2014). Die Bereitstellung von *Weiterbildungen* benötigt eine konkrete Bestandsaufnahme erforderlicher Qualifikationen, um daraufhin passgenaue Entwicklungsmaßnahmen festzulegen. Die Konzeptionierung von Maßnahmen zur *individuellen Karriereplanung* ist in eigentümergeführten Hotels eine besondere Herausforderung, da dies möglicherweise ein Verlassen des Mitarbeiters mit sich bringen kann. Dennoch haben Menschen den Wunsch sich weiterzuentwickeln, sodass sich Unternehmen Konzepte überlegen müssen, wie dies im eigenen Hause umgesetzt werden kann. Insbesondere eigentümergeführte Betriebe der Hotellerie, die nur über wenige Mitarbeiter und geringe Möglichkeiten der Personalentwicklung verfügen (Henschel et al. 2013), vernachlässigen diesen Aspekt allzu oft. Die Gefahr besteht insofern, dass qualifizierte Führungskräfte das Unternehmen verlassen, da ihnen kaum Aufstiegsmöglichkeiten geboten werden (Mühlebach 2004). Gut ausgebildete Arbeitnehmer sind durchaus anspruchsvoll und erwarten sich Möglichkeiten zur Weiterbildung und Karriereentwicklung sowie Partizipation (Fuchs et al. 2005). Dies führt zur *Förderung von Initiative und Eigenverantwortung*, welche durchaus als eine Möglichkeit der Entwicklung gesehen werden kann. Die Erweiterung des Handlungs- und Gestaltungsspielraums fördert unternehmerisches Denken der Mitarbeiter bei einer gleichzeitigen Entlastung des Eigentümers. Mitarbeiter wollen nicht nur einen „Job" erledigen, sondern Teil eines Hotelbetriebs sein, auf den sie stolz sein können. Die Betriebsleitung muss daher nicht nur mit transparent gelebten Werten führen, sondern den Mitarbeitern auch Handlungs- und Entscheidungsspielräume entsprechend ihrer Kompetenz und Erfahrung geben. Dies kann soweit führen, dass sich einzelne Mitarbeiter für den eigenen Aufgabenbereich unternehmerisch verantwortlich fühlen (Mühlebach 2004; Frank et al. 2011). Darüber hinaus kann die Förderung ehrenamtlicher Tätigkeiten der Mitarbeiter einen wertvollen Beitrag für die Integration der Person sowie des Unternehmens in der Region leisten.

Es ist kaum möglich und auch nur bedingt sinnvoll, allen vorgestellten CSR-Handlungsfeldern als eigentümergeführtes Hotel gerecht zu werden. Es geht vielmehr darum, auf Basis der eigenen Werte und Überzeugungen jene CSR-Maßnahmen bewusster zu machen, herauszufiltern oder zu forcieren, die der strategischen Vision entsprechen und die eigene Kultur unterstreichen. Der konsequente Weg ist das Ziel, um die Maßnahmen unter einer strategischen Perspektive Stück für Stück umzusetzen. Für eigentümergeführte Unternehmen sind CSR-Aktivitäten Teil der tief verankerten Strategie- und Kulturarbeit, die individuell vorangetrieben wird. Dass dieser Prozess den Verantwortlichen Energie und Zeit abverlangt, steht außer Frage. Durch Zusammenarbeit und Austausch mit dem Umfeld und insbesondere anderen Hotels mit ähnlichen Wertvorstellungen bestehen vielfache Synergieeffekte, die anregend und reflektierend unterstützen können, mehr Ideen entstehen lassen und eine höhere Wirksamkeit auf dem Markt mit sich bringen. Nachfolgend soll beispielhaft die Wirkung einer österreichischen Hotelkooperation auf die sozialverantwortungsvollen Mitarbeiteraktivitäten eines eigentümergeführten Hotels dargelegt werden.

5 Sozial-nachhaltige Maßnahmen am Beispiel eines eigentümergeführten Hotels und einer Hotelkooperation

Die *Best Alpine Wellness Hotels (BAWH)* ist eine Hotelkooperation aus über 22 exklusiven familiengeführten Wellnesshotels in Österreich und Südtirol. Die Kooperation hat sich seit 1992 etabliert und verspricht den Gästen geprüfte Qualität für Wellness-Glücksmomente. Für die Auswahl potenzieller familien- oder direktionsgeführter Kooperationspartner im gehobenen 4-Sterne Superior und 5-Sterne Bereich gibt es konkrete Anforderungen in Hinblick auf den Wellness-, Beauty- und Fitnessbereich, der Qualitätssicherung, den wirtschaftlichen Verpflichtungen, der Angebotsentwicklung, dem Marketing und auch den Mitarbeitern (BAWH 2015b). Die Kooperation unterstützt die 22 Partnerhotels mit vielfältigen Leistungen der Unternehmensführung und -entwicklung. Ein Mitgliedsbetrieb ist das 4-Sterne Superior *Hotel Hochschober* auf der Turracher Höhe in Kärnten, das mittlerweile von der dritten Generation geführt wird. Mit 200 Betten und rund 120 Mitarbeiter zählt das Hotel Hochschober zu einem regionalen Leitbetrieb. Seit seiner Gründung 1929 lebt die Unternehmerfamilie einen zentralen Leitgedanken, das sogenannte „Goldene Beziehungsdreieck" (Grumbach-Palme et al. 2010), welches die gleiche Wichtigkeit von Gast, Mitarbeiter und Unternehmerfamilie für ein energievolles und dynamisches Miteinander betont. Vorbild sein und die eigenen Werte zu leben sind seit jeher Kennzeichen der besonderen Führungskultur des Hotels Hochschober. Seit 2014 ist das Hotel Hochschober ein Mitglied der BAWH-Kooperation.[1]

Für Karin Leeb bedeutet soziale Verantwortung „über das normale Maß hinaus auf die Mitarbeiter gut zu schauen". Die Mitarbeiter erhalten in großzügigem Ausmaß freiwillige Leistungen, z. B. Essen und Unterkunft, Freizeitangebote, z. B. günstige Urlaube

---

[1] Die Autoren haben mit Frau Karin Leeb, Eigentümerin des Hotels Hochschober, und Frau Mag. Christiane Troicher, HR-Verantwortliche der BAWH-Kooperation, am 10. September 2015 ein Interview im Hotel Hochschober (A-Kärnten) geführt. Die zentralen Inhalte bezogen sich auf die CSR-Maßnahmen seitens des Hotels Hochschober sowie der Kooperation und werden in den folgenden Absätzen dargelegt.

in Partnerhotels, Aus- und Weiterbildung als auch das persönliche Einbringen in soziale Projekte mit kooperierenden Unternehmen. Christiane Troicher sieht den sozialen Aspekt tief und nachhaltig im Personalmanagement eines Unternehmens verankert. Soziale Verantwortung stoppt auch nicht an den Unternehmens- bzw. Kooperationsgrenzen, sondern wird durch den Austausch mit anderen Institutionen nach außen getragen. Gerade die Betrachtung aus dem Blickwinkel sozialer Verantwortung erfordert es, eine Vorreiterrolle einzunehmen und damit branchenwirksam Veränderungen zu initiieren. Dazu zählen die Verbesserung des Branchenimages, der Ausbildungs- und Karrieremöglichkeiten, des Wissenstransfers zwischen den Generationen und Unternehmen. Dadurch soll dem Fachkräftemangel entgegengewirkt sowie die Qualität gesichert werden. Diese stark nachhaltigen Aktivitäten wirken dabei nach außen und nach innen. Sowohl für das Hotel Hochschober als auch die Kooperation BAWH basieren sozial-verantwortliche Handlungen auf einem klaren Wertefundament. Das Hotel Hochschober hatte bis vor kurzem kein verschriftetes Leitbild. Die Kooperation nutzt jedoch die schriftlich ausformulierten Werte (z. B. „Charme", „Tradition", „Füreinander", „Begeisterung", „Entfaltung" u. a.), um diese besser nach außen zu Gästen und (potenziellen) Mitarbeitern zu kommunizieren. Aus diesem Grund hat sich auch das Hotel Hochschober zu einer Verschriftlichung entschieden. Frau Karin Leeb ist nach wie vor überzeugt, dass Werte zunächst intern gelebt und von allen Mitarbeitern empfunden werden müssen, bevor man nach außen gehen kann.

Das Selbstverständnis eigentümergeführter Unternehmen ist „per se" auf einen nachhaltigen Bestand in all seinen Facetten – ökonomisch, ökologisch und sozial – angelegt, da dies wesentlich zur Unternehmenssicherung beiträgt. Der stets ressourcenschonende Umgang ist damit unmittelbar mit sozial-nachhaltiger Verantwortung verknüpft. Lediglich die Interpretation und Auslegung variiert zwischen den Hotels der Kooperation. Die BAWH führt einen Kriterienkatalog anhand dessen Kooperationspartner ausgewählt werden, der soziale Verantwortung explizit einfordert, jedoch inhaltlich nicht vorschreibt. Im Hotel Hochschober geht es beispielsweise um Transparenz von Entscheidungen und Ergebnissen, Sinnvermittlung und Klarheit im Einsatz von Ressourcen, um Mitarbeiter zu binden. Diese sollen die Herausforderungen des Unternehmer-Seins nachvollziehen und in Entscheidungen miteinbezogen werden können. In einem weiteren Unternehmen der Kooperation steht das Thema Partizipation der Mitarbeiter stark im Fokus, in einem anderen die Regionalität von Lebensmitteln sowie die gelebte Nachbarschaft. Ein weiterer Kooperationspartner fokussiert auf die Gesundheit am Arbeitsplatz und ein anderer vertraut auf die Mitarbeiterentwicklung durch die Übergabe von ausgewählten Verantwortungsbereichen. Jeder dieser nachhaltig wirksamen CSR-Schwerpunkte hat sich individuell aus der Geschichte und den Werten der jeweiligen Hotels entwickelt.

Durch die Kooperation werden die Personalmaßnahmen verstärkt abgestimmt und die sozial-nachhaltigen Aktivitäten verankert. Die Kooperation arbeitet bei den HR-Tools vor, die Hotels profitieren davon und werden bei der Implementierung unterstützt. Ein zentraler Vorteil der Kooperation ist, dass verschiedene Größen von Hotels beteiligt sind und unter anderem auch über CSR-Aktivitäten Erfahrungen austauschen. Unter dem Motto

„Wenn Mitarbeiter zu Helden werden" (BAWH 2015a) verfolgt die Hotelkooperation eine nachhaltige Zielsetzung, untermauert durch ein ganzheitliches HR-Konzept. Dieses besteht aus den drei Säulen „Einsteigen", „Wohlfühlen" und „Entwickeln" und basiert auf einer gruppenübergreifenden HR-Strategie und Werten. Nachstehend werden Inhalte der Säulen erläutert und auszugsweise Erfahrungen dargelegt:

Der *„Best Alpine Wellness Start"* umfasst unter anderem konkrete Konzepte zu Lehre, Praktikum und einem Traineeprogramm, inkludiert ein Onboarding mit Buddy-Programm und gruppenweite HR-Standards. Frau Leeb betont, dass vor allem das Menschenbild der Abteilungsleiter, der die jungen Menschen prägt, bedeutsam ist. Beim Training der jungen Menschen wird mehr als fachliches Wissen weitergegeben: Die Kooperation unterstützt dieses durch Ausbildungsmodule, wie z. B. der Entwicklung von Team- und Konfliktfähigkeit als auch der Persönlichkeitsentwicklung. Andererseits spricht die Kooperation ganz gezielt junge Talente an, was sich in zielgruppenadäquaten Stellenausschreibungen und standardisierten Bewerbungsprozessen widerspiegelt. Gruppenweite Standards für den Einführungsprozess und das Buddy-Programm zur besseren Einarbeitung sowie zum Erlernen von Werten und Verhaltensregeln werden als sozial-nachhaltige HR-Aktivitäten verstanden.

„Best Alpine Wellness Benefits" sind Wohlfühlfaktoren wie die „beste" Verpflegung und Unterkunft, günstige Urlaubsangebote in der Kooperation, ein hotel-übergreifendes Netzwerk sowie umfangreiche Freizeitangebote. Verschiedene wählbare Arbeitszeitmodelle, frühzeitige Dienstpläne und familiengerechte Urlaubsplanung sind sozial-nachhaltige Konzepte. Die Erkenntnis langjähriger Erfahrungen bestätigt die Wichtigkeit eines breiten Angebots an Benefits, aber auch die Verknüpfung mit einem definierten Leistungsprinzip und transparenten Bedingungen. Ein Gießkannenprinzip für alle verliert den Anreiz und letztendlich auch seine Wirkung. Das Denkmuster „wer für Geld kommt, der geht auch für Geld" zeigt die Einstellung der Unternehmerfamilie Leeb in Hinblick auf Gehaltsforderungen, denen keine Leistungsorientierung zugrunde liegt. Im operativen Personaleinsatz fordert Christiane Troicher die Potenziale und Talente der Mitarbeiter stärker im Sinne einer sozialen Nachhaltigkeit einzusetzen. Dieser Job-Fit-Überlegung liegt zugrunde, dass Menschen sich nur dann bestmöglich einbringen, wenn sie für den jeweiligen Job echte Neigungen mitbringen.

Die *„Best Alpine Wellness Karriere"* bietet Optionen wie Bildungsprogramme und geförderte Aus- und Weiterbildung sowie Karrierewege auch über Unternehmensgrenzen hinweg, kooperationsübergreifenden Wissens- und auch Personalaustausch. Eine Mitarbeiterzeitung, regelmäßige Feedbackgespräche sowie Mitarbeiterbefragungen sind Teil eines Entwicklungspfades. Besonders die Mitarbeiterzufriedenheitsbefragung, welche das Hotel Hochschober erstmalig im Jahr 2014 durchführte, stellt für die Unternehmerin Karin Leeb eine revolutionäre und ergänzende Perspektive zur externen Unternehmensbeurteilung dar. Bislang werden Hotels über Online-Portale durch die Gäste beurteilt, über Kennzahlen durch die Bank eingestuft und die Mitarbeitersituation maximal über Personalkennzahlen, wie z. B. der Fluktuation, beurteilt. Im Rahmen des „Goldenen Dreiecks" ist jedoch auch explizit die Mitarbeiterzufriedenheit zu eruieren und es gilt, jene Facetten herauszuarbeiten, an denen weiter gearbeitet werden muss. Dass die Wertehaltung einer solchen Befragung als noch nicht selbstverständlich gesehen wird, bedeutet für Frau Karin Leeb noch einiges an Arbeit. Denn ebenso wie regelmäßige Mitarbeitergespräche sind auch Mitarbeiterzufriedenheitsbefragungen in der Branche noch wenig eingesetzte Konzepte einer nachhaltigen Personalarbeit. Ein weiteres Beispiel für die intensive Kommunikation und Auseinandersetzung mit den Mitarbeitern im Hotel Hochschober zeigt sich darin, dass die Mitarbeiter über die finanzielle Mittelverwendung, z. B. Ausschüttungen, Geschäftsführergehalt etc., informiert und aufgeklärt werden. Mitarbeiter verstehen dabei, dass in die Substanz und den Erhalt des Familienunternehmens investiert wird, was letztendlich auch für Mitarbeiter relevant ist, die längerfristig bei einem Betrieb bleiben wollen. Das Bildungsprogramm der Kooperation (BAWH 2015c) bietet umfangreiche Weiterbildungen für die Eigentümer der Kooperationspartner und für leitende Mitarbeiter und Mitarbeiter aus unterschiedlichen Bereichen an. Einzigartig ist der Zertifikatslehrgang für Kinderbetreuer. Diese umfangreichen Bildungsangebote über die Hotels hinweg unterstützen Kommunikation, Karrierewege und Lernen.

Wichtige Erfolgsfaktoren für die Umsetzung sozial-nachhaltiger Maßnahmen sind aus Sicht von Karin Leeb und Christiane Troicher die Einbeziehung der Mitarbeiter, die Zeitintensität bei der Umsetzung, das „Commitment" der Eigentümerfamilie und deren Menschenbild, eine professionelle Personalführung als Managementaufgabe, die Definition und Verschriftung klarer Prozesse und Standards sowie die interne Kommunikation, um dem Thema Platz und Raum zu geben. Kritisch merkt Frau Christiane Troicher an, dass es für viele Hotelbetriebe noch immer einfacher ist, Verantwortung und Nachhaltigkeit anhand ökologischer und ökonomischer Maßnahmen anstatt mit tiefgreifenden, sozialen Handlungsschritten anzugehen. Erstere helfen oftmals viel Geld zu sparen und können gut nach außen dargestellt werden, während soziale Maßnahmen viel Zeit und Energie kosten. Die Implementierung der einzelnen Maßnahmen müsse kontinuierlich kommuniziert werden, denn gerade die Kommunikation nach innen erfordert nach Karin Leeb ein konsequentes Dranbleiben, um dem jeweiligen Thema trotz der vielen operativen Tagesordnungspunkte genügend Raum zu geben.

6 Fazit

Die Umsetzung umfassender CSR-Konzepte steht in vielen KMU-Hotels noch am Anfang. Die Einführung konzentriert sich dabei auf ökologische Maßnahmen, die neben einer positiven Außenwirkung zu Einsparungen bei Energiekosten führen können. Die Rahmenbedingungen der Branche stellen, wie gezeigt werden konnte, besonders in sozialverantwortlicher Hinsicht eine große Herausforderung dar. Eigentümergeführte Hotels haben aufgrund ihrer oft mangelnden professionellen Strukturen vermeintlich einen Nachteil gegenüber der Kettenhotellerie. Gleichzeitig bietet das gewachsene persönliche Umfeld sowie die Einbindung in die Region für diese Betriebe in sozial-nachhaltiger Weise viele Möglichkeiten, Mitarbeiter zu gewinnen, zu halten und zu fördern. Renommierte Familienbetriebe, wie das Beispiel Hotel Hochschober zeigt, haben diese Stärken schon länger erkannt und arbeiten aktiv daran. Sie werden dabei von der Hotelkooperation unterstützt, die professionelle Konzepte erarbeitet und bereitstellt. Andere KMU-Hotels können von diesen Maßnahmen lernen, die sich in die Bereitstellung und Bindung, die Erhaltung sowie die Förderung des Personalbestandes einteilen lassen. Alle Maßnahmen fußen dabei auf einem Fundament aus Werten und Visionen, die der Umsetzung erst ihre Glaubwürdigkeit und Nachhaltigkeit verleihen.

Ein nachhaltiges Personalmanagement lässt sich nicht per Weisung oder durch einen groß angelegten Veränderungsprozess implementieren. Seine Umsetzung erfordert häufig einen Kulturwandel und ein neues Rollenverständnis der personalwirtschaftlichen Entscheidungsträger. Die partnerschaftliche Zusammenarbeit mit engagierten Mitarbeitenden und Vorgesetzten sollte den HRM-Verantwortlichen als immaterieller Anreiz dienen, diesen langfristigen Entwicklungsprozess konsequent zu beschreiten (Zaugg 2009, S. 461).

Literatur

Baumgartner B (2009) Familienunternehmen und Zukunftsgestaltung: Schlüsselfaktoren zur erfolgreichen Unternehmensnachfolge. Gabler Verlag, Wiesbaden

BAWH (2015a) HRM in der Alpinen Wellness Hotellerie. Best Wellness Alpine Hotels Austria. Interne Unterlagen der BAWH. Innsbruck, Stand: August 2015

BAWH (2015b) Kriterienkatalog. Best Wellness Alpine Hotels Austria. Interne Unterlagen der BAWH. Innsbruck, Stand: August 2015

BAWH (2015c) Bildungsprogramm. Best Wellness Alpine Hotels Austria. Interne Unterlagen der BAWH. Innsbruck, Stand August 2015

Berg W (2010) Einführung Tourismus. Überblick und Management. In: Schulz A et al (Hrsg) Grundlagen des Tourismus. Oldenbourg, München, S 1–137

BMWFJ – Bundesministerium für Wirtschaft, Familie und Jugend (2012) Erfolgreich mit Corporate Social Responsibility. Ein Leitfaden für den Tourismus. www.bmwfj.gv.at/tourismus. Zugegriffen: 7. Sep. 2015

Ehnert I (2008) Strategien und Praktiken eines nachhaltigen Human-Resource-Managements. Umw Wirtschaftsforum 16:187–192

European Commission (2009) Overview of family-business relevant issues: research, networks, policy measures and existing studies. http://ec.europa.eu/DocsRoom/documents/10388/attachments/1/translations/en/renditions/native. Zugegriffen: 1. Okt. 2015

Farooq M, Farooq O, Jasimuddin SM (2014) Employees response to corporate social responsibility: Exploring the role of employees' collectivist orientation. Eur Manag J 32:916–927

Font X, Walmsley A (2012) Corporate social reporting and practices of international hotel groups. In: Conrady R, Buck M (Hrsg) Trends and issues in global, Bd. 2012. Springer Verlag, Berlin Heidelberg, S 223–233

Frank H, Korunka C, Lueger M (2011) Erfolgsfaktoren österreichischer Familienunternehmen: das Zusammenspiel von Familie und Unternehmen in Entscheidungsprozessen; eine Studie des Forschungsinstituts für Familienunternehmen an der Wirtschaftsuniversität Wien; Endbericht, 31. Mai 2011. Bundesministerium für Wirtschaft, Familie und Jugend, Wien

Fuchs, M, Kühne, S, Rieder B (2005) Wettbewerbsfähigkeit durch strategisches Human-Ressource-Management. Eine Kausalanalyse der Tiroler Hotelleriebranche. Unveröffentlichtes Manuskript

Gardini MA (2014) Personalmanagement im Tourismus zwischen theoretischen Anforderungen und betrieblicher Realität: eine kritische Bestandsaufnahme. Z Tourismuswissenchaft 6(1):57–73

Gardini MA (2015) Marketing-Management in der Hotellerie, 3. Aufl. DeGruyter, Berlin München Boston

Grumbach-Palme C, Leeb K, Zirkler I (2010) Internal & Employer Branding im Tourismus – Hotel Hochschober und das „Goldene Beziehungsdreieck". In: Krobath K, Schmidt HJ (Hrsg) Innen beginnen. Von der internen Kommunikation zum Internal Branding. Gabler Verlag, Wiesbaden, S 175–187

Hadwich K, Keller C (2015) Interne Servicequalität in Unternehmen: Eine empirische Untersuchung der Einflussfaktoren und Auswirkungen. Z Betriebswirtschaftliche Forsch 67:170–205

Hamel W (2013) Personalwirtschaft. In: Betriebswirtschaftslehre der Mittel- und Kleinbetriebe. Größen-spezifische Probleme und Möglichkeiten zu ihrer Lösung, 5. Aufl. Erich Schmidt Verlag, Berlin, S 245–274

Henschel UK, Gruner A, von Freyberg B (2013) Hotelmanagement, 4. Aufl. Oldenbourg Verlag, München

Heskett JJ, Jones TO, Loveman GW, Sasser W, Schlesinger LA (1994) Dienstleister müssen die ganze Service-Gewinn-Kette nutzen. Harv Bus Manag 16(4):50–61

Heskett JJ, Sasser WE Jr, Schlesinger LA (1997) The service profit chain. how leading companies link profit and growth to loyalty, satisfaction and value. The Free Press, New York

Hoeppe J (2014) Entscheidungs- und Legitimationsmuster im Nachhaltigen Personalmanagement. Orientierungs- und Handlungsrahmen für die Personalarbeit. Rainer Hamp Verlag, München

Kauffeld S, Martens A (2011) Arbeitsanalyse und -gestaltung. In: Kauffeld S (Hrsg) Arbeits-, Organisations- und Personalpsychologie. Springer Verlag, Heidelberg, S 196–222

Kern J (2013) Corporate Social Responsibility meets Human Resource Management. Lebensphasenorientiertes HRM – Ein Konzept zur Umsetzung der CSR-Komponenten in der Personalarbeit. Verlag Wissenschaft & Praxis, Sternenfels

Kramar R (2014) Beyond strategic human resource management: is sustainable human resource management the next approach? Int J Hum Resour Manag 25(8):1069–1089

Levy SE, Park S-Y (2011) An analysis of CSR activities in the lodging industry. J Hosp Tour Manag 18:147–145

Lindner (2014) Lindner Hotels gewinnen den Hospitaliy Award 2014. https://www.lindner.de/presse-medien/medienmitteilungen/2014/lindner-hotels-gewinnen-den-hospitality-hr-award.html. Zugegriffen: 31. Okt. 2014

Loew T, Braun S (2006) Organisatorische Umsetzung von CSR: Vom Umweltmanagement zur Sustainable Corporate Governance. Berlin. http://www.4sustainability.de/fileadmin/redakteur/bilder/Publikationen/Loew_Braun_2006_Organisatorische_Umsetzung_von_CSR.pdf. Zugegriffen: 22. Apr. 2015

Loew T, Rohde F (2013) CSR und Nachhaltigkeitsmanagement. Definitionen, Ansätze und organisatorische Umsetzung in Unternehmen. Berlin. www.instituteforsustainability.de. Zugegriffen: 22. Apr. 2015

Lund-Durlacher D (2012) CSR und nachhaltiger Tourismus. In: Schneider A, Schmidpeter R (Hrsg) Corporate Social Responsibility. Springer Verlag, Berlin Heidelberg, S 559–570

Martínez P, Pérez A, Rodríguez del Bosque I (2014) Exploring the role of CSR in the organizational identity of hospitality companies: A case from the Spanish tourism industry. J Bus Ethics 124:47–66

Michelli JA (2008) The new gold standard: 5 leadership principles for creating a legendary customer experience courtesy of the Ritz-Carlton Hotel Company. McGraw-Hill, New York u. a.

Mühlebach C (2004) Familyness als Wettbewerbsvorteil: Ein integrierter Strategieansatz für Familienunternehmen. Haupt Verlag, Bern

Nerdinger FW (2011) Psychologie der Dienstleistung. Hogrefe Verlag, Göttingen

Preiss J (2015) Arbeitsmarktpolitik. In Raus aus der Komfortzone! Zukunft gestalten! Vortrag gehalten am ÖHV-Hotelierkongress 2015, Kitzbühel, Österreich

Respact (2015) Unternehmen mit Verantwortung. CSR-Leitfaden. Hotel- und Gastgewerbe. Respact, Wien

Schein EH (1984) Coming to a new Awarness of organizational culture. Sloan Manage Rev 25(2):3–16

Schwab O (2008) Die Bedeutung der sozialen Verantwortung für die Arbeitgeberattraktivität. Umw Wirtschaftsforum 16:199–204

Stock-Homburg R (2010) Personalmanagement. Theorien – Konzepte – Instrumente, 2. Aufl. Gabler Verlag, Wiesbaden

Stuber M (2003) Mit Diversity fit für die Zukunft. Personalmanager 1(5):12–18

Weiermair K (2008) Neue Rahmenbedingungen der Individualhotellerie und Gastronomie des 21. Jahrhunderts. In: Weiermair K, Peters M, Pechlaner H, Kaiser M-O (Hrsg) Unternehmertum im Tourismus. Führen mit Erneuerungen. Erich Schmidt Verlag, Berlin, S 15–24

Zaugg RJ (2009) Nachhaltiges Personalmanagement. Eine neue Perspektive und empirische Exploration des Human Resource Management. Gabler Verlag, Wiesbaden

FH-Prof. Dr. Ursula Liebhart ist Professorin für Personal und Organisation und Studiengangleiterin an der Fachhochschule Kärnten, Studienbereich Wirtschaft und Management. Zuvor war sie 18 Jahre am Institut für Unternehmensführung an der Alpen-Adria-Universität Klagenfurt in Forschung und Lehre tätig. Die Lehr- und Forschungsschwerpunkte liegen im Bereich des Human Resource Management mit dem langjährigem Schwerpunkt der Personalentwicklung und der Evaluation von Entwicklungsprogrammen und organisationalen Veränderungsinitiativen. Der gegenwärtige Fokus liegt auf dem Management von Diversity, Mentoring als Lern- und Entwicklungsbeziehung und der Wirkung kollektiver Energie in sozialen Systemen. Sie ist Trainerin in Lehrgängen an Universitäten und Bildungsinstitutionen und verfasste zahlreiche Publikationen wie das zuletzt erschienene Buch „Professionelles Mentoring in der betrieblichen Praxis". Die langjährigen Erfahrungen aus Forschungs- und Evaluationsprojekten zu den Themen einer nachhaltigen Entwicklung von Menschen und Organisationen gaben Anlass zur Mitwirkung an diesem Buch.

FH-Prof. Dipl.-Betrw. (FH) Stefan Nungesser hat die Professur und Programmleitung für Hotelmanagement an der Fachhochschule Kärnten inne. Zuvor war er Senior Berater bei der TREUGAST Solutions Group in München. Neben der Beratung von KMU Hotels erstellte er Gutachten für Hotelprojekte im In- und Ausland. Als Leiter des TREUGAST International Institute gab er zahlreiche Branchenwerke mit heraus. Er war Lehrbeauftragter an der Hochschule München und Dozent an der Europa Akademie München. Als wissenschaftlicher Mitarbeiter an der Hochschule München forschte er in einem EU-Projekt zum Thema „Alpen als nachhaltige Gesundheits- und Wellnessdestination". Die Ausbildung zum Restaurantfachmann mit Zusatzqualifikation Küchen- und Servicemanagement im Schwarzwald sowie das anschließende Tourismusmanagement-Studium in München bildeten die Grundlage für seine heutige Tätigkeit. Seine fachlichen Schwerpunkte liegen im Dienstleistungsmanagement und -marketing sowie im nachhaltigen Hotelmanagement (strategisch und operativ).

CSR, Tourismus und Gesundheit
Neue Märkte, neue Verantwortung

Kerstin Heuwinkel

1 Einleitung

Gemäß der Definition der Europäischen Kommission (zur Definition von CSR und zur ergänzenden Mitteilung der Europäischen Kommission von 2011 vgl. Schneider 2012, S. 21) ist soziale Verantwortung von Unternehmen (Corporate Social Responsibility) zu verstehen „als ein Konzept, das den Unternehmen als Grundlage dient, auf freiwilliger Basis soziale Belange und Umweltbelange in ihre Unternehmenstätigkeit und in die Wechselbeziehungen mit den Stakeholdern zu integrieren" (Europäische Kommission 2001, S. 7). Corporate Social Responsibility verbindet demnach ökologische und soziale Aspekte mit ökonomischen und schafft die Grundlage für eine nachhaltige Entwicklung. Im Gegensatz zum Shareholder-Value-Ansatz erfolgt eine Orientierung an sämtlichen Anspruchsgruppen und nicht nur an den Anteilseignern.

Der UNWTO Ethikkodex wurde 2012 vom DRV stellvertretend für die deutsche Touristikbranche unterzeichnet und formuliert 10 Grundsätze für Tourismusanbieter gegenüber den eigenen Mitarbeitenden, den Menschen in Gastländer sowie gegenüber dem Natur- und Kulturerbe (DRV 2015). Neben dem UNWTO Ethikkodex gibt es andere Kodizes und Standards mit CSR-Bezug, die speziell für den Tourismus bzw. von Tourismusunternehmen entwickelt wurden. Dazu zählen der Verhaltenskodex ECPAT, die Global Sustainable Tourism Criteria (GSTC), die Tour Operators Initiative (TOI) for Sustainable Tourism Development. Hinzu kommen Organisationen und Initiativen wie Futouris, Forum anders reisen e. V., DRV Green Counter und Travelife. Zertifizierungen und Preise, z. B. TourCert, EcoTrophea, Blaue Schwalbe und Green Key runden die Maßnahmen ab.

K. Heuwinkel (✉)
Fakultät für Wirtschaftswissenschaften, Hochschule für Technik und Wirtschaft des Saarlandes
Waldhausweg 14, 66123 Saarbrücken, Deutschland
E-Mail: kerstin.heuwinkel@htwsaar.de

Eine Analyse der genannten Maßnahmen im Tourismus zeigt, dass der Großteil auf ökologische Aspekte fokussiert (Coles et al. 2013). Schlagworte sind dabei vor allem die Ressourcenschonung und die Klimaanpassung. In den letzten Jahren kommen zunehmend sozio-kulturelle Maßnahmen zur Verbesserung der Lebensverhältnisse von Menschen in den Gastländern, insbesondere der Schutz von Kindern, hinzu.[1]

In dem hier vorliegenden Beitrag wird die unternehmerische Verantwortung touristischer Dienstleister gegenüber der Gesundheit ihrer Anspruchsgruppen als ein sozialer Aspekt von CSR betrachtet. Diese Verantwortung besteht:

- gegenüber den Kunden, speziell bei gesundheitstouristischen Dienstleistern und
- gegenüber der Belegschaft vor allem im Rahmen des Betrieblichen Gesundheitsmanagements (BGM).

Der Aufbau des Beitrags ist wie folgt. Im ersten Abschnitt wird dargestellt, welche CSR-relevanten Aspekte im Gesundheitstourismus zu berücksichtigen sind. Dem folgt eine Betrachtung der unternehmerischen Verantwortung hinsichtlich der Gesundheit der Mitarbeitenden im Rahmen des Betrieblichen Gesundheitsmanagements. Der Beitrag schließt mit einem Ausblick.

2 CSR bei gesundheitstouristischen Dienstleistern

Noch immer ist nicht geklärt, was der Begriff Gesundheitstourismus genau umfasst, da dieser im Deutschen anders als im Englischen nicht einheitlich verwendet wird. Einerseits dient Gesundheitstourismus als Obergriff für alle Reisen mit Bezug zur Gesundheit und andererseits zur Kennzeichnung eines von drei Teilbereichen. Die beiden anderen Teilbereiche sind der *Medizintourismus* und die *Medizinische Reise* (Heuwinkel 2015; siehe Abb. 1).

Aus Sicht von touristischen Leistungserbringern ist diese Unterteilung relevant, da sich die Bereiche hinsichtlich der primären Motivation für die Reise und hinsichtlich des Anteils touristischer Elemente am Gesamtpaket unterscheiden.

In diesem Beitrag wird Gesundheitstourismus als Oberbegriff für alle Reisen, die gesundheitlich motiviert sind, verwendet. Von Medizintourismus wird gesprochen, wenn Menschen primär ins Ausland reisen, um sich dort medizinisch behandeln zu lassen und zusätzlich touristische Dienstleistungen über den Transport hinaus nutzen. Eine Beschränkung auf letzteres ist eine medizinische Reise.

Gesundheitstouristische Dienstleister sind demzufolge sowohl Kliniken, die ausländische Patienten behandeln, als auch Reisveranstalter, die All-inclusive-Lasik anbieten und Wellness-Hotels. Trotz der weiten Spanne an Leistungen ist den Anbietern gemein, dass sie mit der Gesundheit ihrer Kunden ein Geschäft machen. Daraus resultiert eine Verantwortung, die sich von der grundlegenden Verantwortung gegenüber „normalen"

---

[1] Vgl. exemplarisch die Aktivitäten der Grootbos Foundation.

CSR, Tourismus und Gesundheit Neue Märkte, neue Verantwortung

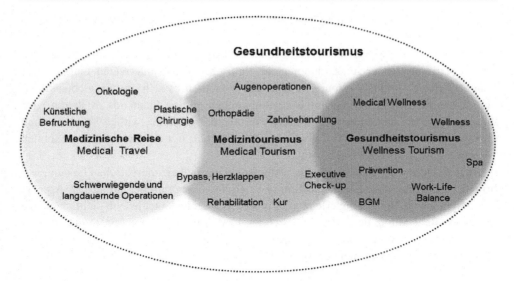

Abb. 1 Gesundheitstourismus-Begriffe. (Quelle: eigener Entwurf 2014)

Reisenden unterscheidet. Gesundheit ist ein hohes Gut und Unternehmen, die gesundheitsbezogene Dienstleistungen anbieten, haben eine moralische Verpflichtung, die über die gesetzlichen Regularien (vgl. Reisewitz 2015)[2] hinausgeht.

In den letzten Jahren gibt es immer mehr wissenschaftliche Publikationen zu ethischen Fragestellungen des Gesundheitstourismus allgemein und des Medizintourismus im Speziellen (vgl. exemplarisch Johnston et al. 2010; Pennings 2007; Turner 2007). Cassens (2013) diskutiert unterschiedliche Bereichsethiken und weist auf Fragestellungen hin, die für den sich etablierenden „Neuen Gesundheitstourismus" relevant sind. Cohen (2010) betont die grundsätzliche Verantwortung des Staates für die Gesundheit der Bürger.[3] Fehlende Versicherungen und Kostenersparnisse sind oft wesentliche Argumente für eine Behandlung im Ausland. Versicherungen und Unternehmen motivieren ihre Versicherten und Angestellten, diese Vorteile zu nutzen (Adams et al. 2013). Die Kosteneinsparungen sind möglich, weil ökologische, ökonomische und soziale Rahmenbedingungen (vgl. die nachfolgenden Abschnitte) in den Gastländern nicht den Standards der Heimatländer entsprechen und Gesundheitsdienstleistungen in gleicher Qualität preiswerter angeboten werden können. Somit nutzt der Gesundheitstourismus die „schlechteren" Bedingungen in diesen Ländern. Damit stellt sich die Frage nach der grundsätzlichen ethischen Vertretbarkeit. Ein zweiter kritischer Aspekt auf den Cohen (2010) aufmerksam macht, ist der

---

[2] Zahlreiche rechtliche Fragestellungen sind im Medizintourismus nicht geklärt.
[3] Cohen (2010) bezieht sich in seinen Ausführungen auf die USA, in denen die Verantwortung für die Gesundheit viel stärker beim Einzelnen liegt als in Deutschland. Aufgrund der steigenden Privatisierung von Gesundheitsdienstleistungen in Deutschland können die Aussagen übernommen werden.

fehlende Schutz der Patienten bei medizinischen Kunstfehlern, wenn die Behandlung im Ausland erfolgt.

Die genannten Aspekte sind grundlegende ethische Fragestellungen, mit denen sich Gesundheitsdienstleister im Zusammenhang mit CSR auseinandersetzen müssen. Der Graubereich im Gesundheitstourismus ist sehr groß, weil es sich um ein globales Phänomen handelt und deswegen nur wenige allgemein gültige Standards existieren bzw. diese weniger streng sind als es wünschenswert wäre. Nur die freiwillige Verantwortung im Sinne des CSR kann ein Mittel sein, um das Geschäft mit der Gesundheit tatsächlich verantwortungsvoll zu gestalten.

Im Folgenden werden CSR-Handlungsfelder bei gesundheitstouristischen Leistungserbringern betrachtet. Diese lassen sich in ökologische, ökonomische und soziale Aspekte unterteilen. Diese Dreiteilung erleichtert die Analyse, sie bedeutet jedoch nicht, dass eine losgelöste Behandlung der Felder möglich ist. Corporate Social Responsibility ist vielmehr eine Unternehmensphilosophie, die verschiedene Belange in Interaktion mit den Stakeholdern als Partner integriert (Lund-Durlacher 2012, S. 560).

2.1 Ökologische Aspekte des Gesundheitstourismus

Jede Form des Tourismus hat eine ökologische Dimension, da durch die Reisetätigkeit die Umwelt belastet und natürliche Ressourcen genutzt werden. Der oft als Mega-Trend beschriebene Gesundheitstourismus erhöht das touristische Wachstum und zeichnet sich durch einen hohen Anteil an Flugreisen aus. Obwohl es sich, anders als in den Medien dargestellt, nicht immer um Fernreisen, sondern oft um Reisen in Nachbarländer handelt, ist das Flugzeug das wichtigste Verkehrsmittel. Somit erhöht der Gesundheitstourismus die Anzahl an Flugreisen, welche die Umwelt besonders stark belasten.

Im Gesundheitstourismus werden noch mehr als im Tourismus ohnehin üblich viele Ressourcen, insbesondere Wasser (Tourism Concern 2012), Strom und Wärme verbraucht. Das gilt vor allem für den Teilbereich Wellnesstourismus mit den Badelandschaften und Wasseranwendungen, den beheizbaren Spa- und Wellnessanlagen. In Ländern mit hohen Temperaturen werden zudem nicht nur die Zimmer, sondern auch Poolanlagen gekühlt. Hinzu kommt, dass das Gesundheitswesen ein Partner ist, der ebenfalls einen hohen Wärme-, Strom- und Wasserbedarf aufweist (EnergieAgentur NRW 2015). Beispielsweise wird für die Pflege der Grünanlagen rund um Kliniken in vielen Ländern – teilweise trotz Verbot – Wasser rund um das Jahr in großen Mengen genutzt.

Einige Anbieter im Wellnessbereich versuchen, Gegenmaßnahmen zu ergreifen, beispielsweise durch die Nutzung von erneuerbaren Energien, die Vermeidung von Müll und die Verwendung regionaler Produkte. Beispielprojekte sind GREEN SPA und Green Globe. Dies sind sicherlich erste Schritte, die jedoch noch keine weltweite Umsetzung finden.

Ein nächster ökologischer Aspekt des Gesundheitstourismus ist der Umgang mit Abfällen. In Einrichtungen des Gesundheitsdienstes fallen sehr verschiedene Arten von Müll, von der Tageszeitung über Medikamentenreste bis hin zu defekten Geräten, an. Pro Patient entstehen im Krankenhaus täglich sechs Kilogramm Müll (BGW 2012, S. 7). In Deutschland darf Klinikabfall nicht komplett als normaler Abfall entsorgt werden. Die Art der Entsorgung richtet sich nach dem jeweiligen Abfall und der Abfallsatzung des Landkreises oder der kreisfreien Stadt. Wesentlich ist, dass besondere Auflagen zu berücksichtigen sind. Spitze und scharfe Gegenstände müssen beispielsweise in besonderen Behältern entsorgt werden. Abfälle mit Infektionsgefahr werden gesondert transportiert und in speziellen Anlagen entsorgt. Gleiches gilt für gefährliche Chemikalien und Zytostatika. In vielen anderen Ländern sind die Standards für die Abfallentsorgung weniger streng und damit kostengünstiger.

Zusammenfassend führt der Gesundheitstourismus aufgrund der erhöhten Reisetätigkeit, des hohen Ressourcenverbrauchs und der Abfallverursachung zu hohen Belastungen der Umwelt. Corporate Social Responsibility bei Gesundheitstourismusdienstleistern bedeutet demzufolge ein Engagement, das über die Einhaltung von Regeln hinausgeht. Dieses gilt vor allem dann, wenn die Regeln im Gastland weniger streng als im Heimatland sind.

2.2 Ökonomische Aspekte des Gesundheitstourismus

Ein ökonomischer Aspekt des CSR im Gesundheitstourismus ist die Frage, wer von diesem profitiert. Neue Märkte sind immer mit der Hoffnung nach einer Verbesserung der wirtschaftlichen Situation verbunden. Infrastrukturen, Arbeitsplätze und verbesserte Lebensbedingungen können entstehen, wenn Unternehmen und Menschen in den Gastländern direkt an den Einnahmen beteiligt werden. Vor allem in den Schwellen- und Entwicklungsländern sowie in Ländern, die im Vergleich zu den Industrieländern weniger wohlhabend sind, werden viele Hoffnungen an den Gesundheitstourismus allgemein und den Medizintourismus im Speziellen geknüpft (Bookman und Bookman 2007). Letzteres gilt für Länder in Asien wie Indien, Thailand und Vietnam oder auch mittel- und südamerikanische Länder, z. B. Kuba, Mexiko und Chile.

Eine Bedingung für diese positiven Entwicklungen ist der Verbleib der Gelder in dem entsprechenden Land. Es zeigt sich jedoch, dass ausländische Unternehmen sowie private Investoren die ökonomischen Möglichkeiten des Medizintourismus nutzen und in Kliniken und andere Versorgungszentren, die auf die Behandlung internationaler Patienten spezialisiert sind, investieren. Die Einnahmen fließen demzufolge nicht komplett in das Land, sondern zurück zu den Investoren. Zahlreiche Kliniken in Asien wurden gemeinsam mit etablierten amerikanischen Einrichtungen aufgebaut. Im Jahr 2014 wurde in Dubai das Harvard Medical School Center for Global Health Delivery in Kooperation von Harvard Medical School mit der Dubai Healthcare City Authority gegründet. Die Cleveland Clinic besitzt ein Krankenhaus in Abu Dhabi. Das Hospital Punta Pacifica Hospital in Panama und das International Medical Centre in Singapore sind mit John Hopkins International verbunden.

Gegenüber den westlichen Patienten und Reisenden werden diese Kooperationen und wirtschaftlichen Konstellationen als Qualitätsmerkmal dargestellt (Heuwinkel 2011). Gleiches gilt für die Akkreditierung. Die bekannteste ist die JCI-Akkreditierung. Die US-amerikanische Joint Commission International (JCI) und ihre nationalen Filialen legen seit 1994 Standards zur Bewertung und Zertifizierung von Gesundheitseinrichtungen fest. Dabei werden die gesamte Einrichtung und alle Prozesse – von der Aufnahme bis zur Entlassung – untersucht. Im Mittelpunkt stehen die Patientensicherheit sowie eine gleichbleibend hohe Behandlungsqualität. Ergänzend werden Schulungen und Seminare für das Personal angeboten. Joint Commission International ist seit 2007 durch die International Society for Quality in Health Care (ISQua) akkreditiert. Eine Akkreditierung kostet US$ 52.000 (JCI 2015). Sie muss alle drei Jahre erneuert werden und ist für solche Kliniken interessant, die den amerikanischen Markt adressieren. Weltweit gibt es in ca. 60 Ländern mehr als 700 JCI-akkreditierte Organisationen, davon 250 Krankenhäuser, beispielsweise in Indien, Thailand, Singapur, China und Saudi Arabien (JCI 2015).

Zu diskutieren ist, ob Gelder, die investiert werden, um internationale Patienten zu akquirieren, nicht besser für die Schaffung von Angeboten für die heimische Bevölkerung genutzt werden können. Die Verwendung US-amerikanischer Standards bedeutet zudem eine Übernahme des dortigen Verständnisses von Gesundheit und Heilverfahren. Das bedeutet eine erhebliche Beeinflussung der Entwicklung des Gesundheitssystems in dem entsprechenden Land.

Eine Verbesserung der medizinischen Versorgung in den Destinationen durch die Schaffung von Versorgungszentren und die Ausbildung medizinischen Personals ist zunächst positiv zu bewerten. Wenn die Ausrichtung dieser Strukturen sich allein an der ausländischen Nachfrage orientiert, kommen die Anforderungen der heimischen Bevölkerung zu kurz (Turner 2007). Hinzu kommen deutliche Preissteigerungen.

Zusammenfassend kann der Gesundheitstourismus ein Baustein der Verbesserung der wirtschaftlichen Situation in sich entwickelnden Ländern sein. Gesundheitstouristische Leistungserbringer müssen dafür Sorge tragen, dass die Partner in den Destinationen tatsächlich an dem Geschäft beteiligt werden.

Der Blick auf die Quellländer wirft ebenfalls Fragen auf. Ein funktionierendes Gesundheitssystem im Heimatland ist die Grundlage für einen erfolgreichen Gesundheitstourismus. Von der Diagnose über die Beratung hinsichtlich der Behandlung bis hin zur Nachsorge und eventuellen Nachbesserung bietet das heimische Gesundheitssystem eine Absicherung für die Behandlung im Ausland. Wenn nun immer mehr Menschen nur Teile des Systems nutzen, entsteht eine Schieflage. Dies gilt vor allem dann, wenn Besserverdienende abwandern. Hinzu kommt, dass erforderliche Veränderungen nicht vorangetrieben werden, wenn es Ausweichmöglichkeiten gibt.

In der CSR-Debatte wird häufig auf Milton Friedman verwiesen, der es als einzige „social responsibility of business" sah „to use its resources and engage in activities designed to increase its profits" (Friedman 1970, o. S.).⁴ Er schränkt jedoch ein, dass dieses innerhalb der Spielregeln offen und frei ohne Betrug zu geschehen hat. Zahlreiche gesundheitstouristische Praktiken nutzen die Situation, dass sich die Spielregeln von Land zu Land unterscheiden und nutzen dieses aus. Nur die freiwillige Verpflichtung im Sinne des CSR kann diesem entgegenwirken.

2.3 Soziale Aspekte des Gesundheitstourismus

Die Gesundheitssysteme unterscheiden sich von Land zu Land. Manche sind staatlich und andere privatwirtschaftlich organisiert. Dieses resultiert aus unterschiedlichen Ansichten darüber, wer und mit welchem Anteil die Verantwortung für die Gesundheit der Bürger trägt: der Staat, die Bürger, die Unternehmen. Die Kontroverse um die Veränderungen im deutschen Gesundheitswesen hin zu mehr Eigenverantwortung der Bürger zeigt, wie vielschichtig dieses Thema ist (Schmitz-Luhn 2015).

Im Mittelpunkt steht der Zugang zu einer adäquaten medizinischen Versorgung, der in vielen Ländern nicht gegeben ist. So resultiert ein Großteil des Gesundheitstourismus aus einer Mangelversorgung. Empirische Studien benennen Kostenvorteile, geringere Wartezeiten, die Verfügbarkeit besonderer Techniken, höhere Qualität sowie moralische Restriktionen im Heimatland als wesentliche Gründe für eine Behandlung im Ausland (Juszczak 2007, S. 2; Horsfall und Lunt 2015). Demnach ist der Gesundheitstourismus eng verbunden mit der Frage nach Zugang und Verfügbarkeit guter und bezahlbarer Gesundheitsdienstleistungen auf dem aktuellen Stand der Technik. Bisher gab es in Deutschland eine flächendeckende Grundversorgung. Eine Verknappung des Angebots, z. B. durch längere Wartezeiten oder die fehlende Kostenübernahme durch die Versicherungen, öffnet neue Märkte. Zu diskutieren ist dabei grundsätzlich, welche Leistungen für alle Menschen im Heimatland angeboten werden sollen und welche Leistungen ähnlich wie andere Leistungen global nachgefragt werden können. Kritiker weisen darauf hin, dass die Abwanderung der Patienten in andere Länder den Druck im Heimatland verringert. Notwendige Reformen werden somit verlangsamt (Snyder et al. 2012).

Im vorhergehenden Abschnitt wurden die Konsequenzen des Aufbaus gesundheitlicher Versorgungsangebote speziell für ausländische Patienten und Gäste diskutiert. Ein Beispiel dafür, wie eine Destination von den Gästen profitieren kann, ist SACHi (Save a Child's Heart Initiative) der Apollo Kliniken in Indien. Die Initiative finanziert die Behandlung herzkranker Kinder.

---

⁴ Friedman wendet sich vor allem gegen politische Mechanismen, die unter dem Deckmantel der sozialen Verantwortung („cloak of social responsibiliy") freie menschliche Handlungen kollektivistischen Bestrebungen unterordnen wollen.

Eine wichtige Anspruchsgruppe im CSR sind die Mitarbeitenden. Die meisten Berufsgruppen im Tourismus sowie in Medizin und Pflege sind besonders hoch belastet. Gründe dafür sind Saison-, Schicht- und Nachtarbeit, Überstunden sowie ein niedriges Lohnniveau (GIZ 2014, S. 27). In einigen Ländern kommen unzureichende Sozialversicherungssysteme, Diskriminierung am Arbeitsplatz, fehlende politische Rahmenbedingungen, z. B. Mindestlöhne, hinzu. Andererseits sind die Anforderungen an die Professionalität und das Engagement der Mitarbeitenden sehr hoch. Eine Zusammenführung der Felder Tourismus und Medizin/Pflege im Rahmen des Gesundheitstourismus muss vor diesem Hintergrund kritisch betrachtet werden. Unternehmen sind gefordert, die Arbeitsbedingungen verantwortlich zu gestalten. Ein Aspekt ist dabei die Gesundheit der Mitarbeitenden (vgl. dazu Abschn. 3).

Ein nächster Aspekt ist der Umgang mit kulturellen Unterschieden. Das Bumrungrad Hospital in Bangkok hat einen eigenen Flügel für Patienten aus dem Mittleren Osten mit Dolmetschern, Halal Küche und Gebetsteppichen eingerichtet. Das International Medical Center in Bangkok bietet ähnliches speziell für japanische Patienten. Solche Maßnahmen sind Studien zufolge wichtig, um erfolgreich im Geschäft mit internationalen Patienten zu sein. Allerdings müssen Konsequenzen für die Mitarbeitenden berücksichtigt werden. Beispielsweise können unterschiedliche Einstellungen gegenüber Frauen dazu führen, dass deutsche Ärztinnen von arabischen Gästen nicht respektiert werden. Ebenso kann es für thailändische Ärztinnen unangenehm sein, männliche Patienten aus dem Westen zu behandeln. Gesundheitstouristische Dienstleister müssen sich demzufolge Gedanken dazu machen, wie sie die kulturellen Begegnungen zwischen Gästen und Mitarbeitenden gestalten wollen.

Die bisher genannten Handlungsfelder umfassten Aspekte, die rechtlich unbedenklich sind und dennoch zu Konflikten führen können. Corporate Social Responsibility ist eine Möglichkeit, für diese Situationen Lösungen zu finden. Nachfolgend werden Bereiche diskutiert, die im Heimatland illegal und in der Destination legal sind.

Prominente Beispiele dafür sind der Organhandel und die Leihmutterschaft. Statistiken weisen weltweit mehr als 2 Mio. Dialysepatienten aus (Fresenius Medical Care 2011). Hinzu kommen Menschen, die nicht behandelt und deswegen nicht erfasst werden. Allein in Deutschland warten 8000 Menschen auf eine Nierentransplantation (DGFN 2015). Vor einigen Jahren wurde in Indien ein Organhändlerring aufgedeckt. Die Spender erhielten umgerechnet zwischen 500 und 1750 €. Die Empfänger zahlten für die Niere bis zu 45.000 €. Hinzu kommen die Kosten für Transplantation, Unterbringung in Klinik und Anschlussbehandlung. Die hohen Gewinne führen dazu, dass der weltweite Organhandel wächst und kaum zu kontrollieren ist.

In Deutschland sind die im Zusammenhang mit Leihmutterschaft stehenden Tätigkeiten von Ärzten nach dem Embryonenschutzgesetz strafbar. In Indien hingegen ist sogar die kommerzielle Leihmutterschaft erlaubt. Weitere Beispiele für ungleiche gesetzliche

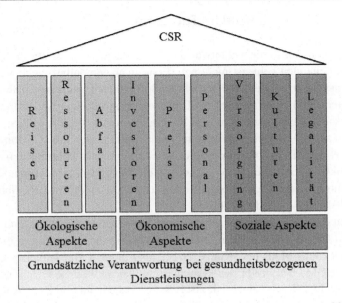

Abb. 2 CSR bei gesundheitstouristischen Dienstleistern. (Quelle: eigener Entwurf 2015)

Behandlungen sind die künstliche Befruchtung (Embryonenschutzgesetz), die Sterbehilfe und der Zugang zu Medikamenten, die noch nicht freigegeben wurden.

Gesundheitstouristische Dienstleister können in den genannten Bereichen damit argumentieren, dass in den entsprechenden Ländern keine Straftat vorliegt. Im Sinne des CSR entscheidet jedoch nicht die rechtliche Einschätzung über „richtig" und „falsch". Eine freiwillige Verpflichtung zur Einhaltung von strengeren Regeln wird in vielen Fällen ein lukratives Geschäft verhindern. Doch nur so können soziale Belange fair und gerecht in die Geschäftstätigkeit einbezogen werden.

2.4 Fazit

Die Betrachtungen zeigen zahlreiche CSR-relevante Handlungsfelder für gesundheitstouristische Dienstleister (vgl. Abb. 2). Aufgrund der Internationalität des Bereichs sind gesetzliche Regelungen allein oft nicht ausreichend. Corporate Social Responsibility kann die Basis sein, um einen gerechten und fairen Gesundheitstourismus zu definieren. Dazu gehört unter Umständen ebenfalls die Entscheidung, manche Geschäftsfelder gar nicht erst aufzubauen.

3 Fallstudie: CSR und BGM im Tourismus

Die Idee, Unternehmen in die Verantwortung zu nehmen, wenn es um die Gesunderhaltung der Mitarbeitenden geht, ist nicht neu. Erste managementbezogene Ansätze finden sich in verschiedenen Ländern bereits während der Industrialisierung (Shephard 1991, S. 438; zu unterschiedlichen Formen der Unternehmensförderung vgl. Bruhn 2003, S. 3). Neben lebensschützenden Maßnahmen, z. B. Hygienerichtlinien, gab es Bestrebungen, die Gesundheit zu stärken, beispielsweise durch die Schaffung von guten Wohnverhältnissen und Sportangeboten. Dem folgten die Risikominimierung für Führungspersonal, die allgemeine Krankheitsvermeidung und schließlich die Gesundheitsförderung. Diese wird in den letzten Jahren um die Themen psychische Gesundheit und Work-Life-Balance ergänzt (Heuwinkel 2015, S. 42 ff.; siehe Abb. 3).

Im Rahmen der CSR-Debatte wird gefordert, dass Unternehmen Gesundheit als Wert definieren und Gesundheitsförderung flächendeckend in ihren Strukturen und Prozessen verankern (Backhaus-Maul und Kunze 2012). Der Begriff Betriebliches Gesundheitsmanagement (BGM) beschreibt das systematische, speziell auf ein Unternehmen zugeschnittene Vorgehen (Bechmann et al. 2011, S. 7). Ausgehend von einer Analyse werden Strukturen, Prozesse und Maßnahmen definiert, die eine kontinuierliche Auseinandersetzung mit dem Thema Gesundheit ermöglichen. Verantwortlichkeiten, Ziele und Evaluationskriterien müssen festgelegt werden. Zum BGM gehören neben der genannten Gesundheitsförderung und dem ursprünglichen Arbeits- und Gesundheitsschutz, das Betriebliche Eingliederungsmanagement, das Fehlzeitenmanagement sowie die Personal- und Gesundheitsentwicklung.

Im Jahr 1997 wurde mit der Luxemburger Deklaration zur betrieblichen Gesundheitsförderung in der europäischen Union ein Leitbild entwickelt, das Unternehmen nutzen können, um die Gesundheit und das Wohlergehen am Arbeitsplatz und darüber hinaus zu verbessern. Betriebe sind demnach Multiplikatoren und Mittler in der öffentlichen Gesundheitsförderung. Einen großen Einfluss hat hier der Salutogenese-Ansatz von Antonovsky (BZgA 2009). Danach bedeutet Gesundheit vor allem die Fähigkeit, sich gegen endogene und exogene Stressoren zu behaupten. Nicht nur die Abwesenheit von Krankheiten sowie Schmerz- und Beschwerdefreiheit, sondern ebenfalls der erfolgreiche Umgang mit Konflikten, emotionale Stabilität und ein sinnvolles Leben gehören zu Kriterien, die einen gesunden Menschen beschreiben (WHO 1986). Vor diesem Hintergrund wird verständlich, warum das moderne Betriebliches Gesundheitsmanagement verschiedene Ansätze

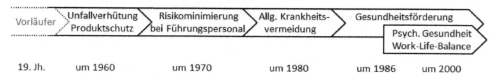

Abb. 3 Phasen des Betrieblichen Gesundheitsmanagements. (Quelle: eigener Entwurf 2015)

zusammenführt. Zu diesen gehören verbesserte Arbeitsbedingungen und Organisation, eine stärkere Mitarbeiterbeteiligung sowie ein Ausbau der persönlichen Kompetenzen (Luxemburger Deklaration 2007).

Obwohl der Tourismus als Dienstleistungsbranche stark auf die Mitarbeitenden und ihre Gesundheit angewiesen ist, sind wenige Beispiele für ein umfassendes BGM bei touristischen Leistungserbringern zu finden. Zu diesen gehören vor allem große Konzerne wie Deutsche Bahn AG, Fraport AG, TUI AG. Kleine und mittlere Tourismusunternehmen, die den Ausfall von Mitarbeitenden deutlicher spüren, stehen dem betrieblichen Gesundheitsmanagement oft skeptisch gegenüber (Bechmann et al. 2011, S. 11). Hinzu kommen fehlende Informationen über die Möglichkeiten und die mit dem BGM verbundenen Kosten. Verbände versuchen dem entgegenzuwirken. So bietet DEHOGA Nordrhein Mitgliedern in Kooperation mit einer Krankenkasse ein kostenloses Gesundheitsmanagement an.

Die durch CSR adressierte Anspruchsgruppe Mitarbeitende ist eine zentrale Anspruchsgruppe. Mit einem steigenden Bewusstsein für die eigene Gesundheit werden die nachkommenden Generationen solche Branchen und Arbeitgeber wählen, die Gesundheitsförderung ernst nehmen. Dazu gehört der Tourismus bisher nicht, obwohl der Gesundheitstourismus wie zuvor beschrieben ein wichtiges Produkt ist.

4 Fazit und Ausblick

Die Tourismusbranche profitiert von der steigenden gesellschaftlichen Bedeutung der Gesundheit. Zahlreiche gesundheitstouristische Dienstleister machen damit ein Geschäft, ohne die grundlegende moralische Verantwortung sowie besondere Aspekte, die damit verbunden sind, zu berücksichtigen. Ein Großteil des Gesundheitstourismus basiert wie gezeigt auf funktionierenden Gesundheitssystemen, die durch diesen geschwächt werden. Eine erste Betrachtung des gesundheitsbezogenen CSR in Tourismusunternehmen zeigte ebenfalls eine nur geringfügige Berücksichtigung dieses Themas.

Corporate Social Responsibility, Tourismus und Gesundheit sind damit Themengebiete, die zukünftig an Bedeutung gewinnen werden, bisher aber noch nicht ausreichend untersucht sind. Um langfristige Entwicklungen zu sichern, ist eine wissenschaftlich gestützte Diskussion wichtig. Unter anderem sind die folgenden Fragen zu diskutieren:

- Welche Regelungen sind erforderlich, um einen fairen und gerechten Gesundheitstourismus anzubieten?
- Wird ein CSR-Kodex für Gesundheitstourismus benötigt?
- Wie können die Interessen und Bedürfnisse der Anspruchsgruppen (Patienten, Mitarbeitende, heimische Bevölkerung) berücksichtigt werden?
- Was können bzw. müssen oder sollen Tourismusunternehmen für die Gesunderhaltung der Mitarbeitenden tun?

Viele der genannten Fragen gehen über die klassischen betriebswirtschaftlichen Fragestellungen hinaus. Die Tourismuswissenschaft kann sich in diesem Bereich profilieren, wenn sie dem Anspruch gerecht wird, eine interdisziplinäre Wissenschaft zu sein, die solche komplexen Fragestellungen beantworten kann.

Literatur

Adams K, Snyder J, Crooks V, Johnston R (2013) Promoting social responsibility amongst health care users: medical tourists' perspectives on an information sheet regarding ethical concerns in medical tourism. Philos Ethics Humanit Med 8:19

Backhaus-Maul H, Kunze M (2012) Unternehmen in Gesellschaft, Soziologische Zugänge. In: Schneider A, Schmidpeter R (Hrsg) Corporate Social Responsibility: Verantwortungsvolle Unternehmensführung in Theorie und Praxis. Springer Verlag, Berlin, Heidelberg

Bechmann S, Jäckle R, Lück P, Herdegen R (2011) Motive und Hemmnisse für Betriebliches Gesundheitsmanagement (BGM). iga-Report 20. (2. A.)

BGW (2012) Abfallentsorgung – Informationen zur sicheren Entsorgung von Abfällen im Gesundheitsdienst. Berufsgenossenschaft für Gesundheitsdienst und Wohlfahrtspflege, Hamburg

Bookman MZ, Bookman KR (2007) Medical tourism in developing countries. Palgrave MacMillan, New York

Bruhn M (2003) Sponsoring. Gabler, Wien

BZgA (2009) Was erhält Menschen gesund? Antonovskys Modell der Salutogenese – Diskussionsstand und Stellenwert. BZgA, Köln

Cassens M (2013) Gesundheitstourismus und touristische Destinationsentwicklung. Oldenbourg, München

Cohen G (2010) Protecting patients with passports: medical tourism and the patient-protective argument. medical tourism and the patient protective-argument. Iowa Law Rev 95(5):2010 (Harvard Public Law Working Paper No. 10–08)

Coles T, Fenclova E, Dinan C (2013) Tourism and corporate social responsibility: A critical review and research agenda. Tour Manag Perspect 6:122–144

DGFN (2015) Organhandel. http://www.dgfn.eu. Zugegriffen: 9. Sep. 2015

DRV (2015) UNWTO-Ethikkodex. https://www.drv.de/fachthemen/nachhaltigkeit/unwto-ethikkodex.html. Zugegriffen: 19. Sep. 2015

EnergieAgentur NRW (2015) Energieeffizienz in Krankenhäusern. http://www.energieagentur.nrw.de/. Zugegriffen: 9. Sep. 2015

Europäische Kommission (2001) GRÜNBUCH. Europäische Rahmenbedingungen für die soziale Verantwortung der Unternehmen. KOM (2001) 366 endgültig. Brüssel

Fresenius Medical Care (2011) Geschäftsbericht 2011. http://finanzberichte.fmcg.de/reports/fmc/annual/2011/gb/German/9000/download-center.html. Zugegriffen: 20. Sep. 2015

Friedman M (1970) The social responsibility of business is to increase its profits. the New York Times Magazine. umich.edu/~thecore/doc/Friedman.pdf. Zugegriffen: 27. Sep. 2015

GIZ (2014) Handbuch Tourismusplanung in der Entwicklungszusammenarbeit. http://www.giz.de. Zugegriffen: 28. Aug. 2015

Heuwinkel K (2011) Reisen der Gesundheit zuliebe. VDM-Verlag, Saarbrücken

Heuwinkel K (2015) Betriebliches Gesundheitsmanagement – ein neuer Baustein des Gesundheitstourismus oder vice versa? Z Tourismuswissenschaft 7(1):169–191

Horsfall D, Lunt N (2015) Medical Tourism by numbers. In: Lunt N, Horsfall D, Hanefeld J (Hrsg) Handbook on medical tourism and patient mobility. Edward Elgar, Cheltenham

Johnston R, Crooks VA, Snyder J, Kingsbury P (2010) What is known about the effects of medical tourism in destination and departure countries? A scoping review. Int J Equity Health 9:24–36

Joint Commission International (2015) Viewbook. jointcommissioninternational.org/about-jci/what-sets-us-apart/. Zugegriffen: 27. Sep. 2015

Juszczak J (2007) Internationale Patienten in deutschen Kliniken: Ansätze zur Vermarktung von Gesundheitsdienstleistungen im Ausland. Schriftenreihe des Fachbereiches Wirtschaftswissenschaften, Bd 8. St. Augustin

Lund-Durlacher D (2012) CSR und nachhaltiger Tourismus. In: Schneider A, Schmidpeter R (Hrsg) Corporate Social Responsibility: Verantwortungsvolle Unternehmensführung in Theorie und Praxis. Springer Verlag, Berlin, Heidelberg, S 559–570

Luxemburger Deklaration zur betrieblichen Gesundheitsförderung in der Europäischen Union (2007) Stand Januar 2007. http://www.luxemburger-deklaration.de/ Zugegriffen: 17. Sep. 2015

Pennings G (2007) Ethics without boundaries: medical tourism. In: Ashcroft R, Dawson A, Draper H, McMillan J (Hrsg) Principles of health care ethics, 2. Aufl. John Wiley & Sons, Hoboken

Reisewitz J (2015) Rechtsfragen des Medizintourismus. Kölner Schriften zum Medizinrecht, Bd. 16. doi:10.1007/978-3-662-45591-3

Schmitz-Luhn B (2015) Priorisierung in der Medizin. Kölner Schriften zum Medizinrecht, Bd. 17. doi:10.1007/978-3-662-45077-2

Schneider A (2012) Reifegradmodell CSR – eine Begriffsklärung und –abgrenzung. In: Schneider A, Schmidpeter R (Hrsg) Corporate Social Responsibility: Verantwortungsvolle Unternehmensführung in Theorie und Praxis. Springer Verlag, Berlin, Heidelberg

Shephard R (1991) Historical perspective. A short history of occupational fitness and health promotion. Prev Med 20:436–435

Snyder J, Crooks VA, Johnston R (2011) Perception of the Ethics of Medical Tourism: Comparing Patient and Academic Perspectives. Public Health Ethics 5(1):38–46

Tourism Concern (2012) Water Equity in Tourism. http://tourismconcern.org.uk/water-equity-in-tourism/. Zugegriffen: 7. Sep. 2015

Turner L (2007) First world health care at third world prices: globalization, bioethics and medical tourism. Biosocieties 2:303–325

WHO (1986) Ottawa-Charta zur Gesundheitsförderung. www.euro.who.int. Zugegriffen: 29. Sep. 2015

Prof. Dr. Kerstin Heuwinkel ist Professorin für „Internationales Tourismusmanagement" an der Hochschule für Technik und Wirtschaft des Saarlandes, htw saar. Bis 2005 arbeitete sie am Fraunhofer ISST und leitete die Arbeitsgruppe „Digitale Begleiter" mit den Anwendungsbereichen Tourismus, Sport und Gesundheit. Aktuelle Schwerpunkte in Forschung und Lehre sind Corporate Social Responsibility und Global Citizenship unter besonderer Berücksichtigung sozialer Effekte des Tourismus auf Destinationen. Gemeinsam mit der Stellenbosch University, Südafrika, und der Grootbos Foundation, Südafrika, werden Projekte für einen nachhaltigen Sporttourismus umgesetzt. Ein zweiter Forschungsbereich ist der nachhaltige Medizintourismus.

Diversity Matters: Diversity Management im Spannungsfeld von Marktinteressen, gesellschaftlicher Verantwortung und einer Logic of Diversity

Nicolai Scherle und Volker Rundshagen

Die Vielfalt der modernen Gesellschaft, beeinflusst durch die Globalisierung und den demografischen Wandel, prägt das Wirtschaftsleben in Deutschland. Wir können wirtschaftlich nur erfolgreich sein, wenn wir die vorhandene Vielfalt erkennen und nutzen. Das betrifft die Vielfalt in unserer Belegschaft und die vielfältigen Bedürfnisse unserer Kunden sowie unserer Geschäftspartner (Charta der Vielfalt).

1 Einleitung

Wie kaum eine zweite Branche verkörpert Tourismus Globalisierung und ihre vielfältigen Implikationen in Reinform: So sind nicht nur Angebot und Nachfrage weitestgehend globalisiert, sondern es gehört auch zum wesentlichen Merkmal der Dienstleistung als solcher, dass Grenzen überwunden werden, wobei vor allem innovative Technologien im Transport- und Kommunikationsbereich eine essenzielle Rolle spielen und Raum und Zeit schrumpfen lassen. Mögen die Implikationen einer immer rascher fortschreitenden Globalisierung nach wie vor primär in den Diskursen innerhalb der *Scientific Community* erörtert werden, so sind die Ikonen dieses komplexen Phänomens längst als omnipräsenter Bestandteil im Bewusstsein des „gemeinen" Bürgers verankert: Grundschüler tauschen sich die Abziehbildchen von Donald Duck und Britney Spears aus, pubertierende Halbwüchsige inhalieren jenen Qualm, der auch die Lunge des Marlboro-Manns ruiniert hat, Geschäftsleute benutzen jene Software aus Seattle, ohne die fast gar nichts mehr läuft,

---

N. Scherle (✉)
University of Applied Sciences, Business and Information Technology School (BiTS)
Reiterweg 26b, 58636 Iserlohn, Deutschland
E-Mail: Nicolai.Scherle@bits-iserlohn.de

V. Rundshagen
CBS Cologne Business School GmbH
Hardefuststraße 1, 50677 Köln, Deutschland
E-Mail: v.rundshagen@cbs.de

© Springer-Verlag GmbH Deutschland 2017
D. Lund-Durlacher et al. (Hrsg.), *CSR und Tourismus*,
Management-Reihe Corporate Social Responsibility, DOI 10.1007/978-3-662-53748-0_8

und Hausfrauen philosophieren über die Vor- und Nachteile von Tupperware, deren Siegeszug inzwischen längst Petropawlowsk und Pitcairn erreicht hat (Harvey 1994; Wahab und Cooper 2001; Scherle 2006).

Eine der wichtigsten Implikationen von Globalisierung stellt das Faktum dar, dass die Verdichtung von Raum und Zeit immer mehr Menschen – im beruflichen wie im privaten Kontext – zusammenführt, die einen divergierenden kulturellen Hintergrund aufweisen; ein Phänomen, das unseren Alltag einerseits komplexer, andererseits – im Idealfall – spannender, vielfältiger und perspektivenreicher macht (Alsheimer et al. 2000; Antweiler 2011; Syed und Özbilgin 2015). Anknüpfend an die eingangs zitierte *Charta der Vielfalt* ist es jedoch nicht nur die Globalisierung, sondern vor allem auch der demografische Wandel, der mit dem Thema Diversität respektive Diversity Management (DiM) ein Forschungsfeld auf die Agenda setzt, das – ähnlich wie die in engem Konnex stehende Corporate Social Responsibility (CSR) – nachhaltig die Wettbewerbsfähigkeit von Unternehmen sichern soll (Hansen 2014; Stehr und Vodosek 2014).

Der vorliegende Beitrag möchte in Grundzügen mit zentralen Aspekten von Diversität bzw. Diversity Management vertraut machen. Dies geschieht insbesondere vor dem Hintergrund einer immer größeren organisationalen Heterogenität, die keinesfalls – wie nach wie vor häufig in unternehmerischen Kontexten praktiziert – auf die Diversitätsdimension Kultur bzw. Ethnizität beschränkt werden sollte. Vielmehr handelt es sich bei Diversität um eine komplexe, sich ständig transformierende Mischung von Eigenschaften, Verhaltensweisen und Talenten, die die individuelle Persönlichkeit mit ihren spezifischen soziokulturellen Bezügen in den Erkenntnisfokus rückt und jenseits klassischer Dichotomien von „Eigenem" von „Fremdem" konzeptualisiert wird (Thomas 1996, 2001; Cox 1991, 1993; Scherle 2016). Leenen et al. (2006, S. 45) bemerken in diesem Zusammenhang treffend:

> Das moderne Verständnis von Diversität überwindet das Gegensatzpaar „Wir und die Anderen" und schaut nicht länger aus einer „Normalperspektive" auf die in irgendeiner Hinsicht (Geschlecht, kulturelle Zugehörigkeit etc.) „Fremden".

Um sich adäquat dem Sujet Diversität nähern zu können, bedarf es zunächst einer Einführung in zentrale Diversitätsdimensionen, die in der Regel anhand soziokultureller Kategorien konstruiert werden und die komplexe Heterogenität menschlicher Individuen abbilden sollen. Anschließend wird das Konzept der offenen Unternehmung vorgestellt, das für eine erfolgreiche und vor allem nachhaltige Implementierung von Diversity Management eine Conditio sine qua non darstellt. Der nachfolgende Abschnitt stellt zentrale Verständnisansätze von Diversity Management vor, die Diversität als anthropogenes „Rohmaterial" (Becker 2006, S. 8) zweckbestimmt in Wert setzen. In diesem Zusammenhang soll auch aufgezeigt werden, welche Gemeinsamkeiten und Unterschiede zwischen den eng miteinander verbundenen Managementkonzepten Diversity Management und Corporate Social Responsibility bestehen. Abschließend werden noch einmal unter dem Label einer *Logic of Diversity* zentrale Implikationen einer unternehmerischen Inwertsetzung von Diversity Management – einschließlich deren Vor- und Nachteile – reflektiert.

2 Vielfalt ist Trumpf: Diversität und ihre zentralen Dimensionen

Um die komplexe Heterogenität menschlicher Individuen erfassen zu können, greift man auf sogenannte Diversitätsdimensionen zurück, die zumeist anhand soziokultureller Kategorien gebildet werden. Im Folgenden sollen – in Bezugnahme auf Schulz (2009) – die wichtigsten Ansätze zur Strukturierung von Diversität aufgerollt werden. Einen ersten Ansatz stellt eine Kategorisierung von Diversität in primäre und sekundäre Dimensionen dar: Während primäre Dimensionen angeborene bzw. früh erworbene Merkmale, z. B. Geschlecht, Ethnizität oder Behinderung, umfassen, subsumieren sekundäre Dimensionen veränderliche Merkmale, die insbesondere durch Sozialisation oder Lebenserfahrung angenommen werden. Diese Typologie lässt sich erweitern, indem Diversität in eine demografische (z. B. Geschlecht und Alter), psychologische (z. B. Einstellungen und Werte) sowie organisationale (z. B. Betriebszugehörigkeit und Funktion) Dimension unterteilt wird. Im Kontext dieser Differenzierung kann man darüber hinaus zwischen organisati-

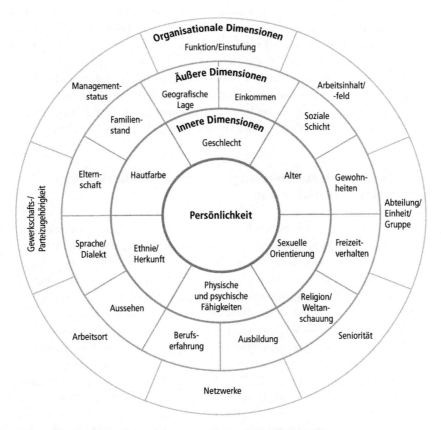

Abb. 1 Zentrale Diversitätsdimensionen. (Quelle: Hanappi-Egger 2012a)

onsinterner und organisationsexterner Diversität unterscheiden. Ein weiterer Ansatz trennt zwischen sichtbaren – folglich wahrnehmbaren – Diversitätsdimensionen (etwa Ethnizität und Geschlecht) sowie nicht-sichtbaren – folglich nicht oder zumindest erschwert wahrnehmbaren – Diversitätsdimensionen (z. B. kulturelle Werte und Normen oder sexuelle Orientierung). Über diese klassischen Ansätze hinaus differenziert Page (2007) zwischen Identitäts- und Kognitionsvielfalt, wobei Identitätsvielfalt die Summe demografischer und kultureller Verschiedenheit umfasst, und Kognitionsvielfalt auf die Unterschiede individueller Informationsverarbeitung hinweist.

Das aus organisationstheoretischer Perspektive bekannteste Modell zur Strukturierung von Diversität, das nicht nur die ungemeine Komplexität von Diversitätsdimensionen aufgreift, sondern auch die skizzierten Differenzierungsansätze vereint, stellt das von Gardenswartz und Rowe (2008) entwickelte Vier-Schichtenmodell dar (siehe Abb. 1).

Persönlichkeit subsumiert die spezifischen Verhaltensdispositionen und Präferenzen eines Individuums und entwickelt sich sukzessive im Verlauf des Sozialisationsprozesses. Innere Dimensionen sind Bestandteil von nicht-disponiblen Eigenschaften, wobei dies bei sexueller Orientierung nicht ganz unumstritten ist. Äußere Dimensionen bergen jene Dimensionen, deren Ausprägungen – zumindest bis zu einem bestimmten Grad – vom Individuum beeinflusst und modifiziert werden können. Dazu kommen aus organisationaler Perspektive noch jene Dimensionen, die sich aus spezifischen Arbeitskontexten ergeben. Die vier skizzierten Dimensionsebenen ermöglichen nicht nur jedem Individuum eine Selbstbeschreibung im Sinne multipler Identitäten, sondern sie schärfen im Idealfall – gerade im Unternehmenskontext – das Bewusstsein hinsichtlich der ungemeinen Komplexität sozialer Systeme (Plett 2002; Schulz 2009; Hanappi-Egger 2012a, 2012b).

3 Vom homogenen zum heterogenen Ideal: Anmerkungen zur offenen Unternehmung

Traditionell sind in unternehmerischen Kontexten die Strukturen und Prozesse auf die Bedürfnisse der dominierenden Gruppe ausgerichtet, die in der Regel über einen Großteil der Schlüsselpositionen innerhalb einer Organisation verfügt und somit auch machtpolitisch eine beherrschende Stellung einnimmt (Sepehri 2002). In diesem Zusammenhang spricht man in der Diversitätsforschung von einem „homogenen Ideal", das seine Wurzeln in der normativen Lehre einer vergemeinschaftenden Personalpolitik hat und in der Heterogenität von Individuen nicht in Wert, sondern außer Acht und im schlimmsten Fall sogar bewusst unterdrückt wird. Eine einschlägige Personalpolitik impliziert monokulturelle, von kultureller Homogenität geprägte Organisationen, in denen eine Bevorzugung jener Akteure stattfindet, die gleiche bzw. ähnliche Eigenschaften und Werte teilen. Umgekehrt wird von jenen Akteuren, die von der dominierenden Gruppe abweichen, eine Anpassung an das „homogene Ideal" erwartet. Ein monokulturell geprägtes Unternehmen, das konsequent dem „homogenen Ideal" folgt, ergäbe – nach Schulz (2009, S. 79) – das nachfolgende Konstrukt:

Das homogene Ideal wird in Deutschland grundsätzlich durch die dominante Mitarbeitergruppe der weißen, heterosexuellen, nicht-behinderten Männer mittleren Alters mit deutscher Staatsangehörigkeit und christlicher Religion verkörpert, wohingegen Frauen, homosexuelle, behinderte oder ältere Arbeitnehmer sowie Personen ausländischer Herkunft bzw. anderer ethnischer oder religiöser Zugehörigkeit der Minorität in Unternehmen zugeordnet werden können.

Das Leitbild des „heterogenen Ideals" greift explizit die Schwächen monokulturell-geschlossener Organisationen auf und beschreibt als Denkalternative das Leitbild einer multikulturell-offenen Organisation, das – in Anlehnung an Cox (1991, 1993) – primär durch folgende Aspekte charakterisiert wird: Pluralismus, vollständige strukturelle Integration, vollständige Integration in informelle Netzwerke, Abwesenheit von Vorurteilen und Diskriminierung, kaum Konflikte zwischen den Gruppen sowie Identifikation weitgehend aller Mitglieder mit ihrer Organisation. In engem Konnex zum konzeptionellen Selbstverständnis multikulturell-offener Organisationen und aufbauend auf den theoretischen Überlegungen von Popper (1945) zu einer *Open Society* hat der deutsche Ökonom Herrmann-Pillath (2007) das Konzept einer offenen Unternehmung entwickelt, dessen wichtigste Merkmale nachfolgend aufgelistet sind:

- Eine offene Unternehmung lässt zunächst den Pluralismus von Zielen zu, wobei diese endogen und selbstorganisiert generiert werden. Führungsfunktionen sind dezidiert über die Funktionshierarchie verteilt. Darüber hinaus ist die Unternehmerfunktion in hohem Maße dezentralisiert, was gleichzeitig eine Dezentralisierung der Machtstrukturen impliziert.
- Eine offene Unternehmung weist diffuse und ambivalente Mitgliedschaftskriterien auf, was ein wesentliches Pendant der „Dispersion" der Unternehmerfunktion ist. Vor diesem Hintergrund erhalten Mitarbeiter flexible Möglichkeiten, innerhalb und außerhalb der Unternehmensgrenzen aktiv zu sein. Demzufolge ist die offene Unternehmung primär eine Netzwerkorganisation: Im Idealfall fungiert sie als Fokus verdichteter, nachhaltiger Netzwerkbeziehungen zwischen ihren Mitgliedern, greift aber weit über bestimmte, juristisch fixierte Grenzen hinaus, etwa durch Ausgründungen oder langfristig stabile Zuliefererbeziehungen.
- Eine offene Unternehmung ermöglicht einen Pluralismus der Lebensformen ihrer Mitarbeiter, gerade weil sie sich als Netzwerk konstituiert. Das ermöglicht wechselnde Zugehörigkeiten und Modelle der individuellen Koordination zwischen privater Entwicklung, beruflichem Wachstum und organisationsbezogener Karriere. Vor diesem Hintergrund steht die offene Unternehmung mit ihren Mitarbeitern in einer Beziehung doppelter Inklusivität: Sie schließt diese in ihre Entwicklung ein, gleichzeitig versteht sie sich als ein Element der individuellen Entwicklung ihrer Mitarbeiter.
- Eine offene Unternehmung ist angesichts pluralistischer Zielbildung und offener Unternehmensgrenzen in hohem Maße aufgeschlossen, Ziele nicht nur endogen, sondern auch aus dem gesellschaftlichen Umfeld zu generieren. Sie ist in einem weiten Sinne *Stakeholder*-orientiert, das heißt, sie leitet ihre Ziele nicht nur aus den Marktsignalen

der Nachfrage ab, sondern auch aus der direkten Kommunikation mit betroffenen und interessierten Personen über diese Ziele.

- Eine offene Unternehmung kommuniziert proaktiv mit ihrer Umwelt, wobei sie sich insbesondere um ein Höchstmaß an Transparenz in Hinblick auf ihre Strukturen, Prozesse und Entscheidungen bemüht. Selbstverständlich teilt die offene Unternehmung Informationen, da sie umgekehrt auch auf einen kontinuierlichen Informationsfluss aus dem gesellschaftlichen Umfeld angewiesen ist.
- Eine offene Unternehmung betrachtet den *Shareholder Value* bzw. ihren erwarteten Gewinn nicht als primäres Ziel ihrer Aktivitäten, sondern vielmehr als notwendige Bedingung zur Erreichung ihrer Ziele. Das heißt umgekehrt, dass der *Shareholder Value* nur ein aus den übergeordneten Unternehmenszielen abgeleitetes Ziel darstellt. Dementsprechend erkennt die offene Unternehmung im Zeitablauf einen *Trade-off* zwischen übergeordneten und untergeordneten Zielen an, der auf einer kommunikativen Ebene mit allen relevanten Akteuren zu lösen ist.

Aus diversitätsspezifischer Perspektive ist vor allem die große Relevanz von Pluralität bei gleichzeitig proaktiver Integration aller relevanten Mitarbeitergruppen der zentrale Vorteil multikulturell-offener gegenüber monokulturell-geschlossenen Unternehmen (Sepehri 2002). Vor diesem Hintergrund verfolgt eine ideale und somit nicht-vergemeinschaftende Personalpolitik – laut Cox (1991, S. 42) – das Ziel, dass es keine Korrelation zwischen Gruppenzugehörigkeit und Hierarchieebene gibt:

> The objective of creating an organization where there is no correlation between one's culture-identity group and one's job status implies that minority-group members are well represented at all levels, in all functions, and in all work groups.

Inwieweit sich zukünftig offene gegenüber geschlossenen Unternehmungen durchsetzen können, lässt sich zum jetzigen Zeitpunkt nicht sagen. Gleichwohl sprechen – laut Herrmann-Pillath (2007) – im Wesentlichen zwei Gründe für einen langfristigen Erfolg multikulturell-offener Organisationen: einerseits die höhere Innovationskraft gegenüber monokulturell-geschlossenen Organisationen, andererseits die Beobachtung, dass die Weiterentwicklung einer offenen Gesellschaft offene Unternehmungen voraussetzt.

4 Making Differences Matter: Zentrale Verständnisansätze von Diversity Management

Das konzeptionelle Selbstverständnis von Diversity Management basiert inzwischen auf einer Vielzahl unterschiedlicher Verständnisansätze bzw. Paradigmen, die sich primär mit dem strategischen Umgang mit organisationsinterner Diversität beschäftigen. Zunächst sollen in Grundzügen die drei von Thomas und Ely (1996) induktiv ermittelten Verständnisansätze – der moralisch-ethisch-orientierte Antidiskriminierungs- und Fairnessansatz

(*Discrimination-and-Fairness-Paradigm*), der ökonomisch-ergebnis-orientierte Marktzutritts- und Legitimitätsansatz (*Access-and-Legitimacy-Paradigm*) sowie der ressourcenorientierte Lern- und Effektivitätsansatz (*Learning-and-Effectiveness-Paradigm*) – vorgestellt werden, die gemeinhin als Klassiker in der Rezeption von Diversity Management gelten. Anschließend wird mit dem strategisch-gesellschaftlichen Verantwortungs- und Sensibilitätsansatz von Schulz (2009) ein weiteres Konzept jüngeren Datums präsentiert, das vor dem Hintergrund seiner expliziten Gesellschaftsorientierung deutliche Überschneidungen mit Corporate Social Responsibility aufweist.

Beginnen wir zunächst mit dem Antidiskriminierungs- und Fairnessansatz, der am ausgeprägtesten mit den einstigen Ausgangsbedingungen von Diversity Management verbunden ist, zielt er doch dezidiert auf die in den USA staatlich angeordneten *Affirmative Action Programs* und *Equal Employment Opportunity Principles* (Sepehri 2002; Brazzel 2003). Auch wenn einschlägige Programme das ideologische Fundament dieses Paradigmas bilden, so ist der moralisch-ethisch-orientierte Antidiskriminierungs- und Fairnessansatz deutlich von seinen „historischen Vorläufern" abzugrenzen, da Diversity Management keine staatlich vorgeschriebene Antidiskriminierungspolitik umsetzt, sondern vielmehr ein freiwilliges – wenn auch auf einen ökonomischen Nutzen ausgerichtetes – Konzept strategischer Unternehmensführung zur Wertschätzung von Diversität darstellt (Schulz 2009; Hanappi-Egger 2012a, 2012b). In letzter Konsequenz prädominieren bei diesem Paradigma jedoch stets juristische Gleichbehandlungsvorgaben und gesellschaftliche Erwartungshaltungen, wobei Diversität nicht wirklich als wertschätzende Grundhaltung, geschweige denn als strategischer Erfolgsfaktor in der Organisationskultur verankert ist (Hansen 2006).

Kontrastierend zum Antidiskriminierungs- und Fairnessansatz erkennt der ökonomisch-ergebnis-orientierte Marktzutritts- und Legitimitätsansatz den betriebswirtschaftlichen Mehrwert von Diversität in einer verstärkten Wettbewerbsfähigkeit und nützt diese, um angesichts einer zunehmend entgrenzten Weltwirtschaft neue Märkte zu erschließen. Insbesondere angesichts fortschreitender Individualisierungs- und Pluralisierungsprozesse soll die Mitarbeiterstruktur – im Idealfall – die immer ausdifferenziertere Kundenstruktur widerspiegeln (Aretz 2006; Schulz 2009; Stangel-Meseke et al. 2015). Geradezu paradigmatisch manifestiert sich diese Intention im nachfolgenden Zitat von Thomas und Ely (1996, S. 83):

> We are living in an increasingly multicultural country, and new ethnic groups are quickly gaining consumer power. Our company needs a demographically more diverse workforce to help us gain access to these differentiated segments. We need employees with multilingual skills in order to understand and serve our customers better and to gain legitimacy with them. Diversity isn't just fair; it makes business sense.

Problematisch an diesem Ansatz ist nicht nur, dass in Diversität fast ausschließlich ein marktorientiertes und wettbewerbsförderndes Instrument gesehen wird, sondern dass er auch zu Stereotypisierungen einlädt, da Mitarbeiter auf die Zugehörigkeit zu einer spezifischen soziokulturellen Gruppe reduziert und damit einhergehend bestimmte – vermeintlich – gruppentypische Verhaltensweisen und Einstellungen erwartet werden (Hansen 2006; Warmuth 2012).

Erst im Rahmen des ressourcen-orientierten Lern- und Effektivitätsansatzes wird Diversity Management explizit als eine holistische Strategie konzeptualisiert, die vor allem den Aspekt des organisationalen Lernens in Wert setzt. Dass und Parker (1999, S. 71 f.) schreiben in diesem Zusammenhang:

> Three characteristics distinguish the learning perspective from other perspectives on diversity: a) it sees similarities and differences as dual aspects of workforce diversity; b) it seeks multiple objectives from diversity, including efficiency, innovation, customer satisfaction, employee development, and social responsibility; c) it views diversity as having long-term as well as short-term ramifications.

Ein zentraler Bestandteil dieses Paradigmas ist eine tolerante, flexible und in alle Richtungen offene Unternehmenskultur, die kontinuierlich an die sich dynamisch verändernden Mitarbeiterstrukturen angepasst wird. Dabei wird bei der Handhabung heterogener Werte, Normen und Einstellungen eine Balance zwischen Integration und Differenzierung anvisiert. Eine entsprechende Unternehmenskultur nimmt die Existenz von Diversität nicht nur als Summe verschiedenartiger Mitarbeiter wahr, sondern fördert ganz gezielt Pluralismus, damit jeder Mitarbeiter seine individuelle Persönlichkeit mit ihren spezifischen soziokulturellen Bezügen entfalten kann (Becker 2006; Hansen 2006; Schulz 2009).

Der strategische Verantwortungs- und Sensibilitätsansatz von Schulz (2009) stellt von allen bisher vorgestellten Paradigmen den ganzheitlichsten Zugang zu Diversity Management dar. Während die klassischen Verständnisansätze von Thomas und Ely (1996) primär einen organisationsinternen Blickwinkel fokussieren, integriert der Verantwortungs- und Sensibilitätsansatz darüber hinaus eine organisationsexterne Perspektive und baut damit – weitgehend unabhängig von juristischen und ökonomischen Überlegungen – explizit eine Brücke in die Gesellschaft. In diesem Kontext wird die interne Ressourcenorientierung um eine externe Gesellschaftsorientierung erweitert, sodass nicht mehr nur untersucht werden kann, wie sich Diversity Management auf die Wettbewerbsfähigkeit von Unternehmen auswirkt, sondern auch, welchen Beitrag dieses Managementkonzept zur Lösung ausgewählter gesellschaftlicher Herausforderungen – etwa Globalisierung oder demografischer Wandel – beisteuert. Vor diesem Hintergrund öffnet sich der Verantwortungs- und Sensibilitätsansatz einerseits verstärkt Corporate Social Responsibility, andererseits verweist er dezidiert auf die humanistische Funktion von Unternehmen in einem zunehmend globalen Zeitalter. Eine entsprechende Neujustierung erfordert seitens der Unternehmen eine kontinuierliche Reflexion ihres Diversity Managements, soll dieses nicht als isolierte und kurzfristige Einzelmaßnahme verpuffen.

Die nachfolgende Tabelle dokumentiert noch einmal in prägnanter Form das konzeptionelle Selbstverständnis der vier vorgestellten organisationalen Verständnisansätze von Diversität (siehe Tab. 1).

Wie die bisherigen Ausführungen gezeigt haben, erinnern einige konzeptionelle Überlegungen bezüglich Diversity Management deutlich an laufende Diskussionen um Corpo-

Tab. 1 Organisationale Verständnisansätze von Diversität. (Quelle: Modifizierte Zusammenstellung in Anlehnung an Hofmann 2006; Schulz 2009 und Warmuth 2012)

Diversitätsverständnisse	Grundorientierung	Perspektive	Fokus	Ziele
Fairness- und Antidiskriminierungsansatz Thomas und Ely (1996)	Moralisch-ethisch-orientiert	Diversität als Problem	Benachteiligte Minderheit in der Organisation	Gleichbehandlung von Majorität und Minorität
Marktzutritts- und Legitimitätsansatz Thomas und Ely (1996)	Ökonomisch-ergebnisorientiert	Diversität als Wettbewerbsvorteil	Organisation im Markt und Wettbewerb	Zugang zu neuen Kunden und Märkten
Lern- und Effektivitätsansatz Thomas und Ely (1996)	Ressourcenorientiert	Diversität als Ressource	Personelle Ressourcen in der Organisation	Organisationales Wissen und Lernen
Verantwortungs- und Sensibilitätsansatz Schulz (2009)	Strategisch-gesellschaftsorientiert	Diversität als strategischer Umweltfaktor	Organisationen als Bürger der Gesellschaft	Übernahme gesellschaftlicher Verantwortung

rate Social Responsibility: Unternehmen sollen sich ihrer sozialen Verantwortung stellen, sich ethischen Grundprinzipien verpflichtet fühlen und humane, auf Transparenz ausgelegte Managementkonzepte implementieren, wobei nicht zuletzt eine diskriminierungsfreie Personalpolitik – im Sinne einer nachhaltigen Integration ökonomischer, ökologischer und sozialer Kriterien – als zentraler Wettbewerbsvorteil angesehen wird. In beiden Konzepten wird davon ausgegangen, dass sich eine zukunftsorientierte Unternehmenspolitik nicht nur auf eine kurzfristige Profit- bzw. Wachstumsoptimierung konzentrieren sollte, sondern darüber hinaus soziökologische Aspekte in die Unternehmensstrategie integriert (Hanappi-Egger 2012b). Ungeachtet der genannten konzeptionellen Gemeinsamkeiten weisen beide Managementansätze jedoch auch Unterschiede auf, wie die nachfolgende Gegenüberstellung in kompilatorischer Form dokumentiert (siehe Tab. 2).

Sieht man einmal von Corporate Social Responsibility ab, so gibt es wohl kaum ein zweites Managementkonzept, das in den letzten Jahren eine vergleichbar normative Aufladung durchlaufen hat wie Diversity Management. Dieses Faktum ist insbesondere auf die historischen Wurzeln im Umgang mit Diversität zurückzuführen, die untrennbar mit der US-amerikanischen Bürgerrechtsbewegung und der sie begleitenden Antidiskriminierungsgesetzgebung verbunden sind. Insofern forciert Diversity Management immer die Inklusion von bis dato benachteiligten Minderheiten, wobei der damit einhergehende organisationale Transformationsprozess im Idealfall aus einer Lern- und Veränderungsperspektive betrachtet wird (Bendl et al. 2012; Stangel-Meseke et al. 2015). Letztendlich können sowohl Diversity Management als auch Corporate Social Responsibility stark voneinander profitieren, wenn sich eine *Win-win*-Situation ergibt. „Relativ ‚weiße Flecken' im

Tab. 2 Gemeinsamkeiten und Unterschiede von Corporate Social Responsibility und Diversity Management. (Quelle: Hanappi-Egger 2012b)

	Corporate Social Responsibility	Diversity Management
Organisationskonzept	Offenes System	Offenes System
Verpflichtung	Freiwillig	Freiwillig
Treiber	Ökologie, Demografie	Demografie, rechtliche Grundlagen
Fokus	Stakeholder	Individuum, strukturell benachteiligte Mitarbeiter
Strategieausrichtung	Extern/intern	Vorwiegend intern
Managementkonzept	Top-down	Top-down und bottom-up
Terminologie	Nachhaltigkeit	Wettbewerbsfähigkeit
Legitimation	Soziale Verantwortung	Ökonomischer Nutzen
Evaluierungsmodell	Balanced Scorecard	Diversity Scorecard

CSR oder DiM", so Vedder und Krause (2014, S. 73) in diesem Zusammenhang, „würden durch die Stärken des jeweiligen anderen Konzepts sinnvoll gefüllt. Es blieben für beide hinreichend große Themenfelder, um Schwerpunkte zu setzen und sich zu profilieren."

5 Fazit oder die Logic of Diversity

Noch nie war unsere Gesellschaft so heterogen wie zu Beginn des dritten Jahrtausends: Globalisierung, demografischer Wandel und der mit diesem in vielen Branchen einhergehende Fachkräftemangel sowie nicht zuletzt die jüngsten Migrationsströme repräsentieren entsprechende Vielfalt geradezu idealtypisch. Vor diesem Hintergrund ist dem Journalisten und Migrationsforscher Terkessidis (2010) uneingeschränkt zuzustimmen, wenn er einen Beitrag über die Komplexität gesellschaftlicher Strukturen mit der programmatischen Überschrift „Integration ist von gestern, ‚Diversity' für morgen" versieht. Dies gilt umso mehr, wenn man bedenkt, dass in den meisten Gesellschaften dem Terminus Integration eine eher heikle Konnotation vorauseilt: Einhergehend mit einer negativen Diagnose sollen sich Minderheiten an den Idealen und Konzepten der Mehrheit orientieren, wobei als Ausgangspunkt ein Gesellschaftsverständnis fungiert, wie es aus Sicht der Majorität sein sollte, und nicht, wie es konkret anzutreffen ist. Angesichts der Heterogenität der meisten Gesellschaften, die sich in den kommenden Jahren eingedenk immer komplexerer soziokultureller Transformationsprozesse noch einmal deutlich steigern respektive ausdifferenzieren dürfte, ist es nur zu konsequent, wenn der Zukunftsforscher Horx (2001, S. 68) Diversität als einen „Mega-Mega-Trend" etikettiert, der alle anderen sozialen und ökonomischen Trends in einer Art Meta-Prinzip zusammenfasst.

Analog zu Corporate Social Responsibility versteht es sich von selbst, dass die Implementierung von Diversity Management in der Regel nicht zum Selbstzweck erfolgt, sondern vielmehr eine Reaktion auf die immer komplexeren Transformationsprozesse in der heutigen Unternehmensumwelt darstellt. Unternehmen, so Becker (2015, S. 1) in diesem Zusammenhang,

> spüren die Verknappung der Talente bereits in starkem Maße. Der „War of Talents" symbolisiert als Kampfbegriff den zunehmenden Wettbewerb um kluge junge Köpfe. Eine Vielzahl von Unternehmen ... erarbeitet gegenwärtig Diversity Management-Konzepte. Die Absicht ist klar. Wer sich um die Vielfalt der Talente, Befähigungen, Erfahrungen optimal kümmert, wird von der nachwachsenden Generation als attraktiver Arbeitgeber gewählt. ... Die Unternehmen putzen sich heraus, um den Wettbewerb um Talente zu gewinnen.

Dabei liegen die Nutzenpotenziale, die sich durch die Implementierung von Diversity Management ergeben, für die Unternehmen auf der Hand: Offene Unternehmungen, die dem „heterogenen Ideal" folgen, reagieren in der Regel deutlich flexibler auf die sich immer schneller wandelnden Umweltbedingungen. Die durch eine heterogene Belegschaft bedingte Perspektivenvielfalt eröffnet nicht nur unkonventionelle Denkstrukturen – und erhöht dadurch das Kreativitäts- und Innovationspotenzial –, sondern erschließt auch neue Absatzmärkte. In diesem Kontext wird davon ausgegangen, dass eine heterogene Belegschaft deutlich besser in der Lage ist, sich auf die immer ausdifferenzierteren Bedürfnisse einer gleichfalls immer vielfältigeren Kundschaft einzustellen als eine homogene Belegschaft, wobei im Idealfall die organisationsinternen Personalstrukturen das relevante Kundenspektrum widerspiegeln (Cox und Blake 1991; Sepehri 2002; Schulz 2009; Krell und Sieben 2011; Scherle 2016).

An dieser Stelle soll keineswegs verschwiegen werden, dass eine unternehmerische Inwertsetzung personeller Vielfalt auch Risiken birgt, da sich vor allem der langfristige Nutzen dieses Managementkonzepts – ähnlich wie bei Corporate Social Responsibility – nur schwierig in operationalisierbaren Größen abbilden lässt. Hinzu kommen versteckte Kosten, die mitunter übersehen, häufig nicht erkannt oder schlichtweg ignoriert werden. Selbst einschlägige *Best-Practice*-Beispiele können in der Regel nicht auf ein schlüssiges Kosten-Nutzen-Modell verweisen, sondern versuchen, die jeweils für sie relevanten Diversitätsthemen aufzugreifen und in Wert zu setzen (Domsch und Ladwig 2003; Hanappi-Egger 2012b; Stangel-Meseke et al. 2015). Darüber hinaus wird von einigen Autoren die berechtigte Frage aufgeworfen, inwieweit mittels Diversity Management eine neoliberale Instrumentalisierung anthropogener Vielfalt erfolgt (Habisch et al. 2005; Bendl 2007; Hanappi-Egger 2012b). Gerade bei profitorientierten Unternehmen dominiert aus Sicht der Kritiker die ökonomische gegenüber der gesellschaftlichen Komponente, wobei soziokulturelle Differenzen des „Produktionsfaktors Mensch" in erster Linie zur Steigerung des Gewinns genutzt würden. Bendl (2007, S. 22 f.) schreibt in diesem Zusammenhang:

> Damit unterwirft sich auch der betriebliche Diversitätsdiskurs dem ökonomischen neoliberalen Kalkül und den Gesetzen des Marktes. Oder anders, etwas schärfer formuliert: Betriebliches Diversitätsmanagement wird von Unternehmensleitungen für das Kapital und die Gewinne der Aktienbesitzer instrumentalisiert. Die alleinige Betonung der normativen Komponente der Gleichbehandlung und Gleichstellung greift in diesem ökonomischen Kontext zu

kurz, da auch die Herstellung der Wichtigkeit von Diversitäten ... den Gesetzen des Marktes und damit den Aktienkursen unterworfen wird.

Der entscheidende Vorteil des Diversity-Konzepts gegenüber anderen Ansätzen, die sich mit menschlicher Vielfalt beschäftigen, ist die Tatsache, dass es deutlich stärker die Individualität von Personen und weniger ihre spezifischen Gruppenzugehörigkeiten betont. Eine entsprechende Logik impliziert, Diversität als eine komplexe, sich ständig transformierende Mischung von Eigenschaften, Verhaltensweisen und Talenten aufzufassen, wobei – kontrastierend zum politischen Integrationsdiskurs – eine positive Diagnose im Vordergrund steht, die dezidiert mit einer Wertschätzung von Vielfalt einhergeht. Gleichwohl wird die Annäherung an Andere – an uns nicht Vertrautes, Fremdes – für Menschen wohl immer ein ambivalentes Phänomen bleiben. Zu einigen Dimensionen menschlicher Diversität wird man leichter Zugang finden, zu anderen weniger. Annäherung kann – im Idealfall jenseits rein strategischer Personal- respektive Marktüberlegungen – gelingen und somit zu einer Bereicherung des Eigenen werden. Sie kann aber auch scheitern und somit sowohl das Fremd- als auch das Selbstverständnis belasten, im schlimmsten Fall sogar zerstören (Wulf 1999).

Selbstreflexion sollte in diesem Zusammenhang – wie Fuchs (2007, S. 32) konstatiert – ein stetiger Begleiter sein:

> Wir können nicht neutral oder metatheoretisch über Diversität und Differenz verhandeln. Wir sind, wie immer wir auch analytisch Stellung beziehen, selbst in das Feld an kontroversen Positionen zu Diversität und Differenz verwoben und produzieren selbst neue Differenzen. Was wir machen können und machen sollten, ist, reflexiv mit dieser Situation und unserer Position umzugehen.

Entsprechende Einsicht geht mit der expliziten Forderung einher, unsere Reflexionen kontinuierlich in den diversitätsorientierten Dialog einzuspeisen, denn nur so wirken wir der Gefahr entgegen, dass wir doch wieder nur unser eigenes Weltverständnis in die Anderen hineinlegen, ohne jedoch deren Perspektiven Gehör zu verschaffen. Folgt man Page (2007, S. 374 f.), so sind es gerade die in der Regel als herausfordernd empfundenen Differenzen, die menschliche Vielfalt so wertvoll machen und in letzter Konsequenz eine – gerade in schwierigen Zeiten hoffnungsvoll stimmende – *Logic of Diversity* implizieren:

> What each of us has to offer, what we can contribute to the vibrancy of our worlds, depends on our being different in some way, in having combinations of perspectives, interpretations, heuristics, and predictive models that differ from those of others. These differences aggregate into a collective ability that exceeds what we possess individually. ... People often speak of the importance of tolerating difference. We must move beyond tolerance and toward making the world a better place. ... We should recognize that a talented „I" and a talented „they" can become an even more talented „we". That happy vision rests not on blind optimism, or catchy mantras. It rests on logic. A logic of diversity.

Literatur

Alsheimer R, Moosmüller A, Roth K (Hrsg) (2000) Lokale Kulturen in einer globalisierenden Welt: Perspektiven auf interkulturelle Spannungsfelder. Waxmann, Münster

Antweiler C (2011) Mensch und Weltkultur: Für einen realistischen Kosmopolitismus im Zeitalter der Globalisierung. transcript, Bielefeld

Aretz H-J (2006) Strukturwandel in der Weltgesellschaft und Diversity Management in Unternehmen. In: Becker M, Seidel A (Hrsg) Diversity Management: Unternehmens- und Personalpolitik der Vielfalt. Schäffer-Poeschel, Stuttgart, S 51–74

Becker M (2006) Wissenschaftstheoretische Grundlagen des Diversity Management. In: Becker M, Seidel A (Hrsg) Diversity Management: Unternehmens- und Personalpolitik der Vielfalt. Schäffer-Poeschel, Stuttgart, S 3–48

Becker M (2015) Systematisches Diversity Management: Konzepte und Instrumente für die Personal- und Führungspolitik. Schäffer-Poeschel, Stuttgart

Bendl R (2007) Betriebliches Diversitätsmanagement und neoliberale Wirtschaftspolitik – Verortung eines diskursiven Zusammenhangs. In: Koall I, Bruchhagen V, Höher F (Hrsg) Diversity Outlooks: Managing Diversity zwischen Ethik, Profit und Antidiskriminierung. LIT, Hamburg, S 10–28

Bendl R, Hanappi-Egger E, Hofmann R (2012) Diversität und Diversitätsmanagement: Ein vielschichtiges Thema. In: Bendl R, Hanappi-Egger E, Hofmann R (Hrsg) Diversität und Diversitätsmanagement. Facultas, Wien, S 11–21

Brazzel M (2003) Historical and theoretical roots of diversity-management. In: Plummer DL (Hrsg) Handbook of diversity-management: beyond awareness to competency based learning. University Press of America, New York, S 51–93

Cox T (1991) The multicultural organization. Acad Manag Exec 5(2):34–47

Cox T (1993) Cultural diversity in organizations: theory, research and practice. Berrett-Koehler, San Francisco

Cox T, Blake S (1991) Managing cultural diversity: implications for organizational competitiveness. Acad Manag Exec 5(3):45–56

Dass P, Parker B (1999) Strategies for managing human resource diversity: From resistance to learning. Acad Manag Exec 13(2):68–80

Domsch ME, Ladwig DH (2003) Management-Diversity: Das Hidden-Cost-Benefit-Phänomen. In: Pasero U (Hrsg) Gender – from costs to benefits. Westdeutscher Verlag, Wiesbaden, S 253–270

Fuchs M (2007) Diversity und Differenz – Konzeptionelle Überlegungen. In: Krell G et al (Hrsg) Diversity Studies: Grundlagen und disziplinäre Ansätze. Campus, Frankfurt am Main, S 17–34

Gardenswartz L, Rowe A (2008) Diverse teams at work: capitalizing on the power of diversity. Society for Human Resource Management, Alexandria

Habisch A et al (Hrsg) (2005) Corporate social responsibility across Europe. Springer, Berlin

Hanappi-Egger E (2012a) Die Rolle von Gender und Diversität in Organisationen: Eine organisationstheoretische Einführung. In: Bendl R, Hanappi-Egger E, Hofmann R (Hrsg) Diversität und Diversitätsmanagement. Facultas, Wien, S 175–201

Hanappi-Egger E (2012b) Diversitätsmanagement und CSR. In: Schneider A, Schmidpeter R (Hrsg) Corporate Social Responsibility: Verantwortungsvolle Unternehmensführung in Theorie und Praxis. Springer, Berlin, S 177–189

Hansen K (2006) Umgang mit personeller Vielfalt. Alltagskonstruktionen von Verschiedenheit in deutschen Unternehmen. In: Becker M, Seidel A (Hrsg) Diversity Management: Unternehmens- und Personalpolitik der Vielfalt. Schäffer-Poeschel, Stuttgart, S 333–348

Hansen K (2014) CSR und Diversity. In: Hansen K (Hrsg) CSR und Diversity Management: Erfolgreiche Vielfalt in Organisationen. Springer Gabler, Berlin, S 1–51

Harvey D (1994) Die Postmoderne und die Verdichtung von Raum und Zeit. In: Kuhlmann A (Hrsg) Philosophische Ansichten der Kultur der Moderne. Fischer, Frankfurt am Main, S 48–78

Herrmann-Pillath C (2007) Diversity: Management der offenen Unternehmung. In: Koall I, Bruchhagen V, Höher F (Hrsg) Diversity Outlooks: Managing Diversity zwischen Ethik, Profit und Antidiskriminierung. LIT, Hamburg, S 202–222

Hofmann R (2006) Lernen, Wissen und Kompetenz im Gender- und Diversitätsmanagement. In: Bendl R, Hanappi-Egger E, Hofmann R (Hrsg) Agenda Diversität: Gender- und Diversitätsmanagement in Wissenschaft und Praxis. Hampp, Mering, S 10–24

Horx M (2001) Smart Capitalism: Das Ende der Ausbeutung. Eichborn, Frankfurt am Main

Krell G, Sieben B (2011) Diversity Management: Chancengleichheit für alle und auch als Wettbewerbsvorteil. In: Krell G, Ortlieb R, Sieben B (Hrsg) Chancengleichheit durch Personalpolitik: Gleichstellung von Frauen und Männern in Unternehmen und Verwaltungen: Rechtliche Regelungen – Problemanalysen – Lösungen. Gabler, Wiesbaden, S 155–174

Leenen WR, Scheitza A, Wiedemeyer M (2006) Diversität nutzen. Waxmann, Münster

Page SE (2007) The difference: how the power of diversity creates better groups, firms, schools, and societies. Princeton University Press, Princeton

Plett A (2002) Managing Diversity – Theorie und Praxis der Arbeit von Lee Gardenswartz und Anita Rowe. In: Koall I, Bruchhagen V, Höher F (Hrsg) Vielfalt statt Lei(d)tkultur: Managing Gender und Diversity. LIT, Münster, S 99–112

Popper K (1945) The open society and its enemies. Routledge & Kegan Paul, London

Scherle N (2006) Bilaterale Unternehmenskooperationen im Tourismussektor: Ausgewählte Erfolgsfaktoren. Gabler, Wiesbaden

Scherle N (2016) Kulturelle Geographien der Vielfalt: Von der Macht der Differenzen zu einer Logik der Diversität. transcript, Bielefeld

Schulz A (2009) Strategisches Diversitätsmanagement: Unternehmensführung im Zeitalter der kulturellen Vielfalt. Gabler, Wiesbaden

Sepehri P (2002) Diversity und Managing Diversity in internationalen Organisationen: Wahrnehmungen zum Verständnis und ökonomischer Relevanz; Dargestellt am Beispiel einer empirischen Untersuchung in einem Unternehmensbereich der Siemens AG. Hampp, Mering

Stangel-Meseke M, Hahn P, Steuer L (2015) Diversity Management und Individualisierung: Maßnahmen und Handlungsempfehlungen für den Unternehmenserfolg. Springer Gabler, Wiesbaden

Stehr C, Vodosek M (2014) Chance und Herausforderung: Diversity Management und CSR am Beispiel internationaler Unternehmen. In: Hansen K (Hrsg) CSR und Diversity Management: Erfolgreiche Vielfalt in Organisationen. Springer Gabler, Berlin, S 177–192

Syed J, Özbilgin M (2015) Managing diversity and inclusion: an international perspective. Sage, Los Angeles

Terkessidis M (2010) Interkultur. Suhrkamp, Berlin

Thomas RR (1996) Redefining diversity. AMACOM, New York

Thomas RR (2001) Management of Diversity: Neue Personalstrategien für Unternehmen. Gabler, Wiesbaden

Thomas DA, Ely RJ (1996) Making differences matter: A new paradigm for managing diversity. Harv Bus Rev 74(5):79–90

Vedder G, Krause F (2014) Corporate Social Responsibility und Diversity Management – eine Win-Win-Situation. In: Hansen K (Hrsg) CSR und Diversity Management: Erfolgreiche Vielfalt in Organisationen. Springer Gabler, Berlin, S 57–75

Wahab S, Cooper C (2001) Tourism, globalisation and the competitive advantage of nations. In: Wahab S, Cooper C (Hrsg) Tourism in the age of globalisation. Routledge, London, S 3–21

Warmuth G-S (2012) Die strategische Implementierung von Diversitätsmanagement in Organisationen. In: Bendl R, Hanappi-Egger E, Hofmann R (Hrsg) Diversität und Diversitätsmanagement. Facultas, Wien, S 203–236

Wulf C (1999) Der Andere. In: Hess R, Wulf C (Hrsg) Grenzgänge: Über den Umgang mit dem Eigenen und dem Fremden. Campus, Frankfurt am Main, S 13–37

Prof. Dr. Nicolai Scherle studierte Geografie, Geschichte und Journalistik an der Katholischen Universität Eichstätt-Ingolstadt sowie an der University of London. Seit 2012 lehrt und forscht er als Professor für Tourismusmanagement und Interkulturelle Kommunikation an der Unternehmerhochschule BiTS in Iserlohn, an der er gleichzeitig Prodekan für International Management for Service Industries ist. Die Forschungsschwerpunkte des Geografen liegen insbesondere in den Bereichen Kulturgeografische Regionalforschung (Wirtschafts- und Tourismusgeografie), Entrepreneurship sowie Interkulturelle Kommunikation und Diversity. Seine jüngste Publikation „Kulturelle Geographien der Vielfalt: Von der Macht der Differenzen zu einer Logik der Diversität", in der menschliche Heterogenität aus unterschiedlichen Perspektiven und in verschiedenen historischen Kontexten beleuchtet wird, versteht sich als Plädoyer für „gelebte Vielfalt" jenseits von Political Correctness und strategischen Markt- und Personalüberlegungen. Er ist Mitglied der Royal Geographical Society, der Academy of Management sowie des interkulturellen Kompetenznetzwerks FORAREA.

Dr. Volker Rundshagen ist seit 2006 Lecturer in Business and Tourism an der Cologne Business School. Durch seine Ausbildung zum Reiseverkehrskaufmann und Tätigkeiten bei Reiseveranstaltern, Fluggesellschaften und in der touristischen Beratung hat er viel praktische Erfahrung gesammelt. 2001 schloss er ein Studium zum MA Tourism Management an der University of Brighton ab, und 2007 erhielt er nach erfolgreichem Teilzeitstudium in Deutschland und Kentucky den MBA der University of Louisville. Im Jahr 2016 hat er an der University of Bath promoviert. In seiner Doktorarbeit befasste er sich mit Business Schools im Zeitalter neoliberaler Ideologie. Seine Forschungsschwerpunkte sind die Rolle der Business-School in der Gesellschaft und die Gestaltung einer verantwortungsbewussten, pluralistischen Wirtschafts- und Tourismus-Hochschulbildung. Er ist Mitglied der Academy of Management und dort aktiv in den Sparten Management Education and Development (MED) sowie Critical Management Studies (CMS).

Formale CSR-Ansätze und Zertifizierungssysteme im Tourismus

Herbert Hamele

1 Globale Agenda 2030 als Zielekatalog

Es gibt zwar keine allgemein verbindliche Definition von „Corporate Social Responsibility" (soziale oder gesellschaftliche Verantwortung von Unternehmen), doch „im modernen Verständnis wird CSR zunehmend als ein ganzheitliches, alle Nachhaltigkeitsdimensionen integrierendes Unternehmenskonzept aufgefasst, das alle

> sozialen, ökologischen und ökonomischen Beiträge eines Unternehmens zur freiwilligen Übernahme gesellschaftlicher Verantwortung, die über die Einhaltung gesetzlicher Bestimmungen (Compliance) hinausgehen, (Herchen 2007, S. 25 f.)

beinhaltet."

Gemäß dem 3-Säulen-Modell einer nachhaltigen Entwicklung (soziale, ökologische und ökonomische Säule) ist es somit Aufgabe der unternehmerischen Verantwortung, durch freiwillige Maßnahmen einen möglichst hohen sozialen, ökologischen und wirtschaftlichen Nutzen für die Gesellschaft zu erzielen. Den aktuellen globalen Rahmen dazu liefert die im September 2015 von den Vereinten Nationen vereinbarte Agenda 2030 für nachhaltige Entwicklung mit ihren 17 Zielen. Diese

> sind integriert und unteilbar und tragen in ausgewogener Weise den drei Dimensionen der nachhaltigen Entwicklung Rechnung: der wirtschaftlichen, der sozialen und der ökologischen Dimension. Die Ziele und Zielvorgaben werden in den nächsten fünfzehn Jahren den Anstoß zu Maßnahmen in den Bereichen geben, die für die Menschheit und ihren Planeten von entscheidender Bedeutung sind (Vereinte Nationen 2015).

H. Hamele (✉)
ECOTRANS e.V.
Pirmasenser Strasse 5, 66123 Saarbrücken, Deutschland
E-Mail: herbert.hamele@ecotrans.de

© Springer-Verlag GmbH Deutschland 2017
D. Lund-Durlacher et al. (Hrsg.), *CSR und Tourismus*,
Management-Reihe Corporate Social Responsibility, DOI 10.1007/978-3-662-53748-0_9

Dem internationalen Tourismus als einer der weltgrößten Wirtschaftszweige mit seinen Millionen von Unternehmen kommt hier eine besondere Verantwortung zu: jeder Betrieb vor Ort, jede Destination, jeder regionale oder internationale Reiseveranstalter oder Transportunternehmer, jeder Betreiber eines Buchungsportals oder Reisebüros, aber auch jeder Geschäfts- oder Urlaubsreisende als Konsument hat zahlreiche Einflussmöglichkeiten in mehr oder weniger nachhaltige Wirkungen seines Handelns.

Das Ziel 12 der Agenda 2030 zur „Sicherstellung nachhaltiger Konsum- und Produktionsmuster" betrifft uns alle. Der Abschn. 12b. bezieht sich dabei direkt auf den Tourismus. Hier lautet das Unterziel

> Instrumente zur Beobachtung der Auswirkungen eines nachhaltigen Tourismus, der Arbeitsplätze schafft und die lokale Kultur und lokale Produkte fördert, auf die nachhaltige Entwicklung entwickeln und anwenden.

Der Abschn. 12.6 schließt dazu die Instrumente der CSR mit ein. Das Ziel 12.6 lautet

> Die Unternehmen, insbesondere große und transnationale Unternehmen, dazu ermutigen, nachhaltige Verfahren einzuführen und in ihre Berichterstattung Nachhaltigkeitsinformationen aufzunehmen.

2 Nachhaltiger Tourismus als Ziel für Europa

Die Europäische Union hat sich zum Ziel gesetzt, international die Nummer 1 bei der Entwicklung und dem Angebot eines nachhaltigen Tourismus zu sein (Europäisches Parlament, Ausschuss für Transport und Tourismus, Anhörung am 14.4.2015 in Brüssel). Ein wichtiges Instrument stellt dabei ETIS, das Europäische Tourismusindikatorensystem für nachhaltiges Destinationsmanagement, dar. Dieses freiwillige Instrument soll von möglichst vielen Destinationen in allen EU-Ländern zur Erfassung ihrer Nachhaltigkeit im Tourismus und als Planungsgrundlage genutzt werden (European Commission 2016). Die ETIS-Indikatoren folgen der Struktur der globalen Kriterien für nachhaltigen Tourismus, herausgegeben vom Global Sustainable Tourism Council, und die sind in die Bereiche Management (A), sozioökonomische Aspekte (B), kulturelle Aspekte (C) und Umweltaspekte (D) unterteilt. Der ETIS-Kernindikator *„Nachhaltiges Tourismusmanagement in Tourismusunternehmen"* bezieht sich direkt auf CSR und freiwillige Zertifizierungen. Er fordert die Angabe des

> Anteil (in %) der Tourismusunternehmen/-einrichtungen in der Destination mit einer freiwilligen Zertifizierung/Kennzeichnung von Umwelt-/Qualitäts-/Nachhaltigkeitsmaßnahmen und/oder SVU-Maßnahmen.

Eine Destination, die sich nachhaltig nennt, sollte also einen hohen Anteil an Hotels, Restaurants und anderer Tourismusbetriebe z. B. mit einem Umwelt- oder Nachhaltigkeitszertifikat vorweisen.

Von der betrieblichen bis zur globalen Ebene ist der Handlungsrahmen mit den entsprechenden Herausforderungen definiert:

- Die Betriebe entlang der touristischen Leistungskette sollen durch mehr Nachhaltigkeit und soziale Verantwortung ihre Wettbewerbsfähigkeit erhalten und stärken.
- Die Destinationen sollen im Rahmen ihrer Tourismusplanung, Angebotsgestaltung und Vermarktung nachhaltigen Angeboten den Vorzug geben und Nutzen für alle Beteiligten und Interessengruppen erzielen.
- Die Politik und die Verbände in Deutschland – allen voran der Deutsche Tourismusverband – geben den Destinationen eine klare Orientierung und Hilfestellungen zur Entwicklung nachhaltiger Tourismusangebote (Dazu gehört auch der neue Praxisleitfaden „Nachhaltigkeit im Deutschlandtourismus: Anforderungen, Empfehlungen, Umsetzungshilfen" des Deutschen Tourismusverbandes, März 2016).
- Die Europäische Union hat sich zum Ziel gesetzt, dass Europa als internationales Reiseziel die Nummer 1 mit dem größten Anteil an nachhaltigem Tourismus ist und bleibt und setzt dabei auf die große Vielfalt seiner Angebote.
- Weltweit soll jegliche Form des Tourismus in Zukunft umweltverträglich, sozial-verantwortlich und wirtschaftlich ergiebig sein und gleichzeitig genügend Entwicklungsmöglichkeiten für zukünftige Generationen bieten, sprich nachhaltig sein.

Abb. 1 Die globalen Nachhaltigkeitsziele erfordern Handeln auf allen Ebenen. (Quelle: eigene Darstellung)

- Die Nachhaltigkeitsziele 2030 bilden dazu für alle Beteiligten auf allen Ebenen die notwendigen „Leitplanken".

Damit die Nachhaltigkeitsstärken von Betrieben und Destinationen zu einem Wettbewerbsvorteil werden und als solche aktiv genutzt werden können, ist die glaubwürdige Darstellung einer entsprechend hohen Umwelt- und Sozialverträglichkeit durch unabhängige Zertifikate unerlässlich (siehe Abb. 1).

3 Umwelt- und Nachhaltigkeitszertifikate im Tourismus weltweit

3.1 Vorgeschichte

Die rasante Entwicklung des Tourismus nach dem 2. Weltkrieg geht einher mit der deutschsprachigen Kritik der 1950er- bis 1990er-Jahre des 20. Jahrhunderts an den negativen sozialen, ökologischen und ökonomischen Folgen in den besuchten Reisezielen. Diese beginnt mit Hans-Magnus-Enzensbergers „Der Tourist zerstört, was er sucht, indem er es findet" und reicht über „Die Landschaftsfresser" von Jost Krippendorf und Robert Jungks „Sanfter Tourismus", zu den Heften der Gruppe „Neues Reisen" bis hin zu den Leitsätzen der Arbeitsgemeinschaft „Tourismus mit Einsicht". Aus ersten Leitfäden und Empfehlungen für umweltschonenderen Tourismus wurden vor 30 Jahren mit der „Blauen Europaflagge" für Badestrände und mit der „Silberdistel" im Kleinwalsertal/Österreich die ersten Zertifikate für entsprechende freiwillige Umwelt-Leistungen entwickelt. Die „Blaue Europaflagge" wird heute als „Blue Flag" weltweit für Strände und Marinas angeboten, anstelle der „Silberdistel" können heute die Gastbetriebe im Kleinwalsertal zwischen mehreren nationalen und internationalen Zertifikaten für umweltverträglichen oder gar nachhaltigen Tourismus auswählen.

Seit 1994 veröffentlicht und aktualisiert ECOTRANS, das europäische Netzwerk für eine nachhaltige Tourismusentwicklung, regelmäßig eine ständig wachsende Liste von Umwelt- und Nachhaltigkeitszeichen, mit dem Ziel die Transparenz in diesem Bereich zu fördern (Hamele 1994).

Zur Jahrtausendwende wurden weltweit rund 60 solcher Zertifikate im Tourismus angeboten, 2015 hat ECOTRANS bereits über 150 solcher Zertifikate auf der Informationsplattform DestiNet.eu gelistet (siehe www.DestiNet.eu).

3.2 30 Jahre Tendenzen und Entwicklungen

Im Rückblick auf die vergangenen 30 Jahre Zertifizierung von umweltverträglichem und nachhaltigem Tourismus lassen sich heute folgende Tendenzen und Entwicklungen feststellen.

Zertifizierungssysteme sind ein Instrument, um den Tourismusmarkt freiwillig in Richtung Nachhaltigkeit zu bewegen. Dies funktioniert nur, wenn die „bessere Wahl" von den Konsumenten bevorzugt wird und somit die Wettbewerbsfähigkeit des zertifizierten Tourismus verstärkt wird und die Investitionen in die Nachhaltigkeit amortisiert werden. Bislang ist das nur in geringem Umfang der Fall.

Seit den ersten Zertifikaten vor 30 Jahren ist die Zahl von Labels und Zertifikaten auf mittlerweile über 150 gestiegen (eigene Erhebungen des Autors). Vom deutschsprachigen Raum haben sich die freiwilligen Instrumente über Europa mittlerweile in alle Reiseländer weltweit verbreitet.

Ursprünglich für Hotels und Strände entwickelt, gibt es heute Umwelt- und Nachhaltigkeitszertifizierungen für alle Arten von Tourismusbetrieben und Destinationen. Die Zertifizierungssysteme werden sowohl auf lokaler, regionaler, nationaler als auch internationaler Ebene angewendet. Neben der ursprünglichen Ausrichtung auf Umweltziele umfassen heute immer mehr Standards auch soziale, kulturelle und ökonomische Ziele. Heute sind 26 Standards und drei Zertifizierungssysteme international durch den Global Sustainable Tourism Council (GSTC) anerkannt (GSTC o. J.). Die Bandbreite hinsichtlich der Reichweite von Zertifikaten reicht von kleinen Zertifikaten mit weniger als 50 ausgezeichneten Betrieben bis zu internationalen Labels mit 8000 Betrieben und mehr.

Die meisten Zertifizierungssysteme werden von öffentlichen und zivilen Organisationen in Kooperation getragen. Daneben gibt es rein öffentliche bzw. rein private Labels und Zertifizierungen. Für die Entwicklung und Markeinführung der Zertifizierungssysteme werden häufig öffentliche Mittel und Förderungen genutzt, wobei die meisten Zertifizierungssysteme nach dieser geförderten Phase aufgrund geringer Marktdurchdringung in finanzielle Schwierigkeiten kommen. Nur wenige Systeme tragen sich finanziell durch die Einnahmen selbst.

Die meisten Systeme decken ihre Kosten über Prüfungsgebühren und Zertifizierungslizenzen ab. Diese können von 100 € Jahresgebühr für einen kleinen Betrieb bis zu 10.000 € für eine Destination reichen. Nur wenige Labels werden kostenfrei angeboten. Neben der Prüfung und Zertifizierung bieten einige Systeme den zu zertifizierenden Unternehmen auch zusätzlich Schulungen zur Vorbereitung und/oder Marketingunterstützung an. Zur Überprüfung des Unternehmens werden in der Regel unabhängige Audits vor Ort durchgeführt. Nur wenige Systeme beschränken ihr Prüfverfahren auf Stichproben oder reine Dokumentenprüfung am Schreibtisch.

Mit Ausnahme von einigen wenigen Systemen folgen die meisten Zertifikate dem Postulat der Transparenz und veröffentlichen ihre Standards mit Kriterien und Richtlinien im Internet.

Weltweit sind etwa 30.000–40.000 Tourismusbetriebe und Destinationen mit einem Umwelt- oder Nachhaltigkeitszertifikat ausgezeichnet, davon rund die Hälfte in Europa.[1]

---

[1] Eigene Erhebungen des Autors.

Der Marktanteil von zertifizierten „grünen" Tourismusbetrieben beträgt somit weniger als 1 % (eigene Berechnung des Autors).

Auch sind die Labels, für die sich Tourismusbetriebe oder Destinationen in einem Land bewerben können, bei ihren Zielgruppen kaum oder gar nicht bekannt. Im Schnitt liegt der Bekanntheitsgrad bei unter 10 %.[2]

Seit Bestehen des GSTC ist in den vergangenen Jahren das Interesse bei Reiseunternehmen, Buchungsportalen und Tourismusmarketingorganisationen an der Vermarktung grüner Angebote etwas gestiegen.[3]

Die positive Wirkung freiwilliger Zertifizierungen über die gesetzlichen Vorschriften hinaus kann mit folgender Formel erfasst werden: Umweltbelastung der zertifizierten Betriebe (z. B. CO_2-Emmissionen, Wasserverbrauch oder Restmüllmenge pro Gast und Übernachtung) × Anzahl der Jahre. Je länger ein Zertifikat auf dem Markt ist und je mehr Betriebe die Kriterien für die Zertifizierung erfüllen, desto höher ist die Wirkung des Zertifizierungssystems. Setzt man dann die CO_2-Emmissionen der zertifizierten Hotels in Österreich (z. B. 10 kg/Übernachtung) in Bezug zu den durchschnittlichen Emissionswerten in der Österreichischen Hotellerie (z. B. 20 kg/Übernachtung), hat man einen guten Indikator für die positive Umweltwirkung des jeweiligen Zertifikates. Und: mehrere zertifizierte Hotels legen bereits ihre CO2-Emissionswerte offen und kompensieren diese mit z. B. 50 Cent pro Übernachtung. Glaubwürdigkeit und Transparenz tragen zum positiven Image bei den Gästen und zur Erhöhung der langfristigen Wettbewerbsfähigkeit bei.

Freiwillige Zertifizierungssysteme zeigen die Machbarkeit bestimmter Maßnahmen bei gleichzeitiger Erhaltung oder gar Stärkung der Wettbewerbsfähigkeit. Zertifizierte Betriebe sind häufig Gewinner von Wettbewerben und sogenannte Best-Practice-Beispiele, sie liefern Daten für Monitoring und stellen bei Bedarf eine gute Grundlage dar für die Formulierung und Akzeptanz von allgemeinverbindlichen Gesetzesvorlagen[4]. So sind z. B. die Energie- und Wasserverbrauchswerte von 400 umweltzertifizierten Beherbergungsbetrieben aus der Untersuchung „Umweltleistungen europäischer Tourismusbetriebe" (Hamele und Eckardt 2006) in die Studie „Best Environmental Management Practice in the Tourism Sector, Learning from Frontrunners" (Styles et al. 2013) eingeflossen. Diese Studie wiederum ist die wissenschaftliche Grundlage für das am 15. April 2016 veröffentlichte Referenzdokument der Europäischen Union zur Unterstützung der Unternehmen der Tourismusbranche bei der Verbesserung ihrer Umweltleistung (http://www.emas.de/aktuelles/2016/28-04-16-srd-eu/).

---

[2] Eigene Erhebungen des Autors.
[3] So kennzeichnet z. B. die DER Touristik die Hotels in ihren Katalogen mit den Logos der Zertifikate. Die Buchungsplattform bookdifferent.com hat sich als Partner von booking.com auf die Vermarktung zertifizierter Beherbergungsbetriebe spezialisiert.
[4] Eigene Erhebungen des Autors.

3.3 Reaktionen auf die Label-Flut: von Mohonk bis GSTC

Heute werden weltweit über 100 Ökolabels und Nachhaltigkeitszertifikate für Tourismus vergeben, die meisten davon auf nationaler Ebene für Hotels und Restaurants, etwa die Hälfte in Europa. Die Labels mit Schwerpunkt Umwelt stellen nach wie vor die Mehrheit, doch neuere Zertifikate und solche in Lateinamerika, Afrika oder Asien stellen auch soziale, kulturelle und wirtschaftliche Anforderungen zur Unterstützung einer nachhaltigen Entwicklung. Diese durchaus willkommene Entwicklung wird aber seit mehr als zehn Jahren auch zunehmend kritisch gesehen: Welche dieser Zertifikate sind wirklich gut? Wie können sie unterschieden werden? Und vor allem: Wie können sie den Markt tatsächlich bewegen?

Als Reaktion auf die steigende Anzahl von Zertifikaten und die damit einhergehende Gefahr der Verwirrung und der Irreführung („Greenwashing") haben sich im Jahr 2000 rund 35 Organisationen und Experten in Mohonk (USA) getroffen und sich auf eine Reihe von Anforderungen an glaubwürdige Zertifikate geeinigt (Mohonk 2000 Agreement, vgl. Rainforest Alliance 2017). Die VISIT Initiative in Europa hat 2001–2004 zusammen mit 12 führenden Zertifikaten einen Mindeststandard entwickelt und entsprechende Marketinginitiativen gestartet. Mit den „Umweltleistungen europäischer Tourismusbetriebe" wurden 2006 erstmals Kennziffern zertifizierter Beherbergungsbetrieben zu Energie, Wasser, Abfall veröffentlicht (Hamele und Eckardt 2006). Auf globaler Ebene hat im Rahmen des sogenannten Marrakesch-Prozesses eine „Task Force Sustainable Tourism" das Konzept für einen „Sustainable Tourism Stewardship Council" entwickelt (http://www.rainforest-alliance.org/newsroom/press-releases/un-stsc). Dieser sollte – ähnlich dem „Forest Stewardship Council" bei Holzprodukten – die Umwelt- und Nachhaltigkeitszertifikate im Tourismus weltweit prüfen und anerkennen und somit für mehr Klarheit und Wirkung („Mainstreaming Sustainable Tourism") sorgen. Im Jahr 2008 wurde dazu der Mindeststandard „Global Sustainable Tourism Criteria" für Hotels und Reiseunternehmen entwickelt und als Trägerorganisation der „Sustainable Tourism Stewardship Council" gegründet, der 2010 in „Global Sustainable Tourism Council" (GSTC) umbenannt wurde und in den USA als NGO eingetragen. Auf Basis der GSTC-Richtlinien für die Prüfung von Standards und Zertifikaten für nachhaltigen Tourismus wurden mittlerweile 33 Standards und drei Zertifizierungen mit ihrem Prüfverfahren anerkannt (Dezember 2016). Zur Absicherung der eigenen Glaubwürdigkeit strebt GSTC nun die Vollmitgliedschaft bei der ISEAL Alliance, der globalen Mitgliedsorganisation für Nachhaltigkeitsstandards, an. Dazu sind die weltweit anerkannten ISEAL-Prinzipien für Glaubwürdigkeit zu erfüllen (http://www.isealalliance.org/our-work/defining-credibility/credibility-principles).

4 Transparenz und Markterreichung

Ebenso wichtig wie die Glaubwürdigkeit – etwa durch internationale Anerkennung – ist die Markterreichung der Zertifikate und ihrer zertifizierten Unternehmen als „die bessere

Wahl". Erst wenn die Entscheidungsträger und Marktteilnehmer das bessere, weil entsprechend geprüfte und zertifizierte Angebot leicht finden können und in ihrer Entscheidung bevorzugen, bewegen sie den Tourismusmarkt in Richtung nachhaltige Entwicklung, machen sie nachhaltigen Tourismus zum „Mainstream".

4.1 Beispiel: „Führer durch den Labeldschungel"

Zur Förderung eines nachhaltigen Konsumentenverhaltens haben „Ecotrans", die „Naturfreunde Internationale" (NFI), der „Arbeitskreis Tourismus und Entwicklung" (AKTE) und Fachstelle „Tourism Watch" von Brot für die Welt 2012 die Broschüre „Nachhaltiger Tourismus: Führer durch den Labeldschungel" herausgegeben und 2016 neu aufgelegt (ECOTRANS et al. o. J.). Die Leserinnen und Leser werden in der Einleitung wie folgt an das Thema herangeführt:

> Sie gehören zur wachsenden Zahl von kritischen Konsumenten, die beim Einkauf Produkte wählen, welche unter fairen Bedingungen sowie der Achtung der Menschenrechte und der Umwelt hergestellt werden? Stellen Sie jetzt auch bei der Wahl Ihrer Urlaubsangebote sicher, dass Ihre Anbieter soziale und ökologische Standards einhalten. Dabei können Ihnen glaubwürdige Gütesiegel eine wichtige Entscheidungshilfe bieten (ECOTRANS et al. o. J., S. 5).

Im Hauptteil erklärt die Broschüre, worauf es bei Nachhaltigkeitszertifizierungen im Tourismus ankommt und stellt die wichtigsten Labels mit ihren entsprechenden Kurzprofilen vor. Diese geben unter anderem Aufschluss darüber, welche Trägerorganisationen hinter den Labels stecken, welche Nachhaltigkeitsthemen abgedeckt werden, ob die Kriterien des Zertifikates veröffentlicht sind, wie sie geprüft werden und ob der Standard von GSTC international anerkannt ist.

Eine Überblickstabelle gibt Aufschluss darüber, wie sich die 20 vorgestellten Labels bezüglich Transparenz oder Glaubwürdigkeit unterscheiden (siehe Abb. 2).

4.2 Beispiel: „Wissensportal DestiNet.eu"

Die Anerkennung von Standards und Zertifikaten durch den GSTC gibt dem Markt eine wichtige Orientierung, doch Reiseveranstalter und Reisebüros, Tourismusbetriebe und Destinationen, Marketingorganisationen und Fachleute brauchen zur Entscheidung oft noch weitere und detailliertere Informationen bezüglich Transparenz, Glaubwürdigkeit und Nachhaltigkeit.

- Wer steht hinter dem jeweiligen Label?
- Was verlangt der Kriterienkatalog konkret von den zertifizierten Hotels oder Reiseanbietern?

Formale CSR-Ansätze und Zertifizierungssysteme im Tourismus

Die 20 vorgestellten Zertifikate im Überblick …		Rainforest Alliance Certificate	Certification for Sustainable Tourism	Green Leaf Foundation	ECO Certification Program	Fair Trade Tourism	Ecotourism Kenya's Eco-Rating	Viabono	Österreichisches Umweltzeichen	Nordic Swan	Legambiente Turismo	ibex fairstay	Green Tourism	EU Ecolabel	TourCert	Biosphere Responsible Tourism	EarthCheck	Green Globe	Green Key	Travelife	Blaue Schwalbe
Nachhaltigkeit	Umwelt	•	•	•	•	•	•	•	•	•	•	•	•	•	•	•	•	•	•	•	•
	Soziales	•	•		•	•	•	•	•		•	•	•		•	•		•		•	•
	Wirtschaft	•	•		•				•		•	•	•		•	•		•		•	•
	Kultur	•			•				•		•		•		•	•		•		•	
Transparenz	Veröffentlicht															•		•		•*	
	Teilweise			•			•	•		•		•		•			•				•
	Nicht veröffentlicht																				
Glaubwürdigkeit	Unabhängige Prüfung vor Ort	•	•		•	•	•	•	•	•	•	•	•	•	•	•	•	•	•	•	•**
	Abhängige Prüfung vor Ort			•																	
	Prüfung am Schreibtisch																				•
Globale Anerkennung (GSTC)		•													•	•		•		•	

*Travelife für Reiseunternehmen und Reisebüros; **Teilweise

Abb. 2 Weltweiter Vergleich von Nachhaltigkeitszertifikaten im Tourismus. (Quelle: Labelführer 2016; Destinet.eu)

- Wie zuverlässig ist das Prüfverfahren?
- Welche Zertifikate stehen für mein Unternehmen oder meine Destination zur Verfügung?
- Welcher Kosten- und Zeitaufwand ist für die Zertifizierung nötig?
- Welche Zusatzleistungen bietet das Label?
- Welche Betriebe und Angebote sind wo mit dem Label zertifiziert?

Solche und weitere Informationen stehen im unabhängigen Wissensportal „DestiNet.eu" zur Verfügung. DestiNet ist eine UN-registrierte „Partnership for Sustainable Development" (2004), getragen von der Europäischen Umweltagentur (EEA), der Welttourismusorganisation (UNWTO), dem Umweltprogramm der Vereinten Nationen (UNEP) und ECOTRANS. Die globale Datenbank wird von unabhängigen ECOTRANS Experten geführt und umfasst mehr als 150 Nachhaltigkeitszertifikate im Tourismus, die 50 wichtigsten mit detaillierten Angaben zu den obigen Fragen.

4.3 Beispiel: „Die Grüne Reisekarte Deutschland"

Nachhaltiger Tourismus wirkt in den Destinationen und deshalb haben touristische Destinationen die Schlüsselrolle bei der Planung, Entwicklung und Vermarktung entsprechender Angebote. Praxisgerechte und kostengünstige Instrumente bieten den Destinationen, die häufig mit knappen Budgets und begrenzten personellen Ressourcen operieren müssen, eine gute Unterstützung.

4.3.1 Hintergrund und Entwicklung

In Deutschland wie auch in manch anderen europäischen Ländern ist das Bewusstsein und (verbale) Interesse der Bevölkerung an umweltverträglichem und sozial-verantwortlichem Reisen sehr ausgeprägt. Die überwiegende Mehrheit der Destinationen in Deutschland erwartet in den kommenden Jahren eine starke Bedeutung nachhaltiger Tourismusangebote. Insgesamt 82 % der Destinationen sehen im nachhaltigen Tourismus einen gesellschaftlichen Megatrend, auf den sich die deutschen Tourismusregionen einstellen müssen (Mascontour 2015). Auf der Nachfrageseite ist für 31 % der Bevölkerung die ökologische Verträglichkeit von Urlaubsreisen wichtig, 38 % möchten sozialverträglich verreisen (FUR 2014). Internationale Reiseveranstalter und Buchungsportale interessieren sich zunehmend für Tourismusbetriebe mit Umwelt- oder Nachhaltigkeitszertifikat. In Deutschland stehen dazu für Tourismusbetriebe aller Art mehr als 40 Zertifizierungssysteme zur Verfügung, diese haben gemäß ihrer Standards die freiwilligen Umwelt- und Nachhaltigkeitsleistungen von 4000–5000 Unternehmen geprüft und zertifiziert. Das sind gute Voraussetzungen für eine Positionierung des Themas Nachhaltigkeit im Tourismusmarketing, für eine stärkere Zusammenarbeit mit entsprechenden Zertifizierungssystemen, für eine weitere Erhöhung der Marktanteile nachhaltiger Angebote und für eine Stärkung der Wettbewerbsfähigkeit von nachhaltigem Tourismus als die bessere Wahl.

Abb. 3 Die grüne Reisekarte Deutschland: Planungshilfe und Grundlage für Marketing. (Quelle: Destinet.eu)

ECOTRANS hat zu diesem Zweck zusammen mit der Deutschen Zentrale für Tourismus das Konzept für eine „Grüne Reisekarte Deutschland" entwickelt, das derzeit in Abstimmung mit den Landesmarketingorganisationen Schritt für Schritt umgesetzt wird (siehe Abb. 3).

Die *Grüne Reisekarte Deutschland* ist eine Planungshilfe für Landesmarketingorganisationen und Destinationen in Deutschland. Sie dient der Identifizierung und Kartierung von touristischen Produktbausteinen und Angeboten, die nachweislich zu einem nachhaltigen Tourismus in Deutschland beitragen. Als Nachweise gelten Zertifikate, Labels und Auszeichnungen für hohe Umwelt- und Sozialverträglichkeit, die auf DestiNet gelistet sind. Die Karte wird von der Deutschen Zentrale für Tourismus, von internationalen Reiseunternehmen und Buchungsplattformen genutzt als Referenz für die Entwicklung ihrer Produkte und Dienstleistungen und für ihr Marketing (http://destinet.eu/who-who/market-place/green-travel-maps-1/germany/).

Die Karte verbindet und unterstützt die Rollen und Interessen von Zertifizierungssystemen mit denen der Destinationen und ihrer Betriebe vor Ort – und sie kann als Informationsquelle von allen am nachhaltigen Tourismus beteiligten Akteuren genutzt werden.

4.3.2 Aufbau

Kernstück der Karte bildet die Matrix „Zertifikate für grüne Angebotsbausteine". Darin sind die internationalen und nationalen Labels aufgelistet, die in Deutschland für eine oder mehrere der Anbieterkategorien entlang der touristischen Dienstleistungskette zur Verfügung stehen.

Jedes Zertifikat ist mit seiner Standardbeschreibung auf DestiNet verlinkt. Die teilnehmenden Zertifizierungssysteme stellen die Listen ihrer zertifizierten Betriebe und Dienstleistungen zur Verfügung. Diese werden kartiert und mit ihren Webseiten sowie ihren Zertifikaten verlinkt.

Die Destinationen in Deutschland erhalten als Planungs- und Entscheidungshilfe einen eigenen Ordner mit ihren Karten, Listen, Nachweisen und weiteren Informationen. Die Karte ist darüber hinaus mit einem „Wissenspool Tourismus und Biodiversität" verbunden und zeigt zu diesem Thema gute Praxisbeispiele. Damit wird das nationale Ziel der Erhaltung der biologischen Vielfalt durch Tourismus unterstützt.

4.3.3 Nutzen der „Grünen Reisekarte Deutschland"

Mit der Grünen Reisekarte Deutschland wird die Arbeit vieler Akteure im nachhaltigen Tourismus unterstützt:

- **Destinationen** erhalten mit ihrer Grünen Reisekarte den Bestand an Betrieben und Dienstleistern, die von einem der teilnehmenden Zertifikate und Labels zertifiziert sind. Sie können die Karte mit lokalen grünen Nachweisen und ihren Betrieben ergänzen oder intern weitere Betrieben kartieren, die an einer Zertifizierung interessiert sind. Die Karte kann u. a. als Grundlage für den Indikator 2 A (Anteil umweltzertifizierter Betriebe) des Europäischen Tourismus-Indikatoren Systems für nachhaltiges Destinationsmanagement ETIS, für Wettbewerbe oder Nachhaltigkeitszertifizierung der eigenen Destination genutzt werden. Sie hilft bei der Planung von nachhaltigen Urlaubsangeboten und stellt die Grundlage für das entsprechende Marketing durch die Landesmarketingorganisation oder die Deutsche Zentrale für Tourismus mit ihren 30 Auslandsagenturen dar.
- **Zertifizierungssysteme** werden ihren Zielgruppen in den Destinationen als grüne Nachweise mit ihren Besonderheiten und Stärken vorgestellt und empfohlen. Die zertifizierten Betriebe und Dienstleister werden mit ihren Nachweisen auf der Karte veröffentlicht und somit dem Markt transparent und zugänglich gemacht.
- **Betriebe und Leistungsträger in den Destinationen** erhalten eine differenzierte Entscheidungshilfe und leichten Zugang zu den für sie geeigneten Zertifikaten und Labels – und werden als zertifizierte Betriebe in das nationale und internationale Marketing eingebunden.
- **Reiseunternehmen, Buchungsportale und Reisebüros** erhalten in Absprache mit den Zertifizierungssystemen deren Listen für die Planung grüner Reiseangebote und zur Kennzeichnung als besonders umweltverträglich und sozial-verantwortlich.
- **Weiterführende Schulen und Universitäten, Trainingsinstitute und Beratungsfirmen** können die Grüne Reisekarte für ihre Zwecke nutzen und mit ihrem Unterricht beziehungsweise mit ihren Dienstleistungen vor Ort verbinden.
- **Nichtregierungsorganisationen und staatlichen Stellen** steht mit der Grünen Reisekarte eine Informationsquelle für das Monitoring von nachhaltigem Tourismus und

seiner Beiträge zu einer nachhaltigen Entwicklung zur Verfügung (Agenda 2030: Ziel 12b).
- **Reisende** können sich in ihren Wunschdestinationen durch die grünen Betriebe und Angebote klicken, die dahinterstehenden Labels kennenlernen und sich für die bessere Wahl entscheiden.

Die Grüne Reisekarte für Destinationen kann überall eingesetzt und zur Unterstützung von CSR-Maßnahmen vor Ort genutzt werden, selbst wenn es vor Ort noch keine Tourismusbetriebe mit Umwelt- oder Nachhaltigkeitszertifikat gibt. Destinationen können dazu die zur Verfügung stehenden Zertifikate im Rahmen ihrer Tourismusstrategie in den Betrieben bekannt machen, interessierte Unternehmer können geeignete Standards und Zertifikate auswählen, die entsprechenden Kriterien als freiwillige Maßnahmen erfüllen und ihre Leistungen zertifizieren lassen. Die Destinationen und Reiseunternehmen können im Rahmen ihrer eigenen Verantwortung diese Pioniere für ihre (ersten) nachhaltigen Tourismusangebote nutzen und im Marketing unterstützen. Weitere Betriebe vor Ort können mitmachen und somit Teil einer zunehmend nachhaltigen Destination werden.

5 Fazit und Ausblick

Die Anzahl und Verbreitung der Zertifikate begann Ende der 1980er-Jahre mit ersten Labels in Dänemark, Österreich und Deutschland, weitete sich in den 1990er-Jahren über ganz Europa und in ersten nicht-europäischen Ländern aus und hat seit 2000 mit heute über 150 internationalen und weiteren nationalen und regionalen Systemen fast alle Reiseländer erreicht. Mit dem GSTC wurde 2008 ein wichtiges Instrument geschaffen zur internationalen Orientierung für alle Beteiligten und zur Anerkennung von Zertifikaten. Die Finanzierung ist schwierig. Die Nachfrage zur Anerkennung ist noch nicht hoch. Viele der Zertifikate zeigen, welche freiwilligen Maßnahmen im Rahmen des internationalen Wettbewerbs die unterschiedlichsten gesetzlichen, ökologischen und soziokulturellen Situationen verbessern (Best-Practice-Beispiele, Beiträge zu nationalen und internationalen Wettbewerben). Allerdings ist der Marktanteil des nachhaltigen Tourismus – gemessen an der Anzahl der zertifizierten Betriebe und Destinationen – noch nicht mitentscheidend („Henne-Ei-Problem"). Nahezu alle Zertifikate haben finanzielle Probleme. Die neuen Ziele für nachhaltige Entwicklung 2030 sind eine Herausforderung und Chance für die Weiterentwicklung der Standards von GSTC und den Zertifikaten, u. a. bezüglich des Agenda-Zieles 12 zur Stärkung der nachhaltigen Produktions- und Konsummuster. Mit dem Instrument der Grünen Reisekarte (Green Travel Map) steht allen Zertifizierungen für einen umweltverträglichen, nachhaltigen Tourismus ein Instrument zur Verfügung, ihr zertifiziertes Angebot zu stärken und auszuweiten. Damit können auch die Betriebe in den Destinationen, die Reiseveranstalter, Reisebüros und Buchungsdienste ihrer gemeinsamen sozialen Verantwortung besser gerecht werden.

Literatur

Balas M, Rein H (2016) Nachhaltigkeit im Deutschlandtourismus: Anforderungen, Empfehlungen, Umsetzungshilfen. Praxisleitfaden. Berlin, Deutscher Tourismusverband. http://www.deutschertourismusverband.de/fileadmin/Mediendatenbank/Dateien/leitfaden_nachhaltigkeit_160308.pdf. Zugegriffen: 1. Jul. 2016

Destinet (o. J.) Zertifikate, Labels, Standards. http://destinet.eu/who-who/market-solutions/certificates/fol442810. Zugegriffen: 1. Jul. 2016

ECOTRANS et al. (Hrsg) (o. J.) Nachhaltigkeit im Tourismus. Wegweiser durch den Labeldschungel. http://destinet.eu/who-who/civil-society-ngos/ecotrans/publications/wegweiser-durch-den-labelschungel/download/de/2/Wegweiser%20durch%20den%20Labeldschungel%202014%20DE.pdf. Zugegriffen: 1. Jul. 2016

European Commission (2016) European tourism indicators system for sustainable destination management. http://ec.europa.eu/growth/sectors/tourism/offer/sustainable/indicators_de. Zugegriffen: 1. Jul. 2016

FUR Forschungsgemeinschaft Urlaub und Reisen e. V. (2014) Abschlussbericht zu dem Forschungsvorhaben: Nachfrage für Nachhaltigen Tourismus im Rahmen der Reiseanalyse. http://www.fur.de/fileadmin/user_upload/externe_Inhalte/Publikationen/20140912_RA14_BMU_Nachhaltige-Nachfrage_Bericht.pdf. Zugegriffen: 1. Jul. 2016

GSTC Global Sustainable Tourism Council (o. J.) GSTC Recognition. https://www.gstcouncil.org/en/gstc-certification/recognition-of-sustainable-tourism-standards/program-gstc-recognized.html. Zugegriffen: 1. Jul. 2016

Hamele H (1994) „Das Buch der Sieben Siegel": Umweltauszeichnungen im Tourismus; internationaler Überblick und Entwicklungen. Bundesministerium für Umwelt, Naturschutz und Reaktorsicherheit, München

Hamele H, Eckardt S (2006) Umweltleistungen europäischer Tourismusbetriebe, Instrumente, Kennzahlen und Praxisbeispiele. Saarbrücken, ECOTRANS. http://destinet.eu/who-who/civil-society-ngos/ecotrans/publications/umweltleistungen-europaeischer-tourismusbetriebe/download/en/1/Umweltleistungen%20europaeischer%20Tourismusbetriebe.pdf. Zugegriffen: 1. Jul. 2016

Herchen OM (2007) Corporate Social Responsibility. Wie Unternehmen mit ihrer ethischen Verantwortung umgehen Bd. 2007. BoD, Norderstedt

Mascontour (Hrsg) (2015) Nachhaltiger Tourismus in deutschen Tourismusdestinationen, Untersuchungsergebnisse. http://www.mascontour.info/old/befragung/mascontour_Zusammenfassung_Studienergebnisse_Nachhaltiger_Tourismus.pdf. Zugegriffen: 1. Jul. 2016

Rainforest Alliance (2017) Mohonk Agreement 2000. http://www.rainforest-alliance.org/business/tourism/documents/mohonk.pdf. Zugegriffen: 22.03.2017

Styles D, Schönberger H, Galvez Martos JL (2013) Best environmental management practice in the tourism sector, learning from frontrunners. European Commission, Joint Research Centre, Institute for Prospective Technological Studies, Luxemburg

Vereinte Nationen (2015) Transformation unserer Welt: die Agenda 2030 für Nachhaltige Entwicklung. Ergebnisdokument des Gipfeltreffens der Vereinten Nationen zur Verabschiedung der Post-2015-Entwicklungsagenda. 70. Tagung. http://www.un.org/depts/german/gv-70/a70-11.pdf. Zugegriffen: 1. Jul. 2016

Herbert Hamele ist Vorsitzender von ECOTRANS, Europäisches Netzwerk von Organisationen und Experten für nachhaltigen Tourismus. Die Schwerpunkte seiner Arbeit sind Umwelt- und Nachhaltigkeitszertifizierungen im Tourismus weltweit, DestiNet – Informationsportal nachhaltiger Tourismus, Entwicklung und Beratung von Projekten und Initiativen für umwelt- und sozialverträglichen Tourismus sowie die Mitarbeit in nationalen und internationalen Gremien.

Nachhaltigkeitsreporting – Strategischer Mehrwert statt administrative Pflichtübung

Matthias S. Fifka

1 Einleitung

Das Reporting ist in den letzten Jahren ein elementarer Bestandteil der CSR-Kommunikation geworden. Laut einer Studie von KPMG (2015) gaben 92 % der weltgrößten 250 Unternehmen im Jahr 2015 einen Nachhaltigkeitsbericht heraus. Angemerkt werden soll bereits an dieser Stelle, dass der Terminus „Nachhaltigkeitsbericht" im deutschen Kontext, der hier Gegenstand der Betrachtung sein soll, keineswegs der einzig verwendete ist. Ebenso geläufig sind „Corporate-Social-Responsibility(CSR)-Report", „Corporate-Responsibility(CR)-Report" oder auch der englischsprachige Begriff des „Sustainability-Report". Auch deutschsprachige Bezeichnungen wie „Gesellschaftliche Verantwortung" oder „Gesellschaftliches Engagement" sind als Berichtstitel in der Unternehmenspraxis keine Seltenheit. Der klassische „Umweltbericht" oder „Sozialbericht" ist hingegen zur absoluten Ausnahme geworden.

Trotz der verschiedenen Begrifflichkeiten bzw. Titel unterscheiden sich die Berichte hinsichtlich ihres Inhaltes kaum, denn sie dokumentieren zumeist die ökonomische, soziale und ökologische Leistung des jeweiligen Unternehmens. Da diese Elemente die weithin akzeptierten drei Säulen der Nachhaltigkeit darstellen und so die „Triple Bottom Line" konstituieren (Elkington 1997) soll im Folgenden vereinfachend von Nachhaltigkeitsreporting bzw. Nachhaltigkeitsberichterstattung gesprochen werden. Dabei ist anzumerken, dass die Begriffe „Corporate (Social) Responsibility" und „Nachhaltigkeit" sehr wohl im Hinblick auf ihren geografischen und historischen Ursprung, ihren Charakter und die von

---

Dieser Beitrag stellt eine Überarbeitung von Fifka (2013b) dar.

M. S. Fifka (✉)
Universität Erlangen-Nürnberg
Erlangen, Deutschland
E-Mail: matthias.fifka@fau.de

ihnen beschriebene Verantwortung unterschieden werden können, was hier jedoch nicht getan werden soll (siehe dazu Fifka 2011).

Die zunehmende Reporting-Aktivität von Unternehmen ist auch in Deutschland zu beobachten. So veröffentlichten im Jahr 2010 nur 44 % der 100 größten deutschen Unternehmen einen Nachhaltigkeitsbericht (Fifka 2011), im Jahr 2015 waren es bereits 70 % (KPMG 2015). Diese Entwicklung ist vornehmlich dem externen Druck von Stakeholdern geschuldet, die auf mehr Transparenz drängen. Allerdings ist das Eingehen auf diese Forderung unter vielen deutschen Unternehmen sehr zögerlich verlaufen und geschieht teils noch immer mit Vorbehalten. Diese Skepsis kann auf die Befürchtung zurückgeführt werden, eine Berichterstattung würde lediglich als „Lippenbekenntnis" und „PR-Gerede" (Biedermann 2008, S. 291) wahrgenommen werden.

Das Nachhaltigkeitsreporting stellt für Unternehmen also durchaus einen Balance-Akt dar zwischen dem Nachkommen von Transparenzforderungen auf der einen und dem Vorwurf, lediglich Selbstmarketing betreiben zu wollen, auf der anderen Seite. Zudem besteht die Gefahr, beim Versuch, den Informationswünschen der Stakeholder nachzukommen, rein reaktiv zu handeln und somit die individuellen Chancen einer proaktiven Gestaltung nicht zu nutzen.

Basierend auf diesen Vorüberlegungen thematisiert der folgende Beitrag zunächst kurz die historische Entwicklung der Nachhaltigkeitsberichterstattung und ihren gegenwärtigen Stand, bevor auf die mit ihr verbundenen Chancen und Herausforderungen für Unternehmen eingegangen wird. Darauf aufbauend werden Empfehlungen für eine effektive Berichterstattung erarbeitet. Ehe diese Betrachtungen vorgenommen werden können, ist es jedoch zunächst notwendig, sich dem Begriff des Nachhaltigkeitsreportings definitorisch zu nähern.

2 Nachhaltigkeitsreporting – ein Definitionsversuch

Ein einheitliches Verständnis von Nachhaltigkeitsreporting existiert trotz seiner Bedeutungszunahme bis heute nicht. Dies liegt auch daran, dass die Abgrenzung zu bzw. synonyme Verwendung von verwandten Begrifflichkeiten wie „CSR Reporting" äußerst uneinheitlich gehandhabt wird. Selbst wenn den Termini ein synonymer Charakter unterstellt wird, wie es in der Unternehmenspraxis häufig der Fall ist, so besteht deswegen noch keinerlei Einigkeit darüber, was Nachhaltigkeits- bzw. CSR- oder CR-Reporting kennzeichnet.

Weitestgehende Einigkeit besteht lediglich in dem Punkt, dass Nachhaltigkeitsreporting die Offenlegung ökonomischer, sozialer und ökologischer Informationen umfasst, womit das Konzept den drei Säulen der Nachhaltigkeit folgt. Dementsprechend definiert auch die Global-Reporting-Initiative (GRI) (2013) als führender Berichtsstandard den Begriff: „Ein Nachhaltigkeitsbericht legt Informationen über die ökonomische, ökologische und soziale Leistung sowie das Führungsverhalten offen."

Zunehmende Einigkeit besteht auch im Hinblick auf die Frage, ob unter Nachhaltigkeitsberichterstattung nur das Reporting zu verstehen ist, das freiwillig erfolgt. Lange gingen wissenschaftlichen Arbeiten von einer solchen freiwilligen Basis aus (für einen Überblick siehe Fifka 2012b), während die Arbeiten, die auch die gesetzlich verpflichtende Offenlegung sozialer und ökologischer Aspekte berücksichtigten (z. B. Nyquist 2003; Holgaard und Jørgensen 2005; Cowan und Gadenne 2005), in der Minderzahl waren. Dieses Verständnis war dem Umstand geschuldet, dass es in den meisten Ländern, sowohl in der EU als auch außerhalb, keine solche Berichtspflicht gab. Zwar wurde auf europäischer Ebene die Offenlegung von nichtfinanziellen Informationen lediglich börsennotierten Unternehmen durch die EU-Modernisierungsrichtlinie (2003/51/EG) insoweit vorgeschrieben, als dies für das Verständnis des Geschäftsverlaufs, des Ergebnisses oder der Lage der Gesellschaft notwendig war. Da es jedoch der Interpretation unterlag, wann eine solche Notwendigkeit vorliegt, konnte von einer durchgreifenden Verpflichtung nicht gesprochen werden. Die entsprechende Umsetzung der Richtlinie in Deutschland im HGB war deshalb für die unternehmerische Praxis eher bedeutungslos.

Die im Oktober 2014 von der EU verabschiedete Richtlinie (2014/95/EU) zur „Angabe nichtfinanzieller und die Diversität betreffender Informationen", die bis zum 1. Januar 2017 von den Mitgliedsstaaten in nationales Gesetz umzusetzen war, verändert die Situation jedoch grundlegend. Gegenstand dieser sogenannten „Berichtspflicht" sind Kapitalgesellschaften a) mit mehr als 500 Mitarbeitern, die b) 20 Mio. € Bilanzsumme oder 40 Mio. € Umsatzerlöse aufweisen und c) von öffentlichem Interesse sind. Letzteres sind laut der Auffassung des deutschen Gesetzgebers alle börsennotierten Unternehmen sowie Banken und Versicherungen, auch wenn diese nicht börsennotiert sind. Die betroffenen Unternehmen müssen im Lagebericht, insofern sie nicht Teil eines Konzerns sind, Informationen zu folgenden Bereichen veröffentlichen: Geschäftsmodell, Umweltbelange (z. B. Treibhausgasemissionen, Wasserverbrauch), Arbeitnehmerbelange (z. B. Arbeitsbedingungen, Gleichstellungsmaßnahmen), Sozialbelange (z. B. Dialog mit Stakeholdern auf kommunaler Ebene), Achtung der Menschenrechte sowie Bekämpfung von Korruption und Bestechung. Aktiengesellschaften müssen zusätzlich über Diversitätskonzepte in Vorstand und Aufsichtsrat berichten.

Während mittelständische Unternehmen aufgrund der Bemessungskriterien nicht unmittelbar von der Pflicht betroffen sind, werden sie mittelbar in ihrer Rolle als Lieferanten von Unternehmen, die unter die Pflicht fallen, zur Messung und Offenlegung sozialer und ökologischer Indikatoren aufgefordert werden. Denn die Richtlinie macht auch die Lieferkette zum Gegenstand, wenngleich sie einräumt, dass kleine und mittlere Unternehmen in ihrer Rolle als Lieferanten dadurch nicht übermäßig belastet werden sollen.

Die erwähnte Richtlinie sieht zudem in den erwähnten Bereichen die Veröffentlichung nicht-finanzieller Information vor. Das heißt, eine rein qualitative Berichterstattung reicht nicht mehr aus. Die soziale und ökologische Leistung muss auch anhand von Zahlen dokumentiert werden. Eine solche Quantifizierung ist durchaus wünschenswert, denn sie macht die tatsächliche Performanz mess- und dadurch auch vergleichbar. Ergänzend muss allerdings erwähnt werden, dass für die Unternehmen, die bereits ein Reporting vornehmen, die Offenlegung von Zahlen zu ihrer Nachhaltigkeitsleistung eine Selbstverständlichkeit ist. Es handelt sich also keinesfalls um eine neuere Entwicklung.

Schließlich stellt sich die Frage nach der Zielgruppe, also der „Leserschaft" von Nachhaltigkeitsberichten. Die klassische Dichotomie ist hier, dass der traditionelle Geschäftsbericht sich an Aktionäre und Investoren richtet, während der Nachhaltigkeitsbericht für die nicht-finanziellen Stakeholder gedacht ist. Dieses Schema greift aber deutlich zu kurz, da auch der Nachhaltigkeitsbericht seit einigen Jahren immer relevanter „im Rahmen der Anlagestrategien von privaten und institutionellen Investoren" (Kirchhoff 2008, S. 109) wird, denn er erlaubt einen Einblick in den Umgang des Unternehmens mit risikorelevanten Themen. Unternehmen, die nicht entsprechend auf ökologische und soziale Belange eingehen, laufen Gefahr, Gegenstand von negativer Medienberichterstattung, Skandalen und Boykotten zu werden, was zumeist negative finanzielle Folgen hat, die natürlich nicht im Interesse von potenziellen Shareholdern sind.

Fasst man diese Überlegungen zusammen, so lässt sich definitorisch festhalten, dass Nachhaltigkeitsreporting die Offenlegung von quantitativer und qualitativer Information zur Governance des Unternehmens sowie zu seiner sozialen, ökologischen und ökonomischen Leistung umfasst, die an Stakeholder und Shareholder gerichtet ist. Dieser „Dreiklang" von sozialen, ökologischen und finanziellen Kriterien ergänzt um Governance-Aspekte ist heute weithin akzeptiert, hat sich jedoch erst aus einem über Jahrzehnte andauernden Prozess herauskristallisiert. Diese historische Entwicklung ist Gegenstand des nächsten Kapitels.

3 Die historische Entwicklung des Nachhaltigkeitsreportings

Moderne Berichterstattung, die über finanzielle Aspekte hinausgeht, hat ihren Ursprung in den 1970er-Jahren. Zu dieser Zeit begannen vor allem westeuropäische Unternehmen eine sogenannte „Sozialbilanz" oder „Bilanz Social" zu veröffentlichen, in der sie in allererster Linie ihre soziale Leistung durch Steuerzahlungen und der Versorgung von Arbeitnehmern darstellten. Später erweiterten sie diese Gesichtspunkte um Aspekte der Produktqualität und des sozialen Engagements am Unternehmensstandort. Dies waren genau „die Kritikpunkte, mit denen sich Unternehmen in dieser Zeit konfrontiert sahen und die zumeist auch Gegenstand gesetzlicher Regulierung waren" (Abbott und Monsen 1979, S. 506). Hier zeigt sich, dass die Berichterstattung stark reaktiver Natur war und in erster Linie der Befriedigung von externen Informationswünschen diente.

In den 1980er-Jahren erfuhr diese Praxis zunächst keine nennenswerte Veränderung, ehe sich mehr und mehr die Berichterstattung über ökologische Aspekte durchsetzte. Dies war zunächst eine Reaktion auf Katastrophen wie den Atomunfällen in Harrisburg in den Vereinigten Staaten (1979) und Tschernobyl in der Ukraine (1986), dem Chemieunfall von Bophal, Indien (1984) und der Havarie des Öltankers Exxon Valdez in Alaska (1989). In den 1990er-Jahren änderte sich dieser rein reaktive Charakter. Der „Umweltbericht" wurde – zumindest bei Großunternehmen – zum Standard und löste häufig den Sozialbericht ab. Unternehmen erkannten zunehmend, dass umweltfreundliches Verhalten und die Berichterstattung darüber zum Wettbewerbsvorteil werden konnten aufgrund der steigenden medialen Öffentlichkeit und des wachsenden Umweltbewusstseins in der Bevölkerung (Fifka 2013a). Vorfälle wie die versuchte Versenkung der Ölplattform Brent Spar auf offener See durch Shell zeigten, dass die Konsumenten durchaus bereit waren, als umweltfeindlich wahrgenommenes Verhalten zu sanktionieren und die verantwortlichen Unternehmen zu boykottieren (Fifka 2012a).

Um den Jahrtausendwechsel änderte sich die Berichterstattung erneut. Den Umweltberichten wurden nun zunehmend wieder soziale Aspekte des Unternehmenshandelns hinzugefügt. Auch finanzielle Informationen, die ansonsten dem klassischen Geschäftsbericht vorbehalten waren, wurden aufgenommen. Mit dieser inhaltlichen Erweiterung ging auch eine Umbenennung der Berichte einher. Der „Corporate (Social) Responsibility Report", „(Corporate) Citizenship Report", „Sustainability Report" oder auch „Nachhaltigkeitsbericht" wurde jetzt zum Standard unter den Großunternehmen (Blankenagel 2007). So wurde in Deutschland der erste Bericht unter dem Titel „Corporate Citizenship" von Siemens im Jahr 2000 publiziert. Die Deutsche Bank und Degussa folgten zwei Jahre später. Die Deutsche Telekom gab erstmals 2004 einen „Human Resources and Sustainability Report" heraus, während Daimler und Volkswagen ab 2005 einen „Nachhaltigkeitsbericht" veröffentlichten.

Mit der inhaltlichen Erweiterung bzw. der Synthese von Information zur sozialen, ökologischen und ökonomischen Leistung ging auch eine „mediale" Erweiterung einher. Neben dem klassischen Bericht im Print-Format wurde immer häufiger das Internet aufgrund seiner wachsenden Verbreitung als Reporting-Plattform eingesetzt. Auch Pressemeldungen zu Nachhaltigkeitsaktitvitäten und -projekten fanden vermehrt Einsatz, da die Medien dem Thema mehr und mehr Aufmerksamkeit widmeten. Unternehmensnewsletter zum Thema Nachhaltigkeit, die per E-Mail oder auf dem klassischen Postweg versendet werden, sind hingegen bis heute eher die Ausnahme geblieben. Im Jahr 2010 gaben, wie oben erwähnt, 44 % der 100 größten deutschen Unternehmen einen Nachhaltigkeitsbericht heraus und 82 % veröffentlichten Informationen zu sozialem und ökologischem Engagement auf ihrer Homepage. Nahezu ebenso viele verschickten entsprechende Pressemitteilungen (76 %), aber nur 7 % einen Newsletter (Fifka 2011).

Eine Erweiterung der Nachhaltigkeitsberichterstattung fand in den letzten Jahren auch insofern statt, als immer häufiger Standards zum Einsatz gekommen sind, die Vorgaben hinsichtlich des Gehalts und der Verifizierung von Berichten machen. Damit adressieren sie zwei zentrale Fragen des Reportings: Zum einen, wer bestimmt die Inhalte eines Berichts in der Abwesenheit gesetzlicher Vorgaben; zum anderen, wer garantiert, dass die Inhalte auch wahrheitsgemäß sind?

Hinsichtlich des Inhalts ist es das Unternehmen selbst, das darüber entscheidet, was veröffentlicht wird. Damit sind wiederum zwei Probleme verbunden. Erstens liegt es nahe, dass ein Unternehmen dazu neigen wird, nur Informationen zu veröffentlichen, die vorteilhaft sind. Zweitens besteht aufgrund dieser willkürlichen Auswahl das Problem, dass die verfügbare Information nicht über Unternehmen hinweg vergleichbar und damit wenig aussagekräftig ist, weil einzelne Unternehmen über unterschiedliche Aspekte berichten werden. Standards begegnen dieser Problematik, indem sie spezifische Indikatoren oder Inhalte vorgeben, über die berichtet werden muss, wobei die Anwendung eines Standards nach wie vor freiwillig bleibt. Die Global-Reporting-Initiative beispielsweise, die sich zum dominierenden Standard entwickelt hat und zwischenzeitlich von 74 % der weltweit 250 größten Unternehmen angewandt wird (KPMG 2015), verlangt Angaben zu einer großen Zahl an ökologischen, sozialen und wirtschaftlichen Indikatoren. Somit werden Quantifizierbarkeit und Vergleichbarkeit garantiert.

Hinsichtlich der Richtigkeit des Inhalts legen Standards, so auch die GRI, eine Testierung durch unabhängige Dritte wie bei der klassischen Wirtschaftsprüfung nahe („Assurance"). Auch Nachhaltigkeitsberichte sollten also von einer Prüfungsgesellschaft auf ihren wahrheitsgemäßen Gehalt hin testiert werden. Dies gibt dem Leser ein hohes Maß an Sicherheit, dass der Bericht keine geschönten oder gar gefälschten Informationen enthält. Im Jahr 2015 ließen bereits 63 % der 250 größten Unternehmen weltweit ihren Bericht verifizieren (KPMG 2015). Aufgrund des wachsenden Marktes erstaunt es nicht, dass zwischenzeitlich alle großen Wirtschaftsprüfungsgesellschaften eine solche Testierung anbieten.

Eine andere „Erweiterung" des Reportings, die sich in den letzten Jahren beobachten ließ, hier aber aufgrund des Fokus' auf Deutschland nur kurz angesprochen werden soll, ist geografischer Natur. Während das Nachhaltigkeitsreporting bis vor wenigen Jahren weitestgehend auf Industriestaaten beschränkt war, geben seit einiger Zeit auch mehr und mehr Unternehmen aus den sogenannten „Emerging Markets" einen Nachhaltigkeitsbericht heraus (KPMG 2011). Dies ist zum einen dem Druck internationaler Investoren und Nicht-Regierungsorganisationen geschuldet, zum anderen aber auch ein Resultat des wachsenden Interesses der lokalen Bevölkerung an der sozialen und ökologischen Leistung der einheimischen Unternehmen. In Entwicklungsländern hingegen ist Nachhaltigkeitsberichterstattung zumeist noch immer die Ausnahme, was im fehlenden Druck durch Stakeholder und der mangelnden Verfügbarkeit finanzieller und personeller Ressourcen liegt, die für die Berichterstattung notwendig sind.

Der Einsatz dieser Ressourcen ist – zunächst einmal unabhängig vom jeweiligen nationalen Kontext – eine große Herausforderung, die das Reporting mit sich bringt. Aber auch die jeweiligen sozioökonomischen Rahmenbedingungen können hemmend oder fördernd wirken. Beide Aspekte sollen nun im deutschen Kontext diskutiert werden, ehe auf die mit Nachhaltigkeitsberichterstattung verbundenen Chancen eingegangen wird.

4 Herausforderungen und Chancen des Nachhaltigkeitsreportings

4.1 Herausforderungen

Die Veröffentlichung von Informationen zur sozialen, ökologischen und ökonomischen Leistung des Unternehmens wirft zunächst einmal die Frage auf, warum dieser offensichtlich mit Kosten verbundene Schritt überhaupt unternommen werden sollte; es sei denn, er wird vom Gesetzgeber eingefordert – dann stellt sich die Frage nicht. Ansonsten liegt ihr das Dilemma zugrunde, dass die Kosten für Nachhaltigkeitsberichterstattung – etwa für die Messung, die Zusammenstellung, den Druck oder die Veröffentlichung – sehr genau bestimmt werden können, während die Vorteile oder „Erlöse" aus der Berichterstattung kaum zu quantifizieren sind. Vor dem Hintergrund einer harten Kosten-Nutzen-Analyse hat Nachhaltigkeitsreporting von daher nur schwerlich Bestand. Es handelt sich dabei aber nicht nur um ein ökonomisches, sondern auch um ein psychologisches Problem. Denn Manager, die in messbaren Kosten-Nutzen-Kategorien denken, werden eine „natürliche" Abneigung gegen eine solche Initiative hegen, für die kein quantifizierbarer „Business Case" existiert.

Weiter verstärkt wird diese Barriere durch den Umstand, dass es kaum sinnvoll erscheint, Informationen preis zu geben, die Konkurrenten einen möglichen Einblick in das eigene Geschäft erlauben oder die Kritiker, z. B. aus Nicht-Regierungsorganisationen oder Medien, mit Informationen versorgen, welche gegen das Unternehmen verwendet werden können (Dando und Swift 2003). Letzteres gilt besonders dann, wenn es sich um Informationen handelt, die negativer Natur sind, z. B. eine höhere Zahl von Arbeitsunfällen oder eine aus der Produktion resultierende steigende Umweltbelastung.

Eng verbunden damit ist die Annahme, Nachhaltigkeitsreporting würde in der Öffentlichkeit lediglich als Werbemaßnahme bzw. PR-Aktion wahrgenommen werden. Besonders vor dem deutschen Hintergrund ist diese Befürchtung aufgrund einer „latent unternehmenskritischen Grundhaltung in der ... Gesellschaft" (Backhaus-Maul 2008, S. 492) nicht unbegründet. Unternehmen wird häufig *per se* unterstellt, nicht im Sinne der Gesellschaft zu handeln. Konzepte wie Nachhaltigkeit und Corporate Social Responsibility werden lediglich als Worthülsen gesehen, mit denen die „Strategen der Öffentlichkeitsarbeit'" versuchen, „irgendwie [darzustellen], was das Unternehmen mit oder neben seinem geschäftlichen Erfolgsstreben für die Gesellschaft an Gutem tut" (Ulrich 2008, S. 94). Dementsprechend wird auch die Berichterstattung selbst als unaufrichtig rezipiert.

Weit größer als diese Wahrnehmungsbarrieren, die sowohl im Unternehmen als auch in der Gesellschaft zu finden sind, sind jedoch die mit Nachhaltigkeitsreporting verbundenen finanziellen und technologischen Herausforderungen. Soll Berichterstattung aussagekräftig und umfassend sein, vor allem wenn sie sich an weitreichenden Standards orientiert, ist sie unweigerlich mit einem erheblichen Aufwand verbunden. Um eine große Zahl an sozialen und ökologischen Indikatoren zu messen, ist eine nicht zu unterschätzende technische Expertise notwendig. Viele Unternehmen verfügen jedoch nicht über die entsprechenden Ingenieure und Prüfer, weshalb sie sich die Expertise extern beschaffen müssen, was mit erheblichen Kosten verbunden ist. Selbst wenn das entsprechende Personal im Unternehmen verfügbar ist, ist der in Arbeitsstunden gerechnete Aufwand erheblich.

Wie oben dargestellt, ist die Berechnung bzw. Messung („Auditing") nur der erste Schritt des Berichtsprozesses. Häufig schließt sich eine Prüfung des Berichts durch Dritte an, um dessen Richtigkeit zu testieren. Auch diese ist mit erheblichen Kosten verbunden, besonders dann, wenn ein umfassender Standard, z. B. die GRI, angelegt wird, welcher mit einer Verifizierung von weit über 100 Indikatoren verbunden sein kann.

Der letzte Schritt besteht – unabhängig davon, ob eine Testierung stattgefunden hat oder nicht – aus der Veröffentlichung der entsprechenden Informationen und Daten. Wird ein eigenständiger Bericht erstellt, so muss dieser gestaltet und gesetzt und möglicherweise auch gedruckt und versandt werden. Unternehmen gehen jedoch dazu über, auf den letzten Teilschritt zu verzichten und stellen den Bericht nur noch im Internet – gegebenenfalls auch als PDF – bereit. Selbst im Falle eines ausschließlichen elektronischen Reportings entstehen durch das Design und die Aktualisierung der entsprechenden Internet-Seiten erhebliche Kosten.

Aufgrund dieser Herausforderungen und Kosten stellt sich unweigerlich die Frage, welche Vorteile Unternehmen aus dem Nachhaltigkeitsreporting ziehen können, die seinen Einsatz rechtfertigen.

4.2 Chancen

Zunächst einmal lässt sich argumentieren, dass Nachhaltigkeitsreporting in erster Linie gar nicht so sehr eine Chance, sondern vielmehr eine bloße Notwendigkeit für ein Unternehmen darstellt, um die sogenannte *License to operate* zu erhalten. Dabei handelt es sich nicht um eine Lizenz im juristischen Sinne, sondern um eine gesellschaftliche Erlaubnis – also die Akzeptanz der Stakeholder. Verliert ein Unternehmen diese Akzeptanz unter Kunden, Lieferanten, Mitarbeitern und anderen Anspruchsgruppen, so verliert es auch seine Existenzberichtigung (Schaltegger und Burritt 2010). Denn Stakeholder erwarten zunehmend, dass Unternehmen einen Einblick in ihr Handeln geben („Transparenz"), um die jeweiligen Auswirkungen dieses Handelns bestimmen und gegebenenfalls auch Unternehmen dafür verantwortlich machen zu können („Accountability").

Wie oben argumentiert wurde, wird der Nachhaltigkeitsberichterstattung in Deutschland zwar noch immer häufig mit Vorbehalten begegnet, dennoch kann gesagt werden, dass ein Verzicht darauf („Non-Reporting") weit negativer gesehen wird als die Veröffentlichung eines Berichts. Denn dann entsteht leicht der Eindruck, das Unternehmen habe etwas zu verbergen oder erachte die ökologischen und sozialen Auswirkungen seines Handelns und damit die betroffenen Stakeholder für nicht relevant.

Diesem Argument wird häufig entgegnet, dass NGOs, Journalisten und Investoren die einzigen seien, die Nachhaltigkeitsberichte lesen würden, und in der Tat wissen wir wenig darüber, wer die Berichte tatsächlich liest (Spence 2009). Folgt man diesem Einwand, so schlägt z. B. ein Konsument nicht erst einen Nachhaltigkeitsbericht auf, bevor er eine Kaufentscheidung trifft, und ein Lieferant studiert diesen nicht, bevor er eine Geschäftsbeziehung eingeht. Geht man weiterhin von der Richtigkeit dieser Annahme aus, so muss jedoch noch immer berücksichtigt werden, dass alleine die Aufmerksamkeit von Medien und NGOs aufgrund deren Einfluss auf das öffentliche Meinungsbild von großer Bedeutung sein kann. Denn ein unzureichendes Reporting kann aufgrund dessen Darstellung in den Medien sehr reputationsschädlich sein, während eine überzeugende und umfassende Berichterstattung über ein positives „Medienecho" reputationsfördernd wirken kann. Dass Medien und NGOs dem Thema durchaus Aufmerksamkeit widmen, zeigt die Vielzahl an Preisen, Auszeichnungen und Rankings, die zwischenzeitlich vergeben bzw. erstellt werden. Genannt seien an dieser Stelle lediglich das Ranking des Instituts für Ökologische Wirtschaftsforschung und der Deutsche Nachhaltigkeitspreis.

An diesen Ausführungen wird deutlich, dass erhebliche Chancen der Nachhaltigkeitsberichterstattung in der Imagepflege und -verbesserung und den damit erzielbaren Differenzierungsvorteilen am Markt liegen. Über die positive Außenwirkung können neue Kunden angesprochen, gewonnen und gebunden werden. Dies gilt auch für Arbeitskräfte. Wie Studien zeigen (z. B. Blumberg 2007), bevorzugen Arbeitskräfte bei der Stellensuche Unternehmen, die sozial und ökologisch engagiert sind. Der Nachhaltigkeitsbericht ist das primäre Medium, um dies zu dokumentieren. Gleichsam erhöht gelebte gesellschaftliche Verantwortung die Identifikation der Mitarbeiter mit dem Unternehmen (Rodrigo und Arenas 2008).

Schließlich gestattet das Nachhaltigkeitsreporting einem Unternehmen einen Einblick in Prozesse, Produkte und Auswirkungen der eigenen Tätigkeit. Es dient also nicht nur der Information von unternehmensexternen Akteuren, sondern auch der internen Informationsgewinnung. Auf diese Weise können zum einen potenzielle Risiken für den Geschäftsbetrieb identifiziert werden, etwa die für die Lieferkette gefährliche Abhängigkeit von fossilen Rohstoffen oder von Produkten aus politisch instabilen Ländern. Dies kann ein Anreiz dafür sein, nach Alternativen zu suchen, die umweltfreundlicher sind oder deren Bezug langfristig garantiert werden kann. Zum anderen liegt eine große Chance der Nachhaltigkeitsberichterstattung in der Effizienzsteigerung. Umfassendes Reporting zwingt Unternehmen dazu, z. B. ihre Abfallproduktion, die Frischwasserentnahme, Recyclingquoten oder Emissionen zu messen. Das Bestreben danach, in diesen Bereichen eine Verbesserung zu erzielen, kann zu einem effizienteren Materialeinsatz und effizienteren Produktionsverfahren führen. Auf diese Weise wird Innovation generiert, die kostensenkend wirkt (Aras und Crowther 2009). Eine solche Effizienzsteigerung ist nicht nur im Interesse des Unternehmens, sondern auch im Interesse der Gesellschaft, da natürliche Ressourcen geschont werden.

Um den Herausforderungen der Nachhaltigkeitsberichterstattung zu begegnen und die mit ihr verbundenen Vorteile nutzen zu können, sollten einige Gesichtspunkte berücksichtigt werden, die im Folgenden diskutiert werden.

5 Empfehlungen

Zunächst einmal müssen Unternehmen etwaige „innere" Vorbehalte gegen das Nachhaltigkeitsreporting abbauen. Dies gilt, wie oben diskutiert, besonders im deutschen Kontext, in dem Manager fürchten, dass eine Berichterstattung lediglich als Public-Relations-Maßnahme oder gar als „Greenwashing" wahrgenommen wird. Jedoch wird von Unternehmen immer häufiger ein angemessenes Reporting erwartet, weshalb dieser Anforderung über die erwähnten Bedenken hinweg auch begegnet werden muss.

Die Besorgnis wiederum, mit dem Reporting seien erhebliche Kosten verbunden, ist nicht unbegründet. Allerdings sollte Reporting nicht nur als finanzielle Belastung, sondern auch als Chance gesehen werden. Hierbei ist entscheidend, dass Reporting als kontinuierlicher Lernprozess verstanden wird. Von keinem Unternehmen kann erwartet werden, dass es von Anfang an einen umfassenden Bericht vorlegt. Entscheidend ist eine fortwährende Verbesserung im Hinblick auf die Quantität und Qualität der zur Verfügung gestellten Information. So kann ein Unternehmen z. B. damit beginnen, einige wenige Indikatoren zu messen und zu veröffentlichen und deren Zahl dann Schritt für Schritt vergrößern. Dabei ist es wichtig, vor allem die Aspekte anzusprechen, die unmittelbar relevant für das Unternehmen sind. So wird von einem Unternehmen in der Chemiebranche oder in der Schwerindustrie eher die Veröffentlichung der ökologischen Auswirkungen des Unternehmenshandelns erwartet werden als von einer Bank oder einer Versicherung. Von letzteren wird eher eine Darstellung der Anlagestrategien oder von Themen der Datensicherheit erwartet werden.

Der Nachhaltigkeitsbericht muss folglich in seinen Schwerpunkten einen unmittelbaren Bezug zur eigentlichen Geschäftstätigkeit haben. Dies bedeutet nicht, dass kein darüber hinausgehendes karitatives Engagement dargestellt werden kann und sollte, aber es darf nicht im Fokus stehen. Berichte, die primär aus der Darstellung einiger „Charity-Events" bestehen und entsprechend fotografisch aufbereitet sind, wirken in der Tat nur wie eine oberflächliche PR-Publikation.

Hier zeigt sich, dass quantitative Information zumindest langfristig unerlässlich für überzeugendes Reporting ist (Perrini und Tencati 2006). Denn wie eine finanzielle ist auch eine stichhaltige soziale und ökologische Leistungsbeurteilung nur zahlenbasiert möglich. Die Auswahl der zu messenden Indikatoren sollte sich, wie oben diskutiert, am Kerngeschäft des Unternehmens und an den Informationswünschen der Stakeholder orientieren. Eine Orientierungshilfe bietet dabei zum einen ein Stakeholder-Dialog, denn im Austausch mit den Stakeholdern – sei es in persönlichen Gesprächen oder durch eine Umfrage – kann identifiziert werden, welche Informationen für die einzelnen Anspruchsgruppen relevant und interessant sind (Azzone et al. 1997). Zum anderen ist eine vollständige oder teilweise Anwendung von Reporting-Standards hilfreich, da sie bestimmte Indikatoren vorgeben. Durch den Einsatz eines solchen Standards zeigt ein Unternehmen auch, dass es die zur Verfügung gestellten Informationen nicht willkürlich ausgewählt hat und bereit ist, sich mit anderen Unternehmen, die den gleichen Standard verwenden, messen zu lassen. Eine auf umfassenden Standards, wie etwa der GRI, basierende Berichterstattung ist jedoch in erster Linie für Großunternehmen ratsam, da kleine und mittlere Betriebe häufig mit den weitreichenden Anforderungen überfordert sind.

Hieran wird ersichtlich, dass gelungenes Nachhaltigkeitsreporting Hand in Hand mit der Nachhaltigkeitsstrategie des Unternehmens gehen sollte. Ist diese fehlerhaft oder gar nicht vorhanden, so wird es schwer sein, überzeugende Berichterstattung zu leisten. Das heißt nicht, dass ein Unternehmen erst mit dem Reporting beginnen sollte, nachdem eine Nachhaltigkeitsstrategie erfolgreich implementiert wurde, aber das Reporting sollte stets im Gleichschritt mit der Umsetzung von Nachhaltigkeit im Unternehmen gehen. Lediglich über Dinge zu berichten, die das Unternehmen in ungewisser Zukunft anstrebt, wirkt erneut nur wenig überzeugend.

Das bedeutet wiederum nicht, dass keine Visionen oder Ziele artikuliert werden können – im Gegenteil. Das Nennen von Zielen erhöht die Qualität des Reporting erheblich, weil dadurch signalisiert wird, was das Unternehmen erreichen möchte. Jedoch müssen diese Ziele konkretisiert werden, um einen Wert für Unternehmen und Stakeholder gleichsam zu haben. So könnte ein Unternehmen beispielsweise angeben, dass es anstrebt, seine Emissionen bis 2025 um die Hälfte zu reduzieren.

In diesem Kontext ist entscheidend, auch über Ziele zu berichten, die nicht oder noch nicht erreicht wurden. Unternehmen neigen häufig dazu, nur positive Aspekte zu berichten, was erneut die Glaubwürdigkeit reduziert. Wird dem Leser jedoch erläutert, welche Vorgaben man erreichen konnte und welche nicht, so erhält der Bericht die notwendige Überzeugungskraft. Dass dabei nur wahrheitsgemäß berichtet wird, erscheint nahezu selbstverständlich. Die Folgen eines Skandals, der entsteht, weil gefälschte Informationen als solche im Bericht identifiziert wurden, sind in jedem Fall gravierend.

Aus diesem Grund empfiehlt sich auch die Testierung des Berichts durch unabhängige Dritte, weil nur sie den Stakeholdern signalisieren kann, dass die zur Verfügung gestellte Information auch auf ihre Richtigkeit hin überprüft wurde. Anzufügen ist hier erneut, dass eine solche Testierung mit erheblichen Kosten verbunden ist und von kleinen und mittleren Betrieben oft kaum geleistet werden kann. Für Großunternehmen ist die Verifizierung auch insofern wesentlich bedeutsamer, als sie es sind, die primär die mediale Aufmerksamkeit erfahren.

6 Fazit und Ausblick

Wie die vorangegangenen Ausführungen zeigen, hat das Nachhaltigkeitsreporting in den letzten Jahren immer größere Bedeutung in der Unternehmenspraxis gewonnen. Dies ist zum einen auf den externen und nun auch durch den Gesetzgeber manifestierten Druck,

Unternehmenshandeln transparenter zu machen, zurückzuführen; zum anderen auf die Erkenntnis der Unternehmen selbst, dass mit Nachhaltigkeitsberichterstattung, erhebliche Chancen – trotz aller mit dem Reporting verbundenen Schwierigkeiten – genutzt werden können. Man kann also von einer intrinsischen und extrinsischen Motivation sprechen.

Was die extrinsische Motivation betrifft, ist die EU-Berichtspflicht aus gesellschaftlicher Perspektive zu begrüßen, denn sie gibt interessierten Stakeholdern garantierten Zugang zu Informationen über die sozialen und ökologischen Auswirkungen des Unternehmenshandelns, die von Unternehmen ansonsten eventuell nicht bereit gestellt werden würden. Zudem schafft sie gleiche Bedingungen für die ihr unterliegenden Unternehmen und erlaubt zumindest in Ansätzen eine Vergleichbarkeit der sozialen und ökologischen Leistung. In Ansätzen ist dies jedoch nur deshalb der Fall, weil keine spezifischen Indikatoren vorgegeben sind. Es obliegt somit den Unternehmen zu entscheiden, zu welchen Aspekten sie Zahlenmaterial veröffentlichen möchten.

Diese Möglichkeit kann einerseits kritisiert werden, denn sie ermöglicht eine gewisse Willkür, andererseits trägt sie dem Umstand Rechnung, dass für unterschiedliche Unternehmen und ihre Stakeholder auch unterschiedliche Informationen relevant sein können. Die GRI hat auf die unterschiedliche Bedeutung einzelner Indikatoren bereits mit sogenannten „Sector Supplements" reagiert. Diese formulieren zusätzliche, auf bestimmte Branchen, z. B. Transport und Logistik, zugeschnittene Indikatoren. Die Berichtspflicht wiederum sieht wie auch die GRI in ihrer neusten Fassung 4.0 sieht vor, dass Unternehmen eine Materialitätsanalyse vornehmen, d. h. in Kooperation mit ihren Stakeholdern ermitteln, welche Themen für beide Seiten relevant und damit auch berichtswürdig sind.

Unabhängig von den legislativen Anforderungen, sollte die primäre Motivation für Unternehmen, ein strategisch implementiertes Nachhaltigkeitsreporting vorzunehmen, intrinsischer Natur sein. Denn es schafft nicht nur Reputationsvorteile und bessere Beziehungen zu den Stakeholdern, sondern dient vor allem der strategischen und operativen Steuerung des Unternehmens. Seit Jahrzehnten sammeln Unternehmen finanzielle Kennzahlen für solche Steuerungszwecke, was uns heute als selbstverständlich erscheint. Das Potenzial, das ein solches Vorgehen auch bei nicht-finanziellen Kennzahlen haben kann, wurde lange völlig ignoriert. Wünschens- und empfehlenswert ist, dass diese Selbstverständlichkeit auch im Hinblick auf soziale und ökologische Indikatoren unter Unternehmen eintritt.

Was den Tourismus-Bereich betrifft, so kann zum einen argumentiert werden, dass nur die allerwenigsten Unternehmen unter die Berichtspflicht fallen werden. Zum anderen werden nur wenige Kunden zum Nachhaltigkeitsbericht greifen, ehe sie eine Reise oder ein Hotel buchen. Allerdings ist kaum eine andere Branche derart von einer funktionierenden ökologischen und sozialen Umwelt abhängig wie der Tourismus. Ohne sie ist er langfristig nicht überlebensfähig. Die Etablierung eines besseren Sozial- und Umweltmanagements, wie es ein Berichtswesen ermöglicht, schafft somit nicht nur Wettbewerbsvorteile, sie ist vor allem eine Investition in die eigene Zukunft.

Literatur

Abbott WF, Monsen RJ (1979) On the measurement of corporate social responsibility: self-reported disclosures as a measurement of corporate social involvement. Acad Manag J 22(3):501–515

Aras G, Cowther D (2009) Corporate sustainability reporting: A study in disingenuity? J Bus Ethics 87:279–288

Azzone G, Brophy M, Noci G, Welford R, Young W (1997) A stakeholder's view of environmental reporting. Long Range Plann 30(5):699–709

Backhaus-Maul H (2008) USA. In: Habisch A, Schmidpeter R, Neureiter M (Hrsg) Handbuch Corporate Citizenship – Corporate Social Responsibility für Manager. Springer, Berlin Heidelberg, S 485–492

Biedermann C (2008) Corporate Citizenship als strategische Unternehmenskommunikation. In: Backhaus-Maul H, Biederman C, Nährlich S, Polterauer J (Hrsg) Corporate Citizenship in Deutschland – Bilanz und Perspektiven. VS Verlag, Wiesbaden, S 291–306

Blankenagel L (2007) CSR-Berichte als Kommunikationsinstrument der DAX-Unternehmen. VDM Verlag Dr. Müller, Saarbrücken

Blumberg M (2007) Zwischen Philanthropie und Strategie – Corporate Volunteering als Instrument der Organisationsentwicklung in Deutschland, brands & values, Vortrag vom 19.07.2007. www.brandsandvalues.com/?s=file_download&id=53. Zugegriffen: 23. Mai 2011

Cowan S, Gadenne D (2005) Australian corporate environmental reporting: a comparative analysis of disclosure practices across voluntary and mandatory disclosure systems. J Account Organ Change 1(2):165–179

Dando N, Swift T (2003) Transparency and Assurance – Minding the Credibility Gap. Journal of Business Ethics 44(2):195–200

Elkington J (1997) Cannibals with forks: the triple bottom line of 21st century business. Capstone, Oxford

Fifka MS (2011) Corporate Citizenship in Deutschland und den USA – Gemeinsamkeiten und Unterschiede im gesellschaftlichen Engagement von Unternehmen und das Potenzial für einen transatlantischen Transfer. Gabler, Wiesbaden

Fifka MS (2012a) Brent spar revisited – the impact of conflict and cooperation among Stakeholders. In: Kotler P, Lindgreen A, Maon F, Vanhamme J (Hrsg) A stakeholder approach to corporate social responsibility: pressures, conflicts, reconciliation. Gower, Farnham, S 57–72

Fifka MS (2012b) The development and state of research on social and environmental reporting in global comparison. J Betriebswirtsch 62(1):45–84

Fifka MS (2013a) Corporate responsibility reporting and its determinants in comparative perspective – A review of the empirical literature and a Meta-analysis. Bus Strategy Environ 22(1):1–35

Fifka MS (2013b) CSR-Kommunikation und Nachhaltigkeitsreporting. In: Heinrich P (Hrsg) CSR-Kommunikation. Springer Gabler, Berlin/Heidelberg, S 119–134

Global Reporting Initiative (2013) Nachhaltigkeitsberichterstattung. https://www.globalreporting.org/resourcelibrary/GRI-G3-German-Reporting-Guidelines.pdf. Zugegriffen: 14. Mär. 2013

Holgaard JE, Jørgensen TH (2005) A decade of mandatory environmental reporting in Denmark. Eur Environ 15:362–373

Kirchhoff K (2008) Investor Relations. In: Habisch A, Schmidpeter R, Neureiter M (Hrsg) Handbuch Corporate Citizenship – Corporate Social Responsibility für Manager. Springer Verlag, Berlin/Heidelberg, S 109–116

KPMG (2011) International survey of corporate responsibility reporting 2011. KPMG, Amsterdam

KPMG (2015) The KPMG survey of corporate responsibility reporting 2015. KPMG, Amsterdam

Nyquist S (2003) The legislation of environmental disclosures in three nordic countries – A comparison. Bus Strategy Environ 12:12–25

Perrini F, Tencati A (2006) Sustainability and stakeholder management: the need for new corporate performance evaluation and reporting systems. Bus Strategy Environ 15:296–308

Rodrigo P, Arenas D (2008) Do employees care about CSR programs? A typology of employees according to their attitudes. J Bus Ethics 83:265–283

Schaltegger S, Burritt R (2010) Sustainability accounting for companies: Catchphrase or decision support for business leaders? J World Bus 45(4):375–384

Spence C (2009) Social and environmental reporting and the corporate ego. Bus Strategy Environ 18:254–265

Ulrich P (2008) Corporate Citizenship oder: Das politische Moment guter Unternehmensführung in der Bürgergesellschaft". In: Backhaus-Maul H, Biederman C, Nährlich S, Polterauer J (Hrsg) Corporate Citizenship in Deutschland – Bilanz und Perspektiven. VS Verlag, Wiesbaden, S 94–100

Prof. Dr. Matthias S. Fifka ist Vorstand des Instituts für Wirtschaftswissenschaft sowie Professor für Betriebswirtschaftslehre, insb. Unternehmensethik, an der FAU Erlangen-Nürnberg. Zudem ist er Gastprofessor an der Shanghai Jiao Tong University, der University of Dallas, der Wirtschaftsuniversität Wien und der Maastricht School of Management. In Forschung und Lehre beschäftigt er sich mit strategischem Management, insbesondere der strategischen Implementierung von Sustainability und Corporate Social Responsibility, CSR-Reporting, Unternehmensethik sowie Corporate Governance. Er war und ist Mitglied in zahlreichen wissenschaftlichen Kommissionen, u. a. für die Europäische Kommission, das Bundesministerium für Arbeit und Soziales sowie den Bundesdeutschen Arbeitskreis für Umweltbewusstes Management e. V. (B.A.U.M. e. V.).

CSR, Tourismus und Entwicklungszusammenarbeit

Diana Marquardt

1 Einleitung

Der Tourismus in Entwicklungsländer hat in den vergangenen Jahren rasant zugenommen und für rund ein Drittel dieser Staaten stellt er inzwischen die Haupteinnahmequelle für Devisen dar, (vgl. GIZ 2014, S. 10). Der touristische Massenmarkt erobert nun auch die Länder des Südens und weltweit operierende Reisekonzerne werden zunehmend in Entwicklungs- und Schwellenländern tätig. Vor diesem Hintergrund rücken die nachhaltige Gestaltung des Tourismus sowie eine sozial und ökologisch verantwortungsvolle Unternehmensführung auch verstärkt in den Fokus der Entwicklungszusammenarbeit.

Allerdings gibt es bisher wenig konkrete Informationen zu diesem Thema. Während bereits Literatur vorhanden ist zu den Themen „Entwicklungspolitische Kooperationen im CSR-Bereich" (vgl. Bundesministerium für wirtschaftliche Zusammenarbeit und Entwicklung (BMZ) 2009, 2011; GIZ 2011; Burckhardt 2013a; VENRO 2015) und „CSR im Tourismus" (vgl. Lund-Durlacher 2015; Font und Walmsley 2012; Font et al. 2012; Manente et al. 2014), ist die Zahl der Beiträge, die sich explizit mit CSR in der touristischen Entwicklungszusammenarbeit auseinandersetzen wesentlich geringer und besteht v. a. aus Fallstudien oder Beiträgen, die sich mit einzelnen Aspekten, z. B. dem Wertschöpfungskettenansatz, beschäftigen (vgl. Tewes-Gradl et al. 2014; International Trade Center (ITC) 2010b, 2010c). Hier setzt der vorliegende Beitrag an, indem er einen Überblick über das gesamte Spektrum der entwicklungspolitischen Zusammenarbeit im Tourismussektor gibt und die verschiedenen Bereiche genauer beleuchtet.

D. Marquardt (✉)
Campus Kleve, Hochschule Rhein-Waal
Marie-Curie-Straße 1, 47533 Kleve, Deutschland
E-Mail: Diana.Marquardt@hochschule-rhein-waal.de

© Springer-Verlag GmbH Deutschland 2017
D. Lund-Durlacher et al. (Hrsg.), *CSR und Tourismus*,
Management-Reihe Corporate Social Responsibility, DOI 10.1007/978-3-662-53748-0_11

2 CSR und Entwicklungszusammenarbeit

Betrachtet man das – im Vergleich zur öffentlichen Entwicklungshilfe – enorme internationale Handelsvolumen, so wird deutlich, dass die Wirtschaft aufgrund ihrer Finanzmacht eine wichtige Rolle bei der Armutsbekämpfung und der Förderung nachhaltiger Entwicklung spielen kann. Man geht davon aus, dass sich die CSR-Aktivitäten von Unternehmen in vielerlei Hinsicht mit entwicklungspolitischen Zielen überschneiden, z. B. beim Aufbau eines effizienten Berufsbildungssystems, (vgl. GIZ 2011, S. 10). Vor diesem Hintergrund sieht man den Bereich „CSR" und die Kooperation mit sozial und ökologisch engagierten Unternehmen auch als wichtiges Handlungsfeld der Entwicklungszusammenarbeit an.

Die Bundesregierung definiert CSR als: „die Wahrnehmung gesellschaftlicher Verantwortung durch Unternehmen über gesetzliche Anforderungen hinaus. Corporate Social Responsibility steht für eine nachhaltige Unternehmensführung im Kerngeschäft, die in der Geschäftsstrategie des Unternehmens verankert ist" (Bundesministerium für Arbeit und Soziales 2010, S. 35). Corporate Social Responsibility wird als freiwillige Maßnahme verstanden, bei der sich Firmen verpflichten, vorbildliche soziale und ökologische Standards einzuhalten. Dabei ist CSR aber nicht beliebig, sondern soll sich an internationalen Regelwerken orientieren (vgl. BMZ 2009, S. 11[1]; vgl. Burckhardt 2013b, S. 4).

Dieses Verständnis ist jedoch aufgrund der sehr unterschiedlichen Lebensumstände nur bedingt auf den Kontext in Entwicklungs- und Schwellenländern übertragbar. Corporate Social Responsibility wird daher vom Bundesministerium für wirtschaftliche Zusammenarbeit und Entwicklung breiter definiert und zwar als „verantwortliches unternehmerisches Handeln, das darauf abzielt, Handlungsspielräume im Sinne einer nachhaltigen Entwicklung zu gestalten" (BMZ 2009, S. 3).

Grundsätzlich werden in der Praxis dabei zwei Ansätze unterschieden: Der erste Ansatz zielt darauf ab, im Rahmen der Zusammenarbeit auf die Erreichung gesetzlicher, sozialer und ökologischer Standards hinzuwirken (*Towards Compliance*) (vgl. GIZ 2011, S. 6). Dies bezieht sich darauf, dass die Realität in Entwicklungsländern so aussieht, dass zwar eine umfassende Arbeits- und Umweltgesetzgebung internationalen Standards vorhanden ist, jedoch oft gegen sie verstoßen wird, u. a. aufgrund fehlender staatlicher Kontrollen und Korruption (vgl. Burckhardt 2013c, S. 77). Dies darf jedoch nicht dazu führen, dass mit Hilfsgeldern Unternehmensmaßnahmen gefördert werden, deren Erfüllung bereits gesetzlich vorgeschrieben sind (vgl. Altenburg et al. 2004, S. 9). Schwerpunkte sollten in diesem Zusammenhang vielmehr die Stärkung von Gewerkschaften oder Bewusstseinsbildung bei Behörden/Arbeitnehmern zur Einhaltung von Arbeits- und Umweltvorgaben sein. Hier gibt es bei der GIZ allerdings Defizite, da sie in vielen CSR-Projekten eher einheimische Unternehmerverbände unterstützt, während die Förderung zivilgesellschaftlicher Organi-

---

[1] So empfiehlt z. B. das BMZ als Referenz für die CSR-Arbeit u. a. die Grundsatzerklärung über multinationale Unternehmen und Sozialpolitik der ILO, die OECD-Leitsätze für multinationale Unternehmen, den Global Compact der UN und ISO 26000.

sationen, z. B. unabhängiger Arbeiternehmervertretungen, vernachlässigt wird (vgl. Alam und Burckhardt 2013).

Der zweite Ansatz bezieht sich auf Kooperationen mit Unternehmen zur Umsetzung eines CSR-Konzeptes, das über gesetzliche Vorgaben hinausgehende freiwillige Aktivitäten umfasst (*Beyond Compliance*).

Zur Umsetzung dieser CSR-Ansätze werden in der deutschen Entwicklungszusammenarbeit drei konkrete Strategien verfolgt (BMZ 2009, S. 13 ff.):

- Stärkung von Rahmenbedingungen für eine entwicklungsförderliche Unternehmensführung: d. h. Unterstützung der Partnerländer beim Aufbau sozialer Sicherungssysteme und Entwicklung nationaler Vorgaben für einen sozial und ökologisch orientierten Wirtschaftsrahmen sowie das Engagement für international anerkannte CSR-Normen,
- Unterstützung von privatwirtschaftlichem Engagement (z. B. über Entwicklungspartnerschaften) und gemeinsame Kooperation zur Verbesserung von Normen und Standards,
- Voraussetzungen für die Zusammenarbeit von Staat und Wirtschaft verbessern: gemäß dem Multistakeholderansatz geht es darum, in Dialogforen den Austausch über CSR mit allen Beteiligten (Staat, Gewerkschaften, Wirtschaft, Zivilgesellschaft) zu fördern.

Der vorliegende Beitrag konzentriert sich auf die letzten beiden Punkte, d. h. die konkrete Zusammenarbeit von Entwicklungsorganisationen und Tourismusunternehmen. Deren grundsätzliches Ziel ist die Mobilisierung von privatem Kapital und Wissen für entwicklungspolitische Absichten und die Ergänzung staatlicher Regulierung durch Selbstverpflichtung (vgl. BMZ 2011, S. 4). Man hofft, dass dadurch Synergieeffekte genutzt werden und die Projekte effizienter und effektiver umgesetzt werden können. Dies ist jedoch umstritten (vgl. Beisheim 2011, S. 9 f.). Erklärtes Ziel ist zudem die Unterstützung von v. a. mittelständischen (deutschen) Unternehmen bei der Markterschließung (vgl. BMZ 2011, S. 4). Damit wird die Entwicklungshilfe auch als Instrument zur Außenwirtschaftsförderung verstanden, was von vielen NGOs zu Recht stark kritisiert wird und auch gegen die Paris Deklaration zur Wirksamkeit der Entwicklungshilfe verstößt (vgl. Martens 2010, S. 41). Auch die damit verbundene eventuelle Subventionierung von deutschen Unternehmen wird als Problem angesehen (vgl. Beisheim 2011, S. 11), da dies eine Zweckentfremdung der für die Entwicklungsländer vorgesehenen Mittel darstellt.

3 Warum CSR in Entwicklungsländerdestinationen?

Tourismus kann durch die Schaffung von Beschäftigung zur sozioökonomischen Entwicklung armer Länder beitragen. Allerdings hat er auch seine Schattenseiten. Oft wird im Rahmen touristischer Aktivitäten gegen Menschenrechte verstoßen, wie Verletzung der ILO-Kernarbeitsnormen, Diskriminierung von Frauen, Missachtung der Rechte indigener

Völker sowie Konkurrenz um essenzielle Ressourcen wie Land und Wasser – und damit Verletzung des Rechtes auf Nahrung – (vgl. Evangelischer Entwicklungsdienst 2011).

Angesichts dieser Missstände in den Zielgebieten bemüht sich eine zunehmende Anzahl von Unternehmen die sozialen, menschenrechtlichen und ökologischen Auswirkungen ihrer Geschäftätigkeit zu beachten und Standards diesbezüglich zu entwickeln. Dies erfolgt teilweise aus ethischen Motiven oder auf Druck engagierter Konsumenten (vgl. Jonker et al. 2011, S. 173). Auch von der Tourismuswirtschaft wird verantwortungsvolles Handeln erwartet: So ist es für 42 % der Deutschen wichtig, dass sich Reiseveranstalter in Sachen Nachhaltigkeit engagieren und in soziale oder ökologische Projekte in der Destination investieren (vgl. FUR 2014, S. 6). Ein Fehlverhalten kann den Ruf des Unternehmens schädigen und zu Umsatzeinbußen führen. In diesem Sinne kann CSR auch als Risikomanagement verstanden werden, das ein langfristig profitables Wirtschaften sicherstellt (vgl. Manente et al. 2014, S. 24). Verantwortungsvolles Handeln kann damit Kundenbindung fördern, die Ansprache neuer Kundengruppen, z. B. LOHAS[2], ermöglichen (vgl. Manente et al. 2014, S. 24) und ein einzigartiges Markenimage aufbauen, wie dies den Fair-Trade-Tourism-Akteuren gelungen ist (vgl. Ashley et al. 2007, S. 13).

Doch es gibt weitere Vorteile: Engagiert sich ein Unternehmen in starkem Maße für die Belange seiner Mitarbeiter, z. B. durch betriebliche Sozialleistungen, kann dies die Mitarbeiterzufriedenheit steigern, was sich letztendlich auch in einer besseren Servicequalität und höheren Kundenzufriedenheit äußert (vgl. Ashley et al. 2007, S. 12). Die Förderung von soziokulturellen und ökologischen Projekten in der Destination kann zudem helfen, das touristische Potenzial zu erhalten und die Akzeptanz bei der lokalen Bevölkerung zu fördern (vgl. GIZ 2011 S. 7).

Letztendlich wird die Tourismuswirtschaft bei der Implementierung von CSR-Programmen aber v. a. von monetären Motiven geleitet. Dies sind Kosteneinsparungen durch Umweltschutzmaßnahmen (z. B. Einsatz effizienterer Energie- und Wassersysteme), aber auch der erleichterte Zugang zu staatlichen und internationalen Förderprogrammen (vgl. Ashley et al. 2007, S. 13).

So spricht vieles für eine verantwortungsvolle Unternehmensführung. Die Realität zeigt jedoch, dass oft „Greenwashing" vorkommt, (vgl. Font et al. 2012), d. h., dass durch Marketing ein „grünes" Image vorgegeben wird ohne entsprechende Maßnahmen realisiert zu haben (vgl. Monshausen und Fuchs 2010, S. 18).[3] Zudem weisen die CSR-Initiativen im Tourismus eine Reihe von Defiziten auf, v. a. die Konzentration auf ökologische Maßnahmen und mangelnde Berücksichtigung sozialer Aspekte, fehlende externe Überprüfung, unzureichende Berücksichtigung der gesamten Wertschöpfungskette sowie intransparente Darstellung der Aktivitäten (vgl. Font und Walmsley 2012; Monshausen und Fuchs 2010, S. 5). Darüber hinaus setzen viele Unternehmen das Konzept nur teilweise um: sie initiieren punktuelle Einzelprojekte ohne sie in eine Gesamtstrategie ein-

---

[2] Lifestyle Of Health and Sustainability.
[3] Oft werden auch Aktivitäten als CSR deklariert, die eine Selbstverständlichkeit sein sollten, wie die Zahlung gesetzlicher Mindestlöhne, die Einhaltung nationaler Gesetze.

zubetten. Innere Prozesse werden oft vernachlässigt und Unternehmensstrategien werden nicht entsprechend überarbeitet (vgl. Font und Walmsley 2012; Monshausen und Fuchs 2010, S. 5; Manente et al. 2014, S. 18).

4 CSR und Entwicklungszusammenarbeit im Tourismus

Hier setzt die deutsche Entwicklungszusammenarbeit an. Basierend auf dem Leitbild der Nachhaltigkeit zielt sie darauf ab, in sozialer, kultureller, ökologischer und ethischer Hinsicht verträglichen sowie wirtschaftlich erfolgreichen Tourismus zu fördern (vgl. GIZ 2014, S. 3). Hierbei geht es nicht um die generelle Unterstützung der Branche, sondern zum einen um die Lenkung der Aktivitäten hin zu einer sozial und ökologisch verantwortungsvollen Entwicklung. Zum anderen will man die möglichen positiven Wirkungen des Tourismus fördern, die v. a. darin gesehen werden, dass er breitenwirksame Beschäftigung schaffen und damit einen Beitrag zur Armutsbekämpfung leisten kann. Das BMZ legt dabei besonderen Wert auf die Unterstützung armer und marginalisierter Bevölkerungsgruppen (vgl. GIZ 2014, S. 22) und den Aufbau inklusiver und nachhaltiger Wirtschaftsstrukturen in den Destinationen (vgl. GIZ 2014, S. 24).

Die Privatwirtschaft spielt bei der Umsetzung dieser Ziele eine wichtige Rolle. Es gibt bereits viele Unternehmen, die sich im Sinne eines pro-poor-orientierten Tourismus[4] in Projekten engagieren. Mit diesen Firmen wollen Entwicklungsorganisationen kooperieren. Man nimmt an, dass durch Bündelung der entwicklungspolitischen Aktivitäten mit den privaten CSR-Bemühungen beide Partner Synergieeffekte nutzen können. Zudem geht man davon aus, dass sie dadurch ihre Ziele schneller, kostengünstiger und effizienter erreichen (vgl. GIZ 2011, S. 11) und sie gemeinsam mehr in Bezug auf die Umsetzung einer nachhaltigen Tourismusentwicklung bewirken können.

Bei der CSR-orientierten Zusammenarbeit lassen sich folgende Ebenen unterscheiden:

- Interne CSR-Aktivitäten, die sich unmittelbar auf den Betrieb richten und sowohl die Strategieentwicklung als auch innerbetriebliche Sozial- und Umweltmaßnahmen umfassen.
- Externe CSR-Aktivitäten, bei denen gemäß dem Multistakeholderprinzip Verantwortung gegenüber Geschäftspartnern, Zulieferern, Kunden, Behörden und NGOs übernommen wird (vgl. Jonker et al. 2011, S. 5). Dieser Themenkomplex wird im Folgenden in Bezug auf die Wirkungsebene weiter unterteilt in die Bereiche Wertschöpfungskette, Destination und nationales/internationales Umfeld (vgl. Abb. 1).

---

[4] Pro-Poor-Tourismus ist Tourismus, der Netto-Nutzen für Arme hat. Er ist kein spezifisches Produkt, sondern ein breit angelegtes Konzept, das darauf abzielt, die bisherigen Praktiken im (Massen-)Tourismus zu verändern. Grundsätzlich will man bestehende (Wirtschafts-)Strukturen und politische Rahmenbedingungen so gestalten, dass sie stärker als bisher zur Armutsbekämpfung beitragen (vgl. Bennett et al. 1999, S. 6 ff.).

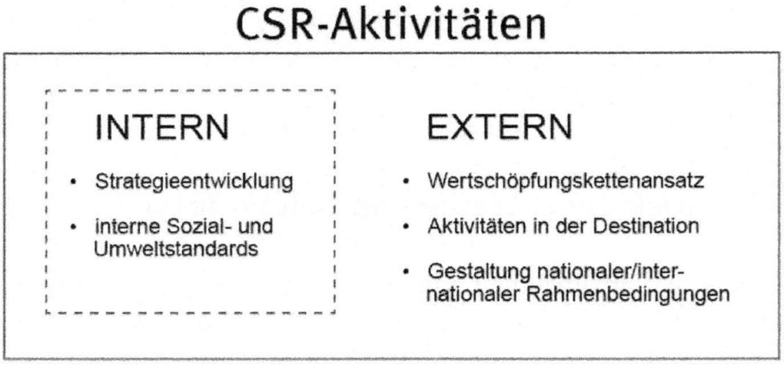

CSR-Aktivitäten

INTERN
- Strategieentwicklung
- interne Sozial- und Umweltstandards

EXTERN
- Wertschöpfungskettenansatz
- Aktivitäten in der Destination
- Gestaltung nationaler/internationaler Rahmenbedingungen

Abb. 1 Interne und externe CSR-Dimensionen in der touristischen Entwicklungszusammenarbeit

4.1 Entwicklung und Umsetzung von CSR-Leitlinien im innerbetrieblichen Umfeld

Wollen Firmen ernsthaft die gesellschaftliche und ökologische Verantwortung für ihr Handeln übernehmen, bedarf es einer umfassenden Verankerung der CSR-Prinzipien auf strategischer und operativer Ebene (vgl. Jonker et al. 2011, S. 35 f.). Dieser Grundsatz wird jedoch oft vernachlässigt. So zeigt sich, dass viele (Tourismus-)Unternehmen zwar außenorientierte CSR-Prozesse oder einzelne gemeinnützige Projekte unterstützen, sie aber keinen Gesamtansatz verfolgen, der auch innerbetriebliche Prozesse berücksichtigt (vgl. Monshausen und Fuchs 2010, S. 5). Dieses Problem ist auch von den Entwicklungsorganisationen erkannt worden und sie setzen sich dafür ein, dass CSR-Grundsätze auch in die Strukturen und die Geschäftstätigkeit integriert und ihre Einhaltung entsprechend intern und extern kontrolliert werden (vgl. GIZ 2014, S. 16).

4.1.1 Strategieentwicklung

Die strategische Verankerung entsprechender Grundsätze ist von zentraler Bedeutung für den Erfolg der CSR-Bemühungen. Konkret bedeutet dies, dass die Firmen ihre Leitlinien an internationalen Umwelt-, Arbeits-, Sozial- und Menschenrechtsstandards orientieren (vgl. GIZ 2014, S. 16) und im Sinne einer freiwilligen Selbstverpflichtung darüberhinausgehende Normen erstellen. Die in der Entwicklungspolitik diskutierten CSR-Ansätze fordern dabei v. a. eine Überarbeitung der Geschäftsprinzipien im Sinne des Pro-Poor-Tourismus (PPT) bzw. „Inclusive Tourism"[5] (vgl. Tewes-Gradl et al. 2014; GIZ 2014, S. 32), wobei die Partizipation benachteiligter Bevölkerungsgruppen und die Einbindung von kleinsten, kleinen und mittleren Unternehmen (KKMUs) in die Wertschöpfungskette

---

[5] „Inclusive Tourism" bzw. „Inclusive Business in Tourism" wird definiert als: „tourism that increases business linkages between people from low-income communities and tourism-industry actors for long-lasting mutual benefit" (vgl. Tewes-Gradl et al. 2014, S. 5). Dieser Begriff bezieht sich auf eine für beide Seiten vorteilhafte wirtschaftliche Zusammenarbeit zwischen Unternehmen und Armen, die dabei als Angestellte, Unternehmer, Zulieferer oder Händler einbezogen werden.

im Vordergrund steht. So kann die Tourismuswirtschaft einen wichtigen Beitrag zu mehr Beschäftigung und zur Armutsminderung leisten.

Die Implementierung dieser strategischen Ansätze ist ein langfristiger Prozess und bedarf der Unterstützung durch das Management und die Mitarbeiter. Ein wichtiger Schritt zu ihrer operativen Umsetzung ist die Veränderung der bisherigen Beschaffungspraxis (z. B. Lebensmittel) dahingehend, möglichst viele Waren bei einheimischen Anbietern zu kaufen. Vorbildlich ist das Beispiel von Spier, ein südafrikanisches Tourismusunternehmen, das in Kooperation mit der PPT-Initiative seine Geschäftspraktiken (Beschaffung) und Managementziele im Sinne des PPT überarbeitet hat und seinen Erfolg nun u. a. daran misst, welchen Beitrag man zur Armutsbekämpfung leistet (vgl. Ashley und Haysom 2005, S. 8).

Eine Vielzahl von Gebern unterstützt diesen strategischen Ansatz, sei es durch Finanzierung konkreter Projekte wie die PPT-Projekte in Südafrika (vgl. Ashley und Haysom 2005, S. 2) oder durch Beratung und Erstellung von Ratgebern (vgl. Tewes-Gradl et al. 2014; Ashley et al. 2006; ITC 2010a, 2010b, 2010c).

4.1.2 Innerbetriebliche Sozial- und Umweltmaßnahmen

Saison- und Schichtarbeit, ein niedriges Lohnniveau und Überstunden sind typisch für die Beschäftigung im Tourismus. Vor diesem Hintergrund ist der Umgang mit den Mitarbeitern, v. a. die Schaffung fairer Arbeitsbedingungen, ein wichtiges innerbetriebliches CSR-Thema. Wie dies von verantwortungsvollen Unternehmen gestaltet werden kann, illustriert das Beispiel der Serena Hotels. Sie zahlen ein über dem Mindestlohn liegendes Gehalt, finanzieren Renten und Gesundheitsmaßnahmen für Mitarbeiter. Jedes Hotel hat zudem ein Kreditprogramm und eine Krankenstation für Angestellte (vgl. Ashley et al. 2007, S. 17).

Darüber hinaus prüfen viele Firmen ihre Einstellungspolitik auf eine verstärkte Beteiligung der lokalen Bevölkerung, v. a. marginalisierter Gruppen (Frauen, ethnische Minoritäten) und initiieren Weiterbildungsprogramme, um ihnen den Berufseinstieg oder Aufstieg in höhere Positionen zu ermöglichen. Hieran arbeitet eine strategische Allianz bestehend aus Deutscher Gesellschaft für Internationale Zusammenarbeit (GIZ) und CSR-orientierten Hotelunternehmen, u. a. in Costa Rica, Ägypten, Kenia und Vietnam. Diese sog. „Youth Career Initiative" ermöglicht Jugendlichen aus armen Verhältnissen durch ein Trainingsprogramm in internationalen Hotels den Einstieg ins Berufsleben (vgl. GIZ 2014, S. 43). Die Teilnehmer werden in Bezug auf Auftreten, Servicebereitschaft und Sprache geschult und erhalten Einblick in die Arbeitsabläufe eines Hotels (vgl. GIZ 2014, S. 43). Ähnlich arbeitet ein von BMZ und TUI finanziertes CSR-Projekt zur Integration von jungen Frauen in den tunesischen Tourismussektor (vgl. German Cooperation et al. o. J.).

Leider werden diese sozialen Programme nur von wenigen engagierten Unternehmen auf allen innerbetrieblichen Ebenen umgesetzt. Viele große Firmen haben trotz CSR-Strategie hier noch erhebliche Defizite (vgl. Font und Walmsley 2012, S. 230).

Im Gegensatz dazu werden – allein schon aus Kostengründen – ökologischen Maßnahmen größere Priorität eingeräumt und vielerorts wird ein internes Umweltmanagementsystem implementiert. Dieses umfasst Projekte in den Bereichen Energie (regenerative Energien, Wärmerückgewinnung), Wasser (Sparmaßnahmen, Nutzung von Regen- und Brauchwasser, Abwasser) und Abfall (Vermeidung, Recycling) (vgl. GIZ 2014, S. 79). Auch erste Klimaschutzvorhaben werden inzwischen in einigen Destinationen umgesetzt, allerdings ist die Branche überwiegend noch nicht bereit, ihre Verantwortung diesbezüglich zu übernehmen (vgl. GIZ 2014, S. 77). Hier müssten bindende Ziele zur Emissionsreduktion definiert und neue klimafreundliche Produkte entwickelt werden (vgl. Monshausen und Fuchs 2010, S. 14).

4.2 Externe CSR-Dimension

Der Tourismus ist ein Sektor, der maßgeblich von äußeren Gegebenheiten geprägt wird – sei es von der Gastfreundschaft der lokalen Bevölkerung, der Unversehrtheit der Naturlandschaft oder der Qualität des kulinarischen Angebotes.

Aufgrund dieser vielfältigen Wechselwirkungen sind die externen CSR-Aktivitäten auch von großer Bedeutung für die Entwicklungszusammenarbeit. Verantwortungsvoll arbeitende Tourismusunternehmen und Entwicklungsorganisationen bemühen sich in diesem Kontext, die Geschäftsbeziehungen zu Zulieferern im Sinne des „Inclusive Tourism" zu gestalten und zusammen mit Behörden und NGOs die umwelt- und sozialverträgliche Entwicklung der Destinationen sicherzustellen. Wie bereits erläutert, werden die externen CSR-Ansätze gemäß der Wirkungsebene weiter unterteilt in die Bereiche Wertschöpfungskette, Destination und nationales/internationales Umfeld.

4.2.1 CSR entlang der Wertschöpfungskette

Ein von vielen Organisationen (u. a. GIZ, ITC) gefördertes Konzept ist der erwähnte Wertschöpfungskettenansatz. Er zielt darauf ab, durch Integration armer Bevölkerungsgruppen in die touristische Versorgungskette breitenwirksam Beschäftigung zu schaffen.

Im Rahmen der Entwicklungszusammenarbeit werden dabei Maßnahmen finanziert, die Hotelketten oder Reiseveranstalter beim Aufbau armutsorientierter Geschäftsbeziehungen mit lokalen KKMUs fördern, wobei sich insbesondere in der Hotellerie vielfältige Anknüpfungspunkte ergeben, z. B. im Bereich Agrargüter, Textilien, Einrichtung (vgl. GIZ 2014, S. 32 f.). Aber auch Reiseveranstalter können ihr Angebot kritisch überprüfen.

Der Aufbau tragfähiger lokaler Wirtschaftsbeziehungen beginnt mit der Untersuchung der bisherigen Wertschöpfungsketten im Tourismus. Anschließend erfolgt eine Analyse der lokalen Versorgungsstrukturen und möglicher Verknüpfungspunkte, um dann die Beschaffung der Unternehmen dahingehend zu ändern, möglichst viele Güter in der Region, v. a. bei KKMUs einzukaufen. Wichtig ist dabei, mit allen an der Lieferkette beteiligten Firmen Sozial- und Umweltnormen festzulegen und zu prüfen, wie viel Geld in den einzelnen Sektoren als Bruttogewinn wirklich an Arme fließt.

Allerdings können nicht immer alle Produkte vor Ort gekauft werden. Ein typisches Problem ist, dass örtliche Produzenten die Waren oft nicht in der geforderten Qualität oder in der gewünschten Menge liefern können. Hier setzt die Entwicklungshilfe mit konkreten Maßnahmen zur Weiterbildung der Produzenten an. Im Vordergrund stehen dabei die Verbesserung der Produktqualität und der Produktivität, die Vermittlung von Marktkenntnissen sowie die organisatorische Unterstützung von Netzwerken (vgl. GIZ 2014, S. 24). Mit Blick auf die Unternehmen werden neben Ratgebern (vgl. ITC 2010a, 2010b, 2010c; Tewes-Gradl et al. 2014), auch Mentoring-Programme, die Anbahnung armutsorientierter Geschäftsbeziehungen sowie die Einführung von Normen gefördert.

Zur Etablierung inklusiver Wertschöpfungsketten im Tourismus bieten sich v. a. die Sektoren „Landwirtschaft" und „Kunsthandwerk" an, da sie das größte Potenzial bieten, arme Bevölkerungsgruppen zu integrieren (vgl. Font et al. 2008, S. 269).

Da ca. 30 % der Touristenausgaben in Nahrungsmittel fließen (vgl. ITC 2010b, S. 3), besteht insbesondere im Hotel- und Restaurantbereich Potenzial zur Steigerung der regionalen Beschaffung von landwirtschaftlichen Produkten (Obst, Gemüse, Fleisch, Blumen). Mögliche Maßnahmen zur Förderung sind (vgl. ITC 2010b, S. 35):

- Einkauf auf mehrere kleine Produzenten zu verteilen und Lieferungen direkt zu bezahlen,
- Beratung der Bauern in Bezug auf Qualität, Verpackung, Hygiene und Vermarktung,
- Lokale Speisen und Getränke in den Menüplan aufzunehmen, entsprechende Rezepte zu entwickeln und lokal einzukaufen,
- Saisonalität von Lebensmitteln miteinzuplanen,
- Kredite für den Kauf von Saatgut und Arbeitsgeräten/-maschinen zu vergeben.

Ein Vorreiter diesbezüglich ist die Luxusresort-Kette „Sandals Hotels". Sie entwickelte in Jamaika ein Farmer-Projekt, das darauf abzielt, langfristige Lieferbeziehungen zu Bauern und Landwirtschaftskooperativen aufzubauen. Um Qualität und Diversität der lokal bezogenen Lebensmittel zu verbessern, unterstützt Sandals ein staatliches Programm, über das die Kooperativen neben landwirtschaftlicher und betriebswirtschaftlicher Beratung auch Kredite erhalten. Sandals verpflichtet sich, die Produkte zu einem fairen Preis abzunehmen. Über den Verkauf von Waren an Sandals erzielen die Kooperativen inzwischen einen Umsatz 3 Mio. US$ p/a (vgl. GIZ 2014, S. 33). Die Bauern erhalten nun ein regelmäßigeres und höheres Einkommen, während Sandals von einem größeren Angebot an hochwertigen Produkten profitiert und Kosten einsparen konnte. Das Programm wurde inzwischen auch auf andere Standorte in der Karibik ausgeweitet (vgl. Ashley et al. 2007, S. 39).

Ein weiterer wichtiger Sektor in Bezug auf pro-poor-orientierte Wertschöpfungsketten ist das Kunsthandwerk (vgl. ITC 2010c, S. 6). Die Produktion basiert auf traditionellen Fähigkeiten, bedarf i. d. R. geringer finanzieller Mittel und schafft im informellen Sektor vielfältige Beschäftigungsmöglichkeiten, v. a. für Frauen und Angehörige ethnischer Minoritäten.

Mit einfachen Maßnahmen können Unternehmen hier inklusive Geschäftsbeziehungen schaffen, u. a. Einrichtungs- und Dekorationsartikel in der Region kaufen und Touristen zum Besuch lokaler Souvenirmärkte animieren. Das Semiramis Interkontinental in Kairo geht hier z. B. neue Wege, indem es nachhaltige Hotelgeschenke für VIP-Gäste, Familien mit Kindern etc. von Müllsammlerinnen anfertigen lässt. Die Frauen basteln aus Papierabfällen des Hotels einzigartige Geschenke und das Hotel berät sie in Bezug auf Design- und Qualitätsfragen. Zu besonderen Anlässen kann die mit den Frauen zusammenarbeitende NGO die Ware auch direkt im Hotel verkaufen. So wird Einkommen für 55 Frauen aus den Slums geschaffen (vgl. Kamel und Noshokaty o. J.).

Der Wertschöpfungskettenansatz erfordert von Unternehmen sehr viel Engagement und ist grundsätzlich ein Ansatz, der eher langfristig umgesetzt werden kann (vgl. Overseas Development Institute 2005, S. 5). Dann aber kann er durchaus dazu beitragen, Kosten zu sparen, eine qualitativ hochwertige Beschaffung sicherzustellen und das touristische Angebot authentischer und abwechslungsreicher zu gestalten, z. B. durch regionaltypische Speisen oder den Einbezug einheimischer Führer. Damit können sich die Unternehmen dann auch von anderen touristischen Angeboten absetzen.

Welche enorme Wirkung insbesondere die Integration von KKMUs in die Wertschöpfungskette haben kann, verdeutlicht das Beispiel von Spier. Durch Änderung der Beschaffungspraxis im Sinne inklusiver Lieferbeziehungen wurden 79 lokale Stellen geschaffen. Heute werden 98 % der benötigten Waren von 288 Firmen bezogen, die entweder aus der Region stammen oder im Sinne des Black Economic Empowerment Act[6] als förderungswürdig gelten (vgl. Rylance und Spenceley o. J.). Allein in der ersten Hälfte des Jahres 2014 flossen so rd. 2 Mio. US$ an diese Unternehmen (vgl. Rylance und Spenceley o. J.).

4.2.2 CSR in der Destination

Die touristischen Akteure sind Teil der gastgebenden Gesellschaft und ihr langfristiger Erfolg ist auch davon abhängig, dass die Umwelt intakt ist und die lokale Bevölkerung den Gästen aufgeschlossen gegenübersteht.

Daher bemühen sich Unternehmen zusammen mit Entwicklungsorganisationen auch das soziale und ökologische Umfeld in den Destinationen zu verbessern, z. B. durch die Finanzierung von allgemeinen Infrastrukturmaßnahmen. In der Regel werden hier Vorhaben finanziert, von denen die Unternehmen profitieren, die aber gleichzeitig die Lebensqualität der lokalen Gemeinden verbessert, wie z. B. das von Kuoni, GIZ, einer Umwelt-NGO und Behörden durchgeführte Projekt zur Förderung eines flächendeckenden nachhaltigen Abfallmanagementsystems auf der Halbinsel Yukatan (vgl. GIZ 2014, S. 84), wodurch der drohenden Verunreinigung der lokalen Trinkwasservorräte sowie der Degradierung der Korallenriffe vorgebeugt werden soll.

Neben solchen Multistakeholderprojekten können Unternehmen auch Joint-Venture-Partnerschaften mit lokalen Gemeinden eingehen, bei der die gemeinsame Nutzung von touristischen Ressourcen, (z. B. Naturreservate, Lodges) vereinbart werden. Solche gemeindebasierten Vorhaben zielen grundsätzlich auch auf die Verbesserung der Lebensbe-

---

[6] Programm in Südafrika, das zur Verbesserung der Chancengleichheit die bevorzugte Behandlung von benachteiligten Gruppen der Bevölkerung vorschreibt.

dingungen der Bevölkerung ab. Sie können in Bezug auf die politische und ökonomische Partizipation der Bevölkerung sehr unterschiedlich gestaltet sein und werden oft zusammen mit Behörden und Entwicklungsorganisationen (als Entwicklungspartnerschaften – PPPs –, s. u.) durchgeführt. Die Entwicklungsorganisationen bringen bei solchen Kooperationen ihre Erfahrung vor Ort ein, ermöglichen den Kontakt zur Zielgruppe und unterstützen das Unternehmen – finanziell, administrativ und logistisch –, während die Privatwirtschaft Kapital und touristisches Know-how in Bezug auf Produktentwicklung und Marketing einbringt[7]. Diese wesentlich breiter angelegten CSR-Ansätze (vgl. Ashley und Haysom 2005, S. 3), die nicht nur unmittelbare Geschäftspartner, sondern auch die Lebensbedingungen in der Destination einbeziehen, werden allerdings eher von kleineren sehr motivierten Unternehmen umgesetzt. Die Bereitschaft großer Firmen zu einem solchen Engagement ist wesentlich geringer ausgeprägt (vgl. Font et al. 2012, S. 1 am Beispiel der Hotellerie).

4.2.3 CSR im nationalen und internationalen Umfeld

Parallel zu diesen lokalen Maßnahmen können Unternehmen auch auf politischer Ebene aktiv werden und die Rolle eines sozialen Aktivisten übernehmen (vgl. Ashley und Haysom 2005, S. 3). Dieses wohl weitreichendste CSR-Konzept zielt darauf ab, das Handeln anderer Akteure zu ändern und die strukturellen Rahmenbedingungen für eine sozial und ökologisch verantwortungsvolle Arbeitsweise in Entwicklungsländern zu schaffen.

Ein wichtiger Ansatzpunkt sind hier Multistakeholderallianzen, denen i. d. R. Unternehmen, (Wirtschafts-)Verbände, Entwicklungsorganisationen, NGOs und staatliche Einrichtungen angehören. Sie bemühen sich, die Voraussetzungen für nachhaltigen Tourismus zu verbessern, z. B. durch Lobbyarbeit, strategischen Dialog sowie die Implementierung von branchenweiten nationalen/internationalen Verhaltenskodizes. So hat sich im deutschsprachigen Raum ein Runder Tisch zur Beachtung von Menschenrechten gegründet, dem neben NGOs auch viele Reiseveranstalter angehören. Gemeinsam will man Tourismusakteure für dieses Thema sensibilisieren und die erarbeiteten Standards zur menschenrechtlichen Verantwortung in der Branche verankern (vgl. Arbeitskreis Tourismus & Entwicklung et al. 2014).

Die wohl bedeutendste Initiative in diesem Kontext ist auf die Bekämpfung des sexuellen Missbrauchs von Kindern ausgerichtet. Getragen von einer breiten internationalen Allianz werden Sensibilisierungskampagnen und Trainings zum Thema Kinderprostitution durchgeführt sowie ein global verpflichtender Verhaltenskodex zum Schutz von Kindern (The Code) umgesetzt, u. a. unterstützt durch die GIZ. Sie arbeitet mit Kuoni, TUI, Accor und der ITB an Online-Instrumenten, die die Implementierung des Kodexes in Thailand erleichtern sollen. Mit Hilfe dieser Systeme lernen Tourismusakteure und Vertreter der Polizei, welche Maßnahmen sie ergreifen können, um Missbrauch zu bekämpfen. In den

---

[7] Sehr wichtig ist es, den richtigen Projektpartner zu wählen. Denn die Unternehmen müssen bei diesen Joint Ventures quasi Entwicklungsaufgaben übernehmen und sehr viel Zeit und Mühe in diese Vorhaben investieren.

kommenden Jahren soll die Zahl der teilnehmenden Unternehmen deutlich erhöht und der Wirkungsgrad der Initiative durch den Einsatz thailändischer Multiplikatoren gesteigert werden (vgl. GIZ 2015).

Neben der Umsetzung menschenrechtlicher Standards wird auch die Zertifizierung sozial und/oder ökologisch verantwortlich handelnder Betriebe gefördert, z. B. die Green Star Hotel Initiative. Diese strategische Allianz bestehend aus Orascom Hotels, TUI, GIZ und Tourismusministerium hat sich zum Ziel gesetzt, ein lokal angepasstes ökologisches Zertifizierungssystem mit entsprechendem Trainingsprogramm für die ägyptische Hotellerie zu etablieren (vgl. GIZ 2014, S. 82 f.). Inzwischen haben 65 Hotels das Zertifikat erhalten, eine Ausweitung auf weitere Destinationen im Nahen Osten ist geplant (vgl. GIZ 2014, S. 82 f.). Zudem wurde das Ministerium durch das Projekt dazu angeregt, eine Förderstrategie für nachhaltigen Tourismus zu erstellen.

Während es bereits viele ökologische Zertifizierungen gibt, ist die Zahl der sozial orientierten Gütesiegel geringer. Hier ist neben Tourcert v. a. die Fair-Trade-Tourism-Initiative wichtig. Dabei handelt es sich um eine südafrikanische NGO, die eine Zertifizierung von Tourismusprodukten (Unterkünfte, Restaurants, Aktivitäten, Reisebausteine) nach den Grundsätzen des Fairen Handels vornimmt.[8] Die heute weltweit anerkannte Initiative hat sich mit Unterstützung internationaler Geber (u. a. Belgian Technical Cooperation, ECPAT) schnell im südlichen Afrika verbreitet. Das Label kann auch genutzt werden, um CSR-Programme zu implementieren (vgl. Monshausen und Fuchs 2010, S. 12).

4.3 Kooperationsformen mit der Privatwirtschaft

Die CSR-orientierte (Tourismus-)Zusammenarbeit erfolgt überwiegend in Form von Entwicklungspartnerschaften mit der Wirtschaft und wird in Deutschland über das DeveloPPP-Programm finanziert. Teilnehmen können nur deutsche, europäische und in der Europäischen Freihandelszone angesiedelte Unternehmen.[9] Diese Partnerschaften, für deren Zustandekommen einige Voraussetzungen erfüllt sein müssen,[10] werden noch weiter differenziert in:

---

[8] Kriterien für das Zertifikat sind u. a. faire Löhne, gute Arbeitsbedingungen, gerechte Verteilung der Einnahmen, Achtung von Menschenrechten, lokaler Kultur und Natur (vgl. Fair Trade Tourism o. J.).

[9] Zusätzlich sind auch Unternehmen in Schwellen- und Entwicklungsländern mit einer 25 % Beteiligung europäischer Partner antragsberechtigt.

[10] Die wichtigsten sind Vereinbarkeit mit entwicklungspolitischen Zielen und klarer entwicklungspolitischer Nutzen, Komplementarität (beide Seiten erreichen ihre Ziele durch die Zusammenarbeit besser, schneller, kostengünstiger), kommerzielles Interesse (keine gemeinnützigen Projekte), Wettbewerbsneutralität, Eigenbetrag der Unternehmen von mindestens 50 %, Subsidiarität (Projekt wird ohne öffentlichen Beitrag nicht durchgeführt und ist nicht gesetzlich vorgeschrieben) und Nachhaltigkeit (vgl. BMZ 2014, S. 18).

- PPPs (Public Private Partnerships), eine Zusammenarbeit zwischen Firmen, Entwicklungsorganisationen und/oder lokalen Behörden, und
- strategische Allianzen, bei denen verschiedene Akteure in überregionalen breitenwirksamen Initiativen kooperieren (vgl. BMZ 2011, S. 9). Sie haben ein größeres finanzielles Volumen als PPPs und sollen zudem folgende Kriterien erfüllen: hohe strukturbildende Wirkung, Multistakeholderansatz, Replizierbarkeit, Innovation (vgl. BMZ 2014, S. 21).

Die Zusammenarbeit mit der Wirtschaft soll privates Kapital und Know-how für Entwicklungsprozesse mobilisieren. Dies ist im Rahmen des DeveloPPP-Programms auch gelungen (vgl. Heinrich-Böll-Stiftung et al. 2010, S. 14; Martens 2010, S. 38). So wurden die Vorhaben von 1999/10-2015 zu rd. 63 % von der Privatwirtschaft (inklusive Beiträge Dritter) finanziert (vgl. DeveloPPP o. J.).

Trotzdem ist diese Form der Zusammenarbeit, die nur 1 % der EZ-Mittel ausmacht (vgl. Heinrich-Böll-Stiftung et al. 2010, S. 18), stark umstritten. So stellt sich die Frage, ob die Subsidiarität der Maßnahmen immer gegeben ist oder ob nicht „Mitnahme-Effekte" vorliegen und manche Investitionen nicht auch ohne die Entwicklungshilfe durchgeführt worden wären (vgl. Heinrich-Böll-Stiftung et al. 2010, S. 16). Die Abgrenzung ist hier schwierig. Grundsätzlich ist aber die Subventionierung von Unternehmen nicht Aufgabe der Entwicklungshilfe. Es sollten daher nur CSR-Maßnahmen gefördert werden, an denen öffentliches Interesse besteht und die von der Privatwirtschaft nicht erwartet werden können, wie Sensibilisierungskampagnen und strukturbildende CSR-Maßnahmen (vgl. Altenburg et al. 2004, S. 9).

Hinzu kommt, dass es bisher für die angebliche „Win-win Situation" der Kooperationen (d. h., dass die Wirtschaft profitiert und gleichzeitig Armut bekämpft wird) wenig Belege gibt. Auch die hohe Effizienz und Kosteneffektivität der Vorhaben sind nicht bewiesen. Die Bilanz multilateraler Partnerschaften ist gemischt: Während ein Teil der Projekte erfolgreich arbeitet und gute Ergebnisse vorweisen kann, sind zahlreiche Programme ineffektiv, zeigen wenig Wirkung und haben den Charakter von Absichtserklärungen (vgl. Beisheim 2011).

Für die deutschen Kooperationen liegen kaum Evaluierungen vor (vgl. Martens 2010, S. 36; Hohfeld 2009, S. 12) und wenn es sie gibt, werden die Ergebnisse nicht veröffentlicht. Dies gilt auch für die Tourismusvorhaben über deren tatsächliche Wirkungen keine unabhängige Einschätzung vorliegt. Die Evaluierung ist auch deshalb schwierig, weil teilnehmende Firmen keine internen Informationen preisgeben wollen (vgl. Heinrich-Böll-Stiftung et al. 2010, S. 17).

Betrachtet man die Projektstandorte, so fließen die Mittel oft nicht unbedingt in die bedürftigsten Länder (Least Develped Countries, LDCs). Tourismusunternehmen investieren nur dort, wo es für sie ökonomisch attraktiv ist und stabile wirtschaftliche Rahmenbedingungen herrschen. Daher werden Entwicklungspartnerschaften i. d. R. in Schwellenländern, z. B Thailand, implementiert, sodass sie nicht die Ärmsten der Armen erreichen (vgl. Heinrich-Böll-Stiftung et al. 2010, S. 11; Beisheim 2011, S. 29).

Besonders stark werden die PPP-Projekte kritisiert: sie werden i. d. R. in Deutschland ohne Abstimmung mit den Entwicklungsstrategien der Partnerländer konzipiert (vgl. Martens 2010, S. 39; Hohfeld 2009, S. 17). Hieraus ergibt sich ein Problem in Bezug auf Ownership und Harmonisierung der Maßnahmen mit anderen Gebern, was einen Widerspruch zu der Paris Deklaration darstellt (vgl. Altenburg 2015, S. 11). Viele der PPP-Projekte werden auch aufgrund ihrer Kleinteiligkeit und der fehlenden Breitenwirkung kritisiert (vgl. Martens 2010, S. 38). Dies kann sicherlich auch für viele PPP-Tourismusprojekte angenommen werden.

5 Fazit und Ausblick

Da Tourismusunternehmen zum Teil beträchtliche Umsätze vor Ort verzeichnen und eine Vielzahl von Arbeitsplätzen schaffen, kann eine Veränderung ihrer Geschäftspraxis hin zu einer sozial und ökologisch verantwortungsvollen Führung enorme pro-poor-orientierte Breitenwirkung entfalten. Die Umsetzung dieser Vorhaben ist schwierig und bedarf sehr viel Engagements.

Der vorliegende Beitrag hat Ansätze aufgezeigt, wie Entwicklungsorganisationen hier Unternehmen im Rahmen einer Kooperation unterstützen können. Und während die öffentlichen Partner hierbei vom touristischen Know-how profitieren, kann die Tourismuswirtschaft auf diese Weise nicht nur Kosten sparen und ihre gesellschaftliche Akzeptanz erhöhen, sondern ihren Gästen auch authentische Erlebnisse ermöglichen und damit die Kundenzufriedenheit steigern.

Es muss jedoch angesichts der knappen Mittel klar sein, dass die Entwicklungsorganisationen kein Geldgeber sein können, sondern die Rolle eines Ratgebers/Unterstützers einnehmen, der Prozesse anstößt und fachlich begleitet. Aufgabe der Entwicklungspolitik ist daher zukünftig die Stärkung und Weiterentwicklung von breitenwirksamen Ansätzen, die branchenweite Veränderungen bewirken (vgl. BMZ 2011, S. 25), wie z. B. die strategischen Allianzen.

Angesichts der durchaus berechtigten Kritik an den Entwicklungspartnerschaften sollten Instrumente gesucht werden, um mehr Vorhaben in LDCs umzusetzen und um verstärkt mit der dortigen Wirtschaft zusammenzuarbeiten. Grundsätzlich sollten nur Selbstverpflichtungen gefördert werden, deren Subsidiarität und entwicklungspolitischer Nutzen kritisch geprüft wurden. Dazu bedarf es auch eines umfassenden Monitoring- und Evaluierungssystems für diese Vorhaben. Nur so kann Transparenz über ihre tatsächlichen Wirkungen geschaffen und ihr Wirkungsgrad erhöht werden.

Der Erfolg der Entwicklungspartnerschaften hängt letztendlich aber auch in großem Maße vom Engagement der privaten Partner ab. Die Unternehmen müssen eine wirkliche Veränderung im Sinne eines sozial und ökologisch verantwortungsvollen Tourismus wollen und entsprechende ganzheitliche Konzepte umsetzen. Hier ist leider noch viel

Überzeugungsarbeit zu leisten, denn abgesehen von einigen engagierten Firmen, zeigt die Branche im Ganzen eher halbherzige CSR-Ansätze, die eher auf „Greenwashing" denn auf eine wahrhafte Veränderung ausgerichtet sind (vgl. Scheyvens 2011, S. 144).

Literatur

Alam K, Burckhardt G (2013) Die Unterstützung der Bekleidungsindustrie durch die GIZ in Bangladesch – einseitige Förderung der Unternehmensverbände. In: Burckhardt G (Hrsg) Corporate Social Responsibility – Mythen und Maßnahmen, 2. Aufl. Springer Gabler, Wiesbaden, S 125–129

Altenburg T (2015) Entwicklungszusammenarbeit und Wirtschaft: Synergien und Zielkonflikte. In: Entwicklungszusammenarbeit und Wirtschaft – Zwischen Konfrontation und Kooperation. VENRO, Bonn, S 5–12

Altenburg T, de Carlo L, Demtschück E, Hamm B (2004) Strategische Allianzen und Corporate Social Responsibility: Instrumente für die entwicklungspolitische Kooperation mit der Wirtschaft. Deutsches Institut für Entwicklungspolitik, Bonn

Arbeitskreis Tourismus & Entwicklung, Brot für die Welt – Evangelischer Entwicklungsdienst, Kate e. V., Naturfreunde Internationale (2014) Menschenrechte im Tourismus – ein Leitfaden zur Umsetzung im Tourismus, 2. Aufl. Schleunungsdruck, Marktheidenfeld

Ashley C, Goodwin H, McNab D, Scott M, Chaves L (2006) Making tourism count for the local economy in the caribbean. Pro Poor Tourism Partnership and The Travel Foundation, o. O.

Ashley C, Haysom G (2005) From philanthropy to a different way of doing business: strategies and challenges in integrating pro-poor approaches into tourism business. http://www.odi.org/sites/odi.org.uk/files/odi-assets/publications-opinion-files/3806.pdf. Zugegriffen: 26. Aug. 2015

Ashley C, Brine P de, Lehr A, Wilde A (2007) The role of tourism sector in expanding economic opportunity. Havard University, Cambridge

Beisheim M (2011) Innovative Governance durch Entwicklungspartnerschaften? Stiftung für Wissenschaft und Politik, Berlin

Bennett O, Roe D, Ashley C (1999) Sustainable tourism and poverty elimination study. Overseas Development Institute, London

Bundesministerium für Arbeit und Soziales (Hrsg) (2010) Nationale Strategie zur gesellschaftlichen Verantwortung von Unternehmen (Corporate Social Responsibility) – Aktionsplan CSR der Bundesregierung, Berlin. http://www.bmas.de/SharedDocs/Downloads/DE/PDF-Publikationen/a398-csr-aktionsplan.pdf?__blob=publicationFile&v=2. Zugegriffen: 11. Aug. 2015

Bundesministerium für wirtschaftliche Zusammenarbeit und Entwicklung (BMZ) (Hrsg) (2009) Unternehmerische Verantwortung aus entwicklungspolitischer Perspektive. BMZ, Berlin

Bundesministerium für wirtschaftliche Zusammenarbeit und Entwicklung (BMZ) (Hrsg) (2011) Kooperationen mit dem Privatsektor im Kontext der Entwicklungszusammenarbeit – Kooperationsformen. BMZ, Berlin

Bundesministerium für wirtschaftliche Zusammenarbeit und Entwicklung (BMZ) (Hrsg) (2014) Entwicklungspartnerschaften mit der Wirtschaft. GIZ, Eschborn

Burckhardt G (2013a) Corporate Social Responsibility – Mythen und Maßnahmen, 2. Aufl. Springer Gabler, Wiesbaden

Burckhardt G (2013b) Einführung und Überblick. In: Burckhardt G (Hrsg) Corporate Social Responsibility – Mythen und Maßnahmen, 2. Aufl. Springer Gabler, Wiesbaden, S 1–8

Burckhardt G (2013c) Zusammenfassung der Beiträge und Fazit: Mangelnder Schutz der Betroffenen. In: Burckhardt G (Hrsg) Corporate Social Responsibility – Mythen und Maßnahmen, 2. Aufl. Springer Gabler, Wiesbaden, S 77–78

DevelopPPP (o. J.) Zahlen-Daten-Fakten. http://www.developpp.de/de/content/zahlen-daten-fakten. Zugegriffen: 16. Feb. 2016

Evangelischer Entwicklungsdienst (2011) Alles was Recht ist – Menschenrechte und Tourismus. Evangelischer Entwicklungsdienst, Bonn

Fair Trade Tourism (o. J.) What is fair tourism? http://www.fairtrade.travel/content/page/what-is-fair-trade-tourism. Zugegriffen: 20. Sep. 2015

Font X, Walmsley A (2012) Corporate social reporting and practices of international hotel groups. In: Conrady R, Buck M (Hrsg) Trends and issues in global tourism. Springer, Berlin, S 223–233

Font X, Tapper R, Schwartz K, Kornilaki M (2008) Sustainable supply chain management in tourism. Bus Strategy Environ. doi:10.1002/bse.527

Font X, Walmsley A, Cogotti S, McCombes L, Häusler N (2012) Corporate social responsibility: The disclosure-performance gap. Tour Manag. doi:10.1016/j.tourman.2012.02.012

FUR Forschungsgemeinschaft Urlaub und Reisen e. V. (2014) Abschlussbericht zu dem Forschungsvorhaben: Nachfrage für nachhaltigen Tourismus im Rahmen der Reiseanalyse. FUR Forschungsgemeinschaft Urlaub und Reisen e. V., Kiel

German Cooperation, GIZ, Econowin, TUI (Hrsg.) (o. J.) TUI/GIZ open the doors for Tunesian women to the tourism sector – a joint initiative, o. O.

GIZ (2011) Corporate Social Responsibility und Internationale Zusammenarbeit. GIZ, Eschborn

GIZ (2014) Handbuch Tourismusplanung in der Entwicklungszusammenarbeit. GIZ, Eschborn

GIZ (2015) Tourismusindustrie kämpft gegen sexuelle Ausbeutung von Kindern, Infoblatt. GIZ, Eschborn

Heinrich-Böll-Stiftung, Seminar für Ländliche Entwicklung, VENRO (2010) Staat und Wirtschaft als Partner: Public Private Partnerships – ein wirksames Instrument zur Erreichung der Milleniumsentwicklungsziele? http://www.sle-berlin.de/files/sle/EPDT/2010/Dokumentation%20EPDT%2020_5_2010%281%29.pdf. Zugegriffen: 15. Jul. 2015

Hohfeld L (2009) Corporate social responsibility and public private partnerships in international development cooperation – evaluating the impact of corporate motivations. paper presented at EASY-ECO conference: stakeholder perspectives in evaluating sustainable development. october 16–18, budapest, hungary. http://wwwap.wu.ac.at/inst//fsnu/budapest/papers/hohfeld.pdf. Zugegriffen: 1. Sep. 2015

International Trade Centre (2010a) Inclusive tourism: linking business sectors to tourism markets. International Trade Centre, Genf

International Trade Centre (2010b) Inclusive tourism: linking agriculture to tourism markets. International Trade Centre, Genf

International Trade Centre (2010c) Inclusive tourism: linking the handicraft sector to tourism markets. International Trade Centre, Genf

Jonker J, Stark W, Tewes S (2011) Corporate Social Responsibility und nachhaltige Entwicklung. Springer, Heidelberg

Kamel K, El Noshokaty S (o. J.) Corporate gift from paper recycling, Infoblatt, GIZ, Endeva, o. O.

Lund-Durlacher D (2015) CSR und nachhaltiger Tourismus. In: Schneider A, Schmidtpeter R (Hrsg) Corporate Social Responsibility. Springer, Heidelberg, S 879–890

Manente M, Minghetti V, Mingotto E (2014) Responsible Tourism and CSR. Springer, Cham

Martens J (2010) Die Wirklichkeit der Entwicklungshilfe – Profitable Partnerschaft? – Entwicklungszusammenarbeit mit der deutschen Wirtschaft. Deutsche Welthungerhilfe und Terre des Hommes, Bonn

Monshausen A, Fuchs H (2010) Zauberformel CSR? Unternehmensverantwortung zwischen Freiwilligkeit und Verpflichtung. Evangelischer Entwicklungsdienst, Bonn

Overseas Development Institute (2005) How to…? Tips and tools for South African tourism companies on local procurement, products and partnerships, Brief 4: Setting corporate priorities and managing internal change. http://www.odi.org/sites/odi.org.uk/files/odi-assets/publications-opinion-files/2261.pdf. Zugegriffen: 1. Aug. 2015

Rylance A, Spenceley A (o. J.) Local Procurement strengthens a hotel's business case – Infoblatt, GIZ, German Cooperation, Endeva, o. O.

Scheyvens R (2011) Tourism and Poverty. Routledge, New York

Tewes-Gradl C, Gaalen M van, Pirzer C (2014) Destination mutual benefit – A guide to inclusive business in tourism. Endeva und GIZ GmbH, Berlin

VENRO (Hrsg) (2015) Entwicklungszusammenarbeit und Wirtschaft – Zwischen Konfrontation und Kooperation. VENRO, Bonn

Prof. Dr. Diana Marquardt ist promovierte Geografin und Leiterin des Studiengangs „Nachhaltiger Tourismus" an der Hochschule Rhein-Waal. Sie verfügt über mehrjährige Berufserfahrung in der Entwicklungszusammenarbeit und nach einem Feldaufenthalt in Laos erfolgte 2010 die Promotion an der Universität Göttingen über das Thema „Entwicklungszusammenarbeit im Tourismus". In Forschung und Lehre beschäftigt sie sich mit Kulturtourismus, Tourismus in Entwicklungsländern sowie Tourismus und Armutsbekämpfung, u. a. durch die Gestaltung pro-poor-orientierter Kooperationen mit verantwortungsvollen Unternehmen.

Tourismus, Frieden und Konflikte: Effekte, Strategien und das privatwirtschaftliche Engagement (CSR) in der Friedensförderung

Martina Leicher

1 Hintergrund und Forschungsprojekt

Ende der 1990er-Jahre mahnten verschiedene NGOs die Verwicklungen privater Unternehmen in der Verschärfung gewaltsamer Konflikte an. So wurde z. B. der Handel mit Diamanten mit kriegerischen Auseinandersetzungen in Angola, Sierra Leone und der Demokratischen Republik Kongo in Verbindung gebracht; der Holzabbau wurde als Finanzierungsinstrument für bewaffnete Gruppen in Liberia identifiziert; und Erdölunternehmen wurden angeklagt, in Menschenrechtsverletzungen in verschiedenen Konfliktgebieten verwickelt zu sein (siehe z. B. www.globalwitness.org). Publikationen wie diese gaben Anlass zu einer intensiveren Auseinandersetzung mit der Rolle des privaten Wirtschaftssektors in Konfliktkontexten. Zusätzlich zu Überlegungen hinsichtlich der Beteiligung privatwirtschaftlicher Akteure in Konfliktentstehung und -verschärfung, wuchs auch das Interesse an den Handlungszwängen des privaten Wirtschaftssektors in Konfliktkontexten sowie seinen potenziellen positiven Beiträgen zur Friedensförderung (CSR). Eine stärkere Integration privatwirtschaftlicher Akteure in die Friedensförderung erscheint nur sinnvoll, denn „the business community has a natural interest in a peaceful world ... – expanding peace means expanding markets, and expanding markets translates into greater profits for business" (Institute for Multi-Track-Diplomacy, zitiert in Barbara 2006).

Während vorerst besonders die Rohstoffindustrie im Mittelpunkt der Aufmerksamkeit stand, wurden andere Wirtschaftssektoren – wie z. B. auch der Tourismussektor – weniger oder gar nicht betrachtet. Der Tourismussektor ist allerdings in diesem Kontext nicht nur aufgrund seiner Bedeutung in der Weltwirtschaft von besonderem Interesse (mehr

M. Leicher (✉)
COMPASS GmbH
Zollstockgürtel 67, 50969 Köln, Deutschland
E-Mail: Leicher@compass-cbs.de

als 10 % des globalen BSP und jährliche Wachstumsraten von ca. 4 %; UNWTO 2016), sondern auch aufgrund der Tatsache, dass er als Folge gewaltsamer Konflikte typischerweise besonders starke Einbußen zu verzeichnen hat und damit ein starkes Eigeninteresse an Friedensförderung vermutet werden kann. Umso erstaunlicher ist es, dass das Verhältnis zwischen der Tourismusindustrie, gewaltsamen Konflikten und Friedensbemühungen bisher kaum näher untersucht wurde. Die praktischen Beispiele privatwirtschaftlicher Unterstützung in Friedensförderung sind begrenzt und es fehlen weitgehend profunde Kenntnisse über die CSR-Strategien der Tourismusunternehmen und ihre Wahrnehmungen in Konfliktkontexten und Friedensbemühungen.

Das Forschungsprojekt „Tourismus, Frieden und Konflikt: Effekte, Strategien und das privatwirtschaftliche Engagement in der Friedensförderung", geführt von COMPASS GmbH (D) und Swisspeace (CH) im Auftrag der Deutschen Stiftung Friedensforschung (DSF), hatte es sich zum Ziel gesetzt, diese Wissenslücken zu schließen (Alluri et al. 2011).

Umfassende Literaturrecherchen und Expertengespräche mit Reiseveranstaltern aus Deutschland, Großbritannien und der Schweiz dienten als Rahmen für die Durchführung von drei empirischen Fallstudien in Kroatien, Ruanda und Sri Lanka im Jahr 2008. Die drei Untersuchungsländer wurden sowohl aufgrund der hier stattgefundenen (bürger-)kriegerischen Auseinandersetzungen als auch aufgrund der Bedeutung der Länder als touristische Destinationen ausgewählt. In den drei Ländern wurde durch qualitative Interviews mit Experten und Akteuren aus dem privatwirtschaftlichen und öffentlichen Tourismusbereich die länderspezifische Rolle des Tourismussektors vor dem Kontext des jeweiligen Konfliktes eruiert. Dabei wurden die folgenden übergeordneten Fragestellungen betrachtet:

1. Welche Wechselwirkungen bestehen in den untersuchten Ländern zwischen dem Konfliktgeschehen und der Tourismusindustrie? Haben touristische Investitionen und Entwicklungen zum Ausbruch der kriegerischen Auseinandersetzung beigetragen oder deren Dynamik beeinflusst?
2. Welche Strategien haben Tourismusunternehmen in Anbetracht gewaltsamer Konflikte und Friedensbemühungen entwickelt?
3. Haben touristische Akteure Konflikttransformation und Friedensförderung aktiv unterstützt? Aufgrund welcher Motive haben sie sich engagiert (ökonomisches Eigeninteresse?) bzw. welche Faktoren haben sie davon abgehalten?

Ziel der Studie war auch, Schlussfolgerungen für das privatwirtschaftliche Engagement in Friedensförderung im Allgemeinen ziehen zu können, besonders im Hinblick auf die Möglichkeiten zur Mobilisierung unternehmerischer Unterstützung in Friedensförderung. Außerhalb der Reichweite dieser Studie blieb die Frage, ob privatwirtschaftliches Engagement in der Tat einen konstruktiven und effektiven Beitrag zur Friedensförderung leisten kann bzw. was die Effekte solcher Handlungen sind.

2 Wirtschaftliche Effekte auf den Tourismussektor in den Fallstudien

Obwohl der Tourismus in allen drei untersuchten Ländern durch die jeweiligen gewaltsamen Konflikte negativ betroffen war, unterscheiden sich Art und Intensität der Konsequenzen der Konflikte auf den Tourismussektor.

In *Kroatien* sanken die Touristenzahlen bereits vor Ausbruch des Krieges aufgrund einer allgemein schwierigen Wirtschaftslage sowie Qualitätsproblemen. Mit dem Beginn der „Baumstammrevolution" im August 1990 und den darauf folgenden eskalierenden politischen Ereignissen wurde der Tourismus in Kroatien jedoch zusehends durch den Konflikt in Mitleidenschaft gezogen (siehe Abb. 1).

Der kroatische Tourismus ist zu 94 % Badetourismus, der aufgrund der starken Saisonalität besonders stark getroffen wurde. Kriegerische Auseinandersetzungen in den Küstengebieten schädigten folglich die wichtigste Branche des Landes enorm. Hier zeigt sich auch die enorme Verwundbarkeit des Tourismussektors. Weder durch den Krieg in Slowenien noch durch die Kämpfe in der Kraijna waren die klassischen Tourismusgebiete betroffen (Ausnahme: die Stadt Sibenik), dennoch galt ganz Kroatien als Kriegsgebiet. Die Gesamtverluste an Übernachtungen in Kroatien summierte sich in den insgesamt neun Kriegs- und Nachkriegsjahren von 1990–1998 auf 400 Mio. US$, während die Umsatzausfälle auf 14 Mrd. US$ beziffert werden. Hinzu kommen die Zerstörungen von Hotels und touristischen Einrichtungen sowie die Folgen von Flüchtlingsunterbringung

Abb. 1 Übernachtungen in Kroatien 1980–2007. Quelle: Hrvatska Gospodarska Komora (2006), eigene Ergänzung mit Daten des CROSTAT (2008)

in Hotels. Diese finanziellen Schäden werden mit mindestens 100 Mio. US$ beziffert (Ivandic 1999). Da der Tourismussektor über 20 % des BSP in Kroatien ausmachte, waren die direkten ökonomischen Folgen des Krieges für das gesamte Land immens.

In *Ruanda* erreichten die Touristenzahlen vor Ausbruch des Bürgerkriegs und des Genozids 1984 einen Höchststand mit 39.000 Gästen. Im Jahr 1990 waren die Gästezahlen aufgrund des Ausbruchs des Bürgerkriegs auf weniger als die Hälfte gesunken (17.000). Mit dem Ausbruch des Genozids 1994 kam der Tourismus in Ruanda dann völlig zum Stillstand und große Teile der touristischen Infrastruktur in den touristisch bedeutenden Nationalparks wurden zerstört (siehe Abb. 2).

Der Tourismus im Volcanoes National Park wurde Dank einer frühzeitigen Entminungs-Kampagne und dem Zustrom von Mitarbeitern internationaler Organisationen bereits 1995 wieder aufgenommen, begann sich aber erst in den Jahren 1999/2000 nachhaltig zu erholen. Die ruandische Regierung ergriff immense Maßnahmen zur Förderung des Sektors, die weitere wichtige Impulse und ein rasantes Wachstum brachten (siehe Abb. 2).

In *Sri Lanka* reduzierte sich die Anzahl der Touristen kontinuierlich seit dem Beginn des Konfliktes mit der LTTE 1983 bis zum Jahre 1991. Ein „Sockel" von ca. 200.000 Touristen blieb in dieser Zeit bestehen, stellte jedoch nur in etwa die Hälfte der Einreisenden von 1982 dar. Trotz einer Erholung der Gästezahlen blieb die Entwicklung anfällig für politische Veränderung: Die negativen Einflüsse des Bürgerkriegs in Sri Lanka wurden besonders zu den Zeitpunkten intensivierter politischer Gewalt deutlich. Umgekehrt fand zur Zeit des Waffenstillstandsabkommens mit der LTTE ein „Boom" im sri-lankischen Tourismus statt, der temporär die Anzahl der Touristen über die „magische Schwelle" von 500.000 steigen ließ. Bemerkenswert ist, dass trotz über 20 Jahren Bürgerkrieg keines der größeren Hotels aufgrund des gewaltsamen Konfliktes schließen musste. In der Tat stieg die Gesamtkapazität an Hotelbetten sogar fast ununterbrochen seit 1966 (siehe Abb. 3 und 4). Diese unlogisch erscheinende Entwicklung lässt sich mit einem durchweg relativ

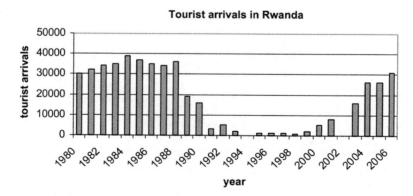

Abb. 2 Anzahl Touristen in Ruanda. (Quelle: eigene Grafik aufbauend auf Daten des ORTPN. Keine Daten für das Jahr 2002 vorhanden)

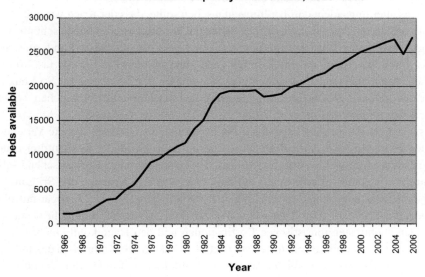

Abb. 3 Accomodation Capacity in Sri Lanka, 1966–2006. (Quelle: Annual Statistical Report of Sri Lanka Tourism 2006)

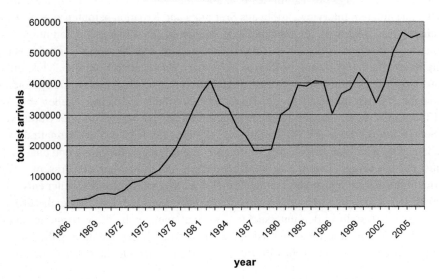

Abb. 4 Tourist Arrivals in Sri Lanka, 1966–2006. (Quelle: Annual Statistical Report of Sri Lanka Tourism 2006)

starken Geschäftsreiseverkehr und der Niedrigpreispolitik im Freizeitreiseverkehr begründen – was allerdings nicht darüber hinwegtäuschen sollte, dass der Krieg wesentlich dafür verantwortlich ist, dass das touristische Potenzial Sri Lankas nicht ausgeschöpft werden konnte. Obwohl der Tourismus an der West- und Südküste sowie im Landesinnern z. T. wuchs, blieb Tourismus im umkämpften Osten und Norden des Landes fast völlig unmöglich. Auch blieben die Gesamtentwicklungszahlen des Tourismus für Sri Lanka weit hinter den globalen Wachstumszahlen zurück und machen deutlich, welchen Tribut der Bürgerkrieg forderte (Alluri et al. 2011).

Insgesamt bestätigen die Ergebnisse der Forschung also die ausgeprägte Verwundbarkeit des Tourismussektors im Hinblick auf gewaltsame Konflikte. In allen drei Untersuchungsländern führten kriegerische Auseinandersetzungen zu einem drastischen Einbruch des Sektors, in erster Linie in Bezug auf die Gästezahlen. In Kroatien und Sri Lanka fand Tourismus zwar ungeachtet der jeweiligen Konflikte weiterhin – z. T. sogar auf überraschend hohem Niveau – statt. Dies ist im Wesentlichen aber auf die räumliche Distanz zwischen den wichtigsten touristischen Destinationen und den Hauptkonfliktgebieten sowie (vergleichsweise temporär) niedriger Konfliktintensität zurückzuführen. In den untersuchten Ländern sind unterschiedliche Ausmaße der direkten und indirekten Zerstörung von touristischen Attraktionen und Infrastruktur erkennbar. In Kroatien z. B. wurden Luxushotels in der Altstadt von Dubrovnik angegriffen – hier war der Tourismussektor also direktes Ziel des Konfliktes – eine Folge seiner wirtschaftlichen Relevanz. Sri Lankas internationaler Flughafen wurde ebenfalls direktes Ziel von Anschlägen. In Ruanda hingegen waren keine direkten Angriffe auf touristische Einrichtungen zu verzeichnen, dennoch litten die Nationalparks im Zuge des Konfliktes u. a. aufgrund von Flüchtlingen, die die Parks als Schutzzone nutzten. Interviewpartner aus Sri Lanka und Kroatien betonten zudem stets die Bedeutung des Tourismus für nahezu alle Branchen in der weiteren Region um die Konfliktherde, z. B. Handwerksbetriebe, die Bauwirtschaft, Landwirtschaft und der Handel. Auch Fachkräftemangel war eine direkte Folge der gewaltsamen Konflikte. Viele im Tourismus Beschäftigte wurden zur Armee eingezogen, mussten flüchten, wurden getötet oder vertrieben. Darüber hinaus verlor der Tourismus als Arbeitgeber seinen Stellenwert. Während Tourismus vor den Konflikten noch als attraktiv und profitabel bewertet wurde, wurde der Sektor aufgrund seiner Krisenanfälligkeit seit den Konflikten eher als unattraktiv eingeschätzt. Die Konflikte führten des Weiteren z. T. zur Imageschädigung und dauerhaftem Verlust der Nachfrage. Durch eine konfliktbedingte Unterbrechung der Präsenz auf dem internationalen Tourismusmarkt konnten sich Konkurrenzdestinationen weiter entwickeln, während der Tourismus in den Krisengebieten im internationalen Vergleich zurückfiel. Augenscheinlich stellt in den untersuchten Destinationen auch eine verringerte Investitionsbereitschaft aus dem In- und Ausland sowie die restriktive Kreditvergabe im Inland während Kriegszeiten ein großes Problem hinsichtlich der Qualität des Angebotes dar (Alluri et al. 2011).

Für eine stabile Erholung des Tourismus (in Kroatien und Ruanda) war eine Befriedung der Gesamtregion, die über die touristischen Zentren hinausgeht, eine wichtige Voraussetzung. War diese gegeben, entwickelte sich der Tourismus in den Untersuchungsländern schnell und leistete damit einen wichtigen Beitrag zum Wiederaufbauprozess und damit zur gesamtgesellschaftlichen Entwicklung. Dies ist vor allem in der besonderen Struktur des Tourismussektors begründet, der (auch in den Untersuchungsländern) meist von privatwirtschaftlichen Klein- und Kleinstunternehmern getragen wird und ohne ein Zusammenwirken mit den angrenzenden Sektoren (Bau, Landwirtschaft, Transport, Serviceleistungen) nicht funktioniert (Alluri et al. 2011).

3 Unternehmerisches Handeln und Strategien des Tourismussektors

Wie oben dargestellt, waren die ökonomischen Auswirkungen der kriegerischen Auseinandersetzungen auf den Tourismussektor in Kroatien, Ruanda und Sri Lanka durchaus drastisch und führten zu entsprechenden Reaktionen im unternehmerischen Verhalten der Tourismusakteure. Im Forschungsprojekt wurde zwischen unternehmerischen „Bewältigungsstrategien" und privatwirtschaftlichen Aktivitäten, die vor allem und direkt auf Friedensförderung abzielen, unterschieden (Alluri et al. 2011).

Unternehmerisches Handeln durch die Entwicklung von Bewältigungsstrategien (z. B. Marketingstrategien, alternative Investitionen) war in den drei Untersuchungsländern die dominierende Antwort von privatwirtschaftlichen Akteuren auf einen gewaltsamen Konflikt. Diese Strategien ermöglichten es zumindest einem Teil der Tourismusunternehmen, trotz der Konflikte weiterhin Gewinne zu erwirtschaften, auch wenn in keinem der Länder die konfliktbedingten Kosten durch Bewältigungsstrategien völlig ausgeglichen werden konnten (siehe auch Mansfeld und Pizam 2006).

Die interviewten Unternehmen in den drei untersuchten Ländern entwickelten dabei ähnliche Maßnahmen, um die Risiken gewaltsamer Konflikte zu „managen", die auf individueller Ebene die konfliktbedingten Kosten reduzierten. An der Ostküste Sri Lankas oder Kroatien schlossen beispielsweise einige Hotels und Restaurants entweder dauerhaft oder vorübergehend. Andere bemühten sich um Kosteneinsparungen, u. a. durch Entlassungen/Kurzarbeit oder das Aussetzen von Investitionen. Preissenkungen waren eine andere übliche Strategie, um trotz der gewaltsamen Konflikte Kunden zu gewinnen und führten in einigen Fällen zum Preiskampf unter den nationalen Anbietern (Sri Lanka). Andere touristische Unternehmen sind während des Konfliktes im Tourismus aktiv geblieben und haben ihr Angebot an den neuen Gegebenheiten ausgerichtet. So überlebten beispielsweise viele Hotels in Kroatien und Ruanda, weil sie vom starken Zustrom von „Expatriates" profitierten oder Flüchtlinge beherbergten. Incoming-Agenturen in Kroatien verlagerten darüber hinaus ihr Geschäft auf sicherere Destinationen wie Istrien. International agierende Unternehmen wichen häufig auf alternative Destinationen aus. Srilankische Unternehmen haben so beispielsweise ihre Investitionen auf den Malediven und in Indien verstärkt, während ihre Investitionen in Sri Lanka selbst verhalten blieben. Besonders kleine Unternehmen und Familienbetriebe verlagerten sich auf alternative Einkommensquellen, um die Konfliktzeit zu überbrücken, u. a. im Handel, Handwerk oder in der Landwirtschaft (Alluri et al. 2011).

Neben diesen oben dargestellten Bewältigungsstrategien fand ein direktes, aktives und intendiertes Engagement des Tourismussektors in der Friedensförderung nur im Falle von Sri Lanka statt, wo Vertreter des Tourismussektors sich u. a. an gesamt-privatwirtschaftlichen Initiativen beteiligten. Initiativen wie *Sri Lanka First* (siehe auch Abschn. 4.1.4) hatten überwiegend zum Ziel, öffentlich für eine Beendigung des Konflikts zwischen den Tamilen und den Singhalesen zu demonstrieren und Lobby-Arbeit zu leisten.

In Kroatien und Ruanda spielte der Tourismus eine wichtige Rolle beim wirtschaftlichen Wiederaufbau. Friedensförderung war hier jedoch ein unintendiertes „Nebenprodukt" wirtschaftlicher Aktivitäten. Wirtschaftliche Kollaboration zwischen ehemals verfeindeten Gruppen sowie die Schaffung von Arbeitsplätzen und Einkommensmöglichkeiten sind dabei allerdings wichtige Bestandteile eines Wiederaufbauprozesses. In beiden Ländern sahen Tourismusakteure ihre „friedensfördernden" Beiträge in ihren alltäglichen Geschäftsaktivitäten: durch die Generierung von Arbeitsplätzen und Einkommen, der Verbesserung des Images des Landes und der Zusammenarbeit mit ehemaligen Konfliktgegnern (Alluri et al. 2011).

Das fast völlige Ausbleiben intendierten, friedensfördernden Engagements privatwirtschaftlicher Akteure (Ausnahme Sri Lanka) ist nicht durch ein fehlendes ökonomisches Eigeninteresse des Tourismussektors an Frieden zu erklären, da in allen drei Ländern der Tourismus stark negativ durch die kriegerischen Auseinandersetzungen beeinträchtigt war. Das ökonomische Eigeninteresse ist folglich eine zentrale, aber keine hinreichende Voraussetzung für ein privatwirtschaftliches Engagement in der Friedensförderung. Diese Erkenntnis wirft die Frage nach den hemmenden und motivierenden Faktoren für ein privatwirtschaftliches Engagement auf.

4 Hemmende und fördernde Faktoren für ein privatwirtschaftliches Engagement in der Friedensförderung

Ein Ziel des Forschungsprojektes war es, zu einem besseren Verständnis beizutragen, wie privatwirtschaftliche Akteure gewaltsame Konflikte wahrnehmen, welche Optionen sie in Bezug auf Friedensförderung sehen bzw. haben und welchen Einschränkungen sie unterworfen sind. Im Folgenden werden die Erkenntnisse aus den Fallstudien anhand der mobilisierenden und hemmenden Faktoren für ein privatwirtschaftliches Engagement in der Friedensförderung dargestellt.

4.1 Mobilisierende Faktoren

Eine Reihe von Autoren aus der Tourismusforschung argumentieren, dass der Tourismus signifikante friedensfördernde Potenziale aufweist (z. B. Edgell 1990; Kim et al. 2007), jedoch wurde der „positive" Beitrag privatwirtschaftlicher Akteure in der Friedensförderung bislang noch nicht gezielt in bestehende Ansätze der zivilen Friedensförderung integriert.

Aus Perspektive der Friedensförderung sind besonders folgende positive Faktoren wichtig:

4.1.1 Schaffung von Arbeitsplätzen und Einkommen unmittelbar nach dem Konflikt

In Kroatien und Ruanda sahen Tourismusakteure ihre „friedensfördernden" Beiträge in ihren alltäglichen Geschäftsaktivitäten ausschließlich im Post-Konflikt-Wiederaufbau. In allen drei Ländern zeigt sich, dass der Tourismus unmittelbar nach einem Konflikt schnell wieder zu wachsen begann. Touristische Einrichtungen waren nur in geringem Umfang Ziel von Angriffen, sodass viele Unternehmen unmittelbar nach den gewaltsamen Konflikten in der Lage waren, ihr Geschäft wieder aufzunehmen. In Kroatien wurden beispielsweise viele industrielle Anlagen und Produktionsbetriebe zerstört, wohingegen touristische Unternehmen weitgehend intakt blieben. Aufgrund der hohen Multiplikatorwirkung des Tourismus profitierten auch andere Bereiche vom Wachstum des Sektors und das Interesse an einer Kontinuität ist groß (Alluri et al. 2011).

4.1.2 Kooperation mit ehemaligen Konfliktgegnern und Förderung der gegenseitigen Verständigung

Besonders internationale Touristen und Reiseveranstalter nehmen Destinationen gemäß ihrer Attraktionen und naturräumlichen Homogenität wahr. Administrative Grenzen, gesellschaftliche Differenzen oder politische Einheiten spielen kaum eine Rolle. Folglich zwingt die touristische Nachfrage Akteure auf beiden Seiten einer territorialen Grenze oder innerhalb einer Gesellschaft zur Kooperation.

In Ruanda beispielsweise wurden Teile der Gewinne, die durch private Akteure im Tourismus erwirtschaftet wurden, in die Entwicklung der lokalen Gemeinden investiert. Oft nutzten auch Initiativen mit nicht primär touristischen Absichten, wie z. B. die „Women Surviver Groups", die in Gemeinschaftsarbeit Korbwaren, sogenannte „Peace Baskets", herstellen, den Tourismus als Hauptabsatzmarkt (und die Peace Baskets als Symbol für den überwundenen Genozid). In Kroatien trugen private Tourismusakteure „unfreiwillig" zur grenzüberschreitenden Zusammenarbeit mit ehemaligen Kriegsgegnern bei, da eine verstärkte Nachfrage nach entsprechenden Produkten zur Zusammenarbeit mit Serben, Bosniern und Montenegrinern zwang. Reiseanbieter in Dubrovnik arbeiteten so beispielsweise mit Partnern in Montenegro zusammen, um gemeinsame Touren anzubieten. So entstand zwischen Kroatien, Serbien und Ungarn die „Pannonia Peace Route" für Fahrradtourismus. Zwischen der kroatischen Provinz Ost-Slawonien und der Serbischen Provinz Vojivodina sind ebenfalls gemeinsame Projekte vorgesehen. Privatwirtschaftliche Initiativen im Tourismus nahmen damit eine Pionierrolle in der zwischenstaatlichen Zusammenarbeit im ehemaligen Jugoslawien ein, während auf der politischen Ebene eine Kooperation noch schwierig war. Der Tourismussektor übernahm somit in den Beispielsländern in einigen Fällen eine Pionierrolle bei der grenzüberschreitenden Zusammenarbeit. Dadurch kann der Sektor aktiv zur Verständigung und – gestützt durch positive ökonomische Effekte – zur Stabilität in der Post-Konflikt-Region beitragen (siehe Abb. 5 und 6) (Alluri et al. 2011).

4.1.3 Verbesserung des Images des Landes durch Touristen und positive Beiträge in den Medien

Schwer messbar und dennoch von großer Bedeutung ist die Marketing-Wirkung des Tourismus für ein Land. Durch positive Erfahrungsberichte von Touristen oder Berichterstattung in den Medien wird das Image des Landes positiv beeinflusst, was sich auf die gesamte Wettbewerbsfähigkeit des Standortes auswirken kann. Besonders Interviewpartner in Kroatien betonten, dass sich Zagreb und Dubrovnik auch wegen der positiven Erfahrungen der Gäste und Journalisten, die wiederum Investoren und Geschäftsreisende nach sich zogen, von den Kriegsfolgen erholt haben. Sri Lanka ist durchgehend von Touristen und Geschäftsreisenden besucht worden und so konnte sich die Kunde von der Befriedung des Landes und seinem Wiederaufbau schnell verbreiten. In Ruanda wurde die offensive Strategie der Regierung, den Tourismus zu einer der tragenden Säulen der Wirtschaft auszubauen, zum Hauptentwicklungsmotor für Special-Interest-Segmente (Gorillatourismus) und ganze Regionen. Die positive Berichterstattung von Besuchern und in den internationalen Medien machte eine Umsetzung dieser Ziele möglich (Alluri et al. 2011).

4.1.4 Größere Mobilisierung durch sektorübergreifende Zusammenschlüsse

Ein aktives und konzertiertes Engagement des Tourismussektors in der Friedensförderung konnte lediglich in Sri Lanka festgestellt werden. Tourismusakteure gaben den Anstoß zur späteren Gründung der privatwirtschaftlichen Initiative „Sri Lanka First" (SLF) im Jahre 2001. Obwohl im Tourismussektor geboren, war SLF eine sektorübergreifende Initiative, in der sich gleichgesinnte Individuen aus dem sri-lankischen Wirtschaftssektor mit dem Ziel zusammenschlossen, durch öffentliche Informationskampagnen auf die negativen Folgen des Bürgerkriegs hinzuweisen und eine Beendigung des Konfliktes zu fordern. Hintergrund dafür war zum einen, dass CSR innerhalb des Wirtschaftssektors besser etabliert war als in Kroatien oder Ruanda. Außerdem ist anzunehmen, dass SLF aufgrund der Tatsache, dass sie nicht eine sektoriale Initiative blieb, auf einer größeren Mobilisierungsbasis aufbauen konnte und somit deutlich an Gewicht und Relevanz gewann (Alluri et al. 2011).

4.2 Hemmende Faktoren

Im Folgenden werden die wichtigsten hemmenden Faktoren für ein *intendiertes* privatwirtschaftliches Engagement in Friedensförderung in Kroatien, Ruanda sowie für Sri Lanka (vor 2001) dargelegt.

Abb. 5 Grenzüberschreitendes Ausflugsangebot in Kroatien: Weil Touristen Ausflüge in bestimmte Regionen nachfragen, kooperieren ehemalige Kriegsgegner bei der Zusammenstellung des Angebotes. (Quelle: Karsten Palme)

Abb. 6 Werbung vor dem Muhabura Hotel, Ruhengeri, Ruanda. Der Zusammenhang zwischen Frieden und Verdienstmöglichkeiten aus dem Gorillatourismus wird hier sehr deutlich gemacht. (Quelle: Rina Alluri)

4.2.1 Bewusstsein/"Awareness"

Interviews in Kroatien und Ruanda lassen den Schluss zu, dass ein wesentlicher Hindernisgrund für das zögerliche privatwirtschaftliche Engagement in Friedensförderung ein Mangel an Verständnis und Bewusstsein für die Möglichkeiten privatwirtschaftlichen Engagements in Friedensförderung war. Insbesondere trifft dies auf die Vor- und Konfliktphase zu. Dieser Mangel an Bewusstsein („Awareness") und fehlende Richtlinien erschwert es privaten Akteuren, sich in diesen für sie neuen Bereichen zu engagieren. Unternehmen tun sich leichter, vordefinierte Richtlinien zu befolgen (z. B. Codes of Conduct) als sich proaktiv für Friedensförderung einzusetzen (Collaborative Learning Project 2003).

Ein mangelndes Bewusstsein hat auch in Sri Lanka vor 2001 eine Rolle für das fehlende privatwirtschaftliche Engagement in Friedensförderung gespielt. Es ist bemerkenswert, dass nach der Gründung von SLF eine ganze Reihe weiterer privatwirtschaftlicher Initiativen ins Leben gerufen wurden. Es scheint, dass SLF als erste öffentlich breit angelegte Initiative ein Verständnis innerhalb des sri-lankischen Wirtschaftssektors für die Möglichkeiten von privatwirtschaftlichem Engagement in Friedensförderung geweckt hat (Alluri et al. 2011).

4.2.2 Politische Überzeugungen

Dass hohe ökonomische Kosten einen Anreiz für Unternehmer darstellen, sich in Friedensförderung zu engagieren, ist eine Annahme, die darauf basiert, dass sich die privatwirtschaftlichen Akteure per se rational, d. h. in diesem Falle umsatzorientiert, verhalten. Dies ignoriert jedoch die politische, ethnische, soziale oder religiöse Identität, die die Wahrnehmung von Konflikten und Friedensprozessen beeinflussen und einer rein ökonomischen Logik zuwiderlaufen kann. Besonders in Ländern, in denen die politische und die ökonomische Eliten stark miteinander verknüpft sind, kann dieser Faktor von Relevanz sein (Bastian 2005).

So schien die Mehrheit des privaten Sektors in Kroatien die Unabhängigkeitsbemühungen zu befürworten. Die Umverteilungspolitik in Jugoslawien von den reicheren zu den ärmeren Provinzen war ein Faktor für diese Position. In Ruanda wurde später bekannt, dass Teile der privaten Wirtschaftselite (nicht ausschließlich des Tourismussektors) den Genozid über ihre Netzwerke finanziell und mit der Bereitstellung von Waffen unterstützten. Viele der für den Genozid so einflussreichen Medien wurden ebenfalls zu wesentlichen Teilen durch private Unternehmer gegründet und finanziert. Zusätzlich zu ethnischen und politischen Überzeugungen, die hier eine Rolle spielten, kann davon ausgegangen werden, dass die wirtschaftliche Elite des Landes befürchtete, eine stärkere Machtposition der „Ruandischen Patriotischen Front" (RPF) würde ihren wirtschaftlich privilegierten Status in Ruanda bedrohen (Alluri et al. 2011). Auch in Sri Lanka sprachen sich Teile des Wirtschaftssektors gegen ein aktives Engagement der Unternehmerschaft in Friedensbemühungen aus – basierend auf einer singhalesisch-nationalistischen Ideologie, nach der der singhalesisch dominierte Staat singhalesische Unternehmen bevorzugte. Ein im Rahmen der Feldforschung interviewter Hotelbesitzer sagte beispielsweise:

> We are willing to accept the current costs of the conflict in terms of higher defence spending and less tourists arriving, because we hope that the military strategy will once and for all bring peace to the country.

4.2.3 Fehlender politischer Raum/Abhängigkeit vom Staat

Fehlender Raum für eine privatwirtschaftliche politische Einflussnahme beeinflusst die Bereitschaft für privatwirtschaftliches Engagement in Friedensförderung stark negativ. In einem restriktiven oder autoritären Staat, der Regimekritik und politische Einflussnahme limitiert, ist auch für den privaten Wirtschaftssektor (ähnlich wie für NGOs und ausländische politische Akteure) Friedensförderung erschwert oder sogar gefährlich. Eng verknüpft ist die wirtschaftliche Abhängigkeit des Wirtschaftssektors von der Regierung, im Sinne unternehmerfreundlicher Gesetzgebungen oder finanzieller Unterstützung, die Teile des privaten Sektors davon abhält, sich friedensfördernd zu engagieren. Auch ausländische Unternehmen zögern generell, sich in die nationale Politik eines Landes einzumischen, da ihnen häufig „Neo-Kolonialismus" vorgeworfen wird, wenn sie ihre ökonomische Macht für politische Einflussnahme nutzen wollen (z. B. Fuchs 2007, S. 103 ff.).

Bezogen auf die drei Untersuchungsländer spiegeln sich die oben genannten Faktoren auch hier wider: In Ruanda erlaubte das politische Klima vor und während des Konflikts und Genozids keine Opposition gegen die politische Führung. Politische Gegner und moderate Kräfte wurden systematisch bekämpft. Auch in der Post-Konflikt-Phase wurde der Regierung vorgeworfen, Journalisten, lokale Menschenrechtsaktivisten und NGOs zum Schweigen zu bringen und damit eine kritische und eigenständige Beteiligung nichtstaatlicher Akteure im Nach-Konflikt-Wiederaufbauprozess zu erschweren. In Sri Lanka hingegen war zur Zeit der Gründung von Sri Lanka First das politische Klima für die Friedensförderung günstig, da auch die Regierung einer friedlichen Beilegung des Konflikts offen gegenüber war (Alluri et al. 2011). In der Folgezeit wurde ein politisches Engagement in Sri Lanka allerdings wieder zu einem riskanten Unterfangen, das die Position des privaten Sektors in Hinblick auf Friedensbemühungen fundamental veränderte (Human Rights Watch 2008).

Nicht zu unterschätzen ist darüber hinaus ein Argument, das vor allen Dingen von kroatischen und ruandischen Unternehmern angebracht wurde: In beiden Ländern fühlte sich die Unternehmerschaft von den politischen Ereignissen überrannt. Ökonomische Argumente sowie das eigene unternehmerische Verhalten – so ihre Einschätzung – waren in Anbetracht der politischen Dimensionen irrelevant, und der spezifische Einfluss des Tourismussektors weit zu gering, um nachhaltig Einfluss auf politischen Entscheidungen zu nehmen (Alluri et al. 2011).

4.2.4 Organisatorische Hemmnisse

Weder in Kroatien noch in Ruanda existierten beim Ausbruch der gewaltsamen Konflikte oder in der Post-Konflikt-Phase einflussreiche Unternehmensverbände. In Kroatien gab es verschiedene Verbände auf lokaler, regionaler sowie nationaler Ebene (z. B. der Kroatische Hotelverband), jedoch hatte die Mehrheit dieser Organisationen nur eine geringe Kapazität oder politischen Einfluss. In Ruanda war die führende Tourismusorganisation das staatliche „Rwanda Office of Tourism and National Parks" (ORTPN). Obwohl im Jahre 2006 das „Rwanda Chamber of Commerce" als Einheit für den privaten Sektor gegründet wurde, war ihre Kapazität gering und ihre Abhängigkeit von der ORTPN ungebrochen, da der Großteil der touristischen Attraktionen (Nationalparks, Wildtiere, Lodges) in staatlichem Besitz und der private Sektor wirtschaftlich noch zu schwach war (Alluri et al. 2011).

Obwohl die Mehrheit der Interviewpartner die sri-lankischen Unternehmerverbände und spezifisch die Tourismusverbände als politisch schwach einstuften, schien der sri-lankische Tourismussektor doch ein höheres Organisationsniveau aufzuweisen als der in Kroatien oder Ruanda. Aufbauend auf den Erfahrungen aus Sri Lanka scheint der Schluss nahe zu liegen, dass eine effektive Organisationsstruktur essenziell oder zumindest wichtig ist, wenn die Idee für privatwirtschaftliches Engagement in Friedensförderung Fuß gefasst hat, dass aber organisationsinterne Widerstände dieses auch im Keim ersticken können (Alluri et al. 2011). Hinzu kommt, dass Frieden ein Kollektivgut ist und auch in der Tourismusbranche viele Angebotsbausteine in diese Güterkategorien fallen (Strände, Landschaft, Bauwerke) (Bochert 2001), was grundsätzlich einer unternehmerischen Bereitschaft zu einem friedensfördernden Engagement entgegenwirkt.

5 Zusammenführung der Ergebnisse und Handlungsempfehlungen

Obwohl die Tourismusindustrie sicherlich kein Einzelfall ist, bleibt die fast völlige Abwesenheit von Konfliktthemen in der Tourismusliteratur und im Diskurs der Unternehmen in Anbetracht der starken Verwundbarkeit des Sektors beim Ausbruch von Konflikten erstaunlich. Bestätigt wird dies auch in den Fallstudien im Rahmen des Projekts. Nur in Sri Lanka setzten sich der Tourismussektor bzw. privatwirtschaftliche Akteure allgemein aktiv und bewusst für Friedensförderung ein. In Kroatien und Ruanda dominierten Aktivitäten, die friedensfördernde Effekte zwar eher als „zufälliges Nebenprodukt" hervorbrachten bzw. die einen Bezug zu Friedensförderung aus Marketinggründen suggerieren, die aber dennoch zu einer gesamtgesellschaftlich positiven Entwicklung beitrugen.

Im Rahmen der Studie fiel in den Untersuchungsländern die Relevanz dieser „unintendierten" Friedensförderung besonders für Post-Konflikt-Kontexte auf. Der Tourismussektor übernahm in den Beispielländern jedoch genau dadurch oft auch eine Pionierrolle bei der grenzüberschreitenden Zusammenarbeit. Somit kann der Sektor aktiv zur Verständigung und – gestützt durch positive ökonomische Effekte – zur Stabilität in der Post-Konflikt-Region beitragen. Die Tourismusbranche kann somit eine hohe Konfliktelastizität bescheinigt werden: In allen drei Ländern hat sich der Tourismus nach einem Abklingen der (regionalen) gewaltsamen Auseinandersetzungen innerhalb kurzer Zeit wieder erholt und stellt auch aus diesem Grund ein generell interessantes Potenzial für Post-Konflikt-Wiederaufbau dar. Deshalb sollte den privatwirtschaftlichen Akteuren als Triebfeder der Tourismusbranche in Post-Konflikt-Kontexten eine besondere Bedeutung für den wirtschaftlichen Wiederaufbau beigemessen werden (Alluri et al. 2011).

Zusammengefasst ergeben sich die folgenden Empfehlungen zur Stärkung des privatwirtschaftlichen Engagements der Tourismusbranche in der Friedensförderung:

Forschung

- Verbesserung der Kenntnisse aller im Tourismus aktiven Akteure bezüglich der konfliktverschärfenden als auch konfliktmindernden Potenziale des Tourismus als Basis für die Entwicklung konkreter Verhaltensleitfäden.
- Bewusstsein schaffen für die Wechselwirkungen privatwirtschaftlicher Aktivitäten in Friedensbemühungen.
- Herausarbeiten von „guten Beispielen" und Identifizierung von *„Win-win"*-Möglichkeiten zwischen Friedensförderung und allgemeinen wirtschaftlichen Aktivitäten der Tourismusindustrie.
- Erarbeitung eines Verhaltenskodex (*„Code of Conduct"*) für die Tourismusindustrie mit übergreifenden CSR-Strategien und praxisorientierten Handlungsoptionen in der Friedensförderung (Stichwort: Werkzeugkasten).

Politik

- „Awareness-Raising" bei Tourismusunternehmen und privaten Unternehmen bezüglich der Wechselwirkungen privatwirtschaftlicher Aktivitäten in Konfliktkontexten und Friedensbemühungen.
- Aktive Integration privatwirtschaftlicher Akteure in Friedensförderung von Seiten staatlicher Institutionen und NGOs, um Raum für privatwirtschaftliches Engagement in Friedensförderung zu schaffen.
- Stärkung von Verbandsstrukturen und von Destinationsmanagement-Organisationen, um die positiven Wirkungen privatwirtschaftlichen Engagements im Konfliktkontext besser organisieren und fördern zu können.
- Identifikation und Stärkung privatwirtschaftlicher Akteure, die sowohl ein politisches als auch wirtschaftliches Interesse an der Befriedung eines Landes oder einer Region haben.
- Förderung der aktiven Integration des Wirtschaftszweiges Tourismus in den Wiederaufbau während der Post-Konflikt-Phase – dazu gehören auch tourismuspolitische Maßnahmen, z. B. die Förderung grenzüberschreitender Zusammenarbeit oder Subventionen für kleine und mittelständische Unternehmen (Alluri et al. 2011).
- Nutzung der Post-Konflikt-Phase, um die strategische Ausrichtung des Tourismus neu zu gestalten (z. B. in Ruanda mit der Positionierung als Prime Eco Destination) (Alluri et al. 2011).

Wirtschaft/Tourismusindustrie

- Differenzierte Betrachtung privatwirtschaftlicher Akteure entsprechend ihres politischen, sozialen und ökonomischen Kontextes (der Privatsektor ist keine homogene Gruppe!) (Alluri et al. 2011).
- Friedensförderung durch wirtschaftliche Aktivität: „simply by doing Business" schaffen Unternehmen Arbeitsplätze und Einkommen, was eine positive Wirkung auf Konflikttransformation haben kann – besonders wenn Armut zur Konfliktentstehung beiträgt (Alluri et al. 2011).
- Förderung eines besseren Verständnisses der Handlungsoptionen für privatwirtschaftliches Engagement in Friedensförderung als Ergänzung oder Alternative zu touristischen/privatwirtschaftlichen „Coping Strategies".
- Förderung von CSR-Strategien im Tourismus und Integration von Konfliktsensitivität und Friedensförderung in bestehende CSR-Ansätze.
- Aktive Förderung von Dialogprozessen zwischen politischen und wirtschaftlichen Akteuren.
- Entwicklung allgemeingültiger tourismuspolitischer Maßnahmen, die konfliktmindernde Wirkung entfalten können.

Derzeit ist ein Nachfolgeprojekt im Aufbau, das auf den oben dargestellten Handlungsoptionen aufsetzt und sie durch Praxisapplikation differenzierter ausbaut. In einer Reihe von Workshops mit den touristischen Akteuren ausgewählter Post-Konflikt-Destinationen sollen Handlungsempfehlungen entwickelt werden, aus denen im nächsten Schritt ein detaillierter CSR-Leitfaden entstehen soll.

Literatur

Alluri R, Joras U, Leicher M, Palme K (2011) Tourismus, Frieden und Konflikt: Effekte, Strategien und das privatwirtschaftliche Engagement in der Friedensförderung (Tourism and Peace: How far does self-interest carry?). Forschung DSF, Bd 26. Deutsche Stiftung Friedensforschung, Osnabrück

Alluri R, Leicher M, Palme K, Joras U (2013) Understanding economic effects of violent conflicts on tourism: empirical reflections from Croatia, Rwanda and sri Lanka. In: Centre for Peace Research and Peace Education of University Klagenfurt/Austria (Hrsg) International handbook on tourism and peace. Centre for Peace Research and Peace Education of University Klagenfurt/Austria, Klagenfurt (in cooperation with UNWTO)

Barbara J (2006) Nation building and the role of the private sector as a political pace-builder. Confl Secur Dev 6(4):581–594

Bastian S (2005) The Economic Agenda and the Peace Process. Part of the Sri Lanka Strategic Conflict Assessment 2005. The Asia Foundation, Colombo

Bochert R (2001) Tourismus in der Marktwirtschaft. Oldenbourg, München

Collaborative Learning Projects (2003) The role of business in conflict resolution and peace building. issue paper. http://www.cdainc.com/cdawww/pdf/issue/issue_paper_conflict_resolution_Pdf.pdf. Zugegriffen: 23. Mär. 2016

Edgell DL (1990) International tourism policy. Van Nostrand Reinhold, London

Fuchs D (2007) Business power in global governance. Lynne Rienner, Boulder

Human Rights Watch (2008) Recurring nightmare. state responsibility for „disappearances" and abductions in Sri Lanka (Volume 20, No. 2 (C))

Ivandic N (1999) War and tourism in Croatia – consequences and the road to recovery. Turizam 47(1):43–54

Kim SS, Prideaux B, Prideaux J (2007) Using tourism to promote peace on the Korean Peninsula. Ann Tour Res 34(2):291–309

Mansfeld Y, Pizam A (2006) Tourism, security and safety. from theory to practice. Elsevier, Burlington

Sri Lanka Tourist Board (2006) Annual Statistical Report of Sri Lanka Tourism. Tourismusbehörde, Colombo

UNWTO (2016) http://unwto.org/facts/eng/barometer.htm. Zugegriffen: 23. Mär. 2016

Dipl.-Geogr. Martina Leicher studierte Geografie, Ethnologie und Städtebau an den Universitäten von Köln und Bonn. Seit 1992 ist sie als Hochschuldozentin an der CBS/Cologne Business School und der ISM/International School of Management in Dortmund und Frankfurt im Bereich der Managementausbildung tätig. An der CBS hatte sie 8 Jahre lang die Leitung des Fachbereichs Tourismus inne. Seit 2005 ist sie zudem geschäftsführende Gesellschafterin der COMPASS GmbH in Köln. Ihre Arbeitsschwerpunkte liegen dabei auf Destinationsmarketing, nachhaltiger Destinationsentwicklung, Tourismus und Frieden, Baukultur im Tourismus sowie Marktforschung. Im Bereich Tourismus verfügt sie über profunde nationale und internationale Erfahrung als Beraterin von Unternehmen, Destinationen und Ministerien. Als Inhaberin und Geschäftsführerin eines nachhaltigen Modelabels liegen ihr zudem die Themen umweltverträgliche und faire Produktion sowie die Einhaltung und Weiterentwicklung von Sozialstandards in der Textilbranche am Herzen.

Branchenspezifische CSR-Felder

Nachhaltigkeit im gastronomischen Angebot: Ein Erklärungsmodell und Implementierungsansätze

Dagmar Lund-Durlacher, Hannes Antonschmidt und Klaus Fritz

1 Einleitung

Der Bereich „nachhaltige Ernährung" rückt zunehmend in den Fokus von Politik, Wissenschaft und Forschung. Ein Grund dafür ist die kontinuierlich und schnell ansteigende Nachfrage nach Lebensmitteln in einer Welt, deren Bevölkerung bis 2050 voraussichtlich auf über 9 Mrd. Menschen angewachsen sein wird (Lund-Durlacher et al. 2016). Gleichzeitig erhalten lokale Lebensmittelproduzenten häufig keinen fairen Anteil aus den Umsätzen des globalen Handels mit Nahrungsmitteln und arbeiten oft unter schlechten Bedingungen.

Zusätzlicher Druck entsteht durch Treibhausgas-Emissionen, die bei der Lebensmittelproduktion sowie durch lebensmittelbedingten Wasserverbrauch (Gössling et al. 2012) entstehen und eine entscheidende Rolle beim Klimawandel spielen (Gössling et al. 2011). Auch die Auswirkungen von Lebensmitteln auf die menschliche Gesundheit insbesondere in modernen Gesellschaften rücken in den Fokus der Betrachtungen (Cohen und Avieli

---

D. Lund-Durlacher (✉) · H. Antonschmidt
Department for Tourism and Service Management, MODUL Universität Wien
Am Kahlenberg 1, 1190 Wien, Österreich
E-Mail: dagmar.lund-durlacher@modul.ac.at

H. Antonschmidt
E-Mail: hannes.antonschmidt@modul.ac.at

K. Fritz
Institut für Tourismus-Management, FH Wien der WKW
Währinger Gürtel 97, 1190 Wien, Österreich
E-Mail: klaus.fritz@fh-wien.ac.at

2004; Kim et al. 2009). Nicht zuletzt rufen schnelle soziokulturelle Veränderungen in vielen Ländern Fragen nach dem Schutz von Ernährungskultur und kulinarischen Traditionen hervor (Mak et al. 2012).

Internationale Studien (The Sustainable Restaurant Association 2013; Nestlé 2012; Department for Environment, Food and Rural Affairs 2011) belegen, dass auch Konsumenten ein verstärktes Augenmerk auf eine nachhaltige Ernährung legen. Dies spiegelt sich nicht nur im alltäglichen Lebensmitteleinkauf wider, Nachhaltigkeit wird auch im gastronomischen Angebot erwartet.

Hierbei zeigen Gäste ein durchaus ganzheitliches Verständnis von Nachhaltigkeit und nennen regionale Produkte, Arbeitsbedingungen der Mitarbeiter, Lebensmittelverschwendung und gesunde Ernährung als die Top-Aspekte eines nachhaltigen gastronomischen Angebotes (The Sustainable Restaurant Association 2013). Dabei wird diese Haltung durch die mediale Berichterstattung und öffentlichen Diskussionen, z. B. über Lebensmittelskandale, Lebensmittelverschwendung und Umweltbelastung durch Abfall, stark beeinflusst. Aus diesen Fakten leitet sich die Notwendigkeit ab, auch das gastronomische Angebot touristischer Betriebe nachhaltiger zu gestalten. Doch was bedeutet nachhaltige Ernährung, welche Dimensionen umfasst der Begriff, wo können touristische Betriebe Einfluss nehmen und welche Anforderungen leiten sich daraus ab?

2 Konzept der „nachhaltigen Ernährung" im Urlaub

Die hier präsentierten Dimensionen nachhaltiger Ernährung im Urlaubskontext leiten sich aus wissenschaftlicher Literatur, Berichten von öffentlichen und privaten Institutionen und praktischen Leitfäden ab (siehe Quellen Abb. 1). Dabei zeigt die Analyse der aktuellen globalen Ernährungssituation sowie der bestehenden Definitionen, dass nachhaltige Ernährung verschiedenste Bereiche anspricht. Über die drei „klassischen" Säulen der Nachhaltigkeit hinaus spielen auch Gesundheits- und kulturelle Aspekte eine Rolle. Der Genuss von kulinarischen Besonderheiten stellt für viele Touristen einen wichtigen Teil des Reiseerlebnisses dar, wobei diese Reisen häufig in ökologischen, sozialen und kulturell sensiblen Destinationen stattfinden. Nachhaltiger Nahrungsmittelkonsum ermöglicht nicht nur, die eigene Gesundheit und das Wohlergehen im Urlaub zu steigern, sondern auch in direkten Kontakt mit den ökologischen, sozialen und kulturellen Ressourcen einer Destination zu treten. Die folgende Abbildung zeigt die fünf Dimensionen nachhaltiger Ernährung, die im Tourismus besonders relevant sind.

Betrachtet man die Akzentuierungen und Schwerpunktsetzungen der einzelnen Definitionen (vgl. Abb. 1), so spielen die Aspekte der (Versorgungs-)Sicherheit, des Umweltschutzes, der Ressourceneffizienz, der Gesundheit sowie der Teilhabe bzw. Fairness in der Produktionskette nachhaltiger Lebensmittel eine wesentliche Rolle in einem nachhaltigen Ernährungskonzept (Lund-Durlacher et al. 2016).

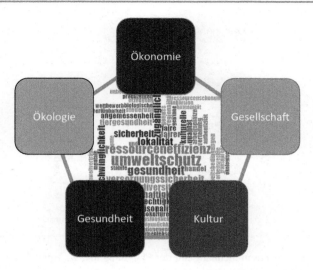

Abb. 1 Die fünf Dimensionen der nachhaltigen Ernährung im Urlaub. (Quellen: Aiking und Boer 2004; American Public Health Association 2007; Burlingame and Dernini 2012; Freibauer et al. 2011; Gössling und Hall 2013; Hayn et al. 2005; Ministerium für Umwelt, Landwirtschaft, Ernährung, Weinbau und Forsten Rheinland-Pfalz 2015; Öko-Institut e. V. und Institut für sozialökologische Forschung (ISOE) 2007; Pack et al. 2005; Sautron et al. 2015; Sustainable Development Commission 2011; Sustain: The alliance for better food and farming 2013; Tendall et al. 2015; The Sustainable Restaurant Association 2015; Koerber 2010)

3 Nachhaltigkeitsaspekte in der Erstellung von Speise- und Getränkeangeboten im F & B-Bereich?

3.1 Die unterschiedlichen Prozessstufen im Zusammenhang mit der Erstellung und Konsumation eines nachhaltigen Speisenangebotes auf einen Blick

Die Erstellung eines nachhaltigen Speisenangebotes wird als mehrstufig gegliederte Prozesskette verstanden (siehe Abb. 2). Nicht jede Stufe kann direkt von touristischen Unternehmen beeinflusst werden. Die wesentlichen Einflussbereiche umfassen Einkauf, Zubereitung, Präsentation und den Konsum von Lebensmitteln. Auf jeder dieser Stufen spielen die prozessübergreifenden Bereiche wie Abfallmanagement, Arbeitsbedingungen der Mitarbeiter oder das gesellschaftliche Engagement des Unternehmens eine wichtige Rolle.

Prozessstufen
Einkauf: Im Einkaufsbereich ergeben sich mehrere Herausforderungen. Die eingekauften Produkte müssen ökologische Nachhaltigkeitsanforderungen hinsichtlich ihrer Umweltauswirkungen erfüllen und gleichzeitig Aspekte des Artenschutzes und der Tiergesundheit beachten.

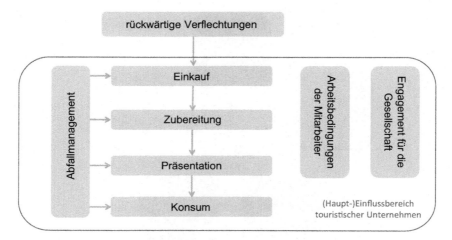

Abb. 2 Prozessstufen im Zusammenhang mit der Erstellung und Konsumation eines nachhaltigen Speisenangebotes. (Quelle: eigene Abbildung)

Zum einen muss eine genügende Menge an Lebensmitteln für die Konsumenten bereitgestellt werden, die deren Präferenzen hinsichtlich Qualität, Sicherheit, Gesundheit oder Genuss erfüllt. Darüber hinaus muss der Einkauf sicherstellen, dass akzeptable Preise sowohl für Endkonsumenten als auch für Lieferanten erzielt werden können. Nicht zuletzt sind auch kulturelle und soziale Aspekte wie Lokalität oder Authentizität der angebotenen Speisen oder die Arbeitsbedingungen in den Zuliefererbetrieben zu berücksichtigen.

Zubereitung: Die Zubereitung von Speisen und Getränken betrifft vor allem Sicherheitsaspekte (Hygiene). Ferner leistet ein niedriger Energieverbrauch einen Beitrag zur ökologischen Nachhaltigkeit. Ressourceneffizienz bei der Zubereitung wird durch geringe Verschwendung (z. B. wenig Verschnitt) oder an den Grundsätzen der Suffizienz orientierte Zubereitungsarten (z. B. genaue Mengenplanung) erreicht.

Präsentation: Im Umgang mit Lebensmitteln spielt deren Präsentationsform eine wichtige Rolle. Diese ist wesentlich dafür verantwortlich, wie viele Lebensmittel entsorgt werden. Zu denken ist dabei z. B. an Buffets mit großen Gebinden, die u. U. nicht die Präferenz der Gäste finden und unverzehrt entsorgt werden müssen. Umgekehrt kann die Präsentationsform aber auch eine hohe Achtung für Lebensmittel ausdrücken, indem sie regionale und lokale Traditionen beachtet und die Speisen und ihre Geschichte entsprechend vorstellt.

Konsum: Ein nachhaltigkeitsbewusster Konsum ist durch die Wahl von Speisen und Getränken geprägt, die Gesundheit und Wohlbefinden fördern. Er vermeidet Übermaß und Verschwendung und orientiert sich an den Grundsätzen von Suffizienz und Mäßigung.

Die Mahlzeit wird nicht nur als reine Nahrungsaufnahme, sondern gleichzeitig als Möglichkeit des sozialen Austausches und der Teilhabe an der regionalen Kultur verstanden.

Querschnittsbereiche
Abfallmanagement: Entlang der gesamten Prozesskette fallen Lebensmittel- und Verpackungsabfälle an. Es bedarf daher eines effektiven Abfallmanagements, das diese zum einen minimiert und zum anderen die entsorgten Ressourcen wieder nutzbar macht (Recycling).

Arbeitsbedingungen der Mitarbeiter: Mitarbeiter vieler Betriebsbereiche und Qualifikationsprofile sind in den Umgang mit Lebensmitteln involviert. Zu nennende Berufe sind u. a. Einkäufer, Food & Beverage-Manager, Köche, Küchenhilfen, Buffetkräfte, Kellner, Spülkräfte und Entsorgungsmitarbeiter. Deren Arbeitsbedingungen hinsichtlich Arbeitszeit, Entlohnung, Stressbelastung, aber auch hinsichtlich körperlicher Belastungen zu optimieren, ist eine wichtige übergeordnete Aufgabe der Unternehmensleitung.

Engagement für die Gesellschaft: Auf Grund der Essenzialität des Themas Ernährung für alle Menschen weltweit sowie der immer noch angespannten Versorgungssituation in vielen Ländern stehen Unternehmen, die Lebensmittel verarbeiten, häufig unter hohem Druck ihrer Anspruchsgruppen (Stakeholder), sich für die (lokale) Gesellschaft zu engagieren. Typische soziale Projekte im Lebensmittelbereich sind Spenden nicht verzehrter Lebensmittel an karitative Einrichtungen oder das Sammeln von Geldspenden bei den Gästen.

Für touristische Unternehmen ist es wichtig, einen ganzheitlichen Blick auf die Erstellung des Speisenangebotes zu werfen und auch die Beziehungen zwischen den Stufen zu beachten. Das bedeutet, dass für die angebotenen Speisen eine Nachhaltigkeitsbilanz erstellt werden sollte. Beispielsweise kann ein Produkt einen hohen Grad an Nachhaltigkeit aufweisen, wenn es eingekauft wird, aber viel Abfall bei der Zubereitung verursachen. Eine ganzheitliche System-Perspektive verhindert diesen „Silo-Effekt".

3.2 Nachhaltige Einkaufspolitik

Eine nachhaltige Gastronomie erfordert die Sicherstellung einer Einkaufspolitik, die sich auf biologische, saisonale, frische, gesunde, fair gehandelte und regionale Lebensmittel aus nachhaltiger Produktion (Ressourcenschonung, Qualität, Artenschutz, ethische Anbau/Fangmethoden) fokussiert. Dem Einkaufsbereich kommt deshalb eine zentrale Aufgabe zu, weil er mit direkten Zahlungsströmen an die Lieferanten verbunden ist. Zudem steht ein großer Teil der Nachhaltigkeitsbilanz der Produkte bereits mit ihrem Einkauf fest.

Nachfolgend soll erläutert werden, was genau unter den oben erwähnten Eigenschaften nachhaltiger Lebensmittel zu verstehen ist.

3.2.1 Lokale Nahrungsmittel

Lokale Beschaffung unterstützt die Wirtschaft der Destination sowohl durch direkte Zahlungsströme als auch indirekt durch die Schaffung von Arbeitsplätzen. Auch aus ökologischer Sicht macht nachhaltige Beschaffung Sinn, denn sie verringert Transportemissionen und Verpackungsmüll. Lokale Beschaffung trägt auch zum Erhalt der lokalen Esskultur bei und kann durch die Bereitstellung naturbelassener und nicht konservierter Lebensmittel auch positive Auswirkungen auf die Gesundheit haben (Ströhle et al. 2006).

Eine der größten Herausforderungen für Hotels und gastronomische Betriebe in Urlaubsdestinationen ist es daher, Zugang zu lokalen Produkten zu finden und eine verlässliche Versorgung mit regionalen Lebensmitteln sicherzustellen. Doch was sind lokale Lebensmittel? Bisher gibt es keine einheitliche Definition für lokale Lebensmittel. Die „Green Restaurant Association" (USA) definiert lokale Lebensmittel beispielsweise als jene, die aus einer Entfernung von weniger als 400 Meilen (643 km) beschafft werden, während Viabono (Deutschland) Nahrungsmittel aus weniger als 100 km Entfernung als lokal ansieht (Green Restaurant Association 2016; Viabono 2016).

Was lokal bedeutet, hängt auch von der Destination ab: Für ein Hotel auf einer kleinen Insel ist der lokale Radius vermutlich kleiner als für ein Hotel auf dem Festland in einem dünn besiedelten Gebiet. Daher gilt als Faustregel, dass Hotels nach dem nächstgelegenen Nahrungsmittelangebot, das sie bekommen können, Ausschau halten sollten (Lund-Durlacher et al. 2016).

3.2.2 Saisonale Lebensmittel

Der Einkauf saisonaler Lebensmittel verringert Transportwege und spart CO_2-Emissionen. Dabei spielt auch die Wahl des Transportmittels ein Rolle: Luftfrachtimporte verursachen beispielsweise über zwei Kilogramm CO_2-Emissionen pro transportierter Tonne Lebensmittel und Kilometer, wohingegen der lokale Transport per LKW lediglich 0,1 kg pro Tonne und Kilometer ausmacht (Ministerium für Umwelt, Landwirtschaft, Ernährung, Weinbau und Forsten Rheinland-Pfalz 2014). Zudem muss nicht auf energieintensive, beheizte Treibhäuser zum Anbau von Obst und Gemüse zurückgegriffen werden. Für den Freiland-Anbau von 1 kg Kopfsalat fällt lediglich 140 g CO_2 an, wohingegen die Produktion in einer Treibhauskultur 4500 g CO_2 verursacht (Jungbluth 2000).

Darüber hinaus ist saisonales Obst und Gemüse voll ausgereift und konnte seinen vollen Anteil an Vitaminen und Geschmacksstoffen entwickeln (Frith 2007). Daher sind saisonale Erzeugnisse häufig die gesündere und schmackhaftere Wahl. Sie stärken zudem lokale Produzenten und steigern das Verständnis für traditionelle lokale Essenskultur, denn die Gäste können die Veränderung der angebotenen Speisen über das Jahr selbst erfahren (Lund-Durlacher et al. 2016).

3.2.3 Biologische und fair gehandelte Lebensmittel

Der biologische Landbau basiert auf folgenden Hauptprinzipien: geringer Einsatz externer Energie (durch z. B. Düngemittel), Nutzung selbstregulierender Mechanismen wie Fruchtfolge, Ernährung des Bodens statt der Pflanze, geschlossene Stoffkreisläufe, Nutzung natürlicher Pflanzenschutzmittel und Tiergesundheit. Biologisch erzeugte Produkte sind häufig gesünder als ihre konventionellen Alternativen. Zudem ist die biologische Produktionsweise arbeitsintensiver und schafft daher mehr Beschäftigung als konventioneller Landbau (European Commission 2013).

Auch die sozialen Bedingungen der Lebensmittelproduktion (z. B. Löhne, Arbeitsbedingungen etc.) müssen beim Lebensmitteleinkauf beachtet werden. Leider verfügen kleine landwirtschaftliche Produzenten häufig nicht über genügend Marktmacht, um akzeptable Preise für ihre Produkte durchsetzen zu können. Hier kommt das Fair-Trade-Konzept ins Spiel. Es garantiert gute Handelsbedingungen für landwirtschaftliche Produzenten weltweit und sichert die Rechte von Arbeitskräften in der Landwirtschaft (World Fair Trade Organization 2014).

3.3 Gestaltung einer nachhaltigen Speisekarte, Lebensmittelpräsentation & -kommunikation

3.3.1 Lebensmittelzubereitung und Gestaltung einer nachhaltigen Speisekarte

Bei der Umsetzung einer nachhaltigen Lebensmittelpolitik kommt der Planung und Zusammenstellung der Speisekarte eine entscheidende Bedeutung zu. Das Speisenangebot muss die Bedürfnisse der Gäste erfüllen und dabei die unterschiedlichen Aspekte der Nachhaltigkeit beachten. Der Umstellungsprozess sollte dabei schrittweise erfolgen, zumal viele Gäste sich an den wenig nachhaltigen gastronomischen Konsum gewöhnt haben. So zählt beispielsweise Rindfleisch zu den beliebtesten Fleischarten, ist jedoch gleichzeitig ein besonders klimaschädliches Element auf der Speisekarte, da seine Produktion mit hohen CO_2-Emissionen einhergeht (vgl. Abb. 3).

Fleischgerichte generell von der Speisekarte zu streichen mag keine Option sein, dennoch gibt es viele Wege, nicht-nachhaltige Speisenbestandteile Schritt für Schritt zu reduzieren und sie durch nachhaltigere Alternativen zu ersetzen, z. B. die Gestaltung einer nachhaltigkeitsorientierten Speisekarte, die Analyse der verwendeten Zutaten oder eine ressourcenschonende Zubereitung. Gleichzeitig sind bei der nachhaltigkeitsorientierten Planung der Speisekarte nicht nur die verwendeten Zutaten zu prüfen, sondern auch der Wasser- und Energieverbrauch und die zu erwartenden Lebensmittelabfälle einzubeziehen.

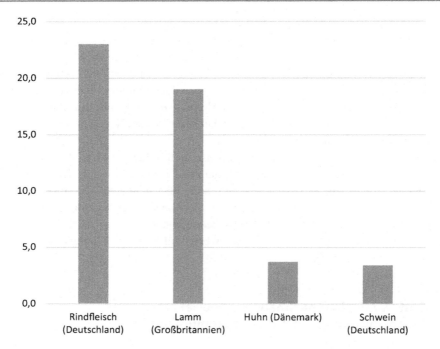

Abb. 3 CO_2-Emissionen pro Kilogramm Fleisch. (Quelle: eigene Darstellung nach Gössling et al. 2011)

3.3.2 Präsentation der Speisen und Gerichte

Nach der Gestaltung einer nachhaltigen Speisekarte folgt das Finden einer geeigneten Form der Speisenpräsentation. Von der Attraktivität der Präsentation ist abhängig, ob Gäste das nachhaltigere Angebot akzeptieren. Zusätzlich sorgt eine offene Informationspolitik dafür, das Vertrauen der Gäste zu gewinnen und hilft, Werte zu schaffen und ein Markenbild aufzubauen. Darüber hinaus hilft eine durchdachte Präsentation der Speisen auch dabei, Lebensmittelreste und -abfälle zu reduzieren und spart dadurch Kosten (United Against Waste 2016).

3.3.3 Kommunikation des nachhaltigen Speisenangebotes

Eine attraktive Präsentation der Speisen sollte von entsprechenden Kommunikationsmaßnahmen begleitet werden, um die Gäste über die Nachhaltigkeitsaspekte der Speisenangebote zu informieren, aber auch Einstellungs- und Verhaltensänderungen anzustoßen. So sollte die Kennzeichnung der Speisen über eine einfache Beschreibung der Gerichte hinausgehen und auch Nachhaltigkeitsinformationen, z. B. Herkunft, CO_2-Fußabdruck oder Nährwertangaben, umfassen.

Forschungsergebnisse zeigen, dass viele Veränderungsprozesse (z. B. die Veränderung hin zu einer nachhaltigeren Speisekarte) auf Grund mangelnder Kommunikation scheitern

(Lund-Durlacher et al. 2016). Darüber hinaus helfen Kommunikationsmaßnahmen dabei, ein positives Image des Betriebes bei den Interessensgruppen und insbesondere den Gästen aufzubauen. Als Vorbild können hier große Hotelketten dienen, die ihr nachhaltiges Speisenangebot bereits umfassend kommunizieren (Hyatt 2015; Hilton o. J.; Marriott o. J.; Starwood Hotels & Resorts Worldwide 2015). Der Kommunikationsbereich ist für Gastgewerbebetriebe insbesondere deshalb wichtig, weil sie das kulinarische Erlebnis für ihre Gäste durch eine nachhaltige Speisekarte einzigartig gestalten können.

3.4 Abfall-Management

Zwischen 20–60 % der eingekauften Lebensmittel im Gastgewerbe wandern in den Müll (Lund-Durlacher et al. 2016). Dies ist nicht nur aus ökonomischer Sicht bedenklich, sondern auch aus ethischer Perspektive, denn fast 1 Mrd. Menschen weltweit gelten als unterernährt (World Food Programme 2016).

Darüber hinaus stellen Lebensmittelabfälle auch eine Umweltgefährdung dar, denn die Lagerung auf Deponien setzt Methangas frei, das entscheidend zum Klimawandel beiträgt (Pirani und Arafat 2014). Lebensmittelabfälle entstehen üblicherweise durch Verderben während der Lagerung, bei der Zubereitung der Gerichte und am Buffet sowie in Form von Tellerresten der Gäste (siehe Abb. 4).

Die „Hierarchie der Lebensmittelabfälle" zeigt Einsparmöglichkeiten für Betriebe auf. Die beste Lösung besteht darin, Lebensmittelabfälle gar nicht erst entstehen zu lassen. Zwei Kategorien von Abfällen lassen sich unterscheiden: Lebensmittel, die noch gegessen, wiederverwendet oder weitergereicht werden können (sofern in Übereinstimmung mit den gesetzlichen Regelungen) und nicht-essbare Lebensmittelabfälle zur weiteren Behandlung oder zur Verwendung als Kompost, Energie oder Wärmequelle. Die Entsorgung auf einer Müllhalde ist dabei die am wenigsten attraktive Option.

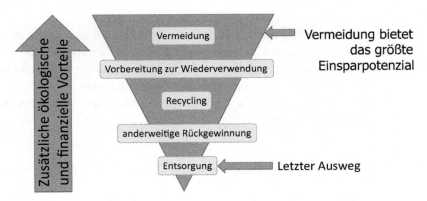

Abb. 4 Die Hierarchie der Lebensmittelabfälle. (Quelle: WRAP 2016)

4 Einführung von Nachhaltigkeitsstrategien in Gastronomiebetrieben und F & B-Bereichen

4.1 Integration nachhaltiger Ernährung in die betrieblichen Abläufe

Hotel- und Küchen-Management spielen eine wichtige Rolle bei der Umsetzung nachhaltiger Ernährungsstrategien und Betriebsabläufe. Ohne überzeugte und voll motivierte Führungskräfte wird es keine Veränderung zu einer nachhaltigeren Praxis geben. Die Umsetzung kann dann erfolgreich sein, wenn die untenstehenden Faktoren berücksichtigt werden. Gleichzeitig sind Hotels ein Teil der Gesellschaft und interagieren mit unterschiedlichen Gruppen innerhalb ihrer Gemeinden. Erst das Umfeld ermöglicht ihre Geschäftstätigkeit und bietet wichtige Ressourcen wie gut ausgebildete und gesunde Arbeitskräfte, eine physische und rechtliche Infrastruktur sowie Märkte für Güter und Dienstleistungen.

Wichtige Faktoren zur Umsetzung eines nachhaltigen gastronomischen Angebotes (Lund-Durlacher et al. 2016):

- Integration einer Verpflichtung des Unternehmens zu nachhaltiger Ernährung in Leitbild und -strategie, sodass sich Management und Mitarbeiter daran bei ihrer täglichen Arbeit orientieren können.
- Schaffung eines Bewusstseins unter den Mitarbeitern für die Wichtigkeit und die Vorteile nachhaltiger Ernährung, um die Unterstützung möglichst weiter Teile der Belegschaft zu sichern.
- Kontinuierliche Weiterbildung der Mitarbeiter in allen Bereichen nachhaltiger Ernährung, um die Betriebsabläufe laufend zu erneuern und zu verbessern.
- Anstoßen von Veränderungsprozessen, um Management und Mitarbeiter zur kontinuierlichen Erneuerung und zur Veränderung in Richtung Nachhaltigkeit zu ermutigen.
- Setzen von Zielen für alle Nachhaltigkeitsparameter und regelmäßige Überprüfung dieser (Ziele für Lieferanten, Ressourcenverbrauch, Abfallmengen etc.).
- Aufbau langfristiger Beziehungen zu Lieferanten, Mitarbeitern und zur lokalen Gemeinde, um die Angebotsqualität zu steigern und Risiken zu minimieren.
- Entwicklung von Instrumenten, um die Nachhaltigkeitsstrategie gegenüber den Mitarbeitern, Gästen und anderen Interessensgruppen zu kommunizieren.
- Kontinuierliche Kommunikation der Nachhaltigkeitsstrategie an Mitarbeiter, Gäste oder andere Anspruchsgruppen.

5 Nachhaltiges Speise- und Getränkeangebot aus Sicht der Konsumenten

Im Rahmen einer Grundlagenstudie zu nachhaltiger Ernährung im Urlaub wurden Pauschalreisende zu ihren Einstellungen und Erwartungen zum Thema nachhaltige Ernährung im Urlaubskontext befragt (Lund-Durlacher et al. 2016). Dabei wurden auch die Zahlungsbereitschaft sowie der Einfluss von nachhaltigen gastronomischen Angeboten auf die Urlaubsentscheidung untersucht.[1]

Kernergebnisse aus der Befragung:
An oberster Stelle steht für die Gäste der Verzehr von frisch zubereiteten Speisen ohne Verwendung von Fertigprodukten. Insgesamt 76 % stimmen der Aussage „Im Urlaub ist mir der Verzehr von frisch zubereiteten Speisen ohne Verwendung von Fertigprodukten wichtig" zu. An zweiter und dritter Stelle stehen mit einer starken Zustimmung von 72 % bzw. 62 % „Essen und Trinken als Weg, um andere Kulturen kennenzulernen" sowie „landestypische Speisen, welche gegenüber klassischen Gerichten, die man auch von zu Hause kennt, bevorzugt werden". Passend dazu hat die Aussage „Im Urlaub ist mir der Verzehr von Lebensmitteln aus regionalen Anbau wichtig" eine starke Zustimmung bei 40 % der Befragten. Alle drei Aussagen sind ein deutlicher Hinweis darauf, dass eine Mehrheit der Gäste Ernährung im Urlaub mit einem „regionalen Erlebnis" verbindet.

Im Gegensatz zur Regionalität sind die Themen „Lebensmittel in Bio-Qualität" und „Inhaltsstoffe sowie Nährwerte von Lebensmitteln" weniger wichtig. Hier gibt es eine starke Zustimmung von nur 20,4 % bzw. 19,7 % der Befragten.

Auch die „Bereitschaft zum Verzicht auf Fleisch" ist nicht stark ausgeprägt. Hier gibt es lediglich von 7,7 % der Befragten eine starke Zustimmung. Eine Bereitschaft zum Verzicht ist nur in Ansätzen zu erkennen, wobei reduzierte Portionsgrößen eher akzeptiert werden (27 % starke Zustimmung) als eine in Summe eingeschränkte Auswahl (10 % starke Zustimmung).

Von größerer Bedeutung sind für die Befragten hingegen die Themen verantwortungsvoller Umgang mit ökologischen und sozialen Standards bei den Reiseanbietern sowie eine entsprechende Kennzeichnung eines nachhaltigen Speisenangebotes. Das Thema Kommunikation in Verbindung mit Information ist ein wichtiger Faktor, wenn es um ein nachhaltiges Speisen- und Getränkeangebot geht (vgl. Abb. 5).

---

[1] Die Daten wurden mittels eines vollständig strukturieren Online-Fragebogens erhoben, welcher über mehrere Kanäle durch Futouris e. V.-Mitglieder gestreut wurde. Die Befragung wurde im Zeitraum von Dezember 2015 bis Januar 2016 durchgeführt. Als Grundgesamtheit wurden deutschsprachige Pauschalreisende definiert, welche durch die Aussendungen über die Mitglieder von Futouris e. V. punktgenau erreicht werden konnten.

Abb. 5 Einstellungen zu nachhaltiger Ernährung im Urlaub. (Quelle: Lund-Durlacher et al. 2016)

Fragen bezüglich der Einflussfaktoren auf die Reiseentscheidung ergaben, dass die Kaufentscheidung stark durch Preis und Regionalität beeinflusst wird. Das heißt Urlauber sind bereit, für eine Reise mit einem regionalen gastronomischen Angebot einen höheren Preis zu zahlen (Lund-Durlacher et al. 2016).

6 Fazit

Dieser Beitrag identifiziert die fünf Dimensionen einer nachhaltigen Ernährung im Urlaub und bietet somit Unternehmen eine Basis für die Implementierung von Nachhaltigkeitsstrategien im F & B-Bereich. Eine wesentliche Erkenntnis dieses Beitrages ist, dass nachhaltige Ernährung im Urlaub in Zukunft eine immer größere Bedeutung erhalten wird. Für Konsumenten spielen insbesondere die Dimensionen Gesundheit und Regionalität eine große Rolle, auf die sich die Gastronomiebetriebe verstärkt einstellen sollten. Vor allem das Thema Regionalität hat großes Potenzial, das Reiseerlebnis der Urlauber positiv zu beeinflussen und bietet deshalb eine Fülle von Umsetzungsmaßnahmen für Betriebe, womit auch entsprechende Wettbewerbsvorteile generiert werden können. Die derzeitige Unternehmenspraxis zeigt noch geringes Bewusstsein und nur vereinzelte Aktivitäten in diesem Bereich, die Betriebe werden sich aber langfristig dem externen Druck (durch Konsumenten, gesetzliche Regularien, Druck aus der „Supply Chain") nicht entziehen können, ihr gastronomisches Angebot nachhaltiger zu gestalten. Schlüsselfaktoren für die Implementierung von nachhaltigen gastronomischen Angeboten liegen in der Bewusstseinsbildung auf allen Ebenen, Mitarbeiterschulung und Gästekommunikation, die kontinuierlich vom Unternehmensmanagement vorangetrieben werden müssen.

Literatur

Aiking H, Boer J de (2004) Food sustainability. Diverging interpretations. Br Food J 106:359–365

American Public Health Association (2007) Toward a healthy sustainable food system. https://www.apha.org/policies-and-advocacy/public-health-policy-statements/policy-database/2014/07/29/12/34/toward-a-healthy-sustainable-food-system. Zugegriffen: 5. Nov. 2015

Burlingame B, Dernini S (2012) Sustainable diets and Biodiversity. Directions and solutions for policy, research and action. FAO, Rome

Cohen E, Avieli N (2004) Food in tourism. Attraction and impediment. Ann Tour Res 31:755–778

Department for Environment, Food and Rural Affairs (2011) Attitudes and Behaviours around sustainable food purchasing. Department for Environment, Food and Rural Affairs, London

European Commission (2013) Organic versus conventional farming, which performs better financially? An overview of organic field crop and milk production in selected member states. http://ec.europa.eu/agriculture/rica/pdf/FEB4_Organic_farming_final_web.pdf. Zugegriffen: 20. Jun. 2016

Freibauer A, Mathijs E, Brunori G, Damianova Z, Faroult E, Giona i Gomis J, O´Brien L, Treyer S (2011) Sustainable food consumption and production in a resource-constrained world. European Commission, Brussels

Frith K (2007) Is local more nutritious? http://www.chgeharvard.org/sites/default/files/resources/local_nutrition.pdf. Zugegriffen: 20. Jun. 2016

Gössling S, Hall CM (2013) Sustainable culinary systems. An introduction. In: Hall CM, Gössling S (Hrsg) Sustainable culinary systems: local foods, innovation, tourism and hospitality. Routledge, London, S 3–44

Gössling S, Garrod B, Aall C, Hille J, Peeters P (2011) Food management in tourism: Reducing tourism's carbon ‚foodprint'. Tour Manag 32:534–543

Gössling S, Peeters P, Scott D, Hall C, Lehmann L (2012) Tourism and water: a global review. Tour Manag 33:1–15

Green Restaurant Association (2016) Green Restaurant certification standards. http://www.dinegreen.com/#!food-standard/xg28r. Zugegriffen: 19. Mai 2016

Hayn D, Empacher C, Halbes S (2005) Ernährungswende. Trends und Entwicklungen von Ernährung im Alltag. Ergebnisse einer Literaturrecherche. Materialienband Bd. 2. Institut für sozial-ökologische Forschung (ISOE), Frankfurt am Main

Hilton Worldwide (o. J.) Responsible Sourcing. http://cr.hiltonworldwide.com/environments/. Zugegriffen: 27. Mai 2016

Hyatt Corporation (2015) Our Journey. http://www.hyatt.com/minisite/corporate/Programs/food/en/food/our-philosophy/our-journey.html. Zugegriffen: 27. Mai 2016

Jungbluth N (2000) Umweltfolgen des Nahrungsmittelkonsums – Beurteilung von Produktmerkmalen auf Grundlage einer modularen Ökobilanz. Berlin

Kim Y, Eves A, Scarles C (2009) Building a model of local food consumption on trips and holidays: A grounded theory approach. Int J Hosp Manag 28(3):423–431

Koerber K von (2010) Fünf Dimensionen der nachhaltigen Ernährung und weiterentwickelte Grundsätze – Ein Update. Ernährung Fokus 10:260–266

Lund-Durlacher D, Fritz K, Antonschmidt H (2016) „Nachhaltige Ernährung im Urlaub". Endbericht zum Futouris-Branchenprojekt. Futouris e. V., Berlin

Mak A, Lumbers M, Eves A, Chang R (2012) Factors influencing tourist food consumption. Int J Hosp Manag 31:928–936

Marriott (o. J.) 2014 Report on Responsible Sourcing. http://www.marriott.com/Multimedia/PDF/CorporateResponsibility/2014SustainMicroRpt_Sourcing_hr.pdf. Zugegriffen: 27. Mai 2016

Ministerium für Umwelt, Landwirtschaft, Ernährung, Weinbau und Forsten Rheinland-Pfalz (2015) Nachhaltige Ernährung – Was unser Essen mit Klimaschutz und Welternährung zu tun hat. MULEWF, Mainz

Nestlé Deutschland AG (2012) Das is(s)t Qualität. Auszüge aus der Nestlé-Studie 2012. Nestlé Deutschland AG, Frankfurt

Öko-Institut e. V., Institut für sozial-ökologische Forschung (ISOE) (2007) Ernährungswende – Eine Herausforderung für Politik, Unternehmen und Gesellschaft. Öko-Institut/ISOE, Freiburg

Pack A, Friedl B, Lorek S, Jäger J, Omann I, Stocker A (2005) Sustainable food consumption: trends and opportunities. interim report. Sustainable Europe Research Institute/Wegener Center for Climate and Global Change, Graz

Pirani S, Arafat A (2014) Solid waste management in the hospitality industry: A review. J Environ Manag 146(1):320–336

Sautron V, Péneau S, Camilleri GM, Muller L, Ruffieux B, Hercberg S, Méjean C (2015) Validity of a questionnaire measuring motives for choosing foods including sustainable concerns. Appetite 87:90–97

Starwood Hotels & Resorts Worldwide (2015) Eat local, think global. Starwood sustainable F & B-policy. https://www.starwoodhotels.com/Media/PDF/Corporate/Sustainable.pdf. Zugegriffen: 27. Mai 2016

Ströhle A, Waldmann A, Wolter M, Hahn A (2006) Vegetarische Ernährung: Präventives Potenzial und mögliche Risiken. Teil 1: Lebensmittel pflanzlicher Herkunft. Wien Klin Wochenschr 118(23–24):728–737

Sustain: The alliance for better food and farming (2013) The Sustain Guide to Good Food. What you can do – and ask others to do – to help make our food and farming system fit for the future. Sustain, London

Sustainable Development Commission (2011) Looking back, looking forward – Sustainability and UK food policy 2000–2011. Sustainable Development Commission, London

Tendall DM, Joerin J, Kopainsky B, Edwards P, Shreck A, Le QB, Kruetli P, Grant M, Six J (2015) Food system resilience: Defining the concept. Glob Food Sec 6:17–23

The Sustainable Restaurant Association (2013) The Discerning Diner. How consumers' attitudes to eating out have become more sophisticated. The Sustainable Restaurant Association, London

The Sustainable Restaurant Association (2015) 14 key areas of sustainability. http://www.thesra.org/our-sustainability-framework/. Zugegriffen: 20. Nov. 2015

United Against Waste (2016) Am Buffet: Clever präsentiert – alles konsumiert! http://united-against-waste.at/vermeiden/am-buffet-clever-praesentiert-alles-konsumiert/. Zugegriffen: 20. Jun. 2016

Viabono (2016) Qualitätskonzept Gastronomie. http://www.viabono.de/Portals/0/01_Downloads/Viabono_Qualitaetskonzept_Gastro_2016_digital.pdf. Zugegriffen: 19. Mai 2016

World Fair Trade Organization (2014) „Definition of Fair Trade". http://wfto.com/fair-trade/definition-fair-trade. Zugegriffen: 19. Mai 2016

World Food Programme (2016) Hunger statistics. https://www.wfp.org/hunger/stats. Zugegriffen: 20. Jun. 2016

WRAP UK (2016) Waste hierarchy guide. applying the waste hierarchy: A guide to business. Banbury: the waste and resources action programme

Prof. Dr. Dagmar Lund-Durlacher ist Leiterin des Departments for Tourism and Service Management an der MODUL University am Wiener Kahlenberg. Sie promovierte in Sozial- und Wirtschaftswissenschaften am Institut für Tourismus und Freizeitwirtschaft an der Wirtschaftsuniversität Wien und war während dieser Zeit auch Generalsekretärin der Österreichischen Gesellschaft für angewandte Forschung in der Tourismus- und Freizeitwirtschaft (ÖGAF). Weitere berufliche Stationen waren an der University of Central Florida und an der Hochschule für nachhaltige Entwicklung Eberswalde. Sie forscht und lehrt seit vielen Jahren im Bereich des nachhaltigen Tourismus, wobei sie ihren Fokus von der klassischen Konsumentenverhaltensforschung und des Marketings in den letzten Jahren insbesondere auf die Themen CSR und Social Business im Tourismus sowie die Integration von Nachhaltigkeit in der touristischen Ausbildung, insbesondere auf universitärer Ebene, legte. Sie engagiert sich aktiv in zahlreichen internationalen wissenschaftlichen und wirtschaftsnahen Netzwerken (u.a. BEST EN, Futouris, TourCert).

Hannes Antonschmidt ist Dozent sowie Promotionskandidat an der MODUL University Vienna. Nach wirtschafts- und sozialwissenschaftlichem Studium in Deutschland und Großbritannien sowie beruflichen Erfahrungen u. a. in der Automobilindustrie und im Medizinbereich begann er eine Karriere in der Tourismusberatung (dwif-Consulting GmbH, Berlin). Dort war er im Bereich betriebswirtschaftliche Beratung für eine Vielzahl touristischer Entwicklungsprojekte und Machbarkeitsstudien zuständig. Zudem betreute er regelmäßig Branchenstudien, u. a. zu den Themen „Wettbewerbsfähigkeit touristischer KMU" und „Investitionen und Finanzierung im Tourismus".

An der MODUL University lehrt er tourismusbetriebswirtschaftliche Fächer. Sein Forschungsinteresse liegt im Bereich nachhaltiger Tourismus, insbesondere im Bereich nachhaltige Ernährung im Tourismusprodukt. Zu diesem Thema war er zuletzt im Jahr 2016 am Branchenprojekt „Sustainable Food" für die Nachhaltigkeitsinitiative der Tourismuswirtschaft, Futouris, beteiligt.

Klaus Fritz, BA, MA arbeitet als Bereichsleiter für Tourismusforschung am Institut für Tourismusmanagement der Fachhochschule Wien der WKW. „Eine langfristig sinnvolle und positive Entwicklung des Tourismus kann nur eine nachhaltige sein" – Gemäß diesem Grundsatz lehrt und forscht er zu Fragestellungen rund um die Bereiche Kulinarik und Tourismus, Tourismusökonomie und Forschungsmethoden im Tourismus. Insbesondere das Thema einer „nachhaltigen Ernährung" nimmt dabei einen großen Stellenwert ein und spiegelt sich auch in seiner Leidenschaft für Kochen und Kulinarik auf Reisen wider.

Ganzheitliche CSR-Systeme im Tourismus am Beispiel TourCert

Konsequentes nachhaltiges Wirtschaften durch ein CSR-Management- und Berichtssystem in Unternehmen

Günter Koschwitz, Martin Balaš und Angela Giraldo

1 CSR-Motivation touristischer Unternehmen

Unternehmen sind verantwortlich für die sozialen und ökologischen Auswirkungen ihrer Geschäftstätigkeit und ihrer Produkte (UNFCED 1992). Sie können zur Plünderung unseres Planeten beitragen oder die Umwelt bewahren, sie können faire Geschäftspraktiken etablieren oder rücksichtslos ihren eigenen Vorteil maximieren, sie können ihre Kunden transparent informieren oder falsche Versprechungen machen – kurzum, die Unternehmen befinden sich nicht in einem wertefreien Raum, sondern müssen sich entscheiden, nach welchen Werten sie ihren Geschäftsalltag gestalten.

Tourismusunternehmen tragen also Verantwortung für die Bedingungen, unter denen eine Reise stattfindet.

Grundsätzlich verstehen touristische Betriebe unter CSR eine Vielzahl an unterschiedlichsten Maßnahmen und Aktivitäten (Sustainable Tourism International 2013). Zum Teil liegt das an der noch relativ jungen Durchdringung des CSR-Konzeptes und an der Vielfalt des Tourismussektors insgesamt. Zu Beginn der Jahrtausendwende griffen vor allem große Konzerne wie Hotelketten Aspekte von CSR auf und schufen eigene CSR-Program-

---

G. Koschwitz (✉)
kate - Umwelt & Entwicklung
Blumenstrasse 19, 70182 Stuttgart, Deutschland
E-Mail: guenter.koschwitz@kate-stuttgart.org

M. Balaš
TourCert gGmbH
Tempelhofer Damm 70, 12101 Berlin, Deutschland
E-Mail: martin.balas@tourcert.org

A. Giraldo
TourCert
Blumenstrasse 19, 70182 Stuttgart, Deutschland
E-Mail: angela.giraldo@tourcert.org

© Springer-Verlag GmbH Deutschland 2017
D. Lund-Durlacher et al. (Hrsg.), *CSR und Tourismus*,
Management-Reihe Corporate Social Responsibility, DOI 10.1007/978-3-662-53748-0_14

me, z. B. Marriott International mit dem Programm „Spirit to Serve Our Communities" oder NH Hotels mit „Street Children" (Lund-Durlacher 2012). Neben überwiegend philanthropischen Maßnahmen etablierten sich zunehmend Umweltmanagementprogramme, insbesondere im Hotel- und Transportsektor. Hier waren die größten Einsparpotenziale für die Unternehmen zu finden. Darüber hinaus erfolgte eine Integration der zumeist ökologischen Maßnahmen in Qualitätsmanagementsysteme der Unternehmen, mit dem Ziel, einen höheren Zufriedenheitsfaktor bei den Gästen hervorzurufen und die Grundqualität des touristischen Angebotes zu erhalten. Jedoch bleiben dabei die Maßnahmen oftmals rein äußerlicher Natur; eine Integration in die Unternehmensstruktur und -abläufe erfolgt eher selten. Soziale Verantwortung wird auch im Tourismus häufig mit der Förderung und Unterstützung lokaler Entwicklungsprojekte verbunden. Dies trägt sicherlich zur Verbesserung der Lebensqualität der lokalen Bevölkerung bei, schafft jedoch keine langfristigen Veränderungen in den Unternehmensprozessen insgesamt und bleibt eine punktuelle Herangehensweise. Insbesondere bei Reiseveranstaltern, deren Kerngeschäft die Bündelung von touristischen Leistungen ausmacht – was zugleich mit komplexen Prozessen verbunden ist – richten sich CSR-Maßnahmen häufig eher nach innen und nicht an die Zuliefererkette der Produkte. Hier muss CSR als Instrumentarium zur Gestaltung des Kerngeschäfts verstanden werden.

Das Interesse an CSR als umfassenden Managementansatz gewinnt im Tourismus insgesamt an Bedeutung (Rein et al. 2012): Einerseits werden informelle oder eigene Systeme innerhalb von Betriebsstrukturen geschaffen, z. B. die Strategie „2020 Targets" von Thomas Cook oder das Nachhaltigkeitsmanagement von Studiosus-Reisen, andererseits steigt das Interesse der Unternehmen an Zertifizierungssystemen im Tourismus. Angetrieben wird diese Entwicklung durch Nachfragetrends im Bereich der Nachhaltigkeit (F.U.R. 2013), denn die Gäste erwarten immer mehr ein verantwortungsvolles Handeln von Betrieben. Aber auch eine zunehmend kritische Betrachtung vonseiten der medialen Öffentlichkeit und sich weiter verschärfende Wettbewerbsbedingungen bewirken, dass das Thema Nachhaltigkeit und CSR immer öfter auf die Agenda von Unternehmen kommt, um sich klarer differenzieren und positionieren zu können (Balas und Strasdas 2015; Gate e.V. 2009).

1.1 Strategische Elemente für ein solides CSR-System im Unternehmen

Das junge Konzept von CSR befindet sich auch im Tourismus heutzutage noch in einer Entwicklungsphase. Eine einheitliche Wahrnehmung von CSR bzw. Nachhaltigkeitsmanagement im Tourismus steht noch aus (Balas und Strasdas 2015). Die Umsetzung reicht von einzelnen, wenig integrierten CSR-Projekten bis hin zur vollständigen Integration von CSR in der Unternehmensstrategie. Je nach Markt und Unternehmensbereich variieren Themenfelder von CSR; zumeist wird es den Unternehmen unter Hilfestellung von Leitfäden und Kodizes selbst überlassen, welche Handlungsbereiche sie angehen.

Weitestgehend etabliert hat sich die Tatsache, dass CSR-Maßnahmen in Betrieben

- entlang der **Wertschöpfungskette** umgesetzt werden,
- die drei Nachhaltigkeitsdimensionen **Ökologie, Soziales und Ökonomie** umfassen,
- Interessen und Konfliktpotenziale von **Stakeholdern** im unternehmensinternen und -externen Umfeld einbezogen werden,
- die Auswirkungen der unternehmerischen Tätigkeit auf das **Umfeld** berücksichtigt werden,
- von der **Unternehmensleitung** getragen und geführt werden (Corporate Governance) und
- freiwillig, also über dem gesetzlichen Rahmen hinaus, durchgeführt werden (BMAS 2009).

Letztlich geht es bei einem CSR-System nicht nur um einzelne gute Taten, sondern es sollte sich vielmehr eine im Unternehmen verankerte Wertehaltung entfalten (BMAS 2012). Dementsprechend kann und sollte ein konsequentes CSR-System als unternehmerischer Beitrag hin zu einer zukunftsfähigen Lebens- und Wirtschaftsweise verstanden werden. Dies betrifft alle gesellschaftlichen, wirtschaftlichen und politischen Bereiche – auch den Tourismus. Er hat die aktuellen globalen Herausforderungen in Teilen mitverschuldet, birgt gleichzeitig aber auch das Potenzial, einen wesentlichen Beitrag zu deren Lösungen zu leisten.

Corporate Social Responsibilty bedarf eines Aktiv-Werdens und eines konsequenten Handelns der Unternehmen. Corporate-Social-Responsibility-Instrumente müssen somit für die Tourismusunternehmen einen Referenzrahmen mit ganz konkreten Handlungsoptionen für ökologisch, ökonomisch und sozial nachhaltige Geschäftspraktiken zur Verfügung stellen (Carroll 1991).

1.2 Reiseveranstalter und deren CSR-Relevanz

Reiseveranstalter sind ein zentraler Akteur im Gesamtkontext der touristischen Wertschöpfungskette. Allein in Deutschland werden jährlich über 30 Mio. Pauschalreisen durchgeführt und ein Gesamtumsatz von über 25 Mrd. € durch die Aktivitäten der Reiseveranstalter generiert.

Reiseveranstalter sind das Bindeglied zwischen der touristischen Nachfrage in den Quellgebieten und des Angebots in den Destinationen, denn sie wählen sowohl die verschiedenen touristischen Anbieter, als auch die Destinationen insgesamt aus. Damit nehmen sie eine zentrale Machtposition im touristischen Gesamtgefüge ein und beeinflussen anhand der Reisezusammenstellung Zulieferer und Touristen gleichermaßen. Reiseveranstalter können die zentralen Multiplikatoren sein, um die Nachhaltigkeitsperformance

Tab. 1 Aufgaben eines Reiseveranstalters. (Freyer 2011)

Für die Reisenden	Für die Leistungsträger	Für sich selbst
Organisation von Auswahl und Sicherung der Beförderungs- und Beherbergungsleistungen sowie weitere Teilleistungen	RV hilft, Kunden zu gewinnen sowie bei der Auslastung von Kapazitäten	Die gewinnwirtschaftliche Produktion steht im Mittelpunkt, ein Mehrwert wird geschaffen (Wertschöpfungseffekt)
Maßgeschneiderte Problemlösung (Pauschalreise)	Wahrnehmung von Vertriebs- und Handelsfunktionen	
RV trägt Haftungsrisiko in Bezug auf ordnungsgemäße Reisedurchführung		

aller Akteure zu steigern und negative Einflüsse auf die natürliche Umwelt und die Gesellschaft zu minimieren (siehe Tab. 1).

Bereits seit den 1960er-Jahren ist die Reiseveranstalterbranche von Konzentrationsprozessen geprägt. Heutzutage dominieren sieben Großreiseveranstalter den deutschen Reisemarkt und erwirtschaften ca. zwei Drittel des gesamten Reiseveranstalterumsatzes. Anhand vertikaler Integrationsprozesse, erwerben Reiseveranstalter vor- und nachgelagerte Geschäftsbereiche (z. B. Transportunternehmen, Reisebüros, Hotels und Incoming-

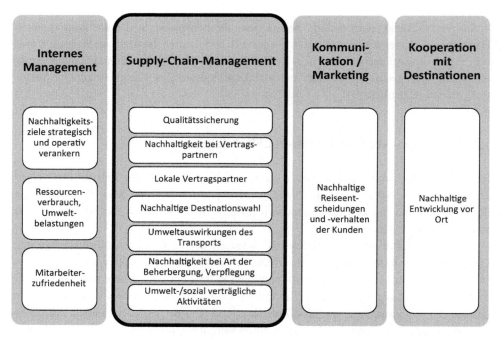

Abb. 1 Nachhaltigkeitsmanagement bei Reiseveranstaltern. (Quelle: eigene Darstellung, nach Tour Operators' Initiative 2003)

Agenturen im Zielgebiet) und entwickeln sich zu sogenannten integrierten Touristikkonzernen weiter. Damit schließen sie letzte Lücken der touristischen Wertschöpfungskette und werden zentrale Treiber der touristischen Entwicklung in bestimmten Zielgebieten.

Aufgrund ihrer starken Machtposition im touristischen Gesamtgefüge nehmen Reiseveranstalter eine zentrale Rolle bei der nachhaltigen Entwicklung des Tourismus ein. Sie haben ihre unternehmerische Verantwortung als zentrale Position zwischen den Akteuren auf dem Tourismussektor wahrzunehmen und wirken als international agierende Unternehmen durchaus auch als Impulsgeber für andere Bereiche des Tourismus.

Reiseveranstalter mit verantwortlicher Unternehmensführung berücksichtigen die Interessen der unterschiedlichen Stakeholder, machen existierende Interessenskonflikte transparent und suchen nach einem Ausgleich und der Optimierung für alle Beteiligten.

Innerhalb dieser Zielsetzungen ergeben sich für Reiseveranstalter verschiedene Handlungsspielräume für die Umsetzung eines nachhaltigen Unternehmensmanagements, die hier noch einmal grafisch dargestellt werden (Balas und Strasdas 2015, S. 247 ff.; Abb. 1).

1.3 CSR in der Lieferkette von Reiseveranstaltern

Corporate Social Responsibility beschreibt einen ganzheitlichen Betriebsprozess und sollte in der gesamten Unternehmensstruktur verankert sein – sowohl im Rahmen externer als auch interner Aktivitäten. Schwerpunkte liegen jedoch insbesondere bei der Produktentwicklung und der Ausgestaltung von Lieferketten, denn hier können Reiseveranstalter die größte Nachhaltigkeitswirkung erzielen.

Die Produktgestaltung bei Reiseveranstaltern ist der Kernbestandteil, welcher im Rahmen eines Nachhaltigkeitsmanagements einer detaillierten Reflexion bedarf. Es erscheint hier plausibel, dass gerade bei der Produktentwicklung ein Einklang zwischen ökonomischen Interessen, nachfrageorientierten Bedürfnissen und der Umsetzung von Nachhaltigkeitsmaßnahmen herrschen sollte. Das kann zu Entscheidungen führen, die nicht immer im Interesse des Nachhaltigkeitsanspruchs sind. Deshalb sollten die Produktbausteine kritisch überprüft und bewertet werden. Die Reflexion der Produkte kann mithilfe eines Abgleichs durch offizielle Richtlinien und Standards, konkrete Messgrößen und Indikatoren oder im Rahmen eines Zertifizierungsprozesses erfolgen.

Reiseveranstalter arbeiten mit einer Vielzahl an Partnern zusammen, die wiederum unterschiedlichste touristische Teilleistungen durchführen. Diese Zuliefererkette der Reiseveranstalter besteht sowohl aus direkten Vertragspartnern wie Beherbergungsbetrieben, Transportunternehmen, Transferunternehmen und Exkursionsanbieter als auch indirekten Vertragspartnern wie Lebensmittellieferanten eines Vertragshotels und nicht vertraglich gebundene Leistungsträger wie Restaurants und Bars, Souvenirshops, Kunsthandwerkshersteller und anderen. Im Rahmen eines nachhaltigen Supply-Chain-Managements (SCM) hat der Reiseveranstalter dafür zu sorgen, dass alle Partner der Lieferkette in die Überlegungen des Nachhaltigkeitsprozesses integriert werden. Eine enge und partnerschaftliche Zusammenarbeit zwischen Reiseveranstalter und seinen Partnern ist dafür

Etablierung eines nachhaltigen SCM-Systems	Unterstützung der Partner	Nachhaltigkeitskriterien in Partnerverträgen
Festlegung von Standards	Bewusstsein für Nachhaltigkeitsaspekte schaffen	Vertragsstandards schaffen
Beurteilung der Ausgangslage der Zulieferer	Organisatorische und inhaltliche Unterstützung bei Nachhaltigkeitsmaßnahmen	Vertragswesen etablieren
Vorbereitung und Durchführung eines Maßnahmenplans	Anreize für nachhaltige Partner schaffen	Monitoring und Evaluierung der Vertragspartner
Monitoring und Reporting der Prozessoptimierungen		

Abb. 2 Prozess eines nachhaltigen Supply-Chain-Managements bei Reiseveranstaltern. (Quelle: eigene Darstellung, nach Tour Operators' Initiative for Sustainable Tourism Development 2004)

unumgänglich. Mit Hilfe des nachhaltigen Supply-Chain-Managements gewährleistet der Reiseveranstalter konstante Umwelt- und Arbeitsbedingungen und stellt die Sicherheit von Angestellten und Kunden in den Zieldestinationen sicher.

Folgende Maßnahmen können im Rahmen eines konsequenten nachhaltigen Supply-Chain-Managements angewendet werden (siehe Abb. 2).

Nicht immer ist es einfach, nachhaltige Zulieferer zu finden. Auch haben sich mit den bestehenden Partnern oftmals über einen längeren Zeitraum intensive Geschäftsbeziehungen aufgebaut, die es zu halten und zu nutzen gilt. Deshalb sollten Reiseveranstalter ihre Partner intensiv bei der Verbesserung ihrer Nachhaltigkeits-Performance unterstützen. Unter anderem können Reiseveranstalter:

- Nachhaltigkeitsleitfäden und Handbücher zur Verfügung stellen,
- Schulungsmaterial für ihre Zulieferer entwerfen,
- Zertifizierungssysteme anwenden, die die Nachhaltigkeitsperformance der Zulieferer bewerten und Verbesserungsmöglichkeiten aufzeigen,
- Anreizsysteme zur Motivation und Verbesserung der Nachhaltigkeitsperformance einsetzen,
- technische Unterstützung bei der Umsetzung nachhaltiger Praktiken anbieten (Tour Operators' Initiative for Sustainable Tourism Development 2004).

Wer sich entscheidet, Verantwortung für die Zukunft zu übernehmen und sein Unternehmen ethisch verantwortlich auszurichten, braucht Instrumente um ein nachhaltiges Unternehmenssystem aufzubauen und gemeinsam mit den Mitarbeitenden eine entsprechende Unternehmensstrategie und -kultur auszugestalten. TourCert bietet solch ein Instrumentarium und zeigt einen Weg zur Integration wirtschaftsethischer Werte in die Unternehmensstrategie und die Geschäftsprozesse.

2 Das TourCert-System

Die gemeinnützige Zertifizierungsgesellschaft TourCert hat ein ganzheitliches CSR-System für Reiseveranstalter, Reisebüros, Hotels und Destinationen entwickelt, das die o. g. strategischen Elemente berücksichtigt und als branchenorientiertes CSR-System im Tourismus auch für kleine und mittlere Unternehmen einfach anwendbar ist. Das TourCert-System definiert Anforderungen für das Managementsystem und das Berichtswesen (Nachhaltigkeitsbericht) des Unternehmens und enthält zudem eine Mischung aus leistungs- und prozessorientierten Kriterien. Auf der Grundlage der TourCert-Anforderungen kann ein Unternehmen ein CSR-System einführen und einen Nachhaltigkeitsbericht mit mess- und prüfbaren Kriterien erstellen.

Unterschiede bei Zertifizierungen existieren vor allem beim Bewertungsverfahren von Kriterien. Man unterscheidet zwischen Prozess- und Performanceorientierung:

Bei *prozessorientierten Kriterien* steht ein kontinuierlicher Verbesserungsprozess im Mittelpunkt, d. h. es werden bestimmte Prozessabläufe bzw. -merkmale zur Optimierung der Produkt- oder Unternehmensmerkmale gefordert. Dieser Ansatz vereinigt den Gedanken von CSR, da das Unternehmen die Art der Zielerreichung selbst festlegt und somit eine Flexibilität ermöglicht. Jedoch erschwert es eine Leistungsbewertung insgesamt.

Bei *performanceorientierten Kriterien* hingegen wird die Erfüllung von konkreten Leistungen vorausgesetzt. Die Kriterien sind für alle Betriebe gleich definiert und ermöglichen daher eine Evaluierung der tatsächlichen Leistung und einen Vergleich mit anderen Betrieben (Balas und Strasdas 2015, S. 263 f.).

Im Rahmen des Zertifizierungsprozesses müssen die Betriebe sowohl ihre Geschäftstätigkeiten als auch die Wertschöpfungskette überprüfen. Anhand spezieller Tools werden alle Firmenbereiche auf Nachhaltigkeitskriterien hin überprüft. Die systematische Erfassung reicht von betriebsinternen Aktivitäten wie dem Papierverbrauch im Büro und bei den Katalogen bis zu wertschöpfenden Bereichen wie der Größe von Reisegruppen und der Mobilitätsgestaltung der Reisen. Auch die Partnerunternehmen in den Reiseländern werden in den Prozess mit einbezogen. In sogenannten Nachhaltigkeits-Checks wird beispielsweise gefragt, ob die Angestellten der Partnerbetriebe sozialversichert sind und die Hotels energieeffizient arbeiten. Für den Großteil der Reisen werden die CO_2-Emissionen für An- und Abreise ermittelt. Die Gestaltung der umsatzrelevanten Reiseangebote wird nach Optimierungsmöglichkeiten durchforstet und gemeinsam mit Partneragenturen werden menschenrechtliche Risikobereiche bewertet.

Ein Zertifizierungsrat unabhängiger Fachleute definiert die Anforderungen und überprüft die Zertifizierungen. Die Unternehmen erhalten ein für zwei Jahre (1. Rezertifizierung) und dann bis zu drei Jahren gültiges Zertifikat. Das zu erstellende Verbesserungsprogramm und die wichtigsten Kennzahlen werden jährlich aktualisiert und der Zertifizierungsstelle von TourCert vorgelegt.

Das TourCert-System für Reiseveranstalter ist vom Global Sustainable Tourism Council (kurz: GSTC) anerkannt. Es basiert zudem auf den Qualitäts- und Umweltmanagementstandards nach ISO und EMAS. Des Weiteren werden die in der ISO 26000 aufgeführten Kernthemen und Handlungsfelder mit Priorisierung der relevanten Themen im Tourismus aufgegriffen und in den Anforderungen detailliert gefordert. Ein besonderes Gewicht fällt dabei auf die Einhaltung der Menschenrechte.

2.1 Wesensmerkmale des TourCert-Systems

Die Besonderheiten und Wirkungen des TourCert-Systems gehen weit über eine Zertifizierung hinaus. TourCert geht von der Notwendigkeit eines anderen Wirtschaftens und eines anderen Tourismus aus, da nur so die UN-Nachhaltigkeitsziele erreicht werden können. Die Unternehmen müssen darauf mit einem systemischen Ansatz vorbereitet werden. Das TourCert-System beinhaltet daher die folgenden Wesensmerkmale.

2.1.1 Integriertes System zur Unternehmensentwicklung

Ein standardisiertes und ganzheitliches Nachhaltigkeitsmanagement überwindet die häufig anzutreffende Beliebigkeit, es integriert bestehende Management-Teilsysteme, verhindert Parallelsysteme, nutzt Synergieeffekte und spart Zeit sowie Kosten. Es schafft Transparenz und Verbindlichkeit bei Mitarbeitenden, Geschäftspartnern und Stakeholdern.

Das integrierte System erfordert, dass Umwelt- und Sozialstandards in allen betrieblichen Bereichen mitgedacht und integriert werden, sei es z. B. bei der Personalauswahl und Personalentwicklung, den Anreizsystemen, der betrieblichen Weiterbildung und Kompetenzentwicklung oder sei es im Wissensmanagement des Unternehmens. Letztlich muss über die eigenen Bereichs- und Zuständigkeitsgrenzen hinaus in Prozessen und Systemen gedacht sowie CSR-Strategiekompetenz entwickelt werden.

2.1.2 Forderung nachhaltiger Führungskompetenz

Entscheidend für den Erfolg eines CSR-Systems sind visionäre Führungskräfte, die mit Leidenschaft und Augenmaß ihre Unternehmen konsequent auf den Kurs der Nachhaltigkeit umsteuern, die neuen Leitbilder glaubwürdig vorleben und das Engagement der Beschäftigten gewinnen.

Dazu bedarf es konzeptioneller Kompetenzen, um die Werte in die Organisationsstrategie zu integrieren, kreative Impulse zu setzen und langfristige Ziele konsequent zu verfolgen. Zugleich bedarf es der sozialen Kompetenzen, die Mitarbeitenden zu beteiligen und authentisch zu kommunizieren – sowohl technisch-rational als auch sozial-emotional. Es sind Führungskräfte gefordert, die mit Veränderungskraft und Moderationskompetenz die Organisationskultur und das Organisationsverhalten nachhaltig verändern. Nachhaltigkeit wird zu einer zentralen Führungskompetenz.

2.1.3 Empowerment der Mitarbeitenden

Die Zufriedenheit und das Engagement der Mitarbeitenden ist ein Schlüsselfaktor für die CSR-Ausrichtung eines Unternehmens. Aus diesem Grund ist die jährliche Befragung der Mitarbeitenden zur objektiven Messung der Mitarbeiter-Zufriedenheit ein wesentlicher Standard von TourCert. In der Wirtschaft gewinnt die Mitarbeitenden-Zufriedenheit aktuell angesichts des Fachkräftemangels und dem Zusammenhang zwischen Zufriedenheit und Leistungsbereitschaft ganz allgemein an Wert. Dies wird ersichtlich an Programmen wie „Bester Arbeitgeber Deutschlands" der Vereinigung „Great Place to Work". Das TourCert-System berücksichtigt die Mitarbeitenden-Zufriedenheit systemisch als integrierter Bestandteil des CSR-Gedankens. Damit soll erreicht werden, dass alle Mitarbeitenden in die strategische Unternehmensbewertung mit einbezogen werden und dazu ermutigt werden, Verbesserungsvorschläge einzubringen und Verantwortung zu übernehmen. Die Belegschaft soll in ihren Fähigkeiten und ihrer ethischen Orientierung, in ihrer Lernbereitschaft, der offenen Kommunikation und der Methodenkompetenz anerkannt und unterstützt werden. Nebenbei entsteht eine positive und anerkennende Teamkultur.

2.1.4 CSR-Optimierung im Stakeholder-Dialog

Wie weiter oben erwähnt, hängt die CSR-Qualität eines Reiseveranstalters wesentlich von der Einbindung und Qualität der Leistungspartner ab. Bei einem Reiseprodukt mit den unterschiedlichsten Leistungspartnern weltweit ist dies offenkundig.

Deshalb nehmen die vielfältigen Dialog- und Bewertungsinstrumente für die Stakeholder auch eine zentrale Stelle im TourCert-System ein. Das kann bedeuten, dass die Produktmanager des Unternehmens mit der Bewertung durch den interaktiven Produktcheck selbst zu Stakeholdern ihres Unternehmens und der Leistungspartner werden; oder es kann bedeuten, dass Kunden auch zur Bewertung von Umwelt- und Sozialaspekten auf ihrer Reise befragt und um Verbesserungsvorschläge gebeten werden; ergänzend kommen die Bewertungen der Leistungspartner zum Einsatz. Aus diesen zielorientierten Dialogen können manche Optimierungen oder auch neue Produkte entstehen und so zu einer verstärkten CSR-Ausrichtung in der Wertschöpfungskette beitragen.

2.1.5 Systematische Nachhaltigkeitsbewertung und Monitoring

Gerade ein ethisch ausgerichtetes Unternehmen benötigt eine hohe Wirksamkeit und eine ganzheitliche Steuerungsintelligenz. Um die Wirkungen zu optimieren und zur lernenden Organisation zu werden, müssen die CSR-Wirkungen gemessen und bewertet werden. Ein einfaches und zugleich überzeugendes Indikatoren-System ist dazu notwendig. Die Indikatoren müssen zudem passgenau für das spezifische Unternehmen geeignet sein, gleichzeitig jedoch auch ein gewisses Benchmarking erlauben und über ein entsprechendes Monitoring die Unternehmen zur Verbesserung ihrer CSR-Wirkungen motivieren. Die zehn branchenbezogene CSR-Kernindikatoren von TourCert übernehmen diese Funktion.

2.2 Sektorbezogene Systeme

CSR-Systeme müssen pragmatisch und passgenau in die Unternehmen integriert werden. Daher hat TourCert für die Sektoren Reiseveranstalter, Reisebüros, Hotels und Destinationen spezifische Kriterienkataloge entwickelt; für die internationalen Partneragenturen und Kleinstunternehmen zudem den TourCert-Check als Einstiegssystem ohne Zertifikat.

Die spezifischen CSR-Schwerpunkte der Bewertung und Gestaltung in den einzelnen Sektoren:

Reiseveranstalter: Produktgestaltung und globale Wertschöpfungsketten
Reisebüros: Kundenberatung und Identifikation nachhaltiger Reiseprodukte
Hotels: Arbeitsbedingungen, Beschaffung und Ressourceneffizienz
Destinationen: destinationsweite Strategien, Destinationsmanagement-Organisation als federführender Akteur und Partner-Netzwerke

2.3 Aufbau des TourCert-Systems

Die Einführung des CSR-Systems im Unternehmen findet anhand von sechs Management-Elementen statt, die schrittweise umgesetzt und dauerhaft verankert werden (siehe Abb. 3).

Abb. 3 TourCert-Prozess. (Quelle: TourCert 2016)

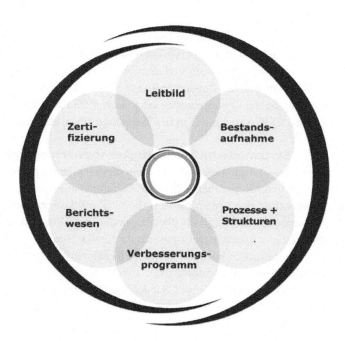

2.3.1 Leitbild

Corporate Social Responsibility als ganzheitlicher Betriebsprozess verlangt eine Verankerung des Nachhaltigkeitsgedanken in der gesamten Unternehmensstruktur. Schlüsselelement hierfür ist ein Unternehmensleitbild, das die Bestrebungen des Unternehmens hin zu einem verantwortungsvollen Tourismus normativ beschreibt und gleichzeitig bereits Verpflichtungen und Ziele festlegt.

Im Zusammenwirken zwischen Leitung und Mitarbeitenden und gegebenenfalls auch mit relevanten Stakeholdern wird ein Leitbild entwickelt und vereinbart, gegebenenfalls wird ein bestehendes Leitbild angepasst, das alle nachhaltigkeitsrelevanten Aspekte für das Unternehmen angemessen berücksichtigt. Es ist gleichzeitig Grundlage für die operativen Nachhaltigkeitsziele und den Anspruch zur kontinuierlichen Verbesserung. Das Leitbild sollte als Chance genutzt werden, das große Ganze für alle Organisationsmitglieder deutlich zu machen und für den Aufbruch in eine nachhaltige Organisation zu begeistern.

2.3.2 Bestandsaufnahme und CSR-Unternehmensbewertung

Wie oben beschrieben erfolgt die Bestandsaufnahme anhand fester Kriterien und Methoden. Sie dient dazu, die Leistungen und Wirkungen in Bezug auf Nachhaltigkeit zu messen und Verbesserungspotenziale zu identifizieren.

In der Bestandsaufnahme werden alle relevanten Aspekte der Geschäftstätigkeit beleuchtet: wirtschaftliche Kennzahlen, ökologische und soziale Aspekte der zentralen Geschäftsprozesse, der Leistungsträger sowie die Verantwortung gegenüber Kunden und Beschäftigten. Die Unternehmen führen dazu auch Befragungen bei Stakeholdern und Geschäftspartnern durch.

Das Kriteriensystem von TourCert wird im Rahmen dieser Bestandsaufnahme zunächst vom Unternehmen selbst anhand nachvollziehbarer und überprüfbarer Kriterien bewertet und verdichtet sich zu einer Gesamtpunktzahl, dem sogenannten TourCert-Index.

Die folgenden Elemente unterstützen die Unternehmensbewertung und liefern messbare Indikatoren:

- Der *Mitarbeiter-Zufriedenheitsindex* wird anhand einer webbasierten Mitarbeiterbefragung erstellt und enthält 37 Fragen zur Unternehmensstrategie und Führung, zu den Arbeitsbedingungen und zur Betriebsökologie.
- Der *Kundenzufriedenheits-Index* wird auf Basis der Kundenrückmeldungen und der Rücklaufquote ermittelt; der *Kundeninfo-Check* mit einer verdichtenden Bewertung zur Einhaltung von Mindestanforderungen in der Kundeninformation.
- Der *Produkt-Check* bewertet die Beachtung von CSR-Kriterien in der Angebotsgestaltung und Neuentwicklung von Reiseprodukten.

- Mit dem webbasierten *CO₂-Reiserechner* kann das Unternehmen beliebig viele Reisepakete und die jeweiligen CO_2 Emissionen ermitteln. Es können alternative Reisewege und -mittel kalkuliert werden. Er stellt somit eine Möglichkeit zur klimaeffizienten Produktentwicklung dar.
- Die *CSR-Selfchecks in der Dienstleistungskette* des Reiseveranstalters bewerten CSR-Aspekte bei *Partneragenturen, Unterkünften und Reiseleitungen*. Die Checks bestehen aus Fragen zu ökologischen, sozialen und ökonomischen Aspekten und beinhalten eine Bewertungsskala, die von den Leistungspartnern als Selbstauskunft ausgefüllt wird. Diese Bewertung summiert die qualitative Bewertung zu einem CSR-Index. Die Bewertungen aller Leistungsträger werden zu einem Mittelwert zusammengefasst, der als ein wichtiger Indikator des Unternehmens in die Analyse eingeht und der zur Orientierung bei der Bewertung und Optimierung von Schwachstellen der Unterkünfte, Reiseleitungen und Partneragenturen dient. Gleichzeitig dienen die Checks als Orientierungshilfe bei der Auswahl neuer Leistungsträger in den Destinationen und für die Produktentwicklung.

Die Ergebnisse der Datenerhebung werden – wo immer möglich – zu messbaren Indikatoren verdichtet, die es den Unternehmen ermöglichen, ihre eigene Nachhaltigkeitsleistung sowohl im Zeitablauf als auch mit anderen Unternehmen zu vergleichen und Verbesserungspotenziale zu identifizieren. Zur Konzentration auf die strategischen Bereiche wurden für die Sektoren Reiseveranstalter, Hotels und Destinationen jeweils die wesentlichsten Aspekte als Kernindikatoren definiert.

2.3.3 Prozesse und Strukturen

Eine operative Sicherstellung des CSR-Engagements ist durch eine klare personelle Verankerung, die Ernennung von CSR-Beauftragten im Unternehmen, gewährleistet. Diese sollten Weisungsbefugnis haben, im Unternehmen anerkannt sein und entsprechende zeitliche und evtl. auch finanzielle Ressourcen zur Verfügung haben. Die Zuständigkeiten sollten dabei klar geregelt sein – d. h. die Stelle sollte auch im Organigramm verankert sein. Bei größeren Unternehmen bildet sich ein CSR-Team.

Durch die betriebliche Entwicklung und Vereinbarung von Richtlinien und Verfahrensstandards (z. B. CSR-Vertragsstandards mit allen Leistungsträgern, Beschaffungsrichtlinie, Lieferantenaudits, regelmäßige Befragung von Kunden, Mitarbeitern und anderen Stakeholdern usw.) wird CSR zunehmend bei den Entscheidungen im Tagesgeschäft berücksichtigt und zum festen Bestandteil von Betriebsabläufen. Der CSR-Prozess hilft dabei, dies zu integrieren und zu standardisieren.

2.3.4 Verbesserungsprogamm

Die kontinuierliche Verbesserung der Leistung in Fragen von CSR und Nachhaltigkeit ist das Herzstück des CSR-Prozesses. Von Jahr zu Jahr müssen die Fortschritte und Indikatoren überprüft sowie neue Ziele und Maßnahmen gesetzt werden. So kann die Nachhaltigkeitsleistung kontinuierlich verbessert werden.

2.3.5 Nachhaltigkeitsbericht

Die Ergebnisse der Bestandsaufnahme, das Leitbild, die Produkte und Leistungsbereiche sowie das Verbesserungsprogramm werden in einem standardisierten Nachhaltigkeitsbericht zusammengeführt. Der Bericht ist die Grundlage für die externe Überprüfung und ein öffentliches Dokument zur transparenten Darstellung der CSR-Leistung des Unternehmens.

Ziel des Nachhaltigkeitsberichtes ist es, die Stakeholder des Unternehmens und die interessierte Öffentlichkeit über die ökologischen, sozialen und ökonomischen Auswirkungen der Tätigkeiten und Produkte des Unternehmens sowie über die Aktionen zur kontinuierlichen Verbesserung der Nachhaltigkeitsleistung zu informieren (Global Reporting Initiative 2006). Der Nachhaltigkeitsbericht muss eine die Realität abbildende Darstellung der Nachhaltigkeitswirkung sein, die Mitarbeitenden einbinden und motivieren, als Innovationstreiber wirken sowie die Kunden- und Mitgliederbindung durch kritischen Dialog verbessern.

2.3.6 Zertifizierung des Unternehmens

Die Einhaltung der Standards von TourCert wird durch einen unabhängigen Gutachter im Rahmen eines Audits überprüft. Anforderungen für die TourCert-Zertifizierung sind der vollständige Nachhaltigkeitsbericht, ein CSR-Leitbild, die Benennung eines CSR-Beauftragten, die Erfüllung von Mindestanforderungen sowie ein Verbesserungsprogramm.

Die Prüfung berücksichtigt das gesamte Kerngeschäft und bei Reiseveranstaltern die Wertschöpfungskette eines Reiseangebots. Die Überprüfung basiert im Wesentlichen auf den Daten im Nachhaltigkeitsbericht, einer Dokumentenprüfung, einer Besprechung und Begehung im Unternehmen, der Einsicht von Zusatzinformationen und Nachweisen sowie der Bewertung der Kohärenz der Informationen und des Verbesserungsprogramms. Bei Reiseveranstaltern mit mehr als vier Vollzeitstellen wird eine Überprüfung vor Ort vorgenommen, bei kleineren Unternehmen eine Fernprüfung.

In einem Prüfungsbericht werden die Stärken und Verbesserungspotenziale aufgeführt, ein Vergleich der Kernindikatoren sowie eine zusammenfassende Bewertung mit Empfehlungen vorgenommen. Aufgrund der qualifizierten Rückmeldung kann das Unternehmen sehen, wie es im Verhältnis zu anderen Unternehmen steht und welche Verbesserungen notwendig sind.

Ein von Experten besetzter unabhängiger und ehrenamtlicher Zertifizierungsrat beschließt auf Basis des Nachhaltigkeitsberichts und des Prüfgutachtens über die Zertifizierung.

Das Zertifikat ist nach Erstübergabe 2 Jahre gültig, dann jeweils für 3 Jahre. Zur Rezertifizierung muss ein aktueller Nachhaltigkeitsbericht erstellt werden. Das Verbesserungsprogramm ist jährlich zu aktualisieren und TourCert vorzulegen.

2.4 Wirkungen und Anforderungen einer CSR-Implementierung

Eine erfolgreiche Umsetzung von CSR anhand von Zertifizierungen kann einem Unternehmen im Wettbewerbsumfeld viele Vorteile bringen. Zunächst fällt die Nachhaltigkeits-Performance deutlich besser aus im Vergleich zu nicht zertifizierten Unternehmen. Darüber hinaus bewirken Zertifizierungen zusätzliche Effekte bei betrieblichen Prozessen: interne Abläufe werden optimiert, Kosteneinsparungen werden erzielt, die Produktqualität erhöht sich. Das Unternehmen erwirbt zudem neue Analysekompetenzen, ist offen für Innovationen und passt seine Managementstrukturen entsprechend an. Diese Aspekte können sich wiederum auf eine erhöhte Mitarbeitermotivation auswirken.

Zur Etablierung dieser Wirkungen braucht es jedoch effiziente Instrumente, die eine Umsetzung von integrierten Nachhaltigkeitsprozessen gewährleisten. Umfassende CSR-Instrumente im Tourismus wie TourCert sollten klare Grundsätze erfüllen, um eine tatsächliche Nachhaltigkeitswirkung entfalten zu können (Balas und Strasdas 2015, S. 267). Sie sollten

- eine Mischung von Leistungs- und Prozessmerkmalen einfordern, um sowohl konkrete Grundanforderungen abzusichern als auch ein kontinuierliches Verbesserungsmanagement voranzutreiben,
- Anforderungen entlang aller Nachhaltigkeitsdimensionen stellen,
- global gültige Standards, z. B. die Global Sustainable Tourism Criteria berücksichtigen,
- eine Transparenz und Nachvollziehbarkeit der Leistungen durch eine Offenlegung der Aktivitäten absichern,
- diese Aktivitäten und Strategien durch unabhängige externe Experten regelmäßig überprüfen lassen.

3 Fazit und Ausblick: „Transforming our World"

Die Debatte um CSR und der damit verbundenen Unternehmensverantwortung im Tourismus hat sich auf der Betriebsebene im Laufe der letzten Jahrzehnte in einen nüchternen und sehr praktisch orientierten Prozess gewandelt. Unter dem Leitsatz „Transforming our World" und der von den Vereinten Nationen (UN) verabschiedeten globalen Reformagenda 2030 (United Nations 2015) erhält die Werteorientierung von Nachhaltigkeit einen zusätzlichen Schwung. Die UN fordern einen neuen Orientierungsrahmen für den Umbau von Wirtschaft und Gesellschaft. Die globalen Nachhaltigkeitsziele erhöhen zukünftig den Druck auf die Unternehmen, selbst aktiv zu werden und ein Nachhaltigkeitsmanagement aufzubauen. Auch die steigende Nachfrageorientierung bezüglich des Wunsches nach umwelt- und sozialverträglichen Reisen wird die Betriebe zu einem Umdenken motivieren. Gerade die Touristik mit ihrem globalen Akteursnetz und dem Vertrieb von „Träumen" kann sich hier klar positionieren und Nachhaltigkeit als allumfassenden Leitgedanken aufgreifen, der sich entlang der gesamten Wertschöpfungskette widerspiegeln kann. Reiseveranstalter können hier zu zentralen „Change Agents" der Branche werden und anhand eines ernst gemeinten CSR-Managements Impulse in die gesamte touristische Reisekette setzen.

Literatur

Balas M, Strasdas W (2015) Corporate Social Responsibility und nachhaltiges Unternehmensmanagement im Tourismus. In: Rein H, Strasdas W (Hrsg) Nachhaltiger Tourismus. utb, Berlin

Bundesministerium für Arbeit und Soziales (BMAS) (2009) Der aktuelle Stand der internationalen wissenschaftlichen Forschung zur Corporate Social Responsibility (CSR). Ecole des HEC, Lausanne

Bundesministerium für Arbeit und Soziales (BMAS) (2012) CSR: Glossar. http://www.csr-in-deutschland.de/DE/Startseite/start.html. Zugegriffen: 16. Mai 2016

Carroll AB (1991) The pyramid of corporate social responsibility: toward the moral management of organizational stakeholders

F.U.R. Reiseanalyse (2013) Erste Ausgewählte Ergebnisse der 43. Reiseanalyse zur ITB 2013. Forschungsgemeinschaft Urlaub und Reisen e. V., Berlin

Freyer W (2011) Tourismus – Einführung in die Fremdenverkehrsökonomie. Oldenbourg Wissenschaftsverlag, München

GATE E. V. (2009) Nachhaltigkeit auf der ganzen Linie? Dokumentation des Symposiums. http://www.gate-tourismus.de/wp-content/uploads/2014/07/gate_zulieferer_dokumentation.pdf. Zugegriffen: 08. Feb. 2017

Global Reporting Initiative (2006) Leitfaden zur Nachhaltigkeitsberichterstattung (Version 3.0). https://www.globalreporting.org/resourcelibrary/German-G3-Reporting-Guidelines.pdf. Zugegriffen: 10. Mai 2016

Lund-Durlacher D (2012) CSR und nachhaltiger Tourimsus. In: Schneider A, Schmidtpeter R (Hrsg) Corporate Social Responsibility - Verantwortungsvolle Unternehmensführung in Theorie und Praxis. Springer Gabler, Berlin, Heidelberg

Rein H, Strasdas W, Zeppenfeld R, Balas M (2012) CSR in Destinationen. Zentrum für Nachhaltigen Tourismus (ZENAT), Berlin

RESPACT Austria (2004) CSR-Ratgeber – In 7 Schritten zu einer CSR-Strategie. www.csrleitfaden.at. Zugegriffen: 15. Mai 2016

Sustainable Tourism International (2013) Rapid sustainable destination diagnostic. http://sustainabletravel.org/program/rapid-sustainable-destination-diagnostic/. Zugegriffen: 20. Jun. 2014

TourCert gGmbH (2016) In sechs Schritten zum Erfolg. http://www.tourcert.org/tourcert-zertifizierung/tiurcert-das-system.html. Zugegriffen: 08. Feb. 2017

Tour Operators' Initiative for Sustainable Tourism Development (2003) Sustainable tourism: the tour operators' contribution. United National Environment Programme, Division of Technology, Industry and Economics, Paris

Tour Operators' Initiative for Sustainable Tourism Development (2004) Supply chain engagement for tour operators – three steps toward sustainability. United National Environment Programme, Division of Technology, Industry and Economics, Paris

UNFCED (1992) Rio Declaration on Environment and Development – Annex I. http://www.un.org/documents/ga/conf151/aconf15126-1annex1.htm. Zugegriffen: 08. Feb. 2017

United Nations (2015) UN sustainable development goals. http://www.un.org/sustainabledevelopment/sustainable-development-goals/. Zugegriffen: 5. Mai 2016

Günter Koschwitz ist Diplom-Betriebswirt und Geschäftsführer von kate – Umwelt & Entwicklung und avanti GreenSoftware GmbH sowie Aufsichtsrat und Gesellschafter in der TourCert gGmbH. Er ist seit über 30 Jahren in der Entwicklungszusammenarbeit und Managementberatung mit vielfältigen Beratungseinsätzen in fast allen Ländern Lateinamerikas tätig. Günter Koschwitz führte Managementberatung für Umwelt- und Nachhaltigkeitssysteme in über 200 Unternehmen und Organisationen sowohl auf europäischer und internationaler Ebene durch. Des Weiteren entwickelte er erfolgreich eine CSR-Managementsoftware und ein CSR-Berichts- und Zertifizierungssystems im Tourismus. Er ist auch als Gutachter für CSR-Zertifizierungen im Tourismus tätig.

Martin Balaš ist als freier Berater in diversen Projekten für nachhaltiges Tourismusmanagement tätig. Für Beratungsfirmen erarbeitet er Konzepte zu Destinationsentwicklungsstrukturen sowie zu Nachhaltigkeitswettbewerben und Nachhaltigkeitsleitbildern. Er war beispielsweise verantwortlich für die Organisation, Durchführung und Nachbereitung des Bundeswettbewerbs „Nachhaltige Tourismusregionen 2012/13" und verfasste den DTV-Praxisleitfaden „Nachhaltigkeit im Deutschlandtourismus – Anforderungen, Empfehlungen, Umsetzungshilfen". Martin Balaš ist zudem freier akademischer Mitarbeiter am Zentrum für nachhaltigen Tourismus (ZENAT) der Hochschule für nachhaltige Entwicklung Eberswalde mit dem Schwerpunkt Nachhaltigkeitszertifizierungen und nachhaltiges Destinationsmanagement. Bei TourCert ist Martin Balaš in der Geschäftsleitung und verantwortlich für die Destinationszertifizierung „Nachhaltiges Reiseziel".

Angela Giraldo ist Geschäftsführerin von kate – Umwelt & Entwicklung in Stuttgart sowie verantwortlich für die Bereiche Corporate Social Responsibility (CSR) im Tourismus und Entwicklungspolitik. Seit über 25 Jahren in der Entwicklungszusammenarbeit tätig, Beratung von Tourismusprojekten in Lateinamerika und Spanien mit Schwerpunkt auf sozial- und umweltverträglichen Tourismus, Mitwirkung an der Entwicklung des TourCert-eigenen CSR-Berichts- und Managementsystems für den Tourismus; Beraterin und Trainerin für Reiseveranstalter, Hotels und Destinationen sowie Entwicklung von E-Learning-Kursen zu CSR im Tourismus; Jurymitglied und Gutachterin des TODO! Wettbewerbs für sozialverträglichen Tourismus des Studienkreises für Tourismus und Entwicklung, Starnberg; Vorstandsmitglied des europäischen Netzwerkes EARTH (European Alliance on Responsible Tourism and Hospitality).

Corporate Social Responsibility in der Luftfahrtindustrie: Probleme und Herausforderungen

Paul Peeters, Rob Bongaerts und Johan Bouwer

1 Einleitung

Für den Luftfahrtsektor können folgende CSR-relevante Aspekte identifiziert werden: Klimawandel und Treibhausgasemissionen, Lärm, Emissionen in die Luft, Wasserverbrauch und Abwässer, Feststoffabfall, Sondermüll, Einfluss auf Natur und Umgebung, Einfluss auf die Biodiversität, Arbeitsbedingungen und Lohnkosten, Sicherheit und fairer Handel. Diese Problembereiche sind für die Unternehmensgruppen je nach Stufe innerhalb der Wertschöpfungskette der Luftfahrtindustrie unterschiedlich, wobei Flugzeug- und Antriebsfertiger, Airlines und Flughäfen die Hauptverursacher sind. Tab. 1 zeigt, welche Unternehmensgruppe innerhalb der Luftfahrtindustrie, welche Sozial- und Umweltprobleme verursacht. Für Airlines ist der CSR-Fokus stark von der Unternehmenstätigkeit, dem Standort des Unternehmens und der Unternehmensperformance abhängig. Unterschiedliche Airlines in verschiedenen Regionen der Erde sehen sich mit unterschiedlichen Herausforderungen konfrontiert. Eine in den USA angesiedelte nationale Fluggesellschaft in einer dichtbevölkerten städtischen Umgebung wird eine andere CSR-Ausrichtung haben als eine öffentliche Fluggesellschaft die im Mittleren Westen angesiedelt ist, auch wenn man nur umweltbezogene Probleme betrachtet. Dies führt zu unterschiedlichen Herangehensweisen an CSR. Trotzdem liegt bei allen Airlines ein starker Fokus auf Treibstoffeffizienz. Treibstoffeffizienz ist seit jeher ein zentrales Problem im Flugzeugbau.

P. Peeters (✉) · R. Bongaerts · J. Bouwer
NHTV Breda University of Applied Science
P.O. Box 3917, 4800 DX Breda, Niederlande
E-Mail: paul.peeters1000@gmail.com

R. Bongaerts
E-Mail: Bongaerts.R@nhtv.nl

J. Bouwer
E-Mail: Bouwer.J@nhtv.nl

Tab. 1 Übersicht über die Verteilung von sozioökonomischen und Umweltprobleme über die drei Hauptsektoren der Luftfahrtindustrie. (Quelle: basiert auf Rudari und Johnson 2015 sowie einigen jüngsten CSR-Berichten)

Problem	Flugzeug-/ Antriebshersteller	Flughäfen	Airlines
Treibhausgasemissionen	+	+	+++
Lärm	+	++	+++
Luftverschmutzung	+	+	+++
Wasserverbrauch und Abwässer	+	+	+
Feststoffabfall	+	++	+
Sondermüll	++	+	++
Natur und Landschaft	+	+++	+
Einfluss auf Biodiversität	+	+	++
Faire Arbeitsbedingungen	+	+	+
Fairer Handel	+	+	++
Mindervaliden-Zugänglichkeit	0	++	+++
Sicherheit	+	++	+++

Nicht nur um Treibstoffkosten zu sparen, sondern vor allem in Hinblick auf das Nutzlast-Reichweiten-Verhältnis von Flugzeugen, der Länge der Start- und Landebahnen sowie das Konstruktionsgewicht und dem hiermit verbundenen Flugzeuggewicht bzw. Kosten. Trotzdem sind die Treibstoffkosten noch immer für 28 % der Kosten einer Airline verantwortlich (IATA 2015b), obwohl sich diese wesentlich verringert haben, bevor der Ölpreis sich seit dem Jahr 2013/14 beinahe halbiert hat. Da der Preis für Treibstoff an internationalen Märkten festgelegt wird und außerhalb der Kontrolle der Airlines liegt, mit Ausnahme von Hedging-Strategien, kann eine Reduktion der Treibstoffkosten vor allem durch die Erhöhung der Treibstoffeffizienz erreicht werden. Dies führt automatisch zu geringeren CO_2-Emissionen, da ein linearer Zusammenhang zwischen Treibstoffverbrennung und CO_2-Emissionen besteht. Maßnahmen zur Erhöhung des Unternehmensgewinns können auch zur Verringerung der CO_2-Emissionen führen, wenn sie auf einer erhöhten Treibstoffeffizienz basieren. In diesem Falle würde es zwei der drei P's der Triple Bottom Line abdecken (Elkington 1997).

Corporate-Social-Responsibility-Untersuchungen, die den Luftfahrtsektor zum Gegenstand haben, gibt es nur wenige (Tsai und Hsu 2008). Es scheint jedoch, dass Studien über die Luftfahrtindustrie durch jüngste wissenschaftliche Beiträge über europäische (Coles et al. 2013), amerikanische (Rudari und Johnson 2015), russische (Belyaeva 2015), chinesische (Zhang und Ding 2014) und asiatisch-pazifische Airlines (Chang et al. 2015) populärer werden. Wie sich oben zeigt, beziehen sich die meisten Untersuchungen auf Airlines. Die Luftfahrtindustrie beinhaltet aber auch Flughäfen und Flugzeughersteller. Und diese beiden Sektoren arbeiten aktiv mit CSR-Ansätzen. Verschiedene europäische Flughäfen haben CSR-Konzepte implementiert (Amaeshi und Crane 2006; Schiphol Group

2012). Auch die großen Flugzeughersteller Boeing und Airbus veröffentlichen Umweltberichte (Airbus Group NV 2015; Boeing 2015). Während in 2013 71 % der 100 größten Unternehmen der Welt CSR-Ansätze implementiert haben – und 69 % davon im Transportsektor – ist dieser Anteil mit nur 53 % für die 15 größten Airlines in den USA sehr viel geringer (Rudari und Johnson 2015).

Neben dem Fokus auf Umweltprobleme richten Airlines ihre CSR-Aktivitäten auch auf soziale und ökonomische Aspekte, beispielsweise Spenden für lokale Gemeinden oder für den Erhalt natürlicher Ressourcen oder die Förderung von grünen Technologien wie Biotreibstoff und Solarenergie. In den meisten CSR-Berichten wird viel Raum verwendet, um die ökonomischen und sozialen Vorteile der Luftfahrt darzustellen sowie die Möglichkeiten, die deren Wachstum für die Beschäftigung bietet aufzuzeigen. Interessanterweise veröffentlicht auch ICAO Umweltberichte (ICAO 2014). Die IACO ist jene UN-Organisation, die verantwortlich ist für die internationale Luftsicherheit und Umweltbestimmungen, welche im Allgemeinen die Basis für die nationalen Gesetzgebungen bilden (siehe Tab. 1).

Das Hauptaugenmerk dieses Beitrages liegt auf den Airlines und der Airline-Industrie. Abschn. 2 beschreibt die ökologischen, ökonomischen, sozialen und ethischen Probleme innerhalb dieser Industrie. Corporate-Social-Responsibility-Berichterstattung wird im Fokus von Abschn. 4 liegen. In Abschn. 3 werden wir die Gründe aufzeigen, warum sich Fluggesellschaften mit CSR beschäftigen. Bevor wir in Abschn. 5 Schlussfolgerungen ziehen werden wir in Kapitel „Fallstudie: Corporate Social Responsibility bei Air France-KLM" ein Fallbeispiel geben.

2 Ökologische, ökonomische, soziale und ethische Sachverhalte

2.1 Umweltprobleme und die Airline-Industrie

Obwohl der gegenwärtige Beitrag der Luftfahrt zu den CO_2-Emissionen mit 2 bis 3 % relative gering ist (Owen et al. 2010), ist der Klimawandel eines der Hauptanliegen der Luftfahrt. Erstens sind die nicht CO_2-bedingten Auswirkungen des Strahlungsantriebs viel größer als die CO_2-Emissionen allein und der gesamte gegenwärtige Beitrag der Luftfahrtindustrie seit 1945 wird auf 2 bis 14 % der gesamten von Menschen verursachten Klimaveränderung geschätzt. Des Weiteren ist das Hauptproblem für den Beitrag der Luftfahrt zum Klimawandel die Unfähigkeit des Sektors die Treibstoffeffizienz schneller zu erhöhen als die Nachfrage wächst. Dies bedeutet, dass im Jahr 2050 der Anteil der von der Luftfahrt freigesetzten Treibhausgasemissionen 100 % der weltweit erlaubten Emissionen erreicht, wenn man von Szenarien ausgeht, die den „gefährlichen" Klimawandel verhindern (Scott et al. 2010). Als „gefährlich" wird ein Klimawandel eingestuft, der eine Erwärmung von mehr als 2 °C verursacht (Parry et al. 1996; Schellnhuber et al. 2006). Eines des Hauptprobleme der Luftfahrt ist, dass sie nicht nur die gegenwärtigen erdgebundenen Transportmittel ersetzt, sondern auch Anreize für eine Veränderung der Wahl der Reiseziele schafft hin zu weiter entfernten Zielen. Schneller Transport führt auf Grund des verfügbaren „Reisezeit-Budgets" zu einer signifikanten Erhöhung der zurückgelegten Distanz pro Reise (Peeters und Landré 2012; Schäfer et al. 2009). Das „Reisezeit-Budget" geht davon aus, dass die durchschnittliche Reisezeit mehr oder weniger konstant ist, was bedeutet, dass die Reisestrecke erhöht wird, wenn sich die Reisegeschwindigkeit erhöht. Alle anderen Parameter bleiben gleich. Gössling und Peeters (2015) zeigen, dass sich in einem Wachstumsszenario die Zahl der touristischen Reisen im Zeitraum zwischen 2010 und 2050 um 100 % erhöhen wird, während sich die insgesamt zurückgelegte Strecke um 130 % erhöhen wird. Dies geht größtenteils auf einen Umstieg auf Flugreisen mit einer längeren durchschnittlichen Reisestrecke zurück.

Sowohl Lärm- wie auch Luftqualität sind lokale Umweltprobleme die hauptsächlich Auswirkungen auf die direkte Umgebung der Flughäfen haben. Flugzeuglärm, der unter 40 dB DNL (Tag-Nacht-Niveau) liegt, verursacht beinahe keine Verärgerung, während Geräuschpegel von 65 dB DNL eine gemittelte Verärgerung von 30 % in der Bevölkerung hervorrufen können, mit einer Spanne bis hin zu 75 % (Mahashabde et al. 2011). In 2010 waren weltweit 24 Mio. von mehr als 50 dB DNL betroffen (Fleming et al. 2007). Große Errungenschaften in der Reduzierung von Lärmbelästigungen wurden mit dem Beginn der Jet-Ära in den 1960er-Jahren erzielt. Damals war die Anzahl der von Lärm beeinträchtigten Bevölkerung zwanzigmal größer als heute (Mahashabde et al. 2011). Diese Reduzierung wurde durch gesetzliche Regulierungen erreicht, welche jedoch stagnieren oder sogar rückläufig sind durch das kontinuierliche Wachstum des Flugverkehrsvolumens. Es wird geschätzt, dass die Anzahl der von Lärm betroffenen Bevölkerung bis 2025 30 Mio. beträgt (Fleming et al. 2007). Geräuschpegel oberhalb von 65 dB DNL können ernsthafte Gesundheitsprobleme hervorrufen und betrifft schätzungsweise 2 Mio. Menschen weltweit (Fleming et al. 2007). Laut der European Environmental Agency (EEA) sind beinahe 5 Mio. Menschen in der EU ernsthaft von Fluglärm betroffen, was etwa 1 % der Gesamtbevölkerung entspricht (EEA 2011). Zum Vergleich: die Zahl der durch Verkehrslärm betroffenen EU-Bürger entspricht etwa 20 %. Das Problem ist typischerweise lokal auf die Umgebung von Flughäfen konzentriert. Lärmregulierungen beeinträchtigen die Kapazität von Flughäfen, wobei die meisten großen Flughäfen derzeit Beschränkungen hinsichtlich der Flugkapazität haben (Zaporozhets et al. 2011).

Die Emissionen aus Flugzeugtriebwerken bestehen zu 70 % aus CO_2, 29 % aus Wasserdampf und nur 1 % aus anderen Emissionen, größtenteils NO_x, Kohlenstoffmonoxid (CO), Kohlenwasserstoffen (HC) und einer Reihe von anderen Luftbelastungen wie Feinstoffpartikel und schwarzer Rauch (FAA Office of Environment and Energy 2005). Der Gesamtanteil an lokaler Luftverschmutzung, der auf die Luftfahrt zurückgeht, beträgt weniger als 1 % (FAA Office of Environment and Energy 2005). Dieser Anteil kann wiederum in der Umgebung von großen Flughäfen wesentlich höher sein. Dies aber auch dadurch, weil Flughäfen auch eine große Anzahl an Autos und Bussen anziehen. Obwohl Emissionsindikatoren (Emissionen pro Sitzplatzkilometer) über die Zeit abgenommen haben, stiegen generell die meisten Schadstoffe durch die erhöhte Nachfrage nach Flugreisen an.

Lufttransport verursacht etliche weitere Umweltprobleme wie Flächennutzungsveränderungen, Wasserverschmutzung, Abfall sowie das Absondern von giftigen Materialien. Die meisten anderen Umweltauswirkungen sind im weltweiten Vergleich relativ gering. Corporate-Social-Resposibility-Berichte von Flughäfen (z. B. Schiphol Group 2012), Flugzeugherstellern (EADS 2012) und Airlines (Air-France-KLM und Royal-Dutch-Airlines 2014) geben mehr Informationen zu diesen Problemen. Die Rolle des Lufttransports als Überträger von Krankheiten wurde bereits 1939 erkannt (Whitfield 1939) und gewinnt mehr und mehr an Bedeutung mit jüngsten Krankheitsausbrüchen, z. B. der SARS-Epidemie (Schweres Akutes Respiratorisches Syndrom) (Gerencher 2010). Auch wachsen die Hinweise darauf, dass der Lufttransport eine Rolle in der Verbreitung von nicht-heimischen Tierarten, einschließlich Schädlingen, spielt (Hulme 2009). Solche Schädlinge sind eine direkte Bedrohung für die Biodiversität (EEA 2010).

2.2 Ökonomische Probleme der Airline-Industrie

Im Januar 2009 machen nur 14 von 41 Airlines ihre CSR-Berichte öffentlich zugänglich (Cowper-Smith und Grosbois 2010). Im Vergleich zu anderen Industrien ist die Anwendung von CSR-Methoden und Berichterstattung in der Airline-Industrie nicht weit verbreitet. In 2015 war AF-KLM in 11 aufeinanderfolgenden Jahren der Branchenführer in Nachhaltigkeit im Dow-Jones-Sustainability-Index (DJSI) (siehe Kapitel „Fallstudie: Corporate Social Responsibility bei Air France-KLM", Fallbeispiel). Dieser erste Platz wurde im gesamten Transportsektor erzielt, welcher Luft-, See-, Schienen- und Straßentransportunternehmen umfasst. Air-France-KLMs wiederholter erster Platz kann ein Indikator für die mangelnden Ambitionen anderer Airlines sein, diese europäische Fluglinie vom Thron zu stoßen.

Sich sozial verantwortlich zu verhalten, bedeutet mehr, als sich nur an die gesetzlichen Regelungen zu halten. In der internationalen Luftfahrt sind staatliche Einflussnahme und Regulierungen auf die Arbeit von Airlines hoch. Regionale Einflussnahme hat direkte Auswirkungen auf die stark konkurrierende globale Industrie. Seit 2012 ist das Europa-Geschäft von europäischen Airlines im European Union Emissions Trading (EU-ETS) mit eingeschlossen. In diesem System erhält jede Airline eine Anzahl von CO_2-Emissions-Zertifikaten, deren Ausgabe 95 % der durchschnittlichen Emissionen in der Periode von 2004–2006 entspricht. Insgesamt 85 % dieser Zertifikate wurden gratis ausgestellt, der Rest musste auf dem Markt gekauft werden. Airlines, die dazu in der Lage sind, ihre Emissionen zu reduzieren, haben deshalb einen finanziellen Vorteil gegenüber Airlines, die ihren Treibstoffverbrauch erhöhen. Ursprünglich zielte das System auf alle Flüge ab, die in Mitgliedsländern der Europäischen Union starten oder landen. Asiatische und nordamerikanische Airlines setzten sich hiergegen jedoch zu Wehr, da ansonsten auch der Luftverkehr außerhalb des EU-Luftraumes Bestandteil des EU-ETS werden würde. Dieser Protest führte im April 2013 zu einem „Stop-the-Clock" für ETS und bewirkte, dass es nur noch auf innereuropäische Flüge angewendet werden konnte. Interkontinentale Flüge

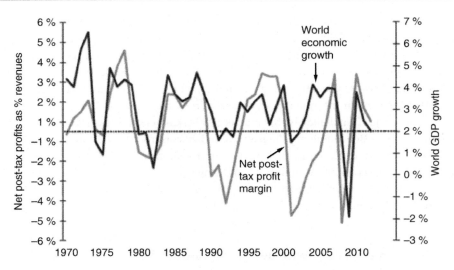

Abb. 1 Der Zusammenhang zwischen weltweitem ökonomischem Wachstum und der Gewinnmarge von Airlines. (Quelle: IATA 2012a)

sind bis mindestens Ende 2016 ausgenommen, vorausgesetzt die International Civil Aviation Organization (ICAO) präsentiert ein alternatives System das auf die gesamte Industrie angewendet werden kann, sogenannte „Market Based Measures" (Grote et al. 2014).

Die Airline-Industrie ist im Allgemeinen nicht in der Lage, eine vernünftige Investitionsrendite zu erwirtschaften, obwohl die vergangenen Jahre ordentliche Betriebsergebnisse zeigen (siehe Abb. 1). Die Auswirkungen dieser schlechten Investitionsrendite auf die Implementierung von CSR-Programmen sind zweierlei. Erstens müssen die Kosten kontinuierlich reduziert werden, um den Gewinn zu erhöhen. Aufgrund der starken Konkurrenz und weil Konsumenten heutzutage Flugangebote als einen alltäglichen Bedarfsartikel wahrnehmen, ist es beinahe unmöglich, die Renditen durch ansteigende Flugpreise zu erhöhen. Man sollte jedoch festhalten, dass Kosteneinsparungen seit vielen Jahren eine Strategie vieler Airlines sind. Deshalb ist es nicht sehr wahrscheinlich, dass noch substanzielle Kosteneinsparmöglichkeiten gefunden werden können. Daher bleibt die Notwendigkeit für eine bessere Treibstoffeffizienz bestehen, was sich wiederum positiv auf die CO_2-Emissionen auswirkt.

Zweitens sind viele Airlines, die während des letzten Jahrzehnts keine guten Ergebnisse erzielt haben, stark unterfinanziert: jährliche Verluste haben das Eigenkapital aufgezehrt. Die Liquidität ist angespannt, was bedeutet, dass Unternehmen Probleme haben, neue Finanzierungen für Innovationen und Investitionen zu finden. Laut Boeing (2012) sind zwischen 4 und 5 Trillionen US$ nötig, um den Bedarf an neuen und zu ersetzenden Flugzeugen bis 2030 zu decken. Es gibt jedoch erhebliche Zweifel daran, wie dieses Kapital aufgebracht werden kann, wenn Investoren keine angemessenen Renditen auf ihre Investitionen bekommen. Auch ist es unwahrscheinlich, dass Banken weiterhin Kredite an Unternehmen bewilligen, die bereits stark über Kredite finanziert werden. Dies verhindert Investitionen in sauberere Flugzeuge und Forschung und Entwicklung, was nötig ist um die IATA-Ziele für ein kohlenstoffneutrales Wachstum in 2020 zu erreichen (IATA 2012b) und um die Kohlenstoffemissionen im Jahr 2050 auf 50 % des Niveaus von 2005 zu senken (IATA 2013).

2.3 Soziale Aspekte in der Airline-Industrie

Die positiven sozialen Auswirkungen der Luftfahrtindustrie betreffen drei Interessensgruppen. Die erste Gruppe sind alle Airline-Kunden, denen die Luftfahrtindustrie ermöglicht in Kontakt zu treten und sich persönlich zu treffen. Die Luftfahrtindustrie gibt Unternehmern Zugang zu weltweiten Märkten. Auch repräsentiert sie einen signifikanten Teil des internationalen Tourismus, einem Sektor, der trotz der ökonomischen Krise eine Wachstumsrate von jährlich 5 % innerhalb des letzten Jahrzehnts hatte. Hierbei entstehen viele Arbeitsplätze, bis zu 58,1 Mio. weltweit, wovon 9,8 Mio. direkt dem Luftfahrtsektor zugeordnet werden (IATA 2015a). Die zweite Interessensgruppe umfasst die vielen Angestellten und ihre Familien, die ebenfalls von der Airline-Industrie profitieren. Die dritte Gruppe sind lokale Gemeinden, die durch die wirtschaftlichen Aktivitäten der Luftfahrtindustrie lokale Wertschöpfung erzielen und außerdem von Wohltätigkeitsprojekten der Luftfahrtunternehmen profitieren. Neben diesem sozial-ökonomischen Nutzen gibt es allerdings auch sozial-ökonomische Kosten. Umweltschäden können negative Wirkungen auf die Gesellschaft mit sich bringen und hohe Kosten zur Minderung der Schäden verursachen. Solche Schäden werden von Ökonomen als externe Effekte eingestuft (Bergh 2010). In anderen Worten: die wahren Kosten des Fliegens sind viel höher als der durchschnittliche Ticketpreis, die wahren Kosten werden in die Zukunft verlagert. Gesundheitsrisiken sind ein weiterer externer Effekt. Laut Hocking und Foster (2004) ist die Wahrscheinlichkeit sich zu erkälten, 100-mal größer, wenn man fliegt. Die Ausbreitung ernstzunehmender Krankheiten ist bereits Realität. Zum Beispiel sind SARS, die Vogelgrippe und Ebola ernste Risiken und wurden teilweise durch Flugreisen verbreitet. Schlussendlich ist auch die Zugänglichkeit für körperlich eingeschränkte Personen ein Thema. Fluglinien müssen z. B. mit einer wachsenden Anzahl von adipösen Kunden umgehen, was zu Problemen beim Sitzkomfort führt. Für solche Situationen müssen die Fluglinien Regelwerke ausarbeiten, da diese Probleme in der Zukunft höchstwahrscheinlich nicht verschwinden werden.

2.4 Ethische Aspekte in der Luftfahrtindustrie

Heute gibt es sowohl in der Zivilgesellschaft als auch in der Wirtschaft ein allgemeines Verständnis darüber, dass die unternehmerische Verantwortung über die Gewinnmaximierung hinausgeht. Unternehmen haben auch eine moralische Verantwortung, ihre Geschäfte so zu führen, dass Gesetze eingehalten, Schäden verhindert und positive Effekte für alle Anspruchsgruppen, z. B. Mitarbeiter, Konsumenten, Investoren, die Gemeinschaft und die Umwelt, erzielt werden. Wie oben beschrieben, werden wirtschaftliche und soziale Aktivitäten sowie diesbezüglich getroffene Entscheidungen häufig unter dem Thema „Corporate Social Responsibility" (CSR) durchgeführt. Diese Aktivitäten und Entscheidungen werden dabei von den ethischen Werten, Prinzipien und Normen eines Unternehmens geleitet. Das Nachhaltigkeitsdenken hat unter anderem dazu geführt, dass CSR in den Mittelpunkt der Unternehmenspolitik gerückt ist.

Auch wenn CSR als generisches Konzept die formale Schnittstelle zwischen Wirtschaft und Gesellschaft kennzeichnet, so können doch verschiedene Interpretationsmodelle für diese Schnittstelle identifiziert werden, und zwar ökonomische, philanthropische, mit gesellschaftlichen Engagement verbundene und auch strategische Modelle (Hartman et al. 2014). Ethische Fragen, die in der liberalisierten Luftfahrtindustrie vorherrschend sind, umfassen Fragen zu Themen der Geschäftspraktiken, Verantwortung für die Arbeitnehmer, Diversität, grundlegende Themen zu den Flughäfen selbst, Flugsicherung, Sicherheit und Gefahrenabwehr, Gesundheit und Umweltschutz (Hoppe 2011). Andere ethische Fragen beziehen sich auf überbuchte Flüge, beengte Sitzplätze, irreführende Werbung und Diskriminierung.

Da CSR-Aktivitäten größtenteils nicht gesetzlich eingefordert werden, lässt sich zusammenfassend sagen, dass der Erfolg und auch die Aufrichtigkeit der CSR-Implementierung auf der ethischen und moralischen Haltung des Unternehmens ruhen.

Um die Entwicklung einer ethischen und moralischen Haltung auf allen Ebenen eines Unternehmens zu fördern und zu unterstützen, ist es wichtig, Strukturen zu schaffen, die gesellschaftliche Probleme in die Unternehmensstrategien integrieren und zu einem Ganzen zusammenführen. Die moralische Rechtfertigung von CSR sollte sich nicht auf Spannungen zwischen Unternehmen und Gesellschaft fokussieren – wie es oft der Fall ist (Porter und Kramer 2006) –, sondern eher auf die Gemeinsamkeiten und die Schaffung einer Partnerschaft, die auf eine gemeinsame und nachhaltige Zukunft für alle Beteiligten gerichtet ist.

3 Gründe für die Auseinandersetzung der Airlines mit CSR

Um ihren finanziellen Erfolg zu steigern, werden die Leistungen von Flugtickets entflochten (Entflechtung von Leistungen) und den Kunden alle Extraleistungen zusätzlich gesondert berechnet (zusätzliche Nebeneinkünfte). Das Hauptgeschäft ist jedoch von diesen Entwicklungen nicht betroffen. Laut Barney (1999, S. 101) hat ein Unternehmen, das einen nachhaltigen Wettbewerbsvorteil generiert hat, höhere Überlebenschancen als eines ohne diesen. Dieser Abschnitt beinhaltet theoretische Nachweise darüber, dass eine integrierte CSR-Strategie als langfristiger Wettbewerbsvorteil gesehen werden kann und als Resultat nicht nur Vorteile für Eigentümer und Aktionäre hat, sondern für alle Anspruchsgruppen innerhalb eines Unternehmens. Die traditionellen Definitionen von Wertzuwächsen werden oft durch Kennzahlen wie EVA (Economic Value Added) oder

MVA (Market Value Added) der sogenannten Marktwertrendite bestimmt. Diese Berechnungen der ökonomischen Werte sind hauptsächlich auf die Wertschöpfung der Aktionäre ausgerichtet. Laut Charreux und Desbrieres (2001) ist eine auf EVA und MVA basierende Messung nicht vollständig, da die Unternehmenspolitik und die Strategien einer Firma Auswirkungen auf alle Anspruchsgruppen hat. Sie machen deutlich, dass das Schaffen von Werten für alle Anspruchsgruppen (pluralistische Sicht der Firma) zu einer besseren Einschätzung führen kann, als eine einseitige Fokussierung auf Aktionäre (monistische Sicht der Firma). Deshalb sollte sich das Management einer Firma auf alle Anspruchsgruppen konzentrieren. Corporate Social Responsibility und das Management der Anspruchsgruppen können Werkzeuge sein, um dies zu erreichen.

Laut Hart und Milstein (2003) bilden in der heutigen globalisierten Welt Nichtregierungsorganisationen (NRO) und zivile Gesellschaftsgruppen (Aktionsgruppen) neue Aufsichtsinstanzen. Dies trifft insbesondere auf die Luftfahrtindustrie zu, welche für eine große Anzahl an Personen sichtbar ist und die auf eine große Gruppe von Stakeholdern eingehen muss. Unternehmen können nicht mehr im Geheimen operieren und sehen sich mit der Tatsache konfrontiert, dass das Schaffen von Mehrwerten für die Aktionäre ohne die anderen Anspruchsgruppen zu berücksichtigen, nicht länger akzeptiert wird. Laut Hart und Milstein (2003) ist ein Fokus auf Langzeitfaktoren und die Schaffung eines nachhaltigen Unternehmenswertes möglich. Sie definieren nachhaltige Werte als „die Bedürfnisse in der Gegenwart zu erfüllen, ohne die Möglichkeiten zukünftiger Generationen einzuschränken ihre Bedürfnisse zu erfüllen". Sie entwickelten ein nachhaltiges Wertegerüst

Abb. 2 Das nachhaltige Wertegerüst (Sustainable Value Framework) von Hart und Milstein (2003). (Quelle: Hart und Milstein 2003)

(Sustainable Value Framework), das alle Interessen der einzelnen Anspruchsgruppen integriert (siehe Abb. 2).

Dieses Model kann ein Werkzeug sein, um die Interessen aller Anspruchsgruppen miteinander zu verbinden. Jedes Unternehmen, das CSR und Nachhaltigkeit als neue Geschäftsmöglichkeit erkennt, kann Innovationen entwickeln und neue Wettbewerbsvorteile schaffen. Eine Airline kann einen Schwerpunkt auf den linken, oberen Quadranten der Abbildung legen: Investitionen in saubere Technologien führen zu Innovation und Neupositionierung. Es stellt sich jetzt die Frage, ob CSR ein langfristiger Wettbewerbsvorteil für ein Unternehmen sein kann. Laut Barney (1991, S. 101)

> kann die Ressource eines Unternehmens als langfristiger Wettbewerbsvorteil gesehen werden, wenn sie auf den folgenden vier empirischen Indikatoren basiert: Nutzenwert, Seltenheit, Nachahmbarkeit und Substituierbarkeit und wenn sie bezüglich dieser Indikatoren robust ist.

Barney definiert eine Ressource als

> Vermögen, Fähigkeit, Organisationsprozess, Firmenattribut, Information, Wissen etc., das von einem Unternehmen kontrolliert wird und somit dem Unternehmen die Möglichkeit gibt, Strategien zu entwerfen und zu implementieren sowie die Effizienz und Effektivität der Geschäftstätigkeit zu erhöhen.

Ein Unternehmen hat dann einen Wettbewerbsvorteil gegenüber Konkurrenten, wenn es eine Nutzenwert schaffende Strategie implementiert, welche nicht gleichzeitig von einem aktuellen oder potenziellen Konkurrenten implementiert werden kann. Kann also CSR dem Test der vier Indikatoren standhalten, wodurch CSR nicht nur zu einer Ressource für das Unternehmen wird, sondern auch einen nachhaltigen Wettbewerbsvorteil darstellen würde? Um diese Frage zu beantworten, werden von der Fachliteratur verschiedene Modelle nahegelegt: Nutzenwert, Seltenheit, Nachahmbarkeit und Substituierbarkeit. Das Model von Hart und Milstein (2003) zeigt den Wert, den CSR haben kann, wenn es als Strategie implementiert wird. Es ermöglicht einem Unternehmen, seine Effektivität zu erhöhen, Chancen zu nutzen und Gefahren zu neutralisieren. Dies führt zu einer allgemein besseren Unternehmensleistung. Aus dem Blickwinkel der Wirtschaft kann CSR als rar eingestuft werden. Nicht viele Unternehmen haben CSR in ihre Strategie eingebettet. Corporate Social Responsibility effektiv in eine Organisation einzubetten, erfordert eine spezifische Kombination von Management- und Humankapital, was CSR zu einem Konstrukt macht, das als selten eingestuft werden kann. Weil die effektive Einbettung von CSR für jedes Unternehmen individuell und unterschiedlich ist, ist es sehr schwer nachahmbar. Eine effektive CSR-Strategie ist ein sehr komplexes Zusammenspiel der Mitarbeiter und deren Einstellungen und hat unterschiedliche Auswirkungen in allen Abteilungen eines Unternehmens. Es ist sehr schwer für andere Unternehmen diese Mechanismen herauszufinden, ganz zu schweigen davon, sie ohne Änderungen in ihr Unternehmen zu übernehmen. Substituierbarkeit bezieht sich auf die Möglichkeit, der Konkurrenz eine andere Strategie zu implementieren, die den gleichen Effekt hat. In anderen Worten, gibt es alternative Ressourcen die zur gleichen Strategie führen? Natürlich gibt es andere Wege und Strategien die zu einem lang anhaltenden, nachhaltigem Nutzen für alle Anspruchsgruppen führen. Allerdings werden diese Ähnlichkeiten mit CSR-basierten Strategien haben. Auch wenn es unmöglich ist zu sagen, dass eine CSR-Strategie nicht durch eine andere Strategie ersetzt werden kann, ist es immer noch robust genug, um den Test zu bestehen.

Es gibt zahlreiche Studien über den Zusammenhang zwischen finanzieller und nichtfinanzieller Leistung bzw. Corporate Social Performance (CSP). Dieser Ausdruck wird genutzt, um die Leistungsindikatoren für alle Anspruchsgruppen, mit Ausnahme von Aktionären, aufzuzeigen. Wenn CSP gemessen wird, entstehen viele Probleme. Auch wenn es Probleme gibt, einheitliche Indikatoren zur Messung von CSP zu definieren, haben Waddock und Graves (1997) doch eine positive Verbindung zwischen CSP und Corporate Financial Performance (CFP) zeigen können. Sie fanden heraus, dass bessere CSP eine positive Korrelation zu CFP hat. Dieser Schluss wird auch durch Clarkson (1995) gezogen, welcher herausfand, dass Unternehmen, die ihre Konkurrenz im Finanzergebnis übertreffen, dies auch in CSP tun. Auch wenn diese Studien, neben anderen, positive Beziehungen zwischen CSP und CFP finden, zeigen sie keine Kausalität auf. Es wird nicht deutlich, ob Überschussressourcen zu besserer CSP führen oder anders herum. Corporate Social Responsibility kann jedoch zu Innovationen führen und der Zusammenhang zwischen Forschung und Entwicklung und CFP ist in vielen Studien bestätig worden. Diese Ansicht wird von anderen Studien geteilt (McWilliams und Siegel 2000), die eine positive Beziehung zwischen CSP und R & D (und CSR) bestätigen.

4 CSR-Berichterstattung

Man sollte bei der Interpretation von den in CSR-Berichten gegebenen Informationen vorsichtig sein. Obwohl die Informationen an sich korrekt sind, werden sie oft nicht im richtigen Kontext dargestellt. Zum Beispiel wird der CO_2-Ausstoß, der auf den Betrieb des Flughafen Schiphol zurück zu führen ist (Schiphol Group 2012), mit 0,1 Mio. t beziffert, was im Vergleich zur Gesamtemission von 11 Mio. t CO_2, die mit den gesamten Niederländischen Kerosinkonsum in Verbindung gebracht werden, nicht sonderlich bedeutend ist (CBS 2013). Dies bedeutet, dass eine vergleichsweise kleine Zahl genannt, und eventuell sogar signifikant gesenkt wird, dies jedoch nicht relevant für den Sektor als Ganzes ist. Ein anderes Beispiel ist, dass Airbus behauptet, die negativen Umweltauswirkungen seiner Produktionsanlagen gesenkt zu haben (EADS 2012), während sie nicht erwähnen, dass bei Betrachtung des gesamten Lebenszyklus des Airbus 320 der Bau des Flugzeugs nur 0,1 % des ökologischen Fußabdrucks verursacht (Howe et al. 2013). Eine andere Möglichkeit. die Resultate zu schönen ist die irreführende Darstellung von Daten und deren Präsentation in Grafiken. Zum Beispiel zeigt EADS (2012) das Einsparen von Emissionen pro kWh genutzter Elektrizität in ihren Produktionsstätten. Jedoch beginnt die y-Achse nicht bei null, sondern bei dem niedrigsten Wert, was dazu führt, dass der Graph ein starkes Gefälle zeigt. In der Realität belief sich die Reduktion jedoch nur auf 4 % im

Verlauf der letzten 5 Jahre. Dies sähe annähernd wie eine gerade Linie aus, wenn die y-Achse bei null beginnen würde. Diese Art der Datenpräsentation bezweckt das Aufpolieren des grünen Images und nicht die Information des Lesers in einem objektiven Maß.

Deshalb kann das Hauptziel eines CSR-Berichts auch das Schaffen eines „grünen" Images sein, um öffentliches und politisches Misstrauen gegenüber dem Luftfahrtsektor zu vermeiden. Außerdem sollen legislative Einschränkungen vermieden werden, die Einschränkungen der Freiheit der Luftfahrt sowie des Wachstumspotenzials und erhöhte Kosten bedeuten würden. Obwohl es sehr kompliziert ist, solche „versteckten" Ziele, z. B. die Vermeidung von öffentlichem und politischem Misstrauen, zu beweisen, können einige Verdachtsmomente geäußert werden. Zum Beispiel, wenn das „grüne Image" mit der eigentlichen Performance der Airlines bezüglich eines der dringlichsten Umweltprobleme der Luftfahrt: ihrem Einfluss auf den Klimawandel (Schäfer und Waitz 2014) verglichen wird, wie durch Hagmann et al. (2015) und Mayer et al. (2012). Dieser Einfluss wird mit dem Atmosfair-Airline-Index (AAI) gemessen (Atmosfair 2014). Der AAI ist ein Airline-gewichteter Index des CO_2-Fußabdrucks aller CO_2-Emissionen pro Passagier-Kilometer. Je höher der AAI ist, desto besser sind die Treibstoffeffizienz und die Umweltperformance. Die Umweltfreundlichkeit (Image) wird durch Passagierbefragungen gemessen. Diese geben die Umweltfreundlichkeit der Airline auf einer Skala von 1 (nicht umweltfreundlich) bis 5 (sehr umweltfreundlich) an. Man könnte nun eine positive

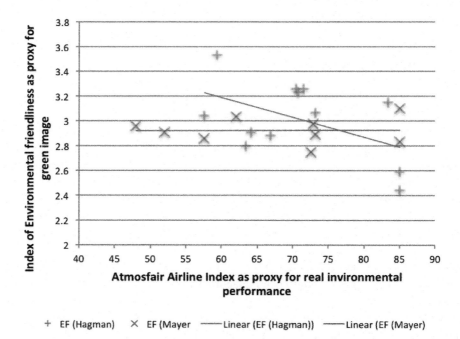

Abb. 3 Die Beziehung zwischen grünem Image (EF) und einem Näherungswert (AAI) für die Umweltperformance. (Quelle: Hagmann et al. 2015)

Beziehung zwischen Umweltperformance und grünem Image erwarten. Jedoch hat Mayer et al. (2012) in seiner Untersuchung festgestellt, dass ein grünes Image unabhängig von der Umweltleistung (AAI) zu sein scheint. Die durch Hagmann et al. (2015) präsentierten Ergebnisse zeigen sogar eine negative Beziehung (siehe Abb. 3). Es scheint, dass manche Airlines, die keine guten CO_2-Emissionswerte erzielen, ein grüneres Image aufbauen können als Airlines, die weit bessere Werte erzielen.

5 Zusammenfassung und Ausblick

Zu Beginn dieses Kapitels haben wir gezeigt, dass der Anteil der Luftfahrtunternehmen, die CSR-Ansätze implementiert haben im Vergleich mit dem gesamten Transportsektor sowie den weltweit 100 größten Unternehmen zurück liegt. Trotzdem schafft es ein Unternehmen, Air-France-KLM, sich seit mehreren Jahren in Folge nach Einschätzung des Dow-Jones-Sustainability-Indexes an der Spitze zu halten. Aber Air-France-KLM ist eher die Ausnahme als ein Beispiel für die gängige Praxis in der Luftfahrtindustrie. In unseren Analysen von zehn Berichten haben wir mehrere Fälle von irreführender oder irrelevanter Information gefunden. Des Weiteren scheint es, dass Airlines mit einem ausgeprägten grünen Image im Allgemeinen z. B. schlechte Werte beim CO_2-Fußabdruck und der Treibstoffeffizienz erzielen. Air-France-KLM selbst ist weit davon entfernt einer der Besten bei Umweltindikatoren, z. B. dem Atmosfair Airline Index, zu sein, ungeachtet seiner guten CSR-Bewertung. Obwohl diese Fluggesellschaft ethische Aspekte zumindest am Papier ganz gut aufgreift, versäumt sie es ihren eigenen Beitrag zur Klimaerwärmung wirklich anzugehen, eines der dringlichsten Probleme, die gegenwärtig das globale Ökosystem und Bevölkerung gefährden. Auf diesen Befunden basierend stellen wir die Hypothese auf, dass die meisten CSR-Berichte und Strategien auf „Greenwashing" abzielen und nicht auf wirkliche Aktionen, um Probleme zu vermindern. Aber man kann die Frage stellen, ob die Luftfahrtindustrie allein für die Situation verantwortlich ist oder ob man sagen kann, dass Regierungen es versäumen, die Umwelt- und Sozialeinflüsse der Luftfahrt zu regulieren. Es bleibt die ethische Frage, warum der Sektor sich bisher allen Prozessen zur Schaffung internationaler Gesetze widersetzt, wie z. B. den ICAO Treibstoff Standard oder marktbasierten Messungen, die 2016 finalisiert werden sollen. Abschließend lässt sich sagen, dass Erfolg und Wahrheitsgehalt der Implementierung auf starken moralischen und ethischen Einstellungen beruhen, da CSR-Aktivitäten größtenteils nicht gesetzlich durchgesetzt werden. Um die Entwicklung von ethischen und moralischen Einstellungen auf allen Ebenen einer Organisation zu unterstützen und zu fördern, ist es wichtig, dass Strukturen entwickelt werden, die Strategie und gesellschaftliche Probleme zu einem Ganzen kombinieren und integrieren. Die moralische Rechtfertigung von CSR sollte nicht in der Konzentration auf die Spannungen zwischen Unternehmen und Gesellschaft liegen – wie es oft der Fall ist (Porter und Kramer 2006) –, sondern eher auf die Gemeinsamkeiten und die Schaffung einer Partnerschaft, die auf eine gemeinsame und nachhaltige Zukunft für alle gerichtet ist.

Literatur

Air France-KLM (2014) Corporate Social Responsibility Report. Air France-KLM, Paris/Amsterdam

Airbus Group NV (2015) Corporate responsibility & sustainability report. Responsibility made by Airbus Group. Airbus Group N.V., Leiden

Amaeshi KM, Crane A (2006) Stakeholder engagement: A mechanism for sustainable aviation. Corp Soc Responsib Environ Manag 13:245–260

Atmosfair (2014) Atmosfair Airline Index 2014. Atmosfair, Berlin

Barney J (1991) Firm resources and sustained competitive advantage. J Manage 17(1):99–120

Belyaeva Z (2015) CSR in the Russian aviation industry: the winds of change. Strateg Dir 31(8):7–9. doi:10.1108/SD-06-2015-0094

Bergh JCJM van den (2010) Externality or sustainability economics? Ecol Econ. doi:10.1016/j.ecolecon.2010.02.009

Boeing (2012) Current market outlook 2012–2031. Boeing Commercial Airplanes. Marketing, Seattle

Boeing (2015) 2014 corporate citizenship report. build better communities worldwide. The Boeing Company, Seattle

CBS (2013) Statline. http://statline.cbs.nl/StatWeb/start.asp?LA=nl&DM=SLNL&lp=Search/Search. Zugegriffen: 1. Mai 2013

Chang D-S, Chen S-H, Hsu C-W, Hu A (2015) Identifying strategic factors of the implantation CSR in the airline industry: the case of asia-pacific airlines. Sustainability 7(6):7762

Charreux G, Desbrieres P (2001) Corporate Governance: stakeholder value versus shareholder value. J Manag Gov 5:107–128

Clarkson M (1995) A stakeholder framework or analyzing and evaluating corporate social responsibility. Acad Manag Rev 20(1):92–117

Coles T, Fenclova E, Dinan C (2013) Corporate social responsibility reporting among European low-fares airlines: challenges for the examination and development of sustainable mobilities. J Sustain Tour 22(1):69–88. doi:10.1080/09669582.2013.790391

Cowper-Smith A, Grosbois D de (2010) The adoption of corporate social responsibility practices in the airline industry. J Sustain Tour 19(1):59–77. doi:10.1080/09669582.2010.498918

EADS (2012) Responsibility made by EADS. EADS 2011 corporate responsibility & sustainability report. European Aeronautic Defence and Space Company EADS N.V., Leiden

EEA (2010) EU 2010 biodiversity baseline. European Environmental Agency, Copenhagen

EEA (2011) Laying the foundations for greener transport. TERM 2011: transport indicators tracking progress towards environmental targets in Europe. European Environmental Agency, Copenhagen

Elkington J (1997) Cannibals with forks: the triple bottom line of 21st century business. Capstone, Oxford

FAA Office of Environment and Energy (2005) Aviation & Emissions A Primer. Federal Aviation Administration, Office of Environment and Energy, Washington D. C.

Fleming G, Malwitz A, Balasubramanian S, Roof C, Grandi F, Kim B, Lee DS (2007) Trends in global noise and emissions from commercial aviation for 2000 through 2025. Paper presented at the 7th USA/Europe air traffic management R&D seminar, Barcelona

Gerencher CL (2010) TRB conference proceedings: research on the transmission of disease in airports and on aircraft: summary of a symposium. Transportation Research Board, Washington DC

Gössling S, Peeters P (2015) Assessing tourism's global environmental impact 1900–2050. J Sustain Tour 23(5):639–659. doi:10.1080/09669582.2015.1008500

Grote M, Williams I, Preston J (2014) Direct carbon dioxide emissions from civil aircraft. Atmos Environ 95:214–224

Hagmann C, Semeijn J, Vellenga DB (2015) Exploring the green image of airlines: Passenger perceptions and airline choice. J Air Transport Manag 43(0):37–45. doi:10.1016/j.jairtraman.2015.01.003

Hart SL, Milstein MB (2003) Creating sustainable value. Acad Manag Exec 17(2):56–69

Hartman LP, DesJardins J, MacDonald C (2014) Business ethics: decision making for personal integrity & social responsibility, 3. Aufl. McGraw-Hill, New York

Hocking MB, Foster HD (2004) Common cold transmission in commercial aircraft: Industry and passenger implications. J Environ Health Res 3(1):7–12

Hoppe EA (2011) Ethical issues in aviation. Ashgate, Farnham/Burlington

Howe S, Kolios AJ, Brennan FP (2013) Environmental life cycle assessment of commercial passenger jet airliners. Transportation Res Part D 19(0):34–41. doi:10.1016/j.trd.2012.12.004

Hulme PE (2009) Trade, transport and trouble: managing invasive species pathways in an era of globalization. J Appl Ecol 46(1):10–18

IATA (2012a) 2011 airline profitability revised upwards but profitability to weaken in 2012. http://centreforaviation.com/analysis/traffic/2011-airline-profitability-revised-upwards-but-profitability-to-weaken-in-2012-iata-70250. Zugegriffen: 26. Okt. 2015

IATA (2012b) A global approach to reducing aviation emissions. First stop: carbon-neutral growth from 2020. IATA, Montreal

IATA (2013) II. Resolution on the implementation of the aviation „CNG2020" strategy Retrieved 22-06-2013, 2013. https://www.iata.org/pressroom/pr/Documents/agm69-resolution-cng2020.pdf

IATA (2015a) Fact sheet: Economic & social benefits of air transport. https://www.iata.org/pressroom/facts_figures/fact_sheets/Documents/fact-sheet-economic-social-benefits.pdf. Zugegriffen: 26. Okt. 2015

IATA (2015b) Factsheet: Fuel. http://www.iata.org/pressroom/facts_figures/fact_sheets/Documents/fact-sheet-fuel.pdf. Zugegriffen: 26. Okt. 2015

ICAO (2014) 2013 environmental report. Destination green. ICAO, Montreal. http://www.icao.int/publications/journalsreports/2013/6802_en.pdf. Zugegriffen: 28. Okt. 2015

Lee DS, Fahey DW, Forster PM, Newton PJ, Wit RCN, Lim LL, Sausen R (2009) Aviation and global climate change in the 21st century. Atmos Environ 43:3520–3537

Mahashabde A, Wolfe P, Ashok A, Dorbian C, He Q, Fan A, Waitz IA (2011) Assessing the environmental impacts of aircraft noise and emissions. Prog Aerosp Sci 47(1):15–52. doi:10.1016/j.paerosci.2010.04.003

Mayer R, Ryley T, Gillingwater D (2012) Passenger perceptions of the green image associated with airlines. J Transp Geogr 22(0):179–186. doi:10.1016/j.jtrangeo.2012.01.007

McWilliams A, Siegel D (2000) Corporate social responsibility and financial performance: correlation or misspecification? Strateg Manag J 21(5):603–609

Owen B, Lee DS, Lim L (2010) Flying into the future: aviation emissions scenarios to 2050. Environ Sci Technol 44(7):2255–2260. doi:10.1021/es902530z

Parry ML, Carter TR, Hulme M (1996) What is a dangerous climate change? Glob Environ Change 6(1):1–6. doi:10.1016/0959-3780(96)00002-7

Peeters P, Landré M (2012) The emerging global tourism geography – an environmental sustainability perspective. Sustainability 4(1):42–71. doi:10.3390/su4010042

Porter ME, Kramer MR (2006) Strategy and society. The link between competitive advantage and corporate social responsibility. Harv Bus Rev 12:78–92

Rudari L, Johnson ME (2015) Sustainability reporting practices of group III US air carriers. Int J Aviat Aeronaut Aerosp 2(2):5

Schäfer AW, Waitz IA (2014) Air transportation and the environment. Transp Policy (Oxf) 34:1–4

Schäfer A, Heywood JB, Jacoby HD, Waitz IA (2009) Transportation in a climate-constrained world. MIT Press, Cambridge, MA

Schellnhuber J, Cramer W, Nakicenovic N, Wigley T, Yohe G (Hrsg) (2006) Avoiding dangerous climate change. Cambridge University Press, Cambridge

Schiphol Group (2012) Annual Report 2012: Schiphol Group

Scott D, Peeters P, Gössling S (2010) Can tourism deliver its „aspirational" greenhouse gas emission reduction targets? J Sustain Tour 18(3):393–408

Tsai W-H, Hsu J-L (2008) Corporate social responsibility programs choice and costs assessment in the airline industry–A hybrid model. J Air Transport Manag 14(4):188–196

Waddock S, Graves S (1997) The corporate social performance – financial perfromance link. Strateg Manag J 18(4):303–319

Whitfield FGS (1939) Air transport, insects and disease. Bull Entomol Res 30(03):365–442. doi:10.1017/S0007485300004715

Zaporozhets O, Tokarev V, Attenborough K (2011) Aircraft noise. Assessment, prediction and control. Spon Press, Oxon (UK)

Zhang L, Ding X (2014) Research on China's civil aviation market structure and monopoly airlines social responsibility. Adv Transportation Stud, Special Issue 3:147–156

Prof. Paul Peeters ist Associate Professor am Centre for Sustainable Tourism and Transport an der Fachhochschule NHTV Breda, Niederlande. Paul Peeters forscht zu den Auswirkungen des Tourismus auf die Umwelt, im Speziellen auf den Klimawandel. Seine Publikationen decken eine große Bandbreite von Themen ab, wie z. B. globaler und regionaler Tourismus und Klima-Szenarien, systemdynamische Ansätze für den Tourismus, Verkehrsmittelwahl und Verkehrsverlagerungen im Tourismus, Wirtschaftspolitik und Entwicklungen in Transporttechnologien. Im Jahr 2015 leitete er ein Team, das „Carmacal" entwickelte, ein wichtiges Instrument für Reiseveranstalter und Destinationen zur detaillierten Messung des CO_2-Fussabdrucks ihrer Reiseprodukte und somit einsetzbar für das CO_2-Management. Des Weiteren ist Paul Peeters Mitglied in mehreren Umweltarbeitsgruppen der Internationalen Zivilluftfahrt-Organisation (ICAO), die verantwortlich ist für mehrere international anerkannte Umweltstandards in der Luftfahrt und auch für die breitere CSR-Politik in diesem Sektor.

Rob Bongaerts graduierte im Jahr 1993 als Bachelor of Business Administration (BBA), International Business, an der Fachhochschule Utrecht. Im Jahr 2009 erhielt er einen Master in Business Studies an der Universität Amsterdam, mit einer Masterarbeit zum Thema Corporate Social Responsibility der Fluglinie KLM. Rob Bongaerts lehrt seit 2002 an der Fachhochschule NHTV, Breda. Seine Hauptfächer sind Betriebswirtschaftslehre, Reiseveranstalter- und Aviationmanagement. Seit 2013 ist er Mitglied der Forschungsgruppe CSTT und arbeitet vorwiegend an einem CO_2-Emissionsrechner für Reiseveranstalter. Er betreut auch viele Abschlussarbeiten im Bereich nachhaltiger Entwicklung.

Prof. Dr. Johan Bouwer ist Professor für Ethics in Business and Profession (Lektor) an der Fachhochschule NHTV Breda in den Niederlanden. Davor war er Senior Researcher in „Meaning and Leisure" an der Academy for Leisure sowie Leiter der Forschung und Rektor an derselben Universität. Er promovierte 1992 an der Freien Universität Amsterdam. Von 1997–2008 war Johan Bouwer Professor für „Spiritual Care in Health Care Institutions" an der Universität Groningen sowie nachfolgend an der Protestantischen Theologischen Universität in Kampen, Niederlande. Seine derzeitigen Forschungsinteressen beschäftigen sich mit der Frage, wie eine wertebasierte Unternehmensführung und eine verantwortungsvolle Berufsausübung (im konkreten Leadership und Standesethik (vor allem Ehre und Integrität) ethische Entscheidungen und ein ethisches Verhalten im wirtschaftlichen Umfeld fördern könnten und wie Wirtschaftsethik erfolgreich gelehrt werden kann.

Corporate Social Responsibility und touristisches Stakeholdermanagement am Beispiel von Kreuzfahrtunternehmen

Jan Behrens und Miriam von Fritschen

1 Einleitung

Der Kreuzfahrttourismus ist eines der am stärksten wachsenden Tourismussegmente. Für 2017 prognostiziert der Branchenverband CLIA für die globale Hochseekreuzfahrt ein Volumen von über 25 Mio. Passagieren, was einer Steigerung um 21 % innerhalb von fünf Jahren entspricht (CLIA 2016, S. 7). Im Hochseekreuzfahrt-Bereich lässt sich außerdem ein Trend zu immer größeren Schiffen ausmachen, die als schwimmende Destinationen fungieren (Stefanidaki und Lekakou 2014, S. 43 f.). So ist in den kommenden Jahren die Inbetriebnahme etlicher Schiffe mit Kapazitäten von bis zu 6000 Passagieren geplant (NABU 2015). Aber auch Flusskreuzfahrten erfreuen sich zunehmender Beliebtheit, sodass auch in diesem Segment verstärkt in neue Schiffsbauten investiert wird (CLIA 2016, S. 14).

Charakteristisch für die Kreuzfahrtindustrie ist eine oligopolistische Struktur, bei der etwa drei Viertel des Marktes auf die beiden Großreedereien Carnival Cruise Lines und Royal Caribbean International aufgeteilt ist, die jeweils mehrere Kreuzfahrtmarken in sich vereinen (Rodrigue und Notteboom 2013, S. 34 f.). Zudem ist die Kreuzfahrtindustrie eine stark globalisierte Branche, da sie mit ihren Schiffen auf internationalen Routen agiert (Rodrigue und Notteboom 2013) und globale Personal- und Güterbeschaffung betreibt (Terry 2011; Véronneau et al. 2015, S. 81). Dabei nutzen Reedereien häufig sogenannte

---

J. Behrens (✉)
Lehrstuhl für Tourismuswirtschaft, Technische Universität Dresden
01062 Dresden, Deutschland
E-Mail: jan.behrens@tu-dresden.de, behrens.j@web.de

M. von Fritschen
Hochschule Worms
Erenburgerstr. 19, 67549 Worms, Deutschland
E-Mail: miriamvonfritschen@gmail.com, von-fritschen@hs-worms.de

© Springer-Verlag GmbH Deutschland 2017
D. Lund-Durlacher et al. (Hrsg.), *CSR und Tourismus*,
Management-Reihe Corporate Social Responsibility, DOI 10.1007/978-3-662-53748-0_16

Billigflaggen („Flags of Convenience") von Ländern mit niedrigen sozial- und umweltpolitischen Regulierungsniveaus (Boy und Neumann 2012, S. 34 ff.).

Ökologische, ökonomische sowie soziokulturelle Auswirkungen in den Kreuzfahrtdestinationen und an Bord der Schiffe sind Gegenstand zahlreicher wissenschaftlicher Beiträge (Johnson 2002; Brida und Zapata 2010; Klein 2011; Caric und Mackelworth 2014; Lamers et al. 2015). Eng verbunden mit diesen Effekten sind die Interessen, Erwartungen und Einstellungen involvierter Akteure (Stakeholder), die in einem komplexen System mit den Kreuzfahrtunternehmen interagieren (Schulz und Auer 2010, S. 3 ff.). Nachhaltige Managementimplikationen in Form einer – auf die einzelnen Stakeholder-Belange ausgerichteten – Corporate Social Responsibility (CSR) im Kreuzfahrttourismus sind jedoch bisher kaum wissenschaftlich erforscht (Coles et al. 2013, S. 135).

Der vorliegende Beitrag stellt die verschiedenen Anspruchsgruppen eines Kreuzfahrtunternehmens in den Mittelpunkt der Diskussion von CSR als einem nachhaltigen und strategischen Managementparadigma. Dabei werden relevante Stakeholder-Gruppen identifiziert, gegenseitige Ansprüche zwischen diesen Akteursgruppen und dem Unternehmen aufgezeigt sowie spezifische Handlungsfelder eines touristischen Stakeholdermanagements abgeleitet und unter Nachhaltigkeitsgesichtspunkten analysiert.

2 Touristisches Stakeholdermanagement im Kontext der Corporate Social Responsibility

Nachfolgend werden zunächst die Grundzüge einer nachhaltig und strategisch ausgerichteten CSR skizziert. Dieses Managementparadigma erfordert die Integration der Belange von Anspruchsgruppen (Stakeholder) in das Management eines Unternehmens. Basierend auf einer Diskussion stakeholdertheoretischer Grundlagen werden Stakeholder-Gruppen eines touristischen Unternehmens mit ihren Ansprüchen betrachtet und zentrale Handlungsfelder eines touristischen Stakeholdermanagements abgeleitet.

2.1 CSR als nachhaltiges und strategisches Managementparadigma

Als komplexes, multidimensionales Managementkonzept unterliegt Corporate Social Responsibility (CSR) einer äußerst dynamischen Begriffsdiskussion (Schmidpeter 2015, S. 2), da unterschiedliche begriffliche Auffassungen im wissenschaftlichen Diskurs zu finden sind (Schneider 2015, S. 23 ff.). Konsens besteht dahingehend, dass sich CSR mit der „Verantwortung von Unternehmen für ihre Auswirkungen auf die Gesellschaft" (Europäische Kommission 2011, S. 7) befasst. Einen Grundpfeiler hierfür stellt die sogenannte „Triple Bottom Line" des Prinzips einer nachhaltigen Entwicklung dar, die eine Vermeidung bzw. Verringerung negativer ökonomischer, ökologischer und soziokultureller Effekte sowie eine Förderung entsprechender positiver Effekte für gegenwärtige wie zukünftige

Generationen postuliert (WCED 1987). Insofern lässt sich ein enger Zusammenhang von CSR und unternehmerischem Nachhaltigkeitsmanagement konstatieren.

Dennoch werden beide Begriffe nicht zwangsläufig gleichgesetzt. So sehen einige Wissenschaftler CSR als denjenigen Teilbereich eines unternehmerischen Nachhaltigkeitsmanagements („Corporate Sustainability") an, der ausschließlich freiwillige – und somit über die Einhaltung gesetzlicher Bestimmungen („Compliance") hinausgehende – Nachhaltigkeitsaktivitäten umfasst (Schaltegger 2015, S. 202). Andere Autoren hingegen verweisen auf eine „[h]istorische ... Verschmelzung des CSR-Konzeptes und des Nachhaltigkeitskonzeptes" (Schneider 2015, S. 29) oder halten eine Begriffsdifferenzierung im Praxiskontext für irrelevant (Loew und Rohde 2013, S. 11).

Sofern ein Unternehmen nicht nur sporadisch und unkoordiniert CSR-Aktivitäten vornimmt, sondern Nachhaltigkeitsbelange fest in seine strategischen Unternehmensziele und in sein Kerngeschäft einbindet, kann CSR als integrierter, strategischer und zugleich nachhaltiger Managementansatz verstanden werden (Gastinger und Gaggl 2015, S. 283 ff.; Schneider 2015, S. 35 ff.; Chandler und Werther 2014, S. 65 ff.; Freeman et al. 2010, S. 257 ff.). Dieses kontrastiert mit der Anwendung von CSR als „Add-on" (Freeman et al. 2010, S. 262) in Form eines Public-Relations-Instrumentes. Corporate Social Responsibility erfordert stattdessen die Anpassung der Grundphilosophie, der Managementprozesse und der Zuständigkeiten innerhalb der Führungsorganisation (Müller-Stewens und Lechner 2016, S. 155).

2.2 Zentrale Aspekte des Stakeholdermanagements

Corporate Social Responsibility als nachhaltiger und strategischer Managementansatz kann nur „in enger Zusammenarbeit mit den Stakeholdern" (Europäische Kommission 2011, S. 7) des jeweiligen Unternehmens erfolgreich umgesetzt werden. Zu diesen Stakeholdern – oder Anspruchs- bzw. Interessensgruppen – gehören neben den Anteilseignern (Shareholdern) sämtliche Akteure, die das Unternehmen bei seiner Zielerreichung zu beeinflussen vermögen oder aber von Auswirkungen der Unternehmensaktivitäten betroffen sind (Freeman 1984, S. 46). Als primäre Stakeholder können Kunden, Mitarbeiter, Lieferanten, Kapitalgeber und umliegende Gemeinden definiert werden, während politische Akteure, Wettbewerber, Medien, Verbraucherorganisationen und andere Interessengruppen sekundäre Stakeholder darstellen (Freeman et al. 2010, S. 24 ff.). Die natürliche Umwelt kann als eigenständiger Stakeholder oder gemäß der ihr entgegengebrachten Werthaltungen von Stakeholder-Gruppen in einen stakeholderbasierten Ansatz integriert werden (Freeman et al. 2010, S. 208 f.).

Seitens des Managements müssen die jeweiligen Ansprüche, Interessen und Erwartungen der einzelnen Stakeholder-Gruppen ergründet, reflektiert und bei Managemententscheidungen berücksichtigt werden (Gastinger und Gaggl 2015, S. 289). Zielsetzung eines solchen stakeholderbezogenen Managementansatzes ist die Schaffung eines maximalen

Mehrwertes für alle Stakeholder (Freeman et al. 2010, S. 28). Dieser „Shared Value" (Porter und Kramer 2011) bezieht sich sowohl auf die geschäftlich miteinander verbundenen Akteure als auch auf alle weiteren Anspruchsgruppen. Freeman et al. (2010) plädieren gar dafür, CSR als „Company Stakeholder Responsibility" umzudefinieren, um die stakeholdertheoretische Fundierung der CSR auch semantisch stärker hervorzuheben (Freeman et al. 2010, S. 263).

Ein Unternehmen ist in ein Netzwerk aus interagierenden Stakeholdern eingebunden (Altenburger 2016, S. 19). Aufgrund von Interessenkonflikten zwischen einzelnen Stakeholdern kann sich die Optimierung des Shared Value daher als schwierig erweisen, sodass Kompromisslösungen gefunden oder Priorisierungen der Ansprüche bzw. Stakeholder vorgenommen werden müssen (Müller-Stewens und Lechner 2016, S. 157 ff.; Poeschl 2013, S. 152 ff.). Wichtige Voraussetzungen für die erfolgreiche Umsetzung eines strategischen Stakeholdermanagements sind „Legitimität, Kompetenz, Ressourcen und Bereitschaft der beteiligten Akteure" (Hentze und Thies 2014, S. 27). Grundsätzlich haben alle relevanten Stakeholder im Sinne einer „Corporate Stakeholder Responsibility" (Chandler und Werther 2014, S. 91) dafür Sorge zu tragen, dass das betreffende Unternehmen auch tatsächlich seiner Verantwortung gerecht wird.

Aus Sicht eines Unternehmens lässt sich Stakeholdermanagement als Kreislaufprozess aus Identifizierung und Beurteilung von Stakeholdern, Stakeholderdialog, Integration der Ergebnisse in das strategische Management, Erfolgsmessung und Berichterstattung (Reporting) beschreiben (Fifka und Loza Adaui 2015). Kern des Stakeholder-Managements ist ein (pro-)aktiver Stakeholderdialog, der organisatorisch verschiedenartig ausgestaltet werden kann (Huber 2015, S. 796 f., 802 f.; Lintemeier und Rademacher 2016, S. 49 ff.). Stakeholder lassen sich aktiv in den Wertschöpfungsprozess integrieren, wenn sie als „Resource-Owners" finanzielle Mittel und individuelle Fähigkeiten beisteuern (Hauska 2015, S. 622, 632). Hauptzielsetzungen eines solchen Managementansatzes sind Produktinnovationen sowie ökonomische, ökologische und gesellschaftliche Mehrwerte für alle beteiligten Stakeholder (D'heur 2014, S. 4, 12). Unter Nachhaltigkeitsgesichtspunkten ist eine „verstärkte [kritische] Auseinandersetzung mit [allen] Partnern in der Wertschöpfungskette" (Altenburger 2016, S. 15) erforderlich.

2.3 Handlungsfelder des touristischen Stakeholdermanagements

Auch im Tourismus kann CSR als „Multistakeholderkonzept" (Lund-Durlacher 2015, S. 880) betrachtet werden. Unmittelbar durch unternehmerisches Handeln als primäre Stakeholder betroffen sind Anteilseigner, Mitarbeiter, Geschäftspartner, Kunden (Reisende bzw. Gäste) sowie Akteure im Umfeld des Betriebsstandortes bzw. in touristischen Destinationen. Hinzu kommen als gesellschaftliche Repräsentanten – oder sekundäre Stakeholder – staatliche Institutionen, Nichtregierungsorganisationen, Interessenverbände und Medien mit ihren Erwartungen an den touristischen Betrieb.

Zu den verschiedenen Ansprüchen an ein Tourismusunternehmen zählen beispielsweise (Bär 2006, S. 50 ff.; Müller-Stewens und Lechner 2016, S. 160, Abb. 3-12; Poeschl 2013, S. 149 ff.):

- Renditen und Kontrollbefugnisse seitens der Shareholder,
- gute Arbeitsbedingungen und angemessene Entlohnung seitens der Beschäftigten,
- faire Vertragsbeziehungen seitens der Lieferanten und anderen Geschäftspartner,
- bedürfnisgerechte, qualitativ hochwertige Leistungserbringung seitens der Gäste,
- ökonomische Teilhabe und Schutz vor negativen ökologischen und soziokulturellen Auswirkungen seitens der Akteure betroffener Gemeinden,
- Einhaltung gesetzlicher Nachhaltigkeitsvorschriften verbunden mit entsprechender Informationsbereitstellung seitens gesellschaftlicher Akteure.

Ein Tourismusunternehmen wiederum erwartet bestimmte Gegenleistungen von den einzelnen Stakeholdern, beispielsweise:

- Bereitstellung von Finanzierungsmitteln durch Shareholder,
- Zuverlässigkeit und Loyalität der Mitarbeiter sowie der Geschäftspartner,
- Nachfrage und Umsatz bei den Kunden,
- Gastfreundschaft und gute Infrastruktur in Destinationen,
- fairer Umgang gesellschaftlicher Akteure mit dem Unternehmen.

Das beschriebene Beziehungsgeflecht wird in Abb. 1 als vereinfachte Stakeholder Map dargestellt, wobei gleichartige Akteure mit ähnlichen Interessen und Vorstellungen in Gruppen zusammengefasst sind, auf deren Basis Handlungsfelder des touristischen Stakeholdermanagements gebildet werden können. Bei der Bearbeitung jedes Handlungsfeldes

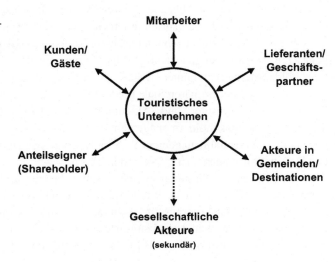

Abb. 1 Vereinfachte Stakeholdermap eines Tourismusunternehmens. (Quelle: eigene Darstellung)

* **Notwendige Voraussetzung: Berücksichtigung aller drei Nachhaltigkeitsdimensionen**

Abb. 2 Handlungsfelder des touristischen Stakeholdermanagements im Kontext einer CSR als nachhaltigem und strategischem Managementparadigma. (Quelle: eigene Darstellung)

steht zwar die zugrunde liegende Stakeholdergruppe (bzw. bestimmte Akteure innerhalb dieser Gruppe) im Fokus, jedoch sind auch immer Implikationen für andere Stakeholder bzw. Handlungsfelder zu berücksichtigen. Demzufolge liegt ein komplexes System von Interaktionen vor, das in Abb. 2 ansatzweise dargestellt wird. Unter dem Managementparadigma einer nachhaltigkeitsorientierten und strategisch ausgerichteten CSR verfolgt touristisches Stakeholdermanagement in seinem Kern in proaktiver Weise betriebswirtschaftliche Zielsetzungen bei gleichzeitiger Optimierung eines Shared Value (für möglichst alle Stakeholdergruppen) und unter Berücksichtigung der drei Nachhaltigkeitsdimensionen.

Entsprechend der primären Stakeholdergruppen „Kunden/Gäste", „Mitarbeiter", „Lieferanten/Geschäftspartner" und „Akteure in Gemeinden/Destinationen" ergeben sich für das touristische Stakeholdermanagement die folgenden vier Handlungsfelder: „Gästemanagement", „Personalmanagement", „Supply-Chain-Management" sowie „Communityund Destinationsmanagement" (vgl. Abb. 2).

Im Handlungsfeld „Gästemanagement" sind neben den üblichen Ansprüchen bezüglich touristischer Leistungen (u. a. Produktqualität, Erlebnisorientierung, Sicherheit) zunehmend Nachhaltigkeitskriterien für bestimmte Nachfragesegmente von Belang. So halten über 40 % der deutschen Urlaubstouristen soziales und ökologisches Engagement von Reiseveranstaltern in Form von Bildungsprojekten sowie Umwelt- und Artenschutz für bedeutsam (FUR 2014, S. 14). Oftmals bewegen die Gästeerwartungen touristische Unternehmen in stärkerem Maße zu erhöhtem Nachhaltigkeitsengagement als dieses staatliche Vorgaben vermögen (Ayuso 2006, S. 215). Tourismusunternehmen ihrerseits können zu nachhaltigem Gästeverhalten beitragen, indem sie durch entsprechende Informationen die Bewusstseinsbildung stärken (Budeanu 2007, S. 504 f.).

Die Basis für das Handlungsfeld „Personalmanagement" bilden nachhaltige Managementsysteme, die sowohl auf Leistungsstärke ausgerichtet sind als auch soziale und ökonomische Mitarbeiterbelange, z. B. gute Arbeitsbedingungen, faire Entlohnung und Weiterbildung, berücksichtigen (Davidson et al. 2011, S. 502). Wichtige Managementaufgaben im Rahmen einer CSR sind Kommunikations-, Motivations- und Trainingsmaßnahmen, die bei Mitarbeitern Nachhaltigkeitsbewusstsein und -handeln befördern (UNEP 2005). Die innerbetriebliche Akzeptanz und Implementierung von CSR-Programmen hängt wesentlich von der aktiven Einbindung der Mitarbeiter auf allen Unternehmensebenen ab (Bohdanowicz et al. 2011, S. 812). Derartige Konzeptionen vermögen sich zudem positiv auf die Personalgewinnung, -bindung und -entwicklung auszuwirken (Bohdanowicz und Zientara 2008, S. 289).

Ein weiteres Handlungsfeld befasst sich mit den Wechselbeziehungen zwischen Tourismusunternehmen und Zulieferbetrieben bzw. Geschäftspartnern. Nachhaltiges Lieferkettenmanagement (Supply-Chain-Management) zielt nicht nur auf möglichst effiziente Prozessabläufe ab (Zhang et al. 2009), sondern strebt auch eine faire wie ökologisch und sozial verträgliche Ausgestaltung von Geschäftsbeziehungen an (Budeanu 2009; Font et al. 2008; Schwartz et al. 2008). Neben vertraglichen Vereinbarungen sind hierzu insbesondere finanzielle bzw. technische Unterstützungsleistungen an Zulieferbetriebe förderlich (Font et al. 2008, S. 261 f.); auch muss eine permanente Kontrolle der jeweiligen Nachhaltigkeitsperformance gewährleistet sein (Balas und Strasdas 2015, S. 250 f.).

Beziehungen zwischen Tourismusunternehmen und Gemeinden („Communities") bzw. Destinationen sowie Stakeholderaspekte im Rahmen touristischer Entwicklungskonzepte in Destinationen sind Gegenstand zahlreicher wissenschaftlicher Untersuchungen (Coles et al. 2013, S. 134; Byrd 2007; Waligo et al. 2013). Zu den ökologischen, soziokulturellen und ökonomischen Auswirkungen unternehmerischen Handelns auf Communities bzw. Destinationen ist eine Vielzahl an Studien entstanden (Buckley 2012, S. 531 ff.). Solchen Effekten können Tourismusunternehmen im Handlungsfeld des „Community- und Destinationsmanagements" mit Maßnahmen und Systemen des betrieblichen Umweltmanagements (Balas und Strasdas 2015, S. 253 ff.) sowie Projekten im Rahmen eines bürgerschaftlichen Engagements („Corporate Citizenship") (Buckley und Vasconcellos Pegas 2013, S. 523 f.) begegnen.

Corporate-Social-Responsibility- bzw. Nachhaltigkeits-Berichterstattung (Reporting) kann als Querschnittsdisziplin angesehen werden (vgl. Abb. 2), da sie sich an alle Anspruchsgruppen – Shareholder, andere primäre Stakeholdergruppen und gesellschaftliche Akteure wie staatliche Institutionen, Nichtregierungsorganisationen, Interessenverbände oder öffentliche Medien – richtet, indem Managementaktivitäten in allen Handlungsfeldern bewertet und entsprechende Informationen bereitgestellt werden. Durch Nachhaltigkeits- oder CSR-Berichte erlangen Tourismusunternehmen eine „License to operate als gesellschaftliche Betriebserlaubnis" (Fifka 2014, S. 4). Als Stellvertreter sozialer Bürgerinteressen und ökologischer Umweltbelange erwarten gesellschaftliche Stakeholder in der Regel, dass die Unternehmen über gesetzliche Bestimmungen hinaus Selbstverpflichtungen eingehen, die sich in verschiedenen Nachhaltigkeitsstandards und Zertifizierungssystemen niederschlagen (Balas und Strasdas 2015, S. 260 ff.; Lund-Durlacher 2015, S. 882 f.). Allerdings offenbart sich bei zahlreichen Tourismusunternehmen eine Diskrepanz zwischen propagiertem und praktiziertem Nachhaltigkeitsmanagement, eine sogenannte „Disclosure-Performance-Gap" (Font et al. 2012, S. 1544). Wie in anderen Wirtschaftsbereichen, besteht auch im Tourismus die Gefahr der Reduzierung von CSR auf eine Public-Relations-Funktion (Buckley und Vasconcellos Pegas 2013, S. 523).

3 CSR und Stakeholdermanagement im Kreuzfahrttourismus

Die für das touristische Stakeholdermanagement zunächst allgemein diskutierten Handlungsfelder werden nachfolgend in Bezug auf den Kreuzfahrttourismus genauer untersucht. Ausgehend von den gegenseitigen Ansprüchen zwischen relevanten Stakeholdergruppen und Kreuzfahrtunternehmen erfolgt eine Analyse der Handlungsfelder „Gästemanagement", „Personalmanagement", „Supply-Chain-Management", „Community- und Destinationsmanagement" sowie „Reporting" hinsichtlich der Ausrichtung an Nachhaltigkeitsbelangen und der Anwendung passender Handlungsmaßnahmen.

3.1 Stakeholder-Ansprüche im Kreuzfahrttourismus

Im Kreuzfahrttourismus sind Reedereien mit den Interessen und Erwartungen verschiedener Stakeholdergruppen konfrontiert (vgl. Tab. 1). Die Erwartungen einer Stakeholdergruppe (bzw. bestimmter Stakeholder innerhalb einer Gruppe) lassen sich entweder mit den Ansprüchen, die das Unternehmen an sie richtet, vereinbaren oder aber es kommt zu Interessenkonflikten. Bei der Durchsetzung von Ansprüchen kommt es auf die Handlungsmacht, das Verhandlungsgeschick und gegenseitige Abhängigkeiten der einzelnen Stakeholder und des betreffenden Unternehmensmanagements an (London und Lohmann 2014; Véronneau et al. 2015). Im Rahmen eines Stakeholderdialogs sind in allen Handlungsfeldern, die nachfolgend diskutiert werden, Kooperationsbereitschaft und mitunter auch Kompromissfähigkeit gefragt, um einen optimalen Shared Value für alle beteiligten Akteure zu erreichen.

Tab. 1 Hauptansprüche zwischen Kreuzfahrtunternehmen und Stakeholdergruppen. (Quelle: eigene Darstellung in Anlehnung an Poeschl 2013, S. 149 ff. und Bär 2006, S. 50 ff. i. V. m.: Brida et al. 2014; Klein 2011; Larsen et al. 2012; London und Lohmann 2014; Papathanassis 2012a; Sehkaran und Sevcikova 2011; Véronneau et al. 2015; Weeden et al. 2011; Wood 2004)

Stakeholdergruppe	Zentrale Ansprüche...	
	der Stakeholdergruppe an das Kreuzfahrtunternehmen	des Kreuzfahrtunternehmens an die Stakeholdergruppe
Shareholder Aktionäre, Investoren Banken	Renditen/Dividenden Informationsbereitstellung	Bereitstellung von Finanzierungsmitteln Handlungsspielraum
Gäste (Passagiere) Verschiedene Gästesegmente	Bedürfnisorientierte Leistungserbringung Gutes Preis-Leistungs-Verhältnis Sicherheit Umweltverträglichkeit/Nachhaltigkeit (für Teilsegmente)	Nachfrage/Umsätze Zusätzliche Ausgaben an Bord und für Ausflüge Loyalität/Kundenbindung
Mitarbeiter Mitarbeiter an Bord Mitarbeiter an Land (Extern: Vermittlungsagenturen, Gewerkschaften)	Faires Einkommen Gute Arbeitsbedingungen Work-Life-Balance Karrieremöglichkeiten	Qualifizierte und kostengünstige Arbeitskraft Zuverlässigkeit Loyalität/Mitarbeiterbindung
Lieferanten/Geschäftspartner Werften, Hafendienste, Terminalbetreiber Lieferanten (Verbrauchsgüter, Lebensmittel) Touristische Unternehmen (Transport, Reisevertrieb, Incoming-Agenturen u. a.) Konzessionäre an Bord und in Einrichtungen an Land	Faire Vertragsbedingungen Stabile, dauerhafte Liefer-/Geschäftsbeziehungen	Kostenminimierung Liefersicherheit/Zuverlässigkeit: Quantität, Qualität, Pünktlichkeit und Flexibilität Stabile, dauerhafte Liefer-/Geschäftsbeziehungen
Akteure in Gemeinden/Destinationen Hafenanrainer, Bevölkerung in Kreuzfahrtdestinationen Behörden (z. B. Hafen, Zoll) und Destinationsmanagementorganisationen (Nicht-Kreuzfahrt-)Touristen	Ökonomische Teilhabe (Beschäftigung, Einnahmen) Verantwortungsübernahme für ökologische, soziale und ökonomische Effekte (u. a. Umweltmanagement, Infrastrukturfinanzierung, Förderung lokaler Projekte)	Gute Hafen- und Destinationsinfrastruktur Touristische Attraktionen Geringe Abgabenlasten Sicherheit der Gäste Gastfreundschaft
Gesellschaftliche Akteure Staatliche Institutionen Nichtregierungsorganisationen Interessenverbände Medien	Einhaltung von Rechtsvorschriften und Normen Freiwilliges Nachhaltigkeitsengagement Ehrliche Informationsbereitstellung	Geringhaltung von Standards/Anforderungen Positive Einstellung zum Unternehmen

3.2 Gästemanagement

Wie andere touristische Betriebe haben Kreuzfahrtunternehmen dafür Sorge zu tragen, dass die Bedürfnisse ihrer Kunden auf der gesamten Reisekette – am Einschiffungshafen, auf dem Schiff und auf organisierten Ausflügen in den angesteuerten Destinationen – möglichst optimal erfüllt werden, indem sie und ihre Partner qualitätsvolle Leistungen erbringen und Erlebnisse kreieren (Andriotis und Agiomirgianakis 2010; Hosany und Witham 2010). Dabei zeigt sich, dass entgegen der häufigen Praxis einer demografisch begründeten Gästesegregation mit einem Gästemanagement, das stärker auf soziale Interaktionen und gemeinschaftliche Erlebnisse abzielt, durchaus Wettbewerbsvorteile erzielt werden können (Papathanassis 2012b, S. 1156).

Zur Verbesserung gästerelevanter Organisationsprozesse – etwa im Gastronomiebereich oder bei der Ein- und Ausschiffung – bietet sich der Einbezug individueller Erfahrungen von Kreuzfahrttouristen an, die somit als Angebotsmitgestalter („Co-Creators") fungieren (Aggett und Lim 2012, S. 202 f.). Für ein CSR-basiertes Unternehmensmanagement sind dabei insbesondere Einstellungen der Gäste zu einzelnen Nachhaltigkeitsaspekten von hohem Interesse. Einige Autoren weisen auf zunehmende Erwartungen bei – zumeist europäischen – Kreuzfahrtgästen hinsichtlich Umweltschutzbelangen sowie nachhaltig erzeugter und fair gehandelter Lebensmittel hin (Johnson 2006, S. 52; Papathanassis 2014, S. 416; Cartledge 2012, S. 222), dennoch fehlen diesbezüglich genaue Untersuchungen.

Für Kreuzfahrtreedereien ist es somit essenziell, einen permanenten Dialog mit ihren Gästen zu führen und systematisch deren Feedback mittels Fragebögen an Bord, in persönlichen Gesprächen mit Mitarbeitern und per E-Mail nach einer Reise einzufordern (Gibson und Di Dino 2012). Sowohl bei der Kundenansprache im Vorfeld von Kreuzfahrten, beim Gästemanagement an Bord als auch bei der Kundennachbetreuung ist davon auszugehen, dass zukünftig die Einbindung moderner Informations- und Kommunikationstechnologien (z. B. mobile Applikationen, Touchpads) weiter an Bedeutung gewinnen wird (Papathanassis et al. 2014).

3.3 Personalmanagement

Für den Kreuzfahrttourismus liegen nur wenige wissenschaftliche Untersuchungen zu Fragen des Personalmanagements vor (Papathanassis und Beckmann 2011, S. 163). Grundsätzlich ist jedes Kreuzfahrtunternehmen gezwungen, Konzepte für den Umgang mit einer multinationalen und multikulturellen Gemeinschaft zu entwickeln, deren Arbeits- und Freizeitsphären an Bord ineinander verschmelzen (Testa 2004; Lee-Ross 2008; Gibson und Walters 2012, S. 111). Hinzu kommen Personalkonzepte für Betriebsbereiche an Land, die sich auf Mitarbeiter in der Verwaltung und ggf. unternehmenseigene Einrichtungen bzw. Destinationen (i. d. R. Privatinseln) beziehen.

Kreuzfahrtreedereien stehen häufig in der Kritik für niedrige Löhne und lange Arbeitszeiten, denen vor allem einfache Arbeiter oder Servicekräfte ausgesetzt sind (Terry 2011, S. 664 f.). Auch wenn eine internationale Konvention gewisse Mindeststandards in dem hoch globalisierten Arbeitsmarkt einfordert (ILO 2006), ermöglicht die Nutzung von Billigflaggen, Mitarbeiter zu niedrigen Arbeitsstandards anzustellen und den Einfluss von Seefahrer-Gewerkschaften zu begrenzen (Terry 2011, S. 663).

Aufgrund zunehmender Konkurrenz aus anderen touristischen Bereichen (Terry 2011, S. 665) erweisen sich andererseits bei der Personalbeschaffung Mitarbeiterbindungsprogramme als immer sinnvoller, die sich an Beschäftigte in höheren Positionen oder an geringer qualifizierte – in der Regel von Vermittlungsagenturen in Entwicklungsländern rekrutierte (Gibson und Walters 2012, S. 107) – Arbeitskräfte richten (Milde 2009, S. 91; Lukas 2011). Kreuzfahrtreedereien haben zum Teil spezielle Experten angestellt, die Trainingsprogramme für Personalverantwortliche und andere Mitarbeiter an Bord durchführen (Gibson und Walters 2012, S. 110). Neben festen Organisationsrichtlinien sollten Kreuzfahrtunternehmen eine eindeutige Qualitätsphilosophie an ihre Mitarbeiter kommunizieren (Aggett und Lim 2012, S. 201).

Das Nachhaltigkeitsbewusstsein und Umweltverhalten von Kreuzfahrtbeschäftigten lässt sich sowohl durch Fortbildungsmaßnahmen als auch durch Anreize fördern. So können etwa erwirtschaftete Gelder aus einem Recycling-Programm in einen Fonds überführt werden, der sozialen Mitarbeiterbelangen dient (Véronneau und Roy 2009, S. 133).

3.4 Supply-Chain-Management

Die wenigen wissenschaftlichen Beiträge zum Supply-Chain-Management in der Kreuzfahrtindustrie blenden Nachhaltigkeitsaspekte weitgehend aus (Bonilla-Priego et al. 2014, S. 151) und konzentrieren sich in der Regel auf die effiziente Gestaltung von Lieferketten (Véronneau und Roy 2009, 2012). Der Rückgriff auf nachhaltig und lokal erzeugte Produkte sowie Verpackungs- und Recyclingerwägungen spielen in der Kreuzfahrtbranche nur eine untergeordnete Rolle. Auf manchen Routen fällt eine Versorgung mit lokal erzeugten Produkten relativ spärlich aus, obwohl entsprechende Potenziale vorhanden sind (Manning 2012, S. 49 f.). Üblicherweise schätzen Lieferanten ihre Einflussmöglichkeiten bezüglich der eigenen Interessendurchsetzung sowie hinsichtlich Nachhaltigkeitsbelangen als eher gering ein, was mit der Nachfragemacht von Kreuzfahrtunternehmen zusammenhängen könnte (Font et al. 2016, S. 180 f.).

Die Versorgung von Kreuzfahrtschiffen mit Verbrauchsgütern und Lebensmitteln wird hauptsächlich über firmeneigene Logistikzentren bzw. Großlieferanten in den Heimathäfen abgewickelt (Véronneau und Roy 2012, S. 93). In den Destinationen beschäftigen die Reedereien in der Regel Vertreter, die im Kontakt mit örtlichen Lieferanten und Behörden stehen und sich um die Beschaffung lokaler Produkte – insbesondere frischer Lebensmittel – kümmern (Véronneau und Roy 2009, S. 138). Diese weisen jedoch weniger Kooperationsbereitschaft, Flexibilität und spezielles Marktwissen auf als einzelne lokal ansässige Zulieferbetriebe, die daher stärker als „Local Experts" in das lokale Supply-Chain-Management eingebunden werden könnten (Véronneau et al. 2015, S. 81). Potenzielle Elemente eines entsprechenden proaktiven Stakeholderdialogs sind jährliche Lieferantentreffen, Produkttests an Bord und permanenter Informationsaustausch via Intranet (Véronneau et al. 2015, S. 81 f.).

In der Funktion als Reiseveranstalter sind bei einem Kreuzfahrtunternehmen auch solche Geschäftspartner zu berücksichtigen, die typische touristische Teil- bzw. Ergänzungsleistungen erbringen. Zu diesen Stakeholdern zählen Transport- und Beherbergungsbetriebe für Vor- und Nachprogramme sowie Incoming-Agenturen und andere Akteure, die mit der Organisation und Durchführung von Landausflügen befasst sind (Papathanassis 2012a, S. 79). Faire Vertragsbeziehungen in diesem Kontext bedeuten unter anderem, dass Kreuzfahrtunternehmen keine zu hohen Gewinnspannen für sich einkalkulieren, die etwa eine übermäßige Verteuerung dieser Teil- bzw. Zusatzangebote nach sich ziehen (Johnson 2006, S. 51). Im Sinne eines nachhaltigen Gästemanagements ist es zudem vorteilhaft, auf die Qualitäts- und Nachhaltigkeitsperformance der Vertragspartner einzuwirken, beispielsweise durch die finanzielle oder organisatorische Beteiligung an Aus- und Weiterbildungsmaßnahmen, was in der Praxis jedoch nur ansatzweise stattfindet (Manning 2012, S. 53).

In manchen Kreuzfahrtreedereien sind einzelne Unternehmensbereiche (z. B. Teile des Kundenservices oder der Gastronomie) an Vertragspartner ausgegliedert (Wolber 2012, S. 215 f.). In der Hochseekreuzfahrt können in größeren Schiffen Gewerbekonzessionen (z. B. für Ladengeschäfte, Wellnesseinrichtungen oder Kasinos) vergeben sein (Schulz und Auer 2010, S. 149). Auf der anderen Seite tragen Kreuzfahrtunternehmen in einigen Destinationen zur Errichtung und Unterhaltung von Hafeninfrastruktur bei. So liegt ein Teil der Kreuzfahrtterminals vollständig in den Händen einer einzigen Kreuzfahrtreederei (z. B. das Palacruceros Terminal Barcelona von Carnival) oder eines privaten Joint Ventures, an dem ein oder mehrere Kreuzfahrtunternehmen beteiligt sind (Wang et al. 2014, S. 38). Der Eigenbetrieb eines Terminals bzw. die finanzielle Beteiligung an der Errichtung und Unterhaltung von Hafeninfrastruktur eröffnet aus Sicht einer Kreuzfahrtreederei stärkere Kontroll- bzw. Einflussmöglichkeiten auf weitere Glieder der Dienstleistungskette, bedeutet zugleich aber weniger Flexibilität bezüglich der Hafenwahl (London und Lohmann 2014, S. 32 f.).

3.5 Community- und Destinationsmanagement

Vor allem die Hochseekreuzfahrt mit ihren Mega-Schiffen bringt viele Destinationen – insbesondere Inseln, hafennahe Gebiete und sensible Natur- und Kulturstätten – an ihre Belastungsgrenzen (Stefanidaki und Lekakou 2014; Caric und Mackelworth 2014, S. 361). Überfüllungstendenzen und negative Umwelteffekte verlangen nach Umwelt- und Besuchermanagementkonzepten (Scherrer et al. 2011; Manning 2012; London 2012, S. 185 f.), an denen sich Kreuzfahrtunternehmen konstruktiv beteiligen sollten. Da kulturelle und natürliche Attraktionen sowie die Gastfreundschaft der lokalen Bevölkerung als Teilkomponenten in das Tourismusprodukt „Kreuzfahrturlaub" eingehen und somit Bestandteile der touristischen Leistungskette darstellen (Font et al. 2008, S. 263; Zhang et al. 2009, S. 353 f.), wird deren Erhaltung und Aufwertung umso mehr eine Obligation für Kreuzfahrtreedereien je weniger die betreffende Destination aufgrund ihrer besonderen Attraktivität, der geografischen Lage oder dem Vorhandensein eines unternehmenseigenen Kreuzfahrtterminals mit anderen austauschbar ist (Rodrigue und Notteboom 2013, S. 40 f.; London und Lohmann 2014, S. 33).

Neben der Implementierung moderner Umwelttechniken auf den Schiffen (Manning 2012, S. 50 f.; Bonilla-Priego et al. 2014, S. 151 f.) und finanziellen Beiträgen zur nachhaltigen Hafen- und Destinationsentwicklung (London und Lohmann 2014, S. 28 f.) können Kreuzfahrtunternehmen im Vorfeld von Landausflügen aktive Umweltbildung bei lokalen Vertragspartnern sowie den Kreuzfahrtgästen betreiben (Johnson 2006, S. 50; Scherrer et al. 2011, S. 1220). Zudem bieten sich in den meisten Destinationen Möglichkeiten, konkrete soziale bzw. ökologische Gemeindeprojekte zu initiieren bzw. sich an bestehenden Initiativen zu beteiligen und diese finanziell, technisch oder personell – etwa durch Freiwilligenarbeit von Mitarbeitern oder Gästen – zu unterstützen (Buckley und Vasconcellos Pegas 2013, S. 523 f.). Allerdings sind bisher nur wenige solcher gemeindebezogener Projekte bei einzelnen Kreuzfahrtreedereien entstanden (Johnson 2002, S. 265; Manning 2012, S. 53; Weeden 2015; AIDA 2016, S. 72 f.).

3.6 Reporting

Eine in der Kreuzfahrtindustrie verbreitete reaktive Haltung auf bestehende gesetzliche Regulierungen (Papathanassis 2014, S. 416), die mitunter auch zu Umgehungsstrategien durch die Nutzung von Billigflaggen führt, spiegelt sich im Nachhaltigkeitsreporting wider. Nur ungefähr ein Drittel aller Kreuzfahrtreedereien informiert über Nachhaltigkeitsaktivitäten, davon ein Großteil mit einzelnen Aussagen auf der jeweiligen Firmenwebseite und nur etwa ein Drittel – bezogen auf alle Reedereien also etwa jede siebte – publiziert CSR-Berichte (Bonilla-Priego et al. 2014, S. 151), die jedoch auf weniger als die Hälfte der von Stakeholdern als wichtig erachteten Nachhaltigkeitskriterien eingehen (Font et al. 2016, S. 182). Dass Aspekte wie die Umweltperformance genutzter Verbrauchmaterialen, Spendenaktivitäten oder ökonomische Auswirkungen auf Destinationen in den Berichten vollständig bzw. weitgehend ausgeklammert werden (Bonilla-Priego et al. 2014, S. 155) zeigt selbst bei dieser „Vorreiter-Gruppe" den bisher geringen Stellenwert der Handlungsfelder „Supply-Chain-Management" und „Community- und Destinationsmanagement" (vgl. Abschn. 3.4 und 3.5).

Einige große Kreuzfahrtreedereien veröffentlichen Daten zu ihren Treibhausgasemissionen über die Nichtregierungsorganisation Carbon Disclosure Project (Lamers et al. 2015, S. 434). Generell sind Kreuzfahrtunternehmen damit konfrontiert, sich mit öffentlichkeitswirksamen Berichten von Nichtregierungsorganisationen auseinandersetzen zu müssen, die Kreuzfahrtschiffe bzw. -reedereien bezüglich ihrer Umweltbilanz einstufen (FOE 2014; NABU 2015). So bezeichnet etwa das Umweltnetzwerk Friends of the Earth sämtliche große Kreuzfahrtreedereien als äußerst intransparent hinsichtlich ihrer Umweltinformationen (FOE 2014).

4 Fazit und Ausblick

Touristischem Stakeholdermanagement liegt ein System aus Akteuren mit diversen Ansprüchen zugrunde, das permanente Aushandlungs- und Bewertungsprozesse erfordert (Coles et al. 2013, S. 134), die durch das betreffende Unternehmensmanagement zu koordinieren bzw. zu leiten sind. Zentraler Aspekt hierbei ist ein aktiver „Multi-Stakeholderdialog" (Balas und Strasdas 2015, S. 252), bei dem die aufgezeigten Stakeholder und Handlungsfelder netzwerkartig miteinander verknüpft sind.

Der vorliegende Beitrag liefert hierzu einen strukturierenden Ansatz des Stakeholdermanagements einer Kreuzfahrtreederei nach einzelnen Stakeholdergruppen und zugehörigen Handlungsfeldern, der sich auf andere touristische Unternehmen (Reiseveranstalter, Leistungsträger) übertragen lässt. Auf Grund der skizzenhaften Darstellung passender Maßnahmen und Instrumente in den einzelnen Handlungsfeldern bedarf es an anderer Stelle weiterer Detailausführungen. Zudem ergeben sich für die kreuzfahrtbezogene Nachhaltigkeitsforschung zahlreiche Untersuchungsfragen, wie etwa zu den Einstellungen verschiedener Stakeholdergruppen zu CSR-Aspekten. Unter anderem könnten Studien konzipiert werden, die die Wertschätzung von Kreuzfahrtpassagieren bzw. -interessenten bezüglich Umweltmanagementsystemen auf Schiffen oder hinsichtlich bestimmter Nachhaltigkeitsaktivitäten in der Kreuzfahrt erforschen. Auch zum nachhaltigen Supply-Chain-Management in der Kreuzfahrtindustrie – wie in anderen touristischen Bereichen – liegen kaum wissenschaftliche Erkenntnisse vor.

Wie angeführte Studien zum Reporting in der Kreuzfahrtindustrie (Bonilla-Priego et al. 2014; Font et al. 2016) aufzeigen, ist eine proaktive Corporate Social Responsibility bisher nur für eine kleine Gruppe von Reedereien ein als wichtig erachtetes Thema. Andere Unternehmen hingegen verfolgen in dem globalisierten Markt weiterhin die Strategie einer Billigflagge, die auf See geringe Umwelt- und Sozialstandards befördert, sodass hier nur weitere internationale Regulierungsmaßnahmen Abhilfe schaffen können (Lamers et al. 2015, S. 437).

In den Kreuzfahrtdestinationen hängt es von den jeweiligen Machtverhältnissen und Abhängigkeiten zwischen Kreuzfahrtunternehmen und ansässigen Stakeholdern ab, ob und in welcher Weise die Unternehmen zu einer nachhaltigen Destinationsplanung und -entwicklung beitragen. In einigen wichtigen – da kaum austauschbaren – Kreuzfahrtdestinationen, z. B. Venedig, nimmt wegen kreuzfahrtbedingter Überfüllungseffekte der Druck der lokalen Bevölkerung auf die Kreuzfahrtindustrie stetig zu (Stefanidaki und Lekakou 2014, S. 50). Mit dem andauernden Trend zu immer größeren Mega-Schiffen ist damit zu rechnen, dass sich derartige Situationen noch verschärfen, sodass unternehmerische Nachhaltigkeitsaktivitäten im Handlungsfeld „Community- und Destinationsmanagement" an Bedeutung gewinnen werden.

Literatur

Aggett M, Lim WM (2012) Service quality and the cruise industry. In: Vogel M, Papathanassis A, Wolber B (Hrsg) The business and management of ocean cruises. CABI, Wallingford/Cambridge, S 196–205

AIDA (2016) AIDA Cares – Zusammenfassung 2016, Rostock: AIDA Cruises. https://d1ozq1nmb5vv1n.cloudfront.net/fileadmin/user_upload/v4/Unternehmen/Nachhaltigkeit/Broschuere_AIDA_cares_de_2016_Internet_final.pdf. Zugegriffen: 26. Jan. 2017

Altenburger R (2016) Gesellschaftliche Verantwortung und Stakeholdermanagement: Strategische Herausforderungen und Chancen. In: Altenburger R, Mesicek RH (Hrsg) CSR und Stakeholdermanagement. Springer, Berlin/Heidelberg, S 13–27

Andriotis K, Agiomirgianakis G (2010) Cruise visitors' experience in a Mediterranean port of call. Int J Tour Res 12(4):390–404

Ayuso S (2006) Adoption of voluntary environmental tools for sustainable tourism: Analysing the experience of Spanish hotels. Corp Soc Responsib Environ Manag 13(4):207–220

Balas M, Strasdas W (2015) Corporate Social Responsibility und nachhaltiges Unternehmensmanagement im Tourismus. In: Rein H, Strasdas W (Hrsg) Nachhaltiger Tourismus: Einführung. UVK/Lucius, Konstanz/München, S 231–272

Bär S (2006) Ganzheitliches Tourismus-Marketing: Die Gestaltung regionaler Kooperationsbeziehungen. Dt. Univ.-Verlag, Wiesbaden

Bohdanowicz P, Zientara P (2008) Corporate social responsibility in hospitality: issues and implications. A case study of scandic. Scand J Hosp Tour 8(4):271–293

Bohdanowicz P, Zientara P, Novotna E (2011) International hotel chains and environmental protection: an analysis of Hilton's we care! programme (Europe, 2006–2008). J Sustain Tour 19(7):797–816

Bonilla-Priego MJ, Font X, del Rosario Pacheco-Olivares M (2014) Corporate sustainability reporting index and baseline data for the cruise industry. Tour Manag 44:149–160

Boy C, Neumann S (2012) Regulatory frameworks of the cruise industry. In: Vogel M, Papathanassis A, Wolber B (Hrsg) The business and management of ocean cruises. CABI, Wallingford/Cambridge, S 30–45

Brida JG, Zapata S (2010) Cruise tourism: economic, sociocultural and environmental impacts. Int J Leis Tour Mark 1(3):205–226

Brida JG, del Chiappa G, Meleddu M, Pulina M (2014) A comparison of residents' perceptions in two cruise ports in the Mediterranean sea. Int J Tour Res 16(2):180–190

Buckley R (2012) Sustainable tourism: research and reality. Ann Tour Res 39(2):528–546

Buckley R, de Vasconcellos Pegas F (2013) Tourism and CSR. In: Holden A, Fennell DA (Hrsg) The Routledge handbook of tourism and the environment. Routledge, Abingdon, S 521–530

Budeanu A (2007) Sustainable tourist behaviour – a discussion of opportunities for change. Int J Consum Stud 31(5):400–508

Budeanu A (2009) Environmental supply chain management in tourism: The case of large tour operators. J Clean Prod 17(16):1385–1392

Byrd ET (2007) Stakeholders in sustainable tourism development and their roles: applying stakeholder theory to sustainable tourism development. Tour Rev 62(2):6–13

Caric H, Mackelworth P (2014) Cruise tourism environmental impacts – The perspective from the Adriatic Sea. Ocean Coast Manag 102:350–363

Cartledge G (2012) Food and beverage operations. In: Papathanassis A, Lukovic T, Vogel M (Hrsg) Cruise tourism and society: A socioeconomic perspective. Springer, Berlin/Heidelberg, S 219–230

Chandler D, Werther WB (2014) Strategic corporate social responsibility: Stakeholders, globalization and sustainable value creation Bd. 3. SAGE, Los Angeles et al.

CLIA (2016) 2017 Cruise Industry Outlook. Cruise Lines International Association, Washington D.C. http://www.cruising.org/docs/default-source/research/clia-2017-state-of-the-industry.pdf?sfvrsn=0. Zugegriffen: 26. Jan. 2017

Coles T, Fenclova E, Dinan C (2013) Tourism and corporate social responsibility: A critical review and research agenda. Tour Manag Perspect 6:122–141

Davidson MCG, McPhail R, Barry S (2011) Hospitality HRM: past, present and the future. Int J Contemp Hosp Manag 23(4):498–516

D'heur M (2014) shared.value.chain: Profitables Wachstum durch nachhaltig gemeinsame Wertschöpfung. In: D'heur M (Hrsg) CSR und Value Chain Management: Profitables Wachstum durch nachhaltig gemeinsame Wertschöpfung. Springer Gabler, Berlin/Heidelberg, S 1–122

Europäische Kommission (2011) Eine neue EU-Strategie (2011–14) für die soziale Verantwortung der Unternehmen (CSR), Mitteilung der Kommission an das Europäische Parlament, den Rat, den Europäischen Wirtschafts- und Sozialausschuss und den Ausschuss der Regionen, KOM(2011) 681 endgültig, Brüssel. http://eur-lex.europa.eu/LexUriServ/LexUriServ.do?uri=COM:2011:0681:FIN:DE:PDF. Zugegriffen: 16. Sep. 2015

Fifka MS (2014) Einführung – Nachhaltigkeitsberichterstattung: Eingrenzung eines heterogenen Phänomens. In: Ders (Hrsg) CSR und Reporting: Nachhaltigkeits- und CSR-Berichterstattung versehen und erfolgreich umsetzen. Springer Gabler, Berlin/Heidelberg, S 1–18

Fifka MS, Loza Adaui CR (2015) Managing stakeholders for the sake of business and society. In: O'Riordan L, Zmuda P, Heinemann S (Hrsg) New perspectives on corporate social responsibility: locating the missing link. Springer Gabler, Wiesbaden, S 71–87

FOE (2014) 2014 cruise ship report card, Berkeley/Washington: friends of the earth. http://libcloud.s3.amazonaws.com/93/ac/7/4988/Cruise_Ship_Report_Card_2014.pdf. Zugegriffen: 1. Okt. 2015

Font X, Tapper R, Schwartz K, Kornilaki M (2008) Sustainable supply chain management in tourism. Bus Strategy Environ 17(4):260–271

Font X, Walmsley A, Cogotti S, McCombes L, Häusler N (2012) Corporate social responsibility: the disclosure – performance gap. Tour Manag 33(6):1544–1553

Font X, Guix M, Bonilla-Priego MJ (2016) Corporate Social Responsibility in cruising: Using materiality analysis to create shared value. Tour Manag 53:175–186

Freeman RE (1984) Strategic management: A stakeholder approach. Pitman, Boston

Freeman RE, Harrison JS, Wicks AC, Parmar BL, De Colle S (2010) Stakeholder theory: the state of the Art. Cambridge University Press, Cambridge et al.

FUR (Hrsg) (2014) Abschlussbericht zu dem Forschungsvorhaben: Nachfrage für Nachhaltigen Tourismus im Rahmen der Reiseanalyse, Kiel: FUR Forschungsgemeinschaft Urlaub und Reisen. http://www.bmub.bund.de/fileadmin/Daten_BMU/Download_PDF/Tourismus_Sport/nachhaltiger_tourismus_nachfrage_bericht_bf.pdf. Zugegriffen: 16. Sep. 2015

Gastinger K, Gaggl P (2015) CSR als strategischer Managementansatz. In: Schneider A, Schmidpeter R (Hrsg) Corporate Social Responsibility: Verantwortungsvolle Unternehmensführung in Theorie und Praxis, 2. Aufl. Springer Gabler, Berlin/Heidelberg, S 283–298

Gibson P, Di Dino F (2012) Customer feedback systems onboard cruise ships. In: Papathanassis A, Lukovic T, Vogel M (Hrsg) Cruise tourism and society: A socioeconomic perspective. Springer, Berlin/Heidelberg, S 101–114

Gibson P, Walters C (2012) Human resource management in the cruise industry. In: Vogel M, Papathanassis A, Wolber B (Hrsg) The business and management of ocean cruises. CABI, Wallingford/Cambridge, S 101–113

Hauska L (2015) Erfolgsrezept Stakeholder Management. In: Schneider A, Schmidpeter R (Hrsg) Corporate Social Responsibility: Verantwortungsvolle Unternehmensführung in Theorie und Praxis, 2. Aufl. Springer Gabler, Berlin/Heidelberg, S 621–633

Hentze J, Thies B (2014) Stakeholder-Management und Nachhaltigkeits-Reporting. Springer Gabler, Berlin/Heidelberg

Hosany S, Witham M (2010) Dimensions of cruisers' experiences, satisfaction, and intention to recommend. J Travel Res 49(3):351–364

Huber K (2015) Schritte einer erfolgreichen Stakeholderkommunikation. In: Schneider A, Schmidpeter R (Hrsg) Corporate Social Responsibility: Verantwortungsvolle Unternehmensführung in Theorie und Praxis, 2. Aufl. Springer Gabler, Berlin/Heidelberg, S 793–806

ILO (2006) Maritime Labour Convention, Genf: Internationale Arbeitsorganisation. http://www.ilo.org/global/standards/maritime-labour-convention/text/langen/index.htm. Zugegriffen: 25. Sep. 2015

Johnson D (2002) Environmentally sustainable cruise tourism: a reality check. Mar Policy 26:261–270

Johnson D (2006) Providing ecotourism excursions for cruise passengers. J Sustain Tour 14(1):43–54

Klein RA (2011) Responsible cruise tourism: issues of cruise tourism and sustainability. J Hosp Tour Manag 18(1):107–116

Lamers M, Eijgelaar E, Amelung B (2015) The environmental challenges of cruise tourism: Impacts and governance. In: Hall CM et al (Hrsg) The Routledge Handbook of Tourism and Sustainability. Routledge, Abingdon, S 430–439

Larsen S, Marnburg E, Ogaard T (2012) Working onboard – Job perception, organizational commitment and job satisfaction in the cruise sector. Tour Manag 33(3):592–597

Lee-Ross D (2008) Occupational communities and cruise tourism: testing a theory. J Manag Dev 27(5):467–479

Lintemeier K, Rademacher L (2016) Stakeholder Relations. Nachhaltigkeit und Dialog als strategische Erfolgsfaktoren. In: Altenburger R, Mesicek RH (Hrsg) CSR und Stakeholdermanagement. Springer, Berlin/Heidelberg, S 29–58

Loew T, Rohde F (2013) CSR und Nachhaltigkeitsmanagement: Definitionen, Ansätze und organisatorische Umsetzung im Unternehmen. Institute for Sustainability, Berlin

London WR (2012) Shore-side activities. In: Vogel M, Papathanassis A, Wolber B (Hrsg) The business and management of ocean cruises. CABI, Wallingford/Cambridge, S 184–195

London WR, Lohmann G (2014) Power in the context of cruise destination stakeholders' interrelationships. Res Transportation Bus Manag 13:24–35

Lukas W (2011) Crew retention. In: Gibson P, Papathanassis A, Milde P (Hrsg) Cruise sector challenges: making progress in an uncertain world. Gabler, Wiesbaden, S 199–206

Lund-Durlacher D (2015) CSR und nachhaltiger Tourismus. In: Schneider A, Schmidpeter R (Hrsg) Corporate Social Responsibility: Verantwortungsvolle Unternehmensführung in Theorie und Praxis, 2. Aufl. Springer Gabler, Berlin/Heidelberg, S 879–890

Manning EW (2012) Impacts of cruising. In: Vogel M, Papathanassis A, Wolber B (Hrsg) The business and management of ocean cruises. CABI, Wallingford/Cambridge, S 46–59

Milde P (2009) The future of Filipino workforce in the cruise sector. In: Papathanassis A (Hrsg) Cruise sector growth: managing emerging markets, human resources, processes and systems. Gabler, Wiesbaden, S 79–94

Müller-Stewens G, Lechner C (2016) Strategisches Management: Wie strategische Initiativen zum Wandel führen, 5. Aufl. Schäffer-Poeschel, Stuttgart

NABU (2015) NABU-Kreuzfahrt-Ranking 2015, Naturschutzbund Deutschland. https://www.nabu.de/imperia/md/content/nabude/verkehr/nabu_kreuzfahrtranking_2015.pdf. Zugegriffen: 1. Okt. 2015

Papathanassis A (2012a) Core cruise operator processes and systems: overview and challenges. In: Vogel M, Papathanassis A, Wolber B (Hrsg) The business and management of ocean cruises. CABI, Wallingford/Cambridge, S 77–89

Papathanassis A (2012b) Guest-to-guest interaction on board cruise ships: Exploring social dynamics and the role of situational factors. Tour Manag 33(5):1148–1158

Papathanassis A (2014) Cruise sector & ‚glocal' corporate citizenship: The 5th International Cruise Conference, Bremerhaven, Germany, 24–26 January 2014, Conference Report. Int J Tour Res 16(4):415

Papathanassis A, Beckmann I (2011) Assessing the „Poverty of Cruise Theory" hypothesis. Ann Tour Res 38(1):153–174

Papathanassis A, Breitner MH, Groot A de (Hrsg) (2014) Cruise tourism & innovation: improving passengers' experiences and safety. Logos, Berlin

Poeschl H (2013) Strategische Unternehmensführung zwischen Shareholder Value und Stakeholder Value. Springer Gabler, Berlin/Heidelberg

Porter ME, Kramer MR (2011) Creating shared value. Harv Bus Rev 89(1/2):62–77

Rodrigue J-P, Notteboom T (2013) The geography of cruises: Itineraries, not destinations. Appl Geogr 38:31–42

Schaltegger S (2015) Die Beziehung zwischen CSR und Corporate Sustainability. In: Schneider A, Schmidpeter R (Hrsg) Corporate Social Responsibility: Verantwortungsvolle Unternehmensführung in Theorie und Praxis, 2. Aufl. Springer Gabler, Berlin/Heidelberg, S 199–209

Scherrer P, Smith AJ, Dowling RK (2011) Visitor management practices and operational sustainability: Expedition cruising in the Kimberley, Australia. Tour Manag 32(5):1218–1222

Schmidpeter R (2015) Unternehmerische Verantwortung – Hinführung und Überblick. In: Schneider A, Schmidpeter R (Hrsg) Corporate Social Responsibility: Verantwortungsvolle Unternehmensführung in Theorie und Praxis, 2. Aufl. Springer Gabler, Berlin/Heidelberg, S 2–18

Schneider A (2015) Reifegradmodell CSR – eine Begriffsklärung und -abgrenzung. In: Schneider A, Schmidpeter R (Hrsg) Corporate Social Responsibility: Verantwortungsvolle Unternehmensführung in Theorie und Praxis, 2. Aufl. Springer Gabler, Berlin/Heidelberg, S 21–42

Schulz A, Auer J (2010) Kreuzfahrten und Schiffsverkehr im Tourismus. Oldenbourg, München

Schwartz K, Tapper R, Font X (2008) A sustainable supply chain management framework for tour operators. J Sustain Tour 16(3):298–314

Sehkaran SN, Sevcikova D (2011) „All aboard": motivating service employees on cruise ships. J Hosp Tour Manag 18(1):70–78

Stefanidaki M, Lekakou M (2014) Cruise carrying capacity: A conceptual approach. Res Transportation Bus Manag 13:43–52

Terry WC (2011) Geographic limits to global labor market flexibility: The human resources paradox of the cruise industry. Geoforum 42(6):660–670

Testa MR (2004) Cultural similarity and service leadership: a look at the cruise industry. Manag Serv Qual 14(5):402–413

UNEP (2005) Integrating sustainability into business: An implementation guide for responsible tourism coordinators. United Nations Environment Programme, Paris

Véronneau S, Roy J (2009) Global service supply chains: An empirical study of current practices and challenges of a cruise line corporation. Tour Manag 30(1):128–139

Véronneau S, Roy J (2012) Cruise lines' purchasing and logistics management. In: Vogel M, Papathanassis A, Wolber B (Hrsg) The business and management of ocean cruises. CABI, Wallingford/Cambridge, S 90–100

Véronneau S, Roy J, Beaulieu M (2015) Cruise ship suppliers: A field study of the supplier relationship characteristics in a service supply chain. Tour Manag Perspect 16:76–84

Waligo VM, Clarke J, Hawkins R (2013) Implementing sustainable tourism: A multi-stakeholder involvement management framework. Tour Manag 36:342–353

Wang GWY, Pallis AA, Notteboom TE (2014) Incentives in cruise terminal concession contracts. Res Transportation Bus Manag 13:36–42

Weeden C (2015) Legitimization through corporate philanthropy: A cruise case study. Tour Mar Environ 10(3–4):211–223

Weeden C, Lester J-A, Thyne M (2011) Cruise tourism: emerging issues and implications for a maturing industry. J Hosp Tour Manag 18(1):26–29

Wolber B (2012) Hotel operations management on cruise ships. In: Vogel M, Papathanassis A, Wolber B (Hrsg) The business and management of ocean cruises. CABI, Wallingford/Cambridge, S 209–218

Wood RE (2004) Cruise ships: Deterritorialized destinations. In: Lumsdon L, Page S (Hrsg) Tourism and transport: issues and agenda for the new millennium. Elsevier, Amsterdam, S 133–145

World Commission on Environment and Development (WCED) (1987) Our common future, Oxford. http://www.un-documents.net/our-common-future.pdf. Zugegriffen: 16. Sep. 15

Zhang X, Song H, Huang GQ (2009) Tourism supply chain management: A new research agenda. Tour Manag 30(3):345–358

Dr. rer. pol. Jan Behrens ist wissenschaftlicher Mitarbeiter am Lehrstuhl für Tourismuswirtschaft der Technischen Universität Dresden und freier Mitarbeiter des Zentrums für nachhaltigen Tourismus (ZENAT) an der Hochschule für nachhaltige Entwicklung Eberswalde. Zuvor war er als freiberuflicher Berater in verschiedenen Tourismusprojekten im In- und Ausland tätig. Schwerpunkte in Forschung und Lehre sind Fragen des CSR- und Nachhaltigkeitsmanagements im Tourismus. Im besonderen Fokus stehen dabei stakeholderbasierte und werteorientierte Ansätze des nachhaltigen Managements touristischer Attraktionen und Destinationen.

Miriam von Fritschen ist wissenschaftliche Mitarbeiterin am Fachbereich Touristik/Verkehrswesen der Hochschule Worms. Zuvor war sie mehr als 2 Jahre wissenschaftliche Mitarbeiterin am Lehrstuhl für Tourismuswirtschaft an der TU Dresden. Sie hat einen Bachelor in „International Cruise Industry Management" von der Hochschule Bremerhaven und einen Master in „Tourism Management and Planning" von der Bournemouth University in England. Gerade in England kam sie durch diverse Studienmodule, u. a. „Tourism Impacts and Sustainability" mit den Themen CSR in Berührung, wodurch ihr Interesse für diesen Themenbereich geweckt wurde. Außerdem hat sie einen guten Einblick in das Nischenfeld Kreuzfahrt erlangt und arbeitete später auch an Bord von Hochsee- und Flusskreuzfahrtschiffen. Daneben sind weitere Forschungsinteressen Risikowahrnehmung beim Reisen, interkulturelles Management sowie Special Interest Tourism.

Umweltschutz in der Kreuzfahrtindustrie

Harald Zeiss

1 Einführung

Der Hochsee-Kreuzfahrttourismus begann vor mehr als 150 Jahren, als europäische Reeder Schiffe für Fahrten in südliche Gebietet charterten, die ihren regulären Betrieb als Linienschiffe in den Wintermonaten unterbrechen mussten. Die Erfindung der Kreuzfahrt wird P & O-Cruises, die seit 1844 regelmäßig Kreuzfahrten anbieten, sowie dem Veranstalter Thomas Cook zugeschrieben (Dawson 2000). Die ersten Kreuzfahrten starteten zu klimatisch angenehmen Zielen im Mittelmeer, u. a. Gibraltar, Athen und Jerusalem.

Die vermögenden Gäste dieser Reisen erwarteten einen hohen Komfort, gesellschaftliche Unterhaltung und schätzten den Vorteil, viele exotische Reiseziele ohne Hotelwechsel kennen zu lernen. Mit einer wachsenden Kundenzahl erweiterte sich das Angebot im Sommer um Fahrten nach Skandinavien und ans Nordkap. Gleichwohl wurden Passagierschiffe bis in die 1960er-Jahre mit dem Hauptzweck der Personenbeförderung im Linienverkehr gebaut und nur gelegentlich für Kreuzfahrten eingesetzt bzw. der Linienverkehr um touristische Angebote und die Routen um interessante Hafenstädte erweitert.

Inzwischen hat sich die Hochsee-Kreuzfahrtbranche zu der weltweit am stärksten wachsenden Tourismussparte entwickelt, mit einem Wachstum von über 70 % zwischen 2003 und 2013 (CLIA 2013) sowie einem diversifizierten Produktportfolio von der klassischen Kreuzfahrt über Expeditionskreuzfahrten bis hin zu ersten Low-Cost-Angeboten.

Die Branche beförderte 2014 mit 296 Schiffen über 21,4 Mio. Gäste bei einem Gesamtertrag von 33,8 Mrd. US$. Die vier größten Gesellschaften besitzen 57 % der Schiffe und einen Marktanteil, bezogen auf die Bettenkapazität, von 83,9 %. Davon entfallen allein

---

H. Zeiss (✉)
Institut für Tourismusforschung, Hochschule Harz
Friedrichstrasse 57-59, 38855 Wernigerode, Deutschland
E-Mail: hzeiss@hs-harz.de

© Springer-Verlag GmbH Deutschland 2017
D. Lund-Durlacher et al. (Hrsg.), *CSR und Tourismus*,
Management-Reihe Corporate Social Responsibility, DOI 10.1007/978-3-662-53748-0_17

auf die Carnival Corporation 102 Schiffe mit 45,8 % und 43 Schiffe der Royal Caribbean Group mit 23,2 % Kapazität (CIN 2015).

Das Wachstum wird dank zwei dynamischer Trends unterstützt. Zum einen wächst die Nachfrage in den etablierten Quellmärkten Europas und Nordamerikas, insbesondere bei der Zielgruppe der 35 bis 50-jährigen und bei Familien. Zum anderen entstehen neue Märkte, insbesondere in Asien. Während für die westlichen Märkte neue, größere Schiffe wie die *Allure of the Seas* gebaut werden, die derzeit Passagierzahlen bis zu 5400 Gästen ermöglichen, kommen in den asiatischen Märkten hauptsächlich ältere Kreuzfahrtschiffe zum Einsatz (Klein 2005).

In Deutschland haben die Reedereien AIDA und TUI Cruises rund 60 % Marktanteil (fvw 2015). Im Jahr 2014 wurden 1,77 Mio. Gäste mit einem Gesamtumsatz von 2,71 Mrd. € befördert. Die durchschnittliche Reisedauer betrug 8,8 Tage und die durchschnittliche Tagesrate 173 €. Der deutsche Markt weist mit einem Zuwachs von über 5 % eine besonders hohe Dynamik auf und die deutschen Gäste liegen seit 2014 auf dem zweiten Platz der Weltrangliste, knapp vor den Briten und hinter den US-Amerikanern (CLIA 2013).

Mit diesem Wachstum geht jedoch auch ein zunehmendes gesellschaftliches Interesse für die Auswirkungen von Kreuzfahrtschiffen auf die Umwelt einher. Der Naturschutzbund Deutschland (NABU) verlieh 2011 AIDA und TUI Cruises den Negativpreis „Dinosaurier des Jahres". In der Kritik standen in erster Linie die Verwendung von Schweröl und die dadurch entstehenden Emissionen. Aber auch die Belastungen durch Abwässer und Abfall, die Arbeitsbedingungen an Bord sowie die wirtschaftlichen und sozialen Auswirkungen auf die Zielgebiete werden kritisch betrachtet.

Nicht allein aus diesen Gründen ist CSR für Kreuzfahrtunternehmen ein wichtiges Management- und Kommunikationsthema. Insbesondere deutsche Gäste erwarten eine verantwortungsvolle Reisedurchführung und fordern eine höhere Transparenz. Traditionell liegt der Fokus auf dem bordseitigen Umweltschutz. In den letzten Jahren sind aber auch vermehrt Fragestellungen hinsichtlich einer besseren Umsatzallokation in den Destinationen und die des soziokulturellen Einflusses auf die örtliche Bevölkerung aufgekommen (Klein 2009).

Im Folgenden werden daher Energie- und Emissionsmanagement an Bord sowie die Verwendung und Verwertung von Abfallstoffen beschrieben. Abwasser- und Abfallmanagement bilden die Schwerpunkte. Darüber hinaus wird aufgezeigt, welchen Einfluss die Kreuzfahrtbranche auf die Destinationen in den wichtigsten Kreuzfahrtgebieten hat. Hier spielen besonders die sozialen und ökonomischen Faktoren eine entscheidende Rolle. Schließlich erfolgt ein Ausblick auf künftige Entwicklungen des CSR-Managements in der Kreuzfahrtbranche.

Verweise im Text auf eine begleitende Fallstudie zum Schiff „Mein Schiff 3" der Reederei TUI Cruises helfen, die theoretischen Grundlagen und wissenschaftlichen Erkenntnisse anhand eines Praxisbeispiels begreifbarer zu machen und zu ergänzen.

2 Umweltschutz in der Kreuzfahrt

Touristische Unternehmen müssen ihre Umwelt schützen, um sie dauerhaft erhalten zu können. Kreuzfahrtschiffe werden jedoch für eine Reihe von Umweltverschmutzungen verantwortlich gemacht, insbesondere für die Verunreinigung der Meere durch die Einleitung von festen und flüssigen Stoffen, welche die Meeresfauna und -flora schädigen können (Johnson 2006). Dabei unterliegen internationale Fahrtgebiete unterschiedlichen gesetzlichen Bestimmungen zur Regulierung von Emissionen und Umweltverschmutzungen. Die Bandbreite reicht von verhältnismäßig streng regulierten Emission Control Areas (ECA) über nationale, küstennahe Vorschriften bis hin zur hohen See, die am geringsten reguliert ist.

Hauptproblem ist das Fehlen eines zentralen Gesetzgebers. Es gibt zahlreiche regionale Regularien, bspw. in der EU und in Nordamerika. Die International Marine Organisation (IMO) versucht diese Heterogenität über völkerrechtliche Verträge in Form von Konventionen durch internationalen Konsens zu regulieren. Das wichtigste und weitreichendste Instrumentarium der IMO ist die MARPOL 73/78 Konvention zum Schutz der Meere. Sie enthält Bestimmungen zu Verschmutzungen durch Öl, Chemikalien, Abwässern, Abfällen, Emissionen und Schadstoffen (Johnson 2006). Nahezu alle Länder mit einer Schifffahrtsindustrie haben die Konvention unterzeichnet und übertragen individuell die Regularien in nationale Gesetze.

2.1 Abfallstoffe

Kreuzfahrtschiffe produzieren eine Reihe von Abfallstoffen. Einige davon sind der motorisierten Schifffahrt immanent, z. B. ölhaltiges Bilgenwasser, Motorensludge oder Ballastwasser, andere sind jedoch kreuzfahrtspezifische Abfallstoffe, die durch den Hotelbetrieb an Bord anfallen. Dazu zählen insbesondere Abwässer aus Küche, Wäscherei und den Kabinen sowie Müll, der hauptsächlich aus der Versorgung von Passagieren und Crew entsteht (Copeland 2008; US EPA 2008).

2.1.1 Abwasser

Die MARPOL-Konvention regelt, dass behandelte und gefilterte Abwässer erst außerhalb einer 3-Seemeilen-Zone ins Meer geleitet werden dürfen und unbehandelt Abwässer erst außerhalb einer 12-Seemeilen-Zone vor der Küste. In Sonderzonen, z. B. in der Ostsee, sind die Vorgaben strenger. Abwasser darf dort nur außerhalb von zwölf bzw. 25 Seemeilen vor der Küste ins Meer geleitet werden. Kreuzfahrtreedereien haben sich vielfach strengere Vorschriften auferlegt und entsorgen weder ungeklärtes Abwasser noch jegliche Art von Müll im Meer, unabhängig von der Entfernung zur Küste (CLIA 2009, 2011).

Grau- und Schwarzwasser

Als Grauwasser wird Dusch-, Wasch- und Putzwasser aus Küche, Wäschereien und den Kabinen bezeichnet. Über Toiletten und Krankenstationen entsteht sogenanntes Schwarzwasser.

Jeder Passagier erzeugt täglich direkt und indirekt 170–250 l Abwasser (vgl. AIDA 2013, 2014), das zu ca. 95 % aus Grau- und zu 5 % aus Schwarzwasser besteht. Die Anteile können deutlich schwanken, abhängig von den an Bord verwendeten technischen Installationen und praktizierten Wassersparmaßnahmen (Sweeting und Wayne 2006; TUI Cruises 2013). Durch Verwendung von Durchflussbegrenzern bei Waschbecken und Duschen, Zeitschaltungen und Infrarotsteuerungen im Sanitärbereich kann der Wasserverbrauch um bis zu 25 % reduziert werden. Weiterhin verringern WC-Anlagen und Leitungen für Essensreste dank eines Vakuumsystems den Frischwasserverbrauch (AIDA 2015). Gästen wird kommuniziert, nur kurz zu duschen, Handtücher wiederzuverwenden und Poolhandtücher sparsam zu nutzen (TUI Cruises 2014).

Die bordseitige Abwasserbehandlung ist abhängig vom installierten Reinigungssystem. Ältere Kreuzfahrtschiffe verfügen über konventionelle Abwasserbehandlungsanlagen (Marine Sanitation Devices, MSD Typ 2)[1], wobei jüngere Kreuzfahrtschiffe moderne Systeme zur vollständigen Behandlung sämtlicher an Bord anfallender Abwässer, sogenannter Advanced Wastewater Purification Systems (AWPS) bzw. Advanced Wastewater Treatment Systems (AWTS) verwenden (Seatrade Insider 2010). Marine Sanitation Devices Typ 2 wird primär zur Reinigung von Schwarzwasser verwendet. Grauwasser wird in der Regel nur gefiltert, ansonsten aber unbehandelt außerhalb der 12-Meilen-Zone ins Meer geleitet. Die moderneren AWPS hingegen filtern Grau- und Schwarzwasser bis annähernd Trinkwasserqualität erreicht wird, das danach ins Meer eingeleitet wird. Alle Kreuzfahrtschiffe müssen detaillierte Aufzeichnungen (Logs) führen, aus denen hervorgeht, welche Abwassermengen zu welchem Zeitpunkt eingeleitet wurden (siehe hierzu TUI Cruises Fallstudie).

Moderne AWPS erreichen zwar die Reinigungseffizienz landseitiger Kläranlagen, aber die bloße Anwesenheit der Systeme ist keine Garantie dafür, dass die Qualität des Abwassers auch den gesetzlichen Vorgaben entspricht (Klein 2002). Zudem handeln selbst ältere Kreuzfahrtschiffe legal, wenn Grau- und Schwarzwasser entsprechend der MARPOL-Bestimmunen außerhalb der vorgeschriebenen Distanz zur Küste ungeklärt ins Meer eingeleitet wird. Einen wirtschaftlichen Anreiz zur Abwasseraufbereitung gibt es bisher nicht.

Ballastwasser

Kreuzfahrtschiffe nehmen bei Hochseefahrten Ballastwasser zur Stabilitätsverbesserung auf, das je nach Fahrtbedingungen und Beladung aufgefüllt oder abgelassen wird. Durch den Wasseraustausch können Organismen von einem Ökosystem in ein anderes einge-

---

[1] Typ 1 beinhaltet eine mechanische kombiniert mit einer chemischen Reinigung. Typ 2 setzt zusätzlich eine biologische Abwasserbehandlung ein.

bracht werden, die das Gleichgewicht und die Biodiversität im neuen Lebensraum verändern, sich vor Ort dauerhaft etablieren und heimische Arten verdrängen. Betroffen sind besonders Gewässer in Häfen und in Küstennähe.

Das Ballastwasser-Übereinkommen der IMO von 2004 soll diese Ökosysteme schützen und eine Ausbreitung von Mikroorganismen über angestammten Lebensräume hinaus verhindern. Es legt Grenzwerte für Ballastwasser und Prüfmethoden zur Vermeidung von Einbringungen von Meeresorganismen, Erregern oder Sedimenten durch Ballastwasser in fremde Ökosysteme fest (IMO 2004). Schiffe sind angewiesen, ein Ballastwassermanagement zu betreiben, wobei es unterschiedliche Verfahren gibt.

Auf hoher See kann das im Hafen aufgenommene Ballastwasser mit unbelastetem Seewasser sukzessive getauscht (sequenzieller Austausch) oder kontinuierlich verdünnt (Verdünnungsverfahren) werden. Halten sich Kreuzfahrtschiffe ausschließlich in Küstennähe auf, muss das Ballastwasser an Bord gereinigt werden. Hier wird zwischen mechanischen, physikalischen und chemischen Reinigungsverfahren unterschieden, die einzeln oder in Kombination eingesetzt werden.

Mechanische Trennverfahren arbeiten mit Filtern bzw. Membranen, die Mikroorganismen aus dem Ballastwasser herausfiltern. Ähnliche Ergebnisse werden mit Fliehkraftabscheidern erreicht. Physikalische Verfahren nutzen Thermobehandlungen, Ultraviolettbestrahlungen oder Ultraschallbehandlungen. Chemische Verfahren eliminieren Mikroorganismen, Viren und Bakterien durch giftige Stoffe (Chlor, Ozon, Biozide u. a.). Diese Chemikalien gelangen, wenngleich verdünnt, über das Ballastwasser wieder ins Meer. Daher sind mechanische und physikalische Verfahren den chemischen vorzuziehen (AIDA 2014, 2015).

Kritisch zu beurteilen ist, dass auch beim Ballastwasser nicht verlässlich kontrollierbar ist, ob geltende Bestimmungen an Bord eingehalten werden. Die Ballastwasser-Konvention der IMO aus dem Jahr 2004 ist noch nicht in Kraft getreten, weil weniger als 30 Staaten bzw. mit weniger als 35 % der weltweiten Schiffstonnage, diese ratifiziert haben. Somit gibt es aktuell keine allgemeingültige und dauerhaft verlässliche internationale Regelung und die wenigsten Schiffe, insbesondere die Handelsmarine, haben ein ökologisches Ballastwassermanagement. Würde die Konvention ratifiziert, müssten alle Schiffe einen Ballastwasser-Management-Plan aufstellen und ein Ballastwasserbuch führen. Darüber hinaus könnten Staaten die Konvention um eigene Anforderungen ergänzen (IMO 2004). Lokale Hafenbehörden könnten Dokumente und Prozesse kontrollieren. Die Ausbreitung von invasiven Meeresorganismen wäre damit deutlich eingeschränkt.

Bilgenwasser

Die Bilge ist der unterste Teil des Schiffes, in dem sich Bilgenwasser sammelt. Dieses Wasser enthält, auch bei modernen Kreuzfahrtschiffen, Öl- und Kraftstoffreste durch den Betrieb der Motoren sowie durch Wartungs- und Reinigungsarbeiten an den Maschinen. Pro Tag fällt bis zu einem Kubikmeter Bilgenwasser an. Dieses Wasser darf laut IMO innerhalb einer 12-Meilen-Zone nicht unbehandelt abgepumpt werden, sondern muss durch einen Bilgenentöler mittels Separatoren auf einen maximalen Ölgehalt von 15 ppm gereinigt werden, in vielen Schutzgebieten sogar 5 ppm (IMO 2003).

Ein oder mehrere Sensorensysteme in der sogenannten White Box überprüfen den Ölgehalt und leiten über dem Grenzwert liegendes Bilgenwasser zurück in den Kreislauf, bis die Norm erfüllt ist. Die herausgefilterten ölhaltigen Reststoffe müssen schriftlich dokumentiert im Hafen an lizenzierte Entsorger übergeben werden.

Kritiker bemängeln, dass die White Box vereinzelt durch Bypass-Systeme umgangen wird oder eine fehlerhafte Bedienung dazu führt, dass das Bilgenwasser unbehandelt ins Meer gelangt (Sweeting und Wayne 2006). Um dies zu verhindern, darf die White Box nur von einem offiziellen Hafenkontrolleur geöffnet, überprüft und anschließend verplombt werden.

2.1.2 Müll

Unvermeidbarer Bestandteil einer Kreuzfahrt ist die Entstehung von Müll. Obwohl die Kreuzfahrtflotte nur 0,5 % der Gesamtschifffahrtsflotte darstellt, wird geschätzt, dass sie 24 % des weltweiten Schiffabfalls produziert (Copeland 2008). Grund dafür ist der bordseitige Hotelbetrieb. Je nach verwendeten Produkten sowie Gestaltung des Einkaufmanagements variiert das Müllaufkommen zwischen 1 und 3 kg pro Gast und Tag (Sweeting und Wayne 2006; AIDA 2014, 2015). Somit entsteht auf einem Kreuzfahrtschiff mit 2000 Gästen täglich zwischen 2 und 6 t Abfall.

Die MARPOL-Konvention verbietet grundsätzlich die Entsorgung von Müll über Bord. Daher ist ein systematisches Abfallmanagement notwendig, das auf die Entsorgungs- und Verwertungsmöglichkeiten an Bord und an die der anzulaufenden Häfen abgestimmt werden muss. An Bord ist der limitierende Faktor das anfallende Abfallvolumen, welches es zu reduzieren gilt. Wiederverwendbare Stoffe, z. B. Aluminium, Metall und Kartons, werden zum Recycling in speziellen Maschinen zu kompakten Einheiten gepresst. Glasflaschen werden zerkleinert und nach einer Qualitätskontrolle in offenen Säcken verladen, während Bierfässer recycelt und den Brauereien zurückgegeben werden. Holzpaletten werden ebenfalls gesammelt und an Land entsorgt (siehe hierzu TUI Cruises Fallstudie).

Ein wesentlicher Bestandteil des Abfallmanagements an Bord sind Müllverbrennungsanlagen. Sie reduzieren sukzessive das entstehenden Abfallvolumen an Bord durch regelmäßige Verbrennung von Papier und Plastik. Moderne Verbrennungsanlagen nutzen die entstehende Abwärme zur Erzeugung von Warmwasser oder Heißluft, z. B. für die Bordwäscherei. Filter reinigen die Abgase und werden zusammen mit der Asche in Häfen entsorgt. Problematisch ist, dass bei unsachgemäßer Bedienung, durch die Verbrennung von ungeeigneten Materialien sowie durch defekte Filteranlagen Giftstoffe in die Luft gelangen, die Krebs verursachen können (Klein 2009).

Das Verfahren zur Entsorgung von Lebensmittelabfällen hat sich in den vergangenen Jahren verändert und aus Umweltperspektive deutlich verbessert. Moderne Schiffe verfügen über ein Vakuumpumpsystem, das Küchenabfälle absaugt und zentral sammelt. Diese werden anschließend mechanisch entwässert, thermisch getrocknet und schließlich

Tab. 1 Abfallverwertung an Bord der TUI-Cruises- und AIDA-Flotte für die Jahre 2013 und 2014. (Siehe hierzu TUI Cruises Fallstudie)

In Prozent	TUI Cruises		AIDA	
	2013	2014	2013	2014
Reststoffdeponie	47,3	16,1	34,2	29,4
Verbrennung an Bord	23,9	39,4	10,0	8,3
Zerkleinerung an Bord	6,0	15,7	14,9	16,2
Sonderabfall	0,4	4,9	15,8	20,1
Recycling	22,4	23,9	25,1	26,0

verbrannt. Ältere Schiffe, die nicht über dieses System verfügen, sammeln Lebensmittelabfälle in Kühlanlagen, um sie entweder im Hafen zu entsorgen oder mechanisch auf weniger als 2,5 cm zerkleinert über die Grauwasserentsorgung ins Meer zu leiten. Diese Einleitung hat jedoch einen negativen Einfluss auf die Wasserqualität. Bakterien zersetzen unter Verwendung von Sauerstoff die Abfälle, welches zu einer Verringerung des Sauerstoffgehalts des Wassers führt. Im betroffenen Ökosystem entstehen zusätzliche Sedimente und die Wasserqualität verschlechtert sich (US EPA 2008).

Die deutschen Kreuzfahrtgesellschaften streben eine hohe Recyclingquote an. Zum Beispiel AIDA und TUI Cruises recyceln zwischen 22–26 % ihrer Abfälle. Tab. 1 zeigt am Beispiel der beiden Unternehmen, wie 2013 und 2014 das Gesamtabfallvolumen verwendet wurde. Deutlich wird, dass während die Recyclingquote konstant bleibt, aber die anderen Abfallkategorien hohen Schwankungen unterliegen.

2.2 Emissionen

Kreuzfahrtschiffe benötigen für den Betrieb und die Fortbewegung fossile Treibstoffe, hauptsächlich in Form von Schweröl. Bei der Verbrennung entstehen Emissionen. Zu den ökologisch relevantesten Emissionen zählen Kohlendioxide (CO_2), Schwefeloxyde (SOx) und Stickoxyde (NOx). Darüber hinaus wird der Ausstoß von Rußpartikeln (Black Carbon) und Feinstaub kritisiert (Hollmann 2002).

Es gibt vier sich ergänzende Ansätze zur Reduzierung von Emissionen, die im Folgenden vorgestellt werden.

1. Reinigung der Abgase mittels moderner Abgasnachbehandlungssysteme (AEPs).
2. Verwendung von umweltfreundlicheren Treibstoffen, z. B. schwefelreduziertes Schweröl oder maritimer Diesel.
3. Senkung des Treibstoff-Durchschnittverbrauchs pro Gast und Seemeile durch eine verbesserte Effizienz der Gewinnung und Nutzung von Energie.
4. Nutzung von Landstrom oder Powerbarges während der Liegezeiten.

2.2.1 Umweltbestimmungen

Schwefel bzw. das durch Verbrennung entstehende Schwefeloxyd ist besonders umweltschädlich. Die MARPOL-Konvention schreibt daher eine weltweite Obergrenze von 3,5 % Schwefelanteil in maritimen Treibstoffen vor (Douvier 2005). Dieser Wert ist vergleichsweise hoch, da z. B. Autotreibstoffe nicht mehr als 0,001 % Schwefel enthalten dürfen, während Hochseeschiffe Schweröl mit einem 3500fachen Anteil verbrennen dürfen (Adler 2008). In der Praxis und auf die gesamte Branche berechnet wird jedoch im Durchschnitt Schweröl mit einem Schwefelgehalt von 2,7 % verwendet. Insgesamt trägt die Schifffahrt mit 16 % zu den globalen Schwefelemissionen bei (Capaldo et al. 1999; Corbett et al. 2007). In den letzten Jahren wurden sowohl technische Lösungen als auch alternative Kraftstoffe entwickelt, die in vielen Häfen und in von der IMO besonders regulierten Gegenden (Emission Control Area, kurz ECA) eingesetzt werden müssen.

Zu den größten ECAs gehören seit 2006 Ostsee und Nordsee, seit 2009 die kalifornische Küste und seit 2012 eine 200 Seemeilenzone entlang Kanada und den USA. In allen ECAs gelten mittlerweile ein maximaler Schwefelgehalt von 0,1 % beziehungsweise äquivalente Abgaswerte. Die US-Behörde EPA (Environmental Protection Agency) rechnet damit, dass strengere Regelungen der ECAs innerhalb von 10 Jahren Schwefeloxide um 86 %, Stickoxide um 23 % sowie Feinstaub um 74 % reduzieren werden. Seit 2010 gilt in Häfen der Europäischen Union ebenfalls eine 0,1 % Schwefelgrenze für Liegezeiten ab 2 h und in der Region südlich des 60. Breitengrades dürfen Schiffe seit Mitte 2011 generell kein Schweröl an Bord mitführen, selbst wenn die Maschinen nur mit Marine-Diesel betrieben werden.

Weitere umweltschädliche Emissionen wie Stickoxide und Feinstaub hängen nicht nur von der Qualität des Schweröls ab, sondern auch von der verwendeten Art des Treibstoffs und dem technischen Stand der Motoren. Grenzwerte für Stickoxide gelten seit 2011. Eine signifikante Reduzierung um 65–75 % kommt jedoch erst ab 2016 für alle Neubauten und auch diese nur für das Befahren US-amerikanischer Hoheitsgewässer. Der Ausstoß von Feinstaub auf See ist weiterhin nicht reguliert, obwohl hohe Feinstaubbelastungen der Luft bei Menschen zu schweren Gesundheitsschäden führen können.

Die größte Schwachstelle im System der internationalen Emissionsregulierungen ist die Überprüfung der einzuhaltenden Grenzwerte. Zwar sind die jeweiligen Flaggenstaaten zuständig für die Einhaltung der MARPOL-Grenzwerte. Aber aufgrund des weltweiten Einsatzes von Schiffen kann dies nur begrenzt umgesetzt werden. Lokale Hafenbehörden sind aber zu Kontrollen berechtigt und können Bußgelder verhängen bzw. Schiffe festsetzen. Zum Beispiel musste Disney Cruise Line 2011 wegen zu hoher Emissionen im Hafen von Neapel eine 40.000 US$ Geldstrafe bezahlen (SUK 2011).

2.2.2 Abgasnachbehandlungssysteme

Um die Umweltvorgaben der IMO zu erfüllen, haben die drei größten Kreuzfahrtkonzerne erklärt, bis 2020 alle ihre Schiffe mit AEPs auszurüsten (RCC 2014). Diese AEPs können Schwefel- und Stickoxyde bis zu 99 % sowie Rußpartikel zu 90 % reduzieren. Ebenfalls um bis zu 70 % verringert werden teilweise die Emissionen von Kohlenmonoxid sowie 85 % von nicht verbranntem Kohlewasserstoff (AIDA 2014, TUI Cruises 2014).

Hauptbestandteil, neben einem Katalysator für Stickoxyde, ist der Scrubber. Scrubber waschen Schwefel und Rußpartikel mithilfe von Meer- oder Frischwasser aus den Treibstoffabgasen heraus. Die zurückgehaltenen Schadstoffe müssen an Land fachgerecht entsorgt werden. Der Einbau von Scrubbern hat für die Reedereien den Vorteil, unabhängig von der Verfügbarkeit schwefelreduzierter Kraftstoffe zu sein und in Zukunft auch in neu ausgewiesenen ECAs operieren zu können. Ein weiterer positiver Aspekt ist die deutliche Reduzierung von sichtbaren Abgasen (Rußwolken) sowie ein werblicher Nutzen, der Investitionen in Umweltsysteme hervorhebt. Die Investition in ein AEP ist kostenintensiv und bei bereits in Betrieb befindlichen Schiffen aufwändig. Die Kosten amortisieren sich über die Preisdifferenzen zwischen regulärem Schweröl und teurerem schwefelarmen Treibstoff, der in ECAs eingesetzt werden müsste.

Wie beim Abfall- und Abwassermanagement ist auch der Einsatz von Scrubbern an Bord steuerbar. Scrubber verbrauchen ca. 2 % mehr Energie und können jederzeit zu- und abgeschaltet werden. Kritisch zu betrachten ist, dass allein durch die Installation eines Scrubbers noch nicht gewährleistet ist, dass dieser auch jederzeit zum Einsatz kommt – oder aber nur in den Schutzgebieten verwendet wird. Eine Einsatzkontrolle kann zwar nicht vollständig gewährleistet werden, jedoch sind alle Schiffe verpflichtet, ein Logbuch über den Einsatz der Anlage für Überprüfungen der Hafenverwaltungen zu führen (siehe hierzu TUI Cruises Fallstudie).

2.2.3 Energieeffizienz

Die Verbesserung der Energieeffizienz im Betrieb und beim Antrieb hat für Kreuzfahrtunternehmen sowohl ökologische als auch ökonomische Vorteile. Antriebskraft und Energiegewinnung wird an Bord mit unterschiedlichen Aggregaten erzeugt. Die größten Effizienzgewinne lassen sich bei Neubauten erzielen, die gegenüber älteren Schiffen zwischen 15–20 % Effizienzreduktion erzielen können. An Bord werden jeweils ca. 50 % des Energieeinsatzes für den Antrieb und für den Betrieb verwendet (AIDA 2014). Hauptlastabnehmer sind Klimaanlagen, Beleuchtung, Küche und Wasseraufbereitung. Zusatzaggregate, z. B. Bugstrahlruder, benötigen bei Hafenmanövern kurzzeitig sehr viel Strom (siehe hierzu auch TUI Cruises Fallstudie).

Energieeinsparungen an Bord werden durch diverse Maßnahmen erreicht:

- Hydrodynamische Optimierung: spezielle Rumpfformen, Propeller, Ruder und Silikonanstriche reduzieren den Wasserwiderstand.
- Air-Lubrication-Systeme: durch Luftblasen-Teppiche unter dem Rumpf verringert sich der Wasserwiderstand und soll zu 5–7 % Kraftstoffeinsparungen führen (AIDA 2015).
- HVAC-Control-System: Energie- und Klimamanagementsysteme können mehrere Tonnen CO_2 pro Tag einsparen. In kühleren Fahrgebieten wird die Kühlwirkung des Seewassers genutzt. Kabinentemperaturen können individuell geregelt werden. Iso-

lierbeschichtung und hocheffiziente Klimaanlagen reduzieren den Energieverbrauch in den Kabinen um bis zu 20 % (TUI Cruises 2014).
- Routenmanagement: eine optimierte Planung der Route zur Verringerung der Gesamtreisedistanz oder zur Ausnutzung von Winden und Strömungen, Geschwindigkeitsreduzierungen (Slow-Steaming) sowie abgestimmte Liegezeiten können den Treibstoffverbrauch deutlich reduzieren.
- Lichtkontrollsysteme: die Installation von automatischen, fotosensiblen Dimmern, Bewegungsmeldern und der Einsatz von effizienteren Leuchtmitteln (LEDs) erhöht sowohl den Komfort als auch die Beleuchtungseffizienz.
- Wärme-Rückgewinnung: Motoren, Müllverbrennungsanlagen, Wäschereien, Klimaanlagen und Küchengeräte sind Wärmequellen, deren Abwärme zur Gewinnung von Warmwasser genutzt wird.

Den größten Effekt der genannten Maßnahmen erzielen Slow-Steaming und Routenmanagement, da jede nicht gefahrene Seemeile direkt Treibstoff spart. Die Reederei Costa Crociere nutzt auf älteren Schiffen, die nur sehr ineffizient operieren, Potenziale durch Langsamfahrten, längere Hafenliegezeiten und weniger Seetage. Gästen wird dieses Vorgehen als „Slow-Cruise" verkauft (Welt 2014). Die Flotten AIDA und TUI Cruises setzen diese Maßnahmen in Teilen ebenfalls um, nutzen aber auch Effekte über LED-Leuchtmittel, Verzicht auf Minibars und effiziente Klimaanlagen (siehe hierzu TUI Cruises Fallstudie).

2.2.4 Nutzung von externer Stromversorgung

Rund 40 % der Gesamtreisezeit verbringt ein Kreuzfahrtschiff durchschnittlich im Hafen (AIDA 2015). Dort muss die Energieversorgung über die Schiffsmotoren erfolgen, sodass auch im Hafen Emissionen ausgestoßen werden. Durch die Nähe zu Wohngebieten stellen diese Emissionen eine erhebliche gesundheitliche Belastung für die lokale Bevölkerung dar. Aus diesem Grund streben Häfen und Kreuzfahrtgesellschaften alternative Energieversorgungen für Schiffe ohne modernes Abgasfiltersystem während der Liegezeiten an, wie dies zum Beispiel in Hamburg der Fall ist (Linnert 2015).

Eine Möglichkeit ist, die Versorgung des Schiffs über einen Landstromanschluss zu gewährleisten (Cold Ironing). Hohe Investitionskosten, geringe Verfügbarkeiten in Häfen sowie unterschiedliche Systemvoraussetzungen haben bis dato eine großflächige Nutzung verhindert. Flexibler ist hingegen die Versorgung von Schiffen über mobile, schwimmende Gaskraftwerke (Power-Barge oder LNG-Hybrid-Barge). Durch die Verbrennung von Flüssiggas entfallen Emissionen von Schwefeloxiden sowie Rußpartikeln. Emissionen von Stickoxiden reduzieren sich um 80 % und die von Kohlendioxid um weitere 30 % (AIDA 2014).

In der Zukunft könnte der bordseitige Einsatz von Dual-Fuel-Motoren eine besondere Rolle während der Liegezeiten spielen. Diese Modelle verbrennen neben Schweröl und Diesel auch Flüssiggas. Damit könnten Kreuzfahrtschiffe in Häfen über einen LNG-Anschluss, eine Barge oder über Treibstoff-LKW emissionsarmes Flüssiggas zur Erzeugung von Energie verwenden.

3 Auswirkungen in Destinationen

Kreuzfahrten sind mit dem Besuch von Destinationen verbunden. Insgesamt 80 % der deutschen Kreuzfahrer bereisen europäische Fahrtgebiete und davon 40 % die Mittelmeerregionen. Karibische und asiatische Gebiete spielen eine kleinere Rolle, haben jedoch ein größeres Wachstum (CLIA 2014). Beim Besuch der Häfen in den Destinationen beeinflussen Kreuzfahrtunternehmen und deren Gäste das wirtschaftliche und das soziokulturelle Umfeld, sowohl im Positiven als auch im Negativen.

3.1 Wirtschaftliche Effekte

Destinationen können während der Schiffsliegezeiten über Hafengebühren, schiffsnahe Dienstleistungen oder über Ausflugsverkäufe wirtschaftlich profitieren. Hafenbesucher kaufen hauptsächlich Souvenirs oder versorgen sich mit Essen und Getränken. Die Ausgaben von Kreuzfahrern fallen geringer aus als gemeinhin angenommen. Zwar zeigen Befragungen unter lokalen Geschäftsinhabern, dass für Tage, an denen Schiffe im Hafen sind, zusätzliches Personal angestellt werden muss, aber der Umsatz der Kreuzfahrer beträgt nur 25–40 % des Gesamtumsatzes (Jaakson 2004). Jaaksons Studien zeigen zudem, dass in aller Regel nur Geschäfte, die direkt an der Anlegestelle liegen, von Kreuzfahrern profitieren können, da Straßen ab der 4. Reihe bzw. 200 m vom Schiff entfernt, weitgehend unbesucht bleiben. Diese 200-Meter-Zone ist der für Gäste angenehme und sichere Aktivitätsradius, der teilweise durch den Einsatz lokaler Sicherheitskräfte noch verstärkt wird. Studien aus der Türkei zeigen, dass in Kuşadası vor allem die Geschäfte innerhalb des Kreuzfahrtterminals ökonomisch profitieren, die den eingesessenen Verkäufern Marktanteile abgenommen haben (Klein 2008).

Viele Gäste nehmen an organisierten Ausflügen teil, die bereits an Bord verkauft werden, und an denen die Kreuzfahrtgesellschaften mitverdienen (Johnson 2006). Allerdings wäre ein Verkauf von Ausflügen im Hafen nach der Anlandung aus organisatorischen Gründen für mehrere tausend Gäste schwer durchführbar. Neben den Ausflüglern gibt es vier Arten von Landgängern: Schaufensterbummler, Nahrungsmittelsucher, Herdentiere und Entdecker (Jaakson 2004). Die Entdecker sind die einzigen Gäste, die nicht das Schiff, sondern die besuchten Länder als ihr Reiseziel begreifen. Für eine Auseinandersetzung mit der lokalen Bevölkerung und der Kultur bleibt für den überwiegenden Teil der Gäste keine Zeit bzw. es ist auch kein Interesse vorhanden (Henthorpe 2000).

In der Regel halten sich Kreuzfahrtgäste drei bis acht Stunden an Land auf (Dann und Porter 1997). Die Aufenthaltsdauer wird maßgeblich durch die Kreuzfahrtgesellschaft bzw. den Kapitän bestimmt, der zwischen Kundenwünschen, Zeitmanagement und Wetterbedingungen abwägen muss. Für eine Destination ist es besser, wenn Gäste so lange wie möglich bleiben, um den lokalen Umsatz zu steigern. Je kürzer sich Gäste an Land aufhalten, desto geringer ist das absolute Ausgabevolumen.

Zur Beurteilung des ökonomischen Nutzens in Form von Arbeitsplätzen, Armutsminderung und Deviseneinnahmen muss betrachtet werden, welchen Nettoeffekt die Kreuzfahrer für die lokale Wirtschaft erbringen. Dabei spielt der Betrachtungsrahmen eine besondere Rolle. Zudem muss berücksichtigt werden, welche ökonomischen Alternativen in Form von Opportunitätskosten für das Gastland bestehen (Dwyer und Forsyth 1998). Unbestritten ist, dass die Abhängigkeit der Gastgeber von den Kreuzfahrtgesellschaften größer ist als umgekehrt. Dies folgt aus hohen Infrastrukturkosten der Gastgeber im Vergleich zu geringen Wechselbarrieren für Kreuzfahrtgesellschaften bei der Auswahl eines Alternativhafens, welches kurzfristig veranlasst werden kann. Es stellt sich die Frage, ob Destinationen vor diesem Hintergrund überhaupt in der Lage sind, langfristig zu planen (Ringer 2006).

Ein weiterer Betrachtungsaspekt ist die Allokation der Mittel aus dem Kreuzfahrtgeschäft innerhalb der Destination. Wenn 2000 Kreuzfahrer pro Landgang durchschnittlich 50 € ausgeben, hat ein Kreuzfahrtschiff ein ökonomisches Potenzial von 100.000 €. Insbesondere Landausflüge tragen dazu bei, dass Devisen im Gastland verbleiben. Problematisch ist hingegen, dass diese Ausflüge an Bord verkauft, aber von lokalen Agenturen durchgeführt werden. Insgesamt 50 % des Ausflugspreises verbleiben in der Regel bei den Reedern, die andere Hälfte erhalten die lokalen Agenturen. Diese müssen jedoch mit dem halben Preis ein vollwertiges Programm erbringen. Das führt bei allen Teilnehmern der Wertschöpfungskette zu geringeren Einkünften und Problemen bei der Qualitätserbringung. Deutsche Kreuzfahrtgesellschaften sind daher in den letzten Jahren dazu übergegangen, Landausflüge nachhaltiger zu gestalten, wobei hauptsächlich ökologische und weniger sozioökonomische Verbesserungen im Vordergrund stehen (siehe hierzu TUI Cruises Fallstudie).

Nur eine geringe Anzahl lokaler Anbieter erwirtschaften den größten Teil des Umsatzes. Diese wenigen Akteure sind von den Anforderungen der Kreuzfahrtgesellschaften abhängig, die besondere Auflagen an Qualität und Sicherheit haben und bei Nichterfüllung spezifischer Vorgaben den Anbieter wechseln können (Kelly 2011). Künftig wird sich das Spannungsfeld noch verschärfen, da die Freizeitangebote an Bord immer weiter ausgebaut werden. Kreuzfahrtschiffe entwickeln sich zunehmend zur Hauptattraktion und könnten die Zahl der Anlaufhäfen zwischen den Einschiffungshäfen reduzieren. Damit würden Destinationen von der Wertschöpfung fast vollständig entkoppelt und sie müssten alternative Produkte entwickeln, um ihre Attraktivität zu erhalten.

3.2 Soziale Tragfähigkeit

Landgänge von Kreuzfahrtgästen haben mehrere Besonderheiten. Die größte Herausforderung für die lokale Infrastruktur ist die Kombination aus kurzer Verweildauer und hoher Gästezahl. Typischerweise gehen mehrere tausend Gäste für wenige Stunden von Bord, welches insbesondere kleinere Inseldestinationen vor logistische Probleme stellt, denn die Besucher haben alle ähnliche Ausflüge, Einkaufsinteressen und Verpflegungswünsche.

Es kommt in den Destinationen daher in kurzer Zeit zu extremen Besucherzahlschwankungen. Bei Anwesenheit eines oder mehrerer Schiffe wird eine Hafenstadt in einem geringen Umkreis regelrecht überschwemmt (sog. „People Pollution") und die Tragfähigkeit des Systems überschritten (Baekkelund 1999). Die lokale Bevölkerung zieht sich in diesen Zeiten entweder zurück oder tritt in einen Wettbewerb um Gäste und Kunden (Pinnock 2014). Legen die Schiffe ab, fällt die Destination zurück in einen Wartezustand. Geschäfte werden vorübergehend geschlossen und das Gesamtangebot stark reduziert oder vollständig eingestellt.

Das Komitee der Vereinten Nationen zu nachhaltigem Tourismus stellte fest, dass bei Überschreitung der Tragfähigkeit einer Insel die Lebenshaltungskosten, das Verkehrsaufkommen sowie die Lärmbelästigung steigen. Daraus folgt ein geringerer Lebensstandard für den größten Teil der lokalen Bevölkerung, die ihrerseits wiederum den Tourismus für ihre Einschränkungen beschuldigen (Baron 1999).

Die Frage, inwieweit Ortsansässige bereit sind, die negativen Einflüsse des Kreuzfahrttourismus zu tolerieren, hängt davon ab, wie hoch die individuelle Belastung ist und zu welchem Grad die lokale Bevölkerung direkt oder indirekt von den Gästen oder der Reederei profitieren kann. In Dubrovnik in Kroatien lehnten 10 % der Befragten Kreuzfahrtschiffe kategorisch ab und weitere 50 % beklagten sich darüber, dass sie ihren Tagesablauf bei Anwesenheit von Kreuzfahrtgästen umstellen müssen (Marusic et al. 2007). Die Bevölkerung in den Destinationen stuft die Bereitschaft für den Schutz der Umwelt bei Kreuzfahrern geringer ein als bei Hotelgästen. Kreuzfahrtgäste sind nachweislich weniger an lokalen Umweltbelangen interessiert und haben einen geringeren Austausch mit der lokalen Bevölkerung als andere Touristen (Diedrich 2010).

4 Fazit und Ausblick

Aus ökologischer Perspektive ist für die Kreuzfahrtbranche die derzeit größte Herausforderung die Reduzierung von Emissionen. Mit der Einführung von ECAs, aber vor allem mit dem Inkrafttreten der IMO-Schwefelgrenzwerte für die Gesamtschifffahrt, wurden die notwendigen Voraussetzungen für deutliche Umweltfortschritte geschaffen. Ab 2020 gelten auf allen Meeren Grenzwerte für Schwefel in Schiffstreibstoffen von 0,5 %, und in ECAs und Häfen der EU von 0,1 % (IMO 2013). De facto handelt es sich um ein Schwerölverbot.

Ob die weltweite Regelung tatsächlich in Kraft treten wird, hängt von der Verfügbarkeit geeigneter Treibstoffarten ab, welches 2018 geprüft werden soll und dann auf 2025 verschoben werden könnte. Die Entwicklung und Distribution hochwertigerer Schiffstreibstoffe sind damit die wichtigsten Faktoren. Kreuzfahrtgesellschaften – im Unterschied zur kommerziellen Schifffahrt – entscheiden sich zunehmend für technische Lösungen, die sie damit weitgehend unabhängig von bestehenden aber auch künftigen internationalen Emissionsregulierungen machen. So wird, neben der Entwicklung von Flüssig-Gasmotoren, auch am Brennstoffzellenantrieb geforscht. Beide Antriebsarten wären annähernd schadstofffrei. Vorab müssen jedoch ökologische, technische und wirtschaftliche Auswirkungen überprüft und Regeln sowie Standards für Installation, Zulassung und Betrieb an Bord entwickelt werden. Für Flüssiggas wurde Mitte 2015 der sogenannte IGF-Code durch die IMO verabschiedet, der künftig alle LNG-Prozesse weltweit einheitlich reguliert.

Bereits heute könnten alle Kreuzfahrtschiffe deutlich umweltfreundlichere Treibstoffe einsetzen. Diese sind bis zu 80 % teurer als herkömmliches Schweröl. Abhängig von der Treibstoffpreisdifferenz und dem Dollar-Wechselkurs, würden Mehrausgaben pro Passagier und Tag in Größenordnungen zwischen 5 bis 15 % entstehen. Eine Kreuzfahrt dauert in Deutschland durchschnittlich 9 Tage (DRV 2015). Sie würde sich demnach um 45 bis 135 € verteuern. Auf der anderen Seite wächst der Markt an umweltbewussten Reisenden, die bereit sind, mehr Geld für umweltfreundlichere Reisen zu bezahlen. Im internationalen Wettbewerb könnte dies ein Anreiz für CSR-orientierte Unternehmen sein, sich von anderen Kreuzfahrtgesellschaften zu differenzieren und emissionsarmen Treibstoff zu tanken. Langfristig wird es jedoch zu einheitlichen Standards, die für alle Marktteilnehmer gelten, keine Alternative geben. Dazu gehören verbindliche und überprüfbare Vorgaben des Branchenverbandes CLIA und letztendlich auch die Ausweisung neuer ECAs, z. B. für Australien oder Süd-Ost-Asien, die für sämtliche Schiffe gelten würden.

Das Selbstverständnis der Kreuzfahrtbranche wird sich weiterentwickeln müssen. Es bedarf einer sozialen und ökologischen Orientierung, die sich nicht an Best Practices der Branche ausrichtet, sondern weitreichende Verbesserungen anstrebt. Viele der bestehenden rechtlichen Umweltvorgaben sind heute nicht mehr zeitgemäß und liegen hinter denen anderer touristischer Branchen zurück. Es reicht somit nicht mehr, nur die gesetzlichen Vorgaben einzuhalten und damit ein verantwortliches Handeln zu demonstrieren. Corporate Social Responsibility verpflichtet Unternehmen, über den gesetzlichen Rahmen hinaus Verantwortung zu übernehmen.

Dazu gehört, dass sich die Kreuzfahrt den Prinzipien der Nachhaltigkeit, insbesondere der sozialen, stärker verschreibt. Sicherlich ist bereits viel umgesetzt worden, aber es gibt noch ein deutliches Verbesserungspotenzial. Insbesondere muss sich mit sozialen Fragestellungen an Bord und an Land auseinandergesetzt werden. Auf die besuchten Destinationen hat die Branche, wie gezeigt wurde, einen weitreichenden positiven Einfluss für Geschäftsinhaber, Souvenirhändler, Transporteure oder Fremdenführer. Es gilt jedoch einen fairen, gerechten und angemessenen lokalen Wirtschaftsbeitrag für alle Einwohner zu leisten, insbesondere diejenigen, die die negativen Begleiterscheinungen der Kreuzfahrt am stärksten zu ertragen haben. Eine behutsame, partizipative und langfristige Entwicklung von Kreuzfahrtdestinationen unter Einbezug der lokalen Politik, Gesellschaft und ggf. Nichtregierungsorganisationen muss die gleiche Priorität erhalten wie in den vergangenen Jahren die Müllverwertung oder das Abwassermanagement an Bord. Das ist nicht nur die Aufgabe einzelner Kreuzfahrtgesellschaften, sondern vor allem die Verantwortung der gesamten Branche, z. B. über die Branchenvertretung CLIA.

Literatur

Adler M (2008) Seeluft macht krank. fairkehr 9(1):14–17

AIDA (2013) AIDA cares Zusammenfassung 2013. Nachhaltigkeitsbericht 2013

AIDA (2014) AIDA cares Zusammenfassung 2014. Nachhaltigkeitsbericht 2014

AIDA (2015) AIDA cares Zusammenfassung 2015. Nachhaltigkeitsbericht 2015

Baekkelund A (1999) Solving the people pollution problem. Seatr Cruise Rev 61

Baron E (1999) Shifting promotion away from events. Solares Hill 9. (Zitiert aus Klein, Ross A (2011) Responsible cruise tourism: Issues of cruise tourism and sustainability. Journal of Hospitality and Tourism Management 18.1:107–116.)

Capaldo K, Corbett JJ, Kasibhatla P, Fischbeck P, Pandis SN (1999) Effects of ship emissions on sulphur cycling and radiative climate forcing over the ocean. Nature 400(6746):743–746

CIN (2015) Annual Report 2014–2015. Cruise Ind News 27:7

CLIA (2009) ECC agreement on discharges in the baltic. http://www.cliaeurope.eu/images/downloads/safety/ecc_agreement_on_discharges_in_the_baltic.pdf. Zugegriffen: 13. Feb. 2017

CLIA (2011) ECC statement on Blackwater discharge. http://www.cliaeurope.eu/images/downloads/safety/ecc_statement_on_blackwater_discharge.pdf. Zugegriffen: 13. Feb. 2017

CLIA (2013) Global Economic impact Study. Exton, S. 5

CLIA (2014) 2014 CLIA Annual report – Charting a course to sucess. http://www.cruising.org/about-the-industry/research/2014-annual-report. Zugegriffen: 13. Feb. 2017

Copeland C (2008) Cruise Ship Pollution: Background. Laws and Regulations, and Key Issues. Congressional Research Service, Washington, DC (Report #RL32450)

Corbett JJ, Winebrake JJ, Green EH, Kasibhatla P, Eyring V, Lauer A (2007) Mortality from ship emissions: a global assessment. Environ Sci Technol 41(24):8512–8518

Dann GM, Porter A (1997) Tourist behaviour as controlled freedom. In: Burshell R (Hrsg) Tourism research building a better industry. Australian Tourism and Hospitality Research Conference, Sydney, 6–7 July. Bureau of Tourism Research, Canberra, S 224–254

Dawson P (2000) Cruise ships: an evolution in design. Conway Publishing, London

Diedrich A (2010) Cruise ship tourism in Belize: The implications of developing cruise ship tourism in an ecotourism destination. Ocean Coast Manag 53(5):234–244

Douvier SW (2005) MARPOL – Umweltschutz auf dem Meer – Bestandsaufnahme und Ausblick. Salzwasser-Verlag, Bremen

DRV (2015) Fakten und Zahlen 2014 zum deutschen Reisemarkt. Deutscher ReiseVerband, Berlin

Dwyer L, Forsyth P (1998) Economic significance of cruise tourism. Ann Tour Res 25(2):393–415

fvw (2015) fvw Dossier Deutsche Veranstalter 2015. FVW Medien GmbH, Hamburg

Henthorpe T (2000) An analysis of expenditures by cruise ship passengers in Jamaica. J Travel Res 38:246–250

Hollmann M (2002) Sauberes Schiff ahoi! VDI Nachrichten Bd 19, S 15

IMO (2003) Revised guideline and specifications for polluition prevention equipment for machinery space bildges of ships. http://www.imo.org/blast/blastDataHelper.asp?data_id=15710&filename=107(49).pdf. Zugegriffen: 13. Feb. 2017

IMO (2004) International Convention for the Control and Management of Ships' Ballast Water and Sediments (BWM). http://www.imo.org/en/About/Conventions/ListOfConventions/Pages/

International-Convention-for-the-Control-and-Management-of-Ships'-Ballast-Water-and-Sediments-(BWM).aspx. Zugegriffen: 13. Feb. 2017

IMO (2013) Marpol Annex VI and NTC 2008: with guidelines for implementation. International maritime organization

Jaakson R (2004) Beyond the tourist bubble?: cruiseship passengers in port. Ann Tour Res 31(1):44–60

Johnson D (2006) Providing ecotourism excursions for cruise passengers. J Sustain Tour 14(1):43–54

Kelly S (2011) Carnival cancels calls to Belize because no result to its demand for tender price decrease. Amandala. http://amandala.com.bz/news/carnival-cancels-calls-to-belize-because-no-result-to-its-demand-for-tender-price-decrease/. Zugegriffen: 13. Feb. 2017

Klein RA (2002) Cruise ship blues: The underside of the cruise ship industry. New Society Pub

Klein RA (2005) Cruise ship squeeze: The new pirates of the seven seas. New Society Publishers

Klein RA (2008) Paradise lost at sea: Rethinking cruise vacations. Brunswick Books

Klein RA (2009) Getting a grip on cruise ship pollution. Friends of the Earth

Linnert U (2015) Der Schein trügt. fairkehr 16(3):22–24

Marusic Z, Horak S, Tomljenovic R (2007) The socioeconomic impacts of cruise tourism: a Fallstudie of Croatian destination. Tour Marit Environ 5(2):131–144

Pinnock FH (2014) The future of tourism in an emerging economy: the reality of the cruise industry in Caribbean. Worldw Hosp Tour Themes 6(2):127–137

RCC (2014) Royal Caribbean steaming ahead toward global emissions standards. Press release. https://www.royalcaribbeanpresscenter.com/press-release/1125/royal-caribbean-steaming-ahead-toward-global-emissions-standards/. Zugegriffen: 13. Feb. 2017

Ringer G (2006) Cruising north to Alaska: the new 'gold rush. In: Dowling RK (Hrsg) Cruise Ship Tourism. CABI, Wallingford

Seatrade Insider (2010) CLIA issues environmental report, video. Seatrader Insider News. http://www.cruise-community.com

SUK (2011) Disney Cruise Line muss 40.000 US$ Geldstrafe wegen zu hoher Emissionen im Hafen von Neapel bezahlen. Schiffe und Kreuzfahrten. https://www.schiffe-und-kreuzfahrten.de/disney-cruises/disney-cruise-line-zu-40-000-geldstrafe-verurteilt-wegen-zu-hoher-emissionen-im-hafen-von-neapel/8596/. Zugegriffen: 29. Mär. 2016

Sweeting JE, Wayne SL (2006) A shifting tide: environmental challenges and cruise industry responses. cruise ship tourism

TUI Cruises (2013) Umweltzwischenbericht 2013, Umweltzwischenbericht 2013. https://tuicruises.com/nachhaltigkeit/umweltbericht/. Zugegriffen: 13. Feb. 2017

TUI Cruises (2014) Umweltbericht 2014, Umweltbericht 2014. https://tuicruises.com/nachhaltigkeit/umweltbericht/. Zugegriffen: 13. Feb. 2017

US EPA (2008) Cruise ship discharge assessment report. Washington, DC. Environmental Protection Agency Report #EPA842-R-07-005

Welt (2014) Manche Gäste müssen „Slow-Cruise" erst noch lernen. Die Welt. http://www.welt.de/reise/nah/article132724433/Manche-Gaeste-muessen-Slow-Cruise-erst-noch-lernen.html. Zugegriffen: 13. Feb. 2017

 **Prof. Dr. Harald Zeiss** studierte in Nürnberg BWL, in Straßburg Politikwissenschaften und erwarb einen MBA in den USA. Im Jahr 2005 wurde er an der WHU in Vallendar promoviert. Anschließend wechselte er zum Reiseveranstalter TUI Deutschland, für verschiedene Verantwortungsbereiche. Von 2009 bis 2016 leitet er dort das Nachhaltigkeitsmanagement. Zeiss ist Professor an der Hochschule Harz in Wernigerode, mit den Forschungsschwerpunkten Nachhaltigkeit und internationaler Tourismus, und leitet als Gründer und Geschäftsführer das Institut für nachhaltigen Tourismus mit Sitz in Hannover. Er ist der Vorsitzende des Ausschusses Nachhaltigkeit beim Deutschen ReiseVerband, Vorsitzender des Umweltbeirats des Tourismusverbandes Sachsen-Anhalt und stellv. Direktor des Instituts für Tourismusforschung in Wernigerode. Im Jahr 2016 forschte Zeiss zu den Umwelteinflüssen von Kreuzfahrtschiffen an der Bond University in Queensland, Australien.

CSR und Nachhaltigkeit bei Events

Ulrich Holzbaur und Stefan Luppold

1 Einführung

Ein wichtiger Aspekt in der Wechselwirkung von Nachhaltigkeit und Events ist die Berücksichtigung der nachhaltigen Entwicklung als Randbedingung für die Organisation und Durchführung des Events. Eventmanagement umfasst die gesamte Planung, Koordination und Kontrolle von Veranstaltungen. Die Verantwortung des Veranstalters für den Event ist allumfassend und kann nicht abgegeben werden. Besucher und Öffentlichkeit rechnen dem Eventveranstalter alle positiven und negativen Ereignisse zu, dies gilt auch für die Effekte zum Megatrend Nachhaltigkeit. Der Eventmanager ist auch für das (Fehl-)Verhalten seiner Mitarbeiter verantwortlich, Einweisungen, Motivation und Kontrolle in angemessenem Umfang sind unbedingt notwendig.

Events können bei richtiger Planung auch positive Nachhaltigkeitswirkungen entfalten. Dies gilt nicht nur für jene Events, die gezielt einen Nachhaltigkeitsaspekt zum Gegenstand haben – für eine direkte Wirkung als Bildungsmaßnahme oder mit dem Ziel, Fundraising bzw. Sponsoring für Maßnahmen der nachhaltigen Entwicklung zu betreiben, vielmehr können in jede Veranstaltung Bewusstseinsbildung für nachhaltige Entwicklung und lokale Nachhaltigkeitsaspekte integriert werden.

U. Holzbaur (✉)
Hochschule Aalen
Beethovenstrasse 1, 73430 Aalen, Deutschland
E-Mail: Ulrich.Holzbaur@hs-aalen.de

S. Luppold
Duale Hochschule Baden-Württemberg (DHBW) Ravensburg
Rudolfstraße 11, 88214 Ravensburg, Deutschland
E-Mail: luppold@dhbw-ravensburg.de

© Springer-Verlag GmbH Deutschland 2017
D. Lund-Durlacher et al. (Hrsg.), *CSR und Tourismus*,
Management-Reihe Corporate Social Responsibility, DOI 10.1007/978-3-662-53748-0_18

2 Strategisches Eventmanagement und Nachhaltigkeit

Das strategische Eventmanagement beinhaltet alle Maßnahmen, die über die operativen Maßnahmen des Eventmanagements (operatives Eventmanagement) und die Planung und Organisation einzelner Events (individuelles Eventmanagement) hinausgehen (Dinkel et al. 2013). Die wichtigsten Aspekte sind:

- eine klare Zielsetzung für den Event,
- die Integration einer nachhaltigen Strategie und nachhaltiger Unternehmensführung,
- die konsequente Orientierung an den Zielgruppen,
- kreative Eventkonzepte (mehr Event statt mehr Events),
- Virtualisierung,
- die Integration und Demonstration von gesellschaftlicher Verantwortung,
- solide Planung und glaubwürdige Kommunikation.

Der Ausgangspunkt und die Motivation für eine Umsetzung von nachhaltigen Events können von außen (Kundenwunsch, Zertifizierung, Image) oder von innen (Überzeugung, Kostenaspekte, Mitarbeiterwunsch, Unternehmenstradition) kommen.

Die Eventorganisation (und zwar sowohl das veranstaltende Unternehmen als auch das operative Eventteam) braucht eine klare Vorstellung über Ziele und Werte sowie der konkreten Nachhaltigkeitsorientierung des Events. Dies schließt die grundlegenden Werte und Prinzipien der Eventorganisation mit ein. Die Leitungsebenen der Veranstaltungsorganisation müssen das Thema Nachhaltigkeit und die Bedeutung von nachhaltigen Events verstanden haben und unterstützen. Dies sollte auch entsprechend dokumentiert und kommuniziert werden.

3 Die Organisation eines nachhaltigen Events

Eine der wirksamsten Maßnahmen ein Event nachhaltig zu gestalten, ist die Sensibilisierung und Befähigung der Mitarbeiter. Das reicht vom Planungsteam bis zu den Mitarbeitern vor Ort. Nur durch Personalführung – Einweisung und Vorbildfunktion – und Bereitstellen von Kompetenzen, Ressourcen und Informationen werden die wichtigen Komponenten des nachhaltigen Eventmanagements umgesetzt.

Engagierte, aufmerksame und richtig eingewiesene Mitarbeiter können Unzulänglichkeiten kompensieren und Problemen vorbeugen. Wichtig dabei sind klare Informationen und Hinweise auf die Bedeutung des Handelns der Mitarbeiter für den Erfolg des Events. Dies wird ergänzt durch einen ständigen Prozess im Sinne von Qualitäts- und Wissensmanagement, des Learnings, dokumentiert und in den Handlungsstandard zukünftiger Events überführt. Die Leitungsebene einer Organisation ist für die Konsequenzen des Handelns ihrer Mitarbeiter verantwortlich, insbesondere für die Einhaltung der gesetzlichen Vorschriften. Nicht umsonst spielt deshalb die Einweisung des Personals und die

Verantwortung des Managements für diese Einweisung eine wichtige Rolle. Auch spielt die Organisationskultur eine wichtige Rolle für die Stimmung und für den Erfolg. Im Eventmanagement sind die Besucher, Mitarbeiter, Kunden und andere Stakeholder für den Erfolg besonders wichtig. Sie müssen systematisch eingebunden und informiert werden.

Ein umweltfreundliches und nachhaltigkeitsgerechtes Eventbüro ist die Basis für die Glaubwürdigkeit und Umsetzung von nachhaltigen Events. Diejenigen CO_2-Emissionen, die nicht vermieden werden können, können kompensiert werden. Dies betrifft das Büro selbst und alle Eventbereiche. Die Kompensation wird aber im Allgemeinen zentral über das Eventbüro abgewickelt. Basis der Kompensation ist die Erfassung der entsprechenden Auswirkungen (also z. B. Treibhauseffekt, Carbon Footprint, CO_2-Äquivalente) durch eine Öko-Bilanz. Die Kompensation kann durch eigene Maßnahmen, Kooperationen oder durch Kompensationszahlungen (monetär) erfolgen (Holzbaur 2016).

4 Zentrale Umsetzungskomponenten eines nachhaltigen Events

Im Folgenden wird – übergreifend zu den in den folgenden Kapiteln betrachteten Phasen – auf einige Umsetzungsaspekte der Nachhaltigkeit vertieft eingegangen. Wichtige Anleitungen findet man in Ciernjacks et al. (2008) und Holzbaur (2015).

4.1 Der Kern des Events – das Programm

Der Kern des Events ist das Programm, das auf einer Bühne oder interaktiv stattfindet. Für den Erfolg eines Events sind die betrachteten Aktivitäten wichtig:

- Umsetzung der Strategie in ein Programm, Event-Entwicklung,
- Programmauswahl, Zusammenstellung,
- Programmgestaltung, Inszenierung,
- Markenbildung, langfristige Positionierung.

4.2 Information und Kommunikation

Die Informationsphase aus Sicht der Eventbesucher stellt die Weichen, ob und mit welchen Erwartungen der Besucher am Event teilnimmt. Hier kann man gezielt Zielgruppen ansprechen und die Nachhaltigkeitsaspekte als Auswahlkriterium hervorheben.

In der Informationsphase können Alternativen bezüglich nachhaltigkeitsrelevanter Aspekte aufgezeigt werden, wie beispielsweise:

- Nachhaltigkeitsfreundliche Komponenten bei der Zusammenstellung des Events,
- Bildungskomponenten und zusätzliche Erlebnismöglichkeiten,

- Kompensation von negativen Effekten,
- Kennenlernen von Land und Leuten, Kultur und Hintergründen,
- Auswahl von nachhaltigem Catering und Unterkunft,
- nachhaltige An- und Abreise (Transportmittel, Zeiten),
- Bereitstellung von Informationsmaterial, Hinweise auf Literatur.

4.3 Location und Infrastruktur

Unter der Hardware des Events wird die gesamte feste Infrastruktur, z. B. Wege, Gebäude und die bauliche Infrastruktur, verstanden. Aspekte der Barrierefreiheit und Umweltfreundlichkeit sowie der Erreichbarkeit sind zentral für die Auswahl des Ortes. Gegebenenfalls ist die notwendige Infrastruktur (Toiletten, Hygiene, Lärmschutz, Abgrenzungen) durch den Veranstalter zu schaffen (Oblasser und Riediger 2015).

Weitere wichtige Aspekte bei der Auswahl und Anpassung des Veranstaltungsorts sind:

- Umweltfreundlichkeit,
- Umwelt- und Naturschutz,
- begrenzte Eingriffe in die Natur,
- Zugänge und Logistik, Anreise,
- Ressourcenschutz,
- Emissionsverminderung, Lärm,
- Nachhaltigkeitsmanagement.

Abfall ist eine negative Begleiterscheinung vieler Events. Je nach Art und Niveau des Events bleiben unterschiedliche Reste von Verbrauchsmaterialien oder Geräten übrig und verschmutzen die Location und die Umwelt. Um diese nachträglichen Belastungen zu vermeiden, empfiehlt es sich, diesem Punkt in der Planungsphase gebührend Zeit einzuräumen. Dabei ist die Vermeidung von Müll vorrangig. Für den nicht vermeidbaren Müll sind Entsorgung und Säuberung erforderlich.

4.4 Gastronomie und Catering

Das gastronomische Angebot ist ein wichtiger Teil des Eventerlebnisses und der Nachhaltigkeit. Beim Event sind je nach der Bedeutung des Speisen- und Getränkeangebotes und der Zusammensetzung der Besucher auch besondere Ernährungsformen, z. B. vegan und vegetarisch, koscher und halal, zu berücksichtigen. Diese speziellen gastronomischen Angebote werden umso wichtiger, je länger der Event dauert. Alkoholfreie Getränke, die in Qualität und Preis mit Alkoholischen vergleichbar sind, müssen eine Selbstverständlichkeit sein.

Daneben kann die Gastronomie zum Besuchserlebnis beitragen und ein wichtiger Nachhaltigkeitsbeitrag eines nachhaltigen Events werden (Holzbaur 2013).

Die Gastronomie muss dabei ganzheitlich betrachtet werden, entlang der Wertschöpfungskette vom Einkauf bis zur Konsumation durch den Besucher.

Wichtige Aspekte dabei sind:

- Konzeption und Mengenkalkulation,
- Logistik,
- Küche,
- Service,
- Entsorgung.

Beim Speisen- und Getränkeangebot ist darauf zu achten, dass es nachhaltigkeits- und zielgruppengerecht ist. Neben der Verwendung regionaler und saisonaler Rohstoffe bzw. von Fair-Trade-Produkten sowie Verpackungsaspekten spielen Art und Preis der Gerichte eine wichtige Rolle. Preiswerte und gesunde Gerichte sollten die Regel sein und angestrebt werden. Hier ist eine ergänzende Kommunikation, z. B. über die Speisekarte. wichtig.

Wichtige Anknüpfungspunkte liegen in der Herkunft (regional, fair, bio) und Auswahl (z. B. weniger Fleisch dafür bessere Qualität oder Wild, erhaltenswerte Sorten) der Rohstoffe. Der Zusammenhang mit globalen (Klimaschutz, Gerechtigkeit, indigene Völker) und lokalen (Biodiversität, Kulturlandschaft, Wirtschaft, Abfall, Verschwendung) Themen kann durch zusätzliche Informationen und Bilder gegeben werden, die Verwendung regionaler und traditioneller Konservierungsarten und kreative Resteverwertung können genutzt und thematisiert werden.

4.5 Mobilität bei An- und Abreise sowie vor Ort

Mobilität bezieht sich auf die An- und Abreise, aber auch auf die Mobilität vor Ort.

Unter Umweltaspekten ist eine Anreise mit öffentlichen Verkehrsmitteln empfehlenswert. Durch spezielle Bonussysteme (Ermäßigung beim Eintritt oder Gutscheine für Essen/Trinken bei Vorlage einer Fahrkarte) oder ein Kombiticket (Eintritt + ÖPNV + Bahn) können Besucher evtl. motiviert werden, das Auto zu Hause stehen zu lassen. Die Anreise mit öffentlichen Verkehrsmitteln kann bereits als Teil des Event-Erlebnisses gestaltet werden und so die Nutzung von Bus und Bahn fördern. Gute Anbindung durch öffentliche Verkehrsmittel und direkte Shuttledienste, z. B. vom Bahnhof zum Festgelände, sind wichtig. Auch hier ist auf Barrierefreiheit und gute Information im Vorfeld und vor Ort zu achten. Ein wichtiger Faktor ist die Abstimmung der Eventzeiten auf den Takt des ÖPNV bzw. der Bahn und die rechtzeitige Planung. Eine umfassende Übersicht gibt das Handbuch Eventverkehr (Dienel und Schmithals 2004).

Für Besucher beginnt ein Event nicht erst mit dem Erreichen des Veranstaltungsortes. Bereits die Anreise ist ein Teil vom Event. Der Transport von Personen zum und vom Event wird umso wichtiger, je mehr Personen an dem Event teilnehmen und je ausgefallener die Event-Location ist.

Die Anreise und Mobilität am Ort des Events stellt eine wesentliche Umweltbelastung dar (Energieverbrauch, Abgase, Lärm, psychische Belastung der Besucher). Hier kann durch umfassende Vorbereitung (Planung, Bereitstellung von Transportmitteln, Werbung) einiges erreicht werden. Das österreichische Bundesministerium für Umwelt, Jugend und Familie hat im Projekt „Großveranstaltungen – umweltgerecht und ohne Stau" (BMUJF 1997) an drei exemplarischen Projekten (Nordische Ski-WM Ramsau, Messe Wieselburg, Internationale Gartenschau Graz) die Möglichkeiten umweltfreundlicher Personenlogistik aufgezeigt. Wichtige Punkte sind auch auf kleinere Events übertragbar:

- Die Besucher müssen durch Werbung informiert und überzeugt werden. Die Anreise kann selbst Eventcharakter bekommen und in den Gesamtevent integriert werden.
- Finanzielle Anreize (Kombikarten, Vergütungssysteme) und bevorzugte Behandlung (kürzere Wege, bevorzugter Eintritt) motivieren zur Nutzung des Angebots.
- Nutzer von PKW können durch Parkleitsysteme, Parkplatzbewirtschaftung und Anreize für Fahrgemeinschaften zu umweltfreundlicherem Verhalten geführt werden.
- Ein pünktlicher, zuverlässiger und freundlicher Betrieb des öffentlichen Personentransports ist für die Akzeptanz entscheidend.

Ein weiterer wichtiger Aspekt ist die umweltfreundliche An- und Abreise, schwerpunktmäßig die Förderung der Anreise mit Bus und Bahn. Dies geht von der Anpassung der Veranstaltungszeiten auf den ÖPNV bis zu der im Preis inbegriffenen Bahnfahrt oder der Kompensation von CO_2-Emissionen.

Der Individualverkehr sollte reduziert und durch Fahrgemeinschaften gebündelt werden. Der nicht vermeidbare PKW-Verkehr sollte möglichst effizient abgewickelt werden.

Transfers von und zu „Park-and-Ride-Parkplätzen" sind von Besuchern gern gesehene Dienstleistungen. Der Stress der Parkplatzsuche entfällt und das Gelände um den Event wird somit entlastet. Für die Gäste, die mit dem eigenen PKW anreisen, ist eine deutliche Beschilderung des Weges zur Veranstaltung hilfreich, da sie Parkplatzsuchverkehr vermeidet.

4.6 Übernachtung am Veranstaltungsort

Der Aufenthalt am Eventort kann auch mit Übernachtungen verbunden sein. Bei mehrtägigen Events werden sowohl für „aktive" Teilnehmer als auch für „passive" Besucher Übernachtungsmöglichkeiten benötigt. Je nach Anlass wird eine unterschiedliche Qualität der Übernachtung gefordert. Für die einen genügt eine Iso-Matte auf freiem Feld, während für die anderen eine Luxussuite mit Whirlpool angemessen erscheint. Für eine realistische Planung, mit der den unterschiedlichen Ansprüchen der Besucher bezüglich der geeigneten Schlafstätte Genüge getan wird, empfiehlt es sich, Übernachtungspläne anzulegen. Eine Übernachtung ist notwendig, wenn die Besucher des Events von weither anreisen oder das Event länger dauert bzw. spät endet. Welche Möglichkeiten es gibt und auf was bei diesen Möglichkeiten geachtet werden sollte, wird nachstehend dargestellt.

Der Aufenthalt während oder in Ergänzung zu einem Event kann dazu genutzt werden, auf die Spezifika der Region hinzuweisen, Bildungseffekte bei den Besuchern und direkte positive Wirkung für die Bevölkerung zu erreichen. Lokal können die Effekte veranschaulicht und dadurch die abstrakten Begriffe erläutert und mit globalen Wirkungsketten verknüpft werden.

Beispiele dafür sind:

- Landschaftsschutz, besonders schützenswerte oder gefährdete Biotope, Biodiversität,
- Folgen des Klimawandels,
- Energieerzeugung und ihre Auswirkungen,
- lokale Produkte und Spezialitäten, lokale Wirtschaftskreisläufe,
- Wertschöpfungsketten und ihre lokale Basis und globale Einbettung,
- Rohstoffgewinnung und ihre Folgen (auch historisch),
- kulturelle Spezifika und Sprache ethnischer Gruppen,
- Nutzung natürlicher (auch biogener) Ressourcen und Nutzungskonflikte,
- Verhältnis (Knappheit, bottleneck) von Fläche, Wasser, Licht, Arbeitskraft und Kapital,
- Historische und aktuelle Konflikte,
- Nutzungskonflikte aller Art.

5 Nachhaltigkeit in den Projektphasen des Events

Die folgenden Ausführungen orientieren sich an den nachhaltigkeitsrelevanten Aktivitäten in den Phasen des Eventmanagements (Holzbaur et al. 2002).

Initialisierung
In der Initialisierung muss das Organisationsteam die Ziele festlegen und mit den wichtigen Stakeholdern abstimmen. Dabei werden die Schwerpunkte bezüglich der Nachhaltigkeitsaspekte und Strategien festgelegt. Im Sinne der Partizipation ist eine frühzeitige Berücksichtigung der Stakeholderinteressen notwendig, selbst wenn diese wegen der noch internen Diskussion nicht explizit befragt werden können.

Start
Die Hauptaufgaben dieser Phase bestehen in der Detailplanung des Events und in der Projektplanung der gesamten Aufgabe. In der Detailplanung wird das Gesamtkonzept detailliert ausformuliert und spezifiziert. Genaue Mengengerüste und Schätzungen helfen

Überkapazitäten und Verschwendung zu vermeiden. Umfangreiche Information und Kooperation mit Fachleuten helfen, Nachhaltigkeitsaspekte zu berücksichtigen. Vor und nach dem „Going Public" muss ein Stakeholderdialog initiiert werden.

Vorbereitung
In der Vorlaufphase zum Event beginnen die eigentlichen Vorbereitungen und die Umsetzung der Projektplanung. Die zur Durchführung des Events notwendigen Maßnahmen müssen vorbereitet werden; für externe Vergaben müssen Angebote eingeholt und geprüft und Aufträge vergeben werden. Hier muss in der Ausschreibung auf Nachhaltigkeitsaspekte Wert gelegt werden.

Die Einladung selbst hat eine Informations- und Signalfunktion gegenüber allen Stakeholdern. Eine Einladung auszusprechen, ist nicht sehr aufwändig, hat aber einen positiven Effekt.

Anlauf
Innerhalb der Anlaufphase des Events werden die notwendigen Aufbauarbeiten vor Ort durchgeführt und die Maßnahmen zum geregelten Hochlaufen der Veranstaltung ergriffen. Hier ergeben sich starke direkte Auswirkungen auf die natürliche und kulturelle Umwelt des Veranstaltungsortes.

Aktiv
Die Aktivphase beschreibt den eigentlichen Ablauf der gesamten Veranstaltung. In dieser Phase wird deutlich, ob das Projekt ausreichend gut geplant worden ist und ob die zuvor getroffenen Entscheidungen richtig waren. Das Ende dieser Phase wird vom offiziellen Schluss der Veranstaltung gekennzeichnet.

Nachlauf
Die Nachlaufphase beschreibt sämtliche Aktivitäten vor Ort nach dem offiziellen Ende der Veranstaltung. Hierzu gehören:

- Abbau unter Beachtung von Immissionsschutz und Abfallvermeidung,
- Abtransport,
- Erfassung der Verbräuche, Aufwände und Belastungen,
- Reflexion des Besucherverhaltens.

Nachbereitung
In die Nachbereitungsphase fallen u. a.:

- Bilanzierung aus Finanzsicht und aus Nachhaltigkeitssicht,
- Einholen und Auswerten von Rückmeldungen,
- Dokumentation der Kontakte und Aufbau der Community,
- Öffentlichkeitsarbeit (Presse, Social Media) und Post-Events,

- Dokumentation des Gesamtprojekts, Nachhaltigkeitsbericht,
- Würdigung der Beiträge (Danksagungen) und Erinnerungsschreiben,
- Erfolgskontrolle mit der Frage: „Haben wir alle unsere Ziele erreicht?",
- und: erkennen wir Erfolg, der nachhallt (Nußbaum 2015)?

Mit dem Ende der Nachbereitungsphase ist das Gesamtprojekt Eventveranstaltung abgeschlossen.

Das strategische Eventmanagement übernimmt die Ergebnisse des Events und der Eventevaluation.

6 Fazit und Ausblick

Nachhaltigkeit und CSR sind bereits auf dem Weg vom Differenzierungsmerkmal zum Standard. So, wie heute die Frage „Befinden sich Flipcharts in den Tagungsräumen?" nicht mehr gestellt werden muss (oder müsste?), so fließen Aspekte von Nachhaltigkeit in die langfristige Ausrichtung von Events ein – und das nicht nur entlang der klassischen Umsetzungskomponenten wie Location oder Catering, sondern auch mit Blick auf die Wirkungsdimension. Ökologische Aspekte (Green Events) und Barrierefreiheit werden zwar immer mehr zur Norm, aber die ganzheitliche Umsetzung der Nachhaltigkeit in ihrer lokalen und globalen Wirkung bietet noch viel Potenzial.

Veranstaltungen, die auf der Grundlage eines strategischen Konzepts umgesetzt werden, sind effizient. Durch eine längerfristige Orientierung und Zielsetzung – und der Vermeidung von Einzel-Events ohne Anschluss an die vorherigen und nachfolgenden – wirken sie optimal, reduzieren dabei von selbst den Ressourceneinsatz und stehen für eine verstandene und angewandte unternehmerische Gesellschaftsverantwortung. Hilfreich dabei sind auch komplexe (Holzbaur 2016), virtuelle und hybride Ansätze, die vermehrt anzutreffen sind und sich als Mischform von Live-Events mit virtueller Kommunikation etablieren; sie sind in der Regel nachhaltiger durch die Wirkungsverstärkung und Ressourcenschonung (Dams und Luppold 2016): Die virtuelle Kommunikation im Vor- und Nachfeld bedient die Ziele einer Veranstaltung durch ein gesteigertes Ergebnis (besseres Lernen, höhere Motivation, gesteigerte Kundenbindung etc.), die Hybridität im Hauptfeld – beispielsweise durch nicht angereiste, aber virtuell teilnehmende Personen – wirkt sich unmittelbar auf die ökologische Nachhaltigkeitskomponente aus (z. B. Reduzierung der durchschnittlichen CO_2-Emissionen pro Teilnehmer).

Literatur

BMUJF (Österr. Bundesministerium für Umwelt, Jugend und Familie, Abt. I/5, (Hrsg) (1997) Großveranstaltungen umweltgerecht und ohne Stau – ein Planungshandbuch. BMUJF, Wien

Ciernjacks A, Teichert V, Diefenbacher H (2008) Umweltmanagement von Großveranstaltungen – Ein Leitfaden am Beispiel des Deutschen Evangelischen Kirchentages. FEST (Forschungsstätte der Evangelischen Studiengemeinschaft e. V.), Heidelberg

Dams C, Luppold S (2016) Hybride Events. Springer Gabler, Wiesbaden

Dienel HL, Schmithals J (Hrsg) (2004) Handbuch Eventverkehr, Planung, Gestaltung, Arbeitshilfen. Erich Schmidt, München

Dinkel M, Luppold S, Schroer C (2013) Veranstaltungsmanagement. In: Dinkel M, Luppold S, Schroer C (Hrsg) Handbuch Messe-, Kongress- und Eventmanagement. Wissenschaft & Praxis, Sternenfels, S 213–215

Holzbaur U (2013) Manager-Kochbuch – was Manager vom Kochen lernen können. Steinbeis Edition, Stuttgart

Holzbaur U (2016) Events nachhaltig gestalten. Springer, Heidelberg

Holzbaur U, Jettinger E, Knauß B, Moser R, Zeller M (2002) Eventmanagement. Springer, Heidelberg

Luppold S (2011) Keytrends und Entwicklungen im Event-Marketing. In: Luppold S (Hrsg) Event-Marketing: Trends und Entwicklungen. Wissenschaft & Praxis, Sternenfels, S 9–18

Nußbaum B (2015) Im Rampenlicht. Wissenschaft & Praxis, Sternenfels

Oblasser C, Riediger M (2015) Nachhaltiges Veranstaltungsmanagement mit Strategie. Wissenschaft & Praxis, Sternenfels

Prof. Dr. Ulrich Holzbaur ist Professor an der Hochschule Aalen mit den Lehrbereichen „Nachhaltige Entwicklung", „Projektmanagement und quantitative Methoden". Seine Schwerpunkte in der Forschung sind die Erlebnisorientierung in der Bildung für Nachhaltige Entwicklung und die Mathematische Modellbildung. Holzbaur ist Autor mehrerer Bücher und Publikationen im Bereich Eventmanagement, Management und Nachhaltigkeit. Im Rahmen seiner Lehrprojekte und der Lokalen Agenda 21 setzt er Projekte zur Bildung für nachhaltige Entwicklung und Regionalentwicklung um, wozu auch touristische Konzepte gehören. Holzbaur ist auch Professor (honorary) an der Central University of Technology in Bloemfontein, Südafrika, mit den Forschungsschwerpunkten nachhaltiger Tourismus und Forschungsmanagement. Außerdem ist er Leiter des Steinbeis-Transferzentrums Angewandtes Management. Dort werden Projekte in den Bereichen Management und Nachhaltigkeit in und für die Region entwickelt.

Prof. Stefan Luppold ist Professor für Betriebswirtschaftslehre, insbesondere Messe-, Kongress- und Eventmanagement, an der staatlichen DHBW (Duale Hochschule Baden-Württemberg) Ravensburg. Dort leitet er den gleichnamigen Studiengang. Daneben lehrt er an Partnerhochschulen im Ausland, unter anderem in China, Südafrika und im Baltikum. Als Herausgeber von zwei Fachbuchreihen mit aktuell 17 Bänden, als Mitherausgeber des 2013 veröffentlichten „Handbuch Messe-, Kongress- und Eventmanagement" sowie als Autor und Referent bei Verbänden der Kommunikations- und Veranstaltungswirtschaft beschäftigt er sich seit Jahren mit Corporate Social Responsibility und Nachhaltigkeit. Dies bringt er auch in Gremien ein – als Vorsitzender des wissenschaftlichen Beirats von degefest (Verband der Kongress- und Seminarwirtschaft e. V.) und Mitglied im Board of Science des VDR (Verband Deutsches Reisemanagement e. V.).

Nachhaltiger Tourismus in deutschen Tourismusdestinationen – eine Bestandsaufnahme

Matthias Beyer und Thomas Frommhold

1 Einleitung

Lange Zeit haben Destinationen touristische Entwicklung primär als Motor für stetiges Wachstum begriffen, wobei kurzfristigen ökonomischen Chancen weit mehr Bedeutung beigemessen wurde als langfristigen Risiken und möglichen negativen Auswirkungen auf die ökologische, soziale und kulturelle Umwelt. Vorausschauende Planung, Beteiligungsmöglichkeiten für lokale Akteure und Bürger sowie professionelles Destinationsmanagement waren im globalen Kontext (speziell in Küstenregionen) eher die Ausnahme als die Regel. Viele Destinationen ließen die Entwicklung einfach laufen, ohne sich über deren Konsequenzen Gedanken zu machen. Ein Umdenken fand häufig erst dann statt, wenn es schon zu spät war.

Zwar finden sich auch heute noch genug Beispiele für Destinationen, die nach dieser Prämisse verfahren, dennoch zeichnet sich ab, dass die touristische Entwicklung von Destinationen sich weltweit zunehmend am Konzept der nachhaltigen Entwicklung orientiert und ein nachhaltiger Tourismus als Leitbild für ein verändertes Verständnis von Destinationsmanagement steht. So vielfältig die Begriffslandschaft rund um den nachhaltigen Tourismus ist (ökologischer Tourismus, verantwortungsvoller Tourismus, integrativer Tourismus etc.), so verschieden fallen auch dessen Definitionsansätze aus. Allen gemein ist aber der Anspruch, eine tragfähige Balance zwischen Wohlstand, Wachstum und Wettbewerbsfähigkeit auf der eine Seite und ökologischer Verträglichkeit, sozialer Verantwortung und kultureller Sensibilität bei der touristischen Entwicklung auf der an-

---

M. Beyer (✉) · T. Frommhold
mascontour GmbH
Schwiebusser Str. 9, 10965 Berlin, Deutschland
E-Mail: beyer@mascontour.info

T. Frommhold
E-Mail: frommhold@mascontour.info

deren Seite zu erreichen. Der Begriff „nachhaltiger Tourismus" ist allerdings irreführend, da er suggeriert, dass die Tourismusbranche bzw. eine touristische Destination aus sich selbst heraus nachhaltig werden kann. Dem ist aber nicht so. Vielmehr ist nachhaltiger Tourismus auf Destinationsebene eine Querschnittsaufgabe, an der unterschiedliche Politikfelder und Akteure beteiligt werden bzw. zusammenarbeiten müssen, um entsprechende Wirkungen zu erzielen.

Bereits im Jahr 2004 wurde von der World Tourism Organization (UNWTO) erstmals ein umfassendes Handbuch für Destinationen entwickelt, das konkrete Indikatoren als operativen Handlungsrahmen für eine nachhaltige Tourismusentwicklung beinhaltet (WTO 2004). Einen weiteren Meilenstein stellen die 2013 veröffentlichten Destinationskriterien des Global Sustainable Tourism Council (GSTC) dar, die einen globalen Mindeststandard für nachhaltigen Tourismus auf Destinationsebene definieren (GSTC 2013). Ebenso hat die EU Kommission 2013 ein europäisches Indikatorensystem für nachhaltigen Tourismus (European Tourism Indicator System – ETIS) publiziert, mit dem Ziel, ein europaweites Vergleichssystem für nachhaltiges Destinationsmanagement zu schaffen (European Commission 2016). Ungeachtet dessen stehen international die Destinationen im Vergleich zu touristischen Unternehmen, wo bereits vielfach beachtliche Erfolge (insbesondere in der Hotellerie) bei der Umsetzung von Nachhaltigkeitsstandards und -praktiken zu verzeichnen sind, noch recht am Anfang hinsichtlich der Anwendung vorhandener Instrumentarien. Dies ist nicht nur auf deren Novität, sondern auch auf deren Komplexität zurückzuführen. Ob und inwieweit die auf Freiwilligkeit basierenden Destinationsstandards und Indikatoren dann auch auf breiter Basis zur Anwendung kommen, bleibt daher abzuwarten.

Auch in Deutschland wird das Thema „nachhaltiger Tourismus" seit vielen Jahren diskutiert. Zudem haben Politik, Destinationen und Unternehmen in der Vergangenheit eine Reihe von Maßnahmen ergriffen, um den Tourismus in Deutschland national bis lokal nachhaltiger zu gestalten. Die Entwicklung von Nachhaltigkeitslabels für touristische Leistungsträger (z. B. TourCert, Viabono), die Durchführung eines Bundeswettbewerbes zu nachhaltigen Tourismusregionen oder Publikationen für den Endverbraucher zum nachhaltigen Reisen in Deutschland sind nur einige Beispiele, die auf eine gestiegene Bedeutung des Themas auf nationaler Ebene hindeuten. Im Jahr 2016 hat der Deutsche Tourismusverband (DTV) einen Praxisleitfaden mit Anforderungen, Empfehlungen und Umsetzungshilfen für Nachhaltigkeit im Deutschlandtourismus herausgebracht (DTV 2016). Aber auch regional und lokal engagieren sich immer mehr Destinationen für einen nachhaltigen Tourismus. So hat Baden-Württemberg z. B. einen eigenen Kriterienkatalog entwickelt, Hamburg ist dabei, ein touristisches Nachhaltigkeitskonzept entlang der „Customer Journey" zu erarbeiten und eine Reihe von Destinationen haben sich bereits explizit – konzeptionell und operativ – mit dem Thema Nachhaltigkeit auseinandergesetzt (z. B. Allgäu, Rhön, Insel Juist, Altmark, Uckermark, Angermünde).

Marktforschungsergebnisse der FUR Forschungsgemeinschaft Urlaub und Reisen e. V. (FUR 2014) zeigen darüber hinaus, dass derzeit etwa einem Drittel der deutschen Bevölkerung die ökologische Verträglichkeit von Urlaubsreisen wichtig ist, 38 % möchten sozialverträglich verreisen.

Gründe genug, um der Frage nachzugehen, wie die Situation in deutschen Tourismusdestinationen konkret aussieht. Mittels einer Befragung der mascontour GmbH in Kooperation mit der ITB Berlin wurden daher erstmals flächendeckend deutsche Tourismusdestinationen zum nachhaltigen Tourismus untersucht. Die Studienergebnisse liefern ein aktuelles und umfassendes Bild vom Status quo und dem künftigen Handlungsbedarf zur Nachhaltigkeit im Deutschlandtourismus.

Die Untersuchung fand Ende 2014 in Form einer Onlinebefragung statt. Berücksichtigt wurden alle Bundesländer, Tourismusregionen und touristischen Gemeindeverbünde sowie sämtliche Städte mit über 100.000 Einwohnern. Der Zugang zur Onlinebefragung ist jeweils an die zuständigen Destinationsmanagementorganisationen bzw. die entsprechenden Einrichtungen der Stadtverwaltung per E-Mail versandt worden. Darüber hinaus fand eine telefonische Kontaktaufnahme statt. Insgesamt sind 430 Tourismusdestinationen in die Untersuchung einbezogen worden (Grundgesamtheit), 134 haben sich an der Befragung beteiligt (Stichprobe). Dies entspricht einer Rücklaufquote von 31 %. Die Verteilung der Stichprobe nach unterschiedlichen Destinationstypen (Bundesländer, Regionen, Städte) entspricht nahezu der Grundgesamtheit (siehe Abb. 1). Zur Teilnahme an der Befragung wurden 16 Bundesländer, 312 Reiseregionen und 102 Städte aufgefordert. Teilgenommen haben insgesamt 10 Bundesländer, 93 Reiseregionen und 31 Städte.

Die Untersuchung deutscher Tourismusdestinationen zum nachhaltigen Tourismus konzentrierte sich auf folgende Aspekte: Verständnis und Bedeutung, Verantwortung und Engagement sowie Umsetzung und Handlungsbedarf. Folgende Kernfragen standen dabei im Vordergrund:

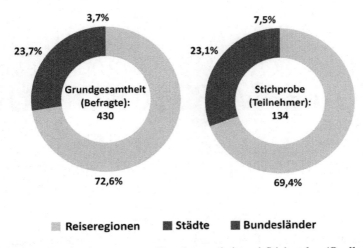

Abb. 1 Anteile der Destinationstypen an Grundgesamtheit und Stichprobe. (Quelle: mascontour GmbH 2015)

- Was verstehen die deutschen Tourismusdestinationen unter nachhaltigem Tourismus?
- Welche Bedeutung messen die deutschen Tourismusdestinationen nachhaltigem Tourismus bei?
- Wer trägt nach Einschätzung der deutschen Tourismusdestinationen die Verantwortung für die Förderung und Umsetzung von nachhaltigem Tourismus?
- Wo engagieren sich die deutschen Tourismusdestinationen im Bereich nachhaltiger Tourismus?
- Welchen Handlungsbedarf sehen die deutschen Tourismusdestinationen beim nachhaltigen Tourismus für die Zukunft?

2 Nachhaltiger Tourismus aus Sicht der Destinationen

2.1 Was wird unter nachhaltigem Tourismus verstanden?

Die deutschen Tourismusdestinationen assoziieren nachhaltigen Tourismus primär mit lokaler Wertschöpfung, Ressourceneffizienz, kultureller Identität und Produktqualität (siehe Abb. 2). Dieses Ergebnis ist in zweierlei Hinsicht interessant. Zum einen umfassen die genannten Begriffe alle Dimensionen der Nachhaltigkeit (Wirtschaft, Umwelt und Soziales), zum anderen besteht für die Tourismusdestinationen offenbar ein direkter Zusammenhang zwischen Nachhaltigkeit und Produktqualität, was nicht als selbstverständlich angesehen werden kann.

KOMFORTVERLUST
NATURSCHUTZGEBIETE
MOGELPACKUNG ("GREEN WASHING") FAIRE ARBEITSBEDINGUNGEN
BEVORMUNDUNG RESSOURCENEFFIZIENZ
WACHSTUMSBREMSE BESSERWISSEREI
PRODUKTQUALITÄT BIOLOGISCHE VIELFALT
LOKALE WERTSCHÖPFUNG
UMWELTSIEGEL SOZIALE GLEICHBERECHTIGUNG KONSUMVERZICHT ARBEITSPLATZBESCHAFFUNG SOZIALROMANTIK
BÜRGERBETEILIGUNG KULTURELLE IDENTITÄT
MENSCHENRECHTE
WERTEORIENTIERTE GESCHÄFTSPRAKTIKEN
GÄSTEZUFRIEDENHEIT
KLIMAWANDEL

Abb. 2 Assoziationen mit dem Begriff „nachhaltiger Tourismus". (Quelle: mascontour GmbH 2015)

Demgegenüber bleibt festzustellen, dass wesentliche Themen, z. B. faire Arbeitsbedingungen und Klimawandel, für nur knapp ein Drittel und Umweltsiegel für gerade mal ein Viertel der Destinationen zu den fünf wichtigsten Assoziationen mit nachhaltigem Tourismus zählen. Attribute wie Konsumverzicht, Wachstumsbremse, Bevormundung oder Besserwisserei spielen hingegen keine Rolle.

Für neun von zehn Destinationen ist nachhaltiger Tourismus in erster Linie eine Frage der Überzeugung, getragen von dem Gedanken, dass auch sie gesellschaftliche Verantwortung gegenüber jetzigen und nachfolgenden Generationen übernehmen wollen und müssen. Fast ebenso viele stimmen der Aussage zu, dass nachhaltiger Tourismus nach einer tragfähigen Balance zwischen ökonomischem Erfolg, ökologischer Verträglichkeit und sozialer Gerechtigkeit sucht.

Insgesamt zeigen die Ergebnisse der Onlinebefragung, dass die deutschen Tourismusdestinationen ein klares und differenziertes Verständnis davon haben, was nachhaltiger Tourismus bedeutet und sich der eigenen Verantwortung bewusst sind, wenn auch elementare Aspekte wie Klimawandel oder faire Arbeitsbedingungen noch nicht den Stellenwert einnehmen, der ihnen zugeschrieben werden sollte.

2.2 Welche Bedeutung hat nachhaltiger Tourismus?

Für die überwiegende Mehrheit der deutschen Tourismusdestinationen ist nachhaltiger Tourismus ein herausragendes Thema und gesellschaftlicher Megatrend, auf den sie sich einstellen müssen. So ist eine große Mehrheit der Überzeugung, dass nachhaltiger Tourismus für Innovation und Zukunftsorientierung im Deutschlandtourismus steht (89 %). Fast ebenso viele vertreten die Auffassung, dass dieses Thema das Image Deutschlands im Ausland verbessert (84 %). Nur eine Minderheit ist der Meinung, dass es sich hierbei lediglich um ein Nischenprodukt (7 %) oder um ein politisches Konzept handelt, das mit der Alltagsrealität in deutschen Tourismusregionen wenig zu tun hat (6 %).

Fragt man die deutschen Tourismusdestinationen nach der realen Bedeutung, die das Thema nachhaltiger Tourismus aus ihrer Sicht derzeit einnimmt, so ergibt sich allerdings ein eher ernüchterndes Bild. Zwei Drittel der befragten Destinationen sind der Ansicht, dass der nachhaltige Tourismus in Deutschland bis dato eine eher geringe bis keine Rolle spielt und auch für den Verbraucher bzw. die Gäste nur von geringer Bedeutung ist. Demgegenüber sind jedoch 86 % der Überzeugung, dass das Thema in den kommenden fünf Jahren entscheidend an Bedeutung gewinnen wird (siehe Abb. 3).

Etwas positiver fallen die Einschätzungen bzgl. der eigenen Destination aus. Insgesamt 44 % sind der Überzeugung, dass nachhaltiger Tourismus bereits jetzt ein wichtiges Thema ist. Ebenfalls in Bezug auf die eigene Destination sind 86 % der Ansicht, dass er in den kommenden fünf Jahren an Bedeutung gewinnen wird.

Insgesamt betrachtet nimmt das Thema „Nachhaltigkeit" somit für deutsche Tourismusdestinationen noch keine herausragende Bedeutung ein, dies wird sich aber ihrer Einschätzung nach in den nächsten Jahren deutlich ändern.

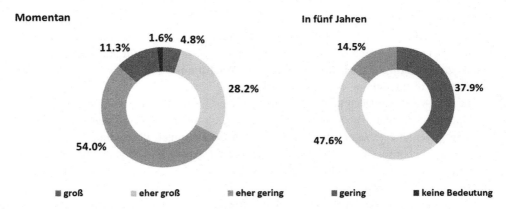

Abb. 3 Bedeutung des Themas „Nachhaltigkeit" für den Deutschlandtourismus. (Quelle: mascontour GmbH 2015)

2.3 Wer trägt Verantwortung für eine nachhaltige Tourismusentwicklung?

Nach Ansicht der Destinationen trägt in erster Linie die Politik die Verantwortung zur Realisierung eines nachhaltigen Tourismus auf Bundesebene, gefolgt von den touristischen Unternehmen. Erst an dritter Stelle rangieren die Destinationen selbst. Reisegäste und gemeinnützige Organisationen, wie z. B. Vereine oder Verbände für Umwelt, Soziales oder Kultur, spielen hingegen nach Ansicht der Befragten eine untergeordnete Rolle.

Mag dieses Ergebnis auf den ersten Blick auch überraschen, so erklärt es sich mit der Eigenwahrnehmung der Destinationen hinsichtlich ihres Engagements für nachhaltigen Tourismus, welches sie im Verhältnis am höchsten einstufen. Gut zwei Drittel sind der Überzeugung, dass das Engagement der Tourismusverbände bzw. Marketinggesellschaften hoch oder zumindest eher hoch einzuschätzen ist (siehe Abb. 4). Es folgen die lokalen touristischen Vereine, die Kommunalpolitik, Nichtregierungsorganisationen sowie die öffentliche Verwaltung. Lediglich gut ein Fünftel der Destinationen schätzen das Engagement der Reisegäste als hoch bzw. eher hoch ein.

Hieraus lässt sich ableiten, dass aus Sicht der Destinationen die Politik nun verstärkt Verantwortung für die Realisierung eines nachhaltigen Tourismus auf Bundesebene übernehmen soll, um damit die eigenen Bemühungen auf Destinationsebene zu stärken. Darüber hinaus machen die Ergebnisse deutlich, dass eine auffällige Diskrepanz zwischen der Selbsteinschätzung der Reisenden hinsichtlich des Interesses an nachhaltigen Tourismusangeboten laut FUR (2014)[1] und der Fremdeinschätzung des tatsächlichen Engagements existiert. Hier spiegelt sich augenscheinlich eine Lücke zwischen Nachhaltigkeitsbewusstsein und proklamiertem Buchungsverhalten auf der einen sowie dem realen Konsum- und

---

[1] Abschlussbericht zu dem Forschungsvorhaben: Nachfrage für nachhaltigen Tourismus im Rahmen der Reiseanalyse.

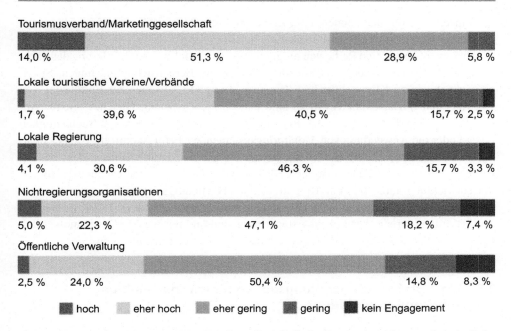

Abb. 4 Engagement für nachhaltigen Tourismus innerhalb der Destination (ohne touristische Leistungsträger). (Quelle: mascontour GmbH 2015)

Reiseverhalten auf der anderen Seite wider, wie es in den Destinationen zu Tage tritt bzw. vor Ort wahrgenommen wird.

2.4 Was wurde bisher für eine nachhaltige Tourismusentwicklung getan?

Bei der Umsetzung eines nachhaltigen Tourismus setzen sich die Destinationen in erster Linie für den Erhalt und die Förderung von Traditionen, Brauchtum und kultureller Identität sowie für den Schutz und die verantwortungsvolle Nutzung kultureller Sehenswürdigkeiten und Attraktionen aktiv ein. Drei Viertel bzw. 70 % der Destinationen geben an, bereits intensives Engagement bei der Realisierung von Maßnahmen in diesen beiden Bereichen zu zeigen. Aber auch Maßnahmen zur Stärkung der lokalen und regionalen Wertschöpfung durch den Tourismus (62 %) sowie zum Schutz und der nachhaltigen Nutzung von Naturräumen (60 %) werden von einer Mehrheit der Destinationen bereits durchgeführt. Demgegenüber sind die Schaffung nachhaltiger Mobilitätsangebote (47 %) und die Verwendung von Bio- oder Fair-Trade-Produkten (31 %) weniger verbreitet. Positiv zu bewerten ist jedoch, dass immerhin jede vierte Destination ihre Gäste aktiv an der Umsetzung von Maßnahmen für einen nachhaltigen Tourismus einbindet und gut jede fünfte ihre Bürger an der Tourismusplanung beteiligt.

Aber es sind auch eine Reihe von möglichen Aktivitätsfeldern zur Förderung des nachhaltigen Tourismus zu identifizieren, die bisher kaum Berücksichtigung finden. Speziell Maßnahmen zu Klimaschutz und Klimaanpassung (12 %) sowie zur Einführung von Umwelt- und Sozialstandards (10 %) sind nahezu nicht existent. Gleiches gilt für Angebote zur Weiterbildung und Qualifizierung lokaler Akteure im Bereich Nachhaltigkeit (10 %) oder die Anwendung von Monitoringsystemen zur Erfolgskontrolle von Nachhaltigkeitsinitiativen im Tourismus (9 %). Erwähnenswert ist darüber hinaus, dass bislang lediglich ein Viertel der Destinationen Fördermöglichkeiten für eine nachhaltige Tourismusentwicklung nutzt, sich nur 18 % im Bereich Nachhaltigkeit positionieren bzw. eine Bewerbung ihrer Destination in diesem Bereich vorantreiben, gerade mal 17 % im Bereich Zertifizierung touristischer Leistungsträger tätig sind und nur wenige Destinationen ihre Bürger (15 %) und Gäste (13 %) für Nachhaltigkeitsbelange sensibilisieren.

2.5 Wo besteht noch Handlungsbedarf für eine nachhaltige Tourismusentwicklung?

Auf Bundesebene sehen die Destinationen den größten Handlungsbedarf bei der Integration des Themas „Nachhaltigkeit" in die berufliche Tourismusausbildung sowie bei der Bereitstellung von Weiterbildungs- und Qualifizierungsangeboten im diesem Bereich. Die große Mehrheit von 94 bzw. 92 % gab an, dass sie den Handlungsbedarf für Maßnahmen in diesen beiden Bereichen als hoch bzw. eher hoch bewertet, um nachhaltigen Tourismus in Deutschland verstärkt fördern bzw. in die Praxis umsetzen zu können. Aber auch die Finanzierung von Nachhaltigkeitsmaßnahmen stellt nach Ansicht der Destinationen ein wichtiges Handlungsfeld dar. So werden mehr staatliche Anreize für private Investitionen in nachhaltigen Tourismus (92 %), ein verbesserter Zugang zu EU-Förderprogrammen (90 %) sowie nationale Förderprogramme für nachhaltigen Tourismus (89 %) als besonders notwendig erachtet. Der Einführung von Abgaben und Gebühren für Verbraucher bzw. Gäste wird hingegen eine klare Absage erteilt. Diese befürworten lediglich 19 % der Destinationen. Des Weiteren sind Leitlinien für eine nachhaltige Tourismusplanung auf Destinationsebene (87 %) sowie Maßnahmen zur Verbesserung des Managements von Projekten zum nachhaltigen Tourismus (84 %) von großer Bedeutung. Hervorzuheben ist, dass nach Einschätzung der Destinationen Maßnahmen zur Bewusstseinsbildung bei privaten (92 %) und staatlichen (87 %) Tourismusakteuren von größerer Relevanz sind als bei Verbrauchern bzw. Gästen (82 %).

Auch auf Destinationsebene sehen die Befragten den größten Handlungsbedarf bei der Bereitstellung von Weiterbildungs- und Qualifizierungsangeboten im Bereich nachhaltiger Tourismus, gefolgt von der Positionierung und Bewerbung ihrer Destination als nachhaltige Reiseregion, der Einführung von Monitoringsystemen zur Erfolgskontrolle von Initiativen im Bereich Nachhaltigkeit sowie Verbraucher- bzw. Gästeinformationen zu diesem Thema. Eine deutliche Mehrheit von 87 bzw. jeweils 83 % der Destinationen sehen in diesen Bereichen hohen Handlungsbedarf bei der Realisierung von Maßnahmen, um nachhaltigen Tourismus fördern bzw. in der Praxis umzusetzen zu können. Aber auch Klimaschutz und -anpassung (82 %) sowie der Einführung von Umwelt- und Sozialstandards durch die Unternehmen (80 %) werden große Bedeutung beigemessen. Als durchaus wichtig, aber nicht prioritär, wird hingegen die verstärkte Zertifizierung touristischer Unternehmen in der eigenen Destination eingestuft (74 %).

2.6 Welche Rolle spielen die Unternehmen für eine nachhaltige Tourismusentwicklung?

Betrachtet man die Untersuchungsergebnisse aus der Perspektive der Unternehmen, so zeigt sich, dass ihnen seitens der Destinationen eine zentrale Rolle bei der Entwicklung des nachhaltigen Tourismus beigemessen wird. Wie bereits ausgeführt, stehen die touristischen Leistungsträger nach Ansicht der befragten Destinationen auf Bundesebene (nach der Politik) in etwa gleich hohem Maße in der Verantwortung wie sie selbst. Dieser werden sie jedoch nach Einschätzung der Befragten bis dato nicht auseichend gerecht. Gerade mal 27 % attestieren touristischen Freizeiteinrichtungen, etwa jede vierte der Hotellerie, nur 16 % der Gastronomie und lediglich je 11 % den Reiseveranstaltern bzw. lokalen Transportunternehmen der eigenen Destination entsprechende Anstrengungen in Richtung Nachhaltigkeit (siehe Abb. 5 im Vergleich mit Abb. 4).

Die kritische Einschätzung des Engagements der Unternehmen wird auch dadurch unterstrichen, dass sich gut drei Viertel der Destinationen für die Schaffung verbindlicher Umwelt- und Sozialstandards im Tourismus auf Bundesebene aussprechen und damit diesem Aspekt einen höheren Handlungsbedarf als der Einführung freiwilliger Standards durch die Unternehmen beimessen. Darüber hinaus ist hervorzuheben, dass im Vergleich dazu sowohl der Zertifizierung von Unternehmen als auch der von Destinationen eine geringere Bedeutung zugeschrieben wird (siehe Abb. 6).

Somit bestehen ganz offensichtlich Zweifel auf Seiten der Destinationen, ob die touristischen Leistungsträger, gemessen an ihrem bisherigen Engagement, in Zukunft bereit sein werden, aus eigenem Antrieb heraus einen wirkungsvollen Beitrag für ein nachhaltiges bzw. CSR-orientiertes Unternehmensmanagement zu leisten. Zudem wird in diesem Zusammenhang erneut deutlich, welche herausragende Rolle der Politik als rahmengebende, normative Instanz zugesprochen wird. Anstatt auf Freiwilligkeit – sei es in Form unverbindlicher Standards und/oder durch Zertifizierung – wird mehrheitlich auf verbindliche Vorgaben seitens des Staates gesetzt, die von den touristischen Leistungsträgern verpflichtend umzusetzen wären.

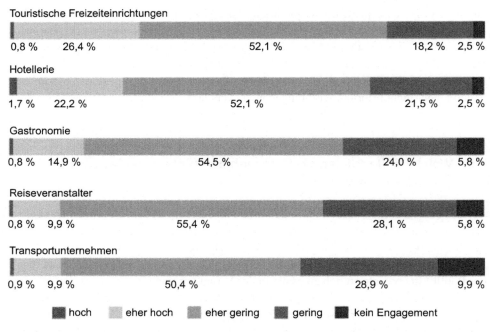

Abb. 5 Engagement für nachhaltigen Tourismus innerhalb der Destination (touristische Leistungsträger). (Quelle: mascontour GmbH 2015)

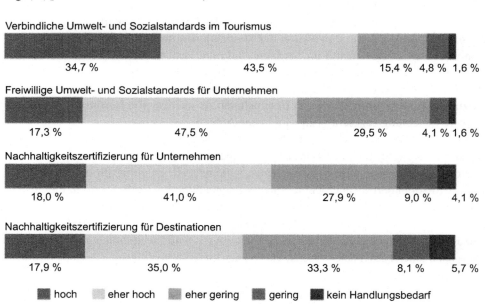

Abb. 6 Handlungsbedarf für nachhaltigen Tourismus (Standards und Zertifizierungen). (Quelle: mascontour GmbH 2015)

10 Kernergebnisse der empirischen Untersuchung

- Die deutschen Tourismusdestinationen haben ein klares und differenziertes Verständnis davon, was nachhaltiger Tourismus bedeutet.
- Derzeit spielt das Thema Nachhaltigkeit für deutsche Tourismusdestinationen noch keine herausragende Rolle, dies wird sich aber nach ihrer Einschätzung in den nächsten Jahren deutlich ändern.
- Der Politik wird die Hauptverantwortung für eine nachhaltige Tourismusentwicklung in Deutschland zugeschrieben, Verbraucher/Gäste spielen hingegen nur eine untergeordnete Rolle.
- Tourismusverbände und Marketinggesellschaften zeigen nach Einschätzung der Destinationen derzeit das größte Engagement bei der Umsetzung eines nachhaltigen Tourismus, touristische Anbieter hingegen leisten bisher kaum einen Beitrag.
- Die Maßnahmen deutscher Tourismusdestinationen für einen nachhaltigen Tourismus konzentrieren sich derzeit vor allem auf den Erhalt und die Förderung von Traditionen, Brauchtum und kultureller Identität sowie den Schutz und die verantwortungsvolle Nutzung kultureller Sehenswürdigkeiten und Attraktionen.
- Der künftige Handlungsbedarf zur Umsetzung eines nachhaltigen Tourismus wird insgesamt als sehr hoch eingestuft.
- Der Einführung von verbindlichen Umwelt- und Sozialstandards im Tourismus wird mehr Bedeutung beigemessen als freiwilligen Standards und/oder Zertifizierungen.
- Bildung und Qualifizierung sowie Finanzierung werden als wesentliche Handlungsfelder für die Zukunft angesehen. Aber auch Klimaschutz und -anpassung, Bewusstseinsbildung sowie Monitoring gelten als Schlüsselthemen zur Umsetzung eines nachhaltigen Tourismus.
- Der Einführung von Abgaben und Gebühren für Verbraucher/Gäste zur Finanzierung von nachhaltigem Tourismus wird eine klare Absage erteilt.
- Die Bedeutung von nachhaltigem Tourismus für Verbraucher/Gäste wird derzeit als eher gering eingestuft.

3 Fazit und Ausblick

Die Ergebnisse der Befragung geben Aufschluss darüber, in welchen Bereichen das Engagement intensiviert werden muss, damit der Tourismus auf Destinationsebene insgesamt nachhaltiger wird. Hierzu zählen insbesondere die Motivation touristischer Leistungsträger zur Implementierung nachhaltiger Geschäftspraktiken, die Bewerbung von Weiterbildungs- und Qualifizierungsangeboten sowie der Abbau der Diskrepanz zwischen bestehendem Nachhaltigkeitsbewusstsein und fehlendem nachhaltigen Buchungs- und Reiseverhalten auf Seiten der Gäste.

Bis dato engagieren sich touristische Leistungsträger vergleichsweise wenig in Sachen Nachhaltigkeit. Zwar sind sie nicht allein für eine nachhaltige Entwicklung im Tourismus verantwortlich, dennoch sind es zuallererst die touristischen Unternehmen selbst, die ihrer Sorgfaltspflicht im Kerngeschäft nachkommen müssen, um die Destination bzw. die Tourismusbranche insgesamt in diesem Bereich besser aufzustellen. Schließlich sind sie auch die Hauptprofiteure einer intakten ökologischen und kulturellen Umwelt, ohne deren Existenz ein attraktives touristisches Angebot nicht denkbar ist. So gesehen liegt es im ureigenen Interesse der Tourismusunternehmen, sich in Sachen nachhaltiger Entwicklung stärker zu engagieren. Dieser Zusammenhang muss daher künftig noch überzeugender kommuniziert werden, einhergehend mit einer verstärkten Anwendung planerischer, fiskalischer und ordnungsrechtlicher Instrumente, um bessere Anreize zu schaffen und klare Vorgaben zu definieren.

Sowohl auf regionaler als auch auf kommunaler Ebene haben die befragten Destinationen die Bereitstellung von Weiterbildungs- und Qualifizierungsangeboten als größten Handlungsbedarf identifiziert. Es steht außer Frage, dass solche Angebote von essenzieller Bedeutung sind, um für Nachhaltigkeitsbelange im Tourismus zu sensibilisieren und deren praktische Umsetzung voranzubringen. Aber es bleibt festzustellen, dass es in den vergangenen Jahren nicht an entsprechenden (oftmals finanziell geförderten) Weiterbildungs- und Qualifizierungsangeboten gemangelt hat. Vielmehr lag das Problem darin, dass insbesondere der touristische Privatsektor zu wenig Bereitschaft gezeigt hat, an solchen Veranstaltungen teilzunehmen. Diesbezüglich gilt es nach den Ursachen zu forschen und künftige Angebote besser bzw. überzeugender zu kommunizieren, um deren Akzeptanz und Nachfrage zu steigern.

Marktforschungsergebnisse weisen immer wieder auf das gestiegene Nachhaltigkeitsbewusstsein der Verbraucher in Sachen Reisen hin. Nach Einschätzung der befragten Destinationen spiegelt sich dies jedoch nicht im realen Buchungs- und Reiseverhalten wider. Allein darauf zu warten, dass sich das Buchungs- und Reiseverhalten irgendwann ändert und damit die Verantwortung für mehr Nachhaltigkeit auf den Verbraucher abzuwälzen, wäre aus Sicht der Destinationen und touristischen Leistungsträger jedoch kurzsichtig, da sie – wie bereits erwähnt – mehr noch als viele andere Branchen auf eine intakte ökologische, soziale und kulturelle Umwelt angewiesen sind. Man muss sich der Tatsache bewusst sein, dass für die Mehrzahl der Reisenden das Thema Nachhaltigkeit bislang kein ausschlaggebendes Kriterium für bzw. wider die Buchung eines bestimmten Angebots ist und in naher Zukunft auch nicht werden wird. Eine intakte ökologische, soziale und kulturelle Umwelt hingegen erwarten alle Gäste. So gesehen müssen beide Seiten ihren Beitrag leisten. Je breiter daher Nachhaltigkeitspraktiken in den Destinationen und touristischen Unternehmen zur Anwendung kommen, desto geringer wird auch der Spielraum für die Verbraucher, auf nicht-nachhaltige Angebote zurückzugreifen bzw. auszuweichen. Darüber hinaus sind die touristischen Leistungsträger gefragt, mehr nachhaltige Angebote speziell für diejenigen Gäste zu entwickeln, denen nachhaltiger Konsum bereits heute wichtig ist. Gleichzeitig müssen diese für die Verbraucher besser sichtbar sowie leichter auffindbar und buchbar gemacht werden, damit eine Verschiebung der Kundenpräferenzen unterstützt werden kann.

Literatur

Deutscher Tourismusverband (DTV) (2016) Nachhaltigkeit im Deutschlandtourismus: Anforderungen, Empfehlungen, Umsetzungshilfen. http://www.deutschertourismusverband.de/fileadmin/Mediendatenbank/Dateien/leitfaden_nachhaltigkeit_160308.pdf. Zugegriffen: 10. Mai 2016

European Commission (2016) The European Tourism Indicator System: ETIS toolkit for sustainable destination management. http://ec.europa.eu/growth/sectors/tourism/offer/sustainable/indicators/index_en.htm. Zugegriffen: 10. Mai 2016

FUR Forschungsgemeinschaft Urlaub und Reisen e. V. (2014) Abschlussbericht zu dem Forschungsvorhaben: Nachfrage für Nachhaltigen Tourismus im Rahmen der Reiseanalyse. http://www.fur.de/fileadmin/user_upload/externe_Inhalte/Publikationen/20140912_RA14_BMU_Nachhaltige-Nachfrage_Bericht.pdf. Zugegriffen: 10. Mai 2016

Global Sustainable Tourism Council (GSTC) (2013) Global Sustainable Council Tourism Criteria and Suggested Performance Indicators for Destinations (GSTC C-D), Version 1.0. November/December 2013. https://www.gstcouncil.org/images/Dest-_CRITERIA_and_INDICATORS_6-9-14.pdf. Zugegriffen: 10. Mai 2016

mascontour (2015) Repräsentative Untersuchung deutscher Tourismusdestination zum nachhaltigen Tourismus. http://www.mascontour.info. Zugegriffen: 10. Mai 2016

World Tourism Organization (WTO) (2004) ndicators of sustainable development for tourism destinations: A guidebook (english version). madrid. http://www.e-unwto.org/doi/pdf/10.18111/9789284407262. Zugegriffen: 10. Mai 2016

Dipl.-Ing. Matthias Beyer ist gelernter Hotelfachmann sowie Diplom-Ingenieur der Landschaftsplanung mit Spezialisierung auf nachhaltige Tourismusplanung. Seit 13 Jahren arbeitet er als internationaler Berater für nachhaltigen Tourismus und ist Mitbegründer und geschäftsführender Gesellschafter des international tätigen Beratungsunternehmens mascontour GmbH – Sustainable Tourism Consulting & Communication. Er ist Mitglied im Ausschuss „Nachhaltigkeit" des Deutschen ReiseVerbandes e. V. (DRV) sowie im Nachhaltigkeitskomitee der Pacific Asia Travel Association (PATA). Des Weiteren gehört er dem Zentrum für nachhaltige Tourismusforschung (ZENAT) der Hochschule für nachhaltige Entwicklung Eberswalde an und ist Lehrbeauftragter an der Hochschule Bremen.

Dipl.-Geogr. Thomas Frommhold ist seit 2008 als freiberuflicher Berater für nachhaltigen Tourismus und Regionalentwicklung tätig. Seit 2010 gehört er dem Beratungsteam von mascontour an und führt in erster Linie Projekte in den Bereichen Tourismusplanung, Destinationsmanagement, Tourismusforschung, Projektevaluierung und Fortbildung durch. In diesem Zusammenhang war er bereits für eine Vielzahl privatwirtschaftlicher, öffentlicher und zivilgesellschaftlicher Auftraggeber in kommunalen, regionalen, nationalen und internationalen Kontexten tätig. Darüber hinaus gehört er dem Vorstand des gemeinnützigen Vereins GATE e. V. (Netzwerk Tourismus Kultur) an und ist Mitglied im Deutschen Verband für Angewandte Geografie e. V. (DVAG).

Destination Network Responsibility (DNR) als Grundlage für regionale Resilienz

Zur Zukunftsfähigkeit von Destinationen

Lukas Petersik, Harald Pechlaner und Daniel Zacher

1 Unternehmerische Verantwortung in touristischen Destinationen

In der Mitte der zweiten Dekade des 21. Jahrhunderts stehen Wirtschaft und Gesellschaft in einer globalisierten Welt vor grundlegenden Herausforderungen. Nahezu tagtäglich erreichen uns Nachrichten ökonomischer, ökologischer und gesellschaftlicher Krisenszenarien. Vor dem Hintergrund des sich abzeichnenden Klimawandels, der immer knapper werdenden natürlichen Ressourcen, dem rasanten Verlust von Ökosystemen und Arten, einer hyperexponenziell wachsenden Weltbevölkerung und der sich weit öffnenden Wohlstandsschere zwischen Ländern des Nordens und Südens erweist sich ein „Weiter so wie bisher" in vielen Fällen als keine Handlungsoption für die Zukunft (Habisch et al. 2008; Jonker et al. 2011; Reiter 2011; Rifai 2012). Als global vernetzte Industrie steht auch der Tourismus heutzutage mehr denn je vor der Aufgabe, Lösungen für etwaige Krisenszenarien zu entwickeln. Insbesondere gilt dies für die „Arenen", in denen sich der Tourismus abspielt: die Destinationen. Eine Vielzahl der touristischen Destinationen und ihrer Protagonisten haben vor diesem Hintergrund erkannt, dass sie auf Dauer für ihre Gäste nur attraktiv und somit in einer globalisierten Umgebung wettbewerbsfähig bleiben, wenn es

L. Petersik (✉) · H. Pechlaner · D. Zacher
Lehrstuhl Tourismus/Zentrum für Entrepreneurship, Katholische Universität Eichstätt-Ingolstadt
Pater-Philipp-Jeningen-Platz 2, 85072 Eichstätt, Deutschland
E-Mail: lukas.petersik@googlemail.com

H. Pechlaner
E-Mail: harald.pechlaner@ku.de

D. Zacher
E-Mail: daniel.zacher@ku.de

ihnen gelingt, einen Tourismus zu etablieren, der auf Zukunftsfähigkeit und Nachhaltigkeit beruht (Reiter 2011; Williams et al. 2007).

Erfolgreiche Destinationen können als „Sinn-Räume" gestaltet werden, innerhalb derer sich beim Gast ein stimmiges Gesamtbild von Kernkompetenzen und den Versprechen der Marke ergibt (Lohmann et al. 2012). Der Schlüssel für die Zukunftsfähigkeit von Destinationen ist aus Sicht der Autoren die Entwicklung regionaler Verantwortungsstrategien, die auf die individuellen Herausforderungen der jeweiligen Region fokussieren. Eine zentrale Rolle kommt hierbei den lokal ansässigen Unternehmen zu. In den traditionellen europäischen Destinationen sind dies in der Regel kleine und mittelständische Unternehmen (KMU) (Flagestad und Hope 2001), die in Kooperation im virtuellen Dienstleistungsunternehmen Destination das touristische Produkt erstellen (Bieger und Beritelli 2006). Konstitutiv für eine nachhaltige touristische Entwicklung ist ein verantwortliches Handeln der involvierten Akteure innerhalb des Destinationsnetzwerks, im Sinne ihrer Corporate Social Responsibility (CSR). Corporate Social Responsibility kann dabei als „die Verantwortung von Unternehmen für ihre Auswirkungen auf die Gesellschaft" (Europäische Kommission 2011, S. 7) verstanden werden. In dieser Weise aktiv werden nicht nur international agierende Konzerne, sondern auch kleine und mittelständische Unternehmen (KMU) bzw. Alleineigentümer (Hammann et al. 2009). Die gesellschaftliche Verantwortung der Tourismusunternehmen in KMU-dominierten Destinationen ist dabei von einem mehrdimensionalen Charakter geprägt. Dieser Umstand ergibt sich aus der skizzierten Zusammenarbeit der unterschiedlichen Akteure im Destinationsnetzwerk, in dem die einzelnen Protagonisten zwar eigenständig bleiben, jedoch bei der Erstellung des touristischen Leistungsbündels auf gemeinsame Ressourcen, wie die natürliche Umwelt, die Destinationsmarke oder kollektive Kompetenzen, zurückgreifen, von diesen profitieren und maßgeblich von ihnen abhängig sind (Bieger und Beritelli 2006). Die Tourismusunternehmen tragen daher nicht nur eine direkte gesellschaftliche Unternehmensverantwortung für das Wirtschaften im eigenen Kerngeschäft, sondern sind darüber hinaus indirekt verantwortlich für das Verhalten des gesamten Destinationsnetzwerks (Petersik 2012). Vor diesem Hintergrund ist die Destination nicht nur als eine räumliche Wettbewerbseinheit (Bieger 2002) zu betrachten, sondern auch als eine vernetzte „Verantwortungseinheit" zu verstehen. Genauso wie einzelne CSR-Aktivitäten eines Unternehmens nicht bedeuten, dass dieses in der Gesamtheit verantwortlich und nachhaltig wirtschaftet, gilt auch für Tourismusdestinationen: Soll die touristische Entwicklung nachhaltig sein, impliziert dies eine ganzheitliche Herangehensweise. Die rein partielle Verantwortungsübernahme einzelner Tourismusunternehmen innerhalb des Netzwerks entsprechend der Wahrnehmung ihrer individuellen CSR greift vor diesem Hintergrund zu kurz. Die Lösung für eine derartige Problemlage kann in einer strategisch vernetzten unternehmerischen Verantwortungsübernahme der Akteure gesehen werden. Diese kann als „Destination Network Responsibility (DNR)" bezeichnet werden (Petersik 2012).

1.1 Destination Network Responsibility – Von Einzelinitiativen zum Verantwortungsnetzwerk

Das Konzept der Destination Network Responsibility (DNR) lässt sich als ein integriertes Verantwortungskonzept begreifen, welches der ganzheitlichen unternehmerischen Verantwortung des virtuellen Dienstleistungsunternehmens Destination hinsichtlich einer nachhaltigen und zukunftsfähigen touristischen Entwicklung Rechnung trägt. Die kollektive Netzwerkverantwortung ergibt sich aus der Summe der unternehmerischen Einzelverantwortungen der im virtuellen Dienstleistungsunternehmen involvierten Akteure. Während es sich bei der Corporate Social Responsibility um die individuelle Verantwortung der Tourismusunternehmen innerhalb eines Destinationsnetzwerks handelt, beschreibt das Konzept der Destination Network Responsibility die übergeordnete Verantwortung des gesamten Destinationsnetzwerks. Will eine Tourismusdestination ihrer DNR gerecht werden, bedarf es einer systematischen Vernetzung des Engagements individueller CSR-Aktivitäten auf der Destinationsebene (Petersik 2012). Dabei muss der strategische Fokus auf der Schaffung von Synergieeffekten durch die Bündelung der in der Destination vorhandenen Ressourcen und Kompetenzen, der gemeinsamen Entwicklung von Projekten und deren schlussendlicher Umsetzung liegen. Kleine und mittlere touristische Akteure, die sich aufgrund ihrer Stakeholdernähe oftmals über destinationsspezifische Problemlagen und Herausforderungen im Klaren sind, können zielgerichtet zu einer Lösung dieser beitragen, indem sie relevante Kompetenzen und Ressourcen in handlungsorientierte Netzwerke einbringen. Auf Basis projektbezogener Kooperationen mit Akteuren aus der Wirtschaft, Zivilgesellschaft, Verwaltung und Politik, können konkrete Problemfelder systematisch bearbeitet werden. „Der Hebel für die Bewältigung gesellschaftlicher Herausforderungen wird so um ein Vielfaches größer als bei einem Einzelengagement…" (Riess und Schmidpeter 2010, S. 31). Insbesondere für kleinere und mittlere Unternehmen erweist sich die Vernetzung von Kompetenzen und Ressourcen als zweckdienlich, da sie auch ihnen ein effektives und wirkungsvolles unternehmerisches Gesellschaftsengagement ermöglicht (Kleine-König und Schmidpeter 2012). Wieland und Schmiedeknecht (2010, S. 14) konstatieren, dass

> Netzwerk-Governance die Organisationsform von CSR schlechthin ist, weil sie im besonderen Maße geeignet ist, die gleichberechtigte Integration von gesellschaftlichen und wirtschaftlichen Interessen, nämlich Legitimation und Ökonomisierung, zu gewährleisten.

Zur erfolgreichen Konstituierung des Verantwortungsnetzwerks bedarf es eines ganzheitlich-integrierten Ansatzes. Hierbei gilt es, sowohl die Sichtweisen und Interessen der lokalen Gemeinschaft und Unternehmen als auch die der Gäste und Besucher zu berücksichtigen. Bei ihrer Implementierung kann man sich daher an integrierten Standortkonzepten orientieren (Bieger et al. 2006; Pechlaner et al. 2008a; Schär 2008). Der Prozess der Etablierung eines destinationsumspannenden Verantwortungsnetzes lässt sich dabei in drei Abschnitte aufteilen: Dies sind die Initial-, Aufbau-, und Verlaufsphase. Darüber hinaus können vier Inhaltsebenen eines derartig integrierten Verantwortungskonzeptes identifiziert werden. Namentlich sind dies die Visionsebene, die normative Ebene, die strategische Ebene als auch die operative Ebene (Hinterhuber 1996; Schär 2008; Scherer 2005).

Die Initialphase ist gekennzeichnet durch die Identifikation der für die Destination relevanten Themenfelder, welche gemeinsam bearbeitet werden sollen sowie eine Bestandsaufnahme des existenten Akteursfeldes. Darüber hinaus gilt es, in dieser Phase die Spielregeln der Kooperation festzulegen, sowohl im Hinblick auf Zuständigkeiten, Rechte und Pflichten als auch bezüglich der Ressourcennutzung und gegenseitigen Kommunikation der einzelnen Protagonisten (Pechlaner et al. 2008b). Den Ausgangspunkt für den Übergang in die Aufbauphase des Verantwortungsnetzes bildet die Motivation der einzelnen Akteure, sich an dem Prozess zu beteiligen und relevante Ressourcen bereitzustellen. Gleichzeitig besteht die Notwendigkeit, vorhandene Interessenskonflikte auszugleichen, um ein problemzentriertes Arbeiten gewährleisten zu können. In der eigentlichen Aufbauphase müssen Strukturen geschaffen werden, die den Protagonisten als Leitplanken dienen und durch ihre Funktionsfähigkeit letztlich den Erfolg des Ganzen gewährleisten. Nachdem die Kooperation auf diese Weise aktiviert wurde, hat die Verantwortungsvernetzung die Verlaufsphase erreicht. In dieser gilt es, die Motivation aller Akteure aufrechtzuerhalten, integrierte Verantwortungsstrategien für die entsprechenden Handlungsfelder zu entwickeln und schließlich umzusetzen. Nicht zuletzt kommt der stetigen Prozessevaluierung im Hinblick auf eine entsprechende Optimierung der Maßnahmen sowie der dauerhaften Gewährleistung einer erfolgreichen Umsetzung der selbigen eine wesentliche Bedeutung zu.

Bei den Inhaltsebenen gibt die Vision die Richtung vor, in die sich das ganzheitliche Engagement der Destination entwickeln soll. Sie muss durch eine umfassende Einbindung aller relevanten Akteure generiert werden. Auf der normativen Ebene werden Leitbilder und Ziele hinsichtlich der Verantwortungsvernetzung festgelegt. Auf der Strategieebene gilt es, integrative Verantwortungsstrategien zu definieren, mittels derer das formulierte Leitbild mit Leben gefüllt und die Ziele erreicht werden können. Die operative Ebene ist schließlich für die Entwicklung und Umsetzung entsprechender Maßnahmen zuständig (Scherer 2005). Alle vier Ebenen sind dabei unmittelbar voneinander abhängig, werden beeinflusst von existenten Normen und Werten in der Destination und bedürfen permanenter Feedbackprozesse sowie einer übergreifenden Erfolgskontrolle (Schär 2008).

Zur Sicherstellung des Erfolgs in einem derart komplexen Wirkungsgefüge bedarf es einer übergeordneten Instanz mit einer gewissen Kontroll- und Steuerungsfunktion. Selbige könnte der Tourismusorganisation der jeweiligen Destination zukommen. Im Sinne einer Destination Governance (Pechlaner und Raich 2006; Beritelli et al. 2007; Pechlaner et al. 2012b; Pechlaner et al. 2015) geht es weniger um eine autoritäre Lenkung, als vielmehr um das moderierende Hinwirken auf eine kooperative und zielgerichtete Zusammenarbeit der Akteure. Die Tourismusorganisation würde den oben skizzierten Pro-

Destination Network Responsibility (DNR) als Grundlage für regionale Resilienz

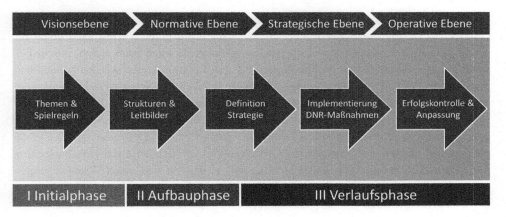

Abb. 1 Prozess der strategischen Implementierung einer Destination Network Responsibility. (Quelle: Petersik 2012)

zess anstoßen und permanent begleiten. Vor diesem Hintergrund kann sie als der „DNR-Beauftragte" des virtuellen Dienstleistungsunternehmens Destination verstanden werden. Analog zu einem CSR-Beauftragten auf der Unternehmensebene kann sie die Verantwortungswahrnehmung allein nicht gewährleisten, doch dahingehende Initiativen anregen, moderieren und nach außen und innen kommunizieren (Petersik 2012). Der soeben skizzierte Prozess ist in der obigen Grafik visualisiert (siehe Abb. 1).

1.2 Die Potenziale einer vernetzten unternehmerischen Verantwortungsübernahme

Durch die multisektorale Vernetzung der Akteure innerhalb der Destination entstehen neue Plattformen des Erfahrungsaustauschs und Dialogs. Die Verknüpfung existenter Teil- oder Mikronetzwerke schließt „strukturelle Löcher" im Akteursgeflecht und eröffnet damit neuartige Handlungsräume. Vor diesem Hintergrund kommt es zum wechselseitigen Lernen, dem Generieren von Vertrauen, wertvollen Erfahrungen und neuen Kontakten sowie Wissen, was sich positiv für das eigene Unternehmen sowie das kollektive Handeln im Rahmen von gemeinsamen CSR-Aktivitäten in der Destination auswirkt (Habisch und Schwarz 2012; Kleine-König und Schmidpeter 2012). Auf Basis der skizzierten kooperativen Beziehungen der unterschiedlichen Akteure kommt es zur Schaffung von „sozialem Kapital", welches als Faktor der sozialen Organisation die Koordination und Kooperation zum gegenseitigen Nutzen erleichtert (Fischer 2009; Bachinger 2012). Derartige Netzwerke tragen zur Erhöhung des Zugehörigkeitsgefühls und der Identifikation mit der Region oder Destination, der involvierten Akteure im Sinne einer „Shared Responsibility" (Lepoutre und Heene 2006) bei und fördern das gemeinsame Problembewusstsein. Die Vorteile regionaler Vernetzung resultieren dabei in der Etablierung branchenübergreifender

Innovationsstrategien, für die ein regionaler Kontext förderlich ist (Pechlaner und Bachinger 2011). Soziales Kapital generiert dabei nicht nur einen Nutzen nach innen für die Mitglieder des Netzwerks selbst, sondern gleichzeitig auch nach außen, indem Lösungen für gesellschaftliche Problemlagen in der Destination kreiert werden können und damit einen „Wert für die Gesellschaft schaffen" (Habisch und Schwarz 2012). In diesem Kontext kommt es häufig zur Produktion von „öffentlichen Gütern". So können getätigte Investitionen, z. B. in den Bereichen Bildung, Umwelt, Sport, Gesundheit, Kultur oder Sicherheit, positive externe Effekte generieren, die zur „Optimierung der Region als Arbeits-, Wohn- und Lebensraum" (Pechlaner et al. 2010a) durch eine Steigerung der Lebensqualität beitragen. Da es sich bei der erfolgreich vernetzten Verantwortungsübernahme um eine systematische Bündelung unternehmensspezifischer Kompetenzen der Einzelunternehmen auf der Netzwerkebene der Destination handelt, die schwer zu imitieren ist, vielzählige Nutzenpotenziale mit sich bringen kann und von unterschiedlichen Zielgruppen wahrgenommen wird, kann selbige als eine kooperative Kernkompetenz der jeweiligen Destination verstanden werden (vgl. hierzu Pechlaner et al. 2011). Diese ganzheitliche Verantwortungswahrnehmung stellt daher im Wortsinn einen nachhaltigen Wettbewerbsvorteil gegenüber konkurrierenden Destinationen dar. Vor dem Hintergrund dieser Darstellung wird in der Folge das Konzept der regionalen Resilienz diskutiert und in einen touristischen Handlungsrahmen eingebettet.

2 Regionale Resilienz

2.1 Definition und Entwicklungsgeschichte

Ob im sozialen, ökologischen oder ökonomischen Kontext; Systeme und Individuen können zu bestimmten Zeiten unterschiedlichsten Krisenereignissen ausgesetzt sein, die dazu im Stande sind, diese aus dem Gleichgewicht zu bringen und vor existenzielle Bedrohungen zu stellen. Derartige Krisen treten im Falle eines Schockereignisses akut auf oder aber als Konsequenz kontinuierlicher Veränderungsprozesse, z. B. dem Klimawandel und seinen Auswirkungen im regionalen Maßstab (Biggs 2011). In der Praxis ist zu beobachten, dass einige Systeme die sie betreffenden Krisen erfolgreich überstehen, während andere dauerhaft negativ davon beeindruckt sind. Die Faktoren, die ein System dazu bringen, dass es Krisenereignissen widerstehen bzw. dessen ungeachtet in ihrer Funktionsweise weiterexistieren kann, bezeichnet die wissenschaftliche Forschung als Resilienzfaktoren (Holling 1973; Folke 2006; Berkes et al. 2003). Ein System kann eine höhere oder niedrigere Resilienz aufweisen, je nachdem, in welchem Umfang die dafür relevanten Faktoren vorhanden sind. Am ehesten könnte der Begriff im deutschen Sprachgebrauch mit dem scheinbaren Widerspruch aus Wandelbarkeit und Widerstandsfähigkeit umschrieben werden (Gabriel 2005), da dem Resilienzverständnis zwei Wesensmerkmale zuteil sind. Resilient ist ein System sowohl dann, wenn es krisenhaften Ereignissen einerseits widersteht als auch dann, wenn es Strategien entwickelt, sich als Einheit so zu verändern, dass eine Anpassung an die durch die Krise geänderten Rahmenbedingungen erfolgen kann.

Die Forschungsvorhaben zu Resilienz konzentrierten sich ab Mitte des 20. Jahrhunderts zunächst auf die Untersuchung psychologischer Kapazitäten auf der Ebene von Individuen und Gruppen und sind in diesem Bereich auch heute noch stark präsent (Bonanno 2004; Lifton 1999; Coutou 2002). Parallel entwickelte sich im Kontext ökologischer und sozial-ökologischer Systeme ein Forschungsfeld, welches das Zusammenwirken von Mensch und Natur vor dem Hintergrund von auftretenden Krisenereignissen, z. B. Naturkatastrophen, beschreibt und sinnvolle Verhaltensweisen aufzeigt (Holling 1973; Folke 2006; Berkes et al. 2003). In der Konsequenz erfuhr der Begriff auch für ökonomisches Handeln auf betrieblicher Ebene (Mikroebene: Organizational Resilience; Vogus und Sutcliffe 2007; Lengnick-Hall et al. 2011), auf Netzwerkebene (Mesoebene) (Janssen et al. 2006; Luthe et al. 2012) sowie im nationalen, grenzübergreifenden und internationalen Maßstab (Makroebene) (Martin 2012) einen Bedeutungsgewinn.

Im Zuge dieser vielfältigen Rezeption wurde der Weg geebnet, Resilienz vor dem Hintergrund von Fragen der regionalen Entwicklung zu betrachten. In der Folge wurde hierzu vermehrt von regionaler Resilienz gesprochen (Christopherson et al. 2010; Hassink 2010). Raumrelevante Ausgangsbedingungen treffen in dieser Betrachtungsweise auf die ökonomischen Besonderheiten innerhalb der betrachteten Region und bieten für sich gesehen ein breites Betätigungsfeld innerhalb der Resilienzforschung.

Gerade in sozioökonomischem und raumwissenschaftlichem Kontext wird den angeführten Ausgangsdefinitionen noch ein weiterer Aspekt hinzugefügt, welcher dem Resilienzbegriff eine proaktive Komponente zuspricht. Resilienz ist in ihren unterschiedlichen Systemen demnach nicht nur aus einer Krisen- und Post-Krisen-Perspektive zu betrachten, sondern als eine Fähigkeit, sich proaktiv auf Unerwartetes in der Zukunft vorbereiten zu können (Weick und Sutcliffe 2011; Vogus und Sutcliffe 2007). Damit löst sich die handlungsbezogene Resilienzforschung von schwerpunktmäßig technischen Fragen der Problemlösung und -bewältigung und gewinnt eine strategische Ausprägung hinzu.

2.2 Akteure und regionale Resilienz

Für eine resiliente Region genügt es nicht, zu einem bestimmten Zeitpunkt ökonomisch erfolgreich zu sein. Sie ist vielmehr imstande, diesen ökonomischen Erfolg über einen längeren Zeitraum zu halten und ihr gelingt dies auch im Zuge unvermeidbarer Anpassungserfordernisse aufgrund exogen bedingter Wandlungsprozesse (Christopherson et al. 2010). Anpassungsfähigkeit wiederum kann nach Hudson (2010) als die Fähigkeit von Akteuren innerhalb des Systems (der Region) verstanden werden, Resilienz in ihrem Handlungskontext aktiv zu beeinflussen. Damit rückt das Handeln der Akteure innerhalb einer Region in den Fokus für den strategischen Aufbau regionaler Resilienz. Dieses Handeln vollzieht sich unter besonderen Voraussetzungen (bzw. erschwerten Bedingungen) und stellt deshalb besondere Erfordernisse an die Akteurskonstellationen innerhalb der Region.

Die an einem Entwicklungsprozess beteiligten Akteure handeln in Bezug auf die Frage, für welches Zukunftsszenario sie in welcher Art und Weise Resilienz entwickeln müssen, unter Unsicherheit (Berkes 2007) und sind daher auf Fähigkeiten und Lernroutinen angewiesen, die sie befähigen, sich trotz dieser Unwägbarkeiten auf die zukünftigen Herausforderungen einzustellen.

Berkes (2007) identifiziert weitere vier Eigenschaften, die Akteure innerhalb einer Region mitbringen müssen, um Resilienz systematisch aufzubauen:

- Ein grundsätzlich konstruktiver Umgang mit Wandel und Unsicherheit.
- Die Förderung verschiedenster Arten von ökologischer, sozialer und politischer Diversität, um die Handlungsoptionen zu erhöhen und Risiken zu minimieren.
- Aufbau von Kapazitäten in Bezug auf Lernfähigkeit und Problemlösungskompetenz.
- Nutzung von Chancen für die Selbstorganisation, indem lokale Institutionen gestärkt werden und übergreifende Verbindungen und Problemlösungsnetzwerke entstehen.

2.3 Resilienz und Tourismus

Die Tourismuswirtschaft ist in vielfältiger Weise bestehenden oder sich entwickelnden Krisen ausgesetzt und muss, um nachhaltig im Wettbewerb bestehen zu können, in professioneller Art und Weise Antworten auf diese Fragen finden (Glaeßer 2001). Diese Antworten müssen sowohl auf betrieblicher Ebene als auch auf Ebene der touristischen Destination gefunden werden. Sich im Wachstum befindliche Betriebe innerhalb einer Region widerstehen mit einer höheren Wahrscheinlichkeit ökonomischen Krisenereignissen als Unternehmen im Abschwung (Martin 2012). Damit tragen sie zur ökonomischen Resilienz der Region bzw. Destination bei. Gleichsam entsteht insbesondere durch ein kooperatives Netzwerk touristischer Betriebe ein Umfeld, das resiliente Entwicklung in regionalem Maßstab begünstigt (Luthe et al. 2012). Regionale Resilienz entsteht im Zusammenspiel beider Komponenten. An die touristischen Unternehmer innerhalb der Destination werden damit besondere Anforderungen gestellt, da sie zugleich die betriebliche Performance sichern müssen, als auch einen Teil ihres Engagements auf die aktive Mitarbeit im touristischen Netzwerk anzuwenden haben.

Für den Aufbau von Resilienz auf regionaler Ebene wichtig sind aber auch Akteure der öffentlichen Hand. Ihnen kommt eine koordinierende Funktion zu, was die regionale Entwicklung im Allgemeinen und die Tourismusentwicklung im Besonderen betrifft. Swanstrom (2008) argumentiert, dass privatwirtschaftliche Akteure und öffentliche Akteure unabhängig voneinander Resilienzstrategien entwickeln müssen, um insgesamt eine regionale Resilienz zu erreichen. Im Einzelfall kann dies von den ordnungspolitischen Rahmenbedingungen abhängen, unter denen öffentliche und private Akteure zusammenarbeiten können.

2.4 Kritik am Resilienzkonzept

Mit Blick auf die geschilderten Zusammenhänge bietet sich das Resilienzkonzept nicht nur als strategischer Zugang zur Ex-post-Bewältigung von Krisenereignissen an, sondern kann in seiner Konzeption auch als strategischer Überbau für eine erfolgreiche und zukunftsfähige Entwicklung im Raum, unter besonderer Berücksichtigung der in diesem Raum aktiven Akteurskonstellationen, dienen (Martin und Sunley 2006).

Dies bedeutet, dass Resilienz sowohl als Reaktion auf konkrete Katastrophen als auch als proaktive Strategie in Bezug auf nicht oder noch nicht eindeutig zu definierende Herausforderungen angewendet werden kann. Diese Bandbreite in der Wahrnehmung des Resilienzkonzepts ist Fluch und Segen zugleich. Einerseits wird dem Resilienzkonzept nachvollziehbarerweise eine gewisse Unschärfe attestiert (Strunz 2011; Pendall et al. 2010), andererseits bietet gerade die Vielfalt der Begriffsadaption die Chance, Erfahrungen, Maßnahmen und gelernte Prozesse auf neue Kontexte anzuwenden und damit einen Beitrag dafür zu liefern, neuartige Antworten auf unterschiedliche Herausforderungen zu finden (Waller 2001); dies gilt auch für den Kontext touristischer Destinationen.

2.5 Empirische Befunde

2.5.1 Erhebungsdesign

Zur Generierung eines tiefergehenden Verständnisses bestehender Denkweisen und Einstellungen zur Vernetzung unternehmerischer Verantwortung und der daraus resultierenden Potenziale hinsichtlich der Zukunftsfähigkeit von Destinationen, wurden insgesamt 11 Experteninterviews in der Destination Garmisch-Partenkirchen geführt. Die Interviewpartner kamen aus den Bereichen Verkehr, Tourismusorganisation, Hotellerie, Gastronomie, Umweltschutz, Verwaltung und touristische Verbände. Die Gespräche orientierten sich an einem einheitlichen Gesprächsleitfaden und dauerten zwischen 25–60 min. Durch offene Fragen wurde den Interviewpartnern die Gelegenheit gegeben, über das oben genannte Themenfeld kritisch zu reflektieren und spezifische Zusammenhänge zu ihrem eigenen wirtschaftlichen Agieren herzustellen. Die Interviews wurden transkribiert und mit Hilfe der qualitativen Analysemethode GABEK® (GAnzheitliche BEwältigung sprachlich erfasster Komplexität) analysiert. Diese Methode wurde von Josef Zelger am Institut für Philosophie der Leopold-Franzens Universität Innsbruck entwickelt und basiert auf der Theorie der Gestaltwahrnehmung von Carl Stumpf (Raich 2008). Zelger (1999) entwickelte diese zu einer Theorie linguistischer Gestalten weiter. Die Methode GABEK® ermöglicht die Visualisierung latenter Werte und Einstellungen und deren reziproker Beziehungen in sozialen Organisationsgefügen. Die individuellen Ansichten der Befragten können mittels GABEK® vernetzt, strukturiert und in einem transparenten Wissensnetz verdichtet werden. GABEK® trägt somit dazu bei, ein besseres Verständnis für die untersuchte Situation und die damit verbundenen Prozesse zu entwickeln, indem ein holistisches Verstehen von Phänomenen ermöglicht wird. Die Methode erlaubt damit sowohl das Herausfiltern von Kernaussagen als auch die Erfassung von unterschiedlichen Phänomenen mit ihren Hintergründen und Auswirkungen (Pechlaner und Volgger 2012a). Die Kodierung und Strukturierung des Interviewtextes erfolgt mit Hilfe der Software WinRelan (Windows Relations Analysis), welche eigens für GABEK® entwickelt wurde und die schrittweise Entwicklung der regelbasierten Netzwerke ermöglicht (Zelger und Oberprantacher 2002). Mittlerweile fand GABEK® in einer Reihe von wissenschaftlichen Studien im Tourismus Anwendung (z. B. Pechlaner und Volgger 2013; Siller und Matzler 2011; Zacher und Pechlaner 2014; Lun et al. 2015).

2.5.2 Ergebnisse

Das in Abb. 2 dargestellte Assoziationsnetz subsumiert die bedeutendsten Merkmale, welche im Hinblick auf einen Tourismus mit Nachhaltigkeit und Zukunftsfähigkeit seitens der Experten assoziiert wurden. Wie sich erkennen lässt, stellen die Experten einen unmittelbaren Zusammenhang zwischen einem Tourismus mit Nachhaltigkeit und einem auf Langfristigkeit ausgelegten nachhaltigen Wirtschaften her, welchem eine explizite Strategie zugrunde liegen muss. Die umrahmten Beziehungsknoten auf der rechten Seite unterstreichen in diesem Zusammenhang die Bedeutung der Verantwortungsvernetzung im Sinne der oben beschriebenen Destination Network Responsibility. Die Bündelung individualunternehmerischer CSR-Aktivitäten auf der Netzwerkebene und die daraus resultierenden Gemeinschaftsprojekte zahlen letztlich auf die Nachhaltigkeit des Tourismus in einer Destination ein. Durch eine entsprechende moderierende Kompetenz der jeweiligen Tourismusorganisation kann der Erfolg des gesamten Vorhabens dabei deutlich begünstigt werden.

Die Potenziale, welche aus der erfolgreichen Wahrnehmung einer Destination Network Responsibility hervorgehen können, sind in der darauffolgenden Kausalgrafik zusammengefasst (siehe Abb. 3).

In Anlehnung an Battaglia et al. (2010) können sie in drei wesentliche Potenziallevel untergliedert werden. Es lässt sich hierbei zwischen dem Mikrolevel der Einzelunternehmen, dem Mesolevel innerhalb des Destinationsnetzwerks und dem Makrolevel außerhalb des Destinationsnetzwerks unterscheiden. Auf dem Makrolevel ergeben sich Vorteile durch die beschriebene Vernetzung insbesondere dadurch, dass das unternehmerische Einzelengagement um ein Vielfaches multipliziert wird und somit sein Wirkungsgrad deutlich erhöht ist. Die Destination als Ganzes wird auf diese Weise von außen als verantwortlich agierende Einheit wahrgenommen. Aus der Perspektive der netzwerkinternen Beziehungen der Destination, dem Mesolevel, verhindert ein solcher kooperativer Ansatz, dass bestimmten Problemlagen, die im Grunde jeden betreffen, nicht entgegengewirkt wird, weil sich niemand für sie verantwortlich fühlt. Dies ist der Fall, da die vernetzte Zusammenarbeit die gemeinsame Problemwahrnehmung aller Protagonisten in der Destination begünstigt. Ferner wird vermieden, dass entsprechende Ressourcen unnötig verschwendet werden. Sei es dadurch, dass Themenfelder von den Akteuren doppelt bearbeitet wer-

Destination Network Responsibility (DNR) als Grundlage für regionale Resilienz 325

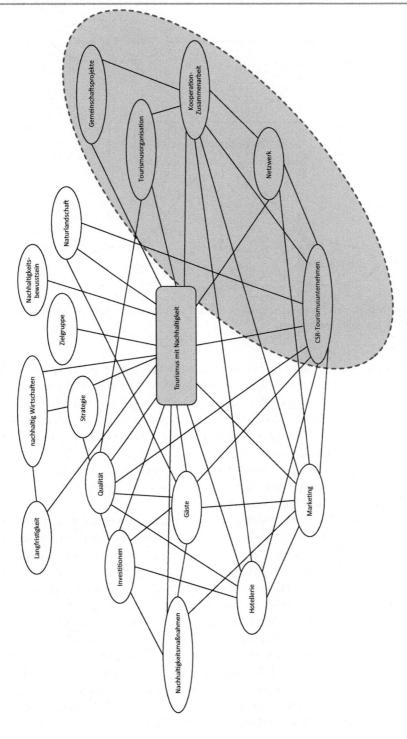

Abb. 2 Assoziationsnetz zu einem Tourismus mit Nachhaltigkeit. (Quelle: eigene Darstellung)

Abb. 3 Kausalnetz zu den Potenzialen einer vernetzten unternehmerischen Verantwortungswahrnehmung. (Quelle: eigene Darstellung)

den oder man die netzwerkinternen Ressourcen nicht vollständig ausschöpft. Auf dem Mikrolevel der Einzelunternehmen kann die beschriebene Vernetzung der unternehmerischen Verantwortung als ein grundlegendes Instrument angesehen werden, die mit der individuellen Wahrnehmung verbundenen Barrieren, sei es aus Kosten- oder Komplexitätsgründen, zu überwinden und dabei zu helfen, ein entsprechendes unternehmerisches Gesellschaftsengagement systematisch umzusetzen (Petersik 2012).

Die folgende Assoziationsgrafik zeigt die unmittelbaren Zusammenhänge zwischen den unterschiedlichen Bewältigungsstrategien einer Krise und verweist damit auf wesentliche Faktoren regionaler Resilienz (siehe Abb. 4).

Augenfällig wird die Bedeutung des gemeinschaftlichen Handelns touristischer Akteure vor dem Hintergrund potenzieller Krisenereignisse. Gemeinschaftsprojekte sind insbesondere dann von Erfolg gekrönt, wenn die langfristige Perspektive mitgedacht wird. Touristische Unternehmen, die sich auf den Weg machen, gemeinsam mit anderen Akteuren frühzeitig Krisen zu bewältigen, stehen vor dem Spagat, einerseits langfristig zu denken und eine ökonomisch nachhaltige Strategie umzusetzen und andererseits kurzfristig vor dem Hintergrund der aktuellen Herausforderungen einen Interessenausgleich mit den im Destinationsnetzwerk beteiligten Akteuren herzustellen. Als Schlüssel für den kooperativen Umgang mit zukünftigen Krisen werden die Kommunikation eines Leitbilds und die transparente Darstellung der Synergieeffekte für gemeinschaftliches Engagement innerhalb der Destination erachtet. Auf deren Basis können Problemlösungsnetzwerke entstehen, die den Umgang mit Wandel und Unsicherheit sowie die Ausbildung von ökonomischer, ökologischer und sozialer Diversität fördern (Berkes 2007).

Destination Network Responsibility (DNR) als Grundlage für regionale Resilienz

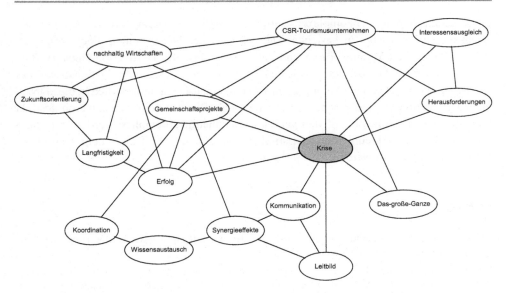

Abb. 4 Assoziationsnetz zur proaktiven Krisenbewältigung. (Quelle: eigene Darstellung)

Anhand derartiger Äußerungen kann gezeigt werden, dass Resilienz gewissermaßen zu einer räumlich verankerten Kompetenz werden kann. Die von Berkes (2007) als zentral definierten Eigenschaften für den schrittweisen Aufbau eines resilienten Systems auf regionaler Ebene können darin direkt und indirekt abgebildet werden.

Einer Destination Network Responsibility sind diese Attribute zuteil, da sie sowohl operative, strategische, normative und visionäre Aspekte prozesshaft betrachtet. Sie kann damit dann als eine vielversprechende Strategie ins Feld geführt werden, wenn es nicht nur um die positive Destinationsentwicklung im Allgemeinen geht, sondern auch um den frühzeitigen und engagierten Umgang mit potenziellen Krisenereignissen in der Zukunft.

Gerade damit sich Leistungsträger einer Destination im Sinne einer proaktiven Resilienzstrategie mit der „Schattenseite unternehmerischen Handelns" (Pechlaner et al. 2010b) auseinandersetzen, ist eine Haltung gefordert, die von gegenseitigem Vertrauen geleitet ist und der Überzeugung folgt, aufziehende Probleme gemeinsam bewältigen zu können.

3 Fazit und Ausblick

Das Resilienzkonzept wird im Rahmen wissenschaftlicher Untersuchungen derart vielfältig diskutiert und verwendet, dass eine Verbindung mit praxisorientierten Strategien und inhaltlichen Fokussierungen für seine Applikation in der Destinationsforschung als zielführend erachtet wird. Von primärer Relevanz für die Praxis ist die Erkenntnis, dass es für Destinationen und ihre Protagonisten unabdingbar geworden ist, kooperative, antizipative und proaktive Kompetenzen und Zukunftskonzepte zu entwickeln, um in dem eingangs skizzierten hochkomplexen Setting mannigfaltiger Herausforderungen und Krisenszenarien langfristig zu bestehen. Die erfolgreiche Wahrnehmung einer vernetzten unternehmerischen Verantwortung und das hier vorgestellte Destination-Network-Responsibility-Konzept lassen sich als solche begreifen. Gelingt es, ein destinationsbewusstes Denken und Handeln aller Akteure zu entwickeln, umzusetzen und letztlich in die „DNA" einer Destination einzupflanzen, kann die regionale Resilienz einer Destination gestärkt und ein Tourismus mit Zukunftsfähigkeit und Nachhaltigkeit etabliert werden. Auf diese Weise können die Akteure einer touristischen Destination eher Treiber denn Getriebene ihrer eigenen Zukunft werden.

Literatur

Bachinger M (2012) Stakeholder Value in Regionalentwicklungsprozessen – Eine relationale Perspektive. Springer, Wiesbaden

Bachinger M, Pechlaner H (2011) Netzwerke und regionale Kernkompetenzen: der Einfluss von Kooperationen auf die Wettbewerbsfähigkeit von Regionen. In Regionen und Netzwerke. Gabler, Wiesbaden, S 3–28

Battaglia M, Bianchi L, Frey M, Iraldo F (2010) An innovative model to promote CSR among SMes operating in industrial clusters: evidence from an EU project. Corporate Social Responsibility and Environmental Management 17(3):133–141

Beritelli P, Bieger T, Laesser C (2007) Destination governance: using corporate governance theories as a foundation for effective destination management. J Travel Res 46(1):96–107

Berkes F (2007) Understanding uncertainty and reducing vulnerability: lessons from resilience thinking. Nat Hazards 41(2):283–295

Berkes F, Colding J, Folke C (2003) Navigating social-ecological systems. building resilience for complexity and change. Cambridge University Press, Cambridge

Bieger T (2002) Management von Destinationen, 5. Aufl. Oldenbourg, München

Bieger T, Beritelli P (2006) Management der virtuellen Dienstleistungskette – Sicherstellung einer unternehmensübergreifenden Dienstleistungsqualität. In: Bieger T, Beritelli P (Hrsg) Dienstleistungsmanagement in Netzwerken: Wettbewerbsvorteile durch das Management des virtuellen Dienstleistungsunternehmens. Haupt, Bern, S 1–12

Bieger T, Derungs C, Riklin T, Widman F (2006) Das Konzept des integrierten Standortmanagements – Eine Einführung. In: Pechlaner H, Fischer E, Hammann E (Hrsg) Standortwettbewerb und Tourismus: Regionale Erfolgsstrategien. ESV, Berlin, S 11–26

Biggs D (2011) Understanding resilience in a vulnerable industry: the case of reef tourism in Australia. Ecol Soc 16(1):30

Bonanno GA (2004) Loss, trauma, and human resilience: have we underestimated the human capacity to thrive after extremely aversive events? Am Psychol 59(1):20–28

Christopherson S, Michie J, Tyler P (2010) Regional resilience: theoretical and empirical perspectives. Camb J Reg Econ Soc 3(1):3–10

Coutou DL (2002) How resilience works. Harv Bus Rev 80(5):46–56

Europäische Kommission (2011) Eine neue EU-Strategie (2011–14) für die soziale Verantwortung der Unternehmen (CSR), KOM (2011) 681, Oktober 2011

Fischer E (2009) Das kompetenzorientierte Management der touristischen Destination: Identifikation und Entwicklung kooperativer Kernkompetenzen. Gabler, Wiesbaden

Flagestad A, Hope C (2001) Strategic success in winter sports destinations: A sustainable value creation perspective. Tour Manag 22(5):445–461

Folke C (2006) Resilience: the emergence of a perspective for social-ecological systems analyses. Glob Environ Change 16(3):253–267

Gabriel T (2005) Resilienz-Kritik und Perspektiven. Z Pädagogik 51(2):207–217

Glaeßer D (2001) Krisenmanagement im Tourismus. Peter Lang, Frankfurt a. M.

Habisch A, Schwarz C (2012) CSR als Investition in Human- und Sozialkapital. In: Schneider A, Schmidpeter R (Hrsg) Corporate Social Responsibility: Verantwortungsvolle Unternehmensführung in Theorie und Praxis. Springer, Berlin, S 113–133

Habisch A, Wildner M, Wenzel F (2008) Corporate Citizenship (CC) als Bestandteil der Unternehmensstrategie. In: Habisch A, Schmidpeter R, Neureiter M (Hrsg) Handbuch Corporate Citizenship: Corporate Social Responsibility für Manager. Springer, Berlin, S 3–44

Hammann EM, Habisch A, Pechlaner H (2009) Values that create value: socially responsible business practices in SMEs–empirical evidence from German companies. Bus Ethics 18(1):37–51

Hassink R (2010) Regional resilience: a promising concept to explain differences in regional economic adaptability? Camb J Reg Econ Soc 3(1):45–58

Hinterhuber HH (1996) Strategische Unternehmensführung 1: Strategisches Denken. Vision – Unternehmenspolitik – Strategie, 6. Aufl. de Gruyter, Berlin

Holling CS (1973) Resilience and stability of ecological systems. Annu Rev Ecol Syst 4:1–23

Hudson R (2010) Resilient regions in an uncertain world: wishful thinking or a practical reality? Camb J Reg Econ Soc 3:11–25

Janssen MA, Bodin O, Anderies JM, Elmqvist T, Ernstson H, McAllister RR et al (2006) Toward a network perspective of the study of resilience in social-ecological systems. Ecol Soc 11(1):15–34

Jonker J, Stark W, Tewes S (2011) Corporate Social Responsibility und nachhaltige Entwicklung: Einführung, Strategie und Glossar. Springer, Berlin

Kleine-König C, Schmidpeter R (2012) Gesellschaftliches Engagement von Unternehmen als Beitrag zur Regionalentwicklung. In: Schneider A, Schmidpeter R (Hrsg) Corporate Social Responsibility: Verantwortungsvolle Unternehmensführung in Theorie und Praxis. Springer, Berlin, S 681–700

Lengnick-Hall CA, Beck TE, Lengnick-Hall M (2011) Developing a capacity for organizational resilience through strategic human resource management. Hum Resour Manag Rev 21(3):243–255

Lepoutre J, Heene A (2006) Investigating the impact of firm size on small business social responsibility: A critical review. J Bus Ethics 67(3):257–273

Lifton RJ (1999) The protean self: human resilience in an age of fragmentation. Chicago University Press, Chicago

Lohmann M, Müller H, Pechlaner H, Smeral E, Wöber K (2012) Österreich-Tourismus – Überwindung der Stagnation: Chancen und Wege, Bericht des Expertenbeirats „Tourismusstrategie", Wien. http://www.bmwfw.gv.at/Tourismus/TourismusstudienUndPublikationen/Documents/Bericht%20des%20Expertenbeirats_2012.pdf. Zugegriffen: 21. Okt. 2015

Lun LM, Elmi M, Pechlaner H (2015) An integrated approach to climate change and tourism in an alpine destination. In: Hughes M, Veaver D, Pforr Ch (Hrsg) The practice of sustainable tourism: resolving the paradox. Routledge, Abingdon

Luthe T, Wyss R, Schuckert M (2012) Network governance and regional resilience to climate change: empirical evidence from mountain tourism communities in the Swiss Gotthard region. Reg Environ Change 12(4):839–854

Martin R, Sunley P (2006) Path dependence and regional economic evolution. Econ Geogr 6:395–437

Martin (2012) Regional economic resilience, hysteresis and recessionary shocks. J Econ Geogr 12(1):1–32

Pechlaner H, Raich F (2006) Europa als touristisches Ziel. Z Wirtschgeogr 50(2):85

Pechlaner H, Volgger M (2012a) How to promote cooperation in the hospitality industry: generating practitioner-relevant knowledge using the GABEK qualitative research strategy. Int J Contemp Hosp Manag 24(6):925–945

Pechlaner H, Volgger M (2013) Towards a comprehensive view of tourism governance: relationships between the corporate governance of tourism service firms and territorial governance. Int J Glob Small Bus 5(1–2):3–19

Pechlaner H, Hammann E, Fischer E (2008a) Industrie und Tourismus: Herausforderung und Chance für die Standortentwicklung. In: Pechlaner H, Hammann E, Fischer E (Hrsg) Industrie und Tourismus: Innovatives Standortmanagement für Produkte und Dienstleistungen. ESV, Berlin, S 11–43

Pechlaner H, Raich F, Fischer E (2008b) Management von Schnittstellen zu anderen Branchen als Basis eines integrierten Standortmanagements – Das Beispiel Tourismus und Bierwirtschaft in Bayern. In: Freyer W, Naumann M, Schuler A (Hrsg) Standortfaktor Tourismus und Wissenschaft: Herausforderungen und Chancen für Destinationen. ESV, Berlin, S 25–39

Pechlaner H, Innerhofer E, Bachinger M (2010a) Standortmanagement und Lebensqualität. In: Pechlaner H, Bachinger M (Hrsg) Lebensqualität und Standortattraktivität: Kultur, Mobilität und regionale Marken als Erfolgsfaktoren. ESV, Berlin, S 13–34

Pechlaner H, Stechhammer B, Hinterhuber HH (2010b) Scheitern: Die Schattenseite unternehmerischen Handelns. Die Chance zur Selbsterneuerung. ESV, Berlin

Pechlaner H, Volgger M, Herntrei M (2012b) Destination management organizations as interface between destination governance and corporate governance. Anatolia 23(2):151–168

Pechlaner H, Fischer E, Bachinger M (Hrsg) (2011) Kooperative Kernkompetenzen: Management von Netzwerken in Regionen und Destinationen. Springer, Berlin

Pechlaner H, Beritelli P, Pichler S, Peters M, Scott N (Hrsg) (2015) Contemporary Destination Governance: A Case Study Approach Bd. 6. Emerald Group Publishing, Bingley

Pendall R, Foster KA, Cowell M (2010) Resilience and regions: building understanding of the metaphor. Camb J Reg Econ Soc 3(1):71–84

Petersik, L (2012) Die Destination in der Verantwortung – Von Corporate Social Responsibility (CSR) zu Destination Network Responsibility (DNR). Diplomarbeit am Lehrstuhl Tourismus, Kath. Universität Eichstätt-Ingolstadt

Raich M (2008) Basic values and objectives regarding money: Implications for the management of customer relationships. Int J Bank Mark 26(1):25–41

Reiter A (2011) Eco-leadership and green lifestyle: successful strategy for a growing market segment? In: Conrady R, Buck M (Hrsg) Trends and issues in global tourism 2011. Springer, Berlin, S 93–98

Riess B, Schmidpeter R (2010) Verantwortungspartner. Unternehmen. Gestalten. Region: Ein Leitfaden zur Förderung und Vernetzung des gesellschaftlichen Engagements von Unternehmen in der Region. Bertelsmann Stiftung, Gütersloh

Rifai T (2012) CSR and Sustainability in the global tourism sector – best practice initiatives from the public and private sector. In: Conrady R, Buck M (Hrsg) Trends and issues in global tourism 2012. Springer, Berlin, S 201–205

Schär T (2008) Industrie und Tourismus: Eine vergleichende Standortanalyse. In: Pechlaner H, Hammann E, Fischer E (Hrsg) Industrie und Tourismus: Innovatives Standortmanagement für Produkte und Dienstleistungen. ESV, Berlin, S 221–234

Scherer R (2005) Lernende Regionen – Synergien zwischen Standortmarketing, Wirtschaftsförderung und Tourismusmarketing. In: Pechlaner H, Bieger T, Bausch T (Hrsg) Erfolgskonzepte im Tourismus III: Regionalmarketing – Großveranstaltungen – Marktforschung. Linde, Wien, S 3–16

Siller L, Matzler K (2011) Wie Netzwerke die nachhaltige Entwicklung einer Region und dadurch die Wettbewerbsfähigkeit als Tourismusdestination fördern – Fünf Hypothesen am Beispiel des Kulturtourismus in einer alpinen Region. In: Kooperative Kernkompetenzen. Gabler, Wiesbaden, S 205–234

Strunz S (2011) Is conceptual vagueness an asset? Resilience research from the perspective of philosophy of science. Working Paper Series in Economics, Bd. 205. University of Lüneburg, Lüneburg

Swanstrom T (2008) Regional resilience: a critical examination of the ecological framework. Institute of Urban & Regional Development, University of California, Berkeley

Vogus TJ, Sutcliffe KM (2007) Organizational resilience: towards a theory and research agenda. In Systems, Man and Cybernetics, 2007. ISIC. IEEE, International Conference on Systems, S 3418–3422 (October)

Waller MA (2001) Resilience in ecosystemic context: evolution of the concept. Am J Orthopsychiatry 71(3):290

Weick KE, Sutcliffe KM (2011) Managing the unexpected: Resilient performance in an age of uncertainty, 8. John Wiley & Sons, Hoboken

Wieland J, Schmiedeknecht M (2010) Die gesellschaftliche Verantwortung im Mittelstand: Die regionale Vernetzung von CSR-Aktivitäten. In: Wieland J (Hrsg) Die Praxis gesellschaftlicher Verantwortung im Mittelstand. Regionale CSR-Strategien und Praxis der Vernetzung in KMU. Metropolis, Marburg, S 11–26

Williams P, Gill A, Ponsford I (2007) Corporate social responsibility at tourism destinations: toward a social license to operate. Tour Rev Int 11(2):133–144

Zacher D, Pechlaner H (2014) Regional food production and its effect on rural tourism development–the case of Bavarian Jura. Rural Tourism and Regional Development, Conference Proceedings, 78–91. http://epublications.uef.fi/pub/urn_isbn_978-952-61-1662-4/urn_isbn_978-952-61-1662-4.pdf. Zugegriffen: 21. Okt. 2015

Zelger J (1999) Wissensorganisation durch sprachliche Gestaltbildung im qualitativen Verfahren GABEK. In: Zelger J, Maier M (Hrsg) GABEK: Verarbeitung und Darstellung von Wissen. StudienVerlag, Innsbruck, S 31–91

Zelger J, Oberprantacher A (2002) Processing of verbal data and knowledge representation by GABEK®-WinRelan. Forum Qual Sozialforsch 3(2), Art. 27. http://nbn-resolving.de/urn:nbn:de:0114-fqs0202272. Zugegriffen: 21. Sep. 2015

Lukas Petersik studierte Diplom Geografie mit den Nebenfächern Journalistik und Psychologie an der Katholischen Universität Eichstätt-Ingolstadt und der University of Queensland in Australien. Für seine Diplomarbeit „Die Destination in der Verantwortung – von Corporate Social Responsibility (CSR) zu Destination Network Responsibility (DNR)" wurde er 2014 von der Deutschen Gesellschaft für Tourismuswissenschaft mit dem ITB-Wissenschaftspreis in der Kategorie „Beste wissenschaftlich-theoretische Arbeit" ausgezeichnet. Seit 2013 ist Lukas Petersik für die AUDI AG als Referent im Bereich Corporate Responsibility tätig.

Prof. Dr. Harald Pechlaner ist Inhaber des Lehrstuhls Tourismus und des Zentrums für Entrepreneurship an der Katholischen Universität Eichstätt-Ingolstadt. Er leitet das Institut für Regionalentwicklung und Standortmanagement an der Europäischen Akademie Bozen in Italien. Seine wissenschaftliche Mitarbeit am Institut für Unternehmensführung (Univ.-Prof. Hans H. Hinterhuber) mündete 1993 in der Promotion zum Doktor der Sozial- und Wirtschaftswissenschaften an der Universität Innsbruck. Nach einigen Praxisjahren als Leiter der Abteilung Fremdenverkehr der Südtiroler Landesregierung und Direktor der Südtirol Tourismus Werbung setzte er seine wissenschaftliche Arbeit fort und habilitierte 2002 an der Universität Innsbruck im Fach Betriebswirtschaftslehre. Im Jahr 2014 wurde er zum Präsidenten der „Association Internationale D'Experts Scientifiques Du Tourisme" (AIEST) gewählt. Er ist Autor bzw. Mitherausgeber von über 50 Büchern und von rund 200 Fachartikeln in Büchern und Fachjournalen.

Daniel Zacher ist wissenschaftlicher Mitarbeiter und Doktorand am Lehrstuhl Tourismus an der Katholischen Universität Eichstätt-Ingolstadt. Er studierte Diplom Geografie mit den Nebenfächern Politikwissenschaft und Volkswirtschaftslehre. Neben der Lehre ist er in unterschiedlichen Projekten zur Regional- und Destinationsentwicklung in Bayern involviert. Er unterstütze Herrn Prof. Dr. Harald Pechlaner 2015 bei der Umsetzung der Studie zur Zukunft des Destinationsmanagements und -marketings für den Freistaat Bayern. Im Rahmen seiner Doktorarbeit beschäftigt er sich mit den Perspektiven regionaler Resilienz und deren Umsetzung im Kontext von Tourismus- und Destinationsentwicklung.

Hochschulbildung im Tourismus: Über den neoliberalen Diskurs hinausdenken

Volker Rundshagen

1 Einleitung

Neoliberalismus als Ende der Geschichte (Fukuyama 1992) trifft auf Tourismus als Erfolgsgeschichte ohne Ende. Genau genommen vereinnahmt der Neoliberalismus, dessen Triumphzug seit dem Fall der Berliner Mauer absolutistische Züge angenommen hat (z. B. Harvey 2007), den Tourismus wie auch (nahezu) alle anderen wirtschaftlichen und gesellschaftlichen Bereiche und verwickelt ihn in dialektische Interdependenzen. Der Tourismus boomt, ebenso wie auf ihn bezogene Studiengänge (z. B. TarGroup 2015), und er wird als eine der größten, vielseitigsten und weiterhin mit hervorragenden Wachstumsaussichten gesegneten Branchen porträtiert. Er ist Hoffnungsträger in vielen Teilen der Welt, denn das durch ihn induzierte Wachstum verspricht Arbeitsplätze, steigendes Nationaleinkommen, Deviseneinnahmen, modernen Lebensstil und insbesondere auch Perspektiven für Länder ohne industrielle Basis und ohne nennenswerte Rohstoffvorkommen (z. B. Wall und Mathieson 2006). Durch diese (realen oder erhofften) Effekte wird der Tourismus zum neoliberalen Vehikel, das Markt- und Wettbewerbslogik verbreiten hilft und somit auch die neoliberale Deutungshoheit verfestigt.

Wie der Tourismus ist auch dessen Erforschung und Vermittlung im Hochschulsektor (so wie Hochschulbildung im Allgemeinen) zum Gegenstand neoliberaler Interessen und Prinzipien geworden. Auf theoretischer Ebene wird beklagt, dass selbst kritische Tourismusforschung, die momentan besonders gebraucht wird, das Studieren von Märkten, Kapital, Ungleichheit und ökologischem Verfall marginalisiert (Bianchi 2009). Auf praktischer Ebene macht sich bemerkbar, dass *Employability* bereits als wichtiger Imagefaktor

---

V. Rundshagen (✉)
CBS Cologne Business School GmbH
Hardefuststraße 1, 50677 Köln, Deutschland
E-Mail: v.rundshagen@cbs.de

© Springer-Verlag GmbH Deutschland 2017
D. Lund-Durlacher et al. (Hrsg.), *CSR und Tourismus*,
Management-Reihe Corporate Social Responsibility, DOI 10.1007/978-3-662-53748-0_21

für Hochschulen mit Tourismusprogrammen gilt und somit studentische Nachfrage beeinflusst (Eurico et al. 2015).

Dieses Kapitel plädiert für die Emanzipation touristischer Hochschullehre von neoliberal eingeengten Perspektiven. Hierzu wird CSR als Leitthema dieses Buches als Beispiel für ein neoliberal umgewidmetes Konzept eingebunden, das letztlich die A-Moral der Wirtschaft im Dienste von Konzerninteressen kaschiert (Weber 2012) und Win-win-Situationen suggeriert, die gesellschaftlichen Interessen jedoch nicht gerecht werden (Banerjee 2014). Folgende Vorgehensweise strukturiert dieses Kapitel: Zunächst wird dargelegt, was unter neoliberaler Marktlogik zu verstehen ist und wie diese sich durch Diskurshoheit verfestigt. Im Anschluss werden die Beziehungen zwischen Neoliberalismus und Tourismus sowie Hochschulbildung beleuchtet. Im Diskussionsteil werden alternative Ansätze aufgezeigt, die auch die aktuelle studentische Generation berücksichtigen. Es folgt ein resümierendes Plädoyer als Fazit.

2 Neoliberale Marktlogik und Diskurshoheit

Neoliberalismus ist in ein in den letzten Jahr(zehnt)en viel und kontrovers diskutiertes Konzept, für das es weder eine einheitliche Definition noch eine universell gültige Variante gibt, das jedoch einen deutlichen Wandel in seinen Grundlagen und seiner öffentlichen Beurteilung erfahren hat (Boas und Gans-Morse 2009). In akademischen Schriften erscheint das Konzept erstmals zwischen den Weltkriegen. Ökonomen der *Freiburger Schule* entwarfen es als moderaten wirtschaftspolitischen Ansatz zwischen den Extremen des Staatsinterventionismus auf der einen und einer Laisser-faire-Marktfreiheit auf der anderen Seite. In den vergangenen Jahrzehnten hat sich der Ansatz jedoch stark gewandelt: von einem Modell gemäßigter Wirtschaftspolitik, die einen weitreichenden Interessenausgleich zwischen Marktteilnehmern vorsieht und weitgehend positiv eingeschätzt wurde, hin zu einer radikalen und zunehmend kritisch debattierten Politik zugunsten der Kapitalkonzentration in den Händen großer Konzerne und weniger superreicher Familien (DuRand 2012). Dabei gibt es regionale Unterschiede und auch widersprüchliche Sub-Trends. Momentan steht das noch junge 21. Jahrhundert jedoch insgesamt im Zeichen neoliberaler Dominanz und Allpräsenz (z. B. Altvater 2009).

Wesentliches Merkmal des heutigen Neoliberalismus ist das Hervorheben der Prinzipien des Marktes und des Wettbewerbs (z. B. Harvey 2007). Anstelle staatlich diktierter, demokratisch ausgehandelter oder anderweitig durch Konsens legitimierter Regelwerke sollen Märkte wirtschaftliches Handeln im Wettbewerb stehender (quasi-)privater Akteure lenken. Darüber hinaus werden nicht nur klassische wirtschaftliche, sondern immer mehr und theoretisch letztlich *alle* Bereiche des Lebens, von der Infrastruktur bis hin zur Daseinsvorsorge, der Logik des Marktes und somit auch des Wettbewerbs untergeordnet, denn der Markt konstituiert sich durch das Aufeinandertreffen konkurrierender Anbieter und Abnehmer.

Der historische Laisser-faire-Ansatz betonte bereits Marktprinzipien zugunsten selbstbestimmt agierender Marktteilnehmer, deren Handlungsfreiheit durch das Stutzen der Staatsorgane bis zur Bedeutungslosigkeit gesichert sein sollte. Der aktuelle Neoliberalismus hingegen setzt auf eine aktive Rolle des Staates in der Durchsetzung der Macht- und Kapitalinteressen der reichsten Akteure; vor allem internationale Konzerne. Durch lobbyistisch geprägte Gesetzgebung wird die Umverteilung von Einkommen und Wohlstand nach ganz oben sichergestellt (Giroux 2008). Insbesondere werden Markt- und Wettbewerbsbedingungen geschaffen, die Oligopolisten und deren Gewinnanhäufung begünstigen (Scheidler 2015).

In der EU reflektiert das der Vertrag von Lissabon, dessen zentrales Konzept die Ausweitung der Marktlogik und die Steigerung der *Wettbewerbsfähigkeit* ist. Wesentliche durch EU-Organe verschriebene und mit zunehmender Konsequenz in den Mitgliedsländern durchgesetzte Maßnahmen sind Deregulierung und die Privatisierung von Staatseigentum und Gemeingütern. Sukzessive wurden und werden Energieversorgung, Eisenbahn, Post, Telekommunikation, Altersvorsorge, Trinkwasserversorgung usw. privatisiert, sodass vor allem Konzernen immer höhere Renditemöglichkeiten eröffnet werden. Gleichzeitig sorgen politische Maßnahmen für die Sozialisierung zwangsläufig anfallender Verluste. Zum einen zählen dazu externalisierte Posten wie Umweltschäden oder Sozialkosten. Zum anderen zählt dazu die Belastung öffentlicher Haushalte mit den Folgen der systemimmanenten Krisen, was im Zuge der Finanzkrise seit 2008 und auch der Euro-Krise in Form von *Bailouts* (Bankgarantien, Euro-Rettungsschirme) neue Dimensionen erreicht hat (z. B. Streeck 2013). Ferner wird die Umverteilung von Vermögen und Gewinnen in der EU mittels einer bisweilen bizarr anmutenden Steuerpolitik zugunsten der Konzerne und zulasten kleiner oder mittelständischer Unternehmen mit örtlicher Verwurzelung beschleunigt (z. B. Graetz und Doud 2013).

Der aktuelle Durchmarsch des Neoliberalismus birgt dreierlei Problematiken. Erstens beruht die Rechtfertigung neoliberaler Politik weitgehend auf Mythen, die sich wiederum hauptsächlich aus ökonomischen Theorien und Modellen speisen, die scheinbar rational sind, wobei außer Acht gelassen wird, dass die Einstufung, was jeweils als rational oder irrational gilt, bereits ein willkürliches Moment enthält (z. B. Scheidler 2015). Ein wesentlicher solcher Mythos ist der berüchtigte *homo oeconomicus*; das Verständnis des Menschen als rationalen Nutzenmaximierer, dessen einziger Antrieb Egoismus ist und der nur noch überlegt, wie der eigene Nutzen maximiert werden kann, jedoch nicht, wozu das dient oder welche ethischen Probleme das aufwirft (Thielemann 2010). Als eine Sichtweise menschlichen Verhaltens – oder einiger Facetten desselben – ist das Modell nachvollziehbar, als universelle Sichtweise hingegen *Unsinn* (Mintzberg 2015). Ein weiterer wesentlicher Mythos ist der Markt als neutraler, perfekter Mechanismus zur

Allokation knapper Ressourcen. Bereits ein gewisses Maß an Lebenserfahrung genügt, weitreichendes Marktversagen zu diagnostizieren. Die Bedingungen, unter denen Märkte die zugeschriebene Perfektion erreichen, sind schlicht nicht real (Crouch 2011; Senf 2007). Hinzu kommt, dass Märkte historisch mit militärischer und struktureller Gewalt geschaffen wurden (Scheidler 2015). Mithin ist klar, dass kein naturgegebener Mechanismus umgesetzt wird, sondern *Ideologie*.

Zweitens verursacht die aggressive Durchsetzung dieser Ideologie verheerende Folgen, von der rasant fortschreitenden Umweltzerstörung bis zur Traumatisierung immer mehr Betroffener. Die Ausdehnung der Marktlogik durch Emissionshandel basierend auf willkürlicher Kontingentierung von Schadstoffausstoßrechten ist ein Beispiel für die konstruierte Legitimation der Umweltverschmutzung. In der EU hat sich gezeigt, dass dieser Marktmechanismus den Schadstoffausstoß insgesamt nicht etwa durch Verteuerung verringert, sondern in erster Linie offiziell legitimiert, bei fortgesetzter Externalisierung der Folgekosten (z. B. Everard et al. 2013). Auch Menschen müssen sich dem Diktat eines immer härteren Wettbewerbs aussetzen, auf Arbeitsmärkten wie auch im privaten Leben, das zunehmend neoliberalen Leistungskriterien folgt. Letztlich werden individuelle Identitäten pathologisch verändert (Verhaeghe 2013).

Die dritte Problematik ist die zunehmende neoliberale Diskurshoheit. In Mainstream-Medien werden öffentliche Debatten geführt, in denen andere Prinzipien als die neoliberalen kaum mehr akzeptiert werden. Bereits Margaret Thatcher, Pionierin des gewandelten Neoliberalismus in Europa, hat das berüchtigte Diktum des *There is no Alternative* (TINA) etabliert. Dieses wird heute in der EU fortgesetzt, wie als *alternativlos* bezeichnete Bankenrettungen oder Privatisierungsorgien und Sozialleistungskürzungen als Bedingung für die Unterstützung verschuldeter Euroländer zeigen (z. B. Hickel 2015). So wird auch menschliches Verhalten konditioniert. Der mythische *homo oeconomicus* wird zum normativ verbindlichen Handlungsmuster (Thielemann 2010) und durch fortgesetzte Konditionierung selbst auferlegte Denkverbote treiben die neoliberale anthropologische Metamorphose voran (Michéa 2015).

Corporate Social Responsibility (CSR) illustriert die mit Hilfe von Umdeutungen erlangte neoliberale Diskurshoheit. Kinderman (2013) legt dar, wie dieses Konzept in der EU von einem *sozial-liberal* geprägten Ansatz zur Verankerung unternehmerischer Verantwortung zugunsten aller Anspruchsgruppen in ein *neo-liberales* Instrument zur Vermeidung der Einschränkung von Gewinnmöglichkeiten für Unternehmen (speziell Aktiengesellschaften und deren *Shareholder*) umgeformt wurde. Kern der CSR ist nun die Freiwilligkeit von Maßnahmen, die aus Managementsicht nur sinnvoll sind, wenn positive Imageeffekte Umsatzsteigerungen versprechen. Diese Umwidmung ist – trotz eines durch Finanz- und Eurokrise etwas regulierungsfreundlicheren öffentlichen Klimas – nicht reversibel (Kinderman 2013). Nicht nur in westlichen Demokratien (z. B. Weber 2012), sondern auch im globalen Kontext von Schwellen- und Entwicklungsländern erweist sich CSR als Vehikel im Dienste multinationaler Konzerninteressen (z. B. Imbun et al. 2015; Sanders 2012).

3 Neoliberalismus und Tourismus: eine dialektische Beziehung

Das Fortschreiten neoliberaler Ideologie betrifft natürlich auch den Tourismus. Dieser ist ein Phänomen mit vielen Facetten, was sich auch in der Vielfalt akademischer Disziplinen spiegelt, die sich mit ihm befassen. Diverse Felder wie Soziologie, Philosophie, Anthropologie oder Psychologie erforschen tourismusrelevante Vorgänge und tragen zum grundlegenden Verständnis des Phänomens bei. Im neoliberalen Zeitalter überschattet jedoch der Diskurs über den Tourismus als *Wirtschaftszweig* andere Konzeptualisierungen (Higgins-Desbiolles 2006). Es wird nicht nur betont, dass Tourismus wahlweise die größte oder wenigstens eine der größten Branchen der Weltwirtschaft ist, sondern es wird auch auf sein stetiges und weiterhin projiziertes Wachstum verwiesen. Die Zahl internationaler Ankünfte pro Jahr liegt weltweit bereits bei über 1 Mrd. (UNWTO 2016), und in nach Weltregionen differenzierteren Betrachtungen wird allenfalls zwischen einem zu erwartenden moderaten (z. B. Europa) und exorbitanten (z. B. Asien) Wachstum in den nächsten Jahren unterschieden.

Nicht endendes Wachstum ist eine wesentliche Voraussetzung für Kapitalvermehrung, die wiederum im Dienste der Gewinnmaximierung steht (z. B. Harvey 2015). Genau diese Logik führt zur Erschließung immer neuer Einnahmequellen auch im Tourismus durch Kommodifizierung von Natur, Kultur und Geschichte. Neoliberaler (Markt-)Logik gehorchend, konfigurieren Branchenakteure Landschaften (z. B. Keul 2014), Tiere (z. B. Duffy 2014) und traditionelle Riten (z. B. Shaw und Williams 2004) in vermarktungsfähige Erlebnisse und Reiseprodukte um. In dieses System eingefangene Tourismusformen umfassen sowohl solche, die ursprünglich (zumindest im Selbstverständnis) nicht kommerziell ausgerichtet sind, jedoch neoliberal okkupiert werden, wie z. B. Naturtourismus, als auch solche, die neoliberal induziert sind, wie z. B. Medizintourismus (Smith 2012). Hierin begründet sich eine weitreichende Dialektik: Der Tourismus erzeugt Widersprüche, indem er von Elementen der Umgebung abhängt, die er gleichzeitig nutzt, verändert und neu formiert und dadurch wiederum schädigt oder letztlich sogar zerstört. Darüber hinaus wird der Tourismus neoliberalen Zuschnitts eingesetzt, um Widersprüche des Kapitalismus (Harvey 2015) zu verdecken, z. B. indem Öko- oder Naturtourismus als Lösung für Probleme, z. B. die Überbeanspruchung endlicher Ressourcen, vorgestellt wird, die ohne neoliberale Praktiken gar nicht aufgetreten wären – und die sich durch den umgewidmeten Tourismus letztlich weiter verschärfen werden (Duffy 2015).

Eine weitere Dialektik liegt im Verhältnis zwischen touristischen Angeboten und dessen Abnehmern, die beide in die neoliberale (Markt-)Logik hineingezogen werden.

> Der Tourismus erweist sich nicht nur als die vermutlich größte und bedeutendste Branche im weltweiten Wirtschaften. Er stellt auch das räumlich zerstreuteste und am tiefsten in der Psychologie seiner Kunden verankerte Geschäftsfeld dar. Das heißt nichts weniger, als dass er auch der verletzlichste und den Entwicklungen der Geschichte am stärksten ausgesetzte Betrieb ist (Scheppe und Steinfeld 2012, S. 16).

Als Dienstleistungspaket, dessen erlebter Wert in erheblichem Maße Gegenstand der Perzeption ist, wird der Tourismus in ein komplexes Geflecht weiterer widersprüchlicher Entwicklungen hineingezogen: Ursprüngliche Reisemotive, z. B. Neugier auf fremde Kulturen oder Erholung am Strand, werden ergänzt, wenn nicht sogar verdrängt, durch neoliberal aufgeladene. Der neoliberalen Anforderungen ausgesetzte Mensch strebt nach der Selbstinszenierung als erfolgreicher Nutzenmaximierer. Permanenter Druck lastet auf der persönlichen Identität, die vor allem wettbewerbsfähig sein soll (Verhaeghe 2013). Touristische Nutzenmaximierung kann sich durch die Auswahl exotischer Reiseziele, zum billigsten Preis gebuchten Urlaub oder durch innovative Inszenierung desselben ergeben – oder durch eine Nutzung des Urlaubs zur *Selbstoptimierung*, die bei genauer Betrachtung in erster Linie dem Funktionieren des Menschen im neoliberalen Gefüge dient (Han 2014). Inflation und Beschleunigung irrational aufgeladener (Reise-)Erlebnisse vermindern tatsächliches Erleben der (Urlaubs-)Welt und erschweren die Verarbeitung des Erlebten (Rosa 2012). Touristische Anbieter ihrerseits bedienen diese inflationäre, beschleunigte Nachfrage und geraten dadurch unter Druck, mit immer spektakuläreren und/oder billigeren Angeboten zu wachsen; der Teufelskreis ist perfekt.

Auch CSR trägt zu dieser Dialektik bei. Einerseits bietet das Bekenntnis zu Prinzipien der Verantwortung (oder Nachhaltigkeit) die Chance, Veränderungen vorzunehmen und auch die Perzeption der Reiseangebote als umwelt- oder sozialverträglich zu fördern, andererseits soll letztendlich wiederum die (umweltbelastende) Nachfrage angekurbelt werden. Reiseveranstalter schreiben lieber über CSR und Nachhaltigkeitsaktivität, als spezifische Maßnahmen in dieser Richtung umzusetzen (z. B. van Wijk und Persoon 2006). Auf wesentliche Leistungsträger der Branche trifft Ähnliches zu: In der Hotellerie und Luftfahrt dient CSR hauptsächlich der Imagepflege (z. B. Martínez et al. 2014), und Luftfahrtunternehmen stilisieren bereits die in der EU angeordnete Einbeziehung in den (ohnehin fragwürdigen) Emissionshandel zum Wettbewerbsnachteil (z. B. Lufthansa Group 2014). Dass die ultimative Zerstörung natürlicher Ressourcen der größtmögliche Nachteil überhaupt ist, wird nicht in Erwägung gezogen.

4 Neoliberalismus und Hochschulbildung: eine diabolische Beziehung

Bildung im Allgemeinen und Hochschulbildung im Besonderen ist im neoliberalen Zeitalter mythisch aufgeladen; aufgeblähte Bedeutungszuschreibungen überhöhen sie als segensbringend (z. B. Alvesson 2013): Auf der Makro-Ebene stärkt der Hochschulsektor die *Wissensgesellschaft* und den Wirtschaftserfolg ganzer Länder und Regionen, und zwar dadurch, dass er (künftige) Protagonisten und Erfolgsmenschen der Wirtschaftswelt ausbildet, die natürlich zur Wertschöpfung beitragen. Ferner ist er auch selbst zunehmend ein Wirtschaftszweig, der im internationalen Wettbewerb als Standortfaktor dient und Wertschöpfung generiert (z. B. Jessop et al. 2008) – vor allem, wenn hohe Studiengebühren für prestigeträchtige Abschlüsse eingenommen werden, wobei Studierende aus Übersee eine Zielgruppe steigender Attraktivität und vor allem steigenden Volumens bilden; auch in tourismusbezogenen Studiengängen.

Auf der individuellen Ebene ist Hochschulbildung der Schlüssel zum (Karriere-)Erfolg. Tertiäre Bildung wird als Legitimation zur Teilnahme am Wettrennen um die bestdotierten Jobs und die vielversprechendsten Karrierewege porträtiert, zunehmend ist sie Eintrittskarte in den Arbeitsmarkt überhaupt. Im Zweifelsfall sind mehrere Abschlüsse, nicht nur sukzessive wie Bachelor und Master, sondern auch mehrere auf gleicher Ebene erzielte, besser als nur einer (Alvesson 2013). Auch *lebenslanges Lernen* ist ein neoliberales Geschöpf in diesem Kontext. Es ist nicht mehr opportun, sich auf einmal erlangten Bildungsabschlüssen auszuruhen, vielmehr muss sowohl ständig neues Wissen als auch ständig neue, formale Legitimation zum Verbleib auf dem Arbeitsmarkt nachgewiesen werden (z. B. Kukuk 2013). Drei wichtige Prinzipien der neoliberalen Logik werden dadurch integrierend bedient: Erstens das Prinzip *Eigenverantwortung*; jeder ist für seine eigene berufliche Entwicklung zuständig, zweitens das Prinzip *Wettbewerb*; Individuen müssen sich im immer härteren Arbeitsmarkt gegen andere behaupten und drittens das Prinzip *Konsum*; auch Bildung (wie Tourismus) wird kommodifiziert und ist im vorherrschenden Diskurs – siehe die beiden vorgenannten Prinzipien – die beste Investition für jeden Einzelnen im nicht endenden Wettrennen um persönlichen Erfolg, das wiederum in einen Teufelskreis mündet.

Hochschulbildung wird hauptsächlich die Funktion zugeschrieben, Produktivität und Wettbewerbsfähigkeit der Nation (z. B. Hendry 2006), im bereits früher erwähnten europäischen Lissabon-Kontext auch der EU insgesamt, zu erhöhen. Schwerpunktforderungen an Universitäten sind daher einerseits die *Produktion* arbeitsmarktkompatibler Absolventen, die das neoliberale Wirtschaftssystem weiter befeuern und andererseits die Ausrichtung der Institutionen selbst auf den Wettbewerb um Ressourcen wie Finanzmittel, Spitzenforscher und Studierende (z. B. Lenzen 2014). Diese Ausrichtung wird durch Anreizsysteme und Disziplinierungsmaßnahmen bewirkt. Hochschulen, die diesen Anreizen folgen, gehen einen faustischen Pakt ein: Es winken Fördermittel und Forschungsgelder aus reich gefüllten Töpfen, insbesondere jenen Universitäten, die sich in Exzellenzinitiativen (z. B. Teichler 2014) hervortun können. Gleichzeitig nehmen Disziplinierung und Einschränkung der Autonomie weiter zu, Verunsicherung hält Einzug, denn keine Zuerkennung von Ressourcen gilt auf Dauer. Immer neue Evaluierungsrunden mit weiter verschärftem Wettbewerb folgen in einem selbstreferenziellen Zyklus, der immer stärker ausufernde Bürokratie sowie privatwirtschaftlicher Unternehmensführung entlehnte Maßnahmen verabreicht und wesentliche Nuancen akademischer Freiheit nach und nach tilgt. Akademische Institutionen, mitsamt ihren Angehörigen, werden dadurch in eine Spirale der Prekarisierung (z. B. Motakef 2015) gesogen.

Durch die Fokussierung auf den Wettbewerb der Institutionen gerät ein weiteres fundamentales Problem leicht aus dem Blick: Der Charakter des Studiums als persönlichkeitsbildende, zweckfreies Wissen erschließende Lebenserfahrung geht verloren. Bildung, nicht nur im universitären Sektor, gehört zu den immateriellen Gütern, die ihren Charakter durch Kommerzialisierung verändern (Sandel 2013). Intrinsische Motivation wird durch

Fremdsteuerung unterminiert und das emanzipatorische Potenzial der Reflektion und des eigenen Denkens wird eingeengt. Der gesellschaftliche Beitrag universitärer Bildung wird somit fragwürdig.

Dieser Aspekt verweist wiederum auf CSR. Die Frage, welche Verantwortung Hochschulen als Bildungsstätte für Fach- und Führungskräfte übernehmen, wird drängender. Im internationalen Kontext, mit Wurzeln im angelsächsischen Raum und stark angekurbelt durch die Finanzkrise seit 2008, wird insbesondere die gesellschaftliche Verantwortung von Business Schools kritisch diskutiert (z. B. Parker und Pearson 2013). Wo neoliberal konfektionierte Lehre, mit dem Leitmotiv der Gewinnmaximierung und Nebensträngen wie CSR sowie (möglichst utilitaristisch ausgelegter) Wirtschaftsethik, ganze Jahrgänge beeinflusst, aus denen sich wiederum die nächste Generation Konzernvorstände rekrutiert, riskieren Hochschulen/Fakultäten den Verlust ihrer Existenzberechtigung. Um nicht nur neoliberale Erfüllungsmaschine zu sein, sondern Institution, in der Konzepte kritisch hinterfragt werden und die selbst Verantwortung übernimmt (und zwar nicht nur im Sinne von CSR), ist ein Richtungswechsel unabdingbar.

5 Touristische Hochschulbildung: Anregung zur Abkehr vom neoliberalen Tunnelblick

Es ist erfreulich, dass touristische Studienangebote unter Abiturienten nach wie vor großen Zuspruch finden. Zumeist wird der Tourismus in der Vermarktung der Studiengänge jedoch hauptsächlich als eine der bedeutendsten und am stärksten wachsenden Branchen der Weltwirtschaft präsentiert, womit wohl auch auf zu erwartende Beschäftigungschancen der Absolventen hingewiesen werden soll. Das ist ein deutliches Anzeichen dafür, dass das neoliberale Zeitalter auch die touristische Bildung an Hochschulen erfasst hat und diese zunehmend prägt (Ayikoru et al. 2009). Insbesondere das neoliberale Konzept der *Employability* erweist sich als wirkmächtiges Instrument zur utilitaristischen Umformung der tertiären Bildung; es wurde bereits als bedeutender Imagefaktor für touristische Hochschulen festgestellt (Eurico et al. 2015). Um dem neoliberalen Tunnelblick zu entrinnen, ist es essenziell, dass sich die Gemeinde der Hochschullehrkräfte im Tourismus auf zwei Ausgangsfragen besinnt. Die erste lautet: Wen bilden wir eigentlich (aus) und wofür? Dabei wird schnell klar, dass die jungen Leute auf unserem Campus nicht nur künftige Fachleute und Führungskräfte einer Branche, sondern ebenso Touristen, Konsumenten und auch Bürger sind und dass wir sie in all diesen Rollen mit prägen.

Es lohnt also ein genauerer Blick auf die Zielgruppe, die sich für Tourismusstudiengänge interessiert und die Hörsäle bevölkert; sie entstammt hauptsächlich der aktuell in die Hochschulen und in die Arbeitswelt strömenden *Generation Y*. Jenseits vieler Klischees und diffuser Verallgemeinerungen zeichnen umfangreiche Studien und differenzierte Literatur mittlerweile ein klarer konturiertes Bild einer Generation, die Umweltbewusstsein, Leistungsbereitschaft abseits klassischer Konzernkarrieren oder Unternehmenshierarchien und auch antimaterialistische Tendenzen mitbringt und in die Gesellschaft hineinträgt

(z. B. Hurrelmann und Albrecht 2014). Einerseits spielt für die Entscheidung zum Studium natürlich eine Rolle, dass zukünftige Chancen in der Arbeitswelt damit verbunden sind. Andererseits treibt die aktuelle Generation eine viel differenziertere und gegenüber früheren Generationen abgegrenzte Motivation an. Eine Insiderin bringt die Haltung ihrer Altersgenossen gegenüber der Arbeitswelt wie folgt auf den Punkt:

> Meine Generation verlangt eine neue Berufswelt. Wir fordern mehr Freiräume bei der Arbeit und eine echte Balance zwischen Beruf und Freizeit. Wir wollen beides auf einmal: Kinder *und* Karriere. Wir streben nach einer Arbeit, die etwas bewegt und einen Sinn stiftet. Denn Sinn zählt für uns mehr als Status. Glück ist wichtiger als Geld (Bund 2014, S. 1).

Die zweite Ausgangsfrage lautet: Welches Potenzial hat Tourismus bzw. welche Rolle spielt er außerhalb der neoliberalen Doktrin? Hierzu hilft vor allem eine Rückbesinnung auf die präneoliberale Ära. Higgins-Desbiolles (2006) weist auf das Potenzial und auch die bereits historisch gewachsene Rolle des Tourismus als soziale Kraft mit transformativer Kapazität hin. Positive Effekte des Tourismus aus dieser Perspektive sind vor allem individuelles Wohlbefinden und Lernen, Verständnis für andere Kulturen ebenso wie deren Schutz, Unterstützung von Entwicklung, Stärkung des Umweltschutzes und -bewusstseins sowie Förderung des Friedens. Ferner weist sie sogar auf ein Recht auf Reisen, Urlaub und Erholung für alle hin, oft zusammengefasst unter dem Begriff *sozialer Tourismus*; auch diese Funktion, die Tourismus sogar als Menschenrecht begreift, wird von der Marktlogik verdrängt, die in erster Linie Kaufkräftigen die Teilnahme am Tourismus zuspricht. Mögen einige dieser Aspekte idealistisch gefärbt und mit überhöhten Erwartungen überfrachtet worden sein, die auch in der Vergangenheit nicht jedem Realitätstest standhielten, so liegt die schwerwiegendste Problematik darin, dass bereits die *Möglichkeit,* diese Aspekte des Tourismus weiter zu verfolgen oder mit neuer Vitalität zu versehen, verdrängt und dadurch letztlich negiert wird – und das durch ein neoliberales Regime, dessen grundlegende Mythen (siehe oben) wesentlich weniger fundiert sind als die vorgenannten idealistischen oder transformativen Aspekte und nur aufgrund der durchgesetzten Deutungshoheit triumphieren.

Folglich ist es eine wesentliche Herausforderung, den Blickwinkel im Sinne der Ausgangsfragen zu erweitern, ohne auf eine nur vermeintlich goldene Vergangenheit zurückzufallen, und überdies neue paradoxe und komplexe Aspekte zu verarbeiten. Zu letzteren zählen die Folgen des Klimawandels, die einigen Tourismusregionen (scheinbar) neue Perspektiven öffnen, anderen hingegen verheerend zusetzen (z. B. Buchholz et al. 2015). Ebenso zählen dazu Folgen weiterer Ressourcenübernutzung durch erweiterten Tourismuszugang (siehe sozialer Tourismus) oder durch inflationäres Konsumverhalten (z. B. Cohen et al. 2011). Vielversprechend ist ein pluralistischer Ansatz, der die ökonomischen Mythen, die neoliberale Praktiken unterfüttern, überwindet. Seit Jahren formieren sich sowohl Kritiker aus der Ökonomenszene (z. B. Aldred 2009) als auch studentische Netzwerke, die eine Abkehr von der *autistischen Ökonomie* fordern (Dürmeier et al. 2006). Sie stellen Wachstumslogik, Gewinnmaximierungsdoktrin und Nutzenmaximierer-Menschenbild in Frage und setzen ihnen Alternativen entgegen. Letztere spiegeln sich in einem

Debattenspektrum, das von konventionelleren Ideen wie der Einbeziehung der CSR zur Veränderung von Unternehmenskulturen (Muijen 2004) bis hin zu Gedankenexperimenten und neuen Forschungsfeldern wie *Postwachstum* (Paech 2012) reicht.

Insbesondere letzteres Konzept erfordert weiter reichendes Denken als klassische Kurse oder Studiengänge, die nachhaltigen Tourismus oder CSR im Tourismus beinhalten, vermitteln können. Es stellt eine besondere Herausforderung dar, weil es mit der vorherrschenden Systemlogik des Kapitalismus wie auch des Neoliberalismus gänzlich inkompatibel ist. Doch der tertiäre Bildungssektor sollte für vor- und weitergedachte Konzepte eine geeignete Adresse sein. Die Gestaltung von Reduktion und Transformation (Sommer und Welzer 2014) kann der touristischen Hochschulbildung sogar ein neues und spannendes Betätigungsfeld mit Zukunft eröffnen. Der Paradigmenwechsel von der „Freiheit zum Konsum" zur „Freiheit vom Konsum" (Stahlmann 2008, S. 11) kann im Tourismus vielleicht das Weiterdenken der *Freiheit zum Reisen* auch als *Freiheit vom Reisen* oder *vom bereist werden* einbeziehen.

Es ist ein anderes Verständnis von (touristischem) Unternehmertum erforderlich als das einer Betätigung zum Zwecke der Konzerngewinnmaximierung. Potenziale des sozialen, regionalen, partizipativen und kreativen Entrepreneurships sollte in Tourismuskursen mindestens so ausführlich behandelt werden wie die Geschäftsmodelle großer Unternehmen. Ferner ist ein anderes Verständnis von Verantwortung erforderlich als das einer neoliberal inszenierten CSR. Dazu kann es sehr hilfreich sein, nicht-westliche Wertvorstellungen und Kulturaspekte zu berücksichtigen, im Idealfall sogar unser stark eurozentrisch geprägtes Verständnis von Fortschritt, Entwicklung und Zivilisation (z. B. Herren 2012; Scheidler 2015) zu überwinden. Sofern CSR überhaupt einen Platz in touristischer Hochschulbildung behält, ist dessen Einbettung in einen Rahmen globaler Governance (Banerjee 2014) eine wesentliche Anforderung.

Bei allen Erweiterungen der Perspektiven oder (Neu-)Ausrichtungen der Curricula sollte die Zielgruppe im Blick bleiben: Die oben beschriebene Generation Y zu begeistern und zum konstruktiven Umgang mit den beschriebenen (und allen weiteren) Herausforderungen zu ermutigen, ist eine große Aufgabe für Hochschulen, die diese jedoch in klassischer Vorlesungsmanier, zumal im intensivierten Bolognese-Darreichungsmodus (Scholz 2009), zu selten erfüllen. Über den neoliberalen Diskurs hinausgedachte Hochschulbildung im Tourismus inspiriert die Studierenden und greift ihren Wertekanon auf. Sie umfasst authentisches Lernen durch Gastvorlesungen und Praxisvorträge (Albrecht 2012), die touristische Themen aus diversen Sichtweisen beleuchten, wie auch kreative Lerntechniken und unkonventionelle Problembetrachtung (Bain 2004). So kann Bildung ein Bewusstsein dafür fördern, dass scheinbare Gewissheiten zu hinterfragen sind, dass vorgefertigte Standardantworten selten neue oder komplexe Problemstellungen lösen und dass es immer Alternativen gibt.

6 Resümierendes Plädoyer

Touristische Hochschulbildung muss über den neoliberalen Diskurs hinausgedacht werden, um ihre Berechtigung als akademische Disziplin zu wahren. Die Erweiterung der Perspektive, die mit der Erkenntnis einsetzt, dass neoliberaler Diskurs ein mythenbasiertes ideologisches Instrument ist und kein naturgegebenes Phänomen, ist die Grundlage für Lehre und Forschung, die einen sinnvollen Beitrag zur gesellschaftlichen Entwicklung im Allgemeinen und zu einem vielseitigen, erfüllenden und zukunftsfähigen Tourismus im Besonderen leistet. Die (Selbst-)Befreiung von der einengenden Konzeptualisierung des Tourismus als Wirtschaftszweig und kapitalvermehrende Wachstumsmaschine kann kreative Kräfte und neue Begeisterung für den Tourismus freisetzen, der traditionell viel mehr Potenziale birgt als nur wirtschaftliche (Higgins-Desbiolles 2006). Die entsprechende Gestaltung touristischer Studiengänge und Curricula wird auch einer Studentenschaft aus der Generation Y gerecht, die einerseits eine höhere Werteorientierung erwartet (Moosmayer und Siems 2012) und andererseits bereits stark beeinflusst wird durch neoliberale Bildungsattribute wie *Employability*.

Als Professoren und Dozenten in tourismusbezogenen Studiengängen sind wir gefordert, unser Grundverständnis der Branche – und des akademischen Feldes überhaupt – zu hinterfragen und eine kritische, wertebasierte Haltung zu kultivieren, denn diese spielt eine wesentliche Rolle auf dem Weg zu transformativer Bildung (Boyle et al. 2015). Die Konzeption und Durchführung einer Lehre, die werteorientierter Lernprozesse einbaut (Muijen 2004) und kreative Potenziale sowie Persönlichkeiten entfaltet (Bain 2004) nährt die Hoffnung auf einen wenigstens wieder vorstellbaren Tourismus, der das menschliche Dasein verbessert (Dredge und Schott 2013). Folgende Leitfrage kann dabei sehr dienlich sein:

> Warum sollte es nicht möglich sein, das erreichte organisatorische und zivilisatorische Niveau dafür zu nutzen, eine Form des Wirtschaftens und Lebens zu entwickeln, das nicht auf quantitatives Wachstum, sondern auf das Kultivieren eines Lebensstandards setzt, der ein hinreichendes Niveau erreicht hat und auch für neun oder zehn Milliarden Menschen verträglich ist (Leggewie und Welzer 2011, S. 53)?

Diese Frage für den Tourismus nicht nur mit „es ist möglich, auch wenn der Weg dorthin noch völlig unklar ist" zu beantworten, sondern die entsprechenden (Lern-)Prozesse zu gestalten, ist eine große Herausforderung. Nicht zwangsläufig die Welt zu verändern, jedoch Veränderung überhaupt wieder als Möglichkeit zu verstehen, wodurch auch die neoliberal oktroyierte *Alternativlosigkeit* im ersten Schritt gedanklich überwunden wird, ist ein wertvoller Auftrag an Hochschulbildung. Beginnen wir heute, ihn im Tourismusbereich umzusetzen.

Literatur

Albrecht JN (2012) Authentic learning and communities of practice in tourism higher education. J Teach Travel Tour 12(3):260–276. doi:10.1080/ 15313220.2012.704254

Aldred J (2009) The skeptical economist: revealing the ethics inside economics. Earthscan, London

Altvater E (2009) The failure of neoliberalism in the financial market crisis. Dev Dialogue 51:73–86

Alvesson M (2013) The triumph of emptiness: consumption, higher education, and work organization. Oxford University Press, Oxford

Ayikoru M, Tribe J, Airey D (2009) Reading tourism education: Neoliberalism unveiled. Ann Tour Res 36(2):191–222. doi:10.1016/j.annals.2008.11.001

Bain K (2004) What the best college teachers do. Harvard University Press, Cambridge, MA

Banerjee SB (2014) A critical perspective on corporate social responsibility. Crit Perspect Int Bus 10(1/2):84–95. doi:10.1108/cpoib-06-2013-0021

Bianchi RV (2009) The „critical turn" in tourism studies: A radical critique. Tour Geogr 11(4):484–504. doi:10.1080/14616680903262653

Boas TC, Gans-Morse J (2009) Neoliberalism: from new liberal philosophy to anti-liberal slogan. Stud Comp Int Dev 44(2):137–161. doi:10.1007/s12116-009-9040-5

Boyle A, Wilson E, Dimmock K (2015) Transformative education and sustainable tourism: the influence of a lecturer's worldview. J Teach Travel Tour 15(3):252–263. doi:10.1080/15313220.2015.1059303

Buchholz F, Frommer B, Böhm HR (2015) Anpassung an den Klimawandel – regional umsetzen! Ansätze zur Climate Adaption Governance unter der Lupe. Oekom, München

Bund K (2014) Glück schlägt Geld. Generation Y: Was wir wirklich wollen. Murmann, Hamburg

Cohen SA, Higham JES, Cavaliere CT (2011) Binge flying: Behavioural addiction and climate change. Ann Tour Res 38(3):1070–1089. doi:10.1016/j.annals.2011.01.013

Crouch C (2011) The strange non-death of neo-liberalism. Polity Press, Cambridge

Dredge D, Schott C (2013) Academic agency and leadership in tourism higher education. J Teach Travel Tour 13(2):105–129. doi:10.1080/15313220.2013.786312

Duffy R (2014) Interactive elephants: Nature, tourism and neoliberalism. Ann Tour Res 44:88–101. doi:10.1016/j.annals.2013.09.003

Duffy R (2015) Nature-based tourism and neoliberalism: concealing contradictions. Tour Geogr 17(4):529–543. doi:10.1080/14616688.2015.1053972

DuRand C (2012) Neoliberalism and globalization. In: DuRand C, Martinot S (Hrsg) Recreating democracy in a globalized state. Clarity Press, Atlanta, S 27–37

Dürmeier T, Egan-Krieger T von, Peukert H (2006) Die Scheuklappen der Wirtschaftswissenschaft: Postautistische Ökonomik für eine pluralistische Wirtschaftslehre. Metropolis, Marburg

Eurico ST, Silva JAM da, Valle PO do (2015) A model of graduates' satisfaction and loyalty in tourism higher education: The role of employability. J Hosp Leis Sport Tour Educ 16:30–42. doi:10.1016/j.jhlste.2014.07.002

Everard M, Pontin B, Appleby T, Staddon C, Hayes ET, Barnes JH, Longhurst JWS (2013) Air as a common good. Environ Sci Policy 33:354–368. doi:10.1016/j.envsci.2012.04.008

Fukuyama F (1992) The end of history or the last man. Free Press, New York

Giroux HA (2008) Against the terror of Neoliberalism: politics in the age of greed. Paradigm, Boulder

Graetz MJ, Doud R (2013) Technological innovation, international competition, and the challenge of international income taxation. Columbia Law Rev 113(2):347–445

Han B-C (2014) Psychopolitik – Neoliberalismus und die neuen Machttechniken. S. Fischer, Frankfurt am Main

Harvey D (2007) A brief history of neoliberalism. Oxford University Press, Oxford

Harvey D (2015) Siebzehn Widersprüche und das Ende des Kapitalismus. Ullstein, Berlin

Hendry J (2006) Educating managers for post-bureaucracy: the role of the humanities. Manag Learn 37(3):267–281

Herren M (2012) Transkulturelle Geschichte: globale Kultur gegen die Dämonen des Eurozentrismus und des methodischen Nationalismus. Traverse 19(2):154–169. doi:10.5169/seals-391047

Hickel R (2015) Rettet Griechenland! Bl Dtsch Int Polit 9:61–67

Higgins-Desbiolles F (2006) More than an „industry": The forgotten power of tourism as a social force. Tour Manag 27(6):1192–1208. doi:10.1016/j.tourman.2005.05.020

Hurrelmann K, Albrecht E (2014) Die heimlichen Revolutionäre: Wie die Generation Y unsere Welt verändert. Beltz, Weinheim

Imbun BY, Duarte F, Smith P (2015) „You are not our only child": Neoliberalism, food security issues and CSR discourse in the Kutubu oilfields of Papua New Guinea. Resour Policy 43:40–49. doi:10.1016/j.resourpol.2014.11.005

Jessop B, Fairclough N, Wodak R (2008) Education and the knowledge-based economy in Europe. Sense, Rotterdam

Keul (2014) Tourism neoliberalism and the swamp as enterprise. Area 46(3):235–241. doi:10.1111/area.12106

Kinderman D (2013) Corporate social responsibility in the EU, 1993–2013: institutional ambiguity, economic crises, business legitimacy and bureaucratic politics. J Common Mark Stud 51(4):701–720. doi:10.1111/jcms.12021

Kukuk A (2013) Lebenslanges Lernen zwischen Notwendigkeit und Chance: Das Ende der Gestaltungsfreiheit individueller Lebensführung? Tredition, Hamburg

Leggewie C, Welzer H (2011) Das Ende der Welt, wie wir sie kannten – Klima, Zukunft und die Chancen der Demokratie, 2. Aufl. Bd. 1042. Bundeszentrale für politische Bildung, Bonn

Lenzen D (2014) Bildung statt Bologna! Ullstein, Berlin

Lufthansa Group (2014) Emissionshandel: Alleingang belastet EU-Airlines. Politikbrief April 2014. http://www.lufthansagroup.com/fileadmin/downloads/de/politikbrief/02_2014/epaper/#/9. Zugegriffen: 27. Sep. 2015

Martínez P, Pérez A, Rodríguez del Bosque I (2014) Exploring the role of CSR in the organizational identity of hospitality companies: A case from the Spanish tourism industry. J Bus Ethics 124:47–66. doi:10.1007/s10551-013-1857-1

Michéa J-C (2015) Die Metamorphose des Liberalismus: Vom Reich des kleineren Übels zur schönen neuen Welt. Bl Dtsch Int Polit 9:54–60

Mintzberg H (2015) Rebalancing society: radical renewal beyond left, right, and center. Berrett-Koehler, Oakland

Moosmayer DC, Siems FU (2012) Values education and student satisfaction: German business students' perceptions of universities' value influences. J Mark High Educ 22(2):257–272. doi:10.1080/08841241.2012.746254

Motakef M (2015) Prekarisierung. Transcript, Bielefeld

Muijen HSCA (2004) Corporate social responsibility starts at university. J Bus Ethics 53(1/2):235–247

Paech N (2012) Befreiung vom Überfluss: Auf dem Weg in die Postwachstumsökonomie. Oekom, München

Parker M, Pearson G (2013) What should business schools teach managers? Bus Soc Rev 118(1):1–22. doi:10.1111/basr.12000

Rosa H (2012) Weltbeziehungen im Zeitalter der Beschleunigung: Umrisse einer neuen Gesellschaftskritik. Suhrkamp, Berlin

Sandel M (2013) What money Can't buy: the moral limits of markets. Penguin, London

Sanders P (2012) Is CSR cognizant of the conflictuality of globalisation? A realist critique. Crit Perspect Int Bus 8(2):157–177. doi:10.1108/17422041211230721

Scheidler F (2015) Das Ende der Megamaschine: Geschichte einer scheiternden Zivilisation. Promedia, Wien

Scheppe W, Steinfeld T (2012) Wohin die Reise geht: Eine Bedienungsanleitung. In: Steinfeld T (Hrsg) Die Zukunft des Reisens. S. Fischer, Frankfurt am Main, S 15–21

Scholz C (2009) Matrjoschka-Bolognese als Massenvernichtungswaffe. In: Scholz C, Stein V (Hrsg) Bologna-Schwarzbuch. Deutscher Hochschulverband, Bonn, S 31–34

Senf B (2007) Die blinden Flecken der Ökonomie: Wirtschaftstheorien in der Krise. Gauke, Kiel

Shaw G, Williams AM (2004) Tourism and tourism spaces. Sage, London

Smith (2012) The problematization of medical tourism: A critique of neoliberalism. Dev World Bioeth 12(1):1–8. doi:10.1111/j.1471-8847.2012.00318.x

Sommer B, Welzer H (2014) Transformationsdesign: Wege in eine zukunftsfähige Moderne. Oekom, München

Stahlmann V (2008) Lernziel: Ökonomie der Nachhaltigkeit: Eine anwendungsorientierte Übersicht. Oekom, München

Streeck W (2013) Gekaufte Zeit: Die vertagte Krise des demokratischen Kapitalismus. Suhrkamp, Berlin

TarGroup (2015) Tourismus/Tourismusmanagement Studium in Deutschland. http://www.tourismus-studieren.de/tourismus-studieren-in-deutschland/. Zugegriffen: 27. Sep. 2015

Teichler U (2014) Hochschulsysteme und quantitativ-strukturelle Hochschulpolitik: Differenzierung, Bologna-Prozess, Exzellenzinitiative und die Folgen. Waxmann, Münster

Thielemann U (2010) System Error – Warum der freie Markt zur Unfreiheit führt Bd. 1052. Bundeszentrale für politische Bildung, Bonn

UNWTO (2016) Annual Report 2015. http://www2.unwto.org/publication/unwto-annual-report-2015. Zugegriffen: 06. Feb. 2017

Verhaeghe P (2013) Und Ich? Identität in einer durchökonomisierten Gesellschaft. Kunstmann, München

Wall G, Mathieson A (2006) Tourism: change, impacts and opportunities. Pearson, Harlow

Weber A (2012) Die A-Moral der Wirtschaft und die Paradoxie ihrer Moralisierung – Die CSR-Strategie der österreichischen OMV AG und ihre strukturellen Grenzen. Österreich Z Soziol 31(1):189–210. doi:10.1007/s11614-012-0044-4

Wijk J van, Persoon W (2006) A long-haul destination: Sustainability reporting among tour operators. Eur Manag J 24(6):381–395. doi:10.1016/j.emj.2006.07.001

Dr. Volker Rundshagen ist seit 2006 Lecturer in Business and Tourism an der Cologne Business School. Durch seine Ausbildung zum Reiseverkehrskaufmann und Tätigkeiten bei Reiseveranstaltern, Fluggesellschaften und in der touristischen Beratung hat er viel praktische Erfahrung gesammelt. 2001 schloss er ein Studium zum MA Tourism Management an der University of Brighton ab, und 2007 erhielt er nach erfolgreichem Teilzeitstudium in Deutschland und Kentucky den MBA der University of Louisville. Im Jahr 2016 hat er an der University of Bath promoviert. In seiner Doktorarbeit befasste er sich mit Business Schools im Zeitalter neoliberaler Ideologie. Seine Forschungsschwerpunkte sind die Rolle der Business-School in der Gesellschaft und die Gestaltung einer verantwortungsbewussten, pluralistischen Wirtschafts- und Tourismus-Hochschulbildung. Er ist Mitglied der Academy of Management und dort aktiv in den Sparten Management Education and Development (MED) sowie Critical Management Studies (CMS).

Fallstudien

Der Beitrag südafrikanischer Tourismusunternehmen zur Förderung nachhaltiger Entwicklungsprozesse – das Beispiel „Buccaneers Lodge & Backpackers"

Annika Surmeier und Simone Strambach

1 Einleitung

Buccaneers Lodge & Backpackers ist ein Familienunternehmen, das Anfang der 1980er-Jahre gegründet wurde. Es liegt in Chintsa, einer ländlichen Siedlung an der sogenannten Wild Coast im Eastern Cape, Südafrika, 45 km von der nächstgelegenen Stadt East London entfernt. Anfänglich war Buccaneers auf die Ausrichtung von Konferenzen spezialisiert und vermietete Ferienhäuser, vorwiegend an südafrikanische Gäste (Interview Buccaneers 2009). Aufgrund politischer Unruhen und ökonomischer Instabilität, die vor allem gegen Ende der Apartheid auftraten und von denen auch das heutige Eastern Cape betroffen war, blieben jedoch die Gäste aus (Interviews Buccaneers 2009, 2015). Dies stellte eine Krise für Buccaneers dar, die zu einer strategischen Neuorientierung des Unternehmens und schließlich zur Spezialisierung auf Rucksackreisende führte (Interviews Buccaneers 2009, 2015).

Bis heute setzen sich die Besitzer von Buccaneers auf vielfältige Weise dafür ein, im Rahmen ihres CSR-Engagements nachhaltige Entwicklungsprozesse in Chintsa anzustoßen und werden dabei von vielen weiteren engagierten Personen unterstützt. Ausgründungen von Buccaneers sind die Organisationen „African Heartland Journeys" (AHJ) und „Volunteer Africa 32° South" (VA32), die erste Fair-Trade-zertifizierte Freiwilligenorganisation weltweit. Zusätzlich unterstützt Buccaneers die NGO „Friends of Chintsa" (FoC), an deren Gründung sie maßgeblich beteiligt waren (Interviews Buccaneers, 2009, 2013, 2015; Interviews VA32 2013, 2015; Interviews FoC 2013, 2015).

A. Surmeier (✉) · S. Strambach
Fachbereich Geographie, Philipps Universität Marburg
Deutschhausstrasse 10, 35032 Marburg, Deutschland
E-Mail: annika.surmeier@staff.uni-marburg.de

S. Strambach
E-Mail: simone.strambach@staff.uni-Marburg.de

Corporate Social Responsibility stellt einen Beitrag von Unternehmen zur Förderung nachhaltiger Entwicklungsprozesse dar. Das Verständnis des Konzeptes der „nachhaltigen Entwicklung" hat sich im Verlauf der Zeit sehr verändert. Die „neue Perspektive" betont die dynamische, relative und kontextspezifische Natur der nachhaltigen Entwicklung (Jorna 2006; Faber et al. 2005; Schneider 2006). Um innovative, kontextangepasste Lösungsansätze für bestehende Problemlagen zu entwickeln, die alle Dimensionen der Nachhaltigkeit berücksichtigen, sind komplexe Bewertungs- und Aushandlungsprozesse zwischen verschiedenen Akteursgruppen erforderlich. Eine wesentliche Gruppe sind dabei wirtschaftliche Akteure, zu denen auch Tourismusunternehmen gehören.

Im Folgenden wird der derzeitige Stand der Forschung zu CSR im Tourismus im globalen Süden dargestellt und insbesondere auf die Rolle kleiner und mittelständischer Unternehmen (KMU) eingegangen. Darauf aufbauend dient die Fallstudie von „Buccaneers Lodge & Backpackers" dazu, aus einer dynamischen und prozessorientierten Perspektive die komplexen Entstehungsprozesse der CSR-Strategien von KMU im globalen Süden zu analysieren und tiefergehende Erkenntnisse über die Hindernisse und Potenziale der Implementierung dieser CSR-Strategien zu generieren.

2 Die Bedeutung von CSR-Aktivitäten kleiner und mittelständischer Unternehmen im globalen Süden

Die Forschung zur gesellschaftlichen Verantwortung von Unternehmen ist nicht neu und seit den 1950er-Jahren in der Forschung etabliert (Bowen und Johnson 1953; Carroll 1999). Der Großteil der Forschung zu CSR bezieht sich allerdings auf die Rolle von Unternehmen im globalen Norden, während CSR-Aktivitäten von Unternehmen im globalen Süden relativ wenig Beachtung finden. Seit jüngerer Zeit hat sich jedoch ein Forschungsstrang entwickelt, der die Bedeutung von CSR-Aktivitäten in Entwicklungs- und Schwellenländern analysiert (Blowfield und Frynas 2005; Jamali und Mirshak 2007; Jamali et al. 2015). Herausgehoben werden insbesondere die notwendige Anpassung von CSR-Strategien internationaler Unternehmen an die jeweiligen lokalen Kontexte, um nachhaltige Entwicklungsprozesse anzustoßen (Idemudia 2011; Hamann et al. 2015). Bisher sind nur wenige empirische Studien zu CSR-Initiativen in Afrika vorhanden, obwohl gerade dieser Kontinent vielen ökologischen und sozialen Herausforderungen gegenübersteht (Egri und Ralston 2008; Kolk und Van Tulder 2010).

Insbesondere die Wirkungen der CSR-Strategien lokaler KMU sind bisher wenig erforscht. Zum einen stehen sie kaum durch NGO-Monitoring und Konsumentenforderungen unter Druck, Rechenschaft über ihre Unternehmenstätigkeiten und CSR-Aktivitäten abzugeben. Dementsprechend tragen nur wenige KMU ihr CSR-Engagement nach außen. Ihr gesellschaftliches Engagement ist häufig informeller Natur und für Dritte „unsichtbar" (Jeppesen et al. 2012; Garay und Font 2012; Jamali et al. 2015). Zum anderen verfügen KMU selten über die zeitlichen und finanziellen Ressourcen wie internationale Unternehmen, um bedeutende Investitionen in CSR-Maßnahmen zu tätigen oder sogar eigene

Abteilungen einzurichten, die ihre Aktivitäten strategisch koordinieren und extern kommunizieren. Entscheidungen werden stattdessen häufig unstrukturiert getroffen und die positiven Wirkungen für verschiedene Stakeholder nur selten systematisch erfasst und evaluiert (Jamali et al. 2015).

Trotzdem ist die Bedeutung des CSR-Engagements von KMU nicht zu unterschätzen. Viele KMU verfügen über ein großes Potenzial, um dazu beizutragen, nachhaltige Entwicklungsprozesse in ihrem Umfeld anzustoßen (Jenkins 2006; Jamali et al. 2015). Die Besitzer von KMU sind meistens stark in ihrem lokalen Umfeld verankert, identifizieren sich mit ihren Unternehmen und ihre Normen und Werte sind häufig starke Treiber für das gesellschaftliche Engagement (Jenkins 2006). Das über die Zeit aufgebaute Sozialkapital der Unternehmen, z. B. eine positive Reputation und Vertrauensverhältnisse, ist von großer Bedeutung für die CSR-Aktivitäten und trägt zu ihrer Legitimierung bei (Jamali et al. 2015). Es gibt zudem sehr viele KMU im globalen Süden (Luetkenhorst 2004), die oft in strukturell benachteiligten peripheren Räumen angesiedelt sind. Der Einfluss von staatlichen Entwicklungsmaßnahmen ist in diesen Räumen oft gering, sodass der Förderung nachhaltiger Entwicklungsprozesse gerade durch KMU eine große Bedeutung zukommt (Hamann et al. 2015).

Zu CSR im Tourismus gibt es vergleichsweise wenig Literatur, auch deshalb, weil sich die beiden Forschungszweige weitestgehend getrennt voneinander entwickelt haben (Bohdanowicz 2006; Garay und Font 2012). Die Forschungen zu CSR-Aktivitäten im Tourismus konzentrieren sich überwiegend auf Unternehmen aus dem globalen Norden, und es werden primär die Aktivitäten internationaler Hotelketten oder Reiseveranstalter analysiert (Lund-Durlacher 2015). Die ökologische Dimension der Nachhaltigkeit steht in der Tourismuspraxis des CSR-Engagements meist im Vordergrund, während soziale Belange eher wenig Beachtung finden (Ashley und Haysom 2006; Garay und Font 2012). Viele Tourismusunternehmen tendieren dazu, philanthropische Ansätze zu nutzen, um sich sozial in ihrem Umfeld zu engagieren. Dies bedeutet, dass Investitionen in gemeinnützige Projekte getätigt werden, ohne jedoch interne Organisationsstrukturen oder Unternehmenspraktiken zu verändern (Ashley und Haysom 2006). Tourismusunternehmen verfügen jedoch aufgrund einer hohen Beschäftigungsintensität und niedrigen Einstiegsbarrieren über ein großes Potenzial, nachhaltige Entwicklungsprozesse in ihrem Umfeld anzustoßen und zur Armutsreduzierung beizutragen (Rogerson 2004; Saarinen et al. 2011).

3 Buccaneers Lodge & Backpackers – von Philanthropie zur Verankerung von CSR im Kerngeschäft

In diesem Abschnitt wird zunächst aus einer dynamischen Perspektive der Entstehungspfad von Buccaneers Lodge & Backpackers und seinen verschiedenen organisatorischen Ausgründungen analysiert. Danach wird das Zusammenspiel des CSR-Engagements dieser Organisationen beleuchtet und diskutiert, wie die Einführung freiwilliger Standards dazu beitragen kann, nachhaltigere Managementpraktiken einzuführen.

3.1 Die Anfänge der Übernahme gesellschaftlicher Verantwortung von Buccaneers

Anfang der 1980er-Jahre wurde Buccaneers als Familienunternehmen gegründet, das vorwiegend Ferienhäuser an südafrikanische Familien vermietete. Die Familie aus Johannesburg, die sich nach eigenen Angaben bereits vor der Unternehmensgründung im Kampf gegen die Apartheid engagiert hatte, erlebte hier, wie sich das Apartheidsystem in peripheren Räumen auswirkte. Als ausgebildete Lehrerin engagierte sich insbesondere die Mutter an Schulen, um die Situation dort zu verbessern. Da ihre Werte starker Treiber für das soziale Engagement ihres Unternehmens waren, übernahm Buccaneers gesellschaftliche Verantwortung, indem das Unternehmen eine Partnerschaft mit der Bulugha Farm School aufbaute, eine Schule, die von vielen Kindern der Angestellten von Buccaneers besucht wurde. Die Anfänge des CSR-Engagements von Buccaneers waren somit durch philanthropische Aktivitäten gekennzeichnet (Interviews Buccaneers 2009, 2013, 2015; Interviews FoC 2013, 2015).

Ende der 1980er-Jahre befand sich Südafrika im Umbruch und war charakterisiert durch eine große politische und ökonomische Instabilität (Koelble 2011). Dies wirkte sich auch auf die Geschäftstätigkeit von Buccaneers aus, da in dieser Zeit viele Menschen auf Urlaub verzichteten (Interviews Buccaneers 2009, 2013, 2015). Für Buccaneers führte diese Krise zur strategischen Neuorientierung des Unternehmens und einer Spezialisierung auf den NGO-Sektor. Die Treiber für diesen Wandel waren einerseits ökonomische Motive und die Erschließung von Marktnischen und andererseits normative Gründe. Die Familie war von jeher stark politisch und sozial in ihrem Umfeld engagiert und versuchte aktiv, Veränderungsprozesse in Südafrika anzustoßen. Beispielsweise boten sie Konferenz- und Tagungsräume an und stellten damit Räume zur Verfügung, in denen sich Anti-Apartheidsaktivisten und NGOs treffen und organisieren konnten. Zunächst waren dies sogenannte „Kirchengruppen" hinter denen sich allerdings Organisationen, die zur Zeit der Apartheid verboten waren verbargen, unter anderem Nelson Mandelas politische Partei „African National Congress (ANC)" oder die Organisation „Black Sash", eine Bewegung von „weißen" Frauen gegen die Apartheid. Auch Anfang der 1990er-Jahre als das Apartheidsystem aufgelöst wurde, gab es einen großen Bedarf verschiedener Organisationen Buccaneers für Konferenzen zu nutzen, um „Nation Building" zu betreiben und das „neue Südafrika" aufzubauen (Interviews Buccaneers 2009, 2013, 2015).

Die letzte Neuorientierung fand Mitte der 1990er-Jahre statt, als einerseits die Anzahl der Konferenzen in Südafrika zurückging und andererseits Rucksackreisende begannen, Südafrika zu erkunden (Interview Buccaneer 2015; Interview VA32 2015). Der Sohn der Familie reiste selbst einige Zeit als Backpacker umher und war mit den Anforderungen und Wünschen dieser Zielgruppe vertraut. Buccaneers wurde eines der ersten Backpacker Hostels in Südafrika, baute sich schnell eine hohe Reputation auf und wurde sehr erfolgreich (Interview Buccaneer 2015; Interview VA32 2015).

Während diesen unternehmerischen Neuorientierungen war Buccaneers stets aktiv in Entwicklungsprozesse in Chintsa eingebunden. Der Schwerpunkt lag dabei im Bildungsbereich. Ein Gast von Buccaneers, ein Professor aus Deutschland, wurde auf diese Bildungsprogramme aufmerksam und daraus entwickelte sich eine Partnerschaft. Es wurde ein Computerraum an der Bulugha Farm School eingerichtet, deren Inhalte von deutschen Studierenden betreut werden. Dazu müssen sie zwar die Kosten für ihre Flüge nach Südafrika selbst tragen, erhalten aber während der Zeit ihres Auslandspraktikums freie Kost und Logis bei Buccaneers. Diese Partnerschaft besteht bis heute und stellt die erste Form von Freiwilligentourismus bei Buccaneers dar (Interviews Buccaneers 2013, 2015; Interviews VA32 2013, 2015).

3.2 Die Entwicklungspfade der Organisationen „African Heartland Journeys", „Volunteer Africa 32° South" und „Friends of Chintsa"

Im Laufe der Zeit sind verschiedene Ausgründungen von Buccaneers entstanden, die belegen, dass die etablierten institutionellen Rahmenbedingungen auf der Makroebene CSR-Aktivitäten erheblich beeinflussen. Zunächst gründete der Besitzer von Buccaneers zusammen mit dem damaligen Manager im Jahre 2001 den Reiseveranstalter „African Heartland Journeys" (AHJ). Das Geschäftsmodell, soll dazu beitragen, nachhaltige Entwicklungsprozesse zu fördern und insbesondere arme Menschen zu unterstützen. African Heartland Journeys bietet Reisen in abgeschiedene Gebiete Südafrikas an, die infrastrukturell wenig erschlossen sind. Dabei arbeitet AHJ eng mit der lokalen Bevölkerung zusammen und unterstützt sie darin durch „Capability Building", touristische Mikrounternehmen aufzubauen (Interviews Buccaneers 2013, 2015; Interviews VA32 2013, 2015).

Im Jahre 2006 wurde eine weitere Organisation gegründet, „Volunteer Africa 32° South" (VA32), die in AHJ eingebettet ist. Die Gründer von AHJ wurden auf den neuen Reisetrend des Freiwilligentourismus aufmerksam, bei dem Menschen dafür bezahlen, Freiwilligenarbeit zu leisten. Da sie bereits Freiwilligenprogramme im Rahmen einer Partnerschaft mit der deutschen Universität aufgebaut hatten, entschieden sie sich, in diese Marktnische einzutreten und die Organisation VA32 zu gründen. Dies eröffnete eine Möglichkeit, die CSR-Aktivitäten von Buccaneers und AHJ zu skalieren.

Die Gründung der staatlich registrierten NGO „Friends of Chintsa" (FoC), die aus ehrenamtlich tätigen Menschen aus der Region Chintsas besteht, wurde im Jahre 2008 von AHJ und Buccaneers initiiert. Der Grund bestand darin, dass viele Gäste von Buccaneers und ehemalige Freiwillige von VA32 das gesellschaftliche Engagement der Unternehmen finanziell fördern wollten und für das Entgegennehmen von Spenden eine offiziell anerkannte NGO im institutionellen Kontext von Südafrika notwendig ist. Zudem sahen AHJ und Buccaneers einen großen Bedarf, weitere Entwicklungsprojekte in der Region durchzuführen, die nicht im Rahmen von VA32 mit internationalen Freiwilligen umzusetzen waren (Interviews FoC 2013, 2015; Interviews Buccaneers 2013, 2015).

Heute stehen die vier Organisationen in enger Wechselwirkung miteinander. Die Angestellten von AHJ arbeiten auch bei VA32 mit, da diese Organisation in AHJ eingebettet ist. Zudem unterstützen AHJ während ihrer Arbeitszeit die FoC-Projekte und führen Tou-

Tab. 1 Überblick über die CSR-Projekte der Organisationen Buccaneers, AHJ, VA32 und FoC. (Quelle: eigene Bearbeitung)

Bildung	Sport und Gesundheit	Umweltschutz
Bau von Schulgebäuden Aufbau und Leitung einer Kindertagesstätte Einrichtung von Computerräumen an lokalen Schulen und Durchführung von Computerunterricht Durchführung von Alphabetisierungskursen für Erwachsene Leitung einer Theatergruppe	Schaffung von Sportmöglichkeiten, z. B. Sportplätzen oder Klettergerüsten auf Schulhöfen Surfunterricht für benachteiligte Jugendliche Aufbau einer Gesundheitsstation Einrichtung einer Schulkantine und Beschäftigung einer Köchin Einrichtung von Gemüsegärten	Aufbau von Naturlehrpfaden Müllsammelaktionen Bau einer Biogasanlage für eine Schule

ren für Gäste von Buccaneers durch. Buccaneers beherbergt teilweise die Freiwilligen von VA32, die wiederum in den Projekten von Buccaneers und der FoC mitarbeiten. Die enge Verknüpfung der Organisationen erläutert der Besitzer von AHJ wie folgt: „We are basically the same people, wearing different hats" (Interviews FoC 2015).

3.2.1 Die CSR-Aktivitäten der Organisationen

Die gemeinsamen Projekte, die alle seit mehreren Jahren implementiert sind, können in verschiedene Bereiche unterteilt werden und sind in Tab. 1 dargestellt.

Bei der Umsetzung der Projekte bringen die verschieden Organisationen ihre jeweiligen Kompetenzen ein. Für die Durchführung von Surfunterricht für benachteiligte Jugendliche beispielsweise wurden Surfbretter an FoC gespendet. Der Surfunterricht wird von den FoC-Ehrenamtlichen durchgeführt, die aber von AHJ und den VA32-Freiwilligen unterstützt werden. Buccaneers richtet zusätzlich ein jährliches mehrtägiges Surfcamp aus, bei dem Jugendliche aus dem gesamten Eastern Cape miteinander und in Form von Wettbewerben gegeneinander surfen. So ergänzen sich die Bemühungen der jeweiligen Organisationen gegenseitig (Interview VA32, 2015).

3.2.2 Herausforderungen bei der Umsetzung von CSR-Maßnahmen in ländlichen Räumen

Obwohl die verschiedenen Organisationen über ein großes Potenzial verfügen nachhaltige Entwicklungsprozesse anzustoßen, stehen sie vielen Herausforderungen gegenüber. Die drei wesentlichen Barrieren stellen dabei menschliche Widerstände, aber auch der Formalisierungsgrad und die Kommerzialisierung ehrenamtlichen Engagements dar.

Die Förderung nachhaltiger Entwicklung erfordert viele Aushandlungsprozesse, innerhalb derer bestimmte menschliche Widerstände überwunden werden müssen. Wenig motivierte Lehrkräfte sind beispielsweise ein großes Problem an den Schulen in Chintsa. Die stetigen Versuche zur Verbesserung der Bildung in der Region verursacht Druck auf die Lehrkräfte, an diesen Veränderungsprozessen mitzuwirken und sich stärker zu engagieren. Hierbei kommt es teilweise zu Widerständen, die in einem Fall dazu führten, dass die bildungsbezogenen CSR-Aktivitäten an einer Schule eingestellt werden mussten (Interview FoC 2015).

Ein weiteres Spannungsfeld in dem sich die verschiedenen Organisationen befinden, ist die Umsetzung des CSR-Engagements auf mehr oder weniger formalisierte und strukturierte Art und Weise. Ein Gründungsmitglied von FoC erläutert:

> We do almost always respond to whoever comes through the door. So it's a strength, but a weakness. Lots of the stuff that makes FoC strong as an organization, is also a weakness (Interview FoC 2015).

Einerseits könnten sich durch eine Spezialisierung auf wenige Kernaktivitäten vermutlich höhere Wirkungen erzielen lassen, andererseits könnte die Organisation nicht flexibel auf die jeweils aktuellen Bedürfnisse reagieren. Dieser Aspekt wird regelmäßig im FoC-Vorstand diskutiert, aber bisher wurde entschieden, die Organisationsstruktur eher informell zu belassen (Interviews FoC 2013, 2015).

Eine große Herausforderung für AHJ und VA32 ist die zunehmende Kommerzialisierung des Freiwilligenengagements und fehlende staatliche Regulierung (Interview VA32, 2015). Zu Beginn konnte sich VA32 aufgrund seines gut strukturierten Programms erfolgreich am Markt etablieren. Im Laufe der Zeit veränderte sich der Markt des Freiwilligentourismus in Südafrika jedoch rapide. Die Anzahl der Programme stieg stark an und internationale Reiseveranstalter traten zusätzlich in das Geschäftsfeld ein, sodass ein starker Wettbewerbsdruck entstand (Interview VA32 2015). Viele der Anbieter von Freiwilligenprojekten in Südafrika sind aufgrund der Häufung von Skandalen sehr besorgt über die Entwicklungen in diesem Sektor. Ein südafrikanischer Tourismusexperte erläutert: „It's the most disgusting sector that I've ever come across in terms of exploitation".

Aus seiner Sicht nutzen viele Anbieter die ökonomischen Vorteile des wachsenden Marktes aus, ohne aber beispielsweise die lokale Bevölkerung bei der Auswahl der Projekte zu konsultieren oder die Qualifikationen der Freiwilligen zu prüfen und sie dementsprechend einzusetzen. Aus diesem Grund wurden von verschiedenen Akteuren Forderungen nach Regulierungen laut.

3.3 Die Implementierung von Standards als Instrument zur Förderung einer nachhaltigen Entwicklung

Buccaneers ist eines der ersten Tourismusunternehmen, das sich aufgrund seines Bestrebens, nachhaltige Entwicklungsprozesse anzustoßen, durch die Organisation „Fair Trade in Tourism" (FTT) zertifizieren ließ und deren freiwilligen Nachhaltigkeitsstandards einführte. Der FTT-Standard bezieht sich sowohl auf die organisationsinternen Arbeitsbedingungen der jeweiligen Unternehmen als auch deren externe Beziehungen. Es werden unter anderem Human-Ressource-Praktiken, ökologische Managementpraktiken und Besitz- und Kontrollverhältnisse evaluiert. Die Bewertung der Integration der Unternehmen in ihr Umfeld und der Aufbau von Netzwerken erfolgt über Indikatoren, welche sich auf die Beschäftigung der lokalen Bevölkerung, Förderprojekte vor Ort oder regionalen Einkauf beziehen (Strambach und Surmeier 2013). Die Einhaltung dieser Standards stellt eine Herausforderung dar, denn es werden nicht nur unternehmensinterne Indikatoren geprüft, sondern auch organisatorische Praktiken, die über die direkte Unternehmenstätigkeit und die Grenzen des Unternehmens hinausgehen. Eine Besonderheit des FTT-Standards ist der Schwerpunkt auf sozioökonomische Kriterien und die Möglichkeit der Anpassung an lokale Kontexte (Strambach und Surmeier 2013).

Aufgrund fehlender staatlicher Regulierungen im Freiwilligentourismus trat auch VA32 zusammen mit einem anderen Unternehmen auf die Organisation FTT zu, um gemeinsam in einem mehrjährigen Projekt einen Nachhaltigkeitsstandard und ein Zertifizierungssystem für Freiwilligentourismus zu entwickeln. Die Organisation wurde wie Buccaneers im Jahre 2010 durch FTT zertifiziert. Die Einführung der freiwilligen FTT-Standards und die Auszeichnung mit dem Gütesiegel trugen dazu bei, sowohl die internen Unternehmenspraktiken von Buccaneers und VA32 als auch die Beziehungen zu externen Stakeholdern auf strategische Weise nachhaltiger zu gestalten. Zudem legitimiert das Gütesiegel die Bemühungen der Unternehmen und dient dazu, sich von weniger nachhaltigen Tourismusanbietern abzugrenzen (Interviews Buccaneers 2009, 2013, 2015; Interviews VA32 2013, 2015).

Neben der FTT-Zertifizierung für Freiwilligentourismus wurde eine weitere innovative Entwicklung durch die FTT-Zertifizierung angestoßen, die auf Lerneffekten und dem Aufbau von Netzwerken zu anderen zertifizierten Unternehmen basiert – die Entwicklung des Fair-Trade-Travel-Passes. Dazu haben sich im Jahr 2012 mehrere FTT-zertifizierte KMU zusammengeschlossen und ein Produkt, ähnlich einer Pauschalreise entwickelt, das aus FTT-zertifizierten Bausteinen besteht. Der Travel-Pass stellt eine Möglichkeit dar, nicht mehr isoliert voneinander zu arbeiten und einen ökonomischen Nutzen aus den CSR-Aktivitäten zu generieren. Während des Entwicklungsprozesses fanden viele Lernprozesse statt, insbesondere da die Unternehmen neue Aufgaben, z. B. Marketing, übernommen haben (Interview Buccaneers 2015).

4 Fazit und Ausblick

Südafrika ist durch eine sehr starke sozioökonomische Fragmentierung und große soziale Spannungen gekennzeichnet, die nicht einfach zu bewältigen sind. Deshalb sind auch die CSR-Aktivitäten von Privatunternehmen von großer Bedeutung für die sozioökonomische Transformation des Landes. Insbesondere Tourismusunternehmen haben ein großes Potenzial nachhaltige Entwicklungsprozesse anzustoßen. Die Fallstudie von Buccaneers zeigt, dass die Treiber des gesellschaftlichen Engagements vorwiegend normative Werte sind und weniger die Erwartung von ökonomischen Vorteilen. Wie aus der Literatur bekannt, ist der Formalisierungsgrad der CSR-Aktivitäten von KMU im globalen Süden eher gering. Allerdings zeigt die Fallstudie, dass die CSR-Maßnahmen im Verlauf der Zeit strukturierter und systematischer durchgeführt wurden. Dahinter stehen komplexe intra- und interorganisationale Lernprozesse, die unter anderem dazu führen, dass bestimmte CSR-Maßnahmen ausgelagert wurden. So kann Buccaneers sich als Unternehmen stärker auf die Kernkompetenzen konzentrieren, während AHJ, VA32 und FoC tiefer in die CSR-Aktivitäten involviert sind. Eine wichtige Strategie, um Skalierungs- und Synergieeffekte zu erlangen, ist demnach die Bildung von unterschiedlichen Organisationen, die sich komplementär ergänzen und den vorhandenen kontextuellen, institutionellen Regulierungen entsprechen.

Die Implementierung von soziökologischen Standards diente dazu, die CSR-Bemühungen zu systematisieren und in das Kerngeschäft zu integrieren. Der FTT-Standard war dafür besonders gut geeignet, da er gut an den Kontext und die Bedürfnisse von KMUs im ländlichen Südafrika angepasst ist. Zudem hat seine Implementierung die Entwicklung eines innovativen Produkts, den Fair-Trade-Travel-Pass angestoßen. Da der FTT-Standard ursprünglich nicht auf den Freiwilligentourismus anwendbar war, hat VA32 maßgeblich eine weitere innovative Entwicklung gefördert – die Übertragung des FTT-Standards auf den Freiwilligentourismus. Diese Veränderungsprozesse entfalten sich jedoch erst im Verlauf der Zeit und weitere Forschung ist nötig, um die Wirkungen des CSR-Engagements von Buccaneers, AHJ, VA32 und FoC zu evaluieren, um darauf aufbauend, politische und anwendungsorientierte Handlungsempfehlungen abzuleiten.

Literatur

Ashley C, Haysom G (2006) From philanthropy to a different way of doing business: Strategies and challenges in integrating pro-poor approaches into tourism business. Dev South Afr 23(2):265–280

Blowfield M, Frynas JG (2005) Editorial Setting new agendas: critical perspectives on Corporate Social Responsibility in the developing world. Int Aff 81(3):499–513

Bohdanowicz P (2006) Environmental awareness and initiatives in the Swedish and Polish hotel industries – survey results. Int J Hospitality Manage 25(4):662–682

Bowen HR, Johnson FE (1953) Social responsibility of the businessman. Harper, New York

Carroll AB (1999) Corporate social responsibility evolution of a definitional construct. Bus Soc 38(3):268–295

Egri CP, Ralston DA (2008) Corporate responsibility: A review of international management research from 1998 to 2007. J Int Manag 14(4):319–339

Faber N, Jorna R, Engelen J van (2005) The sustainability of "sustainability". A study into the conceptual foundations of the notion of "sustainability". J Env Assess Policy Manage 7(1):1–33

Garay L, Font X (2012) Doing good to do well? Corporate social responsibility reasons, practices and impacts in small and medium accommodation enterprises. Int J Hosp Manag 31(2):329–337

Hamann R, Smith J, Tashman P, Marshall RS (2015) Why do SMEs go green? An analysis of wine firms in South Africa. Bus Soc. doi:10.1177/0007650315575106

Idemudia U (2011) Corporate social responsibility and developing countries moving the critical CSR research agenda in Africa forward. Prog Dev Stud 11(1):1–18

Jamali D, Mirshak R (2007) Corporate social responsibility (CSR): Theory and practice in a developing country context. J Bus Ethics 72(3):243–262

Jamali D, Lund-Thomsen P, Jeppesen S (2015) SMEs and CSR in developing countries. Bus Soc. doi:10.1177/0007650315571258

Jenkins H (2006) Small business champions for corporate social responsibility. J Bus Ethics 67(3):241–256

Jeppesen S, Kothius B, Tran AN (2012) Corporate social responsibility and competitiveness for SMEs in developing countries: South Africa and Vietnam. Agence française de développement. Agence française de développement, Paris, France

Jorna R (Hrsg) (2006) Sustainable Innovation: The Organisational, Human and Knowledge Dimension. Greenleaf Publications. Saltaire, UK

Koelble TA (2011) Ecology, economy and empowerment: Eco-tourism and the game lodge industry in South Africa. Bus Polit 13(1):1–24

Kolk A, Tulder R van (2010) International business, corporate social responsibility and sustainable development. Int Bus Rev 19(2):119–125

Luetkenhorst W (2004) Corporate social responsibility and the development agenda. Intereconomics 39(3):157–166

Lund-Durlacher D (2015) CSR und nachhaltiger Tourismus. In: Corporate Social Responsibility. Springer, Berlin Heidelberg, S 879–890

Rogerson C (2004) The impact of the South African government's SMME programmes: a ten-year review (1994–2003). Dev South Afr 21(5):765–784

Saarinen J, Rogerson C, Manwa H (2011) Tourism and millennium development goals: tourism for global development?

Schneider H (Hrsg) (2006) Nachhaltigkeit als regulative Idee in der geographischen Stadt- und Tourismusforschung. LIT-Verlag, Münster, Westfalen

Strambach S, Surmeier A (2013) Knowledge dynamics in sustainable standard setting in tourism – the case of „fair trade in tourism south africa (FTTSA)". Curr Issues Tour 16(7–8):736–752 (In: Dieke, P. Tourism in sub-Saharan Africa: Consumption-Production Nexus)

Annika Surmeier arbeitet als wissenschaftliche Mitarbeiterin am Fachbereich Geografie der Philipps-Universität Marburg. Im Rahmen ihres Dissertationsprojekts forscht sie über die Entwicklung, Wirkung und Durchsetzung von Nachhaltigkeitsstandards im Tourismus aus einer transnationalen und wissensbasierten Perspektive. Der räumliche Schwerpunkt liegt dabei auf Südafrika. Annika Surmeier war Gastwissenschaftlerin an der „University of Cape Town" und an der „University of Manchester".

Prof. Dr. Simone Strambach ist Professorin am Fachbereich Geografie der Philipps-Universität Marburg mit dem Schwerpunkt Dienstleistungs- und Innovationsgeografie. Ihre Forschungsarbeiten befassen sich mit der Internationalisierung von Innovation und Wissensprozessen in global-lokalen Wertschöpfungssystemen. Im Zentrum stehen nachhaltige und soziale Innovationsprozesse und damit verbundene Fragestellungen zu Pfadabhängigkeit, institutionellem und organisatorischem Wandel. Sie war Gastwissenschaftlerin am „CIRCLE Institute", Lund Universität, Schweden; Universität Aalborg, Fachbereich „Culture and Global Studies", Dänemark; Universität Utrecht, Fachbereich Geowissenschaften, Niederlande; Universität Sussex, Institut „International Development Studies", UK und am „Indian Institute of Management", Bangalore.

Der DRV und die Umsetzung des Kinderschutzkodex und seine Herausforderungen – am Beispiel der Destinationsschulungen

Mechtild Maurer, Jana Schrempp und Astrid Winkler

1 Hintergrund und Geschichte

Der Kinderschutzkodex im Tourismus ist ein „Industry Driven"-Instrument,[1] mit dem sexuelle Ausbeutung von Kindern durch Reisende und in touristischen Einrichtungen verhindert werden soll. Diese Idee entstand auf dem ersten Weltkongress gegen die sexuelle Ausbeutung von Kindern, der 1996 in Stockholm von ECPAT in Kooperation mit UNICEF und der schwedischen Regierung organisiert und durchgeführt wurde. Er war Start zahlreicher Initiativen zur Aufklärung über sexuelle Ausbeutung von Kindern im Kontext von Tourismus, Reisen und der Tourismusindustrie. Eine dieser Initiativen war 1997 die Entwicklung des Kinderschutzkodexes *Verhaltenskodex zum Schutz der Kinder vor sexueller Ausbeutung im Tourismus*, die von ECPAT Schweden, in Kooperation mit Reiseveranstaltern und der Welttourismusorganisation, ausging. Es gelang ECPAT Schweden ab 1999 mehrere europäische ECPAT Gruppen[2] sowie Partner aus der Tourismusindustrie

---

[1] Darunter ist hier zu verstehen, dass die Tourismuswirtschaft maßgeblich im Entscheidungsgremium des Kinderschutzkodexes, dem Board, vertreten ist. Zum Beispiel hatte bisher den Vorsitz im Board immer ein Vertreter eines Tourismusunternehmens inne.

[2] Neben Schweden: Deutschland, Italien, Niederlande und Österreich.

M. Maurer (✉) · J. Schrempp
ECPAT Deutschland e.V.
Alfred-Döblin-Platz 1, 79100 Freiburg, Deutschland
E-Mail: maurer@ecpat.de

J. Schrempp
E-Mail: schrempp@ecpat.de

A. Winkler
Arbeitsgemeinschaft zum Schutz der Kinder vor sexueller Ausbeutung, ECPAT Österreich
Graumanngasse 7/C-2, 1150 Wien, Österreich
E-Mail: winkler@ecpat.at

und Politik für die Weiterentwicklung des Kodexes sowie für erste Pilotprojekte zu dessen Implementierung in touristischen Herkunftsländern (Europa und Destinationsländern des Südens)[3] zu gewinnen.[4]

Dieser Verhaltenskodex basiert auf der UN-Menschenrechtserklärung und der UN-Konvention über die Rechte des Kindes mit Betonung der Artikel 34 sowie 35 (United Nations 1990). Gleichzeitig spiegelte der Kodex in seinen Anfängen auch das Bemühen der (UN)WTO und der ILO zur konkreten Umsetzung des „Global Code of Ethics in Tourism" (UNWTO 1999) und der „Convention against worst forms of Child Labour" (ILO 1999) wieder.

Um ein starkes Signal innerhalb der Tourismusbranche zu setzen, versuchten ECPAT Deutschland sowie in Österreich „Respect – Institut für nachhaltigen Tourismus und Entwicklung"[5] die beiden nationalen Reiseverbände (DRV bzw. ÖRV) als Mitglieder für den Verhaltenskodex zu gewinnen. Im Jahr 2001 war es dann soweit: Mit der Unterzeichnung des Kinderschutzkodexes im Jahr 2001 haben sich erstmals der Deutsche ReiseVerband DRV und der Österreichische ReiseVerband ÖRV[6] zur Umsetzung folgender Maßnahmen verpflichtet:

- Einführung einer Firmenphilosophie (Leitbild), welche sich eindeutig gegen die kommerzielle sexuelle Ausbeutung von Kindern ausspricht.
- Sensibilisierung und Ausbildung der Mitarbeitenden/Beschäftigten im Herkunftsland und im Zielland.
- Aufnahme von Klauseln in den Verträgen mit Leistungsträgern, welche die gemeinsame Ablehnung von kommerzieller sexueller Ausbeutung von Kindern deutlich machen.
- Informationsvermittlung an die Kunden betreffend die kommerzielle sexuelle Ausbeutung von Kindern mit dem Faltblatt „Kleine Seelen – große Gefahr" oder anderen geeigneten Mitteln.
- Zusammenarbeit (Informationsvermittlung) mit den Destinationen.
- Jährliche Berichterstattung über die durchgeführten Maßnahmen.

---

[3] Erste Pilotprojekte zur Implementierung wurden in folgenden Ländern durchgeführt: Thailand, Philippinen, Sri Lanka sowie Brasilien.

[4] EU Projekt 2001, „Code of Conduct for the Protection of Children from Sexual Exploitation in Travel and Tourism", _DG Enterprise Contract No. SUB/503308/00; Lead organization: ECPAT Sweden; EU Projekt 2002–2003, „Code of Conduct for the Protection of Children from Sexual Exploitation in Travel and Tourism", DG Europe Aid Contract B 7-626/2001//6004; Lead organization: respect.

[5] Respect startete 2002 eine Initiative zur Gründung von ECPAT Österreich; ab 2003 nahm dann die Arbeitsgemeinschaft gegen sexuelle Ausbeutung von Kindern (ECPAT Österreich) innerhalb der Struktur von Respect ihre Arbeit auf. Ende 2006 wurde „ECPAT Österreich" als eigenständiger Verein etabliert.

[6] Verhaltenskodex der Mitglieder des Österreichischen Reisebüro- und Reiseveranstalterverbandes (ÖRV) zum Schutz der Kinder vor sexueller Ausbeutung, http://www.oerv.at/de/uploads/pdf/oerv_div/verhaltenskodex.pdf.

Tatsächlich ist es u. a. auch durch die Unterstützung der Verbände DRV und ÖRV sowie durch die Förderungen der EU und anderer, nationaler Geldgeber gelungen, den Kinderschutzkodex bekannt zu machen und touristische Unternehmen als Unterzeichner zu gewinnen. Der Kinderschutzkodex ist in Folge dessen seit seiner Entwicklung 1997/98 rasch gewachsen. Daher war es notwendig, eine rechtliche Grundlage zu schaffen, die den Aufbau einer professionellen Organisationsstruktur möglich macht. Dieser logische Schritt erfolgte 2005 durch die Gründung einer Non-Profit Organisation – der Kinderschutzkodex-Organisation „The Code". Die operative Leitung der Organisation hat der internationale Vorstand („Board of Directors") inne, der für eine Amtszeit von 2 Jahren gewählt wird. Im Vorstand sind fünf Sitze für die Privatwirtschaft und vier für nicht-staatliche Organisationen sowie unabhängige Vertreter vorgesehen. Die Organisationen UNICEF und UNWTO haben Beraterstatus (ECPAT Deutschland und ECPAT Österreich 2011, S. 24 ff).

Wichtige Meilensteine in der Entwicklung, die in den jährlich abgehaltenen Mitgliederversammlungen in Berlin (im Rahmen der ITB) beschlossen wurden, waren seither (ECPAT Deutschland und ECPAT Österreich 2011):

- In den Jahren 2007/2008 – Einführung eines einheitlichen Standardverfahrens für die Unterzeichnung und die jährliche Berichterstattung. Es weist für jedes einzelne Kriterium eine Zeitschiene aus, damit es zur Zielvorgabe dienen und Indikatoren für den regelmäßigen Evaluierungsprozess liefern kann. Das Standardverfahren nimmt auch die lokalen Kinderschutzkodexpartner in die Verantwortung. Sie begleiten die Unterzeichnung und Umsetzung des Kinderschutzkodexes und müssen dabei Service und Unterstützung für Sensibilisierungsmaßnahmen für die Beschäftigten anbieten.
- Im Jahr 2009 – Ausarbeitung neuer Statuten und Beschluss über ein erstes Schema von Mitgliedsbeiträgen.
- Im Jahr 2010 – Standardvereinbarung zwischen der Kinderschutzkodexorganisation und den lokalen Partnern (Local Code Representatives, LCR), meist ECPAT Organisationen.
- 2011/2012 – Rekrutierung eines internationalen Managers sowie Aufbau eines internationalen Verwaltungsbüros in Bangkok.

Seit 2013 wurden die Mitgliederverwaltung sowie das Anmelde- und Reportingprozedere professionalisiert. Seither wurden wichtige Schritte umgesetzt bzw. befinden sich in Umsetzung:

- Ein Online-Portal (Member's Portal) wurde eingerichtet, um Monitoring und Reporting zu erleichtern und dem Kinderschutzkodex einen professionelleren Auftritt zu verleihen (www.thecode.org).
- Die Neustrukturierung der Kooperation zwischen dem Sekretariat und den Lokalen-Code-Partnern, LCRs; dieser Prozess ist bis dato (Oktober 2015) noch nicht abgeschlossen.

- Eine Verbesserung der Kooperation zwischen touristischen Herkunftsländern und Destinationen inkl. Kapazitätenaufbau bei den lokalen Partner der Kinderschutzkodexorganisation.
- Die Entwicklung von Qualitätsstandards für Trainingsmaßnahmen und -material für Beschäftigte in Entsendeländern und Destinationen.
- Im Aufbau: Eine finanzielle Absicherung der Basisstruktur des Kinderschutzkodex durch die Mitgliedsbeiträge sowie zusätzliches Fundraising.
- Ebenfalls noch im Aufbau befinden sich Monitoring- und Evaluierungsverfahren, zusätzlich zum Reporting der Mitglieder (ECPAT Deutschland und ECPAT Österreich 2011).[7]

In Deutschland konnten aufgrund von mehreren EU-Projektförderungen enge Kooperationen zur Umsetzung des Kinderschutzkodexes entwickelt werden. Zusätzlich gelang es in Deutschland beim Deutschen Reiseverband (DRV) eine Arbeitsgruppe „Kinderschutz" zu installieren, in der neben dem Verband, Reiseveranstalter, die Polizei und NGOs (Tourism Watch und ECPAT Deutschland) mitarbeiten. Sowohl EU-Projekte als auch die Arbeitsgruppe des DRV priorisierten die Sensibilisierung von Reisenden, sowie Mitarbeitende im In- und Ausland zu schulen und breit für den Kinderschutzkodex zu werben.[8] Nachdem zunächst im Rahmen der EU-Projekte begonnen wurde, Mitarbeitende zu schulen, stellte sich schnell heraus, dass Schulungen in den Destinationen notwendig sind, bei denen auch sogenannte Schlüsselpersonen[9] in den Destinationen erreicht werden konnten. Somit sollte die bisherige Schwachstelle, umfassend eine Einführung und Umsetzung des Kinderschutzkodexes in den touristischen Destinationen voranzutreiben, überwunden werden.

2 Der Kinderschutzkodex als Instrument von CSR

Der Kinderschutzkodex basiert auf dem Konzept der Corporate Social Responsibility (CSR). Die meisten Definitionen bezeichneten CSR als ein Konzept, das den Unternehmen als Grundlage dient, auf freiwilliger Basis soziale Belange und Umweltbelange in

---

[7] Zwischen 2005 und 2011 haben zuerst die GTZ (Deutsche Gesellschaft für Technische Zusammenarbeit und Entwicklung, nun: GiZ) sowie in weiterer Folge das UNICEF Research Center Innocenti in Florenz Evaluierungen zum Code of Conduct durchgeführt, die u. a. die Notwendigkeit von externen Monitoringmechanismen festgestellt haben.

[8] Die Arbeitsgruppe, der neben dem DRV, Vertretern von Reiseunternehmen und ECPAT auch die Polizei angehören, führt gemeinsame Veranstaltungen, Aufklärungsmaßnahmen, das jährliche Reporting für die Organisation „The Code" durch und nimmt das Mandat in den Versammlungen und Gremien von „The Code" war. Diese Arbeitsgruppen treffen sich regelmäßig, derzeit zwischen 2- bis 4-mal pro Jahr.

[9] Zum Beispiel Entscheidungsträger von Behörden aus den Bereichen Polizei, Tourismus, Kinderschutz; Tourismusverbände; führende Tourismusunternehmen; Kinderschutz-NGOs.

ihre Unternehmenstätigkeit und in die Wechselbeziehungen mit den Stakeholdern zu integrieren (Europäische Kommission 2001).

Die EU-Kommission legte in ihrer EU-Strategie (2011–14) für die soziale Verantwortung der Unternehmen eine neue Definition vor, der zufolge die Betonung nicht mehr so stark auf Freiwilligkeit liegt, sondern auf dem Aspekt der Verantwortung für die Gesellschaft. Somit ist CSR „die Verantwortung von Unternehmen für ihre Auswirkungen auf die Gesellschaft" (Europäische Kommission 2011, S. 7). Nur wenn die geltenden Rechtsvorschriften und die zwischen Sozialpartnern bestehenden Tarifverträge eingehalten werden, kann diese Verantwortung wahrgenommen werden. Damit die Unternehmen ihrer sozialen Verantwortung in vollem Umfang gerecht werden, sollten sie auf ein Verfahren zurückgreifen können, mit dem soziale, ökologische, ethische, Menschenrechts- und Verbraucherbelange in enger Zusammenarbeit mit den Stakeholdern in die Betriebsführung und in ihre Kernstrategie integriert werden (Europäische Kommission 2001).

Leider hat sich die selbst auferlegte unternehmensethische Bindung oft als PR-Masche entpuppt und war zunächst nicht wirklich ein vernünftiger Beitrag zur nachhaltigen Entwicklung. Viele große Firmen arbeiten daher bei der Entwicklung und Evaluierung ihrer CSR-Strategie und Maßnahmen (z. B. Verhaltenskodizes) mit ihren Stakeholdern (z. B. Betriebsräte, Gewerkschaften, NGOs) zusammen, das ist nicht nur sinnvoll, sondern stärkt v. a. die Glaubwürdigkeit (Schulz 2015).

Die Verwirklichung der Menschenrechte, ihr Schutz und ihre Förderung ist zunächst eine Aufgabe der Staaten. Bei Menschenrechtsverletzungen von Unternehmen ist der Staat also aus seiner Schutzpflicht heraus verantwortlich, diese zu verhindern bzw. entsprechend zu ahnden. Unternehmen haben nicht die gleichen Pflichten wie Staaten. In jedem Fall gibt es eine rechtliche Bindung an jene nationalen Gesetze, die zur Umsetzung der staatlichen Schutzpflicht erlassen worden sind sowie die Pflicht zum Respektieren der Menschenrechte (do not harm) (Tourism Watch 2011, S. 15 ff.). Um ihrer Verantwortung gerecht zu werden, müssen Unternehmen „Due Diligence", d. h. die erforderliche Sorgfalt walten lassen. Laut John Ruggie, UN-Sonderbeauftragter für Unternehmen und Menschenrechte (UN Human Rights Council 2011)[10] heißt dies, sie müssen nicht nur sicherstellen, dass sie nationale Gesetze achten, sondern auch Risikomanagement betreiben, um Menschenrechtsverletzungen zu vermeiden. Sie müssen die Auswirkungen ihrer Geschäftstätigkeit auf das gesamte Spektrum relevanter Menschenrechte prüfen und die notwendigen Vorkehrungen treffen, um mögliche negative Auswirkungen abzuwenden (Tourism Watch 2011, S. 17). Auch wenn sich die UN-Staatengemeinschaft auf keinen verpflichtenden Mechanismus für Unternehmen einigen konnte, darf auch das politische Signal nicht un-

---

[10] In der Debatte im Menschenrechtsrat am 30. und 31. Mai 2011 haben die Staatenvertreter die Arbeit John Ruggies gewürdigt und ihre Unterstützung hervorgehoben. Die genaue Ausgestaltung des Folgemechanismus hat während der 17. Session des Menschenrechtsrates für Diskussionsstoff gesorgt. Schließlich verabschiedete der Menschenrechtsrat eine eher schwache Resolution (A/HRC/17/L.17/Rev.1), welche die Schaffung einer Arbeitsgruppe zu Wirtschaft und Menschenrechten vorsieht.

terschätzt werden, das mit dem die UN-Leitprinzipien für Wirtschaft und Menschenrechte einher ging (http://www.humanrights.ch/de/menschenrechte-themen/tnc/regulierungen/uno-leitprinzipien/).

Im Zuge der Veröffentlichung der UN-Leitprinzipien für Wirtschaft und Menschenrechte, deren Säulen SCHUTZ – RESPEKT – WIEDERGUTMACHUNG sind, haben sich verstärkt touristische Initiativen entwickelt, um Menschenrechte im Tourismus als Teil von CSR-Strategien von Unternehmen zu verankern. Wegbereitend war dazu einerseits die Publikation von Tourism Watch „Alles was Recht ist" (2011) sowie die folgende Entwicklung und Gründung des „Roundtable Menschenrechte im Tourismus" (http://www.menschenrechte-im-tourismus.net/) 2012 und des „Umsetzungsleitfaden für Reiseveranstalter" (Roundtable Menschenrechte im Tourismus 2013).

Bereits 2012 hat UNICEF die „Children's Rights and Business Principles" veröffentlicht, die sich mit konkreten Maßnahmen an die Unternehmen wenden. Diese zehn Prinzipien zielen auf Respekt und Unterstützung der Kinderrechte bei unternehmerischem Handeln (UNICEF et al. 2012).[11] Im Jahr 2014 wurden zusätzlich Tools der Children's Rights and Business Principles veröffentlicht, die exemplarisch aufzeigen, wie einzelne Industriesektoren diese Prinzipien umsetzen können (http://www.unicef.org/corporate_partners/index_25078.html). Im Business Workbook 2.0 veröffentlicht UNICEF verschiedene Handlungsfelder (UNICEF 2014) zur Umsetzung von Kinderschutzmaßnahmen, Melde- und Beschwerdeverfahren bei Verstößen gegen Kinderrechte. Die Organisation UNICEF verweist auf die komplexe Wertschöpfungskette der Tourismusindustrie, die zum einen helfen kann, Kinderarmut zu überwinden, zum anderen es auch den Unternehmen leicht macht, gegen Kinderrechte zu verstoßen (http://www.unicef.org/csr/521.htm).

3 Fallstudie Umsetzung des Kinderschutzkodexes am Beispiel der Destinationsschulungen des DRV

Der Verhaltenskodex zum Schutz von Kindern vor sexueller Ausbeutung im Tourismus (Kinderschutzkodex – Child Protection Code) hat sich über die Jahre als ein durchaus wirksames Instrument erwiesen, um nachhaltig für Kinderrechte zu werben und gegen die sexuelle Ausbeutung von Kindern und Jugendlichen im Tourismus einzutreten. Mit dem Kinderschutzkodex gelang es, die Unternehmen zu erreichen und sie zur Durchführung von Sensibilisierungsmaßnahmen und Schulung ihrer Mitarbeitenden zu motivieren. Sozialverantwortliche Reise- und Tourismusunternehmen können durch seine Anwendung präventiv dazu beitragen, die Akzeptanz gegenüber sexueller Ausbeutung von Minderjährigen einzudämmen, die Sensibilität bei den Reisenden zu erhöhen und diese auch zu

---

[11] Principle 2 (Contribute to the elimination of child labour, including in all business activities and business relationships) und 4 (Ensure the protection and safety of children in all business activities and facilities) sind für den Tourismussektor von großer Wichtigkeit.

motivieren, verdächtige Situationen zu melden.[12] Im Rahmen von EU-Projekten wurden verschiedene Modelle solcher Destinationsschulungen erprobt. Während die skandinavischen Partner auf Destinationsschulungen von einzelnen Unternehmen ausschließlich für ihre eigenen Vertragspartner in der Destination setzten, versuchten die Projektträger in Österreich und Deutschland gemeinsame Schulungen von mehreren Partnern für mehrere Akteure in den Destinationen zu installieren. Diese richteten sich sowohl an Mitarbeitende der internationalen und lokalen Reiseunternehmen und holten die politischen Vertreter mit ins Boot.[13]

Da diese Strategie auf große Zustimmung in den Destinationen stieß, wurde diese Praxis von der DRV Arbeitsgruppe „Kinderschutz" nach der EU-Förderungsphase bis heute weitergeführt. Bereits 2001 wurde die erste Destinations-Schulung zusammen mit EMBRATUR, der brasilianischen Tourismusbehörde (http://www.embratur.gov.br) und der (UN)WTO zur Umsetzung des Kinderschutzkodex in Natal/Brasilien durchgeführt. Die nächsten Destinationsschulungen folgten 2003 in Bangkok/Thailand, 2006 in der Dominikanischen Republik, 2007 in Südafrika, 2008 in Phuket/Thailand, Kenia 2009, Sri Lanka 2012, Vietnam 2013 und 2014 (siehe dazu Berichte auf den Webseiten www.ecpat.de und www.drv.de).

Wichtigstes Ziel dieser Destinationsschulungen war bisher, einen Multistakeholderdialog für einen umfassenden Kinderschutz im Tourismus auf den Weg zu bringen und gemeinsame Präventions- und Interventionsmaßnahmen durchzuführen.[14] Dazu wurden im Rahmen der Destinationsschulungen auch immer Möglichkeiten einer besseren strukturellen Zusammenarbeit aufgezeigt.

Inzwischen liegt die Organisation der Gesamtveranstaltung beim DRV, einzelne Reiseveranstalter organisieren Veranstaltungsort und Flüge, ECPAT identifiziert die Kooperationspartner auf NGO-Ebene und von der Polizei, und die Reiseveranstalter identifizieren Vertreter der Reiseindustrie vor Ort (internationale und lokale Vertreter). Gemeinsam wird eine Einladungsliste für Vertreter und Schlüsselpersonen auf politischer Ebene erstellt. Die Destinationsworkshops werden von einem multiprofessionellen Trainerteam geleitet und werden interaktiv und partizipatorisch durchgeführt. Schulungsevaluationen und Follow-

---

[12] Die Auswertung der auf www.nicht-wegsehen.net eingegangen Meldungen und Verdachtshinweise zeigt, dass es einer regelmäßigen Bewerbung der Meldeseite bedarf um entsprechende Fallzahlen zu erreichen.

[13] Zum Beispiel der Workshop on „The Code of Conduct to protect Children from Sexual Exploitation in Travel and Tourism" 27th of November 2009 at the Voyager Beach Resort, Kenya an dem Vertreter des kenianischen Tourismusministeriums und der deutschen Botschaft teilnahmen oder an den Workshops in Vietnam 2013 und 2014, an dem Tourismusministerium, Familien- und Jugendministerium sowie ein Botschaftsvertreter teilnahmen.

[14] Die Workshops werden immer evaluiert und in den Fragebogen kreuzen immer mehrere Teilnehmende an, dass sie gemeinsame Aktionen gestartet haben. In der Regel sind es Schulungen oder Charity-Aktionen.

up-Aktivitäten sind Teil dieser Maßnahmen.[15] Die Workshops wurden außerdem in den Destinationen durch politische Eröffnungsveranstaltungen begleitet, um für die Destinationsschulungen und den Kinderschutzkodex zu werben, zu denen Vertreter der nationalen Tourismus- und Jugendschutzbehörden und Ministerien, der Botschaften, hochrangige Polizeivertreter sowie weitere Vertreter des privaten Sektors und der Zivilgesellschaft eingeladen wurden.

Die durchgeführten Evaluationen zeigten, dass diese multiprofessionellen Destinationsschulungen dem nationalen Bedarf entsprechen. In vielen Fällen boten die Destinationsschulungen erstmals einen ernsthaften Austausch und Dialog auf Augenhöhe zwischen Politik, privatem Sektor und den Kinderschutzorganisationen in der jeweiligen Destination.[16] Weiterhin wurden im Nachgang der Destinationsschulungen in allen Ländern entweder bilaterale oder multilaterale Aktivitäten von Tourismusindustrie, Kinderschutzorganisationen und Polizei zur Sensibilisierung zum Thema sexueller Gewalt von Kindern im Tourismus organisiert. Bereits in den Abschlussevaluationen zählten Teilnehmer gemeinsame verabredete Aktivitäten auf. Zum Beispiel in der Dominikanischen Republik wurde die lokale Kinderschutzorganisation von einem Hotelmanager zu einem Aufklärungsvortrag ins Hotel eingeladen. In Vietnam verabredete eine NGO mit einem Hotel ein Training für die Servicemitarbeitenden.[17] Insofern ist das Format dieser Destinationsschulungen erfolgreich.

Problematisch erweisen sich die großen personellen und finanziellen Ressourcen, die für diese Schulungen erbracht werden mussten.[18] Diese Schulungen können nur erfolgreich angeboten werden, wenn ein ausreichendes Assessment vorab durchgeführt und vor Ort gut vernetzte Kooperationspartner tätig sind, z. B. ECPAT Gruppen oder Kinderrechtsexperten vor Ort. In den Destinationsworkshop zeigt sich, dass die Kriterien des Kinderschutzkonzepts einfach aufgebaut sind, sodass sie lokal angepasst und eingeführt werden können. Dies wurde durch die Ergebnisse der Destinationsschulungen belegt. Ein Manko ist, dass Reporting und Beschwerdeverfahren wenig ausformuliert sind.

Eine nachhaltige Wirkung der Workshops bedarf einer regelmäßigen Nacharbeit und Begleitung, z. B. durch Auffrischungsworkshops für neue Mitarbeitende. Bis auf die Workshops in Vietnam konnte dies nicht gewährleistet werden, obwohl die Teilnehmen-

---

[15] Die Schulungen werden im Team durchgeführt, dem immer mindestens eine Vertreterin von ECPAT, lokale(n) Kinderschutorganisation(en), Polizeitrainern und Trainerin aus den Reihen der Reiseveranstalter und/oder des DRV angehören.

[16] Sowohl in Sri Lanka als auch in Vietnam wiesen NGOs die Durchführungsorganisationen DRV und ECPAT daraufhin, dass NGOs im Land zum ersten Mal gleichberechtigt neben Industrievertreter in einem Workshop zusammenarbeiteten. An ECPAT wurde in der Vergangenheit öfter die Frage herangetragen, ob es zwingend sei, dass NGOs aus der Destination mit am Tisch sitzen.

[17] Aus der Auswertung der jeweiligen Evaluationen zu den Workshops, die ECPAT Deutschland vorliegen.

[18] Bis 2016 konnte jedoch nicht erreicht werden, dass die Destinationsworkshops ausreichend jährlich budgetiert wurden. So werden jeweils zu Beginn der Planung finanzielle Unterstützung bzw. Sponsoren aus den Reihen der Unternehmen und der beiden Tourismusverbände DRV und BTW gesucht.

den von allen bisher durchgeführten Destinationsworkshop sich ein direktes Follow-up wünschten und einen Bedarf nach regelmäßigen Informationen durch die Veranstalter ECPAT und DRV äußerten.[19]

4 Ausblick und zukünftige Herausforderungen

Trotz der bestehenden Nachfrage und äußerst positiven Rückmeldungen nach dem beschriebenen Format von Destinationsschulungen bedarf es aufgrund des hohen personellen wie auch finanziellen Aufwands **neuer Modelle für die Schulungen in den Destinationen**. Eines der diskutierten Tools für Sensibilisierung von Fachkräften im Tourismussektor der Destinationen sind **Webinare (Online-Seminare)**, wie sie von AccorHotels Deutschland angeboten werden.[20]

AccorHotels war die erste Hotelgruppe, die sich für den Schutz der Kinder vor sexueller Ausbeutung im Tourismus eingesetzt hat. Die Zusammenarbeit mit ECPAT begann im Jahr 2001 und seitdem ist das Thema Kinderschutz bei AccorHotels Bestandteil seiner Unternehmenspolitik. Im Verlauf der Jahre hat sich die Zusammenarbeit immer weiter ausgedehnt.[21] Im Jahr 2008 hat AccorHotels den Verhaltenskodex zum Schutz der Kinder vor sexueller Ausbeutung in Österreich, 2011 in Deutschland unterzeichnet. Mittlerweile haben AccorHotels Länderorganisationen den Kinderschutzkodex unterzeichnet und setzen in all diesen Länder Maßnahmen entlang der sechs Kriterien um (Accor 2014, S. 24 ff.). Ein besonderer Schwerpunkt liegt bei Accor auf der Schulung der Mitarbeitenden. Alleine im Jahr 2013 waren es über 30.000 Mitarbeiter die weltweit zum Thema Kinderschutz geschult wurden (Accor 2014, S. 24 ff.). Im Jahr 2014 hat AccorHotels das neue Kinderschutzprogramm WATCH (We Act Together for Children) eingeführt. Für die praktische Implementierung wurde ein Toolkit entwickelt. Damit werden Mitarbeitende für Kinderschutz sensibilisiert sowie über das hotelinterne Meldeverfahren im Verdachtsfall bzw. bei Kindesmissbrauch informiert. Ausgearbeitet wurde das Meldeverfahren mit ECPAT Frankreich und in Kooperation mit der französischen Polizei (Accor 2014, S. 24 ff.). Das Kinderschutzprogramm WATCH ist Teil des weltweiten Accor-Nachhaltigkeitsprogramms Planet 21 (Accor 2014, S. 24 ff.).

Im Rahmen des WATCH-Programms werden in Deutschland seit Sommer 2014 Webinare für das Hotelmanagement aller deutschen AccorHotels durchgeführt. Die Onlineeinheit dauert ca. 1,5 h. Die Teilnehmenden haben auch die Möglichkeit, verbal oder im Chat Fragen zu stellen. Zudem wurden Videos gezeigt und interaktive Elemente im Rahmen der Bearbeitung von realen Fallbeispielen und von Multiple-Choice-Fragen eingebaut. Im Anschluss an die Webinare standen sowohl die Nachhaltigkeitsbeauftrage von AccorHotels als auch eine ECPAT Mitarbeiterin für Rückfragen und Gespräche zur Verfügung.

---

[19] Aus der Auswertung der Evaluationen der Destinationsworkshop, die ECAPT vorliegen.
[20] Jahresberichte von Accor an „The-Code"-Organisationen im Rahmen der Mitgliedschaft des Childprotection Code.
[21] Accor hat z. B. zusammen mit ECPAT im Jahr 2011 einen Plakatwettbewerb durchgeführt.

Nach dem Webinar erhielten die Teilnehmenden ein ToolKit, um das Meldeverfahren in ihrem Hotel sowie die Schulung ihrer Mitarbeitenden umzusetzen.

Von Vorteil ist, dass Webinare eine kostengünstige und effiziente Methode darstellen, um flächendeckend viele Mitarbeitende in Unternehmen zu erreichen, wie auch der Green Counter, ein Webinar des DRV zur Nachhaltigkeit im Tourismus zeigt (https://www.drv.de/fachthemen/nachhaltigkeit/drv-green-counter.html).[22] Auch die Verfügbarkeit von Trainern, Referenten und zusätzlichen Experten ist leicht zu organisieren. Eine große Herausforderung stellt das Tool hinsichtlich der Einbeziehung und Aktivierung der Teilnehmenden dar. Methodisch muss noch daran gearbeitet werden, wie der multiprofessionelle Austausch und die Bildung von Netzwerken durch solche Webinare gefördert bzw. vielerorts in Gang gesetzt werden kann.

Zusätzliche Herausforderungen bringen die **großen Transformationen im Tourismus** mit sich, die zu weiteren Anonymisierung der Anbieter und Nachfrager führen und die Risiken für Kinder, sexuell ausgebeutet zu werden, erhöht: Hotels mit automatisiertem Check-in ohne Anwesenheit von Mitarbeitenden, die darauf achten könnten, dass Kinderschutzrichtlinien eingehalten werden und z. B. keine minderjährige Prostituierte ins Hotel gebracht werden. Airbnb und Upper, über die sich immer mehr Reisende Unterkünfte vermitteln lassen, sind beispielsweise Plattformen, bei denen niemand direkt für Schutz von Kindern zuständig ist, da es sich bei diesen Geschäftsmodellen um unzählige Selbstständige handelt. Andere Trends, z. B. Voluntourismus oder Couchsurfing, die sich als Begegnung und nicht als ein Geschäftsmodell einordnen, bergen ein großes Risiko für Kinder (ECPAT International 2016). Beim Voluntourismus möchten und können die Reisenden ganz nah an das Kind herankommen. Es werden bereits Waisenhäuser aufgebaut, dort wo Reisende am bequemsten und einfach die Einrichtungen besuchen und mit Kindern in Kontakt kommen können und nicht dort, wo es Bedarf gibt. Täglich oder wöchentlich wechselnde Besucher in Kindergärten im Heimatland der Reisenden, bei dem diese Kinder auf den Arm nehmen oder spielen dürfen, mag sich niemand wirklich vorstellen oder als pädagogisch wertvoll gutheißen. In den Destinationen jedoch Alltag für viele Kinder.

Eine weitere zentrale Herausforderung für die Zukunft wird der **Aufbau eines professionellen Monitorings** für Kinderschutzmaßnahmen generell und den Kinderschutzkodex im Speziellen sein. Dazu muss es verlässliche Indikatoren geben, die in Kooperation mit den beteiligten Stakeholdern entwickelt werden sollten. Relevant ist dies, weil unter allen Umständen verhindert werden muss, dass Kinderschutz lediglich dem „Greenwashing" dient und als Marketinginstrument benutzt wird (Schulz 2015).

Nicht minder wichtig gilt es, **Reportingsysteme** zu verbessern und untereinander zu vernetzen. Und zwar auf drei Ebenen: (1) Nationale Meldestellen bzw. -mechanismen zu

---

[22] Mehrstufiges Schulungsprogramm des DRV für Reisebüros. Dieses Training soll Mitarbeiter im Reisevertrieb unterstützen, notwendiges Wissen über nachhaltiges Reisen weiter zu vertiefen und auszubauen sowie das Thema im Reisevertrieb stärker platzieren. Der Green Counter hat eine Sequenz zu Kinderschutz.

entwickeln und zu bündeln, wie dies z. B. durch die erste EU-Meldeplattform ermöglicht wurde (http://www.reportchildsextourism.eu); (2) Entwicklung von internen Meldeprozedere innerhalb von Unternehmen, wie z. B. das Reporting im Rahmen des Kinderschutzprogramms WATCH von AccorHotels; (3) Ausbau und Verbesserung der internationalen Polizeizusammenarbeit.

Zuletzt sei gesagt, dass für diese Maßnahmen **finanzielle Ressourcen** bereit gestellt werden müssen, sowohl von den Unternehmen selbst, aber auch von den Regierungen, z. B. für Sensibilisierung- und Schulungsmaßnahmen (großteils über NGOs) aber auch für Verbesserung der Polizeizusammenarbeit. Eine Projekt von Interpol könnte z. B. Verfahren in der Zukunft erleichtern: Durch das **E-MLA(electronic mutual legal assistance)**-Prozedere könnten etwa Rechtshilfeersuchen soweit wie möglich auf elektronischem Wege erfolgen, was Verfahren beschleunigen könnte.[23]

5 Fazit und Ausblick

Der Kinderschutzkodex ist bislang das erste und einzige konkrete Tool für Kinderschutz in der Tourismuswirtschaft. Die Anzahl an renommierten Unternehmen und Verbänden (z. B. der DRV, AccorHotels), die Verankerung des Kinderschutzes betreffend, zeigt, dass Kinderschutz nicht mehr als reines Nischenthema mit Charity-Charakter, sondern vielmehr als zentrales Anliegen mit relevanten Auswirkungen auf die Geschäftstätigkeit wahrgenommen wird. Neben den bereits seit 2003 etablierten Maßnahmen, die die AccorHotels umsetzt und die davor ausführlich dargestellt wurden, war Kuoni das erste Unternehmen, das den Kinderschutzkodex unterzeichnet hat, ein umfassendes Supply-Chain-Management entwickelt, das durchaus als ressourcenintensiv zu bezeichnen ist (http://2012.kuoni-annualreport.com/de/corp-responsibility/nachhaltige-lieferkette/1). Alle drei erwähnten Beispiele – DRV, Kuoni, AccorHotels – zeigen, dass Unternehmen Kinderschutz als Qualitätsmerkmal erkannt haben und durchaus beachtliche Ressourcen aufwenden, um dies in ihre Unternehmensabläufe zu integrieren. Dazu werden von den Unternehmen auch Assessments, Schulungen und Evaluationen durchgeführt. Unternehmen haben durchaus realisiert, dass Kinderschutz auch bei den Reisenden als zentrales Thema angekommen ist. Das zeigt eine Erhebung der deutschen Reiseanalyse aus 2010. Danach befragt, wofür Unternehmen soziale Verantwortung übernehmen sollten, wurde von **70 % der Urlauber** als wichtigster Punkt der **Schutz einheimischer Kinder vor sexueller Ausbeutung durch Touristen** genannt (ECPAT Deutschland und EED Tourism Watch 2010).

Die langjährige Erfahrung von ECPAT zeigt, dass einerseits Sensibilisierung durch Schulungen essenziell ist, um Kinderschutz nachhaltig in den Unternehmen zu verankern.

---

[23] Darauf hat ein Experte im Rahmen einer Studie zu Auslandsstraftaten, die ECPAT Österreich durchgeführt hat, hingewiesen. Der finale Bericht wird voraussichtlich im April 2017 veröffentlicht werden.

Andererseits fehlen bislang Monitoringmechanismen zur Überprüfung des Erfolgs bzw. der Nachhaltigkeit von Schulungen.

Insgesamt wird es notwendig sein, die inzwischen sehr zahlreichen und heterogen Instrumente zur Wahrnehmung von gesellschaftlicher Unternehmensverantwortung (CSR-Labels, Kodizes, Menschenrechte-Umsetzungsleitfäden, ISO 26000 Leitfaden etc.) zu bündeln und um Komponenten des Kinderschutzes zu ergänzen. Der Kinderschutzkodex könnte dabei als eine Komponente dienen.

Literatur

Accor (2014) Enhancing your hotel experience. http://www.accorhotels-group.com/fileadmin/user_upload/Contenus_Accor/Developpement_Durable/pdf/PLANET_21/EN/en_br2014_csr.pdf. Zugegriffen: 7. Mär. 2014

Deutscher ReiseVerband/ECPAT Pressemitteilung am 16.1.2001 zur Unterzeichnung des Kinderschutzkodex, Berlin

ECPAT Deutschland, EED Tourism Watch (2010) Ausgewählte Ergebnisse einer Sonderstudie zur sexuellen Gewalt an Kindern im Tourismus und zum öffentlichen Bewusstsein von Reisenden im Rahmen der Reiseanalyse 2010 (RA 10). https://www.tourism-watch.de/content/engagement-zum-schutz-von-kindern-vor-sexueller-ausbeutung-im-tourismus

ECPAT Deutschland, ECPAT Österreich (2011) Aktiv zum Schutz der Kinder vor sexueller Ausbeutung. Informationen für die Reisebranche. http://ecpat.de/index.php?id=320

ECPAT International (2016) Offenders on the Move – Global Study Sexual Exploitation of Children in Travel and Tourism. http://globalstudysectt.org/

Europäische Kommission (2001) Grünbuch – Europäische Rahmenbedingungen für die soziale Verantwortung der Unternehmen. http://eur-lex.europa.eu/legal-content/DE/TXT/PDF/?uri=COM:2001:0366:FIN. Zugegriffen: 2. Okt. 2015

Europäische Kommission (2011) Mitteilung der Kommission an das Europäische Parlament, den Rat, den Europäischen Wirtschafts- und Sozialausschuss und den Ausschuss der Regionen. Eine neue EU-Strategie (2011–14) für die soziale Verantwortung der Unternehmen (CSR). http://ec.europa.eu/transparency/regdoc/rep/1/2011/DE/1-2011-681-DE-F1-1.Pdf. Zugegriffen: 14. Sep. 2015

GTZ (2005) Code of conduct for the protection of children from sexual exploitation in travel and tourism' within the context of sustainability and corporate social responsibility (CSR). http://www.gender-in-german-development.net/violence-against-women-and-girls.html

ILO (1999) C182 – Worst Forms of Child Labour Convention, 1999 (No. 182). http://www.ilo.org/dyn/normlex/en/f?p=NORMLEXPUB:12100:0::NO::P12100_INSTRUMENT_ID:312327. Zugegriffen: 2. Okt. 2015

Kuoni (2012) Eine nachhaltige Lieferkette. http://2012.kuoni-annualreport.com/de/corp-responsibility/nachhaltige-lieferkette/1. Zugegriffen: 7. Mär. 2016

Österreichischer Reiseverband (2001) Verhaltenskodex der Mitglieder des Österreichischen Reisebüro- und Reiseveranstalterverbandes (ÖRV) zum Schutz der Kinder vor sexueller Ausbeutung. http://www.oerv.at/de/uploads/pdf/oerv_div/verhaltenskodex.pdf. Zugegriffen: 7. Mär. 2016

Roundtable Menschenrechte im Tourismus (2013) Ein Umsetzungsleitfaden für Reiseveranstalter. http://www.menschenrechte-im-tourismus.net/fileadmin/user_upload/Menschenrechte/RT_MR_im_Tourismus_DE_2te.pdf. Zugegriffen: 2. Okt. 2015

Schulz O (2015) Nachhaltige, ganzheitliche Wertschöpfungsketten. In: Schneider A, Schmidpeter R (Hrsg) 2015, Corporate Social Responsibility. Verantwortungsvolle Unternehmensführung in Theorie und Praxis. Springer Gabler, Berlin Heidelberg

Tourism Watch (2011) Alles was Recht ist. http://www.tourism-watch.de/files/Alles_was_Recht_ist.pdf. Zugegriffen: 30. Sep. 2015

UNICEF Innocenti Research Center (2011) The code of conduct for the protection of children from sexual exploitation in travel and tourism. http://www.unicef-irc.org/publications/662. Zugegriffen: 7. Mär. 2016

UNICEF, UN Global Compact, Save the Children (2012) Children's rights and business principles. https://www.unicef.org/csr/12.htm

UNICEF (2014) Children Are Everyone's Business Workbook 2.0. https://www.unicef.org/csr/88.htm

United Nations (1990) Convention on the rights of the child. http://www.ohchr.org/en/professionalinterest/pages/crc.aspx. Zugegriffen: 2. Okt. 2015

United Nations, Human Rights Council, 17th Session, A/HRC/RES/17/4 vom 6. Juli 2011, 17/4 Human rights and transnational corporations and other business enterprises. http://business-humanrights.org/sites/default/files/media/documents/un-human-rights-council-resolution-re-human-rights-transnational-corps-eng-6-jul-2011.pdf. Zugegriffen: 2. Okt. 2015

UNWTO (1999) Global code of ethics for tourism. http://dtxtq4w60xqpw.cloudfront.net/sites/all/files/docpdf/gcetbrochure. Zugegriffen: 2. Okt. 2015

Mechtild Maurer ist seit 2000 Geschäftsführerin und Pressesprecherin von ECPAT Deutschland e. V. (Arbeitsgemeinschaft zum Schutz für Kinder vor sexueller Ausbeutung). Nach dem Studium (Geografie, Sport und Politik) und ihrer journalistischen Ausbildung war sie als wissenschaftliche Mitarbeiterin beim iz3w in Freiburg und danach als freie Journalistin mit Schwerpunkt Tourismus und Entwicklungspolitik tätig. Mechtild Maurer führt seit vielen Jahren Advocacy- und Lobbyarbeit zum Schutz der Kinder vor sexueller Ausbeutung mit Akteuren der Politik, Behörden, Wirtschaft und Zivilgesellschaft durch. Dazu zählt die Umsetzung von Maßnahmen mit dem Privatsektor im Rahmen des Verhaltenskodex zum Schutz der Kinder vor sexueller Ausbeutung im Tourismus. Außerdem leitet sie Kinderschutzfortbildungen für Multistakeholdergruppen in verschiedenen Ländern (z. B. zu Kinderhandel, reisenden Sexualstraftätern und Kinderschutz in Institutionen).

Jana Schrempp ist seit 2012 als Referentin im Bereich Kinderschutz bei ECPAT Deutschland tätig. In ihrem Studium der Ethnologie beschäftigte sie sich schwerpunktmäßig mit Tourismusentwicklung und Menschenrechten. Die gewonnenen Erkenntnisse aus ihren Forschungsaufenthalten sowie ihre Auslandserfahrungen setzt Jana Schrempp bei der Begleitung von Unternehmen zur Umsetzung von Kinderschutzstandards ein. Der Fokus ihrer Arbeit liegt dabei auf der Entwicklung unternehmensspezifischer Aktionspläne entlang der Kriterien des Kinderschutzkodex, Lobby und Kampagnenarbeit auf politischer Ebene, Begleitung verschiedener Forschungsprojekte, Beiträge in Fachzeitschriften, Schulungsarbeit in Unternehmen und touristischen Ausbildungsstätten. Kinderschutz wird dabei immer als ein Bereich menschenrechtlicher Verantwortung von Unternehmen begriffen.

Astrid Winkler ist seit 2001 im Bereich Kinderschutz und Tourismus tätig; zuerst für respect-Institut für integrativen Tourismus & Entwicklung (nun Teil der Naturfreunde Internationale), später dann im Rahmen von ECPAT Österreich, wo sie seit 2008 als Geschäftsführerin tätig ist. Astrid Winkler hat eine touristische Grundausbildung absolviert (1982) und war 10 Jahre in der Reise- und Hotelbranche tätig. An der Universität Wien hat sie 1999 ihr Studium der Soziologie – in Kombination mit Kommunikations- und Politikwissenschaften – abgeschlossen. Im Rahmen ihrer Tätigkeit für respect und ECPAT war sie für internationale Projekte zur Umsetzung des Kinderschutzkodexes mit Tourismuspartnern in unterschiedlichen Ländern verantwortlich. Neben regelmäßiger Vortrags- und Lehrtätigkeit berät sie u. a. Tourismusunternehmen in Österreich sowie im Ausland bei der Umsetzung des Kinderschutzkodexes bzw. im Hinblick auf Prävention von Menschenhandel und sexueller Ausbeutung von Kindern. Einer der inhaltlichen Schwerpunkte in der Vermittlung des Themas ist ein ganzheitlicher Ansatz von Kinderschutz im Kontext von menschenrechtlicher Verantwortung von Unternehmen.

CSR, Menschenrechte und Tourismus – Ein Umsetzungsbeispiel anhand des Roundtable Menschenrechte im Tourismus

Cathrine Maislinger

1 Tourismus und Menschenrechte in der Wirtschaft

Tourismus stellt einen der wichtigsten Wirtschaftsfaktoren weltweit dar. Allein 2014 konnten nach der weltweiten Tourismusorganisation UNWTO rund 1,1 Mrd. internationale Ankünfte von der Tourismusorganisation verzeichnet werden und die erwartete Entwicklung ist weiterhin positiv (UNWTO 2015, S. 2). Zudem ist der Tourismus laut World Travel and Trade Council mit rund 240 Mio. Mitarbeitenden ein wichtiger Arbeitgeber im Dienstleistungssektor (WTTC 2015, S. 2). Im Tourismus wird bis 2019 ein Wachstum auf rund 296 Mio. Stellen in der Tourismusindustrie erwartet (ILO 2011, S. 36). Somit stellt der Tourismus eine potente Dienstleistungsbranche und somit eine Einnahmequelle für Mitarbeitende in den Destinationen dar.

Gemäß der Internationalen Arbeitsorganisation (ILO) gibt es jedoch besonders im Tourismus Ungleichheiten bzw. Potenzial zur Verletzung der Menschenrechte. In der Europäischen Union beispielsweise verdienen Männer im Vergleich zu Frauen im Unterkunfts- und Restaurationssektor etwa 14,7 % mehr (ILO 2013, S. 45). Der Schutz vor Diskriminierung ist in den Menschenrechten verankert (Vereinte Nationen 1948). Des Weiteren schätzt die ILO, dass rund 13–19 Mio. Kinder im Tourismus arbeiten müssen (Ö.T.E. 2010). Im Übereinkommen über die Rechte des Kindes, als eines der sechs Menschenrechtsabkommen, regelt den Schutz von Kindern vor wirtschaftlicher Ausbeutung (vgl. Vereinte Nationen 1959). Nicht nur das Recht auf Gleichberechtigung und Schutz vor Kinderarbeit auch weitere Grundrechte, z. B. das Recht auf menschenwürdige Arbeit, Recht auf Beteiligung oder das Recht auf Gesundheit sind Grundlage für gute Arbeitsbedingungen und Mitarbeiterzufriedenheit.

C. Maislinger (✉)
Rodinger Straße 40, 5111 Bürmoos, Österreich
E-Mail: c.schwenoha@gmx.at

Das Thema Menschenrechte ist jedoch keineswegs neu. Die Allgemeine Erklärung der Menschenrechte wurde wegen Menschenrechtsverletzungen im zweiten Weltkrieg entwickelt und 1948 von der Generalversammlung der Vereinten Nationen genehmigt und verkündet (Vereinte Nationen 1948, S. 1 ff.). Sie wurde von den 56 Ländern der Vereinten Nationen angenommen. Um eine Möglichkeit zur Bindung an die Allgemeine Erklärung der Menschenrechte zu schaffen, wurden zwei Verträge erstellt: der Internationale Pakt über bürgerliche und politische Rechte (ICCPR) und der Internationalen Pakt über wirtschaftliche, soziale und kulturelle Rechte (ICESCR) (Universität Minnesota 2016). Zusammen mit der Allgemeinen Erklärung der Menschenrechte ergeben sie die Internationale Menschenrechtscharta. Bisher sind 164 Länder Vertragsparteien der beiden Pakte (vgl. Vereinte Nationen 2016a). Innerhalb der Vereinten Nationen kann der Sicherheitsrat auf Basis der Charta Sanktionen gegen die Vertragsparteien verhängen. Diese können beispielsweise die Unterbrechung der Wirtschaftsbeziehungen oder des internationalen Verkehrs sein (Schader Stiftung 2013).

Bereits in der Präambel werden alle Organe der Gesellschaft aufgerufen, sich die Erklärung stets zu vergegenwärtigen und die Einhaltung der Menschenrechte zu fördern (Vereinte Nationen 1948). Das beinhaltet auch die Wirtschaft und damit den Tourismus. Die Rolle der Wirtschaft und ihre Verantwortung waren nicht ausreichend definiert. Zudem fehlte es an einem konkreten Umsetzungsleitfaden um in wirtschaftlichen Unternehmen Menschenrechte einzuhalten, umzusetzen und Abhilfe für die Betroffenen zu schaffen. Obwohl es bereits 2003 bereits Versuche gab die Verantwortlichkeiten von Konzernen festzulegen, wurde die Norm nie ausreichend politisch unterstützt (Deutsches Institut für Menschenrechte 2012). Daher wurden erst 63 Jahre nach der Verkündung der Allgemeinen Erklärung der Menschenrechte, im Jahre 2011, die Leitprinzipien für Wirtschaft und Menschenrechte vom UN-Menschenrechtsrat einstimmig angenommen (Deutsches Global Compact Netzwerk 2014). Obwohl die Leitprinzipien kein rechtliches Instrument sind, unterstreichen sie die Pflicht der Staaten, die Menschenrechte einzuhalten. In zahlreichen Ländern ist die Einhaltung der Menschenrechte in innerstaatlichen Gesetzen festgelegt und damit auch für Unternehmen rechtlich bindend (Amt des Hochkommissärs der Vereinten Nationen für die Menschenrechte 2016b, S. 9).

Der Annahme dieser Leitprinzipien ging ein mehrjähriger Konsultationsprozess zu den Pflichten von Staaten und Unternehmen voraus. Der UN-Sonderbeauftragte Professor John Ruggie konnte durch den Analyserahmen „Schutz, Achtung und Abhilfe" einen möglichen Weg zur Einbettung der Menschenrechte in der Wirtschaft aufzeigen (Vereinten Nationen 2016, S. 9; siehe Tab. 1).

Der Analyserahmen (vgl. Tab. 1) beinhaltet die staatliche Schutzpflicht (Duty/Obligation to Protect), um Menschenrechte zu schützen, erweitert auf deren Einhaltung durch andere Akteure, z. B. Unternehmen oder Vereinigungen. Zentral steht hier jedoch der Schutz aller Personen die im Staatsgebiet leben im Mittelpunkt. In Österreich beispielsweise sind die Menschenrechte seit 1985 in der Verfassung verankert (Parlament der Republik Österreich 2016). Der zweite Pfeiler ist die unternehmerische Achtungspflicht (Responsibility to Respect), die Unternehmen dazu anhält, Menschenrechte zu achten in-

Tab. 1 Quelle: Deutsches Global Compact Netzwerk et al. (2012, S. 17)

Analyserahmen zu Verantwortungsbereichen der Akteure		
Staatliche Schutzpflicht	Unternehmerische Achtungspflicht	Zugang zu Abhilfe
Staaten haben eine klare völkerrechtliche Pflicht, die Menschenrechte zu schützen und zu fördern und ihre Einhaltung auch durch andere Akteure zu gewährleisten, durch angemessene Strategiesetzung, Regulierung und Rechtsprechung	Unternehmen haben die Verantwortung, alle Menschenrechte zu achten. Sie müssen demnach mit besonderer Sorgfalt handeln und es vermeiden, die Rechte anderer zu verletzen	Opfer von Menschenrechtsverletzungen durch Unternehmen brauchen verbesserten Zugang zu Beschwerde- und Sanktionsmechanismen juristischer und nicht-juristischer Art

dem sie durch ihr Handeln die Rechte anderer nicht verletzen. Das bedeutet besonders im Dienstleistungssektor auch die Kontrolle und den Dialog mit allen Leistungsträgern, welche zum Endprodukt beitragen. Hauser Reisen entwickelte beispielsweise eine sogenannte Porter-Policy (Regulierung für die Arbeitsbedingungen von Trekking-Trägern). In dieser Regulierung sind die Arbeitsbedingungen der Träger definiert und sie müssen von allen Geschäftspartnern von Hauser Reisen verpflichtend eingehalten werden (Hauser Exkursionen 2016). Der dritte Pfeiler ruft Unternehmen und Staaten dazu auf, verbesserten Zugang zu Beschwerde- und Sanktionsmechanismen zu schaffen (Access to Remedy). Das bedeutet Personen, die durch Unternehmen Menschenrechtsverletzungen erfahren haben die Möglichkeit zu bieten Beschwerde einzureichen und zu versichern, dass diese (an)erkannt werden und Zugang zu Schadensersatz gewährleistet wird (Deutsches Global Compact Netzwerk et al. 2012, S. 17 ff.). Reiseveranstalter wie Hauser oder Studiosus bieten beispielsweise eine Meldestelle, die informiert wird, sobald ein Gast eine Menschenrechtsverletzung im Urlaub bemerkt. In Zusammenarbeit mit anderen Institutionen wird von Seiten des verantwortlichen Teams für Möglichkeit zur Abhilfe gesorgt (Hauser Exkursionen 2016; https://www.studiosus.com/Ueber-Studiosus/Nachhaltigkeit/Kontakt). Mit diesem Analyserahmen gelang es Ruggie, dass Menschenrechte beispielsweise Eingang in Rahmenwerke der Europäischen Kommission, der OECD (Organisation for Economic Cooperation and Development), der ISO (International Organization for Standardization) und der GRI (Global Reporting Initiative) fanden (Roundtable Menschenrechte im Tourismus 2015a, S. 10).

Die neue EU-Strategie für die soziale Verantwortung der Unternehmen ist nur ein Beispiel dafür, dass sich die Menschenrechte zu einem immer bedeutenderen CSR-Aspekt entwickelt haben und ihnen deshalb größere Beachtung geschenkt wird (Europäische Kommission 2011, S. 6). Auch die EU-Strategie bezieht sich in Hinsicht auf die Achtung der Menschenrechte auf die Leitprinzipien für Wirtschaft und Menschenrechte (Europäische Kommission 2011, S. 8).

Auf Unternehmensebene gibt es den sogenannten 5-Stufenplan zur Umsetzung von CSR-Management. Dieser besteht aus Bestandsaufnahme, Strategie, Umsetzung, Kommunikation und Erfolgskontrolle (Braun und Lotter 2010, S. 47 ff.). Um zu vermeiden, dass CSR-Maßnahmen nur kurzfristig umgesetzt werden, muss auch für Corporate Social Responsibility ein strategischer Ansatz entworfen werden. Nur wenn Corporate Social Responsibility, und in diesem Fall die Berücksichtigung von Menschenrechten, im gesamten Unternehmen vom Management ausgehend bis hin zu den einzelnen Abteilungen und Mitarbeitenden verstanden und umgesetzt oder in Hinsicht auf Verträge mit den Dienstleistern berücksichtigt wird, haben die Aktivitäten langfristigen Nutzen und können ganzheitlich im Unternehmen berücksichtigt werden. Auf Basis dieses strategischen Ansatzes wurde auch der Leitfaden des Roundtables Menschenrechte im Tourismus aufgebaut.

2 Der Roundtable Menschenrechte im Tourismus

Im Oktober 2012 wurde der Roundtable Menschenrechte im Tourismus als lose Multistakeholderinitiative zivilgesellschaftlicher Organisationen und touristischen Unternehmen gegründet. Heute hat der Roundtable Menschenrechte im Tourismus folgende Mitglieder: a & e Reisen, Arbeitskreis Tourismus & Entwicklung (akte), ANVR, BBS14, Brot für die Welt, Deutsches Global Compact Netzwerk, DRV, ECPAT Deutschland, Gebeco, Hamburger Stiftung für Wirtschaftsethik, Hauser Reisen, ITB Berlin, KATE Umwelt und Entwicklung, Kuoni, One World, ÖRV, NFI-respect, SRV, Studiosus, TourCert, Travelife, viventura und die Willy-Scharnow-Stiftung. Seit 2015 ist der Roundtable Menschenrechte ein gemeinnütziger Verein. Zielsetzung der Roundtable Menschenrechte im Tourismus ist, in der Tourismusbranche einen Prozess der menschenrechtlichen Verantwortung konform zu den UN-Leitprinzipien für Wirtschaft und Menschenrechte anzustoßen. Hierfür wurde in Zusammenarbeit mit Reiseveranstaltern, NGOs und Zertifizierern ein Managementkonzept zur menschenrechtlichen Verantwortung gemäß den UN-Leitzprinzipien erarbeitet, um damit einen Branchenstandard zu schaffen. Zudem besteht für alle Mitglieder die Aufnahmevoraussetzung, sich öffentlich zur Verantwortung für die Achtung der Menschenrechte zu bekennen und sich im Zuge einer Selbstverpflichtung zur Entwicklung von Strategien und Maßnahmen zu verpflichten. Der Roundtable hat mit dem sogenannten „Commitment für Menschenrechte im Tourismus", einer Verpflichtungserklärung der Mitgliedsorganisationen, eine Grundlage entwickelt, wie diese öffentliche Selbstverpflichtung gestaltet werden soll und welche Bestandteile sie enthalten muss. Das Commitment wurde zuerst für Reiseveranstalter entwickelt und danach auch auf weitere Stakeholdergruppen im Roundtable, z. B. Verbände, NGOs, Zertifizierer und Fachinstitutionen, erweitert (Naturfreunde Internationale 2014).

Der Roundtable Menschenrechte im Tourismus verfolgt das Ziel, die Implementierung von Menschenrechtsstandards in den Geschäftsprozessen der Reiseunternehmen und anderer Stakeholder zu fördern. Zu diesem Zweck haben die Mitglieder des Roundtables verschiedene Tools entwickelt. Eine Verpflichtungserklärung zur Einhaltung der Menschenrechte, einen Umsetzungsleitfaden und ein kostenloses E-Learning-Programm. Alle Mitglieder des Roundtable Menschenrechte im Tourismus unterzeichnen die Verpflichtungserklärung und bekennen sich hiermit zur Einhaltung der Menschenrechte in ihrer Geschäftstätigkeit. Der Umsetzungsleitfaden dient Reiseunternehmen zur effektiven Umsetzung einer Menschenrechtspolitik im eigenen Unternehmen. Der Ansatz kombiniert strategische Planung mit konkreten Werkzeugen für die operative Realisierung. Ein kostenloses E-Learning-Tool ermöglicht Mitarbeitenden, in einem Schnell- und einem Intensivkurs im Selbststudium die Grundlagen und Umsetzung von Menschenrechten im Unternehmen kennen zu lernen. Zudem wurde eine Empfehlung zu Arbeits- und Sozialstandards für Fahrpersonal von Reiseveranstaltern entwickelt (Roundtable Menschenrechte im Tourismus 2015a).

Diese Tools erlauben es den Mitgliedern, durch Know-how-Transfer mittels Zugang zu Good-Practice-Beispielen, Experten-Austausch und die Bereitstellung von Informationen und verschiedenen Materialien die Reisebranche für die Einhaltung der Menschenrechte zu sensibilisieren. Dies hat bisher im Rahmen von Veranstaltungen wie einer Fachtagung in München (Tourism Watch 2013) oder auf der ITB Berlin (Hamburger Stiftung für Wirtschaftsethik 2015) stattgefunden. Hier wurde der Roundtable Menschenrechte im Tourismus vorgestellt und trug zur aktuellen Diskussion bei.

Als Zusammenschluss aus Vertretern aus Wirtschaft, Politik und Zivilgesellschaft sieht sich der Roundtable auch als Informations- und Dialogplattform, um Öffentlichkeit, Medien, Reisende, Unternehmen, Investoren, Lehrfachkräfte und Studierende sowie politisch Verantwortliche für die Einhaltung der Menschenrechte im Tourismus zu sensibilisieren.

3 Integration der UN-Leitprinzipien in die Unternehmenstätigkeit

Die Integration von CSR und Menschenrechten in die Unternehmenstätigkeit passiert auf verschiedenen Ebenen. Nach dem erweiterten St. Galler Konzept von Knut Bleicher wird CSR auf der normativen Ebene (Definition von Leitsätzen), auf strategischer Ebene (Umsetzung der normativen Ebene), der operativen Ebene (Umsetzung der strategischen Ebene) und zusätzlich einer ethischen Ebene (Sinnesebene – steuert menschliches Handeln und die Selbstverantwortung) umgesetzt (Lorentschitsch und Walker 2015, S. 395ff.). Auch der Managementleitfaden des Roundtables Menschenrechte im Tourismus setzt gleichermaßen an. Nach der strategischen Erarbeitung einer Unternehmenspolitik zu Menschenrechten folgt die Festlegung von Arbeitsnormen und Codizes um abschließend die festgelegten Maßnahmen in die Praxis umzusetzen (Roundtable Menschenrechte im Tourismus 2015a). Dabei liegen dem Managementleitfaden die folgenden Handlungsfelder zugrunde: Strategie (normativ, strategisch), Bestandsaufnahme, Integration, Abhilfe (operativ, ethisch) und Reporting (operativ, strategisch) (Lorentschitsch und Walker 2015, S. 399; siehe Abb. 1).

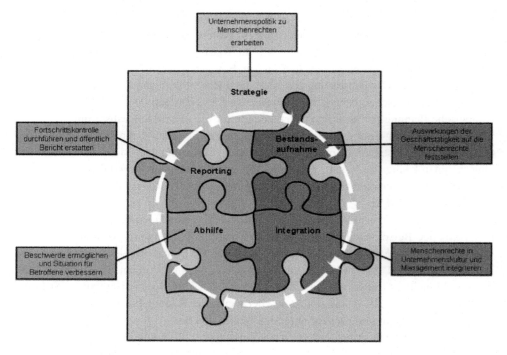

Abb. 1 Instrument zur Integration von Menschenrechten in die Unternehmensprozesse. (Roundtable Menschenrechte im Tourismus 2015a)

Die *Basisstrategie* (in Abb. 1 gelb, Anmerk. des Autors) für die Einbettung von Menschenrechten in die Unternehmensprozesse ist die öffentliche und schriftliche Anerkennung der Unternehmensverantwortung und der UN-Leitprinzipien für Wirtschaft und Menschenrechte. Dies wird in der Unternehmenspolitik verankert, indem das Commitment Menschenrechte im Tourismus unterzeichnet wird. Es ist Dreh- und Angelpunkt des Managementsystems sowie der Kommunikation nach innen und außen. Die Strategie erfasst den Handlungsrahmen und die Zielsetzung für den gesamten Prozesszyklus (Roundtable Menschenrechte im Tourismus 2015a, S. 14 ff.).

Um eine sorgfältige *Bestandaufnahme* (in Abb. 1 braungrün, Anmerk. des Autors) machen zu können, bedarf es einer regelmäßigen Stärken-Schwächen-Analyse als auch eine konkrete Beschreibung des Unternehmensumfeldes und eines Stakeholderdialogs. Die Ergebnisse der Bestandsaufnahme finden Eingang in die Entwicklung der Strategie (Roundtable Menschenrechte im Tourismus 2015a, S. 16 ff.).

Der Managementleitfaden bietet hierzu die Methoden der Stakeholderlandkarte (Schallmo 2013, S. 147) als auch der Wesentlichkeitsmatrix (Deinert et al. 2015, S. 163). Die Stakeholderlandkarte stellt den Einfluss als auch die Abhängigkeit von Interessensgruppen gegenüber dem eigenen Unternehmen dar. Die Wesentlichkeitsmatrix zeigt, welche Relevanz Themen wie Kinderschutz, gewerkschaftliche Vereinigung etc. im Unternehmen als auch für die Interessensgruppen haben. Bei der Prüfung der Zulieferkette empfiehlt sich eine Priorisierung nach Relevanz und Handlungsmöglichkeit. Hinsichtlich der Bewertung relevanter Stakeholder wird ein offener und partizipativer Ansatz vorgeschlagen. Prozess- und Lernorientierung sollten bei dem Ansatz im Mittelpunkt stehen, um den Ansprüchen von außen und dem eigenen Unternehmen gegengenüber gerecht werden zu können.

Um den Menschenrechtsansatz in den *Unternehmensalltag* zu integrieren (in Abb. 1 dunkelgrün, Anmerk. des Autors), werden anhand der Strategie und der Bestandsaufnahme konkrete Verbesserungsmaßnahmen definiert. Dazu wird eine Person innerhalb des Unternehmens mit hinreichend Handlungssouveränität und Budget für die Koordinierung der Unternehmenspolitik zu Menschenrechten benannt. Das zentrale Steuerungsinstrument zur Integration ist der menschenrechtliche Aktionsplan, welcher Zeithorizonte und Verantwortlichkeiten definiert und in die möglicherweise bereits bestehende Maßnahmenplanung integriert wird. Hier werden Ziele und die Verantwortung für die zeitgerechte Umsetzung festgelegt. Zum Beispiel wird als Ziel die Stärkung menschenrechtlicher Standards im Vertragswesen definiert. Hierzu muss seitens der Leitung ein Supplier Code of Conduct erstellt und an alle Leistungsträger ausgesendet werden (Roundtable Menschenrechte im Tourismus 2015a, S. 20 ff.).

Um konkrete Menschenrechtsverletzungen frühzeitig erkennen zu können und Verbesserungen und *Abhilfe* (in Abb. 1 türkis, Anmerk. des Autors) zu schaffen, bedarf es eines effektiven Beschwerde- und Meldeverfahrens. Hierfür muss eine eigene Bestandsaufnahme potenzieller von Menschenrechtsverletzungen betroffener Gruppen und Personen durchgeführt werden. Beschwerdeverfahren müssen Menschen, die durch Unternehmenstätigkeit geschädigt werden, frei zur Verfügung gestellt werden (Harvard Kennedy School 2008, S. 3). Hierzu müssen Meldestellen für Betroffene und Personen, die Menschenrechtsverletzungen beobachten, eingerichtet werden. Diese sind die Verbindung zwischen Unternehmen, NGOs und Exekutive, um beispielsweise eine lokale NGO über eine Kinderrechtsverletzung zu informieren. Trotz der oben genannten Maßnahmen, stellen diese Mechanismen keinen Ersatz für staatliche und juristische Verfahren oder nicht-juristische Beschwerdestellen dar (Roundtable Menschenrechte im Tourismus 2015a, S. 24 ff.).

Reporting (in Abb. 1 lila, Anmerk. des Autors) erfolgt durch die Entwicklung von Kennzahlung zur Fortschrittskontrolle und der Verknüpfung mit dem menschenrechtlichen Aktionsplan. Um möglichst alle Bereiche des Unternehmens und seiner Zulieferkette im Aktionsplan abzudecken, ist die Vereinbarung von klaren Menschenrechtsstandards und Verhaltensgrundsätzen mit Mitarbeitenden und Leistungsträgern essenziell. Der Roundtable schlägt dazu das Instrument des Supplier Code of Conduct vor. Dieses Dokument bietet eine Vereinbarung über die Achtung der Menschenrechte zwischen Reiseveranstalter und seinen Leistungsträgern. Des Weiteren muss eine systematische Sensibilisierung und Qualifizierung der Mitarbeiter und Dienstleister mit diesem Schritt einhergehen, um vor Ort als auch bei der Kundenberatung Menschenrechte in den Verkaufsprozess und die Dienstleitungen zu integrieren (Roundtable Menschenrechte im Tourismus 2015a, 26 ff.).

Regelmäßige Fortschrittskontrollen seitens des Reiseveranstalters bzw. der verantwortlichen Person für Menschenrechte mit aussagekräftigen Indikatoren zur Erfolgsmessung und Berichterstattung möglichst nach international anerkannten Standards (z. B. GRI oder die Prinzipien des UN Global Compact) versichern einen zielführenden *Reportingprozess*. Neben der Aufnahme von spezifischen Indikatoren im Bereich Menschenrechte sollte eine möglichst starke Stakeholderbeziehung in allen relevanten Bereichen und auf lokaler Ebene berücksichtigt werden. Das bedeutet, z. B. bei der Erstellung eines Nachhaltigkeitsberichts die Perspektive der Interessensgruppen des Unternehmens und deren Perspektiven mit einzubeziehen.

Integration, Abhilfe und Reporting bilden wiederum eine Grundlage für die regelmäßige Fortschreibung der Bestandsaufnahme und für eine etwaige Anpassung der Strategie (Roundtable Menschenrechte im Tourismus 2015a, 26 ff.).

Alle Handlungsfelder einer menschenrechtlichen Unternehmensstrategie (Bestandsaufnahme, Integration, Abhilfe und Reporting) müssen ineinander verzahnt sein, damit sie ganzheitlich erfolgreich sind. Hierbei hat sich der folgende Ansatz etabliert: CSR-Maßnahmen (hier Maßnahmen zur Integration von Menschenrechten in der Unternehmensführung) werden entlang der Wertschöpfungskette umgesetzt, berücksichtigen die Triple Bottom Line (Ökologie, Soziales und Ökonomie) und die Beziehung zu internen und externen Stakeholdern. Zudem wird die Auswirkung der Unternehmenstätigkeit auf das Umfeld in Betracht gezogen. Dies alles muss jedoch auch von der Unternehmensleitung getragen und geführt werden (GATE e. V. 2008, 2009, zitiert in Balàš und Strasdas 2015, S. 245 f.). Werden all diese Aspekte berücksichtigt, kann man von einer ganzheitlichen Einbindung von Menschenrechte in die Unternehmensführung sprechen.

4 Umsetzung in der Praxis

Heute gibt es einige Good-Practice-Beispiele für die Umsetzung des Analyserahmens, auch im Tourismus. Bei den Mitgliedern des Roundtables Menschenrechte im Tourismus spielen Menschenrechte zumeist im unternehmerischen CSR-Management eine zentrale Rolle und die Handlungsfelder des Managementleitfadens finden sich im unternehmerischen Handeln wieder. Gute Beispiele hierfür bieten die Reiseunternehmen Kuoni und Studiosus.

Kuoni hat beispielsweise bereits 2006 den Kinderschutzkodex unterzeichnet, 2012 ein „Statement of Commitment on Human Rights" veröffentlicht sowie eine Strategie zur Wahrnehmung der menschenrechtlichen Sorgfaltspflicht erarbeitet (Kuoni 2013a). Das Statement of Commitment on Human Rights bildet die Grundlage der *Menschenrechtsstrategie von Kuoni* und bezieht sich auf internationale Referenzrahmen wie die Allgemeine Menschenrechtsdeklaration, die Grundlegenden Prinzipien und Rechte bei der Arbeit der ILO oder den UN-Leitprinzipien für Wirtschaft und Menschenrechte. Durch seine Human Rights Impact Assessments (Menschenrechtliche Auswirkungseinschätzung), z. B. in Kenia und Indien, überprüft Kuoni unter anderem die menschenrechtlichen Auswirkungen bei seinen Dienstleistern. Das bedeutet, dass die Arbeitsbedingungen vor Ort bei Unterkunftsbetrieben oder Servicedienstleistern in Hinsicht auf Arbeitszeit, Stresslevel und die Umsetzung des Supplier Code of Conduct überprüft werden (Kuoni 2014). Hiermit wird vor Ort für die Einhaltung der Menschenrechte gesorgt.

Aufgrund dieser *Überprüfungen (Bestandsaufnahme)* wird der Handlungsbedarf eruiert und Maßnahmenpläne erstellt. So wurden z. B. in Indien *Schulungen* und *bewusstseinsbildende Maßnahmen* (Integration) für Mitarbeitende, aber auch Touristen, definiert. Andere Themen, auf die Kuoni weniger direkt Einfluss nehmen kann, werden in branchenspezifischen Foren, z. B. dem Roundtable für Menschenrechte im Tourismus, u. a. bei der Erstellung eines Empfehlungspapiers zu Arbeitsbedingungen für Fahrpersonal eingebracht. Hierbei war neben der Expertise von Studiosus und Teilnehmern einer Arbeitsgruppe zu Arbeitsbedingungen, die Erfahrung im Bereich der Arbeitsbedingungen von Leistungsträgern von Kuoni, z. B. in Kenia und Indien, maßgeblich für die Erarbeitung des Arbeitspapiers beteiligt.

Im Rahmen der Assessments werden die Destinationen vor Ort auch auf Beschwerdemechanismen und die Möglichkeiten für Schadenersatz analysiert. Zudem fördert der *Dialog mit Geschäftspartnern* (von Bestandsaufnahme bis Integration) durch Sammeln und Verbreiten von Good-Practice-Beispielen das Engagement im Bereich von Einzelthemen wie Frauenrechte und Kinderschutz. Kuoni integriert Menschenrechte in die Unternehmensstrategie unter anderem durch einen Verantwortlichen für Menschenrechte in der Kuoni Group, der eng mit den Verantwortlichen in den Destinationen zusammenarbeitet.

In Hinsicht auf das *Reporting* bezieht sich Kuoni auf internationale Rahmenwerke und Standards wie beispielsweise die GRI G4 (Global Reporting Initiative), den UN Global Compact oder die Zertifizierungen TourCert und Travelife. Kuoni veröffentlicht jährlich einen Nachhaltigkeitsbericht, in dem Menschenrecht als fixes Thema verankert sind (Kuoni 2015).

Auch Studiosus engagiert sich seit Jahren in seinem Kerngeschäft für Nachhaltigkeit und Menschenrechte. Seit 2011 vor dem Hintergrund der Veröffentlichung der UN-Leitprinzipien für Wirtschaft und Menschenrechte beschäftigt sich Studiosus noch intensiver mit dem Thema Menschenrechte und verankert sie im *Unternehmensleitbild wie folgt*:

> Wir erkennen die Allgemeine Erklärung der Menschenrechte und ihre rechtsverbindlichen Umsetzungsinstrumente als Grundlage unseres unternehmerischen Handelns an, insbesondere:
>
> - den Internationalen Pakt über bürgerliche und politische Rechte,
> - den Internationalen Pakt über wirtschaftliche, soziale und kulturelle Rechte sowie
> - die Kernarbeitsnormen der internationalen Arbeitsorganisation (ILO) (Studiosus 2015a).

Studiosus hat dem folgend eine *Bestandsaufnahme* aller im Angebot befindlicher Länder vorgenommen und in die Kataloge die „Schattenseiten" von Destinationen und seit 2013 deutliche Hinweise auf Menschenrechtsverletzungen mit aufgenommen. Durch Schulungen und Trainings für Mitarbeitende und Reiseleiter wird das Thema Menschenrechte länderspezifisch aufbereitet und somit die *Integration* in das Tagesgeschäft gesichert. Auch die detaillierte Information der Touristen ist ein wichtiger Bestandteil einer modernen Studienreise bei Studiosus. Planung und Durchführung der Reisen respektieren die Menschenrechte im Zusammenhang mit der soziokulturellen Situation im Gastland und halten die Umweltbelastung gering. Studiosus unterhält zudem seit 2012 eine *Meldestelle* für Menschenrechtsfragen. Hier können Menschenrechtsverletzungen im Kontext der Reise gemeldet werden und Studiosus engagiert sich, um Abhilfe dafür zu schaffen (Studiosus 2015b). Damit können in der Urlaubsdestination oder im Heimatland für die entsprechenden Maßnahmen zur Ermöglichung von Schadensersatz oder den entsprechenden juristischen Schritten geschaffen werden. Im Bereich *Arbeitsrechte* engagiert sich Studiosus seit 2014 in einer thematischen Arbeitsgruppe des Roundtables Menschenrechte im Tourismus zusammen mit anderen Mitgliedern wie Kuoni oder dem Forum anders reisen, um praxisbezogene Empfehlungen für Mindeststandards von lokalem Personal zu versichern. Auch die Verträge mit Leistungspartnern wurden neu überarbeitet, um die Arbeitsbedingungen von Hotelangestellten, Busfahrern und weiteren Leistungspartnern in Hinsicht auf Achtung der Menschenrechte zu erhalten bzw. zu verbessern (Studiosus 2015c). Die Empfehlungen für Fahrpersonal beispielsweise enthalten Schritte von der Umsetzung bis hin zum Monitoring, um faire Arbeitsbedingungen für Fahrpersonal zu ermöglichen. Nach der Prüfung der lokalen Gesetze und der vertraglichen Bestimmungen werden im Dialog mit den Leistungsträgern Lösungsansätze besprochen. Danach werden Reiserouten angepasst und Mitarbeitende entsprechend geschult. Feedback als auch Überprüfung stellen Methoden zur Qualitätssicherung dar. Zudem wird ein Beispiel zur Vertragsgestaltung für Reiseveranstalter zur Verfügung gestellt. Studiosus veröffentlicht regelmäßig einen *Nachhaltigkeitsbericht* nach den Richtlinien der GRI mit durchgehender Berücksichtigung der Menschenrechte in allen Teilen

> In unserer Tätigkeit im Tourismus, insbesondere als Reiseveranstalter, arbeiten wir täglich für und mit Menschen – seien es Kunden, Beschäftigte bei uns und bei unseren Zulieferbetrieben oder sei es die Bevölkerung in den Zielgebieten. Diese Menschen sind das Fundament für die Qualität unserer Dienstleistungen und unseren Unternehmenserfolg. Wir achten ihre Menschenwürde und respektieren ihre Rechte (Studiosus 2016a, S. 76).

In den Reiseausschreibungen informiert Studiosus beispielsweise über menschenrechtliche Themen wie die Risiken durch Voluntourismus in Kinderheimen (Studiosus 2016b) und im Internet informiert der Reiseveranstalter ebenfalls zum Thema in der Rubrik Nachhaltigkeit (Studiosus 2015c).

5 Einfluss des Roundtable Menschenrechte im Tourismus

Im Jahr 2015 umfasst der Roundtable Menschenrechte im Tourismus 20 Mitglieder aus Reiseveranstaltern, Zivilgesellschaft, Verbänden, Stiftungen, Zertifizierungsunternehmen und fachspezifischen Multiplikatoren wie beispielsweise die ITB Berlin. Dieser Multistakeholderansatz dient der Förderung einer ganzheitlichen Integration von unternehmerischer Sorgfalt in Hinsicht auf Menschenrechte in der Reisebranche. Der Dialog mit der Öffentlichkeit, Tourismusunternehmen und der Politik steht dabei ebenso im Vordergrund wie die Entwicklung von praxisnahen Handreichungen für Reiseveranstalter.

Durch die Umsetzung des Managementleitfadens wird ein Einfluss auf Leistungspartner und Dienstleister bewirkt und damit den Veranstaltern ein Werkzeug gegeben, ihre Verpflichtung zur menschenrechtlichen Sorgfalt im Rahmen ihrer Geschäftstätigkeit umzusetzen. Besonders die starke Integration von Stakeholdern in Bestandsaufnahme, Integration, Abhilfe und Reporting ermöglicht einen Dialog und damit eine gemeinsame Erarbeitung einer unternehmerischen Menschenrechtsstrategie. Anhand der Beispiele von Kuoni und Studiosus in Hinblick auf Verhaltenskodizes (Supplier Code of Conduct) und Vertragsstandards mit Leistungspartnern und Dienstleistern (Empfehlungen für Fahrpersonal) wird dargelegt, wie auch vor Ort für eine Umsetzung der Menschenrechtsstrategie gesorgt werden kann. Aber auch die Entwicklung von Empfehlungen auf Basis erprobter Praxiserfahrung ermöglicht es den Mitgliedern und interessierten Veranstaltern Maßnahmen zur Stärkung der Menschenrechte bei Dienstleistern und Leistungsträgern beizutragen.

Die Handlungsempfehlung zu Arbeits- und Sozialstandards für Fahrpersonal im Tourismus gibt Reiseveranstaltern konkrete Richtlinien für deren Umsetzung und Monitoring in der Praxis. Hierbei wird auf lokale Gesetze, vertragliche Bestimmungen, den Dialog mit Leistungspartnern, aber auch die Anpassung von Reiserouten und Schulungen eingegangen. Auch der Handlungsleitfaden basiert auf Dialog, Schaffung von Beschwerdemöglichkeiten und Überprüfung. Der Vorlage für die Vertragsgestaltung im Leitfaden wird im Anhang jeweils ein Praxisbeispiel auf Deutsch, Englisch und Französisch zur Verfügung gestellt (Roundtable Menschenrechte im Tourismus 2015b). Damit können die Veranstalter direkt vor Ort die Arbeitsbedingungen der Dienstleister, in diesem Fall der Fahrer, gestalten und positiv beeinflussen. Der Roundtable Menschenrechte im Tourismus vereint Praxiserfahrung und Einbeziehung von verschiedenen Stakeholdern in die Arbeitsgruppen, umso einerseits praxisorientierte Dokumente zu schaffen aber auch die Verbreitung im Netzwerk auf verschiedenen Ebenen zu ermöglichen.

Zukunft

In Hinsicht auf Bestrebungen der Europäischen Union hin zu verpflichtendem CSR-Reporting ist die weitere Entwicklung von Umsetzungsleitfäden und Standards essenziell (http://www.hbs.edu/faculty/Publication%20Files/11-100_7f383b79-8dad-462d-90df-324e298acb49.pdf). Hierbei wird mehr Augenmerk auf Umwelt-, Sozial- und Arbeitsstandards geworfen. Dies beinhaltet auch die Achtung der Menschenrechte (http://www.csr-in-deutschland.de/DE/Politik/CSR-national/Aktivitaeten-der-Bundesregierung/CSR-Berichtspflichten/richtlinie-zur-berichterstattung.html). Zudem gibt es weltweit weiterhin Menschenrechtsverletzungen wie beispielsweise sexuelle Ausbeutung von Kindern, Landraub oder Bevormundung der lokalen Bevölkerung im Zuge touristischer und industrieller Erschließung durch Investoren und Unternehmen. Auch diesen Themen wird sich der Roundtable Menschenrechte im Tourismus weiterhin annehmen. Im Rahmen von Arbeitsgruppen werden hierzu Publikationen, Veranstaltungen und strategische Positionen verfasst, wie im Moment in Hinsicht auf die Studie der Gesellschaft für bedrohte Völker zur menschenrechtlichen Situation des Tourismus in Sri Lanka (TRAVELbusiness 2015).

Auf Basis des Mulitstakholderansatzes wird auch in Zukunft der Roundtable Menschenrechte im Tourismus dazu beitragen die Umsetzung der UN-Leitprinzipien für Wirtschaft und Menschenrechte anzustoßen wie beispielsweise bei den Reiseveranstaltern unter den Roundtable Mitgliedern. Aber nicht nur auf Reiseveranstalterebene, sondern auch durch Verbände, Stiftungen und Zertifizierer können die Leitprinzipien forciert werden. Der Roundtable Menschenrechte im Tourismus erfreut sich internationalem Zuwachs, welcher in den kommenden Jahren erweitert werden soll. Speziell die Tourismusunternehmen im Roundtable spielen eine Vorbildrolle für weitere Mitglieder aus der internationalen Tourismusbranche. Durch den entwickelten Managementleitfaden und die Erarbeitung von praxisrelevanten Informationen und Empfehlungen bietet der Roundtable Tourismus Unternehmen Leitfäden und Maßnahmenprogramme, um ihre unternehmerische Sorgfaltspflicht wahrzunehmen.

6 Fazit

Tourismus ist einer der großen Dienstleistungssektoren der globalen Wirtschaft und wird gemäß der UNWTO weiterhin wachsen. Menschenwürdige Arbeitsbedingungen, Schutz vor Diskriminierung oder Schutz vor Kinderarbeit sind in der Allgemeinen Erklärung der Menschenrechte geregelt. In der Wirtschaft gab es jedoch lange keine ausreichende Definition und Leitlinie, wie Menschenrechte im Unternehmen umgesetzt werden können. Mit den UN-Leitprinzipien für Menschenrechten wurde eine Richtlinie geschaffen, die Maßnahmen und Vorgehensweisen für die Umsetzung von der staatlichen Schutzpflicht, über die unternehmerische Achtungspflicht bis hin zum Zugang zur Abhilfe aufzeigen. Im Rahmen dieser Entwicklung gründete sich 2012 der Roundtable Menschenrechte im Tourismus – ein Zusammenschluss von zivilgesellschaftlichen Organisationen und touristischen Unternehmen. Mit seinen drei Werkzeugen zur Umsetzung der UN-Leitprinzipien, der Verpflichtungserklärung, dem Handlungsleitfaden und dem E-Learning-Programm, hat der Roundtable zuerst Reiseveranstaltern und Reisebüros, danach weiteren Tourismusunternehmen einen Weg zur Implementierung von Menschenrechten von der Strategie bis hin zur Erfolgskontrolle ermöglicht. Führende Reiseveranstalter in dem Bereich CSR im Tourismus, z. B. Studiosus und Kuoni, arbeiten nach dem System der Strategieentwicklung, Bestandsaufnahme, Integration, Abhilfe und Reporting. Menschenrechte sind in der Unternehmensstrategie verankert, durch Stakeholderdialoge wird die Strategie und Umsetzung bedarfsorientiert gestaltet und Schulungen und bewusstseinsbildende Maßnahmen helfen der Sensibilisierung auf Mitarbeiter- und Kundenseite. Durch die Einrichtung von Meldestellen wird Abhilfe und Möglichkeit zur Entschädigung geschaffen. Besonders CSR-Reporting ermöglicht die langfristige Optimierung der CSR-Maßnahmen. Der Roundtable Menschenrechte im Tourismus setzt auf Unternehmensebene an um mit Hilfe von Zugang zu Good–Practice–Beispielen, Experten-Austausch und die Bereitstellung von Informationen und verschiedenen Materialien die Reisebranche für die Einhaltung der Menschenrechte zu sensibilisieren.

In Hinsicht auf die Entwicklungen in Richtung verpflichtendes CSR-Reporting werden Leitprinzipien und Standards wie die Leitlinien des Roundtables Menschenrechte im Tourismus in Zukunft eine maßgebliche Rolle spielen, um Transparenz und Einhaltung der Menschenrechte in Unternehmen zu stärken.

Literatur

Balàš M, Strasdas W (2015) Corporate Social Responsibility und Nachhaltiges Unternehmensmanagement im Tourismus. In: Rein H, Strasdas W (Hrsg) Nachhaltiger Tourismus. UVK Verlagsgesellschaft mbH, München

Beyer D (2015) Soziale und kulturelle Herausforderungen im Tourismus. In: Rein H, Strasdas W (Hrsg) Nachhaltiger Tourismus. UVK Verlagsgesellschaft, München

Braun J, Lotter D (2010) Der CSR-Manager – Unternehmensverantwortung in der Praxis. Altop Verlag, München

Deinert S, Schrader C, Stoll B (2015) Corporate Social Responsibility. Die Richtlinie 2014/95/EU – Chancen und Herausforderungen. Kassel University Press, Kassel

Deutsches Global Compact Netzwerk (2011) Leitprinzipien für Wirtschaft und Menschenrechte, Deutsche Übersetzung. http://www.globalcompact.de/sites/default/files/themen/publikation/leitprinzipien_fuer_wirtschaft_und_menschenrechte_2._auflage.pdf. Zugegriffen: 6. Mai 2015

Deutsches Global Compact Netzwerk, Twenty Fifty Ltd, Deutsches Institut für Menschenrechte (2012) Menschenrechte achten. Ein Leitfaden für Unternehmen. http://www.institut-fuer-menschenrechte.de/uploads/tx_commerce/Menschenrechte_achten_Ein_Leitfaden_fuer_Unternehmen_2012_01.pdf. Zugegriffen: 6. Sep. 2015

Deutsches Institut für Menschenrechte (2012) Welche Rolle Wirtschaftsakteure im Menschenrechtsschutz spielen, war bislang nicht hinreichend geklärt. http://www.institut-fuer-menschenrechte.de/aktuell/news/meldung/article/welche-rolle-wirtschaftsakteure-im-menschenrechtsschutz-spielen-war-bislang-nicht-hinreichend-gekl. Zugegriffen: 14. Apr. 2016

Europäische Kommission (2011) Mitteilung der Kommission an das Europäische Parlament, den Rat, den Europäischen Wirtschafts- und Sozialausschuss und den Ausschuss der Regionen. Eine neue EU-Strategie (2011–14) für die soziale Verantwortung der Unternehmen (CSR). http://ec.europa.eu/transparency/regdoc/rep/1/2011/DE/1-2011-681-DE-F1-1.Pdf. Zugegriffen: 14. Sep. 2015

Hamburger Stiftung für Wirtschaftsethik (2015) Roundtable Menschenrechte im Tourismus auf der ITB Berlin. http://www.stiftung-wirtschaftsethik.de/artikel/roundtable-menschenrechte-im-tourismus-auf-der-itb-berlin.html. Zugegriffen: 14. Sep. 2015

Harvard Kennedy School (2008) Rechtlich kompatible Beschwerde-Mechanismen. http://www.hks.harvard.edu/m-rcbg/CSRI/publications/Workingpaper_41_Rights-Compatible%20Grievance%20Mechanisms_May2008FNL.pdf. Zugegriffen: 14. Apr. 2016

Hauser Exkursionen (2016) Menschenrechte sind Grundrechte. www.hauser-exkursionen.de/go-green/menschenrechte/. Zugegriffen: 15. Apr. 2016

ILO (2013) International perspectives on Women and Work in Hotels, Catering and Tourism. http://www.ilo.org/wcmsp5/groups/public/---dgreports/---gender/documents/publication/wcms_209867.pdf. Zugegriffen: 5. Sep. 2015

Kuoni (2012) Statement of Commitment on Human Rights. http://www.kuoni.com/docs/statement_of_commitment_human_rights_1.pdf. Zugegriffen: 9. Sep. 2015

Kuoni (2013a) Corporate responsibility, due dilligence. http://www.kuoni.com/corp-responsibility/human-and-labour-rights/due-diligence. Zugegriffen: 14. Sep. 2015

Kuoni (2013b) Corporate social responsibility, reporting. http://www.kuoni.com/corp-responsibility2013/sustainability-at-kuoni/reporting. Zugegriffen: 14. Sep. 2015

Kuoni (2014) Jahresbericht, Corporate Social Responsibility. http://2014.kuoni-report.com/en/corp-responsibility/human-rights. Zugegriffen: 16. Sep. 2015

Kuoni (2015) Jahresbericht, Corporate Social Responsibility. https://2015.kuoni-report.com/de/corporate-responsibility/. Zugegriffen: 15. Apr. 2016

Lorentschitsch B, Walker T (2015) Vom integrierten zum integrativen CSR-Managementansatz. In: Schneider A, Schmidpeter R (Hrsg) Corporate Social Responsibility. Springer Gabler, Berlin Heidelberg

Naturfreunde Internationale (2014) Roundtable Menschenrechte im Tourismus. http://www.nfi.at/dmdocuments/Vorstellung_RT_DE.pdf. Zugegriffen: 12. Apr. 2016

Ö.T.E. (2010) ILO – Internationale Arbeitsorganisation. http://www.zukunft-reisen.de/ilo.html. Zugegriffen: 16. Apr. 2016

Parlament der Republik Österreich. Das Bundes-Verfassungsgesetz, https://www.parlament.gv.at/PERK/VERF/BVG/. Zugegriffen: 14. Apr. 2016

Reinke E (2015) Kürzerer Produkt-Lebens-Zyklus als Chance für Nischenunternehmen in Richtung nachhaltiger Tourismus. In: Egger R, Luger K (Hrsg) Tourismus und Mobile Freizeit. Lebensformen, Trends, Herausforderungen. Books on Demand, Nordstedt

Roundtable Menschenrechte im Tourismus (2013) Onlinetraining Menschenrechte im Tourismus, Intensivkurs Lektion 1. http://intensiv1.menschenrechte-im-tourismus.net/story.html. Zugegriffen: 6. Sep. 2015

Roundtable Menschenrechte im Tourismus (2014) Info-sheet für Reiseveranstalter. http://www.nfi.at/dmdocuments/Roundtable-Infosheet.pdf. Zugegriffen: 5. Sep. 2015

Roundtable Menschenrechte im Tourismus (2015a) http://www.menschenrechte-im-tourismus.net/de/umsetzungs-dokumente.html. Zugegriffen: 14. Sep. 2015

Roundtable Menschenrechte im Tourismus (2015b) http://www.menschenrechte-im-tourismus.net/fileadmin/user_upload/Menschenrechte/Fotos/Unterseiten/Roundtable_Menschenrechte_im_Tourismus_Empfehlungspapier_D_10.09.pdf. Zugegriffen: 23. Sep. 2015

Schader Stiftung (2013) Internationale Sanktionen und Menschenrechte: Eine Analyse des Zusammenhangs. http://www.schader-stiftung.de/themen/demokratie-und-engagement/fokus/menschenrechte/artikel/internationale-sanktionen-und-menschenrechte-eine-analyse-des-zusammenhangs/. Zugegriffen: 14. Apr. 2016

Schallmo D (2013) Geschäftsmodelle erfolgreich entwickeln und implementieren. Mit Aufgaben und Kontrollfragen. Springer Gabler, Berlin Heidelberg

Schmidpeter R (2015) Unternehmerische Verantwortung – Hinführung und Überblick. In: Schneider A, Schmidpeter R (Hrsg) Corporate Social Responsibility. Springer Gabler, Berlin Heidelberg

Schwerk A (2015) Strategische Einbettung von CSR in das Unternehmen. In: Schneider A, Schmidpeter R (Hrsg) Corporate Social Responsibility. Springer Gabler, Berlin Heidelberg

Studiosus (2015a) Unternehmensleitbild. http://www.studiosus.com/Ueber-Studiosus/Unternehmensleitbild. Zugegriffen: 14. Sep. 2015

Studiosus (2015b) Nachhaltigkeitsbericht, Engagement für Menschenrechte. http://nachhaltigkeit.studiosus.com/6.-Soziale-Verantwortung/6.3-Engagement-fuer-Menschenrechte. Zugegriffen: 17. Sep. 2015

Studiosus (2015c) Menschenrechte. http://www.studiosus.com/Ueber-Studiosus/Nachhaltigkeit/Menschenrechte. Zugegriffen: 17. Sep. 2015

Studiosus (2016a) Nachhaltigkeitsbericht 2015–2016. https://www.studiosus.com/content/download/81191/438815/file/Nachhaltigkeitsbericht-2015-2016.pdf. Zugegriffen: 17. Apr. 2016

Studiosus (2016b) Nepal am Thron der Götter. https://www.studiosus.com/Nepal/Studienreise/Rundreise/4501-Nepal-am-Thron-der-Götter-Fluganreise#tab-sicher-gesund. Zugegriffen: 17. Apr. 2016

Tourism Watch (2011) Alles was Recht ist. http://www.tourism-watch.de/files/Alles_was_Recht_ist.pdf. Zugegriffen: 9. Sep. 2015

Tourism Watch (2013) Fachtagung des Roundtable Menschenrechte im Tourismus. http://www.tourism-watch.de/content/roundtable-fachtagung-menschenrechte-im-tourismus. Zugegriffen: 14. Sep. 2015

Tourism Watch (2014) Roundtable Menschenrechte im Tourismus. http://www.tourism-watch.de/content/roundtable-menschenrechte-im-tourismus. Zugegriffen: 5. Sep. 2015

TRAVELbusiness (2015) ITB Diskussion: Wie steht es mit Menschenrechten im Tourismus? http://www.travelbusiness.at/tourismus/itb-diskussion-menschenrechte-tourismus/0024750/. Zugegriffen: 17. Sep. 2015

Universität Minnesota (2016) Human Rights Resource Center. https://www1.umn.edu/humanrts/edumat/hreduseries/hereandnow/Part-1/short-history.htm. Zugegriffen: 14. Apr. 2016

UNWTO (2015) UNWTO Tourism Highlights. Edition 2015. http://www.e-unwto.org/doi/pdf/10.18111/9789284416899. Zugegriffen: 5. Sep. 2015

Vereinte Nationen (1948) Resolution der Generalversammlung. Allgemeine Erklärung der Menschenrechte. http://www.un.org/Depts/german/menschenrechte/aemr.pdf. Zugegriffen: 6. Sep. 2015

Vereinte Nationen (1959) Erklärung der Rechte des Kindes. http://www.kinderrechte.gv.at/wp-content/uploads/2013/01/Erklaerung-der-Rechte-des-Kindes-1959.pdf. Zugegriffen: 14. Apr. 2016

Vereinte Nationen (2016a) Facts and figures about the two covenants. http://www.un.org/en/events/humanrightsday/background.shtml. Zugegriffen: 15. Apr. 2016

Vereinte Nationen (2016b) Häufig gestellte Fragen zu den Leitprinzipien für Wirtschaft und Menschenrechte, http://www.ohchr.org/Documents/Publications/FAQ_PrinciplesBussinessHR.pdf. Zugegriffen: 14. Apr. 2016

WTTC (2015) Travel and tourism. Economic impact 2015. World. http://www.wttc.org/-/media/files/reports/economic%20impact%20research/regional%202015/world2015.pdf. Zugegriffen: 5. Sep. 2015

Cathrine Maislinger, MA ist Geschäftsführerin der Leader Region „Lebens.Wert.Pongau" und Vorstandsmitglied von ECPAT Österreich. Sie hält Vorträge zu „CSR im Tourismus" und „Menschenrechte im Tourismus" an der FH des bfi Wien, der Fachhochschule München und der Fachhochschule Salzburg. International leitete sie Weiterbildungen zu Projektmanagement und Tourismusmarketing in Kirgistan und Serbien. Sie ist als Trainerin bei ECPAT Österreich tätig.

Bis September 2015 war Cathrine Maislinger Projektleiterin bei der Naturfreunde Internationale und verantwortlich in den Bereichen „Nachhaltige Tourismusentwicklung", „Entwicklungszusammenarbeit und Bildungsarbeit. Sie begleitete unter anderem die Vereinsgründung des Roundtable Menschenrechte", arbeitete als e-Tutorin zu Klimagerechtigkeit und als CSR-Trainerin.

Cathrine Maislinger ist Autorin der Online-Bildungsmappe „Nachhaltigkeit im Tourismus" und Co-Autorin des Lehrbuchs „Touristik.Reisewirtschaft" des Trauner Verlags.

Fallbeispiel Sansibar: Menschenrechtsverletzungen im Tourismus oder durch den Tourismus?

Christian Baumgartner

1 Geografische Verortung

Sansibar ist eine Insel vor der Ostküste Afrikas mit etwa 1,3 Mio. Einwohnern. Die Insel schloss sich 1964 mit dem damals unabhängigen Tanganjika zu dem neuen Staat Tansania zusammen, hat aber einen quasi autonomen Status behalten. Sansibar wurde vorrangig aus dem arabischen Raum besiedelt und die Bevölkerung ist bis heute – im Gegensatz zum Festland Tansania – mehrheitlich muslimisch (Danish Institute for Human Rights 2014).

Tourismus stellt eine wichtige Einkommensquelle für die Insel dar, wobei die Hauptinteressen der Gäste auf die Hauptstadt Stonetown und die Baderessorts an den Küsten fokussiert sind. Sansibar gilt als die „Gewürzinsel" vor Afrika und so stellen einzelne „Gewürztouren" touristische Zusatzprodukte dar. Im Norden von Sansibar und auf der kleinen vorgelagerten Insel Pemba sind im touristischen Angebot außerdem die Möglichkeit zur Naturbeobachtung von Walen, Mantas, Flughunden etc. enthalten (Zanzibar Comission for Tourism 2014; Baumgartner 2014).

2 Hintergründe der Fallstudie

Der Zugang zu sauberem Trinkwasser in ausreichenden Mengen ist in den Menschenrechten unter dem Recht auf adäquaten Lebensstandard integriert. Sowohl Studien lokaler wie internationaler NGOs (Tourism Concern 2012; Slade 2011) als auch wissenschaftliche Berichte (Gössling und Hall 2006) berichteten in den vergangenen Jahren von deutlichen Unterschieden im Zugang zu Wasser und in dem Wasserverbrauch zwischen der einheimischen Bevölkerung Sansibars und den Touristen: Unterkünfte in populären Ur-

---

C. Baumgartner (✉)
response & ability GmbH
Raffelspergergasse 31/4, 1190 Wien, Österreich
E-Mail: christian.baumgartner@responseandability.com

laubsregionen nahe der Dörfer Nungwi an der Nordspitze der Insel, Jambiani an der nördlichen Ostküste und Kinwengwa an der südlichen Ostküste verbrauchten zwischen 686 l Wasser pro Raum und Tag in Guesthouses und 3135 l Wasser pro Raum und Tag in 5-Sterne-Hotels. Der durchschnittliche Verbrauch im Tourismus lag nach diesen Studien bei 1485 l Wasser pro Raum und Tag, während lokale Haushalte mit knapp mehr als 90 l pro Tag auskommen mussten und Mühe hatten, ihren Tagesbedarf zu decken (Helf 2014).

Die Infrastruktur der Wasserversorgung sei unzulänglich, so die Kritik der oben genannten NGOs (Tourism Concern 2012; Slade 2011), während die Übernutzung des Grundwassers durch die touristischen Ressorts zu einer zusätzlichen Versalzung der lokalen Trinkwasserbrunnen und -reserven führten. Die ungeregelte Abwasserentsorgung brächte zusätzliche Probleme: Nur eine Minderheit der Hotels entsorge über Abwasserkläranlagen, während die Mehrheit über Senkgruben entsorge, die oftmals undicht seien und so eine Verkeimung des Grundwassers und damit eine Gefährdung für die menschliche Gesundheit wie für marine Ökosysteme mit sich brächten (Helf 2014).

Zusätzlich zu den direkten ökologischen Auswirkungen werden auch sekundäre soziale und ökonomische Auswirkungen gesehen: So verbrächten hauptsächlich Frauen signifikant viel Zeit damit, sauberes Wasser zu holen, was sie von anderen einkommensgenerierenden Beschäftigungen abhalte (Tourism Concern 2012).

3 Untersuchung vor Ort

Im November 2014 untersuchte der Autor gemeinsam mit Matthias Beyer von der Berliner Consultingfirma mascontour, im Rahmen einer umfassenderen Studie zum Themenbereich „Menschenrechte im Tourismus" für die Deutsche Gesellschaft für Internationale Zusammenarbeit (GIZ) die genannten Wasserversorgungsprobleme durch die Tourismusentwicklung in Sansibar. Dabei wurden zahlreiche Interviews mit den zuständigen Tourismus-, Umwelt- und Wasserbehörden der Insel, mit Hoteliers, Investorenverbänden, Consultingfirmen und Privatpersonen geführt sowie Lokalaugenscheine in mehreren Unterkunftsbetrieben vorgenommen.

3.1 Die Wasserversorgung

Nach Aussagen der staatlichen Wasserbehörde ZAWA (Zanzibar Water Authority) würde die jährliche Regenmenge ausreichen, um den Trink- und Nutzwasserbedarf der Bevölkerung bei Weitem zu decken. Allerdings führt der schlechte Zustand der Infrastruktur und der Umstand, dass für eine Modernisierung und Erweiterung der Anlagen das Geld fehlt, dazu, dass nur ein Bruchteil des verfügbaren Wassers bei der Bevölkerung und den Touristen ankommt (Helf 2014).

Ein Grundproblem bei der Analyse und Planung der Wasserversorgung ist das fehlende Datenmaterial sowohl in Hinblick auf den eigenen als auch im Hinblick auf den touristischen Wasserbedarf bzw. -verbrauch. Bis 2008 zahlten die Konsumenten nichts für den Wasserverbrauch, erst dann begann ZAWA, Rechnungen zu stellen. Da die ZAWA jedoch über keine finanziellen Mittel verfügt, konnten bislang nur bei 2,4 % der ZAWA Kunden Wassermessgeräte installiert werden, daher wird in den meisten Fällen eine Pauschalsumme verrechnet (Helf 2014). Diese Situation hat mehrere Konsequenzen: Einerseits hat die Bevölkerung ein sehr geringes Bewusstsein über das Problem des Wassers auf Sansibar und ist nur wenig motiviert, über Möglichkeiten des Wassersparens nachzudenken, andererseits gibt es nur unverlässliche Aussagen und wenig aussagekräftige Daten zum Wasserverbrauch – sowohl bei der Bevölkerung als auch in den touristischen Anlagen (Helf 2014).

Nach Schätzungen der Wasserbehörde ZAWA liegt der Verbrauch der lokalen Bevölkerung bei rund 50 l pro Person und Tag, für die Hotelanlagen variieren die Zahlen über den Verbrauch zwischen 80 und 200 l bei durchschnittlichen 120 l (Helf 2014). Das erscheint angesichts anderer Daten und Informationen aus dem touristischen Bereich (Tourism Concern 2012; Slade 2011; Baumgartner 2014) als sehr gering. Eine Ökolodge ohne Poolanlage berichtete von einem täglichen Wasserverbrauch von durchschnittlich 320 l pro Gast. Insgesamt ist es fragwürdig, ob überhaupt verlässliche Zahlen zum touristischen Wasserverbrauch in Sansibar erhoben werden können, da die meisten Hotels eigene Brunnen gegraben haben, eine Pauschalgebühr für den Wasserverbrauch bezahlen und keine Messungen ihrer Wasserentnahmen und des Verbrauchs durchführen (Baumgartner 2014).

Ein weiterer Faktor, der eine konstruktive Planung der Wasserversorgung auf Sansibar behindert, ist das ZAWA und die Tourismusbehörde (Zanzibar Tourism Commission) nur wenig miteinander kommunizieren und kooperieren (Baumgartner 2014). Die Organisation ZAWA erhält keine Daten über existierende oder geplante Hotels und kann ihre Wasserversorgungsplanung damit nicht entsprechend anpassen. Andererseits erhebt die Tourismusbehörde nur rudimentäre Statistiken über die Zahl von Gästen und anderen Informationen zum Tourismus, verfügt über keinen touristischen Masterplan und hat keine klaren Strategien für die Tourismusentwicklung (Baumgartner 2014). So erfasst die Tourismusstatistik in Sansibar nur „internationale Gäste". Als solche werden diejenigen Personen gerechnet, die mit einem internationalen Flug, d. h. mit einer internationalen Fluggesellschaft ankommen. In der Praxis aber verbinden viele Reisende einen Safari-Aufenthalt am Festland Tansania mit einem Badeurlaub auf Sansibar und gelangen mit einer nationalen Fluglinie von Dar-es-Salaam auf die Insel. Diese Personen finden keine Aufnahme in die Tourismusstatistik (Zanzibar Commission for Tourism o. J.; Baumgartner 2014).

Nach den Aussagen eines internationalen Wasserexperten, der für ZAWA arbeitet, würden schon 1,5 % der jährlichen Niederschläge, die ins Grundwasser gelangen, genügen, um die Bevölkerung ausreichend mit Wasser zu versorgen. Allerdings befindet sich der größte Teil des verfügbaren Grundwassers in der hügeligen, bewaldeten, nur dünn besiedelten Mitte der Insel. Je näher man an die Küste kommt, desto dünner ist die Grundwasserschicht. Die angelegten Wasserleitungen reichen von den Brunnen in der Inselmitte bis zu den Dörfern nahe der Küste, erreichen jedoch nicht die Hotelanlagen, die meist zwi-

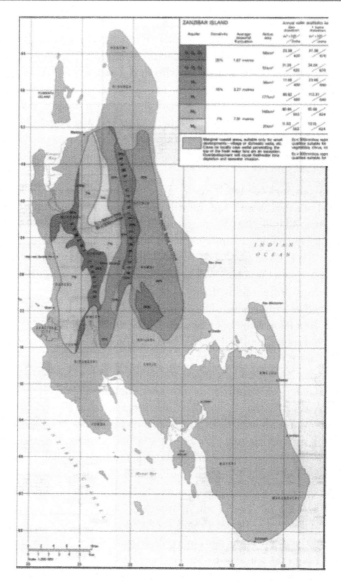

Abb. 1 Grundwasserverteilung in Sansibar: In den intensiven Tourismusregionen an der Küste gibt es das wenigste Wasser. (Quelle: ZAWA [Zanzibar Water Authority])

schen den Dörfern und dem Strand errichtet wurden (Helf 2014; Baumgartner 2014; siehe Abb. 1).

In den Dörfern kommen nur etwa 30 % des Wassers aus den Brunnen an, hier liegen die Gründe zum einen wiederum darin, dass fehlende finanzielle Mittel eine ordentliche Instandhaltung der Leitungen verhindern und dass auf der Strecke aus den Leitungen illegal

Wasser entnommen wird. Diese mangelnde Sorgfalt wird darüber hinaus durch undichte Leitungen und oftmals ständig laufende Wasserhähne in Dörfern verschärft, sodass in den Dörfern eine temporäre Wasserknappheit besteht, welche durch die regelmäßigen Stromausfälle noch verstärkt werden. Diese lassen die Wasserpumpen in den lokalen Brunnen nicht arbeiten (Helf 2014).

Mehr als 90 % der Hotels sind nicht an das öffentliche Wassernetz angeschlossen. Sie decken ihren Wasserbedarf über private Wassertankwägen oder graben eigene Brunnenanlagen. Die Tankwägen werden deshalb von privaten Firmen bereitgestellt, da ZAWA keine ausreichenden finanziellen Mittel für eigene Wassertankwägen hat und auf Grund mehrerer Vorfälle mit einem schlechten Ruf in Bezug auf die hygienischen Vorkehrungen zu kämpfen hat. Das Wasser per Tankwagen ist für die Tourismusunternehmen deutlich teurer als die Anlage einer eigenen Wasserversorgung (Helf 2014; Baumgartner 2014). So berichten Ökolodges, die im Vergleich zu den großen Hotelanlagen einen relativ geringen Wasserverbrauch haben, dass die Kosten für Wasser per Tankwagen im Jahr die Jahreskosten für Elektrizität übersteigen würden (Baumgartner 2014).

Die insgesamt schlechte staatliche Versorgungssituation mit Wasser aus dem Inselinneren führt zu einem erhöhten Ausbau privater Brunnenanlagen in den Küstenregionen, sowohl innerhalb der Dörfer als auch in den touristischen Anlagen. Dieser deutlich erhöhte Zugriff auf den dünnen Grundwasserkörper an der Küste bewirkt aber nun zum einen eine Übernutzung und auf diese Weise Versorgungsproblemen in den Dörfern, die in der Regel schwächere Pumpen als jene Einrichtungen in den Hotelanlagen haben. Zum anderen aber dringt aufgrund des Sinken des Grundwasserspiegels nun Meerwasser in die dünne Grundwasserschicht ein, sodass der Wasserkörper und damit die Trinkwasserversorgung versalzt (Helf 2014). Angesichts dieser Grundsituation werden fragwürdige Projekte wie ein neuer, wasserintensiver Golfplatz im Nordwesten der Insel, die Wassersituation eher noch verschärfen (Baumgartner 2014).

3.2 Gesetzliche Rahmenbedingungen

Bei Hotelneubauten schreiben die Gesetze in Sansibar eine Umwelt- und Sozialverträglichkeitsprüfung (ESIA) vor, also unter anderem auch die Kontrolle der Wasserentnahmen und deren Auswirkungen auf die umliegenden Dörfer. Diese Prüfung liegt bei der Umweltbehörde als Teil des Ministeriums für natürliche Ressourcen, wird aber mangels personeller Kapazitäten durch private Consulting Firmen durchgeführt (Zanzibar Departement of Environment 2014; Baumgartner 2014).

Die praktische Hinterfragung vor Ort zeigt, dass die Hotelbesitzer sehr unterschiedliche Erfahrungen mit der Umsetzung der ESIA gemacht haben, die Kontrolle vor Ort eher sporadisch stattfindet und es so gut wie nie zu konkreten Auflagen kommt. Die Beobachtungen legen nahe, dass es hier eine Schwäche in der Gesetzesumsetzung gibt und damit die Möglichkeiten eines gesetzlichen Instruments zur Verbesserung der Wassersituation bzw. zur Verhinderung derer Verschlechterung nicht genutzt werden (Baumgartner 2014).

3.3 Andere Menschenrechtsverletzungen im Tourismus in Sansibar

Neben den wasserbezogenen Menschenrechtsverletzungen wurde dem Autor immer wieder über schlechte Arbeitsbedingungen berichtet. Das Recht auf „annehmbare Arbeit" („Decent Work") ist ebenfalls ein Menschenrecht, die Internationale Labour Organisation (ILO) hat in mehreren Konventionen die Definition von „Decent Work" übernommen (Für einen guten Überblick siehe: http://www.wageindicator.org/main/labour-laws/international-conventions). Zu annehmbaren Arbeitsbedingungen zählen unter anderem Arbeitsverträge (indirekt in der ILO-Konvention 158, 1982), geschlechterunabhängige Bezahlung (ILO-Konvention 100, 1952), Mindestlöhne (ILO-Konvention 131, 1970), regelmäßige Bezahlung (ILO-Konvention 95, 1949), Entlohnung von Überstunden (ILO-Konvention 01, 1919), das Recht auf Mitglied in Gewerkschaften (ILO-Konvention 98, 1949) etc. (Baumgartner et al. 2015).

Offiziell gibt es in Sansibar Mindestlöhne im Tourismus, diese sind gesetzlich geregelt: Umgerechnet etwa 70 € pro Monat in der gehobenen Hotellerie, 45 € in Mittelklassehotels und 36 € in Restaurants, Bars und Guesthouses (Association of Tansania Employers 2010). Die Mindestlöhne werden aber in vielen Fällen nicht bezahlt, einerseits da die Formulierung in der Veröffentlichung des Gesetzes unklar ist:

> Employers who are currently paying their employees' wages which are lower than those prescribed under the Second Schedule **should** adjust such wages in order to be in compliance with the new Wage Order (Association of Tanzania Employers 2010),

andererseits weil eine Mehrheit der Beschäftigten im Tourismus keine einheimischen Sansibaris sind, sondern wegen der besseren Ausbildung und dem geringen lokalen Image des Tourismus Saisonarbeitskräfte vom Festland sind, oftmals aus Kenia oder Ruanda (Zanzibar Legal Service Centre 2014). Diese haben aber vielfach kein Wissen über die rechtliche Situation in Sansibar und auch keine Wege, diese einzufordern. Viele der Hotels beschäftigen ihre Mitarbeiter ohne Arbeitsverträge und nehmen ihnen damit den Weg zur Beratung durch Gewerkschaften und die Sicherheit vor dem Gesetzgeber.

Zusätzliche Beobachtungen beschäftigten sich in Sansibar mit dem Thema der Landnutzung, in der es international immer wieder zu Menschenrechtsverletzungen im Tourismus kommt (siehe auch den entsprechenden Artikel zu Menschenrechten im Tourismus in diesem Band).

Erfreulicherweise ist die Situation in Sansibar positiv: Land ist in der Regel im Besitz der Dorfgemeinschaften, nicht des Staates und wird an Ortsfremde nicht verkauft, sondern lediglich auf 99 Jahre verpachtet (Zanzibar Legal Service Centre 2014). Allerdings führt diese Situation zu zusätzlichen nationalen Planungsproblemen, da potenzielle Investoren direkt mit den Dorfgemeinschaften verhandeln und es dadurch zu einem Mangel an staatlicher Kontrolle bzw. strategischen Planungsmöglichkeiten kommt. Was wiederum zu den oben genannten Schwierigkeiten bei der Planung der Wasserversorgung beiträgt (Zanzibar Legal Service Centre 2014; Baumgartner 2014).

4 Fazit und Ausblick

Die Wasserversorgung in Sansibar ist problematisch, mit oder ohne Tourismus. Allerdings werden diese Probleme vor allem in den dichten Tourismusregionen im Norden und an der Ostküste der Insel verstärkt. Die Menschenrechte auf ausreichend Versorgung mit sauberem Wasser werden in dieser Situation eindeutig verletzt, wobei die Übernutzung und Versalzung dem Tourismus angelastet werden (Tourism Concern 2012; Slade 2011; Gössling und Hall 2006), allerdings ursächlich hauptsächlich im Versagen des Staates und Mängel in der Gesetzesumsetzung, sowohl in der Wasserversorgung wie in der Tourismusplanung liegen und weniger durch die Tourismuswirtschaft selbst verursacht werden. In anderen Bereichen, die in der Untersuchung nicht im Detail analysiert wurden, wie etwa den Arbeitsbedingungen in der Hotellerie und Gastronomie, kommt es allerdings ebenfalls zu Menschenrechtsverletzungen, die an dieser Stelle durch die Tourismuswirtschaft direkt verursacht werden.

Ehe der Tourismus auf Sansibar weiter ausgebaut wird, benötigt es, so die Schlussfolgerungen der Untersuchung, eine bessere Governance der zuständigen Behörden und umfassende Maßnahmen zur Sicherung der Wasserreserven:

- Klare Auflagen als Resultate der Umwelt- und Sozialverträglichkeitsprüfungen müssen technische Lösungen für die Wasserver- und -entsorgung bei Hotelneubauten vorsehen: Regenwasser- und Grauwassernutzung, Komposttoiletten, Filteranlagen, Wassersparmaßnahmen und Entsalzungsanlagen für Meereswasser. Vor allem letztere können dann gleichzeitig auch der lokalen Dorfbevölkerung zu Gute kommen.
- Verbesserung der Umsetzung der gesetzlichen Grundlagen, insbesondere der Umwelt- und Sozialverträglichkeitsprüfung, um die lokalen Gemeinschaften gegen Wasserübernutzung, Versalzung und Verunreinigung der Wasserreserven zu schützen.
- Multistakeholderdialoge sollten zur Entwicklung gemeinsamer Lösungen (wie etwa gemeinsame Entsalzungsanlagen, gemeinsame Wasseraufbereitungsanlagen ...) zwischen den Dorfgemeinschaften und dem Tourismus eingesetzt werden.
- Die öffentliche Infrastruktur und deren Instandhaltung muss verbessert und erweitert werden. Die öffentliche Wasserversorgung muss neben den Dörfern auch die Hotelanlagen erreichen. Internationale Geberorganisationen sollten diese Punkte in ihre Programme aufnehmen.
- Die verschiedenen Abteilungen der Behörden in Sansibar, allem voran die Wasserbehörde, die Tourismusbehörde und die Umweltbehörde müssen eine stärkere institutionelle Zusammenarbeit entwickeln.
- Ein zukünftiger Masterplan für Tourismus muss Fakten für den zu erwartenden Wasserbedarf und Strategien für dessen Deckung in Bezug zu den verfügbaren Ressourcen beinhalten. Eine „wasserbezogene Carrying Capacity" speziell, aber nicht ausschließlich für das angestrebte Luxussegment der 5-Sterne-Hotellerie mit Golfplätzen wird ebenfalls benötigt.

Literatur

Association of Tanzania Employers (2010) The publication of the regulation of wages and terms of employment order 2010

Baumgartner C (2014) Unveröffentlichte Reisenotizen der Erkundungsmission im Zuge der Arbeit an der Studie „Human Rights in Tourism. Analysis of the Challenge. Recommendations to Public and Private Stakeholders. Report to the GIZ"

Baumgartner C, Beyer M, Iwaszuk E, Kasüske D, Zotz A (2015) Human Rights in Tourism. Analysis of the Challenge. Recommendations to Public and Private Stakeholders. Report to the GIZ. (Unveröffentlichter Entwurf)

Danish Institute for Human Rights (2014) Tanzania – special region guide Zanzibar. http://hrbcountryguide.org/countries/tanzania/special-region-guide-zanzibar/. Zugegriffen: 25. Okt. 2014

Gössling S, Hall CM (Hrsg) (2006) Tourism and global environmental change: ecological, social, economic and political interrelationships. Routledge, London

Helf C. (2014): Persönliches Interview durch den Autor und Matthias Beyer

Slade L (2011) Water equity in tourism: Zanzibar case study, villages of Kiwengwa, Nungwi and Jambiani. report by Mwambao coastal Community Network for Tourism Concern

Tourism Concern (2012) Water equity in tourism: A human right, a global responsibility. http://www.tourismconcern.org.uk/wet.html. Zugegriffen: 13. Jan. 2014

Zanzibar Comission for Tourism (2014) Website. http://www.zanzibartourism.net. Zugegriffen: 9. Nov. 2014

Zanzibar Commission for Tourism (o. J.) Nationalities 1985–2013

Zanzibar Departement of Environment (2014) Persönliches Interview durch den Autor und Matthias Beyer

Zanzibar Legal Service Centre (2014) Persönliches Interview durch den Autor und Matthias Beyer

Hon.-Prof. (FH) Dr. Christian Baumgartner ist Honorarprofessor an der IMC Fachhochschule Krems und unterrichtet nachhaltigen Tourismus und Wirtschaftsethik in Österreich, der Schweiz, Serbien und China. Der Gründer von „response & ability gmbh" war Mitglied der früheren Beratungsgruppe für nachhaltigen Tourismus der EU Kommission und ist Mitglied in zahlreichen (inter-)nationalen Beratungsgremien. Er ist spezialisiert auf nachhaltigen Tourismus und nachhaltige Regionalentwicklung und hat zahlreiche Entwicklungsprojekte in Europa und Südostasien begleitet. Er ist Vorstandsmitglied des Donaukompetenzzentrums in Belgrad (Serbien) und Vizepräsident der Internationalen Alpenschutzkommission CIPRA. Zusätzlich hat Christian Baumgartner umfassende Erfahrung in Gütesiegeln und Monitoring. Er ist Mitglied der Beiräte des Österreichischen wie des Europäischen Umweltzeichens für Tourismusbetriebe, Mitglied im Zertifizierungsrat bei TourCert und hat Bücher zum Thema Bewertung von Nachhaltigkeit im Tourismus veröffentlicht.

Wertschöpfung durch Wertschätzung – Die Lufthansa Group im Konnex der Managementkonzepte Corporate Social Responsibility und Diversity Management

Nicolai Scherle und Philipp Rosenbaum

1 Hintergrund, Standort und Geschichte der Organisation

Die Lufthansa, die 1926 – durch die Fusion des Deutschen Aero Lloyd mit der Junkers Luftverkehr AG – unter dem Namen Deutsche Luft Hansa AG gegründet wird, zählt zu den Pionierunternehmen der organisierten Luftfahrt. In den ersten zweieinhalb Jahrzehnten des Unternehmens manifestiert sich geradezu paradigmatisch die Geschichte des menschlichen Triumphs über Raum, Zeit und Schwerkraft. In den Gründungsjahren entwickelt sich die Deutsche Luft Hansa AG vor dem Hintergrund einer enormen Technikbegeisterung und eines ungebremsten Fortschrittsglaubens zu einer der führenden europäischen Luftverkehrsgesellschaften. Gleichzeitig gerät das Unternehmen mit der Machtergreifung der Nationalsozialisten immer stärker in den Sog politischer Entwicklungen, die mit dem Ausbruch des Zweiten Weltkriegs nicht nur die Weiterentwicklung des internationalen Streckennetzes verhindern, sondern auch zu einer weitgehenden militärischen Inwertsetzung der Flotte führen. Ein besonders trauriges Kapitel ist in diesem Zusammenhang die Beschäftigung Tausender Zwangsarbeiter in den Reparaturwerkstätten des Luftfahrtunternehmens (Budrass 2016; Wachtel und Ott 2016).

Im Jahr 1951 wird die „alte" Lufthansa liquidiert, 1954 erfolgt die Neugründung unter dem auch heute noch gültigen Namen Deutsche Lufthansa AG. Ein Jahr später wird sowohl der nationale als auch der internationale Flugbetrieb wieder aufgenommen. Angesichts der erfolgreichen sozio-ökonomischen Entwicklung der Bundesrepublik Deutsch-

---

N. Scherle (✉)
University of Applied Sciences, Business and Information Technology School (BiTS)
Reiterweg 26b, 58636 Iserlohn, Deutschland
E-Mail: Nicolai.Scherle@bits-iserlohn.de

P. Rosenbaum
SKR Reisen GmbH
Venloer Strasse 47-53, 50672 Köln, Deutschland
E-Mail: Philipp.Rosenbaum@skr.de

© Springer-Verlag GmbH Deutschland 2017
D. Lund-Durlacher et al. (Hrsg.), *CSR und Tourismus*,
Management-Reihe Corporate Social Responsibility, DOI 10.1007/978-3-662-53748-0_26

land in den 1950er und 1960er-Jahren kann das Unternehmen Schritt für Schritt seine Passagierzahlen erhöhen, was sich auch in einem sukzessiven Ausbau der Flotte widerspiegelt. Das Düsenzeitalter beginnt für die Lufthansa 1960 mit dem Einsatz einer Boeing 707 auf der Nordatlantikstrecke. Um Kosten bei der Wartung der immer größeren Flotte zu senken und entsprechende Synergieeffekte auszuschöpfen, gründet der Carrier 1969 – zusammen mit Air France, Alitalia und Sabena – die sogenannte ATLAS-Gruppe. Anfang der 1970er-Jahre eröffnet die Lufthansa ein eigenes Schulungszentrum in Seeheim an der Bergstraße, 1977 erfolgt – aufgrund des immer wichtigeren Frachtgeschäfts – die Gründung der Tochtergesellschaft German Cargo. Innerhalb der Europäischen Union setzt mit einem Ministerratsbeschluss von 1987 eine forcierte Liberalisierung des Luftverkehrs ein. Seither dürfen EU-Fluggesellschaften frei zwischen allen Mitgliedsstaaten fliegen. Profitiert haben von dieser Entwicklung vor allem Low Cost Carrier, die mit ihren Niedrigtarifen den traditionellen – meistens staatlichen – Fluggesellschaften verstärkt Kunden streitig machen. Die 1980er-Jahre sind aber auch aus einer diversitätsorientierten Perspektive interessant: Im Jahr 1986 beginnen die ersten Frauen ihre Pilotenausbildung bei der Lufthansa, und 1987 tritt die erste Pilotin ihren Dienst bei der Airline an (Braunburg 1991; Budrass 2016; Lufthansa Group 2016c).

Spätestens in den 1990er-Jahren entwickelt sich die Lufthansa zu einem internationalen Aviation-Konzern, wobei die entsprechende Dekade primär durch zwei zentrale Ereignisse geprägt wird: Mit der Liquidation der Interflug dehnt das Unternehmen seinen Operationsraum auf die neuen Bundesländer aus, wobei eine ursprünglich anvisierte Übernahme der ehemaligen Fluggesellschaft der Deutschen Demokratischen Republik durch das Bundeskartellamt abgelehnt wird. Das wohl einschneidendste Ereignis für den Carrier, das insbesondere vor dem Hintergrund der immer komplexeren Herausforderungen globalisierter und deregulierter Märkte zu betrachten ist, stellt die 1997 erfolgte Gründung – gemeinsam mit Air Canada, SAS, Thai Airways International sowie United Airlines – der sogenannten Star Alliance dar, die unter anderem mittels aufeinander abgestimmter Linienflüge, gemeinsamer Streckenrechte, konzertierter Flotten- und Ersatzteilbestellungen sowie gemeinsamer Qualitätsstandards Synergieeffekte respektive Effizienzsteigerungen generieren möchte (Budrass 2016; Wachtel und Ott 2016; Lufthansa Group 2016c).

Die 2000er-Jahre sind durch einen immer intensiveren (Verdrängungs-)Wettbewerb der Airlines untereinander geprägt: Einerseits expandieren weiterhin die sogenannten Low Cost Carrier, andererseits treten verstärkt Wettbewerber auf den Plan, die sich, wie beispielsweise Emirates oder Turkish Airlines, nicht explizit als Low Cost Carrier positionieren, jedoch aufgrund ihrer attraktiven Preise – die häufig das Resultat niedrigerer Sozialstandards oder beträchtlicher Staatssubventionen sind – zahlreichen arrivierten Fluggesellschaften, z. B. der Lufthansa, Passagiere abspenstig machen (Franke 2004; Schröder 2010). Gleichwohl kann die Lufthansa ihre Position als eine der weltweit erfolgreichsten Fluggesellschaften ausbauen. So übernimmt der deutsche Carrier 2007 die Swiss und 2009 die Austrian Airlines. In Anbetracht immer schwierigerer Marktbedingungen sind in den letzten Jahren seitens der Lufthansa einige Arbeits- bzw. Zukunftsprogramme – unter

- Unternehmenssitz: Köln
- Unternehmensform: Aktiengesellschaft
- Umsatz: ca. 30 Mrd. €
- Mitarbeiter: 118 781
    - Anteil der Frauen in der Belegschaft: 44,71%
    - Anteil der Frauen in Führungspositionen: 13,6% (Leitende) bzw. 34,5% (unter allen Vorgesetzten)
    - Anteil der Mitarbeiter mit Migrationshintergrund: 11,6% (nicht-deutsche Staatsangehörigkeit)
    - Anteil der Mitarbeiter mit Behinderungen: 3,8% (in Deutschland)
- Passagiere: 105,9 Mio.
- Zentrale Drehkreuze: Frankfurt am Main, München, Wien, Zürich und Brüssel
- Konzernflotte: 615 Flugzeuge
- Fracht/Post: 1,9 Mio. Tonnen

Abb. 1 Zentrale Strukturdaten der Lufthansa Group. (Quelle: Lufthansa Group 2015b; Deutsche Gesellschaft für Personalführung e. V. o. J.)

anderem „SCORE" und „7to1 – Our Way Forward" – auf den Weg gebracht worden, die langfristig die Wettbewerbsfähigkeit des Carriers sichern sollen.

Bevor im Folgenden ein Einblick in die Konzernstruktur und die Unternehmensstrategie der Lufthansa Group gewährt wird, soll Abb. 1 einen konzisen Überblick über die wichtigsten Strukturdaten des Carriers gewähren.

Die Lufthansa Group wird über die in Deutschland übliche Leitungs- und Überwachungsstruktur geführt (Helm 1999; Lufthansa Group 2015a). Der fünfköpfige Vorstand leitet das Unternehmen in eigener Verantwortung und legt die strategische Ausrichtung fest. Die Unternehmensstruktur umfasst fünf Geschäftsfelder: 1) Passage Airline Gruppe, 2) Logistik, 3) Technik, 4) Catering und 5) IT Services. Letztgenanntes Geschäftsfeld wurde 2015 im Rahmen strategischer Restrukturierungsmaßnahmen aufgelöst. Vor dem Hintergrund dieser Unternehmensstruktur basiert die Konzernstrategie der Lufthansa auf drei zentralen Eckpfeilern (Lufthansa Group 2015a, S. 24):

- Steigerung des Unternehmenswerts,
- profitables Wachstum und aktive Gestaltung der Luftfahrtbranche,
- permanente Steigerung der Kundenzufriedenheit.

Um das im Rahmen der Konzernstrategie erlassene übergeordnete Ziel „Lufthansa – Erste Wahl für Kunden, Mitarbeiter, Aktionäre und Partner" zu erreichen, wurde unter dem Label „7to1 – Our Way Forward" ein strategisches Arbeitsprogramm verabschiedet, das mit Wirkung zum 1. Januar 2016 sieben geschäftsübergreifende Handlungsfelder respektive Maßnahmen für die weitere Unternehmensentwicklung subsumiert (Lufthansa Group 2015a, S. 5):

- Kundenorientierung und Qualitätsfokus,
- neue Konzepte für Wachstum,
- Innovation und Digitalisierung,
- effektive und effiziente Organisation,
- Kultur und Führung,
- wertbasierte Steuerung,
- kontinuierliche Effizienzsteigerung.

Die mit „7to1 – Our Way Forward" anvisierte strategische Neuausrichtung des Carriers geht mit einer stärker funktionalen Ausrichtung der Organisation einher. In diesem Kontext soll das Unternehmen über alle Geschäftsfelder hinweg enger in den kommerziellen, operativen und administrativen Funktionen verzahnt werden. Die Steuerung der Netzairlines wird zukünftig nach einheitlichen Prozessen erfolgen, sodass den Kunden der Lufthansa Group über Drehkreuze und Fluggesellschaften hinweg ein integriertes und durchgängiges Reiseerlebnis angeboten werden kann. Darüber hinaus ermöglicht die Neuausrichtung wichtige Voraussetzungen, um die neue Eurowings als europäische Zweitmarke zu etablieren und in den Heimatmärkten der Lufthansa Group als marktführende Punkt-zu-Punkt-Airline zu positionieren. Nicht zuletzt stärkt die Airline ihre auf dem Weltmarkt erfolgreichen Service-Gesellschaften, indem sie die Wachstumschancen in den Bereichen Technik, Cargo, Catering und Financial Services aktiv erschließt (Lufthansa Group 2015c). Aus Perspektive der Lufthansa machen sowohl die Eckpfeiler der Unternehmensstrategie als auch die Kombination der Geschäftsfelder den Carrier „zu einem weltweit einzigartigen Aviation-Konzern, der durch die integrierte Wertschöpfungskette nicht nur finanzielle Synergien, sondern auch Know-how-Vorteile gegenüber Wettbewerbern bietet" (Lufthansa Group 2015a, S. 27). Hingegen befürchten Kritiker der strategischen Neuausrichtung – besonders auf Gewerkschaftsseite – vor allem die der neuen Eurowings zugeschriebene Rolle als „Billig-Airline", die auf Kosten der arrivierten Netzairlines Implikationen auf Servicequalität, Sozialstandards und nicht zuletzt Arbeitsplatzsicherheit haben könnte (Flottau 2014).

2 Theorien und Konzepte

Die Unternehmensstrategie der Lufthansa Group basiert im Wesentlichen auf einem „gleichseitigen Dreieck, in dem Kunden, Mitarbeitende und Anteilseigner gleich bedeutende Stakeholder darstellen" (Rühl 2013, S. 466). Dabei setzt der Konzern als eines der ersten deutschen Unternehmen konsequent auf das aus den USA stammende Managementkonzept Corporate Social Responsibility als integrativen Bestandteil seiner Unternehmensstrategie (Lumma et al. 2011; Rühl 2008, 2013). „Aus Überzeugung", so die Lufthansa Group (2016b, o. S.) in diesem Zusammenhang, „sehen wir uns in der Verpflichtung, für Kunden, Mitarbeiter und Investoren mehr Wert zu schaffen und unserer Verantwortung gegenüber Umwelt, Mensch und Gesellschaft gerecht zu werden. Daher verbessern wir die Klima- und Umweltvorsorge beständig, pflegen einen verantwortungsvollen und fairen Umgang mit unseren Mitarbeitern und engagieren uns als Unternehmen in zahlreichen gesellschaftlichen Belangen." Vor dem Hintergrund langfristiger Megatrends und globaler Herausforderungen – insbesondere Klimawandel, politische Transformationsprozesse, demografischer Wandel sowie nicht zuletzt wachsende Nachfrage nach Mobilität im Rahmen zunehmender Globalisierung – verfolgt der Konzern eine weitgehend holistische Nachhaltigkeitsagenda, die auf sechs Handlungsfeldern unternehmerischer Verantwortung fußt (Lufthansa Group 2016a, o. S.):

- wirtschaftliche Nachhaltigkeit,
- Corporate Governance und Compliance,
- Klima- und Umweltverantwortung,
- soziale Verantwortung,
- Produktverantwortung,
- gesellschaftliches Engagement.

Das im Kontext dieses Beitrags relevante Konzept Diversity respektive Diversity Management ist bei der Lufthansa Group dem vierten Handlungsfeld „soziale Verantwortung" zugeordnet und wurde Anfang der 1990er-Jahre mittels eines Top-down-Ansatzes implementiert. Dabei ging es zunächst – vor dem Hintergrund einer „Betriebsvereinbarung Chancengleichheit" – um eine sukzessive Erhöhung des Frauenanteils in jenen Berufssparten, die seit jeher als klassische „Männerdomänen" gelten, etwa das Cockpit oder die operativen Technikberufe. Im Jahr 2001 wurde erstmalig Diversity Management als eigenständige Einheit im zentralen Personalmanagement eingeführt. Als zentrale Push-Faktoren fungierten insbesondere die Internationalität des Konzerns mit seinen Mitarbeitern aus 143 Nationen, der demografische Wandel und die mit diesem verbundenen Implikationen sowie ein ethisches Motiv, das primär auf die Wertschätzung jedes einzelnen Mitarbeiters zielt (Rühl 2011, S. 189 f.).

Das konzeptionelle Selbstverständnis der Lufthansa Group (2012b, o. S.) bezüglich Diversity erschließt sich trefflich im nachfolgenden Zitat:

> Globalisierung, weiter zunehmende Individualisierung und demografischer Wandel lassen die Vielfalt in der Mitarbeiterschaft größer werden. Die Mitarbeiter des Lufthansa-Konzerns kommen buchstäblich aus aller Welt. Sie unterscheiden sich nicht nur durch ihre Herkunft. Alter, Geschlecht, Religion und Weltanschauung, Nationalität und Ethnie, sexuelle Orientierung sowie Behinderung spielen genauso eine Rolle wie persönliche Erfahrungen und die individuelle Biografie. ... Lufthansa sieht gerade in dieser Vielfalt Chancen für das Unternehmen – nicht nur wegen der Internationalität neu hinzukommender Konzerngesellschaften, sondern in erster Linie aufgrund der Vielfalt unserer Kunden aus aller Welt. Mitarbeiter-Vielfalt erlaubt uns, optimal auf die Wünsche und Anliegen unserer Kunden einzugehen. Für eine optimale Zusammenarbeit müssen Menschen einander akzeptieren, wie sie sind. Dies setzt ein Verständnis des eigenen kulturellen Hintergrundes voraus. Nur so lässt sich auch das „Andere" verstehen.

Vor allem aus zwei Gründen erscheint das angeführte Statement bemerkenswert: Zum einen benennt es geradezu idealtypisch die zentralen gesellschaftlichen Megatrends respektive theoretischen Diskurse, die bei den meisten Unternehmen zur Implementierung von Diversity Management führen: Globalisierung bzw. Internationalisierung, Individualisierung sowie demografischer Wandel. Zum anderen manifestiert sich in ihm das weitgehend holistische Selbstverständnis von Diversity Management, das deutlich mehr Diversitätsdimensionen umfasst als Geschlecht oder Ethnizität, also jene Diversitätsdimensionen, die bei etlichen Unternehmen lange Zeit Priorität genossen. Entscheidend ist letztendlich, dass im Konnex von Diversität primär die Individualität von Personen und weniger deren Gruppenzugehörigkeit betont wird. Eine entsprechende Logik impliziert, Diversity – im Sinne von Thomas (1996) – als eine komplexe, sich ständig transformierende Mischung von Eigenschaften, Verhaltensweisen und Talenten aufzufassen. Aus dieser individualisierten Perspektive ergibt sich aufseiten der Theoriebildung eine forcierte Hinwendung zu den grundsätzlichen Chancen und Realisierungsbedingungen menschlicher Vielfalt, bei der die einzelnen Diversitätsdimensionen in letzter Konsequenz als vergleichsweise austauschbar angesehen werden (Becker 2006; Leenen et al. 2006; Scherle 2015).

Bezeichnenderweise stecken Unternehmen bei der Implementierung von Diversity Management in einer paradoxen Situation: Einerseits geht es – nicht zuletzt angesichts einer verstärkten Individualisierung und Pluralisierung von Lebensstilen – um eine dezidierte Aufwertung des Individuums, wobei Diversity Management in diesem Kontext auch gerne mit dem Aufbau von Alleinstellungsmerkmalen verbunden wird. Andererseits folgen Unternehmen dem ökonomischen Primat des sogenannten *Common Acting*, sprich, sie zelebrieren Egalität und Generalisierung, um aus der Glättung teurer Unterschiede Kostenvorteile zu generieren. Becker (2006, S. 10) vermerkt in diesem Zusammenhang:

> Mithin ist die Praxis der Diversität stets durch die Optimierung von Individualität und Heterogenität einerseits und Generalisierung und Homogenität andererseits gekennzeichnet. Diversity Management bezeichnet somit die Kunst der situativen Optimierung von Heterogenität und Homogenität zur Erreichung gesetzter Ziele.

Die Lufthansa Group (2012a, S. 49) setzt bei ihrer Diversity-Strategie explizit auf das Prinzip „Wertschöpfung durch Wertschätzung", das eine Brücke zwischen ökonomischem Primat und den individuellen und sozialen Anliegen ihrer Belegschaft bauen möchte:

> Ob Unternehmen innovative Ideen und Produkte hervorbringen, hängt wesentlich davon ab, ob Mitarbeiter die Vielfalt ihrer Kompetenzen, Denkweisen und Einstellungen entfalten können. Dabei hilft die konzernweite Diversity-Strategie der Lufthansa Group, die auf dem Prinzip „Wertschöpfung durch Wertschätzung" basiert. Im Mittelpunkt steht das Bestreben, einen angemessenen Ausgleich zwischen den ökonomischen Interessen des Konzerns und den individuellen und sozialen Anliegen der Mitarbeiter zu schaffen. Besonderes Augenmerk gilt den Diversity-Dimensionen Chancengleichheit und Frauenförderung, Work-Life-Balance, Miteinander der Generationen, Behinderung und kulturelle Vielfalt, wobei der Schwerpunkt je nach Geschäftsfeld und Gesellschaft variieren kann.

Im Kontext der beiden angeführten Zitate, die einen Einblick in das konzeptionelle Selbstverständnis von Diversity Management der Lufthansa Group ermöglichen, wird auch deutlich, wie unterschiedlich die organisationalen Verständnisansätze von Diversität sein können: Während das erste Zitat – im Sinne des Marktzutritts- und Legitimitätsansatzes – eine vorwiegend ökonomisch-ergebnisorientierte Grundorientierung aufweist („Mitarbeitervielfalt erlaubt uns, optimal auf die Wünsche und Anliegen unserer Kunden einzugehen"), ist das zweite Zitat – im Sinne des Lern- und Effektivitätsansatzes – eher durch eine ressourcenorientierte Grundorientierung gekennzeichnet („Ob Unternehmen innovative Ideen und Produkte hervorbringen, hängt wesentlich davon ab, ob Mitarbeiter die Vielfalt ihrer Kompetenzen, Denkweisen und Einstellungen entfalten können").

An dieser Stelle sei darauf hingewiesen, dass die Lufthansa Group im Rahmen ihrer Implementierung von Diversity Management eher qualitative als quantitative Ziele verfolgt; ein Umstand, der – wie das nachfolgende Zitat von Rühl (2008, S. 179), der Leiterin von Social Responsibility bei der Lufthansa Group und in dieser Funktion auch zuständig für das konzerninterne Diversity Management, zeigt – primär auf Branchenspezifika zurückzuführen ist:

> Die Airline-Industrie gehört zu den sehr volatilen Branchen, sei es im positiven oder negativen Sinne. Aus diesem Grunde ergeben quantitative Ziele weniger Sinn. Diese müssen im Falle negativer Einflüsse reevaluiert und neu formuliert werden, was deren Ursprungsseriosität in Frage stellte. ... Die qualitativen Ziele der Lufthansa sind die Inklusion aller Mitarbeitenden unabhängig von ihrer Beschaffenheit und die Normalisierung des „Anderen", was beides auf gegenseitigem Respekt fußt. Umgesetzt werden diese Ziele durch wenige Programme, die die Veränderungsgeschwindigkeit erhöhen sollen. ... Grundsätzlich vertritt Lufthansa jedoch die Auffassung, dass die Separierung nach Minderheitenart kontraproduktiv zur bereits gut funktionierenden Kooperation ist. Aus diesem Grunde gibt es nur wenige Programme, die einzelnen Mitarbeitergruppen zugutekommen. ... Letztlich geht es um Veränderung des Bewusstseins der Mehrheit der Mitarbeitenden und Führungskräfte: Wurde früher Heterogenität als störend und komplex empfunden, so ist die Komplexität sicher nicht reduziert, aber durchaus akzeptabel wegen der daraus resultierenden Kreativität.

Die nachfolgende Abb. 2 gewährt einen prägnanten Überblick über zentrale diversitätsfördernde Maßnahmen und Programme, die die Lufthansa Group in den letzten Jahren eingeführt hat.

Unabhängig davon, welche Maßnahmen und Programme eingeführt werden oder auf welche organisationalen Verständnisansätze von Diversität man Bezug nimmt (siehe auch Beitrag von Scherle und Rundshagen (2016) in diesem Buch), geht eine erfolgreiche Implementierung von Diversity Management mit einem nachhaltigen Transformationsprozess im Unternehmen einher, der sich – wie die nachfolgende Abb. 3 illustriert – primär auf drei Ebenen konzeptualisieren lässt und einen Paradigmenwechsel im strategischen Umgang mit Diversität erfordert.

- *Cross-Company-Mentoring*: Um insbesondere weibliche Nachwuchskräfte bei ihrem beruflichen Fortkommen zu begleiten und zu unterstützen, hat die Lufthansa ein branchenübergreifendes Cross-Company-Mentoring-Programm initiiert. Hierbei bilden jeweils ein Mentee und eine Führungskraft aus unterschiedlichen Unternehmen ein Jahr lang ein Tandem. Im Mittelpunkt des regelmäßigen Austausches stehen unter anderem folgende Themen: Positionierung im Konzern, Konfliktbewältigung, Zeitmanagement sowie Beruf und Familie.
- *Vereinbarkeit von Beruf und Familie*: Die Lufthansa unterstützt ihre Mitarbeiter mittels breit gefächerter Arbeitsplatzmodelle und Arbeitszeitregelungen, um in den unterschiedlichen Lebensphasen eine gesunde Balance zwischen Beruf und Privatleben zu ermöglichen.
- *Unterstützung für eine neue Vaterrolle*: Unter Federführung der ‚Väter gGmbH' unterstützt die Lufthansa – unter anderem mittels der Förderung von Väter-Netzwerken – ein stärkeres Familienengagement seitens der Väter. Ziel ist es, Paaren die partnerschaftliche Aufteilung von Beruf und Familie zu erleichtern, sodass sich Karriere und ein erfülltes Familienleben für Frauen und Männer nicht länger ausschließen.
- *‚LH New Workspace'*: Im Rahmen eines Pilotprojekts testet die Lufthansa innovative Arbeitsplätze und Arbeitsformen, die den gestiegenen Anforderungen an eine mobile und flexible Arbeitswelt sowie an eine bessere Vereinbarkeit von Beruf und Familie Rechnung tragen sollen.
- *Größere Internationalität in den Führungsetagen*: Die Lufthansa möchte den Anteil von Führungskräften mit Migrationshintergrund bis zum Jahr 2020 um 40% erhöhen.
- *Förderung interkultureller Kompetenzen*: Da für einen global agierenden Konzern interkulturelle Kompetenz einen zentralen personalen Erfolgsfaktor darstellt, veranstaltet die Lufthansa regelmäßig maßgeschneiderte interkulturelle Fortbildungsveranstaltungen.

Abb. 2 Ausgewählte Maßnahmen und Programme im Rahmen der Diversity-Strategie der Lufthansa Group. (Quelle: Lufthansa Group 2015b; Deutsche Gesellschaft für Personalführung e. V. o. J.)

Wie Abb. 3 deutlich macht, wird im Rahmen des Transformationsprozesses von einem monokulturell-geschlossenen Unternehmen zu einem multikulturell-offenen Unternehmen das ursprüngliche Leitbild des „homogenen Ideals" durch das Leitbild des „heterogenen Ideals" substituiert (Schulz 2009). Dabei ist die Transformation von der ursprünglichen Konformitätskultur zu einer anvisierten Diversitätskultur mehr als nur der Übergang zu anderen Methoden, um beschlossene Ziele zu erreichen. Vielmehr ändern sich die Ziele selbst und damit das organisationale Selbstverständnis. Dies ist, wie Herrmann-Pillath (2007, S. 215) in diesem Zusammenhang schreibt,

> kein Prozess, der durch einfache Beschlüsse der Führung zu starten oder gar abzuschließen ist. Er erfordert einen langfristigen strategischen Wandel der Unternehmen, der bereits selbst so weit wie möglich nach dem Prinzip der Offenheit organisiert werden muss.

Ein derart komplexer Transformationsprozess bedarf eines konsequenten Paradigmenwechsels, um nachhaltig die Kreativitäts-, Innovations- und Problemlösungspotenziale einer divers zusammengesetzten Belegschaft verstehen, wertschätzen, nutzen und im Idealfall auch fördern zu können.

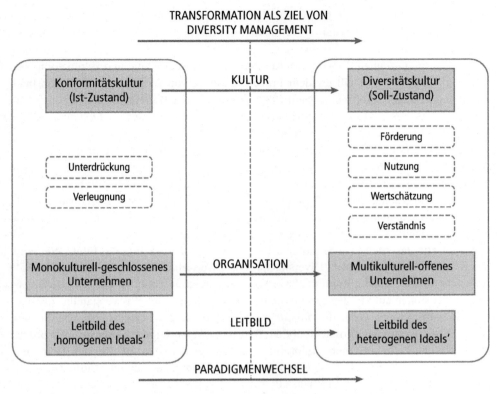

Abb. 3 Paradigmenwechsel im strategischen Umgang mit Diversität. (Quelle: Modifizierter Entwurf nach Schulz 2009)

3 Analyse und Beschreibung der Fallstudie

Die im Rahmen der vorliegenden Case Study präsentierten empirischen Ergebnisse basieren auf Experteninterviews, die primär dem methodologischen Selbstverständnis der qualitativen Sozialforschung verpflichtet sind. Qualitative Forschung erhebt die Bedeutungsstrukturierung sozialen Handelns zum theoretischen Ausgangspunkt wie auch zum methodologischen Leitfaden der Sozialforschung und räumt dem methodisch kontrollierten Fremdverstehen einen zentralen Part ein. Sie empfiehlt sich vor allem bei Forschungsvorhaben, in deren Fokus die Erschließung eines bislang noch wenig erforschten Wirklichkeitsbereichs mithilfe sensibilisierender Konzepte steht (Blumer 1976; Hoffmann-Riem 1980; Lamnek 2010). Qualitative Befragungen müssen als Verfahren zur sprachlichen Erfassung von Sichtweisen, Deutungsmustern und Denkschemata den methodologischen Prinzipien von Offenheit, Flexibilität, Kommunikation, Reflexivität und Explikation entsprechen. Des Weiteren gilt es, dem Prozesscharakter von Forschung und Gegenstand Rechnung zu tragen (Hoffmann-Riem 1980; Lamnek 2010). Dabei kreisen qualitative Befragungen stets um die Frage, was die befragten Akteure für relevant erachten, wie sie ihre Welt beobachten und was ihre jeweilige Lebenswelt charakterisiert.

Im Kontext der 2013 durchgeführten Befragung ging es primär darum, zu sondieren, wie die bei der Lufthansa Group implementierte Diversity-Strategie, die auf dem Prinzip „Wertschöpfung durch Wertschätzung" basiert, seitens einer zentralen Mitarbeitergruppe, dem Kabinenpersonal, wahrgenommen respektive eingeschätzt wird (Rosenbaum 2013; Petry und Rosenbaum 2015). Dabei subsumierte der Gesprächsleitfaden unter anderem folgende Fragen: Welche Akzente werden im Umgang mit Diversität gesetzt? Wie wird sichergestellt, dass sich kein Mitarbeiter benachteiligt bzw. diskriminiert fühlt? Wie wird das für die Lufthansa zentrale Diversitätsprinzip „Wertschöpfung durch Wertschätzung" wahrgenommen? Welche Konflikte bzw. Vorurteile treten in Hinblick auf zentrale Diversitätsdimensionen auf? Einhergehend mit dem konzeptionellen Selbstverständnis qualitativer Sozialforschung wurde das *Sample* mit vier Befragungen bewusst überschaubar gehalten. Vor diesem Hintergrund erhebt die Befragung keinerlei repräsentativen Anspruch, sondern weist vielmehr einen explorativen Fallstudiencharakter auf. Bei den Befragten handelt es sich um zwei Flugbegleiterinnen bei Lufthansa Passage und Lufthansa Cityline, einen Flugbegleiter bei Lufthansa Passage sowie einen Purser bei Lufthansa Passage. Die geführten Interviews umfassen eine Zeitspanne von knapp 25 bis rund 55 Minuten.

Um es gleich an dieser Stelle vorwegzunehmen: Sämtliche der befragten Interviewpartner zeigen nicht nur eine enorme Identifikation mit ihrem Beruf und ihrem Arbeitgeber, sondern auch eine bemerkenswerte Sensibilität gegenüber dem Untersuchungsgegenstand Diversität. Es versteht sich von selbst, dass Aussagen, die – wie die hier vorgestellten Wahrnehmungen von personaler Vielfalt bei einem *Global Player* – in einen diversitätsspezifischen Kontext eingebunden sind, in der Regel kontroverser diskutiert werden als Aussagen zu den klassischen Problemfeldern der Betriebswirtschafts- und Managementlehre. Ein Umstand, der unter anderem darauf zurückzuführen ist, dass Diversität ein ungemein komplexes und sich kontinuierlich wandelndes Phänomen respektive Konstrukt darstellt, das sich zudem in unzählige Dimensionen aufgliedern lässt. Anzumerken bleibt weiterhin, dass vereinzelte Aussagen plakativ, gelegentlich auch einseitig wirken. Als Autoren sehen wir einschlägige Aussagen der Gesprächspartner weniger als Etikettierungen oder Vorurteile, sondern vielmehr als Teil eines immanenten Verarbeitungsprozesses komplexer und mitunter inkommensurabler Erfahrungen. Darüber hinaus verkörpert der Umgang mit Diversität keinen objektiven Tatbestand, sondern vielmehr wird dieser durch die Wahrnehmung der betroffenen Akteure beeinflusst, wobei die entsprechenden Wahrnehmungsvorgänge untrennbar mit den individuellen Werte- und Normenvorstellungen der Menschen verknüpft sind.

Den Reigen der befragten Interviewpartner eröffnet eine Flugbegleiterin bei Lufthansa Passage, die – zumindest im deutschsprachigen Kontext – die Pionierrolle des Carriers bei der Implementierung von Diversity Management hervorhebt.

> Das Ausschlaggebende, was Lufthansa erkannt hatte, beim fliegenden Personal, dass sie eben ihre Mitarbeiter so ausgesucht hat, dass jeder so ein bisschen unterschiedlich war, was auch so gewollt war. Damit auch für die unterschiedlichen Passagiere unterschiedliche Menschen da waren. ... Es ist eben so, dass Lufthansa diese Philosophie hat, dass wir lauter bunte Paradiesvögel mitnehmen. Es bleibt keiner auf der Strecke! Es ist nur so, dass die Sicherheit gewährleistet werden muss. Wenn es jetzt eine Flugbegleiterin ist, die im Iran geboren wurde und auch noch einen iranischen Pass hat, dann fliegt die möglichst nicht nach Israel.

Bemerkenswert an diesem Zitat ist insbesondere das Faktum, dass auf einer impliziten Ebene Bezug zum Marktzutritts- und Legitimitätsansatz genommen wird, der vor dem Hintergrund seiner ökonomisch-ergebnisorientierten Grundorientierung das Ziel verfolgt, Zugang zu neuen Märkten zu gewinnen. Dabei spiegelt die Belegschaft im Idealfall die in der heutigen Zeit immer ausdifferenziertere Kundenstruktur wider (vgl. auch den Beitrag von Scherle und Rundshagen (2016) in diesem Buch). Gerade angesichts der Internationalität der Lufthansa Group ist es sowohl für Mitarbeiter als auch für Kunden essenziell, dass eine kosmopolitische und tolerante Unternehmenskultur vorherrscht; ein Aspekt, auf den – wie das nachfolgende Zitat hinweist – bereits bei der Einstellungspraxis des Kabinenpersonals großen Wert gelegt wird:

> Die Firma [Lufthansa; Anm. d. Verf.] merkt sehr deutlich, ob jemand Vorurteile hat, ob jemand vielleicht gar nicht serviceorientiert ist oder ob jemand aufgrund seiner eigenen Religion nicht mit anderen Religionen umgehen könnte. Da ist ein Apparat von Psychologen, die diese Tests ausarbeiten ... als es in anderen Firmen noch gar nicht so angesagt war. Denn meine Bewerbung liegt ja jetzt schon 37 Jahre zurück, und da war es eben so, dass die Lufthansa schon damals einen großen Teil Psychologen hatte, die aufgrund dieser Fragenkataloge das alles im Vorfeld geklärt haben. Sonst wäre man schon im Anforderungsprofil durchgefallen. ... Und während der Jahre, die man dann bei Lufthansa gearbeitet hat, gab es dann immer wieder bestimmte Schulungen, bestimmte Seminare. Dann gab es auch mal nur eine Information, wie bewege ich mich – sage ich jetzt mal – in einem islamischen Land. Und je mehr Strecken Lufthansa aufgenommen hat, desto mehr wurde ... eine Weiterbildung gewährleistet.

Als eines der ersten deutschen Unternehmen, das wie kaum ein zweites vom Schrumpfen von Raum und Zeit profitiert, hat die Lufthansa Group die enorme Bedeutung interkultureller Kompetenz in einer globalisierten Welt erkannt. „Weltoffenheit und Toleranz", so die Lufthansa (2015b, S. 79) in ihrem Nachhaltigkeitsbericht, „sind für einen international tätigen Luftfahrtkonzern eine Selbstverständlichkeit. Für die Lufthansa Group ist es daher ein zentrales Anliegen, den Dialog und die Verständigung zwischen den Kulturen weiterzuentwickeln – intern und extern." Vor diesem Hintergrund gilt die Airline nach wie vor als Benchmark-Unternehmen bezüglich interkultureller Trainings, die in der Regel *tailor-made* auf die Bedürfnisse ihrer Adressaten ausgerichtet werden, wobei verständlicherweise – wie das Zitat des befragten Pursers illustriert – auch eine gewisse Portion Eigeninitiative gefordert ist:

> Es wird sehr viel darauf [interkulturelle Kompetenzen; Anm. d. Verf.] gepocht. Klar, bei uns in der Firma haben wir so ungefähr 100 verschiedene Nationalitäten. Wir haben auch sehr viel mit Kunden zu tun, die weltweit mit uns unterwegs sind. ... Zum Beispiel gab es – als ich angefangen habe – eine Ausbildung „Interkulturelle Kommunikation", in der spezifisch auf Asien eingegangen wurde, weil ich im Asien-Team war. Es wurde also in verschiedene Teams gruppiert, und ich war im Asien-Team und wurde auf Indien, Japan und China vorbereitet. Natürlich erwartet man, dass man nicht nur mit diesen spezifischen Ländern umgehen kann, sondern mit allen ...

Angesichts des weitgehend holistischen Zugangs der Lufthansa Group bezüglich Diversity versteht es sich von selbst, dass man nicht nur auf die Diversitätsdimension kultureller Hintergrund bzw. Ethnizität setzt, sondern auch andere Diversitätsdimensionen wertschätzt und als Chance für die Unternehmensentwicklung begreift. Das Resultat ist im Idealfall eine komplexe, sich kontinuierlich wandelnde Mischung von Eigenschaften, Verhaltensweisen und Talenten, die sich nicht nur für das Reputationsmanagement in Wert setzen lässt, sondern – wie die Aussage einer befragten Flugbegleiterin der Lufthansa Cityline zeigt – darüber hinaus die Identifikation der Belegschaft mit dem Unternehmen fördert:

> Wir sind halt eine bunte Gruppe. Das finde ich ganz wunderbar! ... Ich bin auch der Meinung, dass solche Individualitäten unabdingbar in ein globales Unternehmen gehören. Es arbeiten Jung und Alt zusammen, Klein und Groß, Heterosexuelle, Homosexuelle, Männer und Frauen, sämtliche Nationen.

Die große Relevanz von Diversität wird auch durch das nachfolgende Zitat unterstrichen, allerdings hat dieser Gesprächspartner, der als Flugbegleiter für Lufthansa Passage tätig ist, den Eindruck, dass es sich mitunter – gerade im Kontext des Einstellungsprozesses – um eine Form „domestizierter" Diversität handelt:

> Ich habe den Eindruck vermittelt bekommen, dass man auf Diversität Wert legt. Allerdings muss diese Diversität in einen bestimmten Rahmen passen. Das heißt, die wird kontrolliert. ... Es sind nur bestimmte Diversitätsmarken, die in das Unternehmen passen. Angenommen man hat zum Beispiel Aids, wird man gar nicht eingestellt. Angenommen man hat große Tätowierungen, wird man auch nicht eingestellt. Angenommen man trägt ein Piercing, wird man auch nicht eingestellt. Es gibt ein psychologisches Interview vor der Einstellung oder während des Einstellungsprozesses, in dem auch beurteilt wird, ob der Bewerber einem bestimmten Unternehmensimage entspricht. Man arbeitet in diesem Unternehmen mit Leuten aus wirklich vielen verschiedenen Horizonten, aber die wurden kontrolliert und ausgewählt.

Vor dem Hintergrund der Tatsache, dass die Diversity-Strategie der Lufthansa auf dem Prinzip „Wertschöpfung durch Wertschätzung" beruht, wurde im Rahmen der Interviews auch explizit die Frage aufgeworfen, inwieweit sich die Befragten hinsichtlich ihrer spezifischen Individualität wertgeschätzt fühlen. Folgt man jener Flugbegleiterin, die für

Lufthansa Passage arbeitet, ist die Wertschätzung in erster Linie von den jeweils prädominierenden Management- respektive Leadershipstrukturen abhängig:

> Die Wertschätzung seitens der Firma wechselte immer mit dem Management, ... es gab Zeiten, da fühlte man sich gar nicht wertgeschätzt. ... Ende der 1980er- bis Anfang der 1990er-Jahre. Da war auch ein System, wo man keinen richtig guten Ansprechpartner hatte ... Und da war es auch so, dass die Firma irgendwann merkte, diese Flugbegleiter gleiten uns so ein bisschen davon, die machen eigentlich, was sie wollen, ... ein bisschen wie dieses Lied von Reinhard Mey „Über den Wolken muss die Freiheit wohl grenzenlos sein."

Der befragte Flugbegleiter bei Lufthansa Passage sieht dezidiert seinen Migrationshintergrund als entscheidenden Vorteil für die Wertschätzung seiner Persönlichkeit. In diesem Kontext lassen sich nicht nur wieder Bezüge zum ökonomisch-ergebnisorientierten Marktzutritts- und Legitimitätsansatz herstellen, sondern der Interviewpartner stellt auch explizit heraus, dass die Airline Diversität als strategischen Erfolgsfaktor im Rahmen ihrer Kommunikationspolitik und ihres Reputationsmanagements in Wert setzt:

> Ich weiß ganz genau, warum ich eingestellt wurde. Und ich weiß ganz genau, dass die Firma davon profitiert. Das hört man bestimmt auch an meiner Aussprache! Und ich wurde dafür eingestellt, dass es einen bestimmten Umgang mit einer Kundenkategorie gibt. Ich weiß ganz genau, dass es auf dem Papier und in den Werbungen der Firma sehr gut aussieht und diese Diversity vorgezeigt wird.

Im Verlauf des Interviews weist der Gesprächspartner auch auf einige kritische Aspekte hin, die die Lufthansa – seiner Ansicht nach – prägen und deren Wurzeln er primär in der Unternehmensgeschichte verortet:

> Je höher man in die Hierarchieebenen schaut, umso konservativer wird es. Das ist ein großes deutsches Unternehmen, mit einer deutschen Verwaltung und einer deutschen Denkweise. Man darf auch nicht vergessen, dass es früher ein öffentliches Unternehmen war. Das Unternehmen ist dann irgendwann an die Börse gegangen und hat sich dann auch an einen anderen wirtschaftlichen Bereich angepasst, an die Globalisierung ... Allerdings sind vor zwanzig, dreißig Jahren Leute im Unternehmen eingestellt worden, die es mit ganz anderen Bedingungen zu tun hatten, als sie angefangen hatten.

Angesichts der – in der Regel systemimmanenten – hierarchischen Strukturen eines Großkonzerns münden seine weiteren Ausführungen in der etwas zugespitzt und stereotyp anmutenden Aussage:

> Wenn Sie Kapitän sind, sind Sie Gott der Erde. Ich habe den Eindruck, dass ein Flugbegleiter eine fliegende Putze ist. Man möchte mit mir nicht so viel reden, sondern ich muss funktionieren.

An dieser Stelle sei angemerkt, dass ein erfolgreiches Diversity Management immer wieder proaktiv für Perspektivenwechsel eintritt und eine kritische Auseinandersetzung mit Stereotypen und Vorurteilen fördert. Vor diesem Hintergrund wurde im Rahmen der

Interviews auch explizit die Frage aufgeworfen, welche Konflikte bzw. Vorurteile hinsichtlich zentraler Diversitätsdimensionen auftreten. In diesem Kontext konstatiert der befragte Purser, der sich offen zu seiner Homosexualität bekennt:

> ... natürlich mit dem Vorurteil, er [der Steward; Anm. d. Verf.] wäre schwul, das ist halt das Image. Und eine ... Pilotin hat damit zu kämpfen, dass die Mehrzahl im Cockpit männlich ist und mehr Durchsetzungsvermögen haben muss. Wobei sich das in den letzten Jahren sehr geändert hat.

Letztendlich lassen sich alle sozialen Kategorisierungen – seien es Images, Stereotype oder Vorurteile – als Entlastung des Ichs konzeptualisieren. Sie reduzieren die Komplexität der Realität auf einige wenige, leicht überschaubare Grundzüge, mit deren Hilfe die Welt leichter handhabbar wird – unter Verzicht auf alle feineren Schattierungen (Maletzke 1996). Der US-amerikanische Journalist Lippmann (1964) spricht in diesem Zusammenhang treffend von *Pictures in our Heads*, denen aus sozialpsychologischer Perspektive eine nicht zu unterschätzende Orientierungsfunktion zufällt. Gerade diese Orientierungsfunktion erfordert ein verstärktes Reflektieren über soziale Kategorisierungen, die unter anderem aufgrund sichtbarer Merkmale (wie Hautfarbe oder Geschlecht), geteilter Überzeugungen (wie Religions- oder Parteizugehörigkeit), aber auch hinsichtlich spezifischer Ähnlichkeiten zu einem bestimmten Typus von Mensch (wie Karrierefrau) erfolgen können (Klauer 2008). Nicht nur das Reflektieren über soziale Kategorisierungen kann essenzielle Perspektivenwechsel eröffnen, sondern vor allem auch die bewusste Wertschätzung bestimmter Eigenschaften, Verhaltensweisen und Talente – und seien diese noch so stereotyp. Vor diesem Hintergrund ist auch das abschließende Zitat einer der befragten Flugbegleiterinnen zu sehen, die – nicht ohne eine Brise Humor – bemerkt:

> Die [homosexuellen Kollegen; Anm. d. Verf.] haben mit Vorteil, nicht mit Vorurteilen zu kämpfen..., weil die eben sehr serviceorientiert, sehr hilfsbereit sind. Und als Frau hat man das Glück, dass man von denen nie belästigt wird, dass man von denen nie genervt wird, dass man im Gegenteil manchmal sogar lustige Geschichten hört. Und ich auch gerne mal mit zwei Schwulen in New York mitgegangen bin und geguckt habe, wie es denn so ist. Zu später Stunde habe ich dann gesagt: „Gut, dann geht Ihr mal in Eure Saunaclubs. Mutti fährt jetzt ins Hotel."

4 Ausblick in die Zukunft

Die Lufthansa Group hat als eines der ersten Unternehmen im deutschsprachigen Raum erkannt, dass unternehmerische Verantwortung auch mit einem klaren Bekenntnis zu personeller Heterogenität einhergeht. Einschlägige sozioökonomische Prozesse, z. B. Globalisierung, Individualisierung, demografischer Wandel und nicht zuletzt die jüngsten Migrationsströme, werden die Notwendigkeit einer forcierten Inwertsetzung des strategischen Erfolgsfaktors Diversität noch weiter vorantreiben. Darüber hinaus ergibt sich für Unternehmen – insbesondere angesichts des Faktums, dass sich der globale wissensfokussierte

Wettbewerb verstärkt als Prozess schöpferischer Zerstörung im Sinne von Schumpeter (1926, 1946) konzeptualisieren lässt, in dem Inventionen, Innovationen und Imitationen in immer kürzeren Zyklen erfolgen – verstärkt die Erfordernis, intangible Ressourcen in Wert zu setzen, mithilfe derer sie sich den ständig transformierenden Rahmenbedingungen flexibel anpassen und somit adäquat auf die Wettbewerbsdynamik reagieren können. Schulz (2009, S. 153) schreibt in diesem Zusammenhang: „Während in der Vergangenheit hauptsächlich tangible, in der Bilanz sichtbare Vermögenswerte fokussiert wurden, konzentrieren sich die global tätigen Unternehmen heutzutage zunehmend auf intangible und schwer imitierbare Ressourcen. Die Diversität der individuellen Fähigkeiten, Fertigkeiten, Erfahrungen, Qualifikationen und Kompetenzen der Mitarbeiter stellt eine derartige intangible Unternehmensressource dar, welche die Strategie des kontinuierlichen organisationalen Lernens durch die Verbreiterung der organisatorischen Wissensbasis nachhaltig forcieren kann und auf diese Weise den Unternehmen ermöglicht, den Prozess der schöpferischen Zerstörung durch das eigene Innovations- und Kreativitätspotenzial proaktiv voranzutreiben." Dominierten bis dato bei den meisten diversitätsaffinen Unternehmen die klassischen Diversitätsverständnisse – der moralisch-ethischorientierte Fairness- und Antidiskriminierungsansatz, der ökonomisch-ergebnisorientierte Marktzutritts- und Legitimitätsansatz sowie der ressourcenorientierte Lern- und Effektivitätsansatz –, so dürfte zukünftig verstärkt der strategisch-gesellschaftsorientierte Verantwortungs- und Sensibilitätsansatz an Bedeutung gewinnen, der nicht nur eine Brücke zu Corporate Social Responsibility baut, sondern der auch dezidiert auf die humanistische Funktion von Unternehmen in einem zunehmend globalen Zeitalter verweist.

5 Fazit

Mit der Implementierung von Diversity Management tragen Unternehmen Verantwortung für Themen, die sowohl von unternehmerischer als auch von gesellschaftlicher Relevanz sind (Hardenberg und Tote 2014). Dabei bedarf eine erfolgreiche Implementierung von Diversity Management nicht nur eines eindeutigen und klar definierten Konzepts, sondern auch einer möglichst breiten, hierarchieübergreifenden Unterstützung. Die Deklaration eines diversitätsorientierten Unternehmensleitbilds bedeutet jedoch noch lange nicht, dass Führungskräfte und Mitarbeiter automatisch diversitätsbewusstes Denken, Fühlen und Handeln internalisiert haben. Vielmehr erfordert eine strategische Implementierung von Diversity Management einen langfristigen Entwicklungsprozess auf individueller und organisationaler Ebene, der von einer schrittweisen Transformation der Organisationskultur begleitet wird (Schulz 2009). In diesem Kontext ist es wichtig, Diversity Management nicht nur als Personalentwicklung, sondern in erster Linie als Organisationsentwicklungsprozess anzulegen, der, wie Rühl (2011, S. 192) konstatiert, die „Unternehmenskultur nachhaltig verändert." Ein entsprechender Organisationsentwicklungsprozess impliziert Veränderungen in Strukturen und Managementsystem, da Hemmnisse für die Potenzialentfaltung von Minoritäten nicht nur auf das diskriminierende Verhalten von

Mitmenschen zurückzuführen sind, sondern in der Regel auch auf Strukturen basieren, die auf die spezifischen Bedürfnisse der dominierenden Gruppe zurechtgeschnitten wurden und nun sukzessive verändert werden müssen (Aretz und Hansen 2002); ein durchaus herausfordernder Prozess, für den es aufgrund seiner ausgeprägten Kontextgebundenheit keine Ideallösung gibt, der sich jedoch angesichts einer zunehmenden *Logic of Diversity* (Page 2007) für immer mehr Unternehmen lohnen dürfte.

Literatur

Aretz H-J, Hansen K (2002) Diversity und Diversity Management im Unternehmen: Eine Analyse aus systemtheoretischer Sicht. LIT, Münster

Becker M (2006) Wissenschaftstheoretische Grundlagen des Diversity Management. In: Becker M, Seidel A (Hrsg) Diversity Management: Unternehmens- und Personalpolitik der Vielfalt. Schäffer-Poeschel, Stuttgart, S 3–48

Blumer H (1976) Der methodologische Standort des Symbolischen Interaktionismus. In: Arbeitsgruppe Bielefelder Soziologen (Hrsg) Alltagswissen, Interaktion und gesellschaftliche Wirklichkeit, Bd. 1. Rowohlt, Reinbek, S 80–146

Braunburg R (1991) Die Geschichte der Lufthansa: vom Doppeldecker zum Airbus. Rasch und Röhring, Hamburg

Budrass L (2016) Adler und Kranich: Die Lufthansa und ihre Geschichte 1926–1955. Blessing, München

Deutsche Gesellschaft für Personalführung e. V. (o. J.) Diversity bei der Deutschen Lufthansa AG: Neue Lösungsansätze durch Kompetenzvielfalt. http://static.dgfp.de/assets/news/Diversity/130806-diversitylufthansa02.pdf. Zugegriffen: 25. Feb. 2016

Flottau J (2014) Lufthansa sucht ihr Heil in neuer Billig-Strategie. http://www.sueddeutsche.de/wirtschaft/konkurrenzdruck-im-luftverkehr-lufthansa-sucht-ihr-heil-in-neuer-billig-strategie-1.2038970. Zugegriffen: 1. Mär. 2016

Franke M (2004) Competition between network carriers and low cost carriers: retreat battle or breakthrough to a new level of efficiency? J Air Transport Manag 10(1):15–21

Hardenberg A von, Tote K (2014) Die Charta der Vielfalt: Verantwortung für Vielfalt übernehmen. In: Hansen K (Hrsg) CSR und Diversity Management: Erfolgreiche Vielfalt in Organisationen. Springer Gabler, Berlin, S 57–75

Helm SA (1999) Die Deutsche Lufthansa AG: ihre gesellschafts- und konzernrechtliche Entwicklung. Eine wirtschaftsrechtlich-historische Analyse der Privatisierungsschritte. Lang, Frankfurt am Main

Herrmann-Pillath C (2007) Diversity: Management der offenen Unternehmung. In: Koall I, Bruchhagen V, Höher F (Hrsg) Diversity Outlooks: Managing Diversity zwischen Ethik, Profit und Antidiskriminierung. LIT, Hamburg, S 202–222

Hoffmann-Riem C (1980) Die Sozialforschung einer interpretativen Soziologie: Der Datengewinn. Kölner Z Soz Sozpsychol 32:339–372

Klauer KC (2008) Soziale Kategorisierung und Stereotypisierung. In: Petersen L-E, Six B (Hrsg) Stereotype, Vorurteile und soziale Diskriminierung: Theorien, Befunde und Interventionen. Beltz, Weinheim, S 23–32

Lamnek S (2010) Qualitative Sozialforschung. Beltz, Weinheim

Leenen WR, Scheitza A, Wiedemeyer M (2006) Diversität nutzen. Waxmann, Münster

Lippmann W (1964) Die öffentliche Meinung. Rütten & Loening, München

Lufthansa Group (2012a) Nachhaltigkeitsbericht Balance. organic-Markenkommunikation GmbH, Frankfurt am Main

Lufthansa Group (2012b) Soziale Verantwortung: Diversity – Verpflichtung und Chance. http://verantwortung.lufthansa.com/soziale-verantwortung/diversity.html. Zugegriffen: 6. Jun. 2012

Lufthansa Group (2015a) Geschäftsbericht 2014. Hamburger Geschäftsberichte GmbH, Hamburg

Lufthansa Group (2015b) Nachhaltigkeitsbericht Balance. organic-Markenkommunikation GmbH, Frankfurt am Main

Lufthansa Group (2015c) Reorganisation der Lufthansa Group hebt Synergien und stärkt Kundenfokus. https://www.lufthansagroup.com/de/presse/meldungen/view/archive/2015/september/16/article/3731.html. Zugegriffen: 1. Mär. 2016

Lufthansa Group (2016a) Corporate Responsibility in der Lufthansa Group. https://www.lufthansagroup.com/de/verantwortung/corporate-responsibility.html. Zugegriffen: 1. Mär. 2016

Lufthansa Group (2016b) Das Wichtigste zum Thema Nachhaltigkeit. https://www.lufthansagroup.com/de/verantwortung.html. Zugegriffen: 1. Mär. 2016

Lufthansa Group (2016c) Die Zeit im Fluge. https://www.lufthansagroup.com/unternehmen/geschichte.html. Zugegriffen: 1. Mär. 2016

Lumma K, Kröger K, Groß S (2011) CSR im Airline-Management – Eine Benchmark-Studie deutscher Fluggesellschaften. In: Boksberger P, Schuckert M (Hrsg) Innovationen in Tourismus und Freizeit: Hypes, Trends und Entwicklungen. ESV, Berlin, S 259–277

Maletzke G (1996) Interkulturelle Kommunikation: Zur Interaktion zwischen Menschen verschiedener Kulturen. Westdeutscher Verlag, Opladen

Page SE (2007) The difference: how the power of diversity creates better groups, firms, schools, and societies. Princeton University Press, Princeton

Petry M, Rosenbaum P (2015) Diversity Management at Lufthansa AG – Selected results of a qualitative study. In: Sucky E et al (Hrsg) Mobility in a Globalised World 2014. University of Bamberg Press, Bamberg, S 197–203

Rosenbaum, P (2013) Diversitätsmanagement am Beispiel der Deutschen Lufthansa AG: Eine qualitativ-empirische Analyse der Diversitätsakzeptanz des Kabinenpersonals. Unveröffentlichte Bachelor-Thesis an der Unternehmerhochschule BiTS Iserlohn

Rühl M (2008) Diversity Management – Erfahrungen mit der Einführung bei Deutsche Lufthansa Aktiengesellschaft. Z Personalforsch 21(2):176–181

Rühl M (2011) Praxisbeispiel Lufthansa: Diversity – Argumente, Strategie, Maßnahmen. In: Krell G, Ortlieb R, Sieben B (Hrsg) Chancengleichheit durch Personalpolitik: Gleichstellung von Frauen und Männern in Unternehmen und Verwaltungen. Springer Gabler, Wiesbaden, S 189–192

Rühl M (2013) Diversity Management bei Deutsche Lufthansa AG. In: Stock-Homburg R (Hrsg) Handbuch Strategisches Personalmanagement. Springer Gabler, Wiesbaden, S 465–482

Scherle N (2015) Diversitätsmanagement im Spannungsfeld von Mobilität, Pragmatismus und Wettbewerbsfähigkeit. In: Sucky E et al (Hrsg) Mobility in a Globalised World 2014. University of Bamberg Press, Bamberg, S 187–196

Scherle N, Rundshagen V (2016) Diversity Matters: Diversity Management im Spannungsfeld von Marktinteressen, gesellschaftlicher Verantwortung und einer *Logic of Diversity*. In: Lund-Durlacher D, Fifka MS, Reiser D (Hrsg) CSR und Tourismus. Springer, Berlin

Schröder A (2010) Das Phänomen der Low Cost Carrier und deren Beeinflussung raum-zeitlicher Systeme im Tourismus. Geografische Gesellschaft, Trier

Schulz A (2009) Strategisches Diversitätsmanagement: Unternehmensführung im Zeitalter der kulturellen Vielfalt. Gabler, Wiesbaden

Schumpeter JA (1926) Theorie der wirtschaftlichen Entwicklung: Eine Untersuchung über Unternehmergewinn, Kapital, Kredit, Zins und den Konjunkturzyklus. Duncker & Humblot, München

Schumpeter JA (1946) Kapitalismus, Sozialismus und Demokratie. Francke, Bern

Thomas RR (1996) Redefining diversity. AMACOM, New York

Wachtel J, Ott G (2016) Im Zeichen des Kranichs. Die Geschichte der Lufthansa von den Anfängen bis 1945. Piper, München

Prof. Dr. Nicolai Scherle studierte Geografie, Geschichte und Journalistik an der Katholischen Universität Eichstätt-Ingolstadt sowie an der University of London. Seit 2012 lehrt und forscht er als Professor für Tourismusmanagement und Interkulturelle Kommunikation an der Unternehmerhochschule BiTS in Iserlohn, an der er gleichzeitig Prodekan für International Management for Service Industries ist. Die Forschungsschwerpunkte des Geografen liegen insbesondere in den Bereichen Kulturgeografische Regionalforschung (Wirtschafts- und Tourismusgeografie), Entrepreneurship sowie Interkulturelle Kommunikation und Diversity. Seine jüngste Publikation „Kulturelle Geographien der Vielfalt: Von der Macht der Differenzen zu einer Logik der Diversität", in der menschliche Heterogenität aus unterschiedlichen Perspektiven und in verschiedenen historischen Kontexten beleuchtet wird, versteht sich als Plädoyer für „gelebte Vielfalt" jenseits von Political Correctness und strategischen Markt- und Personalüberlegungen. Er ist Mitglied der Royal Geographical Society, der Academy of Management sowie des interkulturellen Kompetenznetzwerks FORAREA.

Philipp Rosenbaum studierte International Management for Service Industries (B.Sc.) an der Unternehmerhochschule BiTS in Iserlohn. Die Ergebnisse seiner mit Auszeichnung absolvierten Bachelor Thesis im Bereich Diversity Management präsentierte er unter anderem auf einer Vortragsreihe zum Thema Practical Wisdom for Sustainable Management an der Katholischen Universität Eichstätt-Ingolstadt sowie auf dem interdisziplinären Kongress „Mobility in a Globalised World" in Berlin. Seit 2014 ist Philipp Rosenbaum bei SKR Reisen – einem der führenden Kulturreiseveranstalter im deutschsprachigen Raum – als Online Marketing Manager tätig und betreut schwerpunktmäßig die strategische Suchmaschinenoptimierung und Website Konzeption. Seine Forschungsinteressen liegen vor allem in den Bereichen Diversity Management und Internationales Management (mit den Schwerpunkten Carrier und Reiseveranstalter). Im Jahr 2016 nominierte ihn das Tourismus-Fachmagazin FVW für den Nachwuchs-Talentwettbewerb „Top unter 30".

Die Gemeinwohlberichterstattung im Tourismus – ethisch ausgerichtetes Wirtschaften im Tourismus

Hartmut Rein

1 Warum Gemeinwohlberichterstattung statt nur CSR?

„Die Diskussion um gesellschaftliche Verantwortung, verbunden mit dem Schlagwort CSR, ist auch im Tourismus angekommen", so fassen Balàš und Strasdas (2015, S. 267) die Situation des unternehmensbezogenen Nachhaltigkeitsmanagements im Tourismus zusammen. Vor allem die großen Konzerne im Tourismus haben sich inzwischen dieser Aufgabe gestellt, teils auch im Vorgriff auf die von der EU im Dezember 2014 erlassene Richtlinie (2014/95/EU), die alle Unternehmen mit mehr als 500 Mitarbeitenden verpflichtet, künftig in ihren Rechenschaftsberichten ihre Strategien, Risiken und Ergebnisse in Bezug auf Umwelt-, Sozial- und Arbeitnehmerbelange, Achtung der Menschenrechte, Bekämpfung von Korruption und Bestechung sowie Diversität der Leitungs- und Kontrollorgane offenzulegen. Somit rücken nicht-finanzielle Informationen der Unternehmen stärker in den Fokus der Berichterstattung (Europäisches Parlament und der Rat der Europäischen Union 2014). Mit Corporate-Social-Responsibility(CSR)-Berichten können Unternehmen ihre gesellschaftliche Verantwortung dokumentieren und zeigen.

Einen über die gängige CSR-Berichterstattung hinausgehenden Ansatz verfolgt die Gemeinwohlökonomie mit der Gemeinwohlberichterstattung und der Gemeinwohlbilanz. Während die CSR-Berichterstattung das bestehende Wirtschaftssystem in den industrialisierten Staaten in der Regel nicht in Frage stellt (vgl. z. B. Lotter und Braun 2011), sucht die im Jahr 2010 begründete Gemeinwohlökonomie nach Alternativen. Ausgangspunkte waren die zahlreichen Krisen der letzte Jahre, wie z. B. die Finanzkrise bzw. Bankenkrise, die Immobilienkrise in den USA, die hohe Staatsverschuldung und Arbeitslosigkeit in den südeuropäischen Staaten, der Klimawandel, die alle Zeugnisse einer Situation sind, die ein

---

H. Rein (✉)
BTE Tourismus- und Regionalberatung
Kreuzbergstrasse 30, 10965 Berlin, Deutschland
E-Mail: rein@bte-tourismus.de

© Springer-Verlag GmbH Deutschland 2017
D. Lund-Durlacher et al. (Hrsg.), *CSR und Tourismus*,
Management-Reihe Corporate Social Responsibility, DOI 10.1007/978-3-662-53748-0_27

„Weiter-wie-bisher" und ein auf grenzenlosem Wachstum beruhendes Wirtschaftsmodell als nicht zukunftsfähig zeigen (vgl. u. a. Felber 2014; Pufè 2014).

Vor allem auch die Ergebnisse einer Studie der Bertelsmann-Stiftung im Jahr 2010, in der 88 % der Befragten eine „neue Wirtschaftsordnung" wünschten, waren Motivation für die Begründer der Gemeinwohlökonomie. Die Rückbesinnung auf Verfassungswerte ist eines der zentralen Anliegen der Gemeinwohlökonomie. „Eigentum verpflichtet. Sein Gebrauch soll zugleich dem Wohle der Allgemeinheit dienen" heißt es im Grundgesetz der Bundesrepublik Deutschland in Artikel 14 Absatz 2 von 1949 (BGBl. S. 1). Etwas früher formuliert die Verfassung des Freistaates Bayern 1946 in Artikel 151 in aller Klarheit „Die gesamte wirtschaftliche Tätigkeit dient dem Gemeinwohl" (Verfassung des Freistaates Bayern 1998). Auch in den Verfassungen anderer Staaten finden sich ähnliche Ziele, die jedoch im Zuge der Globalisierung und Liberalisierung der Märkte weit in den Hintergrund gerückt sind. Diese wieder in den Mittelpunkt zu stellen, ist ein Ziel der Gemeinwohlökonomie.

Die Gemeinwohlökonomie ist ein an ethischen Grundwerten ausgerichtetes marktwirtschaftliches Modell, das bereits von vielen Unternehmen in der Praxis angewendet wird. Sie stellt jedoch einige als unumstößlich geltende „Glaubenssätze" in der Wirtschaft in Frage, z. B. durch die Förderung von Kooperation anstatt Konkurrenz und durch das Infragestellen von grenzenlosem Wachstum. Mit der Gemeinwohlmatrix gibt sie ein konkretes Instrument an die Hand, um die Werteorientierung und die Nachhaltigkeit von Unternehmen zu evaluieren und regt dazu an, die gesamte Wirtschaft in Hinblick auf Sinnstiftung, Nachhaltigkeit und Fairness neu zu überdenken (vgl. Felber 2014).

Drei wesentliche Aspekte stehen nach Felber (2014, S. 10 f.) im Mittelpunkt der Gemeinwohlökonomie:

1. Die Gemeinwohlökonomie will den Wertewiderspruch zwischen Wirtschaft und der Gesellschaft auflösen, indem in der Wirtschaft dieselben Verhalten und Werte belohnt und gefördert werden sollen, die auch unsere zwischenmenschlichen Beziehungen gelingen lassen: Vertrauensbildung, Wertschätzung, Kooperation, Naturverbundenheit, Solidarität und Teilen.
2. Die Werte und Ziele unserer Verfassungen sollen in der Wirtschaft konsequent umgesetzt werden. Die gegenwärtige realverfasste Wirtschaftsordnung widerspricht dem Geist der Länderverfassungen.
3. Die wirtschaftliche Erfolgsmessung soll umgestellt werden von den Mitteln (Tauschwerte = Geld) auf die Ziele des Wirtschaftens (Nutzenwerte). Der Zweck allen Wirtschaftens ist nicht die Mehrung des Kapitals, sondern des Gemeinwohls.

Diese Erkenntnis findet heute selbst in Kreisen Akzeptanz, die nicht für systemkritische Einstellungen bekannt sind. So stellt Thiel (2012) in einer Schrift der IHK Ostbrandenburg fest, dass „bedingungslose Gewinnmaximierung nicht die Lösung für marktwirtschaftliche Systeme der Zukunft ist. Vielmehr garantieren Weitblick und das Streben nach mittel- und langfristigen Perspektiven Nachhaltigkeit" (Thiel 2012, S. 9).

Jedoch gibt es auch eine Reihe skeptischer (vgl. z. B. Tacke 2014) und kritisch-ablehnender Auseinandersetzungen (vgl. z. B. Hörl 2012) mit der Gemeinwohlökonomie, die eine Umsetzbarkeit in Frage stellen oder aus unterschiedlichsten Gründen ablehnen, z. B. weil ein Weniger an Konkurrenz und Wettbewerb für unrealistisch gehalten wird.

Mit der Erstellung einer sogenannten Gemeinwohlbilanz entscheiden sich Unternehmen freiwillig, den Weg ethisch-ausgerichteten Wirtschaftens zu beschreiten. Sie analysieren und bewerten den Unternehmenserfolg qualitativ und quantitativ anhand von 17 Indikatoren, die den Werten Menschenwürde, Solidarität, soziale Gerechtigkeit, demokratische Mitbestimmung und Transparenz sowie der ökologischen Nachhaltigkeit zugeordnet sind. Umweltrelevante Indikatoren sind beispielsweise die Reduktion negativer ökologischer Auswirkungen oder die ökologische Gestaltung von Produkten und Dienstleistungen. In der Gesamtheit der Indikatoren geht die Betrachtung weit über den Bereich der angebotenen Produkte bzw. Dienstleistungen hinaus: die Lieferkette wird in Bezug auf die genannten Werte genauso beleuchtet wie der Umgang mit den Mitarbeitern, die Beziehungen zu Geldgebern und Mitbewerbern und das gesellschaftliche Engagement (vgl. GWÖ 2016a). Unternehmen wie VAUDE (Hersteller für Outdoor-Equipment), Ökofrost, Märkisches Landbrot, die Sparda-Bank München, fairmondo, die Tageszeitung (taz) und etliche andere mehr haben inzwischen in Deutschland eine Gemeinwohlbilanz erstellt (vgl. GWÖ 2016b). Insgesamt sind es inzwischen 2005 Unternehmen, 263 Vereine und 8 Gemeinden/Regionen, die die Gemeinwohlökonomie unterstützen. Hinzu kommen noch eine große Zahl von Privatpersonen (6696), die als Unterstützer der Gemeinwohlökonomie wirken (www.ecogood.org, Stand 12.05.2016).

2 Die Gemeinwohlmatrix und ihre Anwendung

Das Herzstück der Gemeinwohlbilanz ist die Gemeinwohlmatrix (www.ecogood.org)[1], die eine Messung des Beitrags zum Gemeinwohl ermöglichen soll. Die Matrix basiert auf den fünf häufigsten Werten demokratischer Staaten:

1. Menschenwürde,
2. Solidarität,
3. Ökologische Nachhaltigkeit,
4. Soziale Gerechtigkeit,
5. Demokratische Mitbestimmung und Transparenz,

---

[1] Aktuell ist die Version 4.1 der Gemeinwohlmatrix in der Anwendung.

in Bezug zu den fünf zentralen Berührungsgruppen eines Unternehmens:

1. Lieferanten,
2. Geldgeber,
3. Mitarbeiter inklusive Eigentümer,
4. Kunden/Produkte/Dienstleistungen/Mitunternehmen,
5. gesellschaftliches Umfeld

und einer Berichterstattung, bezogen auf 17 Hauptindikatoren. Im Mittelpunkt steht immer die Frage „Wie erfülle ich den Wert X in Bezug auf die Berührungsgruppe Y?" (Lewandowski 2016). Die Bewertung erfolgt durch die Unternehmen selbst. Maßstab sind die jeweiligen Best-Practice-Unternehmen der gleichen Branche. Die Bewertung erfolgt mittels eines Punktesystems für die unterschiedlichen Indikatoren und Subindikatoren, bei dem theoretisch maximal 1000 Punkte erreicht werden können. Wie bei CSR-Berichterstattungen üblich, werden nur Leistungen, die über den gesetzlichen Standards liegen anerkannt und mit Punkten bewertet. Die Bewertung erfolgt in Prozent, bei denen 1–10 % erste Schritte, 11–30 % fortgeschritten, 31–60 % erfahren und 61–100 % vorbildlich für die Leistungen dokumentieren. Eine externe Überprüfung erfolgt entweder im Rahmen einer Peer-Evaluierung durch andere am Peer-Prozess beteiligte Unternehmen oder durch ein externes Audit durch einen GWÖ-akkreditierten Auditor. Die Maßnahmen müssen nach einem vorgegebenen Gliederungsmuster, das den einzelnen Werte- und Berührungsgruppen und den zugeordneten Indikatoren entsprechend der Gemeinwohlmatrix folgt (vgl. Abb. 1), in einem Gemeinwohlbericht dargestellt und dokumentiert sowie veröffentlicht werden.

3 Die Gemeinwohlberichterstattung im Tourismus

Die Ideen der Gemeinwohlökonomie finden auch im Tourismus Anklang. Hier sind es vor allem Südtirol und Österreich, in denen inzwischen eine Reihe von touristischen Unternehmen eine Gemeinwohlbilanz erarbeitet und vorgelegt haben und eine Vorreiterrolle übernehmen. Überraschend festzustellen ist, dass die Idee der Pauschalreise, deren Erfindung vor allem Thomas Cook zugeschrieben wird, in einem gemeinwohlorientierten Ansinnen ihren Ursprung hatte (Mundt 2014). So war es das Ziel der ersten Pauschalreisen von Thomas Cook, als gläubiger Baptist und bekennender Temperenzler, die durch Alkohol verstärkte Verelendung der Arbeiterklasse in den Industrieregionen Englands durch die Vermittlung positiver (Reise-)Erlebnisse zu bekämpfen (Mundt 2014, S. 7). Sie dienten also nicht der Profiterzielung, sondern der Bekämpfung des Alkoholismus. Erst später und vor allem unter seinem Sohn John Mason Cook wurden Pauschalreisen zu einem wirtschaftlich erfolgreichen Geschäftsmodell und als Wiege des Massentourismus entwickelt.

GEMEINWOHL-MATRIX 4.1

Diese Version gilt für alle Bilanzen, die ab dem 15. März 2013 für das zurückliegende Bilanzjahr eingereicht werden.

GEMEINWOHL ÖKONOMIE Ein Wirtschaftsmodell mit Zukunft

WERT / BERÜHRUNGSGRUPPE	Menschenwürde	Solidarität	Ökologische Nachhaltigkeit	Soziale Gerechtigkeit	Demokratische Mitbestimmung & Transparenz
A) LieferantInnen	**A1: Ethisches Beschaffungsmanagement** Aktive Auseinandersetzung mit den Risiken zugekaufter Produkte / Dienstleistungen, Berücksichtigung sozialer und ökologischer Aspekte bei der Auswahl von LieferantInnen und DienstleistungsnehmerInnen 90				
B) GeldgeberInnen	**B1: Ethisches Finanzmanagement** Berücksichtigung sozialer und ökologischer Aspekte bei der Auswahl der Finanzdienstleistungen; gemeinwohlorientierte Veranlagung und Finanzierung 30				
C) MitarbeiterInnen inklusive EigentümerInnen	**C1: Arbeitsplatzqualität und Gleichstellung** mitarbeiterorientierte Organisationskultur und -strukturen, Faire Beschäftigungs- und Entgeltpolitik, Arbeitsschutz und Gesundheitsförderung einschließlich Work-Life-Balance/ flexible Arbeitszeiten, Gleichstellung und Diversität 90	**C2: Gerechte Verteilung der Erwerbsarbeit** Abbau von Überstunden, Verzicht auf All-inclusive-Verträge, Reduktion der Regelarbeitszeit, Beitrag zur Reduktion der Arbeitslosigkeit 50	**C3: Förderung ökologischen Verhaltens der MitarbeiterInnen** Aktive Förderung eines nachhaltigen Lebensstils der MitarbeiterInnen (Mobilität, Ernährung), Weiterbildung und Bewusstsein schaffende Maßnahmen, nachhaltige Organisationskultur 30	**C4: Gerechte Verteilung des Einkommens** Geringe innerbetriebliche Einkommensspreizung (netto), Einhaltung von Mindesteinkommen und Höchsteinkommen 60	**C5: Innerbetriebliche Demokratie und Transparenz** Umfassende innerbetriebliche Transparenz, Wahl der Führungskräfte durch die Mitarbeiter, konsensuale Mitbestimmung bei Grundsatz- und Rahmenentscheidungen, Übergabe Eigentum an MitarbeiterInnen. Z. B. Soziokratie 90
D) KundInnen / Produkte / Dienstleistungen / Mitunternehmen	**D1: Ethische Kundenbeziehung** Ethischer Umgang mit KundInnen, KundInnenorientierung/ - mitbestimmung, gemeinsame Produktentwicklung, hohe Servicequalität, hohe Produkttransparenz 50	**D2: Solidarität mit Mitunternehmen** Weitergabe von Information, Know-how, Arbeitskräften, Aufträgen, zinsfreien Krediten; Beteiligung an kooperativem Marketing und kooperativer Krisenbewältigung 70	**D3: Ökologische Gestaltung der Produkte und Dienstleistungen** Angebot ökologisch höherwertiger Produkte/Dienstleistungen; bewusstseinsschaffende Maßnahmen; Berücksichtigung ökologischer Aspekte bei der KundInnenwahl 90	**D4: Soziale Gestaltung der Produkte und Dienstleistungen** Informationen/Produkten/Dienstleistungen für benachteiligte KundInnen-Gruppen. Unterstützung förderungswürdiger Marktstrukturen. 30	**D5: Erhöhung der sozialen und ökologischen Branchenstandards** Vorbildwirkung, Entwicklung von höheren Standards mit MitbewerberInnen, Lobbying 30
E) Gesellschaftliches Umfeld: Region, Souverän, zukünftige Generationen, Zivilgesellschaft, Mitmenschen und Natur	**E1: Sinn und gesellschaftliche Wirkung der Produkte/Dienstleistungen** P/DL decken den Grundbedarf oder dienen der Entwicklung der Menschen /der Gemeinschaft/der Erde und generieren positiven Nutzen. 90	**E2: Beitrag zum Gemeinwesen** Gegenseitige Unterstützung und Kooperation durch Finanzmittel, Dienstleistungen, Produkte, Logistik, Zeit, Know-how, Wissen, Kontakte, Einfluss 40	**E3: Reduktion ökologischer Auswirkungen** Reduktion der Umweltauswirkungen auf ein zukunftsfähiges Niveau: Ressourcen, Energie & Klima, Emissionen, Abfälle etc. 70	**E4: Gemeinwohlorientierte Gewinnverteilung** Sinkende/ keine Gewinnausschüttung an Externe, Ausschüttung an Mitarbeiter, Stärkung des Eigenkapitals, sozial-ökologische Investitionen 60	**E5: Gesellschaftliche Transparenz und Mitbestimmung** Gemeinwohl- oder Nachhaltigkeitsbericht, Mitbestimmung von regionalen und zivilgesellschaftlichen Berührungsgruppen 30
Negativ-Kriterien	Verletzung der ILO-Arbeitsnormen/ Menschenrechte -200 Menschenunwürdige Produkte, z. B. Tretminen, Atomstrom, GMO -200 Beschaffung bei / Kooperation mit Unternehmen, welche die Menschenwürde verletzen -150	Feindliche Übernahme -200 Sperrpatente -100 Dumpingpreise -200	Illegitime Umweltbelastungen -200 Verstöße gegen Umweltauflagen -200 Geplante Obsoleszenz (kurze Lebensdauer der Produkte) -100	Arbeitsrechtliches Fehlverhalten seitens des Unternehmens -200 Arbeitsplatzabbau oder Standortverlagerung bei Gewinn -150 Umgehung der Steuerpflicht -200 Unangemessene Verzinsung für nicht mitarbeitenden Gesellschafter -200	Nichtoffenlegung aller Beteiligungen und Töchter -100 Verhinderung eines Betriebsrats -150 Nichtoffenlegung aller Finanzflüsse an Lobbies / Eintragung in das EU-Lobbyregister -200 Exzessive Einkommensspreizung -100

Detaillierte Beschreibung zu den Indikatoren finden sich im Handbuch zur Gemeinwohlbilanz auf www.gemeinwohl-oekonomie.org und im Redaktionswiki unter https://wiki.gwoe.net/display/Redaktion/Home. Rückmeldungen an die jeweiligen Redakteure sind sehr erwünscht.

Abb. 1 Gemeinwohlmatrix 4.1. (Quelle: GWÖ 2016a)

Über die Motivation von Tourismusunternehmen statt eines klassischen CSR-Berichtes, den Weg der Gemeinwohlbilanzierung zu beschreiten, kann nur spekuliert werden. Forschungsergebnisse dazu fehlen bisher. Vermutlich stehen dahinter Unternehmensinhaber, die erkannt haben, dass noch mehr materieller Wohlstand nicht zu mehr individueller Zufriedenheit führt. Postmaterielle Werte, z. B. Glück, Zufriedenheit und Erfüllung, können nur durch eine sinnvolle Arbeit und eine ethische und nachhaltige Unternehmensführung erreicht werden. Vor allem im Bereich der Spezialreiseveranstalter finden sich auch heute eine ganze Reihe von Unternehmen, die zahlreiche Reisen in unterentwickelte, von Armut gekennzeichnete Regionen anbieten und sich durch ein hohes soziales Engagement in den Reisedestinationen auszeichnen und zum Gemeinwohl in den bereisten Regionen beitragen. Dabei spielen nicht nur philanthropische Motive eine Rolle, sondern auch die Sicherheit der Reisenden sowie die langfristige Sicherstellung eines intakten kulturellen und ökologischen Umfelds.

In Deutschland ist die Idee der Gemeinwohlökonomie im Tourismus noch weitgehend unbekannt. Eine Gemeinwohlbilanz haben bisher erst einzelne Nachhaltigkeitspioniere, z. B. das Naturfreundehaus Hannover, die Pension Radhof in Erfurt, das Naturhotel und Tagungshaus Stiftsgut Keysermühle gGmbH in der Pfalz, das BioHotel Burg Lenzen sowie das für seine Nachhaltigkeitsausrichtung bekannte Tourismusconsulting-Unternehmen BTE Tourismus- und Regionalberatung in Berlin (vgl. BTE 2016), vorgelegt. Das laut dem German Convention Bureau (GCB) im Jahr 2016 nachhaltigste Hotel Deutschlands und erstes CO_2-freies und bio-zertifiziertes Hotel in Berlin und Brandenburg, das Landgut Stober im Bundesland Brandenburg, erarbeitet aktuell seine Bilanzierungsunterlagen (Stober 2016).

Neben der von der EU 2014 erlassenen Richtlinie, die alle Unternehmen mit mehr als 500 Mitarbeitenden verpflichtet einen CSR-Bericht vorzulegen, kann ein weiterer Impuls für die Gemeinwohlökonomie im Tourismus von den im April 2016 in Kraft getretenen neuen Regelungen des EU-Beihilfe-, Vergabe- und Steuerrechts ausgehen. Zuwendungen der öffentlichen Hand sind ein wichtiger Beitrag zur Finanzierung der Arbeit vieler Tourismusorganisationen in Deutschland, da sie Aufgaben der allgemeinen Wirtschaftsförderung, z. B. Tourismus- oder Stadtmarketing, durchführen. Dabei kann es sich um unzulässige Beihilfen im Sinne des EU-Beihilferechts handeln, die zu Wettbewerbsverzerrungen führen. Zuwendungen der öffentlichen Hand sind nur zulässig, wenn es sich um „Dienstleistungen von allgemeinem wirtschaftlichen Interesse" (DAWI) handelt (vgl. DTV 2016). Diese „erfordern den Nachweis, dass die Dienstleistungen sowohl dem Allgemeinwohl dienen als auch aufgrund eines Marktversagens ohne staatliche Eingriffe am Markt von privaten Marktteilnehmern entweder überhaupt nicht (in Bezug auf Qualität, Sicherheit und Bezahlbarkeit) oder nur zu anderen Standards durchgeführt würden" (DTV 2016, S. 3). Die Ausrichtung einer touristischen Organisation bzw. eines touristischen Unternehmens und seiner Unternehmensaktivitäten am Gemeinwohl lässt sich mit einer Gemeinwohlbilanz umfassend und systematisch dokumentieren.

4 Anwendung der Gemeinwohlbilanz im Tourismus

Eine umfassende Analyse der Anwendung der Gemeinwohlbilanz im Tourismus steht noch aus. Einen ersten analytischen Ansatz liefert Henrich (2015), die die Anwendungspotenziale der Gemeinwohlmatrix für Reiseveranstalter untersucht und Empfehlungen für eine Anpassung der Bewertungsindikatoren an die spezifische Situation im Tourismus gibt. Diese Hinweise betreffen zum Beispiel das ethische Beschaffungsmanagement, das die sehr hohe Wertschöpfungstiefe des touristischen Produktes mit vielen Leistungspartnern im In- und Ausland aktuell nicht ausreichend berücksichtigt. Auswahl und Umgang mit Wertschöpfungspartnern werden bisher ausschließlich im Indikator ethisches Beschaffungsmanagement bewertet. Eine Einbeziehung der Wertschöpfungspartner, z. B. bei den Indikatoren Arbeitsplatzqualität und Gleichstellung, Reduktion ökologischer Auswirkungen oder Förderung ökologischen Verhaltens der Mitarbeiter, ist nach Henrich (2015) bisher in der Gemeinwohlmatrix nicht verankert. Dies wäre aber unter anderem erforderlich, um eine nachhaltige und gemeinwohlorientierte Tourismusentwicklung zu erreichen.

Nachfolgend sollen aufbauend auf dem „Leitfaden und Berichtsvorlage Gemeinwohlbericht" der Gemeinwohlökonomie (GWÖ 2016a) beispielhaft einige der im Tourismus besonders relevanten Fragestellungen im Hinblick auf Indikatoren der Gemeinwohlmatrix dargestellt werden. Im Tourismus als Dienstleistungsbranche sind dies vor allem die Indikatoren des Bereichs D, die die Beziehungen zu den Berührungsgruppen: Kunden, Mitbewerbern, Produkte und die fünf Wertebereiche abbilden (vgl. Abb. 1):

- **D1 – Menschenwürde,**
  Ethische Kundenbeziehungen,
- **D2 – Solidarität,**
  Solidarität mit Mitunternehmen,
- **D3 – ökologische Nachhaltigkeit,**
  Ökologische Gestaltung der Produkte/Dienstleistungen,
- **D4 – soziale Gerechtigkeit,**
  Soziale Gestaltung der P/D,
- **D5 – Demokratische Mitbestimmung und Transparenz,**
  Erhöhung der sozialen/ökologischen Branchenstandards.

Ethische Kundenbeziehungen (D1) im Tourismus bedeuten z. B.

- nachhaltige Kundenorientierung, wobei der Kunde und seine Bedürfnisse im Mittelpunkt stehen,
- wertschätzende, offene Verbindung zum Kunden,
- der Kunde wird als gleichwertiger Partner gesehen, d. h. der Kontakt erfolgt auf Augenhöhe,

- dem Kunden wird das verkauft, was diesem nützt und seinen Bedürfnissen entspricht (und nicht, was den meisten Umsatz/Profit bringt),
- der Kunde wird in Unternehmensprozesse eingebunden, z. B. durch regelmäßige Kundenbefragungen. Diese dienen dann als Grundlage für die Produktgestaltung und relevante Unternehmensentscheidungen,
- hohe Transparenz bezüglich Produkten/Dienstleistungen und der Preisgestaltung,
- gutes Servicemanagement, dokumentiert z. B. durch die ServiceQ-Deutschland-Zertifizierung.

Solidarität mit Mitunternehmen (D2) zeigt sich vor allem durch eine enge Kooperation der touristischen Unternehmen in einer Region. Eine enge Kooperation der touristischen Leistungsträger in einer Tourismusregion gilt als einer der zentralen Erfolgsfaktoren für Tourismusdestinationen. Folgende Fragen können z. B. helfen, diesen Bereich zu analysieren:

- Welche relevanten Informationen sind für Mitunternehmen transparent (z. B. Bezugsquellen, Kostenkalkulationen, Konzepte, Know-how)? Welche nicht und warum nicht?
- Welche Beispiele gibt es für gelebte Kooperationen mit anderen Unternehmen in Form von Kundenweitergabe (z. B. bei vollem Haus), Austausch oder Weitergabe von Arbeitskräften, gemeinsame Veranstaltungen etc.?
- Wie groß ist das Marketing-Budget und wofür wird es verwendet (für welche Marketing-Maßnahmen)? Gibt es Beispiele für gemeinsame Marketingaktivitäten mit anderen Unternehmen?

Die **ökologische Nachhaltigkeit (D3)** drückt sich vor allem durch die ökologische Gestaltung der Produkte und Dienstleistungen aus. Hierzu gibt es inzwischen praktikable Leitfäden und Checklisten (Balàš und Rein 2016; Weber und Taufer 2016), die eine ökologisch nachhaltige Entwicklung von touristischen Produkten und Dienstleistungen erleichtern. Wichtig ist dabei, dass die Produkte und Dienstleistungen in ökologischer Hinsicht überdurchschnittlich gut sind, d. h. mit einem geringen Ressourcenverbrauch, einem geringen Energieverbrauch, umweltschonende An- und Abreisemöglichkeiten, Vermeidung natur- und umweltgefährdender Aktivitäten etc. verbunden sind. Auch eine Stärkung des Konsumentenenbewusstseins für ökologische Produkte und Dienstleistungen durch z. B. aktive Kommunikationspolitik zu ökologischem und suffizientem Konsumverhalten sollte geleistet werden. Folgende Fragen können helfen, diesen Bereich zu analysieren:

- Welche konkreten Zielsetzungen und Maßnahmen gibt es im Unternehmen, um Produkte und Dienstleistungen ökologischer zu gestalten?
- Welche Erfolge wurden bereits erzielt (idealerweise mit Kennzahlen wie gesunkener Ressourcenverbrauch oder erhöhter Anteil an Material mit Ökolabel)?
- Wenn möglich, Vergleiche zu ähnlichen Produkte und Dienstleistungen in Hinblick auf die ökologische Gestaltung (Benchmarking).

- Werden konkrete Anreizsysteme (z. B. Preisvorteile) für nachhaltiges Verhalten (z. B. bei Anreise mit öffentlichen Verkehrsmitteln) geboten?
- Werden ökologische Ziele und Werte offen gegenüber den Kunden kommuniziert? Wenn ja, in welcher Form (z. B. auf Website, in einem Nachhaltigkeitsbericht, durch Zertifikate/Labels)?

Im Mittelpunkt des Wertebereichs **Soziale Gerechtigkeit (D5)** stehen z. B. die Fragen:

- Wer sind potenziell benachteiligte Kundengruppen?
- Inwiefern berücksichtigen die Produkte und Dienstleistungen die Diversity-Kriterien (AGG – Allgemeines Gleichstellungsgesetz), z. B. Ethnie/Nationalität, Religion, Alter, Geschlecht, sexuelle Orientierung, körperlich/geistige Verfassung?
- Werden z. B. Preisreduktionen für einkommensschwache oder benachteiligte Kunden-(Gruppen) angeboten (z. B. als Betreiber einer Freizeitattraktion für Schüler, Auszubildende, Arbeitslose etc.)? Wenn ja, wie werden diese transparent gemacht?
- Bekommen kleine/schwächere Kundengruppen mindestens gleichwertige Leistungen/Service wie Großkunden? Gibt es Großkundenrabatte?

Im Wertbereich **Demokratische Mitbestimmung und Transparenz (D5)** können touristische Unternehmen z. B. ihr Engagement in der Tourismusbranche bzw. den entsprechenden Fach- und Lobbyverbänden für die Erhöhung von ökologischen und sozialen Standards anhand der folgenden Fragen prüfen:

- Zu welchen Branchenstandards haben Sie sich selbst verpflichtet und wie wird die Einhaltung überprüft?
- Mit welchen Unternehmen/Netzwerken arbeiten Sie zusammen und inwiefern ist dort die Erhöhung von Branchenstandards Bestandteil?
- Sind Sie in Lobbygruppen aktiv? Wenn ja, wofür setzen diese sich ein? Machen Sie Ihren Einsatz transparent?
- Welche ökologischen und sozialen Themen sind von den Aktivitäten zur Erhöhung von Branchenstandards betroffen? Welchen regionalen/internationalen Umfang haben die Aktivitäten?
- Konnte bereits auf legislativer Ebene eine Veränderung umgesetzt werden? Wenn ja, welche und inwiefern waren Sie/Ihre Netzwerkpartner beteiligt?

Dies sind nur einige Beispiele für die touristische Anwendung der Indikatoren des Bereichs D: „Kunden, Produkte, Dienstleistungen, Mitunternehmer" der Gemeinwohlmatrix. Auch die Indikatoren der Bereiche A „Lieferanten"; „B Geldgeber", C „Mitarbeiter inkl. Eigentümer", E „Gesellschaftliches Umfeld" (Region, Souverän, zukünftige Generationen, Mitmenschen, Natur) sowie die Negativkriterien sind im Hinblick auf ihre Umsetzung im Tourismusunternehmen zu prüfen. Dies würde jedoch den Rahmen dieses Beitrags sprengen. Daher sei auf die Gemeinwohlberichte und -bilanzen der GWÖ-

Pioniere im Tourismus verwiesen, die sich unter www.ecogood.org und auf den Websites der Unternehmen finden (z. B. für BTE unter: http://www.bte-tourismus.de/bte-2-0/news/details/133).

5 Fazit

Für touristische Unternehmen bei denen ein authentischer Wunsch besteht, sich in Richtung Nachhaltigkeit und Werteorientierung weiterzuentwickeln, ist eine Gemeinwohlbilanz und damit eine kritische Durchleuchtung, systematische Erfassung und eine Publikation der Gemeinwohlorientierung in einem Gemeinwohlbericht eine mögliche Alternative zu herkömmlichen CSR-Berichten. Damit zeigt das touristische Unternehmen, dass es die Entwicklung eines Wirtschaftssystems unterstützt, in dem das Gemeinwohl an oberster Stelle steht. Durch die Erstellung ihrer Gemeinwohlbilanz unterstreichen diese Unternehmen, dass sie einen Sinn darin sehen, sich über die gängige CSR-Berichterstattung hinaus, für gemeinsame Werte und Ziele einzusetzen, um einen gesellschaftlichen Wandel zu bewirken. In einem Gemeinwohlbericht dokumentieren sie ihre Gemeinwohlorientierung, indem sie die Aktivitäten des Unternehmens zu jedem der 17 Indikatoren nach einer Vorlage beschreiben.

Literatur

Balàš M, Rein H (2016) Nachhaltigkeit im Deutschlandtourismus. Anforderungen, Empfehlungen, Umsetzungshilfen. Deutscher Tourismusverband, Berlin

Balàš M, Strasdas W (2015) Corporate Social Responsibility und nachhaltiges Unternehmensmanagement im Tourismus. In: Rein H, Strasdas W (Hrsg) Nachhaltiger Tourismus, Bd. 2015. UVK Verlagsgesellschaft mbH, Konstanz und München, S 231–272

BTE Tourismus- und Regionalberatung (2016) Gemeinwohlbericht 2015. Standort Berlin. http://www.bte-tourismus.de/bte-2-0/news/details/133. Zugegriffen: 22. Mai 2016

Deutscher Tourismusverband (DTV) (2016) Die neuen Rahmenbedingungen für Tourismusorganisationen im EU-Beihilferecht, EU-Vergaberecht und Steuerrecht. http://www.deutschertourismusverband.de. Zugegriffen: 12. Mai 2016

Europäisches Parlament, Rat der Europäischen Union (2014) Richtlinie 2014/95/EU zur Angabe nichtfinanzieller und die Diversität betreffender Informationen durch bestimmte große Unternehmen und Gruppen. Amtsblatt der Europäischen Union vom 15.11.2014, L330/1-9. Brüssel. http://eur-lex.europa.eu/legal-content/DE/TXT/PDF/?uri=CELEX:32014L0095&from=DE. Zugegriffen: 08. Jul. 2016

Felber C (2014) Die Gemeinwohlökonomie. Aktualisierte und erweiterte Neuauflage. Deuticke im Paul Zsolnay Verlag, Wien

Gemeinwohlökonomie (GWÖ) (2016a) Leitfaden und Berichtsvorlage Gemeinwohlbericht. Version 4.1. Wien. https://www.ecogood.org/services/downloads. Zugegriffen: 22. Mai 2016

Gemeinwohlökonomie (GWÖ) (2016b) Beispielbilanzen, Wien. https://www.ecogood.org/gemeinwohl-bilanz/was-ist-die-gw-bilanz/beispiel-bilanzen. Zugegriffen: 8. Jul. 2016

Grundgesetz der Bundesrepublik Deutschland vom 23. Mai 1949 (BGBl. S. 1), zuletzt geändert durch Artikel 1 des Gesetzes vom 23. Dez. 2014 (BGBl. I S. 2438), Bonn, Berlin. https://www.bundestag.de/bundestag/aufgaben/rechtsgrundlagen/grundgesetz/gg/245216. Zugegriffen: 22. Mai 2016

Henrich, Y (2015) Gemeinwohlökonomie in der Tourismusbranche. Eine Analyse der Anwendungspotenziale der Gemeinwohlmatrix 4.1 für nationale und multinationale Reiseveranstalter. Masterarbeit an den Fachbereichen „Nachhaltige Wirtschaft und Landschaftsnutzung und Naturschutz" im Masterstudiengang „Nachhaltiges Tourismusmanagement" der Hochschule für nachhaltige Entwicklung Eberswalde, Eberswalde

Hörl M (2012) Die Gemeinwohlfalle: Wie man mit Halb- und Unwahrheiten eine Gesellschaft aufwiegelt. Ecobizz Verlag, Großmain

Lewandowski L (2016) Die Gemeinwohlökonomie. Ein Wirtschaftsmodell mit Zukunft. Vortrag bei GWS Forum 2016: Wozu Utopien? Treibhäuser für neues Denken und Handeln in der Arbeitswelt. 20.–26.02.2016, Oberursel

Lotter D, Braun J (2011) Der CSR-Manager. Unternehmensverantwortung in der Praxis, 2. Aufl. ALTORP Verlag, München

Mundt JW (2014) Thomas Cook. Pionier des Tourismus. UVK Verlagsgesellschaft mbH, Konstanz und München

Pufé I (2014) Nachhaltigkeit, 2. Aufl. UVK Verlagsgesellschaft, Konstanz und München

Stober, M (2016) Mündliche Auskunft am 11.05.2016. Landgut Stober, Nauen OT Groß Behnitz

Tacke KH (2014) Gemeinwohlökonomie? Was geht – und was geht nicht. Kritisch-konstruktive Betrachtung des gleichnamigen Buches von Christian Felber. Verlag BoD – Books on Demand, Norderstedt

Thiel K (2012) Der ehrbare Kaufmann – Herkunft und Vision einer kulturellen Idee. In: IHK Ostbrandenburg (Hrsg) Der Ehrbare Kaufmann lebt! – Portraits aus Ostbrandenburg. IHK Ostbrandenburg, Frankfurt (Oder)

Verfassung des Freistaates Bayern in der Fassung der Bekanntmachung vom 15. Dezember 1998 (GVBl. S. 991), BayRS 100-1-I. Zuletzt geändert durch § 1 ÄndG vom 11. 11. 2013, Art. 83 mWv 1.1.2014 (GVBl. S. 642)

Weber F, Taufer B (2016) Nachhaltige Tourismusangebote. Leitfaden zur erfolgreichen Entwicklung und Vermarktung nachhaltiger Angebote in Tourismusdestinationen. Hochschule Luzern, Luzern

Hartmut Rein studierte Landschaftsplanung an der Universität Hannover und Regionalplanung an der University of Massachusetts/USA. Seit 2007 ist er Professor für „Nachhaltiges Destinationsmanagement" an der Hochschule für nachhaltige Entwicklung Eberswalde (HNEE) und seit 2010 Studiengangleiter des Masterstudiengangs „Nachhaltiges Tourismusmanagement". Er ist Mitbegründer des Zentrums für nachhaltigen Tourismus (ZENAT) der HNEE. Seine Schwerpunkte in Forschung und Lehre sind Destinationsentwicklung, Tourismus im ländlichen Raum, Tourismus in Schutzgebieten und Nachhaltigkeit im Kulturtourismus. Seit 1995 ist er einer der geschäftsführenden Gesellschafter des Tourismusconsulting-Unternehmens „BTE Tourismus- und Regionalberatung", das als bisher einziges deutsches Tourismusberatungsunternehmen einen CSR-Bericht in Form einer Gemeinwohlbilanz erstellt und veröffentlicht hat. Er ist akkreditierter Auditor für die Nachhaltigkeitszertifizierung TourCert und Mitherausgeber der Lehrbücher „Tourismus im ländlichen Raum" sowie „Nachhaltiger Tourismus".

CSR bei TUI Cruises – Umweltmanagement und die „Mein Schiff 3"

Lucienne Damm

1 TUI Cruises

Im Jahre 2008 hat die TUI AG zusammen mit der Royal Caribbean Cruises Ltd. (RCCL) die TUI Cruises GmbH als Joint Venture gegründet, um im deutschsprachigen Premiummarkt zeitgemäße Wohlfühlurlaube auf dem Meer anzubieten. Zielgruppe des Urlaubskonzepts sind vor allem Paare und Familien mit hohem Anspruch an Freiraum, Großzügigkeit, Qualität und individuellen Service. Diese Anforderungen prägen das Angebot der Flotte, die neben den beiden Umbauten „Mein Schiff 1" und „Mein Schiff 2" sowie dem Neubau „Mein Schiff 3" seit Juni 2015 auch aus der neuen „Mein Schiff 4" bzw. seit Juli 2016 der neuen „Mein Schiff 5" besteht (eine ausführliche Produktübersicht findet sich hier https://tuicruises.com/kreuzfahrten-mein-schiff/).

Die Schiffe haben zwischen 956 und 1253 Passagierkabinen und bieten eine große Vielfalt an Gastronomie-, Unterhaltungs-, Sport-, Wellness-, und Shoppingangeboten, die den Gästen zeitgemäßes Reisen mit exzellentem Service ermöglichen. Das Premium-Alles-Inklusive-Konzept schließt in den Reisepreis eine Vielfalt der Restaurants und Bistros, ein weit gefächertes Getränkesortiment in den Bars und Lounges und eine breite Palette an Angeboten aus den Bereichen Unterhaltung, Sport und Wellness ein (nähere Informationen zum sogenannte Premium Alles Inklusive Konzept finden sich hier: https://tuicruises.com/kreuzfahrten-mein-schiff/alles-inklusive/).

Nach den Indienststellungen in den Jahren 2014, 2015 und 2016 wird TUI Cruises auch in den beiden kommenden Jahren je einen Neubau in den Markt einführen. Das Unternehmen erweitert sein Angebot konstant. Die derzeit 80 Routen ergänzt seit 2016

L. Damm (✉)
Environmental Management, TUI Cruises GmbH
Anckelmannsplatz 1, 20537 Hamburg, Deutschland
E-Mail: Lucienne.Damm@tuicruises.com

© Springer-Verlag GmbH Deutschland 2017
D. Lund-Durlacher et al. (Hrsg.), *CSR und Tourismus*,
Management-Reihe Corporate Social Responsibility, DOI 10.1007/978-3-662-53748-0_28

auch die Region Mittelamerika (Übersicht über die derzeitigen und geplanten Fahrtgebiete finden sich hier: https://tuicruises.com/kreuzfahrten/).

Der Umweltschutz ist in der Unternehmensstrategie von TUI Cruises fest verankert und prägt den Alltag an den beiden landseitigen Standorten Hamburg und Berlin ebenso wie an Bord der Schiffe und bei den Aktivitäten in den Destinationen. Als unternehmensübergreifende Stabstelle, welche direkt an die Geschäftsführung berichtet, ist die Abteilung „Environmental Management" verantwortlich für die Steuerung und Weiterentwicklung sämtlicher Umweltaktivitäten an Land und an Bord der „Mein Schiff Flotte" (ein Organigramm findet sich hier: https://tuicruises.com/nachhaltigkeit/umweltmanagement/ und weitere Informationen zum Aufbau des Umweltmanagements sind erläutert in TUI Cruises 2015, S. 7 ff. sowie TUI Cruises 2016, S. 5).

2 Theoretischer Rahmen

Kreuzfahrtunternehmen bewegen sich in einem höchst regulierten Rechtsraum. Oft wird die internationale Schifffahrt als „unreguliert" oder „rechtsfreier Raum" bezeichnet. Dies trifft mitnichten zu: Zahlreiche Rechtsvorgaben sind auf internationaler, regionaler, nationaler und lokaler Ebene vorhanden und werden ständig weiterentwickelt (siehe dazu auch Zeiss in diesem Sammelband). Zentrale Konvention für die Schifffahrt ist das Umweltschutzübereinkommen der Internationalen Maritimen Organisation (IMO), das MARPOL-Abkommen. Mit seinen sechs Anhängen regelt es sämtliche Arten der Umweltverschmutzung durch Schiffe (International Convention for the Prevention of Pollution from Ships MARPOL, über http://www.imo.org/en/About/Conventions/ListOfConventions/Pages/International-Convention-for-the-Prevention-of-Pollution-from-Ships-%28MARPOL%29.aspx; eine kurze Zusammenfassung auf Deutsch findet sich hier: http://www.deutsche-flagge.de/de/umweltschutz/marpol).

Die Reedereien übernehmen diese und sämtliche weitere Regularien innerhalb ihres Unternehmens und ihrer Handbücher und Richtlinien, auch Manuals genannt, welche die Grundlage für den Schiffsbetrieb sind. Diese Manuals geben dem Captain und seiner Crew genaue Informationen, welche Vorgaben einzuhalten sind und wie diese umgesetzt werden müssen. Durch verschiedene interne (z. B. eigene Revisionsabteilung, interne Audits) und externe Audits (z. B. von der Schiffsklasse und dem Flaggenstaat) wird die Einhaltung dieser Manuals und damit der Vorschriften kontrolliert und dokumentiert. Darüber hinaus werden über Branchenverbände, z. B. der Cruise Lines International Association (CLIA), für Kreuzfahrtbetreiber strengere Vorgaben festgelegt, an die die Mitglieder sich halten müssen (http://www.cruising.org/about-the-industry/regulatory/industry-policies). Umweltschutz wird also einerseits auf Grundlage von Gesetzen und Richtlinien umgesetzt, dies stellt aber andererseits meist nur den Minimalstandard dar. Viele Kreuzfahrtunternehmen haben darüber hinaus eigene Leitbilder und Ansätze entwickelt, die das Thema Umweltschutz in die Praxis umsetzen sollen. Dabei entwickeln Unternehmen CSR-, Umwelt- oder Nachhaltigkeitsstrategien bzw. Konzepte, um ihre Wertschöpfungsketten ökologischer oder nachhaltiger zu gestalten (siehe dazu z. B. http://www.royalcaribbean.com/ourCompany/environment/rcAndEnvironment.do und unter: http://unternehmen.tui.com/de/verantwortung/nachhaltigkeit/umweltmanagement/ nachhaltigkeitspolitik). Viele der Kreuzfahrtunternehmen haben schon seit Jahren bzw. Jahrzehnten eigene Abteilungen, Stabstellen oder Fachbereiche für das Umwelt- und/ oder Nachhaltigkeitsmanagement eingerichtet (siehe dazu u. a. Royal Caribbean Cruise Lines 2015, S. 11; https://www.aida.de/aida-cruises/nachhaltigkeit/aida-cares-2015/kontinuitaet.32180.html). Dabei kann es mal eine stärkere Ausrichtung an die Kommunikations- und Marketingabteilungen geben oder an die operativen Abteilungen. Operativ meint in diesem Zusammenhang die Abteilungen, welche direkt für den täglichen Schiffsbetrieb verantwortlich sind. Bei TUI Cruises sind das z. B. das Ship-Management, Product-Management und Onboard-Services oder Port-Operations. Die Umwelt-/Nachhaltigkeits-Abteilungen sind meist für die Umsetzung der CSR Konzepte oder Strategien verantwortlich, d. h. für die Entwicklung und Umsetzung von Maßnahmen der CSR-Leistung des Unternehmens verantwortlich (vgl. Schwerk 2012).

3 Fallstudie

In der Fallstudie sollen das Umweltmanagement und die CSR-Aktivitäten des Kreuzfahrtanbieters TUI Cruises vorgestellt werden. Dabei richtet sich der Blick auf die Maßnahmen, die an den Standorten und bei den Neubauten durchgeführt werden. Exemplarisch soll dabei der erste Neubau von TUI Cruises, die „Mein Schiff 3" dienen.

3.1 CSR-Aktivitäten von TUI Cruises

Eine CSR oder Nachhaltigkeitsabteilung im klassischen Sinne hat TUI Cruises bisher nicht. Vielmehr ergänzen sich die Aktivitäten zum Umweltschutz der Umweltmanagementabteilung mit dem sozialen Engagement der Communications- und der Human-Resources-Abteilungen. Zusammen bilden sie die CSR-Aktivitäten von TUI Cruises.

3.1.1 Das Umweltmanagement

Die Umweltabteilung von TUI Cruises wurde im September 2011 mit der Einrichtung der Stabstelle und der Besetzung des Umweltmanagerpostens offiziell gegründet. Bisherige umweltbezogene Aktivitäten wurden seit der Gründung des Unternehmens 2008 dezentral von verschiedenen Abteilungen übernommen und nicht systematisiert. Die Einrichtung der Stabstelle, damals direkt an den CEO von TUI Cruises berichtend, hatte zur Aufgabe, das unternehmerische Umweltmanagement mit dem Ziel aufzubauen, die Auswirkungen des Unternehmens auf Umwelt und Natur kontinuierlich zu verbessern (TUI Cruises 2013, S. 5 ff.). Als Joint Venture der TUI AG und RCCL war die Stabstelle von Beginn an in engem Austausch mit den jeweiligen Nachhaltigkeitsabteilungen der Mutterkonzerne.

Wichtig war beim Aufbau, dass die Abteilung organisatorisch nicht als isoliertes Fachressort betrachtet wurde, sondern die Stabstelle bei der Geschäftsführung aufzuhängen und das Thema Umweltschutz in alle Bereiche des Unternehmens zu integrieren. Umweltschutz wird damit als Querschnittsthema, als unternehmerische Gesamtaufgabe verstanden, zu der jede Abteilung seinen Beitrag leistet. Regelmäßige Jour Fixe und Meetings mit den Abteilungen garantieren einen ständigen Austausch und konstante Zusammenarbeit.

Als Ausgangspunkt wurde definiert, dass TUI Cruises kein „normales" Umweltmanagement (Engelfried 2011, S. 39) etablieren wollte, sondern ein nachhaltiges Umweltmanagement (Engelfried 2011, S. 39). Bei der Implementierung eines „normalen" Umweltmanagement stehen Kundenanforderungen im Vordergrund, das Unternehmen hat „keine Wahl: Es wird von ihnen erwartet, ein Umweltmanagementsystem umzusetzen" (Engelfried 2011, S. 39). Meist erfolgte die Umsetzung dann strikt nach normierten Standards und Minimalanforderungen, z. B. ISO 14001 oder EMAS. Ein „nachhaltiges" Umweltmanagement setzt voraus, dass das Unternehmen sich mit „Fragen der Positionierung des Unternehmens gegenüber Umweltschutz und ... nachhaltiger Entwicklung" (Engelfried 2011, S. 39) auseinander gesetzt hat und strategische Vorüberlegungen getroffen hat. Umweltschutz wird nicht als pragmatische Antwort auf eine Kundenanforderung, sondern als Selbstverständlichkeit innerhalb der Unternehmensphilosophie verstanden. Dabei geht TUI Cruises über die Minimalanforderung einer ISO-14001-Zertifizierung hinaus und integriert Umweltschutzaktivitäten integrativ in alle Abteilungen (TUI Cruises 2015, S. 5 ff.).

Daher wurde mit Gründung der Stabstelle 2011 erstmal eine ausführliche Bestandsaufnahme an Land und an Bord der Schiffe (damals „Mein Schiff 1" und „Mein Schiff 2") durchgeführt sowie eine Analyse der zentralen Herausforderungen und Themen im maritimen Umweltschutz und Tourismus vorgenommen. Erst darauf aufbauend und in Austausch mit dem Führungskreis des Unternehmens wurde die erste Umweltstrategie von TUI Cruises entwickelt. Gültig für einen 5-Jahres-Horizont von 2012–2017 definiert die Strategie die zentralen Handlungsthemen für das Umweltmanagement. Die 7 Kernbereiche lauten: Klimaschutz und Emissionsminderung, Energieeffizienz, Transparenz und Nachprüfbarkeit, Nachhaltigkeit in der Lieferkette, Ressourcenschutz durch Abfall- und Abwassermanagement, Einbeziehung von Interessengruppen sowie die Umweltsensibilisierung an Bord und an Land (TUI Cruises 2013, S. 6 f.).

Die landseitigen Aktivitäten von TUI Cruises sind seit September 2013 nach DIN ISO 14001 zertifiziert (generelle Informationen zu den ISO Managementsystemen finden sich hier https://www.umweltbundesamt.de/themen/wirtschaft-konsum/wirtschaft-umwelt/umwelt-energiemanagement/iso-14001-umweltmanagementsystemnorm ISO 14001; http://www.tuev-sued.de/management-systeme/iso-9001 ISO 9001). Das heißt alle landseitigen Aktivitäten des Unternehmens an den Standorten Hamburg (Hauptsitz) und Berlin (Entertainment) werden seitdem von einem externen Zertifizierer (sog. Schiffsklasse) jährlich auditiert und die kontinuierlichen Verbesserungen überprüft. Parallel dazu wurde das Qualitätsmanagement nach DIN ISO 9001 zertifiziert und damit ein integriertes Managementsystem geschaffen. Ende 2015 wurde die „Mein Schiff Flotte" mit dem bordseitigen Umweltmanagement in das ISO-14001-Zertifikat (nähere Informationen zu den ISO Zertifizierungen bei TUI Cruises siehe https://tuicruises.com/nachhaltigkeit/umweltmanagement/) von Celebrity Cruises mit aufgenommen, ein Tochterunternehmen von RCCL, welches den technisch-nautischen Schiffsbetrieb der „Mein Schiff Flotte" verantwortet. Die ISO-14001-Zertifizierungen sind damit nur ein Baustein des nachhaltigen Umweltmanagements von TUI Cruises und werden ergänzt durch die strategischen Projekte und Maßnahmen sowie Stakeholder- und Kommunikationsaktivitäten. Ausführliche Darstellungen des unternehmerischen Engagements finden sich in den Umweltberichten der vergangenen Jahre (u. a. TUI Cruises 2013, S. 19 ff., 2015, S. 29 ff., 2016, S. 12).

3.1.2 Soziales Engagement

Das im CSR-Grundgedanken verankerte Social-Responsibility-Prinzip wird bei TUI Cruises seit Unternehmensgründung sukzessive ausgebaut. Das soziale Engagement folgte anfänglich einem unkoordinierten bzw. Ad-hoc-Ansatz, z. B. durch lokale Projekte wie Clean Winners oder Spenden an Hilfsorganisationen wie CARE International. Mittlerweile wurden aber Verantwortlichkeiten verteilt, so ist die Communication-Abteilung bei TUI Cruises für soziale Projekte (klassische Charity-Kooperationen) zuständig. Beispiele sind hier die TUI-Cruises-Patenschaft, mit der jährlich ein von den Mitarbeitern vorgeschlagenes und ausgewähltes Patenprojekt in Hamburg und Umgebung unterstützt wird. Die Human-Resources-Abteilung übernimmt Themen wie Mitarbeiterentwicklung- bzw. Zufriedenheit, Weiterbildung und Gesundheitsmanagement.[1] Das Umweltmanagement ist für Kooperationen und Projekte im Bereich Umweltschutz und ökologische und soziale Nachhaltigkeit in den Destinationen verantwortlich. Ein Beispiel ist hier die Forschungskooperation mit dem Helmholtz-Zentrum Geesthacht in Zuge dessen Forschungsgeräte für Luft- und Wassermessungen auf der „Mein Schiff 3" installiert wurden. Somit kann die „Mein Schiff 3" von den Forschern als kostenloses Forschungsschiff genutzt werden. Ein weiteres Beispiel für Kooperationen in den Destinationen ist das Grün & Fair-Landausflugsprojekt. Seit Frühjahr 2013 generiert TUI Cruises über diese neu geschaffene Ausflugskategorie Unternehmensspenden, die in den Destinationen an lokale Umwelt- und Naturschutzorganisationen übergeben werden (aktuelle Übersicht über die Grün & Fair-Spendenprojekte sind hier zu finden: https://tuicruises.com/kreuzfahrten-mein-schiff/landausfluege/). Dort werden Projekte wie nachhaltige Walbeobachtungstouren, Restauration von Korallenriffen oder Umweltbildungsangebote unterstützt (TUI Cruises 2014, S. 9, 2015, S. 21) Seit 2010 ist TUI Cruises Mitglied bei Futouris e. V., der Nachhaltigkeitsinitiative der deutschen Reisebranche (Informationen zur Nachhaltigkeitsinitiative Futouris und den von TUI Cruises geförderten Projekten finden sich hier: http://www.futouris.org/futouris-unternehmen/tui-cruises/). Hier werden über individuelle Patenprojekte und gemeinsame Branchenprojekte in den Destinationen nachhaltige Strukturen gefördert. In diesem Rahmen unterstützt TUI Cruises SECORE International (Darstellung von SECORE Interna-

---

[1] Beispiele sind hier Betriebssport, Sprachkurse, Yoga- und Selbstverteidigungskurse.

tional und dem gemeinsamen Projekt mit TUI Cruises findet sich hier: http://www.secore.org/site/our-work/detail/sustainable-under-water.31.html), welche u. a. auf Curacao eine Restaurationsstation für die Elchkoralle betreibt. Im Rahmen dieses Projektes wurde auch ein Flyer für nachhaltige Tauchpraxis entwickelt, der mit den lokalen Tauchschulen vor Ort und nicht zuletzt mit den Gästen der „Mein Schiff Flotte" geteilt wurde. Über das Umwelt- und CSR-Engagement informiert TUI Cruises mittels der Nachhaltigkeitswebseite des Unternehmens (zum allgemeinen CRS-Engagement finden sich Informationen hier: https://tuicruises.com/nachhaltigkeit/unser-engagement/ und zum TUI-Cruises-Patenschaftsprojekt hier: https://tuicruises.com/nachhaltigkeit/patenschaft/).

3.1.3 Berichterstattung

Transparenz ist für die Glaubwürdigkeit der unternehmerischen CSR-Aktivitäten unverzichtbar. So sind in der ISO 26000, dem globalen Standard für soziale Verantwortung, die Prinzipien der „Rechenschaftspflicht" und auch der „Transparenz" (Bay 2010, S. 31 ff.) explizit formuliert. Über öffentlich zugängliche Informationen zu den Unternehmenstätigkeiten und Auswirkungen auf Umwelt und Soziales, können Stakeholder (d. h. interessierte Gruppen und Organisationen) erkennen, mit welchen CSR-Themen sich das Unternehmen auseinandersetzt, welche Ziele und Maßnahmen ergriffen werden und wie die Entwicklung in den verschiedenen Handlungsbereichen aussieht. Im Zuge einer regelmäßigen Berichterstattung, z. B. über Geschäfts-, Nachhaltigkeits- oder Umweltberichte, informieren mittlerweile viele Unternehmen über Aktivitäten. Laut Jasch deckt ein glaubwürdiger Nachhaltigkeitsbericht folgende Bereiche ab: „Nachvollziehbarkeit (auditierungsfähige Aussagen), [a]usgewogene Darstellung aller relevanten Nachhaltigkeitsbereiche, Managementsysteme, Kennzahlen, [q]uantitative Ziele, einen roten Faden zwischen den wesentlichen Themen, Kennzahlen und Zielen" (2012, S. 511).

Das Unternehmen TUI Cruises veröffentlichte im Juni 2013 den ersten eigenen Umweltbericht für das Geschäftsjahr 2012 (TUI Cruises 2013, abrufbar unter https://tuicruises.com/nachhaltigkeit/umweltbericht/). Davor waren TUI Cruises bezogene Kennzahlen nur in den Geschäftsberichten der Mutterkonzerne TUI AG bzw. RCL aufgetaucht, meist kumuliert und wenig nachhaltigkeitsbezogen. Der erste Umweltbericht, in kleiner Stückzahl und nach strengen Umweltansprüchen produziert, gab Auskunft über das Unternehmen im Allgemeinen, die Standorte sowie die Themenbereiche Emissionen, Abfall, Biodiversität, Wasser, Neubauten und das unternehmerische Sozialengagement. Dazu wurden in den relevanten Nachhaltigkeitsbereichen Kennzahlen veröffentlicht und abschließend quantitative und qualitative Ziele für die Zukunft formuliert (TUI Cruises 2013, S. 29). An der Struktur hat sich bis dato nichts geändert, alle zwei Jahre wird ein umfangreicher Umweltbericht veröffentlicht, ergänzt durch einen kurzen Zwischenbericht. Alle Berichte und Kennzahlen sind auf der Unternehmenswebseite zu finden und für die Öffentlichkeit einzusehen (abrufbar unter https://tuicruises.com/nachhaltigkeit/umweltbericht/).

3.2 Die „Mein Schiff 3" als Umweltschiff

Die wesentliche Umweltauswirkung einer Kreuzfahrtreederei wird durch den Betrieb der Kreuzfahrtschiffe verursacht. Das landseitige Umweltmanagement unterstützt dabei die Schiffsführung bei einem möglichst umweltschonenden und nachhaltigen Schiffsbetrieb. Über Ziel- und Maßnahmenformulierung, aber auch unternehmerische Vorgaben zum Umweltschutz beeinflusst das landseitige Management die Auswirkungen auf Natur und Umwelt durch die Schiffe.

Ein wesentlicher Fortschritt in Richtung nachhaltige Kreuzfahrt konnte TUI Cruises im Rahmen seiner Neubauprojekte der vergangenen Jahre erreichen. Die ersten Flottenzugänge „Mein Schiff 1" (Indienststellung 2009) und „Mein Schiff 2" (Indienststellung 2011) wurden vom Mutterkonzern RCL übernommen und für TUI Cruises und den deutschen Markt umgebaut und renoviert. Gebaut wurden die Schiffe 1996 bzw. 1997 in der Papenburger Meyer-Werft. Damals auf dem neusten Stand der Technik, sind diese fast 20 Jahre später aus Umweltsicht nicht mehr auf dem aktuellsten Techniknivau. Daher bot sich TUI Cruises mit dem 2011 begonnen Neubauprojekt für die „Mein Schiff 3" eine einmalige Gelegenheit, das Thema Umweltschutz und Nachhaltigkeit von Anfang an in den Bauplan zu integrieren. Ein Umwelt-Steuerungs-Komitee steuerte und überprüfte über den gesamten Bauprozess hinweg die Pläne, Vorgaben und Fortschritte, besonderer Fokus lag dabei auf den Themen Energieeffizienz und Abgasreinigungstechnik (TUI Cruises 2013, S. 25).

3.2.1 Das Energieeffizienz-Schiff

Wie im Beitrag von Harald Zeiss in diesem Sammelband skizziert, hat eine hohe Energieeffizienz ökonomische und ökologische Vorteile für den Schiffsbetreiber. Denn sämtliche an Bord benötigte Energie wird durch die Schiffsmotoren durch die Verbrennung von Treibstoff erzeugt. Die Verbrennung von Treibstoff ist nicht nur ein wesentlicher Kostenfaktor, sondern führt zum Ausstoß von schädlichen Luftemissionen. In der Regel zu CO_2-, Schwefel-, und Stickoxidemissionen sowie Partikel (u. a. Ruß- und Feinstaub) (siehe dazu Beitrag von Zeiss in diesem Buch sowie für einen Überblick über die Thematik der Schiffsemissionen siehe u. a. Corbett und Koehler 2013; AKN 2009; Hassellöv 2009; NABU 2015).

Bereits in der Vertragsphase für den Neubau wurde ein konkreter Energieeffizienzwert definiert, welcher im Zuge des Design- und Bauprozesses erreicht werden sollte. Die Vorgabe von TUI Cruises für die Meyer-Werft Turku (damals STX Turku) in Finnland betrug, dass die „Mein Schiff 3" 30 % energieeffizienter als vergleichbare Schiffe in ihrer Größenklasse sein sollte. Durch diesen verbindlichen Zielwert wurden alle Beteiligten motiviert, bei sämtlichen Entscheidungen die Auswirkungen auf den Energieverbrauch zu beachten und ggf. nachzusteuern. Durch ein sog. „Energy-Efficiency-Follow-up-Diagram" wurde die Entwicklung durch das ganze Projekt hinweg überprüft und kontrolliert. Zentrale technische Handlungsfelder waren dabei die Antriebssysteme (Motoren), Optimierung der Hydrodynamik, Kühlungssysteme inkl. Klimaanlage, Beleuchtungskonzept, Wärme-Rückgewinnung sowie die Nutzung von softwarebasierten Energiemanagementsystemen zur täglichen Kontrolle und Optimierung der Energieverbräuche an Bord (siehe dazu https://tuicruises.com/nachhaltigkeit/neubauten/; Cruise Industry News 2013/2014, S. 20–22; Moore 2014, S. 38–39).

Es wurde aber nicht nur auf die Energieeffizienz der technischen Anlagen geschaut. Zusätzlich wurde im Produktangebot geprüft, auf welche Energiekonsumenten von vornherein verzichtet werden könnte. Dabei fiel schnell der Blick auf die Minibars in den Kabinen. Die Berechnungen durch die Ingenieure ergaben, dass alleine durch den Verzicht auf fast 1000 Kühlschränke pro Tag rund 0,33 t Treibstoff eingespart werden – im Jahr sind das über 120 t Treibstoff. Weitere Einsparungen pro Tag konnten durch folgende Maßnahmen erzielt werden: 2,2 t durch die Einführung eines Energiemanagementsystems, 1,3 t durch ein Lichtkontrollsystem (Bewegungsmelder/Zeitschaltautomatik/Dimmer), 4,2 t durch eine hocheffiziente und gezielt regulierbare Klimaanlage in den öffentlichen und Kabinenbereichen sowie 1,6 t durch die Nutzung der Motorenabwärme für die Beheizung der Pools an Deck (vgl. https://tuicruises.com/riot-utils/download/media/281/56304353011713/dez_2015_factsheet_umweltschutz_mein_schiff_neubauten.pdf).

Nach über einem Jahr in Betrieb hat sich auf der „Mein Schiff 3" gezeigt, dass der festgelegte Zielwert von 30 % weniger Energieverbrauch zum Referenzschiff deutlich übertroffen wird. Die 2015 in Dienst gestellte „Mein Schiff 4" wurde nach demselben Energieeffizienz-Maßstab gebaut. Für die folgenden Neubauten, die 2015–19 in Dienst gestellt werden, wird das Thema Energieeffizienz weiter im Mittelpunkt stehen und stetig weiter optimiert (TUI Cruises 2015, S. 27).

3.2.2 Das Niedrigabgas-Schiff

Während das Thema Energieeffizienz insbesondere dazu dient, den Treibstoffverbrauch zu senken und damit Emissionen erst gar nicht entstehen zu lassen, so steht bei der Abgasnachbehandlung die Reinigung der Abgase zur Senkung schädlicher Emissionen im Vordergrund (vgl. auch Zeiss in diesem Sammelband). Während der Vertragsverhandlungen für die „Mein Schiff 3" war dies ein wichtiger Punkt: Es wurde grundsätzlich vereinbart, dass der Neubau mit einem Abgasnachbehandlungssystem ausgestattet werden sollte, vorrangig um Schwefelemissionen und den Partikelausstoß zu reduzieren. Erst später in der weiteren Projektspezifizierung wurden zusammen mit den beteiligten Akteuren von RCL, der Meyer-Werft und TUI Cruises die weiteren Anforderungen definiert. Aus Umwelt- und Klimaschutzgründen hat man sich letztlich für einen sogenannten Scrubber (auch Entschwefelungsanlage) für die gesamte Motorenanlage entschieden – auch um die Konformität mit zukünftigen Regularien zum Schwefelgehalt in Schiffstreibstoffen zu gewährleisten (vgl. MARPOL Annex XI). Der Scrubber reinigt mit Hilfe von Meer- oder Frischwasser die Abgase und reduziert die Schwefel- und Partikelemissionen (und den damit zusammenhängenden Ruß bzw. Black Carbon) auf einen vergleichbaren Wert wie den von Marinediesel, d. h. 0,1 % Schwefelanteil im Abgas. Damit erreicht die „Mein Schiff 3" bereits heute Abgaswerte, die erst ab 2020 weltweit verbindlich sind bzw. unterbietet diese noch. Partikel werden um mehr als 60 % reduziert. Der Scrubber wurde als Hybrid-System konzipiert – es kann also im geschlossenen und offenen Modus operiert werden. Das heißt, das für den Reinigungsprozess benötigt Wasser wird an Bord gereinigt und entweder im Kreislauf an Bord gehalten bis es landseitig im Hafen entsorgt werden kann (geschlossener Modus/„Closed Loop") oder im Meer außerhalb 3 nautischer Seemeilen von der Küste entfernt wieder eingeleitet (offener Modus/„Open Loop"). Durch die Waschwasserreinigungsanlage wird verhindert, dass die rausgewaschenen Schadstoffe aus dem Abgas ins Meer gelangen. In besonders sensiblen Gegenden wie der Ostsee betreibt TUI Cruises den Scrubber von vornherein nur im Closed-Loop-Modus (Aus Platzgründen kann an dieser Stelle nicht detaillierter auf die Funktionsweise des Hybrid-Scrubbers eingegangen werden. Mehr Informationen zum System finden sich im Umweltbericht 2014 von TUI Cruises, vgl. TUI Cruises 2015, S. 11 ff.).

Zusätzlich hat sich TUI Cruises aus Gründen des Gesundheitsschutzes entschieden, 2 Katalysatoren für die Hilfsmaschinen einzubauen. Ganz ähnlich wie beim KAT im Automobilbereich wird durch die Einspritzung von Harnstoff (sog. Urea) der Stickoxidausstoß um ca. 75 % gesenkt, im Hafen durchgängig und bei einer Fahrtgeschwindigkeit von bis zu 16 Knoten, welche die Hilfsmotoren noch ohne Hauptmaschinen erreichen.

Diese kombinierte Abgasnachbehandlungsanlage, bestehend aus dem Scrubber und den Katalysatoren, war bei der Indienststellung der „Mein Schiff 3" im Juni 2014 einzigartig in der Kreuzschifffahrt. Erstmalig verfügte ein Kreuzfahrtschiff in dieser Größe über solch ein umfassendes System. Die „Mein Schiff 4" wurde mit dem baugleichen System ausgestattet. Es ist geplant, auch alle weiteren Neubauten der „Mein Schiff Flotte" mit dem System auszustatten (vgl. dazu https://tuicruises.com/nachhaltigkeit/neubauten/).

3.2.3 Ressourcenschutz im Bauplan

Ein wichtiger Baustein im Umweltmanagement von TUI Cruises stellt das Thema Ressourcenschutz dar, also der verantwortungsvolle Umgang mit den natürlichen Ressourcen und der Schutz derselben. Übersetzt in die Praxis und das „Mein-Schiff-3"-Fallbeispiel bedeutet dies, das höchste Ansprüche und innovative Technik im Bereich des Abwasser- und Abfallmanagement angelegt wurden (TUI Cruises 2015, S. 17 ff., 23 ff.)

Das *Abwasserbehandlungssystem* umfasst bei den Neubauten nun nicht mehr nur das Schwarz- und Grauwasser (vgl. dazu Zeiss in diesem Sammelband), sondern alle an Bord anfallenden Abwässer- und Flüssigkeiten, wie z. B. Toiletten, Duschen, Waschbecken, Wäscherei, SPA, Küchen und Trockner. Unter anderem werden sämtliche Essensreste, die an Bord anfallen, gepresst und entwässert und diese biologischen Flüssigkeiten dem Abwasserbehandlungssystem zugeführt. Alle Abwässer werden in großen Tanks gesammelt und dann einem mehrstufigen Reinigungsprozess zugeführt. Dieser wird über eine Kombination aus mechanischer, biologischer und physikalischer Reinigung durchgeführt. Kurz zusammengefasst: Aus dem Sammeltank wird das Abwasser mechanisch vorgefiltert um grobe Feststoffe herauszuholen (diese werden gesammelt und dann verbrannt). Danach erfolgt die biologische Reinigung im sog. Bio-Reaktor. Hier werden die organischen Bestandteile im Abwasser in Biomasse umgewandelt. Dabei helfen Bakterien, die sich auf radähnlichen Oberflächen ansetzen und dadurch die organischen Partikel zersetzen können. Im darauffolgenden Schritt werden die Biomassepartikel durch einen Flotationsprozess herausgeschöpft und abgeschieden. Das Abwasser wird nun noch einmal mechanisch und chemisch gereinigt und durch sog. Polishing-Filter gepumpt. Zum Abschluss wird das Wasser durch UV-Licht desinfiziert. Das nun gereinigte Wasser hat annähernd Trinkwasserqualität. Es wird entweder als technisches Wasser an Bord wieder verwendet, an Land im Hafen abgegeben oder außerhalb 12 nautischer Seemeilen von der Küste entfernt über Bord gegeben (Eine ausführliche Darstellung der Abwasserbehandlungsanlage und ihrer Funktionsweise findet sich in TUI Cruises 2015, S. 24 ff.).

Neben dem verantwortungsvollen Umgang mit Abwässern ist ein umfassendes *Abfallmanagement* eine der zentralen Umweltaufgaben an Bord eines Kreuzfahrtschiffs. Um dies im Schiffsbetrieb zu gewährleisten, muss eine umfassende Ausstattung mit Abfallverarbeitungsgeräten vorhanden sein. Auf der „Mein Schiff 3" wurde nicht nur der Müllverarbeitungsraum (sog. Garbage Room) vergrößert um ein besseres Handling der Abfälle und Bedienung der Maschinen sicherzustellen, auch alle benötigten Abfallverarbeitungsanlagen wurden installiert. Dazu gehören insbesondere ein Glas- und ein Dosen-Zerkleinerer, Papierpresse, Sortierband, Wertstoffbehälter, Lagerräume (gekühlt und ungekühlt) und eine moderne Müllverbrennungsanlage. Insgesamt wird an Bord nach 6 Abfallkategorien getrennt. Der getrennte Abfall wird ausschließlich im Hafen an Entsorger, z. B. zum Recycling, übergeben oder an Bord verbrannt (zumeist aus Platzgründen). Auf den Neubauten erreichen wir einen ca. 30-prozentig höheren Recyclinganteil als gegenüber der „Mein Schiff 1" oder „Mein Schiff 2" (Eine ausführliche Darstellung der Abfallwege an Bord findet sich in TUI Cruises 2015, S. 17 ff.).

Im Jahre 2014 fielen durchschnittlich pro Person (Gast und Crew) und Übernachtung 7,891 Abfall an. Das war eine Reduzierung des Abfallaufkommens um über 11 % gegenüber dem Vorjahr. Um die absolute Menge an Abfall zu verringern, gilt für TUI Cruises die Abfallvermeidung als oberstes Prinzip, u. a. wird im Einkauf auf Großverpackungen und -Portionen geachtet. Nachfüllsysteme werden an Bord u. a. bei der Reinigung genutzt sowie bei den Pflegeprodukten in den Gästekabinen. Bereits vor einigen Jahren wurden die Wasserflaschen aus Plastik auf den Kabinen durch Glaskaraffen und Wasserspendern auf den Fluren ersetzt. So konnten mit geringem Aufwand täglich pro Schiff ca. 4000 Plastikflaschen als Abfall vermieden werden.

Ganz am Anfang befindet sich noch das Projekt zum Thema *nachhaltige Schiffsbauweise*. Mit Vertragsunterzeichnung für die „Mein Schiff 3" wurde auch ein Environmental Annex vereinbart, der neben den zentralen Themen wie Energieeffizienz, Emissionen, Abwasser und Abfall auch das Thema *Sustainable Building* erläutert hat. Darauf aufbauend wurde das Projekt *Sustainable Materials* ins Leben gerufen, an dem TUI Cruises, RCL und die Werft bis heute beteiligt sind. Es wurden Potenziale untersucht, wie nachhaltige Materialien verstärkt beim Bau der neuen Kreuzfahrtschiffe eingesetzt werden könnten. Schnell gelangte man an limitierende Faktoren, wie Brandschutzanforderungen oder andere IMO-Vorgaben. Ökologische(re) Alternativen waren den Produzenten und Lieferanten kaum bekannt. Wesentliche Verbesserungen, die erzielt werden konnten sind u. a. die Verwendung von FSC-zertifiziertem Holz für sämtliche Kabineneinbauten und ein hoher Anteil von Wollteppichen in den öffentlichen Bereichen. Darüber hinaus wurden auf freiwilliger Basis die verbauten, schädlichen Materialien nach Vorgaben der Hong-Kong-Konvention im *Inventory for Hazardous Materials* (vgl. http://www.imo.org/en/KnowledgeCentre/IndexofIMOResolutions/MEPC%20Resolutions/MEPC.269%2868%29.pdf) erfasst, um bei Umbauten bzw. Abwrackung des Schiffes Gefahren für Mensch und Umwelt zu minimieren.

4 Ausblick in die Zukunft

Das Thema Umweltschutz ist in der Kreuzfahrt seit einigen Jahren immer stärker in den Blickpunkt des öffentlichen Interesses gerückt. Daran mögen Umweltverbände mit provokanten Kampagnen (vgl. NABU Kampagne „Mir stinkt's – Kreuzfahrtschiffe sauber machen!" https://www.nabu.de/umwelt-und-ressourcen/verkehr/schifffahrt/kreuzschifffahrt/14070.html) ihren Anteil gehabt haben, nichtsdestotrotz geht das unternehmerische Umweltengagement schon Jahrzehnte zurück – aus ureigenem Interesse, die natürlichen Grundlagen für den eigenen Geschäftserfolg lange und dauerhaft erhalten zu wollen. Heute wird in kaum einen anderen Bereich der maritimen Schifffahrt so viel in effiziente Neubauten und Umwelttechnologien investiert wie in der Kreuzfahrt (vgl. u. a. CLIA 2015; Nachrichtenmeldungen z. B. http://www.cruiseindustrynews.com/cruise-news/12043-royal-caribbean-will-retrofit-19-ships-with-scrubbers.html; http://www.charlestonbusiness.com/news/50517-carnival-to-install-air-scrubbers-on-cruise-ships). Prototypen und neu zu erprobende Technologien werden in Neubauten eingebaut mit der Hoffnung, den eigenen ökologischen Fußabdruck zu verringern. Auch wenn im Reisebüro die Kaufentscheidung erstmal weiterhin von anderen Faktoren als der Umweltbilanz eines Kreuzfahrtschiffes bestimmt wird, das Ziel einer „grünen" oder zumindest „grüneren" Kreuzfahrt haben fast alle Kreuzfahrtunternehmen für sich erkannt. Meist ist es eine Mischung aus betriebswirtschaftlichen und verantwortungsbewussten Motiven, die die Unternehmen antreiben, in grüne Schiffe zu investieren (vgl. dazu Beitrag von Zeiss in diesem Band). Das Unternehmen TUI Cruises hat mit der „Mein Schiff 3" und den weiteren Neubauten einen großen Schritt in diese Richtung getan, mit noch nie an Bord eines Kreuzfahrtschiffs erprobter kombinierter Abgastechnik und einer ambitionierten Energieeffizienz-Philosophie wurde das Konzept eines Umweltschiffes umgesetzt und wird bei zukünftigen Neubauten weiter fortentwickelt.

Am Horizont wartet schon die nächste Etappe: LNG (liquefied natural gas – verflüssigtes Erdgas) als Antriebsform im Kreuzfahrtbereich ist plötzlich zum Greifen nahe (vgl. dazu u. a. http://www.schiffundhafen.de/news/schiffbau/single-view/view/aida-bestellt-kreuzfahrtschiffe-mit-lng-antrieb-bei-meyer.html; http://www.lngindustry.com/liquid-natural-gas/16062015/cruise-ships-powered-by-LNG/), auch wenn viele Unsicherheiten bei Verfügbarkeit und Regularien mittelfristig bleiben. Kraftstoffe aus regenerativen Quellen sind momentan im Hochseekreuzfahrtbereich noch Zukunftsmusik.

5 Zusammenfassung und Schlussfolgerung

Das nachhaltige Umweltmanagement als ein Bestandteil eines übergeordneten CSR Gedankens ist bei TUI Cruises grundsätzlich sehr gut ausgereift: hier wurde eine Umweltstrategie auf Grundlage einer genauen Bestandsaufnahme und Analyse der Geschäftstätigkeiten entwickelt. Maßnahmen richten sich auf das Kerngeschäft aus (Einbau von Abgasnachbehandlungssystemen, Energieeffizienzmaßnahmen, Abfall- und Abwassermanagement usw.). Flankiert wird dies von einem regelmäßigen Austausch und Kooperationen mit Stakeholdern (vgl. Abschn. 3.1.1 und 3.1.2). Die „Mein Schiff 3" und die darauf folgenden Neubauten machen die Ernsthaftigkeit des Umweltanspruchs von TUI Cruises deutlich und stehen für unternehmerisches Handeln über das gesetzlich geforderte Maß hinaus.

Der CSR-Ansatz von TUI Cruises ist zukünftig noch ausbaufähig. Ein systematischer und strategischer Ansatz fehlt bisher, nichtsdestotrotz haben sich schon in den unterschiedlichen Abteilungen zahlreiche CSR Projekte und Aktivitäten herausgebildet (vgl. hierzu Schneider 2012), ohne dass das Label CSR daran gehäftet wurde. Vor dem Hintergrund der noch relativ jungen Unternehmensgeschichte ist dies bestimmt ein gutes Ergebnis, mit Potenzial in der Zukunft.

Literatur

AKN (Hrsg) (2009) Klimaschutz im Seeverkehr – Potenziale erkennen und handeln. Aktionskonferenz Nordsee e.V., Bremen

Bay K-C (Hrsg) (2010) ISO 26000 in der Praxis – Der Ratgeber zum Leitfaden für soziale Verantwortung und Nachhaltigkeit. Oldenbourg Industrieverlag, München

CLIA (2015) Contribution of Cruise Tourism to the Economies of Europe – 2015 Edition, Brüssel. http://www.cliaeurope.eu/images/downloads/reports/CLIA_Europe_Economic_Contribution_Report_2015.pdf. Zugegriffen: 9. Feb. 2017

Corbett JJ, Koehler HW (2003) Updated emissions from ocean shipping, in: Journal of Geophysical Research, Volume 108. https://www.researchgate.net/publication/228786385_Updated_emissions_from_ocean_shipping. Zugegriffen: 9. Feb. 2017

Cruise Industry News (2013/14) Mein Schiff 3 will consume 30 percent less fuel. In: Cruise Industry News Quarterly Magazine Winter 2013/14, S 38–39

Engelfried J (2011) Nachhaltiges Umweltmanagement. Oldenbourg Industrieverlag, München

Hasselöv I-M (2009) Die Umweltauswirkungen des Schiffsverkehrs. Brüssel

Jasch C (2012) CSR und Berichterstattung. In: Schneider A, Schmidpeter R (Hrsg) Corporate Social Responsibility – Verantwortungsvolle Unternehmensführung in Theorie und Praxis. Springer Verlag, Berlin/Heidelberg, S 501–512

MARPOL Annex IX

Moore R (2014) Mein Schiff 3 – Paves the way for Scrubbers. Passanger Ship Technology 2nd Quarter, S 20–22

NABU (2015) Hintergrund – Kreuzfahrt. https://www.nabu.de/imperia/md/content/nabude/verkehr/2015_hintergrundpapier_kreuzfahrtschiffe_de_final.pdf. Zugegriffen: 9. Feb. 2017

Royal Caribbean Cruise Lines (2015) Sustainability Report 2014. http://www.rclcorporate.com/content/uploads/2014-RCL-Sustainability-Report.pdf. Zugegriffen: 9. Feb. 2017

Schneider A (2012) Reifegradmodell CSR – eine Begriffserklärung und -abrenzung. In: Schneider A, Schmidpeter R (Hrsg) Corporate Social Responsibility – Verantwortungsvolle Unternehmensführung in Theorie und Praxis. Springern Verlag, Berlin/Heidelberg, S 17–38

Schwerk A (2012) Strategische Einbettung von CSR in das Unternehmen. In: Schneider A, Schmidpeter R (Hrsg) Corporate Social Responsibility – Verantwortungsvolle Unternehmensführung in Theorie und Praxis. Springer Verlag, Berlin/Heidelberg, S 331–356

TUI Cruises (2011) Lucienne Damm übernimmt neugeschaffene Position als Environmental Manager bei TUI Cruises. https://tuicruises.com/presse/archiv/lucienne-damm-uebernimmt-neugeschaffene-position-als-environmental-manager-bei-tui-cruises-vom-2011-09-01/. Zugegriffen: 9. Feb. 2017

TUI Cruises (2013) Umweltbericht 2012. Hamburg

TUI Cruises (2014) Umweltbericht 2013. Hamburg

TUI Cruises (2015) Umweltbericht 2014. Hamburg

TUI Cruises (2016) Umweltbericht 2015. Hamburg

Lucienne Damm ist Umweltmanagerin bei TUI Cruises. In dieser Funktion verantwortet sie seit 2011 das Umweltengagement des Kreuzfahrtunternehmens an Land und an Bord der „Mein Schiff Flotte". Sie ist u. a. für die Entwicklung von Umweltstandards und die Umweltstrategie des Unternehmens zuständig. Von 2009–2011 war die Diplom-Politologin beim Naturschutzbund Deutschland (NABU e. V.) in den Bereichen Verkehr und Nachhaltigkeit tätig. Dort baute sie u. a. das Thema Schiffsverkehr mit auf und entwickelte die Kampagne „Mir stinkt's – Kreuzfahrtschiffe sauber machen". Davor arbeitete Lucienne Damm am Forschungszentrum für Umweltpolitik an der Freien Universität Berlin als wissenschaftliche Mitarbeiterin. Dort analysierte sie Nachhaltigkeitsstrategien in Politik und Wirtschaft und arbeitete in verschiedenen Forschungsprojekten.

Lucienne Damm ist seit 2012 Mitglied im Nachhaltigkeitsausschuss des Deutschen ReiseVerbands (DRV) und seit 2015 im Vorstand von Futouris e. V.

Unternehmerische Sozialverantwortung bei Reiseveranstaltern in Myanmar

Kooperationsmöglichkeiten zwischen Einheimischen und dem privaten Sektor

Sarah Redicker und Dirk Reiser

1 Einleitung

Noch vor einigen Jahren war es eine Gewissensfrage, ob man als Tourist nach Myanmar reisen sollte und nur sehr wenige traten die Reise an. Das Land befand sich seit 1962 unter einer Militärdiktatur und begann erst im Jahr 2010 mit einer Öffnung der Grenzen dem Westen gegenüber (The Economist 2012). Der ehemalige General und neue Premierminister Thein Sein startete eine Reihe radikaler Reformen und ließ politische Gefangene frei, darunter auch die Friedensnobelpreisträgerin Aungs San Suu Kyi (2012), die bis dahin zum Tourismusboykott ihres Landes aufgerufen hatte (Moncrieff 2011).

Mittlerweile hat sich Myanmar zu einer der Top-Trend-Destinationen Südostasiens entwickelt und konnte im Jahr 2014 bereits 3,5 Mio. Tourismusankünfte verzeichnen (The Bangkok Post 2015). Die Regierung Myanmars rechnet mit einem weiteren Anstieg der Tourismuszahlen in den kommenden Jahren und strebt im Jahr 2020 7,5 Mio. Besucher an (Ministry of Hotel and Tourism MOHT 2013). Die rasant steigenden Tourismuszahlen stellen Myanmar und seine Bewohner vor die Herausforderung, den Übergang von einem isolierten Staat hin zu einer gefragten Tourismusdestination zu meistern. Durch die jahrelange Isolation des Landes wurde einer nachhaltigen Tourismusentwicklung bisher kaum Beachtung geschenkt. Seit dem rapiden Anstieg der Tourismuszahlen sind jedoch die Regierung Myanmars sowie diverse NGOs bemüht, diese Lücke aufzuarbeiten. Im Jahr 2013 entstand so der „Myanmar Tourism Master Plan 2013–2020" (MOHT 2013), in dem erstmalig eine offizielle Tourismusstrategie festgehalten wurde. Es folgten die „Myanmar

S. Redicker (✉)
Theresienstrasse 34, 94032 Passau, Deutschland
E-Mail: sarah.redicker@gmx.de

D. Reiser
Hochschule Rhein-Waal
Kleve, Deutschland
E-Mail: dirk.reiser@hochschule-rhein-waal.de

© Springer-Verlag GmbH Deutschland 2017
D. Lund-Durlacher et al. (Hrsg.), *CSR und Tourismus*,
Management-Reihe Corporate Social Responsibility, DOI 10.1007/978-3-662-53748-0_29

Responsible Tourism Policy" (MOHT et al. 2012) und die „Policy on Community Involvement in Tourism (CIT)" (MOHT et al. 2013). Mit dem „Destination Management Plan for the Inlay Lake Region 2014–2019" (MOHT und MIID 2014) wurde 2014 ein für diese Studie grundlegend wichtiger Bericht veröffentlicht, da er erstmalig diverse Zahlen und Fakten zur Struktur, zum Ausmaß und Umfang des Tourismus in der untersuchten Region liefert.

Diese Fallstudie untersucht die aktuelle Umsetzung von CSR-Ansätzen bei Reiseveranstaltern in Myanmar. Dabei liegt der Fokus insbesondere auf der sozialen Verantwortung der Reiseveranstalter gegenüber der einheimischen Bevölkerung und betrachtet Kooperationsmöglichkeiten zwischen dieser und dem privaten Sektor sowie daraus resultierende Folgeerscheinungen. Tewes-Gradl et al. (2014) weisen zum Beispiel darauf hin, dass die Exklusion Einheimischer (und deren Wissen) vom Tourismus zu kulturellen Schäden und Umweltschäden führen kann. Dies ist insbesondere in den untersuchen Gemeinden im touristisch bereits erschlossenen südlichen Shan-Staat zu beachten. Des Weiteren wurden nur Reiseveranstalter untersucht die über einen westlichen Kundenstamm verfügen, da bei westlichen Besuchern davon ausgegangen werden kann, dass ein Besuch Myanmars aus touristischer Motivation vorgenommen wird, während viele asiatische Besucher die in Statistiken als Touristen erfasst werden, lediglich Tagesbesucher an den Landesgrenzen sind.

Europäer, Nordamerikaner und Ozeanier machen 34,4 % der Touristen aus und bleiben durchschnittlich 13,8 Nächte in Myanmar (MOHT 2013). Der südliche Shan-Staat gehört zu einer der vier Top-Destinationen des Landes und zieht rund 17 % der Myanmarreisenden an (MOHT und MIID 2014). Die Destination verfügt dank der Shan-Berge ganzjährig über ein für Touristen attraktives moderates Klima. Zentrale Anlaufstelle für die große Mehrzahl der Besucher ist dabei der in die Berge eingebettete Inle-See mit seinen schwimmenden Gärten und auf Stelzen errichteten Dörfern. Besonders die bergige Region um die Stadt Kalaw ist beliebt als Ausgangspunkt für Wandertouren zu den verschiedenen ethnischen Minderheiten die im südlichen Shan-Staat leben, darunter Intha, Shan, Pa-Oh, Danu und Taungyo (MOHT und MIID 2014).

Im Folgenden wird die Rolle von CSR im Geschäftsalltag von Reiseveranstaltern kurz beleuchtet, bevor die Methodik sowie die Ergebnisse der Fallstudie der unternehmerischen Sozialverantwortung von Reiseveranstaltern in Myanmar beschrieben werden. Abschließend werden die Ergebnisse diskutiert und Handlungsempfehlungen für eine weitere nachhaltige Tourismusentwicklung gegeben.

2 Unternehmerische Sozialverantwortung bei Reiseveranstaltern

Die vorliegende Studie beschäftigt sich mit der Frage, ob und inwieweit CSR von den Reiseveranstalter in Myanmar praktiziert wird und wie Maßnahmen zur sozialverantwortlichen Geschäftspraktik aussehen. Die Region des südlichen Shan-Staats bietet die idealen Voraussetzungen für eine solche Untersuchung, aufgrund der ethnischen Vielfältigkeit, die nicht nur Teil des touristischen Angebots ist, sondern sich immer mehr als Hauptattraktion der Region herausstellt. Die Nähe der Reisenden und Bereisten in der Region aufgrund diverser „Soft-Adventure"-Aktivitäten, z. B. Wandern, Fahrradfahren und Kajaken bieten eine perfekte Ausgangslage, um den Einbezug Einheimischer in den Tourismus und somit die Ausübung von CSR der Reiseveranstalter in Bezug auf Kooperationen mit Einheimischen zu untersuchen.

Unternehmerische Sozialverantwortung bei Reiseveranstaltern unterliegt gewissen Besonderheiten, da die Reiseveranstalter ihr Endprodukt „Reise" aus diversen einzelnen Elementen und Dienstleistungen zusammenstellen, die nicht alle vom Reiseveranstalter selbst erbracht werden (Steiger 2009). Laut Lund-Durlacher (2012) kann CSR daher als Multistakeholderkonzept gesehen werden, indem der Dialog mit den Stakeholdern eine wichtige Konzeptkomponente darstellt. Um ihr Angebot nachhaltig gestalten zu können, sind die Reiseveranstalter in der Verpflichtung, nicht nur unternehmensintern, sondern auch extern (bei Zulieferern und Stakeholder) unternehmerische Sozialverantwortung zu fördern und zu fordern. Die elementaren Handlungsfelder der Reiseveranstalter umfassen Menschenrechte und Arbeitsschutz, Umweltverträglichkeit sowie ökologische und soziale Produktentwicklung, lokale Gemeinschaften und Geschäftspartner, Zulieferer und Verbraucher. Das Thema der unternehmerischen Sozialverantwortung bei Reiseveranstaltern ist somit ein sehr breites Konzept und umfasst diverse Bereiche (vgl. Manente et al. 2014). Besondere Beachtung wird dem Merkmal der Freiwilligkeit von CSR beigemessen (Lund-Durlacher 2012). Es obliegt den Unternehmen, CSR in die Unternehmensführung zu integrieren und mit Firmenwerten abzustimmen.

In der jungen Tourismusdestination Myanmar ist es aufgrund des landesweiten Entwicklungsstandards oft nicht möglich, westlich inspirierte ökologische Ziele umzusetzen. Die Fallstudie beschränkt sich daher auf die sozialen und ökonomischen Handlungsfelder der Einbindung lokaler Gemeinschaften sowie von Geschäftspartner und Zulieferern in die touristische Dienstleistungskette. Laut White (2006) kann CSR auch als kommerzieller Erfolg definiert werden, der ethnische Werte achtet und einheimische Gemeinden respektiert. In diesem Sinne wird untersucht, auf welche Weise Interessen der einheimischen Gemeinden geachtet werden können, ohne dabei die Wirtschaftlichkeit der Reiseveranstalter einzuschränken. Dieser Aspekt der CSR muss in dem untersuchten Forschungsraum besonders deshalb hohe Beachtung zugesichert werden, da die Menschen im südlichen Shan-Staat oft unterhalb der Armutsgrenze leben (MOHT und MIID 2014). Die Möglichkeiten zur Weiterbildung und zur Entwicklung eigener Geschäftsideen sind in den wenigsten Fällen gegeben und oft mit hohem Risiko und geringen Aufstiegschancen verbunden. Dabei bietet der Tourismussektor gute Zukunftsaussichten für viele Menschen, die einen Weg aus der Armut suchen (Magazin zur Entwicklungspolitik 2009). Dies bedeutet jedoch auch, dass Reiseveranstalter Verantwortung übernehmen müssen und faire Arbeitsbedingungen, Zugang zu Aufstiegsmöglichkeiten und solide Partnerschaften mit einheimischen Gemeinden sowie Individuen entlang der touristischen Dienstleistungskette schaffen müssen. Die folgende Fallstudie beschäftigt sich mit diesen Aspekten, insbesondere der Umsetzung und Verbreitung von CSR-Konzepten, um nachfolgend Handlungsempfehlungen aussprechen zu können.

3 Fallstudie „Südlicher Shan-Staat"

In einem Land, indem es bisher wenig rechtliche Rahmenbedingungen für Arbeitskräfte und Stakeholder der Privatwirtschaft gibt, gewinnt CSR an Bedeutung um eine nachhaltige Tourismusentwicklung und einen Wettbewerbsvorteil sicher zu stellen. Um die Entwicklung von CSR im südlichen Shan-Staat in Myanmar zu erforschen, wurde dabei ein Feldforschungsansatz gewählt, um einen direkten Zugang zu einem umfangreichen und ausführlichen Datenpool zu erlangen. Es wurde erwartet, dass dieser die besten Informationen in einem Umfeld generiert, in dem bisher wenig tourismusbezogene Forschung betrieben wurde. Die Nähe zu den Forschungssubjekten durch partizipative Beobachtung ermöglicht dem Forscher dabei ein tiefes Verständnis und intensives Wissen über Ereignisse und Begebenheiten des Forschungsthemas. Des Weiteren wurden Experteninterviews mit Reiseveranstalter im Forschungsraum, einer NGO und von Einheimischen geleiteten Tourismusgeschäften durchgeführt.

Im Folgenden wird zunächst der gewählte methodische Ansatz beschrieben und begründet. Daraufhin werden die ermittelten Ergebnisse in einer SWOT-Analyse präsentiert. Abschließend werden die Ergebnisse in den Kontext der unternehmerischen Sozialverantwortung für Reiseveranstalter eingeordnet und eine Prognose für eine weitere Tourismusentwicklung in Myanmar gestellt. Die Studie profitiert dabei besonders von der Bandbreite der erforschten Stakeholder, die auf verschiedenste Art in den Tourismus involviert sind und somit einen umfassenden Gesamteindruck vermitteln können.

3.1 Methodik

Die Primärdaten für diese Fallstudie wurden in Myanmar im Zeitraum November/Dezember 2014 erhoben. Insgesamt wurden 35 narrative Interviews und 12 Experteninterviews durchgeführt. Die Interviewten gehören verschiedenen ethnischen Minderheiten an (darunter Danu, Palaung, Pa Oh, Taungyo und Intha) und führen verschiedene Berufe aus. Jeder Einzelne hat einen Bezug zur Tourismusindustrie, da ihre Dörfer entweder entlang von Touristen frequentierten Wanderwegen liegen oder sie in anderer Art und Weise vom Tourismus profitieren oder benachteiligt sind. Die Experteninterviews wurden mit Reiseveranstalter, Tourismusinitiativen unter einheimischer Leitung und mit einer NGO durchgeführt. Das Interview mit der NGO war grundlegend für die theoretische Basis der Studie, während die einheimischen Initiativen wertvolle Einblicke aus einer lokalen Sichtweise mit professionellem Erfahrungswissen liefern konnten. Die Experteninterviews bildeten das Pendant zu den narrativen Interviews und versorgten den Forscher mit wichtigen Daten (vgl. Weischer 2007; Bogner und Menz 2002a). Die professionellen Aussagen auf wirtschaftlicher Basis brachten eine gewissen Ernsthaftigkeit und Nüchternheit zu den teilweise recht emotionalen Aussagen aus den narrativen Interviews. Insgesamt wurden sieben Reiseveranstalter, vier einheimische Initiativen und eine NGO interviewt.

3.2 Ergebnisse

Die Daten aus den narrativen Interviews und den Experteninterviews wurden getrennt ausgewertet und erwiesen sich als ausgesprochen umfangreich. Um die vielfältigen Aussagen vergleichbar und auswertbar zu machen, wurden diese zusammengefasst und die komprimierten Ergebnisse in einer SWOT-Analyse dargestellt, um so positive und negative Aspekte der Tourismusentwicklung in der Region aus Sicht der Interviewpartner leicht vergleichbar und übersichtlich darzustellen.

Der Tourismusmarkt in Myanmar hat sein Potenzial noch lange nicht ausgeschöpft. Durch die zunehmende Anbindung an internationale Flugrouten (Zaw Win Tan 2014) und die interne Verbesserung der Infrastruktur (KPMG 2013) werden zunehmend Touristen in das Land gelockt. Um als Destination auch bei steigenden Touristenankünften an Attraktivität nicht zu verlieren, ist eine gastfreundliche Einstellung der Bevölkerung den Besucher gegenüber von Vorteil. Die Studie ermittelte eine positive Grundeinstellung der Einheimischen gegenüber den Fremden als grundlegende Stärke der Region. Die neugierige und aufgeschlossene Haltung der lokalen Bevölkerung gegenüber den Gästen wird auch von den Experten wahrgenommen.

Die Authentizität der ethnischen Minderheiten und ihres Lebensstils gilt als attraktivste Eigenschaft für Touristen im Untersuchungsraum. Die Einheimischen haben ein ausgeprägtes Bewusstsein für ihr eigenes kulturelles Erbe und wünschen, dieses zu erhalten. Auch die Reiseveranstalter sehen das kulturelle und natürliche Erbe der Region als Hauptattraktion und schützenswertes Gut an, um die Destination nachhaltig zu entwickeln. Die Reisenden wurden von den Einheimischen als nützlich angesehen, um die eigene kulturelle Identität zu bewahren.

Die Studie ermittelte die „Unberührtheit" der Region als weitere Stärke, die vor allem von den Experten wahrgenommen wurde. Unzählige Randgebiete im südlichen Shan-Staat sind für den Tourismus noch unerschlossen, bieten jedoch Potenzial für neue Produkte und als Destinationen. Eine Ausdehnung des Tourismus könnte die touristischen Ballungsräume entlasten und Gewinne aus der Tourismuswirtschaft gleichmäßiger über die Region verteilen. Die Tourismusindustrie eröffnet den Einheimischen neue Arbeitsmöglichkeiten, die vom Verkauf von Lebensmitteln, Reiseführertätigkeiten, Unterkunft, Transport, kulturellen Demonstrationen, dem Verkauf von handgefertigten Souvenirs bis hin zu indirekter Arbeitsplatzschaffung als Bauarbeiter, Bauer oder Fischer reichen. Die Zusammenarbeit von Einheimischen und Reiseveranstaltern durchzieht dabei die komplette touristische Dienstleistungskette.

Die Reiseveranstalter operieren ausnahmslos von Yangon aus, der größten Stadt des Landes, haben in der Regel jedoch regionale Büros im südlichen Shan-Staat. In dieser Studie gaben sechs von sieben Reiseveranstaltern an, ebensolche Büros zu führen. Von dort aus wird die Zusammenarbeit mit regionalen Dienstleistern organisiert, die Qualität der Dienstleistungen überprüft und Trainingseinheiten abgehalten. Die in Anspruch genommenen Dienstleistungen umfassen Aktivitäten, Serviceangebote, Unterkünfte, Transport und Einkaufsaktivitäten. Doch auch der Reiseveranstalter ohne örtliches Büro gab an, direkt mit den einheimischen Leistungsträgern zu kooperieren. Die kulturelle Vielfalt der ethnischen Minderheiten wird ebenfalls als Stärke der Region angesehen und bedarf des Schutzes und der Unterstützung des privaten Sektors.

Die Studie offenbarte auch Schwächen, die der zunehmende Tourismus in der Region mit sich bringt. Im Zuge eines sozialverantwortlichen Managements liegt es in der Verantwortung der Reiseveranstalter, diese Schwächen zu erkennen und ihnen, wenn möglich, entgegen zu wirken.

Eine Hauptsorge aller Beteiligten stellt die zunehmende Umweltverschmutzung dar. Besonders das Ökosystem des Inle-Sees ist empfindlich und bedarf des Schutzes derjenigen, die auf ihm leben und derer, die ihn als Teil des touristischen Produkts nutzen. Der Tourismus wurde in dieser Studie als nur eine von vielen Gefahrenquellen für den See identifiziert. Dennoch obliegt es der Verantwortung der Reiseveranstalter, einen verantwortlichen Umgang mit der Flora und Fauna der Region zu praktizieren.

Eine weitere identifizierte Gefahr ist die hohe Abfallproduktion, die der Tourismus mit sich bringt. In der Region gibt es kein Abfallentsorgungssystem und Müll wird entweder vergraben oder verbrannt. Besonders belastend ist die hohe Zahl an leeren Plastikflaschen, die die Touristen zurücklassen. Die Infrastruktur kann nicht nur in diesem Punkt den steigenden Touristenzahlen nicht gerecht werden. Die unregelmäßige Stromversorgung, unbefestigte Straßen, nicht vorhandene Abwassersysteme und schlecht ausgebaute mobile Netzwerke sind weitere Schwächen der Region. Die steigenden Lebenserhaltungskosten für die Einheimischen aufgrund der Tourismusentwicklung wurden ebenfalls als Schwäche identifiziert.

Das größte Problem wurde jedoch im mangelnden Tourismusmanagement sowie schlechter Planung, mangelnder Regulierungen und kaum vorhandenem Einbezug der Einheimischen in die Entscheidungsfindung gesehen. Diese Probleme sind umfangreich und bedürfen neben einem umsichtigen Management der Reiseveranstalter vor allem einer rechtlichen Regelung durch öffentliche Hand.

Aus den zuvor genannten Stärken und Schwächen der Region ergeben sich auch diverse Möglichkeiten und Chancen. Der südliche Shan-Staat bietet eine Bandbreite an Möglichkeiten für Kooperationen und sozialverantwortliche Tourismusentwicklung, sowie die Schaffung neuer Arbeitsplätze und somit eine Verringerung der Armut. Der Wunsch der Reiseveranstalter nach einem möglichst innovativen Tourismusangebot unterstützt die Arbeitsplatzschaffung, da für viele Aktivitäten der Einbezug ortskundiger Einheimischer unabdingbar ist.

Die Studie offenbart auch, dass die Region als „Soft-Adventure"-Region mit steigendem Anspruch an die Vielfältigkeit und Qualität der Produkte gesehen wird. Aktivitäten wie Fahrradfahren und Wandern sind sowohl bei Reiseveranstalter und Einheimischen gerne gesehen, da sie sowohl umweltschonend sind als auch einen engen Kontakt zu den Einheimischen ermöglichen. Die lokale Bevölkerung hat dabei die Gelegenheit, die bestehenden Angebote der Reiseveranstalter zu verbessern oder mithilfe kleiner Tourismusunternehmen neue Produkte zu entwickeln, die dann von den Reiseveranstalter in ihr Programm aufgenommen werden können.

Die interviewten Personen stellten mehrfach heraus, dass der Tourismus eine Chance zum kulturellen Austausch beinhaltet und somit einen Wissenszuwachs auf beiden Seiten ermöglicht. In diesem Zusammenhang wurde besonders die Legalisierung von Homestays gewünscht, die eine direkte Einkommensquelle für die ethnischen Gemeinden darstellen können. Auch die gemeinsame Nutzung der eigentlich für den Tourismus geschaffenen Infrastruktur stellt einen Zuwachs an Lebensqualität für die Einheimischen dar. Darunter fallen Einrichtungen wie Toiletten, verbesserte Versorgungsleitungen und der Ausbau von Straßen.

Trotz all der Chancen für eine erfolgreiche Zusammenarbeit zeigte die Studie auch, dass die Tourismusindustrie sich diversen Risiken gegenübergestellt sieht. Besonders der mögliche Verlust der kulturellen Identität wurde von Einheimischen, aber auch vom privaten Sektor gefürchtet, da dieser die Attraktivität der Region stark mindert. Der Verlust der Traditionen geht Hand in Hand mit einem Verlust der Authentizität der Region. Dies kann wiederum zu einer Abwanderung der Touristen und zu einer anhaltenden Schädigung der Kultur der ethnischen Minderheiten führen.

Missverständnisse und Misstrauen zwischen Einheimischen und Besuchern können mit Hilfe von Informationszentren und einer Unterstützung durch Reiseführer vermieden werden. Es besteht des Weiteren die Gefahr, dass die Einheimischen sich zu abhängig vom Tourismus machen. Im Fall eines Ausbleibens der Besucher würde die gesamte Wirtschaft der Region zum Erliegen kommen. Um den ursprünglichen Charakter der Region aufrecht zu erhalten und um die Glaubhaftigkeit der Region zu wahren, ist es daher wichtig, den Einheimischen dabei zu helfen ihr erlerntes Handwerk weiter auszuführen.

Demonstrationseffekte und Schulabbrüche sind weitere Risiken, die mit Hilfe von Aufklärung und Schulungen vermieden werden können. Nicht zu vernachlässigen sind die negativen soziokulturellen Auswirkungen, die ein vermehrter Tourismus haben kann. Dazu zählen Sex- und Drogentourismus, die in Ansätzen bereits von den Einheimischen wahrgenommen wurden. Es liegt in der Verantwortung der Reiseveranstalter und der Touristen aufmerksam und respektvoll mit der Region umzugehen und Vorfälle zu vermeiden.

4 Auswertung der Ergebnisse und Handlungsempfehlungen

Die Hauptaufgabe der Reiseveranstalter ist es, auch im Sinn von CSR, wirtschaftlich zu arbeiten und in der zerbrechlichen Wirtschaft Myanmars zu bestehen, um die Verantwortung den eigenen Angestellten gegenüber wahrnehmen zu können. Das bedeutet, sich den steigenden Anforderungen in einem immer stärkeren Wettbewerb zu stellen. Gleichzeitig wird in der von der Regierung von Myanmar veröffentlichten „Policy on Community Involvement in Tourism (CIT)" (MOHT et al. 2013) dem Wunsch Ausdruck verliehen, die steigenden Tourismuszahlen Myanmars als eine Chance zu begreifen, um einheimische Gemeinden und ethnische Minderheiten in den Tourismus einzubeziehen und so nachhaltig Arbeitsplätze und eine Verbesserung der Lebensumstände zu schaffen. Die Auswertung der SWOT-Analyse zeigt, dass die Voraussetzungen für eine nachhaltige Tourismusentwicklung im südlichen Shan-Staat gegeben sind. Die Einheimischen begrüßen den Tourismus und sind interessiert daran teilzuhaben. Und auch die Reiseveranstalter gaben an, entlang der gesamten touristischen Dienstleistungskette mit einheimischen Unternehmen zu kooperieren und diese in einem gewissen Rahmen durch Training und exklusive Verträge zu fördern.

Während die Reiseveranstalter mit einheimischen Dienstleistern in den touristischen Ballungszentren zusammenarbeiten, gibt es für die umliegenden Gemeinden kaum wirtschaftlichen Zugang zum Tourismus. Durch mangelnde Bildung, nicht vorhandenes Geschäftswissen und dem Fehlen von Vorteilsausgleichssystemen erwirtschaften ausschließlich Einzelpersonen Profit mit dem Tourismusgeschäft. Es werden Dienstleistungen entlang der gesamten Dienstleistungskette von einheimischen kleinen und mittelständischen Unternehmen (KMUs) besorgt, wie zum Beispiel Unterkunft, Transport, Handwerk und Souvenirs, Aktivitäten, Verpflegung, Transport, Entertainment aber auch Bauarbeiten und Zulieferung benötigter Güter. Projekte oder Kooperationen jedoch, um Gemeinden am Gewinn aus dem Tourismus zu beteiligen, gibt es bisher jedoch kaum, obwohl die ethnischen Minderheiten in regen Kontakt mit den Touristen kommen und sogar als Teil der Tourismusattraktion der Region gesehen werden.

Die wichtigste Voraussetzung, um eine Zusammenarbeit auszuweiten und das Vertrauensverhältnis der Beteiligten zu stärken, ist ein intensives Training und eine bessere Ausbildung der Einheimischen zu gewährleisten. Hindernisse für eine Kooperation sind vor allem mangelnde Kenntnisse im Bereich der Fremdsprachen, der Hygiene, des Serviceverständnisses und einem generellen Verständnis für die Interessen der Touristen. Die Reiseveranstalter wünschen sich eine breitere Angebotspalette an Aktivitäten und qualitativ hochwertigen Unterkünften sowie eine breitere Auswahl an Versorgern, die nur mit Hilfe von Schulungen und gezielter Ausbildung erreicht werden können. Teilweise werden solche Trainingsmaßnahmen von den Reiseveranstalter in Eigenleistung angeboten. Diese erwarten dafür in der Regel jedoch ein Exklusivitätsversprechen von der Partei, in die investiert wird. Hier steht die Wirtschaftlichkeit im Vordergrund. Die Reiseveranstalter erhoffen sich des Weiteren mehr Rückhalt von öffentlicher Seite, bessere Absicherungen und geringeres Risiko bei Investitionen. Alleinstellungsvorteile durch die gezielte Förderung bestimmter Stakeholder sind ein weiteres Ziel. Jedoch fehlt oft das Vertrauen in die Loyalität der Geschäftspartner und der öffentlichen Hand. Dies liegt zum einen an Missverständnissen, mangelnder Kommunikation und an schlechten Erfahrungen in der Vergangenheit. Ein gezielter Dialog muss daher gefördert werden.

Die Einwohner der Gemeinden haben aufgrund einer mangelnden Bildung oft keine Möglichkeit, sich selbstständig in die touristische Dienstleistungskette zu integrieren. Das liegt vor allem an mangelnden Kommunikationsfähigkeiten, aber auch daran, dass es für einen Bauern der Region nicht möglich ist, das Startkapital für eine Unternehmung zu sparen oder einen Kredit zu bekommen. Auch die Schaffung von Vorteilsausgleichssystemen könnte enorme Verbesserung der Situation der Einheimischen mit sich bringen. Die Verteilung von Profit auf Gemeinden anstatt auf Individuen, kann den Wohlstand aller gleichmäßig heben und so die Entstehung von Missgunst, Neid und Streit der Einheimischen untereinander vermeiden. Da es den Gemeinden bisher jedoch nicht möglich gemacht wird, sich selbstständig im Tourismus zu positionieren ist bisher auch an Gewinnverteilung in den Gemeinden und an Vorteilausgleichssysteme nicht zu denken.

Generell sind die Möglichkeiten der Dorfbewohner begrenzt und bieten Potenzial für Ausweitung und Unterstützung. So könnten Reiseveranstalter z. B. Patenschaften für bestimmte Dörfer übernehmen und dort in den Ausbau der Infrastruktur (Toiletten, Übernachtungsmöglichkeiten, Abfallentsorgung, etc.) investieren. Im Gegenzug würden diese eine Anlaufstelle für ihre Reisegruppen schaffen und somit Orte, an denen die Touristen die Kultur der Einheimischen erleben können ohne negative Effekte auszulösen. Die verbesserte Infrastruktur würde sowohl den Dorfbewohnern als auch den Touristen zugutekommen, die so auf langen Wanderungen einen Platz zum Erholen vorfinden würden, der zumindest einfachen Qualitätsansprüchen genügt.

Um nachhaltig am Tourismus verdienen zu können, ist die lokale Bevölkerung im momentanen Entwicklungsstand des Landes auf die Unterstützung der Reiseveranstalter, deren Expertenwissen und deren Wille zur Kooperation angewiesen. Um eine Übervorteilung einer der beiden Parteien zu vermeiden, sollte der öffentliche Sektor mit der Schaffung von Handlungsräumen und legalem Rahmenwerk für die Zusammenarbeit von privatem Sektor eine Aufsichtsfunktion einnehmen. Auf diese Weise können Missverständnisse vermieden und eine positive Grundeinstellung der Einheimischen bezüglich der Touristen aufrechterhalten werden.

Abschließend kann gesagt werden, dass die Zusammenarbeitsmöglichkeiten von Reiseveranstaltern und Einheimischen sich nicht auf einzelne Projekte beschränken lassen, sondern entlang der gesamten touristischen Dienstleistungskette angesiedelt sein müssen. Zukünftige Entwicklungsziele müssen auf einem grundlegenden und ganzheitlichen Ansatz beruhen, der von der Basis der Bevölkerung ausgeht. Die Herausforderung liegt im Abbau von Misstrauen und der Schaffung von Bewusstsein für gemeinsame Ziele. Des Weiteren brauchen die Einheimischen und der private Sektor verstärkt Unterstützung von öffentlicher Seite. Die angefertigten Richtlinien und Pläne, die größtenteils sowohl die Interessen der Einheimischen als auch die der Reiseveranstalter abdecken, müssen umgesetzt und zu Gesetzen weiterentwickelt werden, um eine sozialverantwortliche Tourismusentwicklung im südlichen Shan-Staat zu gewährleisten.

Literatur

Bogner A, Menz W (2002a) Expertenwissen und Forschungspraxis: die modernisierungstheoretische und methodische Debatte um die Experten. In: Bogner A et al (Hrsg) Das Experteninterview. VS Verlag für Sozialwissenschaften, Wiesbaden

KPMG (2013) Infrastructure in Myanmar. KPMG international, Thailand

Lund-Durlacher D (2012) Corporate Social Responsibility – Verantwortungsvolle Unternehmensführung in Theorie und Praxis. Springer Verlag, Berlin Heidelberg

Manente M, Minghetti V, Mingotto E (2014) Responsible tourism and CSR – assessment systems for sustainable development of SMes in tourism. Springer International Publishing, Schweiz

MOHT (2013) Myanmar Tourism Master Plan 2013–2020. Ministry of Hotels and Tourism, Nay Pyi Taw, Myanmar

MOHT, MIID (2014) Destination Management Plan for the Inlay Lake Region 2014–2019. Ministry of Hotels and Tourism, Nay Pyi Taw, Myanmar

MOHT, MTF, HSF (2012) Myanmar Responsible Tourism Policy. Ministry of Hotels and Tourism, Yangon, Myanmar

MOHT, MTF, HSF (2013) Policy on Community Involvement in Tourism (CIT). Ministry of Hotels and Tourism, Yangon, Myanmar

Moncrieff V (2011) Burma: democracy banned but NLD lifts tourism boycott, The World Post. http://www.huffingtonpost.com/virginia-moncrieff/burma-democracy-banned-bu_b_780002.html. Zugegriffen: 2. Sep. 2015

Steiger B (2009) Corporate Social Responsibility im Tourismus, Arbeitskreis Tourismusforschung in der deutschen Gesellschaft für Geographie. http://www.freizeit-tourismus-geographie.de/mediapool/15/157354/data/Abschlussarbeiten/2009/2009_steiger_csr_tourismus_summary.pdf. Zugegriffen: 2. Sep. 2015

Suu Kyi AS (2012) Ich arbeite zur hart um eine Legende zu sein. Die Welt. http://www.welt.de/politik/ausland/article106262722/Ich-arbeite-zu-hart-um-Legende-zu-sein.html. Zugegriffen: 2. Sep. 2015

Tewes-Gradl C, van Gaalen M, Pirzer C (2014) Destination mutual benefit – A guide to inclusive business in tourism. Deutsche Gesellschaft für Internationale Zusammenarbeit GmbH, Eschborn and Endeva UG, Berlin

The Bangkok Post (2015) Myanmar tourist arrivals set record. http://www.bangkokpost.com/news/asean/454447/myanmar-tourist-arrivals-set-record. Zugegriffen: 5. Mär. 2015

The Economist (2012) Myanmar gets ready for business. http://www.economist.com/node/21548990. Zugegriffen: 2. Sep. 2015

Weischer C (2007) Sozialforschung. UVK Verlagsgesellschaft mbH, Konstanz

White AL (2006) Business brief: intangibles and CSR. Business for social responsibility, S 6

Win Tan Z (2014) Myanmar aims to become international aviation hub, Myanmar Times. http://www.mmtimes.com/index.php/national-news/10027-myanmar-aims-to-become-regional-aviation-hub.html. Zugegriffen: 9. Sep. 2015

Sarah Redicker ist Studierende des Masterstudiengangs „Geografie: Kultur, Umwelt und Tourismus" an der Universität Passau. Während ihres Bachelorstudiums im Fach „Nachhaltiger Tourismus" an der Hochschule Rhein-Waal verbrachte sie einige Monate in Myanmar und beschäftigte sich dort insbesondere mit den Auswirkungen des Tourismus auf ethnische Minderheiten und lokale Gemeinden im südlichen Shan-Staat.

Prof. Dr. Dirk Reiser ist Professor für „Nachhaltiges Tourismusmanagement" an der Hochschule Rhein-Waal. Er ist außerdem Gastdozent am European Overseas Campus. Weiterhin hat er bereits in Neuseeland, Australien und auf Bali unterrichtet. Seine Forschungsinteressen liegen im Bereich des nachhaltigen Tourismus, insbesondere Wildtiertourismus, CSR, Marketing und Umweltmanagement. Er ist Mitglied der Deutschen Gesellschaft für Tourismuswissenschaft e. V. (DGT) und der International Association of Scientific Experts in Tourism (AIEST).

Fallstudie: Corporate Social Responsibility bei Air France-KLM

Johan Bouwer, Paul Peeters und Rob Bongaerts

1 Einleitung

Diese Fallstudie ist wie folgt aufgebaut: zunächst wird das Unternehmen vorgestellt, danach erfolgt eine konzeptuelle und theoretische Erklärung des Konstrukts „CSR" und sein Bezug zur Luftverkehrsbranche. Im Anschluss werden Air-France-KLMs Grundsätze, Strategien und Handlungen bezüglich CSR erklärt. Hierauf folgen Analyse und Diskussion dieser. Abschließend wird durch die Vorstellung der Koordinaten für CSR 2.0 ein Blick in die Zukunft von CSR gegeben.

2 Air-France-KLM: das Unternehmen

Air-France-KLM ist ein Airline-Holdingunternehmen, das im Jahr 2004 nach der Zusammenführung der nationalen Fluggesellschaften von Frankreich und den Niederlanden entstand. Die Firmenzentrale liegt in Frankreich, es gibt aber auch Büros in den Niederlanden. Es ist das fünftgrößte Airline-Unternehmen der Welt (das zweitgrößte Europas) mit 94.666 Angestellten und einem Umsatz von 25,4 Mrd. US$ im Jahr 2014 (Air-France-KLM 2015c). Die Umsätze entfallen auf folgende Bereiche: 78 % Passagierbeförderung, 9 % aus Frachtgeschäft, 5 % aus Flugzeugwartung und Instandhaltung sowie 8 % aus an-

---

J. Bouwer (✉) · P. Peeters · R. Bongaerts
NHTV Breda University of Applied Science
P.O. Box 3917, 4800 DX Breda, Niederlande
E-Mail: Bouwer.J@nhtv.nl

P. Peeters
E-Mail: paul.peeters1000@gmail.com

R. Bongaerts
E-Mail: Bongaerts.R@nhtv.nl

© Springer-Verlag GmbH Deutschland 2017
D. Lund-Durlacher et al. (Hrsg.), *CSR und Tourismus*,
Management-Reihe Corporate Social Responsibility, DOI 10.1007/978-3-662-53748-0_30

deren Bereichen wie Transavia und Servaur (eine Billigairline innerhalb der Holding und ein Cateringunternehmen das zu 97 % in der Hand von Air-France-KLM ist). Im Jahr 2014 wurden 316 Zielorte in 115 Ländern angeflogen und 87,4 Mio. Passagiere befördert (Air-France-KLM 2015c). Das Ziel des Unternehmens ist es, Passagierzahlen bis 2034 mehr als zu verdoppeln, wobei die Erwartungen bei einem jährlichen Wachstum von 4 % für die nächsten 15 Jahre liegen (Air-France-KLM 2015a).

Für diese Fallstudie besonders relevant ist das Bekenntnis des Unternehmens, seine Fürsorge, Innovationskraft und Verantwortung gegenüber Kunden, Partnern, Zulieferern und der gesamten Branche in den Mittelpunkt seiner Unternehmensstrategie zu stellen. Diesem Bekenntnis wird das Unternehmen durch soziales und ökologisches Engagement gerecht, welches auch durch die Mitgliedschaft im United Nations Global Compact ausgedrückt wird. Air-France-KLM veröffentlicht jährlich einen separaten CSR-Bericht (Air-France-KLM 2015b). Um den CSR-Ansatz von Air-France-KLM einordnen und beurteilen zu können, wird zuerst ein kurzer Literatur-Überblick über CSR-Konzepte und -Theorien allgemein sowie insbesondere in der Luftfahrtindustrie gegeben.

3 CSR in der Luftfahrt

Corporate Social Responsibility (CSR) ist ein Konstrukt das in der zweiten Hälfte des letzten Jahrhunderts geprägt wurde und immer noch ein sehr populärer Begriff und zentral für die Geschäftswelt ist. Es gibt eine breite Fülle an Definitionen und oft wird es gleichbedeutend mit „Nachhaltigkeit" verwendet, was es offenkundig zu einem unscharfen Konstrukt macht. Das Online-Wirtschaftslexikon definiert CSR als „das Verantwortungsbewusstsein eines Unternehmens gegenüber der Gesellschaft und der Umwelt (sowohl ökologisch wie sozial), in welchen es tätig ist." Unternehmen drücken ihr gesellschaftliches Engagement (1) durch die Reduzierung von Müll- und Umweltbelastung aus, (2) durch Zuwendungen in die Bildung und anderen sozialen Programmen und (3) durch das Erwirtschaften angemessener Erträge für die eingesetzten Ressourcen (Corporate Social Responsibility 2016). Das „Green Paper" der europäischen Kommission beschreibt CSR als „soziales und ökologisches Anliegen des Unternehmens in der Unternehmenstätigkeit sowie in der Interaktion mit Anspruchsgruppen (Stakeholder) auf freiwilliger Basis. Sozial verantwortlich zu sein, heißt nicht nur gesetzliche Anforderungen zu erfüllen, sondern auch über deren Einhaltung hinaus zu gehen und „mehr" in Humankapital, die natürliche Umwelt und die Beziehungen mit den Stakeholdern zu investieren" (Commission of the European Communities 2001, S. 8). Laut Crane und Matten (2007) umfasst CSR „die ökonomischen, gesetzlichen, ethischen und philanthropischen Erwartungen, die die Gesellschaft zu einem bestimmten Zeitpunkt an ein Unternehmen hat" (Crane und Matten 2007, S. 49).

Dahlsrud (2006) zeigt jedoch, dass CSR auf der Ebene der Konzeptualisierung nichts essenziell Neues ist, da sich Wirtschaftsunternehmen schon immer um ihre Stakeholder gekümmert haben und auch mit Gesetzen und Regulierungen sowie den sozialen, ökologischen und ökonomischen Auswirkungen ihres Handelns konfrontiert worden sind.

Basierend auf der Auswertung von 37 Definitionen behauptet er, dass die gegenwärtige Verwirrung darüber, wofür CSR wirklich steht, nicht mit der Art und Weise der Definition zusammenhängt, sondern eher mit der Frage, was die soziale Verantwortung von Unternehmen eigentlich ausmacht.

Corporate Social Responsibility ist im eigentlichen Sinne der Versuch, Wertschöpfung für das Unternehmen zu erzielen, wobei eine Balance zwischen der ökonomischen und moralischen Verträglichkeit der Aktivitäten gefunden werden soll. Hess (2014) konstatiert, dass CSR-Praktiken auf zwei Ebenen beschrieben werden sollten. Auf der ersten Ebene ist CSR verbunden mit der konkreten Ausgestaltung von grundlegenden CSR-Ideen und -Ansätzen der Unternehmen, z. B. schriftliche Verhaltenskodexe, Trainingskurse für CSR und Wirtschaftsethik für Management und/oder Mitarbeiter, Newsletter, Ethik-Komitees und Berichte, in welchen CSR-Aktivitäten und/oder CSR-Leistungen an die Öffentlichkeit oder bestimmte Stakeholder kommuniziert werden. Die zweite Ebene, auf der CSR-Praktiken der Unternehmen beschrieben werden sollten, ist die Ebene der Entscheidungsfindung in Bezug auf konkrete Unternehmensaktivitäten und -pläne. Auf dieser Ebene berücksichtigen Unternehmen bei ihrer Entscheidungsfindung neben den finanziell-ökonomischen Effekten auch die sozialen und ökologischen Effekte ihrer Unternehmenstätigkeit – bewusst oder unbewusst. Für die Berechnung dieser Effekte und das Abwägen der ökonomischen, gesetzlichen, sozialen und ökologischen Effekte wird Energie investiert und so kommen sie zu einer stichhaltigen Entscheidung, wobei diese Entscheidungen ihre Sicht von sozialer Verantwortung widerspiegeln. Diese Analyseebene von CSR-Praktiken der Unternehmen bezieht sich auf das, was Ranängen und Zobel (2014, S. 300) die Belange zwischen dem eher visionären Verhaltenskodex und der Berichterstattung von CSR-Performance nennen, genauer gesagt, wie CSR in den laufenden, regelmäßigen, alltäglichen Aktivitäten eines Unternehmens implementiert ist. Als ein Konstrukt umfasst CSR also Aspekte wie Unternehmensführung, Rechenschaftspflicht, gesellschaftliche Verantwortung, Nachhaltigkeit und Wirtschaftsethik.

Diskussionen in der Öffentlichkeit über Globalisierung, Nachhaltigkeit, Klimawandel, Betrug und Bestechung im Geschäftsleben hatten auch Auswirkungen auf die Luftfahrtindustrie. Dies kommt, da die Luftfahrtindustrie eine internationale Industrie ist von der erwartet wird, dass sie weiter wächst. Zur gleichen Zeit werden jedoch die Bedenken von (potenziellen) Kunden über die Auswirkungen der Aktivitäten des Sektors auf Mensch und Umwelt sowie auf zukünftige Generationen, immer lauter. Die Luftfahrtindustrie erkennt die Notwendigkeit, Maßnahmen zur Minimierung der negativen Folgen ihrer Aktivitäten auf die Umwelt zu ergreifen. Ihre Aktivitäten im Bereich der CSR umfassen die Zusammenarbeit mit lokalen Gemeinschaften, auf soziale Belange achtende Investitionen, den Aufbau von Beziehungen mit Angestellten und Kunden, sowie das Engagement für den Erhalt der Umwelt und ihre Nachhaltigkeit (Asatrayan 2013, S. 3251). Für CSR offen zu sein, ist mit etlichen Vorteilen und Risiken verbunden. Man bedenke die Schaffung von Arbeitsplätzen, die Eröffnung neuer Märkte, das Anziehen neuer Geschäfte in unterschiedliche Regionen der Welt, die Minimierung von Abfall und die Reduktion von Lärm,

Verbesserungen hinsichtlich Treibstoffverbrauch und nachhaltiger Technologien (Asatrayan 2013, S. 3252).

In Kapitel „Corporate Social Responsibility in der Luftfahrtindustrie: Probleme und Herausforderungen" zeigen wir ein Beispiel, wie die Pressearbeit einiger Fluggesellschaften die Öffentlichkeit glauben lässt, sie wären „grün", während ihr eigentliches Verhalten, z. B. hinsichtlich ihres Einflusses auf die Klimaveränderung, deutliche Abweichungen von den kommunizierten Daten zeigen (Schäfer und Waitz 2014). Dies trifft auch zu auf die Verbreitung von Ethik-Kodexen, die von Unternehmen verwendet werden. Milton-Smiths Untersuchungen in Unternehmen in Australien und Neuseeland hat gezeigt, dass „es Anzeichen dafür gibt, dass auch wenn Kodexe eingeführt worden sind und Trainings stattgefunden haben, die CSR-Ansätze größtenteils kosmetisch und defensiv waren und dass von den Unternehmen, die gegenwärtig Kodexe in Verwendung haben, nur einige wenige ... überzeugt sind, dass ihre Mitarbeiter mit dem Inhalt sehr vertraut sind" (Milton-Smith 1997, S. 1490). Mehr als ein Viertel der untersuchten Unternehmen ... sagten, dass „ihre Mitarbeiter „einigermaßen vertraut" sind mit dem Kodex" (ibid). Wie oben bereits angeführt, führt dies zu der Idee, dass die alleinige Beachtung der Ebene der konkreten Ausgestaltung von CSR-Aktivitäten keine adäquate Darstellung von CSR darstellt. Eine solche Darstellung sollte auch die alltäglichen Praktiken, in denen in Unternehmen konkrete Entscheidungen getroffen werden, beinhalten.

Im folgenden Abschnitt werden die CSR-Strategien und -Praktiken von Air-France-KLM dargestellt.

4 CSR bei Air-France-KLM

Die Sozial- und Ethik-Strategie von Air-France-KLM wird durch eine Charta der sozialen Grundrechte und Ethik, interne Vorschriften und Compliance-Regeln, welche regemäßig aktualisiert werden, gesteuert. Das Unternehmen hält sich außerdem an den United Nations Global Compact (Air-France-KLM 2015b). Laut PriceWaterhouseCooper (2011) erstellte Air-France-KLM im Jahr 2010 den besten CSR-Bericht. Das Unternehmen ist außerdem Branchenführer im Dow-Jones-Sustainability-Index (DJSI). Es gründet seine CSR-Aktivitäten auf vier Säulen: Umweltschutz (inklusive ökologischem Fußabdruck), Kundenzufriedenheit, verantwortungsvolle Personalpolitik und lokale Entwicklung. Nach Durchführung zahlreicher Untersuchungen und Interviews erstellte das Unternehmen eine umfangreiche Stakeholder-Karte und definierte für jeden Stakeholder Schwerpunktthemen, die alle in Verbindung mit der Geschäftstätigkeit von AF-KLM stehen. Dies spiegelt eine ganzheitliche Herangehensweise und Strategie für die CSR-Aktivitäten wider. Für jede dieser vier Säulen wurden Indikatoren und Zielvorgaben, ebenso wie ein Zeitplan, formuliert.

Die **Umweltdimension** berücksichtigt das Unternehmen in seiner CSR durch Aktivitäten in Richtung Umweltschutz. Es hat Ziele zur CO_2-Reduktion definiert, investiert in Biotreibstoffe, setzt Maßnahmen zur Reduzierung von Lärm, Abfall und Energieverbrauch,

Tab. 1 Ausgewählte Umweltziele für AF-KLM. (Quelle: basiert auf Air-France-KLM 2015b)

CO_2-Fußabdruck	Zeitplan	Hauptleistungen 2014
Reduzierung der CO_2-Emissionen um 20 % verglichen mit dem Niveau im Jahr 2011	2020	86 g Kohlenstoff pro Passagier-km: −6,7 % im Vergleich zu 2011
Lärm		
AF: Aktivitäten weiter ausbauen, während die Lärmbelastung unter dem Niveau von 2005 bleiben soll	2014	40,1 % Reduzierung von Lärm-Energie im Vergleich zu 2005
Lokale Luftqualität		
Vorantreiben der elektrisch angetriebenen Bodengeräte	2014	40 % von KLMs Bodengeräte am Flughafen Schiphol sind elektrisch angetrieben
Abfall		
AF: Wiederaufbereitung von 100 % des nicht-giftigen und 60 % des giftigen Mülls	2020	Nicht-giftiger Müll recycelt: 90 % Giftmüll recycelt: 43 %

führt nachhaltige Produkte ein und erwartet von seinen Zulieferern das Gleiche. Tab. 1 zeigt einige Beispiele aus dem jüngsten CSR-Bericht 2014 (Air-France-KLM 2015b).

Die nächste Nachhaltigkeitsdimension, **die Kundenzufriedenheit**, bedingt, dass Air-France-KLM seine CSR-Aktivitäten auf die Entwicklung von nachhaltigen Produkten und Dienstleistungen für seine Kunden ausweitet. In enger Kooperation mit den Zulieferern und Partnern ist Nachhaltigkeit in die gesamte Wertschöpfungskette integriert – von der Entwicklungsphase, über den Bau bis hin zur Auslieferungsphase.

Air-France-KLMs **Ethik-Strategie** dreht sich um folgende Prinzipien: Respekt für und Unterstützung von Menschenrechten, dem Kampf gegen Korruption und dem Wiederstand gegenüber Zwangs- und Kinderarbeit. Die sozialen CSR-Schlüsselindikatoren im Rahmen von **verantwortungsbewusster Personalpolitik** sind verbunden mit verantwortungsvollem Personalmanagement (z. B. Weiterqualifizierung, Gesundheit und Sicherheit, Chancengleichheit). Dies beinhaltet auch die vierte Dimension der CSR, die **lokale Entwicklung**. Was Personalmanagement betrifft: es gibt einen Verhaltenskodex, Telefonhotlines für Mitarbeiter, Whistleblower-Mechanismen, die es Mitarbeitern ermöglichen ihre Bedenken über unethisches und ungesetzliches Verhalten zu äußern. Es werden Antidiskriminierungs- und Diversity-Fragen (z. B. Anteil von Frauen und Menschen mit Behinderungen in der Belegschaft), der Qualifizierung von Mitarbeitern und lokalen Entwicklungen in ihren Drehkreuzen und Zielflughäfen sowie der Gesundheit der Belegschaft und der Kunden Aufmerksamkeit geschenkt. Um Verantwortung für **lokale Entwicklungen** zu übernehmen, ging das Unternehmen Partnerschaften mit dem WWF und der UNICEF ein. Soziale und ökonomische lokale Entwicklungen wurden durch die Zusammenarbeit mit 2500 lokalen Zulieferern in verschiedenen Destinationen gefördert.

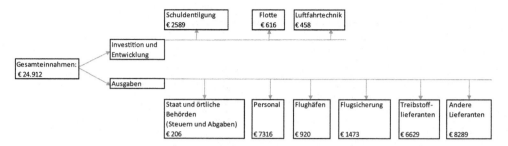

Abb. 1 Erlösverteilung von AF-KLM in 2014, in Mio. €. (Quelle: basierend auf Air-France-KLM 2015b)

Abschließend ist festzustellen, dass sich in bemerkenswerter Weise Air-France-KLMs CSR-Engagement auch in der Verteilung der Unternehmenserlöse widerspiegelt. Dies kann als gutes Beispiel für die Schaffung von Mehrwert für alle Stakeholder gesehen werden (siehe Abb. 1).

Bemerkenswerterweise wurden für die Erlösverteilung keine Zukunfts-Ziele gesetzt.

5 Analyse und Diskussion

Die CSR-Strategie von Air-France-KLM umfasst die Dimensionen Umweltschutz, Kundenzufriedenheit, verantwortungsvolle Personalpolitik und lokale Entwicklung und wird abgesichert durch Kodexe und Regelwerke, die die „finanzielle und geschäftliche Integrität, Vertraulichkeit und Verpflichtung und Einhaltung von CSR" sicherstellen sowie das „Bewusstsein über die Wichtigkeit der Prävention von Bestechung und Korruption" schärfen sollen (Air-France-KLM 2015b, S. 20). Das Unternehmen drückt damit aus, dass Vertrauen, Integrität und Verantwortung das Herzstück seiner ethischen Prinzipien sind und setzt damit ein Beispiel für ein gutes Vorbild für CSR innerhalb der Luftfahrtindustrie. Die vier genannten Säulen, auf denen das Unternehmen seine CSR-Strategien und -Programme aufbaut, entsprechen den vorher identifizierten Faktoren für einen gut fundierten CSR-Ansatz. Es gibt eine Übereinstimmung der beiden Ebenen, in denen CSR gemessen werden sollte: Theorie und Praxis. Air-France-KLMs Ziele, Ansichten und Strategien entsprechen ihren operativen Tätigkeiten. Es umfasst die drei Aspekte der Nachhaltigkeit („People, Planet and Profit" = soziale, ökologische und ökonomische Nachhaltigkeit) und bringt damit seine Sorge zum Ausdruck, sich gegenüber allen Stakeholdern ethisch korrekt zu verhalten. Doch obwohl das Unternehmen sehr transparent bezüglich seiner Zukunftspläne ist, wie zum Beispiel mit „Perform 2020" (Zielvorgaben für Müllreduktion, der Aufrechterhaltung von ökologischen und fairen Cateringangebot, Energieeinsparungen, der Arbeit an der Entwicklung von nachhaltigen Biotreibstoffen und der Reduzierung der

CO_2-Emissionen um 20 % bis 2020) (Air-France-KLM 2015b), sind noch keine Ziele für die Verteilung der zukünftigen Erträge gesetzt worden.

Dieses Fallbeispiel hat gezeigt, dass Führungskräfte ein vorbildliches Verhalten an den Tag legen sollten und darauf achten sollten, dass CSR nicht zum „Greenwashing" oder nur zur Schaffung von Wettbewerbsvorteilen benutzt wird. Auch kann ein jährlicher qualitativer Compliance-Bericht ergänzend zu den quantitativen Berichten den Unternehmen helfen ein umfassendes Bild über ihre konkreten Maßnahmen, die sie zur Bewältigung der eigenen CSR-Herausforderungen unternommen haben, zu bekommen.

6 Die Zukunft: CSR 2.0

Visser (2014) schrieb ein faszinierendes Buch über die nächste Generation von CSR-Ansichten und Praxis. Er erklärt CSR 1.0 als gescheitert und meint, dass Unternehmen sich der CSR 2.0 zuwenden sollten. Bei CSR 2.0 geht es im Grunde um eine Klarstellung und Umorientierung des Unternehmenszwecks. Es ist falsch zu glauben, dass der Zweck eines Unternehmens darin besteht, profitabel zu sein oder seinen Aktionären zu nützen. Beides ist nur Mittel zum Zweck. Letztendlich ist das Ziel eines Unternehmens, der Gesellschaft durch das Bereitstellen von sicheren, qualitativ hochwertigen Produkten und Dienstleistungen, die unser Wohlbefinden verbessern, zu dienen, ohne dadurch unsere Umwelt und unsere Lebensgrundlagen auszuhöhlen. Das Wesentliche von CSR 2.0 ist der positive Beitrag zur Gesellschaft – nicht als marginales Anhängsel, sondern als eine Form der Unternehmensführung (Visser 2014, S. 83). Dieses Ideal beruht zum einen auf Reflektion und Handeln im Rahmen der „traditionellen" Aspekte von CSR, z. B. der ökonomischen Entwicklung, institutioneller Leistungsfähigkeit, Stakeholder-Orientierung und nachhaltigen Ökosystemen; zum anderen auch auf „neuen" Prinzipien wie Kreativität, Skalierbarkeit, Ansprechbarkeit, Glokalisierung und Zirkularität (Visser 2014, S. 77 f.), welche hinausgehen über CSR-Kodexe und -Standards, Ansätze des ethischen Konsums wie Fair-Trade, aktionärsgetriebene Ansätze wie Wohltätigkeitsspenden, imperiale und kirchliche Ansätze und nachträglich hinzugefügte („End-of-Pipe") Maßnahmen für soziales und ökologisches Unternehmertum und Innovationen, selektiven Angeboten („Choice Editing" – nur nachhaltige und verantwortbare Optionen werden angeboten), Ansprechbarkeit von Stakeholdern (z. B. Feedback-Mechanismen) und „denk global, handle lokal" und „Cradle-to-Cradle"-Anwendungen (deutsch: von der Wiege bis zur Wiege) (Visser 2014, S. 73). Aber vor allem muss an der Entwicklung einer verantwortungsvolleren Form des Kapitalismus gearbeitet werden (Visser 2014, S. 83).

Es läuft darauf hinaus, dass Fluggesellschaften ihre defensiven und „strategischen" Ansätze in der Unternehmensführung und in den CSR-Ansätzen aufgeben und Kreativität, Zirkularität, Ansprechbarkeit, Glokalisierung und Skalierbarkeit zu einem Teil ihrer DNA machen müssen.

7 Fazit

Corporate Social Responsibility wird allgemein als das Schaffen von Werten sowohl für ein Unternehmen als auch für Gesellschaft und Umwelt angesehen. Es schließt Themen wie verantwortungsvolle Unternehmensführung (Corporate Governance), Rechenschaftspflicht, gesellschaftliche Verantwortung, Nachhaltigkeit und Wirtschaftsethik ein. Eine glaubhafte Implementierung von CSR bringt eine Übereinstimmung zwischen schriftlichen Kodexen, Standards und Strategien eines Unternehmens und dem eigentlichen Verhalten in der Unternehmenspraxis. Air-France-KLM ist weltweit die fünftgrößte Fluggesellschaft und kann als „Good-Practice"-Beispiel für die Integration von CSR in die Unternehmensstrategie gesehen werden, weil es in einer transparenten Art und Weise Nachhaltigkeit in die vier CSR-Bereiche integriert: Umweltschutz, Kundenzufriedenheit, verantwortungsvolle Personalpolitik und lokale Entwicklung. Jeder Fluggesellschaft wird empfohlen, jährlich qualitative Compliance-Berichte zu veröffentlichen, die die quantitativen Berichte ergänzen, um die Unternehmen zu unterstützen, ein umfassendes Bild über ihre konkreten Maßnahmen, die sie zur Bewältigung der eigenen CSR-Herausforderungen unternommen haben, zu bekommen. Aber darüber hinaus lautet die Empfehlung, dass Unternehmen ihren Unternehmenszweck in eine CSR-2.0-Philosophie integrieren sollen: Nachhaltigkeit, Verantwortung und Integrität sollte Teil ihrer DNA sein und kein „defensives" Streben.

Literatur

Air-France-KLM (2015a) Annual Report 2014. Air France-KLM, Paris

Air-France-KLM (2015b) Corporate Social Responsibility Report 2014. Air France-KLM, Paris

Air-France-KLM (2015c) Key Figures 2014. from. http://www.airfranceklm.com/sites/default/files/1506131_afkl_carte_d-.identite_150x115_12p_gbv3.pdf. Zugegriffen: 3. Feb. 2016

Asatrayan R (2013) Cost benefit analysis and adjustments of corporate social responsibility in the airline industry. Int J Soc Behav Educ Econ Bus Ind Eng 7(12):3251–3255

Commission of the European Communities (2001) Green Paper. Promoting a European Framework for Corporate Social Responsibility (No. DOC/01/9). Luxembourg: Office for official publications of the European Communities

Corporate Social Responsibility. http://www.businessdictionary.com/definition/corporate-social-responsibility.html. Zugegriffen: 5. Feb. 2016

Crane A, Matten D (2007) Business ethics. managing corporate citizenship and sustainability in the age of globalization. second edition. Oxford University Press, Oxford

Dahlsrud A (2006) How corporate social responsibility is defined. An analysis of 37 definitions. Corp Soc Responsib Environ Manag 15(1):1–13

Hess DW (2014) The framework for CSR assessment, measurement, and reporting. In: Okonkwo B (Hrsg) Christian ethics and corporate culture. A critical view on corporate responsibilities. Springer, Heidelberg/New York, S 177–192

Milton-Smith J (1997) Business ethics in Australia and New Zealand. J Bus Ethics 16(14):1485–1497

PriceWaterhouseCooper (2011) Building trust in the air: is airline corporate sustainability reporting taking off? http://www.pwc.com/gx/en/sustainability/assets/pwc-airlines-cr.pdf

Ranängen H, Zobel T (2014) Revisiting the ‚how' of corporate social responsibility in extractive industries and forestry. J Clean Prod 84:299–312

Schäfer AW, Waitz IA (2014) Air transportation and the environment. Transp Policy 34:1–4. doi:10.1016/j.tranpol.2014.02.012

Visser W (2014) CSR 2.0. transforming corporate sustainability and responsibility. Springer, Heidelberg/New York

Prof. Dr. Johan Bouwer ist Professor für Ethics in Business and Profession (Lektor) an der Fachhochschule NHTV Breda in den Niederlanden. Davor war er Senior Researcher in „Meaning and Leisure" an der Academy for Leisure sowie Leiter der Forschung und Rektor an derselben Universität. Er promovierte 1992 an der Freien Universität Amsterdam. Von 1997–2008 war Johan Bouwer Professor für „Spiritual Care in Health Care Institutions" an der Universität Groningen sowie nachfolgend an der Protestantischen Theologischen Universität in Kampen, Niederlande. Seine derzeitigen Forschungsinteressen beschäftigen sich mit der Frage, wie eine wertebasierte Unternehmensführung und eine verantwortungsvolle Berufsausübung (im konkreten Leadership und Standesethik (vor allem Ehre und Integrität) ethische Entscheidungen und ein ethisches Verhalten im wirtschaftlichen Umfeld fördern könnten und wie Wirtschaftsethik erfolgreich gelehrt werden kann.

Prof. Paul Peeters ist Associate Professor am Centre for Sustainable Tourism and Transport an der Fachhochschule NHTV Breda, Niederlande. Paul Peeters forscht zu den Auswirkungen des Tourismus auf die Umwelt, im Speziellen auf den Klimawandel. Seine Publikationen decken eine große Bandbreite von Themen ab, wie z. B. globaler und regionaler Tourismus und Klima-Szenarien, systemdynamische Ansätze für den Tourismus, Verkehrsmittelwahl und Verkehrsverlagerungen im Tourismus, Wirtschaftspolitik und Entwicklungen in Transporttechnologien. Im Jahr 2015 leitete er ein Team, das „Carmacal" entwickelte, ein wichtiges Instrument für Reiseveranstalter und Destinationen zur detaillierten Messung des CO_2-Fussabdrucks ihrer Reiseprodukte und somit einsetzbar für das CO_2-Management. Des Weiteren ist Paul Peeters Mitglied in mehreren Umweltarbeitsgruppen der Internationalen Zivilluftfahrt-Organisation (ICAO), die verantwortlich ist für mehrere international anerkannte Umweltstandards in der Luftfahrt und auch für die breitere CSR-Politik in diesem Sektor.

Rob Bongaerts graduierte im Jahr 1993 als Bachelor of Business Administration (BBA), International Business, an der Fachhochschule Utrecht. Im Jahr 2009 erhielt er einen Master in Business Studies an der Universität Amsterdam, mit einer Masterarbeit zum Thema Corporate Social Responsibility der Fluglinie KLM. Rob Bongaerts lehrt seit 2002 an der Fachhochschule NHTV, Breda. Seine Hauptfächer sind Betriebswirtschaftslehre, Reiseveranstalter- und Aviationmanagement. Seit 2013 ist er Mitglied der Forschungsgruppe CSTT und arbeitet vorwiegend an einem CO_2-Emissionsrechner für Reiseveranstalter. Er betreut auch viele Abschlussarbeiten im Bereich nachhaltiger Entwicklung.

Verantwortung für die Region? Das Beispiel der Seilbahnunternehmen in Tirol vor dem Hintergrund einer Corporate Regional Responsibility

Verena Schröder

1 Seilbahn Macht Region – Hintergrund der Untersuchung

Als Leitunternehmen in vielen Tälern Tirols sind Seilbahnbetriebe ein zentraler Bestimmungsfaktor der touristischen und somit auch der regionalen Entwicklung. Zurückführend auf ihre lange Tradition verfügen sie in ihrem regionalen Umfeld über eine starke sozioökonomische und -kulturelle Einbettung. Ihre Investitionen in den Ausbau von Aufstiegshilfen und die steigende Nachfrage danach, insbesondere in den 1970er- bis 1990er-Jahren, waren die zentralen Anlässe dafür, dass sich eine Vielzahl von Beherbergungs- und Gastronomiebetrieben, aber auch Strukturen des Gewerbes und Handwerks, des Einzelhandels und anderer Dienstleister in den ländlichen Räumen des Landes ansiedelten. Wenn auch die Seilbahnen von ihren Nebenbranchen profitieren, sind doch letztere um ein Vielfaches mehr an den Erfolg der Seilbahnbetriebe gebunden (siehe Abb. 1). Diese Vormachtstellung eines einzelnen Unternehmenszweigs über mehrere Jahrzehnte hinweg, zieht gewisse Folgen nach sich: So verfügen die Bergbahnen heute über ein hohes Maß an Macht, die sowohl in ihrem Auftreten als Meinungsbildner, in der Gestaltung und Steuerung der Regionen als auch im Austausch mit den Gemeinde- und Landesvertretern zum Ausdruck kommt.

Vor diesem Hintergrund und dem unmittelbaren Zusammenhang zwischen Macht und Verantwortung stellen Seilbahnunternehmen wichtige Verantwortungsträger dar, die in den letzten Jahren angesichts der Diskussionen um die regionalen Auswirkungen des Klimawandels, angesichts stagnierender und teils rückläufiger Nachfragezahlen im Ski-

V. Schröder (✉)
Arbeitsgruppe für Humangeographie, KU Eichstätt-Ingolstadt
Ostenstraße 18, 85072 Eichstätt, Deutschland
E-Mail: vschroeder@ku.de

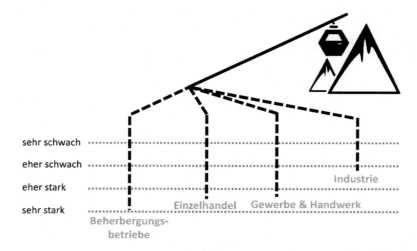

Abb. 1 Abhängigkeit anderer Betriebe vom Erfolg der Seilbahnunternehmen. (Einschätzung der Seilbahnunternehmen in ihrer jeweiligen Region; (n = 34); eigene Erhebung und Darstellung)

tourismus und angesichts der Debatten um alternative Entwicklungspfade im Sinne der Nachhaltigkeit zunehmend im Kreuzfeuer der Kritik standen. Während in vielen anderen Unternehmensbranchen die Integration und Kommunikation von Unternehmensverantwortung bereits aktiv aufgegriffen wird, haben die Vertreter von Bergbahnen die Thematik noch nicht für sich erkannt. Aus diesem Grund wird im Rahmen der Fallstudie untersucht, welches Verständnis Skigebietsbetreiber von Verantwortung haben und mit welchen Aktivitäten sie diese in ihrer Region umsetzen. Die Ergebnisse resultieren dabei sowohl aus qualitativen als auch quantitativen Methoden der empirischen Sozialforschung. Ableitend aus einem teilstandardisierten Fragebogen wurden insgesamt 34 Bergbahnbetriebe[1] in Tirol analysiert und bewertet. Darüber hinaus wurden Gespräche mit Vertretern aus Politik, Raumplanung, Naturschutz und Tourismus sowie vier problemzentrierte Interviews mit Seilbahnbetreibern geführt, um die Idee einer Corporate Regional Responsibility auf ihre Anwendung zu überprüfen.

---

[1] Die untersuchten Bergbahnen lassen sich wie folgt klassifizieren: 8 große Skigebiete, 15 mittlere und 11 kleine Skigebiete. An dieser Stelle ist anzumerken, dass die Betriebe im Rahmen der Fallstudie nicht hinsichtlich ihrer Fläche oder ihrer Förderkapazität, sondern ausschließlich nach ihrer Mitarbeiterzahl klassifiziert wurden (< 50 Mitarbeiter = kleines Skigebiet/Seilbahnunternehmen; 51–150 Mitarbeiter = mittleres Skigebiet/Seilbahnunternehmen; > 150 Mitarbeiter = großes Skigebiet/Seilbahnunternehmen). Die Gliederung erfolgte individuell und orientierte sich nicht an einer gültigen Definition.

2 Corporate Regional Responsibility als konzeptionelle Grundlage

Im Rahmen einer Corporate Regional Responsibility bilden Unternehmen keine geschlossenen, sondern offene Systeme und sind in ein wirtschaftliches, gesellschaftliches und ökologisches Umfeld eingebunden. Deren Aktivitäten tragen unmittelbar zur Entwicklung von Regionen bei und sind angesichts weltweiter Beschaffungs- und Absatzmärkte, CO_2-Emissionen und Entwicklungen wie dem Klimawandel zugleich von globaler Bedeutung. Am Fallbeispiel der Seilbahnunternehmen bedeutet dies, dass die in der Region vorhandenen Wirtschafts-, Gesellschafts- und Siedlungsstrukturen, das politische Geschehen sowie die Umweltsituation direkt oder indirekt von den Unternehmen geprägt werden, zugleich aber auch natürliche Faktoren wie das Klima oder das Wetter, regionale Gegebenheiten wie vorhandene natürliche Ressourcen und Umweltdienstleistungen, die lokale Kultur sowie politische Entscheidungen das Handeln der Seilbahnakteure beeinflussen. Unter diesem Blickwinkel haben Aktivitäten im Sinne einer Corporate Social Responsibility (CSR) unmittelbar eine Auswirkung auf die Regionalentwicklung. Corporate Regional Responsibility rückt somit die räumliche Dimension in den Mittelpunkt und geht davon aus, dass unternehmerisches, soziales wie auch ökologisches Engagement, nicht ausschließlich Win-win-Chancen für Unternehmen und die Gesellschaft hervorruft, sondern darüber hinaus auch die Region davon profitiert (Fischer 2007; Kleine-König und Schmidpeter 2012; Schröder 2015).

Im Hinblick auf Unternehmensverantwortung erweist sich die Ebene der Region als besonders geeignete Untersuchungskategorie: Zum einen bringen sich Unternehmen hauptsächlich in ihrem regionalen Umfeld gesellschaftlich ein, zum anderen verbringen die Menschen auf dieser Maßstabsebene ihr alltägliches Leben, sie sind hier in gesellschaftliche und wirtschaftliche Lebenszusammenhänge eingebunden, identifizieren sich damit und nehmen soziale und naturbedingte Verluste (durch unternehmerische Aktivitäten) vergleichsweise stärker wahr (vgl. Erdmann 1998). Um das Bewusstsein für regionale Verantwortung innerhalb der Seilbahnbranche zu schärfen, wurde das Forschungsdesign transdisziplinär ausgerichtet, gemeinsam mit den Akteuren gearbeitet und damit wissenschaftliches und praktisches Wissen verbunden. Ein entworfenes Verantwortungskonzept mit insgesamt 30 ökonomisch, gesellschaftlich und ökologisch ausgerichteten Kriterien samt dazugehörigen Indikatoren, diente einerseits als Analyserahmen für die Identifizierung unterschiedlicher Verantwortungstypen und -intensitäten im Seilbahnwesen. Andererseits stellt es eine Orientierungshilfe für eine regional verantwortungsbewusste Unternehmensführung dar, es ermöglicht der Branche, ihre Wirkung in der Region ganzheitlich zu reflektieren und schafft ein Bewusstsein für all die nachhaltigen Effekte, die an die Unternehmen gebunden sind. Die Inhalte des Kriterienkatalogs umfassen dabei Themen wie u. a. Netzwerkbildung und Kooperation, Positionierung, Arbeitsplatzqualität, Klimawandelanpassung, Mitarbeiterbindung, Transparenz, Energieeffizienz, Umgang mit Wasser und Boden sowie Naturschutz. Entsprechend einer ganzheitlichen Herangehensweise und im Sinne des Leitgedankens „global denken und regional handeln", deckt das Konzept sowohl Aspekte der regionalen als auch der globalen Unternehmensverantwortung ab. Im nachfolgenden Abschnitt wird aufgezeigt, welche CRR-Aktivitäten Seilbahnunternehmer durchführen, worin ihre Stärken liegen und hinsichtlich welcher Aspekte es Verbesserungspotenzial gäbe.

3 Verantwortungswahrnehmung von Seilbahnen: Verständnis, räumliche Reichweite und Bedeutung für die Regionalentwicklung

Wie aus den empirischen Erhebungen hervorgeht, haben Seilbahnunternehmen sowohl in thematischer als auch in räumlicher Hinsicht ein differenziertes Verständnis von Verantwortung. Während für vier Betriebe der Verantwortungsbereich an den Grenzen des eigenen Skigebiets und für sieben an der örtlichen Gemeinde endet, fühlen sich elf für mehrere Gemeinden oder ein gesamtes Tal verantwortlich (siehe Abb. 2). Die Größe der Verantwortungsradien korreliert dabei teils mit der Größe des Seilbahnbetriebs – ist allerdings auch stark personenabhängig und an die individuelle Einstellung der Unternehmensleitung geknüpft. Ein Teil der befragten Betriebe nimmt somit eher eine auf das eigene Unternehmen fixierte Perspektive ein und setzt regionale Verantwortung in erster Linie mit der Reinvestition der Gewinne im eigenen Skigebiet in Verbindung, während ein zweiter Teil seinen Blickwinkel erweitert und darunter Investitionen in das öffentliche Skibussystem, die Stärkung heimischer Dienstleistungs- und Handwerksbetriebe oder die Zusammenarbeit mit regionalen Landwirten versteht (siehe Abb. 3). Die bewusste Vergabe von Aufträgen an regionale Firmen, insbesondere in den Bereichen Hoch- und Tiefbau sowie im Handwerk, ist eine entscheidende – jedoch häufig gegenüber der Öffentlichkeit wenig kommunizierte Tätigkeit – die zur Stärkung der regionalen Wertschöpfung beiträgt. Ebenfalls wird mit landwirtschaftlichen Betrieben in vielfacher Weise kooperiert. Beispielsweise indem letztere für den Erhalt und die Pflege der Kulturlandschaft aufkommt und damit die Basis für den Tourismus schafft, aber auch indem Seilbahnen landwirtschaftliche Flächen pachten, als Arbeitgeber vielen Nebenerwerbslandwirten eine Zusatzbeschäftigung ermöglichen und Produkte wie Fleisch, Milch, Obst und Gemüse abnehmen – in den meisten Fällen zu Konditionen, die über dem Marktpreis liegen.

Abb. 3 illustriert das Verständnis der Betriebe, mit welchen konkreten Aktivitäten sie ihrer Region gegenüber Verantwortung wahrnehmen. Vor dem Hintergrund des konzipierten Verantwortungsanalyserahmens wird allerdings deutlich, dass die Unternehmen noch in weiteren Verantwortungsbereichen aktiv sind, diese allerdings nicht nach außen kommunizieren. In diesem Zusammenhang lassen sich Maßnahmen wie Energieeffizienz, Wärmerückgewinnung, Erdwärmenutzung, der Rückbau alter Anlagen, ökologische Ausgleichsmaßnahmen oder die Renaturierung von Flächen anführen. Ebenfalls zu nennen sind Aktivitäten wie die Unterstützung von Vereinen oder gemeinnützigen Einrichtungen, die karitative Aufgaben in der Region wahrnehmen. Solche Maßnahmen bewirken positive Effekte für die Unternehmen und sichern deren gesellschaftliche Akzeptanz, sie

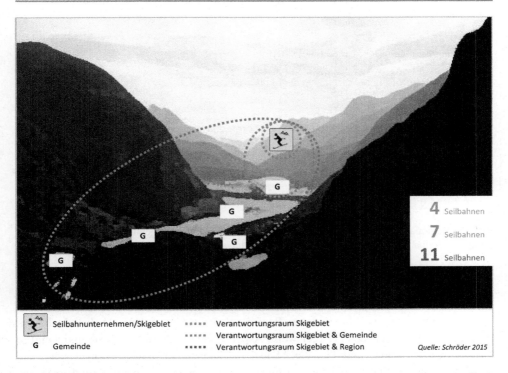

Abb. 2 Wahrgenommene Verantwortungsräume und -grenzen von Seilbahnunternehmen in Tirol. ((n = 22); eigene Erhebung und Darstellung)

tragen gleichzeitig aber auch zur Stärkung der regionalen Gemeinschaft bei. Seilbahnunternehmerisches Engagement erfolgt damit nicht vollkommen uneigennützig und zielt auf eine Regionalentwicklung ab, die den Betrieben in gewisser Weise dienlich ist. Indem einige von ihnen auch außerhalb ihres Geschäftsfeldes investieren[2] und die Region als Gesamtes gestalten, profitieren nicht nur die Tourismusbetriebe, sondern auch die Gemeinden und die Gesellschaft im Allgemeinen. Gleichzeitig resultieren hieraus aber auch Abhängigkeiten und Machtansprüche. Gebiete werden nach Vorstellung einer Unternehmensbranche geprägt und so ist regionales, seilbahnunternehmerisches Engagement durchaus ambivalent zu bewerten. Einerseits stärkt es die Regionalentwicklung, festigt soziale Beziehungsnetzwerke, liefert einen Beitrag zur Sicherung der Nahversorgung und erhöht die Lebensqualität in peripheren Gebieten, andererseits fördert es die Entwicklung einseitiger Strukturen und hemmt die Identifizierung alternativer, regionaler Potenziale.

---

[2] Beispiele hierfür sind u. a. die Therme in Längenfeld (Aqua Dome) oder die Freizeitarena Area47 am Eingang des Ötztals, die zu einem Großteil von den Bergbahnen in Sölden mitgetragen werden, oder das von den Silvretta Seilbahnen in Ischgl finanzierte Silvretta Center, eine Freizeiteinrichtung bestehend aus Tennishalle, Hallenbad, Wellnessbereich, Kegelbahn und Veranstaltungssaal.

Abb. 3 Regionale Verantwortungswahrnehmung von Seilbahnunternehmen in Tirol. (Wahrnehmung der Seilbahnbetreiber; (n = 34); eigene Erhebung und Darstellung)

Wenn auch die Seilbahnbranche mehr Verantwortung übernimmt als sie kommuniziert, gibt es doch eine Reihe von CRR-Kriterien, innerhalb derer auch die als „stark regional verantwortungsbewusst" klassifizierten Betriebe Verbesserungspotenzial haben. In diesem Zusammenhang lassen sich beispielsweise Aspekte wie Landschaftsästhetik und damit in Verbindung der Abbau und/oder die Abdeckung künstlicher Schneeerzeuger sowie die Eingliederung der Stationsgebäude in die Landschaft nennen. Ebenfalls und im Sinne einer zukunftsfähigen Unternehmensführung bedarf es innovativere Maßnahmen in der Klimawandelanpassung und der Förderung des Ganzjahrestourismus. Vor allem im Bereich des Mountainbike- und Radtourismus scheint das vorhandene Potenzial noch lange nicht ausgeschöpft. Des Weiteren benötigt es der Schaffung von Anreizen und intensiveren Bewusstseinsbildung für die Anreise mit öffentlichen Verkehrsmitteln, Maßnahmen in der Umweltbildung und der Kooperation mit Schutzgebieten, mehr Transparenz in der Geschäftstätigkeit und dem Verbrauch von Energie und ökologischen Ressourcen sowie an Initiativen für die Attraktivitätssteigerung und Wertschätzung touristischer Berufe.

4 „In neuen Bahnen denken" – veränderte gesellschaftliche Erwartungen als Potenzial für die Seilbahnbranche

In Zeiten moderner Informations- und Kommunikationstechnik, steigendem Umweltbewusstsein und dem wachsendem Druck zivilgesellschaftlicher Organisationen, werden Seilbahnen in ihrem Handeln zunehmend kritisch hinterfragt. Mit Zeitungsbeiträgen wie „Sie opfern die Alpen" (Gasser 2012) oder „Skifahren im grünen Bereich" (Schrenk 2015), in denen u. a. über den Erschließungsdruck auf schutzbedürftige Gebiete berichtet und danach gefragt wird, ob ein verantwortungsbewusster Mensch heute noch Skifahren darf, werden nicht nur Millionen von potenziellen Kunden erreicht, die Branche rückt damit zugleich in ein schlechtes Licht. Vor allem in den Zentralräumen ist die gesellschaftliche Akzeptanz der Seilbahnen vielfach nicht mehr gegeben. Deren negatives Image und die abnehmende Tourismusgesinnung stellen heute neben dem Klimawandel, dem verschärften Destinationswettbewerb sowie der Heranführung junger Menschen an den Wintersport, die zentralen Herausforderungen dar. Um dem entgegenzuwirken müssen die Betriebe transparenter werden. Es bedarf einer verstärkten Kommunikation ihres gesellschaftlichen und ökologischen Engagements, zum einen innerhalb Tirols und gegenüber ihren regionalen Anspruchsgruppen, zum anderen aber auch gegenüber den Gästen. In diesem Zusammenhang darf allerdings nicht ausschließlich über das Getane berichtet werden, es benötigt darüber hinaus auch innovative und nachhaltige Visionen, aus denen sowohl ökonomische als auch ökologische und soziale Meilensteine und Maßnahmen abgeleitet werden. Das Eingestehen von Schwächen und das Aufzeigen von Verbesserungspotenzialen im Bereich Unternehmensverantwortung erzeugt Glaubwürdigkeit und schafft Vertrauen. Immer mehr Gäste legen auf Tugenden wie diese Wert. So sind die Menschen heute reiseerfahrener, sie informieren sich verstärkt über die regionalen Gegebenheiten vor Ort, sie sind sensibler hinsichtlich Umweltfragen und aufmerksamer im Umgang mit räumlichen und natürlichen Ressourcen. Befragte Skigebietsbetreiber führen in diesem Zusammenhang beispielsweise an, dass sich ihre Besucher immer häufiger nach der Herkunft von Lebensmittel informieren, hinsichtlich der Ästhetik und des Baus von Gastronomie- und Stationsgebäuden kritischer und aufmerksamer werden und sich zunehmend über die Technologie der Aufstiegshilfen sowie der Beschneiungsanlagen interessieren. Die Bergbahnen sind deshalb gefordert, auf Entwicklungen wie diese zu reagieren und sich aktiv(er) dem Thema Unternehmensverantwortung zu widmen. Eine glaubwürdige Implementierung von CRR-Maßnahmen könnte hier Abhilfe leisten. Sie würde wahrscheinlich nicht nur die gesellschaftliche Akzeptanz der Betriebe erhöhen, sondern darüber hinaus auch einen Wettbewerbsvorteil schaffen. Indem nämlich bisher noch kein Seilbahnbetrieb das Thema aufgegriffen hat, würden die ersten, die sich diesem annehmen, eine Vorreiterrolle einnehmen und könnten sich über neue und nachhaltige Themen bzw. Handlungsfelder positionieren.

5 Fazit

Die Ergebnisse aus der Fallstudie zeigen auf, dass in Tirol nicht von „der einen Seilbahnwirtschaft" gesprochen werden darf. Indem die Betriebe von den Medien aber häufig nur sehr einseitig und in den meisten Fällen in Verbindung mit Erschließungsmaßnahmen, dem Ausbau und der Modernisierung neuer Infrastrukturen, Preissteigerungen sowie den Klimawandelfolgen kommuniziert werden, herrscht eine Diskrepanz zwischen der öffentlichen Wahrnehmung und den tatsächlichen Leistungen der Unternehmen. Obwohl das negative Image die Branche vielfach vor Herausforderungen stellt, wird von Seite der Interessensvertretung zu wenig unternommen, um Gegensätzliches zu bewirken. Angesichts der gewonnenen Erkenntnis, dass von den 34 untersuchten Bergbahnen insgesamt zehn ein starkes regionales Verantwortungsbewusstsein haben und sich dieses ökonomisch, sozial und ökologisch manifestiert, 6 als schwach einzustufen sind und 18 im Mittelfeld liegen, sind es die Unternehmen selbst, die ihrem Engagement zunehmend Sichtbarkeit geben müssen. Gerade in Zeiten steigender, gesellschaftlicher Erwartungshaltungen, kann eine glaubwürdige Integration von Verantwortung in das eigene Unternehmensmanagement neue Potenziale und Wettbewerbsvorteile schaffen.

Literatur

Erdmann K-H (1998) Nachhaltige Entwicklung als regionale Perspektive. In: Heinritz G, Wiessner R, Winiger M (Hrsg) Nachhaltigkeit als Leitbild der Umwelt- und Raumentwicklung in Europa. F. Steiner, Stuttgart, S 90–95

Fischer R (2007) Regionales Corporate Citizenship. Gesellschaftlich engagierte Unternehmen in der Metropolregion Frankfurt/Rhein-Main. Universität Frankfurt IDG, Frankfurt a. M.

Kleine-König C, Schmidpeter R (2012) Gesellschaftliches Engagement von Unternehmen als Beitrag zur Regionalentwicklung. In: Schneider A, Schmidpeter R (Hrsg) Corporate Social Responsibility. Springer, Heidelberg, S 682–700

Schröder V (2015) Corporate Regional Responsibility (CRR) – Potenzial für eine transdisziplinäre Geografie am Beispiel von Seilbahnunternehmen in Tirol. In: Innsbrucker Geografische Gesellschaft, Innsbrucker Jahresbericht 2014–2015 20, S 89–106

Gasser F (2012) Sie opfern die Alpen. In: DIE ZEIT (22.11.2012). http://www.zeit.de/2012/48/Alpen-Tourismus-Oesterreich-Schweiz

Schrenk J (2015) Skifahren im grünen Bereich. In: Die ZEIT (24.01.2015). http://www.zeit.de/reisen/2015-01/skifahren-oekologie-schneekanonen-tourismus

Verena Schröder, MSc ist Geografin und Doktorandin an der Katholischen Universität Eichstätt-Ingolstadt. Im Rahmen ihrer Masterarbeit am Institut für Geografie der Universität Innsbruck, beschäftigte sie sich mit dem Thema der regionalen Verantwortung von Seilbahnunternehmen in Tirol und erhielt hierfür u. a. den Walter-Christaller-Preis 2015 des Deutschen Verbandes für Angewandte Geografie (DVAG) und den Förderungspreis 2014 der Österreichischen Geografischen Gesellschaft (ÖGG). Ihre Schwerpunkte liegen in der Entwicklung von ganzheitlichen Konzepten für eine nachhaltige Regionalentwicklung, der strategischen Anwendung von Corporate Regional Responsibility (CRR) und der Erforschung und dem Management von Mensch-Wildtier-Beziehungen. Neben ihrem wissenschaftlichen Standbein ist sie freiberuflich in den genannten Themenbereichen tätig und berät Unternehmen und öffentliche Verwaltungen.

Printed by Printforce, the Netherlands